THÉATRE CLASSIQUE

CORNEILLE, RACINE, VOLTAIRE, MOLIÈRE

AVEC LES AVERTISSEMENTS ET LES NOTICES.

NEUF PIÈCES.

ÉDITION PRÉCÉDÉE D'UNE NOTICE LITTÉRAIRE

Par F. Estienne.

PARIS
IMPRIMERIE ET LIBRAIRIE CLASSIQUES

Maison Jules DELALAIN et Fils

DELALAIN FRÈRES, Successeurs

56, RUE DES ÉCOLES.

Y

Yf 11891

THÉATRE
CLASSIQUE.

NOUVELLE COLLECTION DES CLASSIQUES FRANÇAIS,

Éditions sans notes, précédées de notices par F. Estienne.

BOILEAU. *Œuvres poétiques*, édition classique précédée d'une notice littéraire par F. Estienne; in-18.

BOSSUET. *Discours sur l'Histoire universelle*, édition classique précédée d'une notice littéraire par F. Estienne; in-18.

BOSSUET. *Oraisons funèbres*, édition classique précédée d'une notice littéraire par F. Estienne; in-18.

CHATEAUBRIAND. *Génie du Christianisme*, édition classique précédée d'une notice littéraire par F. Estienne; 2 vol. in-18.

CORNEILLE. *Théâtre choisi*, édition classique précédée d'une notice littéraire par F. Estienne; in-18.

DELILLE. *L'Homme des Champs*, poëme, suivi des *Jardins* et de la traduction des *Géorgiques*, édition classique précédée d'une notice littéraire par F. Estienne; in-18.

FÉNELON. *Aventures de Télémaque*, édition classique précédée d'une notice littéraire par F. Estienne; in-18.

FÉNELON. *Dialogues des Morts*, édition classique précédée d'une notice littéraire par F. Estienne; in-18.

FÉNELON. *Dialogues sur l'Éloquence*, édition classique précédée d'une notice littéraire par F. Estienne; in-18.

FÉNELON. *Lettre à l'Académie*, édition classique précédée d'une notice littéraire par F. Estienne; in-18.

LA BRUYÈRE. *Caractères*, édition classique précédée d'une notice littéraire par F. Estienne; in-18.

LA FONTAINE. *Fables*, édition classique précédée d'une notice littéraire par F. Estienne; in-18.

MASSILLON. *Petit Carême*, édition classique précédée d'une notice littéraire par F. Estienne; in-18.

MOLIÈRE. *Théâtre choisi*, édition classique précédée d'une notice littéraire par F. Estienne; in-18.

MONTESQUIEU. *Considérations sur la grandeur et la décadence des Romains*, édition classique précédée d'une notice littéraire par F. Estienne; in-18.

RACINE. *Théâtre choisi*, édition classique précédée d'une notice littéraire par F. Estienne; in-18.

ROUSSEAU (J. B.). *Œuvres lyriques*, édition classique précédée d'une notice littéraire par F. Estienne; in-18.

VOLTAIRE. *Histoire de Charles XII*, édition classique précédée d'une notice littéraire par F. Estienne; in-18.

VOLTAIRE. *Siècle de Louis XIV*, édition classique précédée d'une notice littéraire par F. Estienne; in-18.

VOLTAIRE. *Théâtre choisi*, édition classique précédée d'une notice littéraire par F. Estienne; in-18.

THÉATRE CLASSIQUE

CORNEILLE, RACINE, VOLTAIRE, MOLIÈRE

AVEC LES AVERTISSEMENTS ET LES NOTICES.

NEUF PIÈCES.

ÉDITION PRÉCÉDÉE D'UNE NOTICE LITTÉRAIRE

Par F. Estienne.

PARIS
IMPRIMERIE ET LIBRAIRIE CLASSIQUES

Maison Jules DELALAIN et Fils

DELALAIN FRÈRES, Successeurs

56, RUE DES ÉCOLES.

Toute contrefaçon de la notice serait poursuivie conformément aux lois; tous les exemplaires sont revêtus de notre griffe.

Delalain frère

Déc. 1877.

TABLE DU THÉATRE CLASSIQUE.

CORNEILLE.

Le Cid.	1
Cinna.	83
Horace.	149
Polyeucte.	221

RACINE.

Britannicus.	297
Esther.	371
Athalie.	423

VOLTAIRE.

Mérope.	499

MOLIÈRE.

Le Misanthrope.	565

LE THÉÂTRE CLASSIQUE.

Le recueil depuis longtemps connu sous le nom de *Théâtre classique* ne renferme pas seulement ce que la scène française a produit de plus élevé et de plus soutenu ; il ouvre encore et ferme la période où la tragédie et la haute comédie ont leur plein développement. Avant le *Cid* (1636), la tragédie française n'existe pas. Ce n'est pas que dans les *Mystères* du quinzième siècle il fût impossible de reconnaître, sous une forme naïvement grossière, les premiers éléments de l'art dramatique, et chez quelques-uns de ces poëtes populaires, avec une conception vigoureuse et originale, un instinct parfois remarquable de la scène ; mais nulle part on ne trouve l'unité, la proportion, le style enfin, dans ces œuvres bâties à la hâte pour les tréteaux et selon les préférences d'un public qui n'y chercha pas longtemps un objet d'édification. L'histoire de la tragédie ne saurait non plus dater du seizième siècle, ni du théâtre confus de Hardy, qui ne travaille que pour la représentation, sans aucun souci des règles et avec une verve que le goût ne dirige pas. Le *Cid* ouvre vraiment la période classique de notre théâtre, et l'admiration qui l'accueillit témoigne que l'esprit public n'y fut pas trompé. Un siècle après, l'ère classique se ferme avec *Zaïre* et *Mérope*. Non que des œuvres brillantes encore manqueront à notre scène ; mais, de plus en plus, l'esprit et les préoccupations du dix-huitième siècle se mêlent aux pensées de l'art et en altèrent la pureté.

— II —

La tragédie et la comédie, au service d'une cause ou d'une passion, seront l'image d'un moment de notre histoire plutôt que l'étude désintéressée de la nature humaine. Le *Théâtre classique* nous présentera ainsi, sous ses faces diverses, la plus haute période de l'art dramatique en France : en appelant l'attention et en la fixant sur quelques-uns de nos chefs-d'œuvre les moins contestés, il nous apprendra à mieux démêler le bien et le mal dans des œuvres d'une inspiration plus mêlée et d'un goût moins sûr.

I.

Pierre Corneille naquit à Rouen, le 6 juin 1606. Ses premières comédies, au milieu du mauvais goût qui les dépare, laissaient déjà échapper un rare talent d'analyse et d'expression; mais c'est sa première tragédie, *Médée*, qui marque le moment où Corneille entre dans sa véritable voie. *Médée* ne précéda le *Cid* que d'un an, et le *Cid* fut lui-même suivi, à de courts intervalles (1639 et 1640), de trois nouveaux chefs-d'œuvre : *Horace*, *Cinna* et *Polyeucte*, dont un seul eût suffi à immortaliser son auteur. Si la période ascendante du génie de Corneille prend fin en 1640, après *Polyeucte*, combien d'œuvres resterait-il à nommer où éclatent des beautés du premier ordre : le rôle de Cornélie, dans la *Mort de Pompée*; le *Menteur*, qui créa en France la comédie de caractère; le dernier acte de *Rodogune*, l'une des plus tragiques créations de Corneille; des situations neuves, soutenues par de beaux vers, dans *Héraclius*, et un tableau dans *Nicomède*, plein de vérité et de profondeur de la politique romaine, digne d'être rapproché des pages de Bossuet et de Montesquieu. La chute trop justifiée de *Pertharite*, en 1653, avait éloigné Corneille du théâtre. Il occupa ses loisirs à traduire l'*Imitation de Jésus-Christ*, et de cette libre imitation il est resté des fragments où Corneille ne paraît pas au-dessous de lui-même. Le succès d'*OEdipe*, en 1659, fit illusion au poëte. Il rentra dans la carrière avec un redoublement d'ardeur, et pendant dix ans encore Corneille lutta, non sans des succès partiels, contre la fatigue croissante de son génie et les froideurs du public. Les premiers triomphes de Racine chagrinèrent sa vieillesse ; et, quand les deux poëtes, à l'insu l'un de l'autre, furent conviés par Henriette d'Angleterre à mettre sur la scène les adieux de Titus et de Bérénice, la fortune bien différente des deux ouvrages fit paraître de quel côté les préférences publiques se portaient décidément. On ne pouvait être surpris que Corneille fût vaincu dans un sujet qui demandait avant tout de la sensibilité et de la grâce ; mais les hautes parties de son génie dramatique étaient elles-mêmes trop atteintes pour racheter ce qui lui avait toujours manqué dans la peinture des passions moins héroïques que tendres. Le dernier effort de Corneille, *Suréna* (1674), est de l'année même où Racine s'élevait presque à la perfection de son art dans *Iphigénie en Aulide*. Corneille survécut à sa gloire pendant onze ans encore, et Boileau répara la malice d'une épigramme, plus célèbre qu'elle ne le mérite, en rappelant à Louis XIV la détresse du vieux poëte. Corneille mourut à Paris dans la nuit du 30 septembre au 1ᵉʳ octobre 1684.

Le *Cid* avait paru sur notre théâtre au mois de décembre 1636. Si le sujet lui-même est emprunté au drame de Guilhem de Castro, Corneille modifia la pièce espagnole selon le goût français, surtout en substituant l'analyse morale au matérialisme des peintures. Des traces de jactance castillane ou encore quelque reflet des conversations subtiles de l'hôtel de Rambouillet, ce sont là des défauts qui appartiennent au modèle de Corneille ou à son temps. Ce qui est propre à Corneille, et ce qui désormais sera le fond de la tragédie française, c'est le conflit dramatique de la passion et du devoir : spectacle qui peut être moral d'une double manière, soit que le personnage domine sa passion, soit qu'il y succombe et l'expie par le malheur ou les remords. Ici, sans doute, selon les préjugés de la chevalerie, il y a confusion entre l'*honneur* et le *point d'honneur* ; mais, cette réserve faite, il est beau de voir le Cid et Chimène se montrer dignes l'un de l'autre en sacrifiant à leur devoir leurs plus chères et plus légitimes inclinations. Leurs hésitations donnent plus de prix à leur vertu, par l'effort qu'elle demande. Le dénoûment reste indécis, et l'on peut voir là une convenance heureuse qui empêche que, dans un temps si court, on ne célèbre un mariage sur une scène tout à l'heure ensanglantée. Le style est plein d'éclat, de fierté, et la rudesse qui s'y mêle est encore un trait de vérité dans la peinture de ces caractères, où la tendresse même doit avoir une expression énergique. On sait que Richelieu déféra à l'Académie naissante la querelle qui s'était engagée après le *Cid* entre Corneille et Scudéry. Chapelain rédigea les *Sentiments de l'Académie sur le Cid*, jugés trop favorablement peut-être par La Bruyère. On ne peut approuver ni toutes les censures, ni même tous les éloges adressés à Corneille. Mais ce qui manque surtout à cette critique officielle, c'est la hauteur des vues, la juste appréciation de la grandeur et de la beauté originale d'une œuvre qui était le premier monument de notre théâtre classique, et qui en est resté l'un des plus grands.

Corneille répondit aux critiques de l'Académie en donnant au théâtre, dans la même année (1639), *Cinna* et *Horace*. Le titre complet de la première pièce, *Cinna ou la clémence d'Auguste,* indiquait que, dans la pensée de Corneille, l'intérêt principal portait, non sur Cinna, mais sur Auguste pardonnant à ses ennemis. Il est difficile cependant de méconnaître que l'intérêt, en se déplaçant, n'affaiblisse l'impression d'unité si essentielle dans une œuvre d'art. Le personnage d'Émilie, supérieur à celui de Cinna, plut aux contemporains de Corneille par son énergie toute virile, par cette constance dans la haine aigrie encore par les bienfaits qu'elle subit. On l'appela une *adorable furie*, et plus d'une grande dame, jetée plus tard dans les intrigues de la Fronde, dut la prendre pour modèle. Nous ne saurions aujourd'hui partager ces illusions : le goût doit être mis en garde contre la fausse grandeur d'un tel rôle. Elle nous blesse plus qu'elle ne nous émeut, parce que sa haine, comme on l'a finement remarqué, est moins un mouvement du cœur qu'un parti inflexible de l'esprit. C'est Auguste qui est vraiment l'âme de la pièce. L'intérêt est dans la lutte même des sentiments de vengeance et de pardon qui se combattent et tour à tour sollicitent son cœur : car la clémence, chez Auguste, n'est pas un premier mouvement de générosité naturelle, mais une victoire lente et délibérée, d'autant plus glorieuse qu'elle est plus péniblement gagnée. Quelque raffinement dans l'analyse, parfois trop de complaisance à disserter, n'ôtent rien à la grandeur de cette transformation morale, qui marque le moment où Octave fait place à Auguste.

Cinna nous fait assister à la naissance de l'empire; *Horace* nous ramène au spectacle des vertus héroïques de la république. La famille et la cité romaine, la pureté de ses mœurs, la sévérité du pouvoir paternel, la force du patriotisme, tel est le cadre dans lequel Corneille a replacé le célèbre épisode de Tite-Live, agrandi et développé par de belles situations morales. Comme dans la pièce précédente, il y a déplacement d'intérêt, et la tragédie renferme véritablement deux actions au lieu d'une. Le cinquième acte est « tout en plaidoyers, » avoue Corneille ; mais les trois premiers peuvent être regardés comme étant d'une beauté supérieure, et c'est particulièrement du second que Voltaire a écrit : « J'ai cherché dans tous les anciens, dans tous les théâtres étrangers, une situation pareille, un pareil mélange de grandeur d'âme, de douleur, de bienséance, et je ne l'ai pas trouvé. » Rien n'égale ce groupe admirable de personnages, tous animés d'un égal patriotisme, mais avec ces nuances variées qui viennent de leur caractère, de leur situation, de leur âge : le jeune Horace, soldat passif de son devoir ; Curiace, plus humain, plus accessible aux sentiments affectueux de la nature ; le vieil Horace, enfin, citoyen avant d'être père, mais chez lequel l'amour de la patrie n'exclut pas une sensibilité d'autant plus touchante qu'elle est plus contenue.

Le martyre de Polyeucte est un épisode emprunté à l'histoire de la septième persécution contre les chrétiens, qui eut lieu l'an 240 de notre ère, sous l'empereur Décius. En transportant sur la scène un sujet sacré, Corneille contrariait l'esprit général de son temps. Il semblait que seule l'histoire profane appartînt à l'auteur dramatique, et que la sévérité des annales chrétiennes ne pût admettre la liberté des fictions poétiques. Boileau, sur ce point, ne pensait pas autrement que son siècle :

> De la foi d'un chrétien les mystères terribles
> D'ornements égayés ne sont pas susceptibles.

Il est heureux pour sa gloire que Corneille n'ait pas partagé cette timidité du goût. D'ailleurs, si *Polyeucte* rencontra de la froideur à l'hôtel de Rambouillet, il obtint devant un public moins prévenu un éclatant succès. Comment ne pas être saisi et entraîné par la grandeur et la pureté des sentiments, par cette rivalité dans l'héroïsme entre Polyeucte et Pauline, Polyeucte courant au martyre, non par fanatisme, comme l'a dit Voltaire, mais par cette générosité naturelle à une foi nouvelle et ardente ; Pauline, type d'honneur conjugal, immolant à son devoir les préférences de son cœur, et digne de ne plus connaître bientôt d'autre Dieu que celui de Polyeucte ? Dans aucune pièce de Corneille les scènes ne s'enchaînent avec un art plus profond : nulle part n'est plus fortement marquée l'unité d'intérêt ; la vérité, enfin, du tableau opposé de la société païenne et de la société chrétienne au troisième siècle, témoigne du grand sens historique, qui est l'un des traits du génie de Corneille.

II.

Il était réservé à Racine, non de surpasser Corneille, mais d'agrandir la tragédie française en y faisant entrer d'autres caractères et d'autres passions. « On demandait après Corneille, dit M. Nisard, des héros qui fussent plus des hommes, des femmes qui fussent moins des héros. On voulait une plus grande part pour le cœur et une langue, sinon plus belle que celle des beaux endroits de Corneille, du moins plus exacte que celle de ses pièces faibles, et, en général, plus pure et plus égale. » Ce fut Racine qui répondit à ces vœux d'un goût plus délicat. Il était né à la Ferté-Milon, le 21 décembre 1639, l'année même où Corneille donnait *Cinna* et *Horace*. Ce fut par une ode de bienvenue adressée à l'infante d'Espagne Marie-Thérèse qu'il obtint les premiers suffrages du public. Après un séjour à Uzès, dans le Languedoc, où sa famille lui avait procuré un bénéfice, il revint à Paris, rapportant sa première tragédie, *les Frères ennemis*, qui fut jouée par la troupe du Palais-Royal, que dirigeait Molière (1664). Racine commença par imiter Corneille, et, deux ans après, *Alexandre* témoignait que le jeune poëte n'était pas encore sorti de cette première période d'imitation. *Andromaque* (1668), qui renouvela presque l'admiration que le *Cid* avait provoquée, montra réunies pour la première fois les qualités propres de Racine : la vérité des tableaux, la profonde connaissance du cœur humain, l'art de faire jaillir la leçon morale du jeu même des passions, une langue pleine d'harmonie et de suavité, à laquelle ne manquent ni la grandeur ni la force. Un an après, le souple talent de Racine enrichissait notre répertoire comique des *Plaideurs*, une des œuvres les plus naturelles et les plus enjouées, et qui a eu la bonne fortune de laisser dans la mémoire tant de vers devenus proverbes. On s'étonnerait que *Britannicus* (1669), où Racine atteint à la perfection de son art, eût été reçu froidement, si l'on ne savait combien le goût des contemporains est exposé à ces sortes de surprises. Boileau eut le mérite de devancer le jugement de la postérité et de rendre justice le premier à cette œuvre d'une conception si originale et d'une exécution si achevée. Dans les pièces qui suivent, *Titus et Bérénice* (1670), *Bajazet* (1672), *Mithridate* (1673), *Iphigénie en Aulide* (1674), il peut paraître quelque inégalité, et la critique pourrait justifier certaines préférences ; mais nulle n'est oubliée de ces figures si touchantes et si naturelles, plus rapprochées de nous que les demi-dieux de Corneille, plus françaises sans doute que grecques ou latines, rachetant toutefois ce qu'elles ont pu perdre de vérité historique par une bien autre variété de sentiments et de passions. Après la dernière et la plus pathétique de ses tragédies profanes (*Phèdre*, 1677), lassé des critiques qui s'acharnaient à contester son génie, ramené aussi à des pensées plus sévèrement chrétiennes, qui lui inspirèrent des doutes sur la conciliation du théâtre avec la piété, Racine renonça à poursuivre ses succès. Sa correspondance nous le montre, dans la dignité de sa vie privée, détaché des ambitions mondaines, d'une gravité aimable, chrétien austère et plein d'humilité. Douze années passées dans la lecture des Écritures l'avaient merveilleusement préparé à répondre aux désirs de Mme de Maintenon, quand celle-ci lui demanda une tragédie sacrée pour les jeunes filles de Saint-Cyr. *Esther* (1689) précéda *Athalie* (1691), l'œuvre dramatique, comme on l'a dit, tout ensemble la plus conforme aux règles des anciens et la plus libre de toutes les servitudes théâtrales. La beauté admirable d'*Athalie* semble avoir tout d'abord échappé au goût des contemporains, et

Racine n'assista pas au retour de justice qui ne pouvait manquer à la plus parfaite de ses créations. Il mourut à Paris, âgé de cinquante-neuf ans, le 21 avril 1699.

En composant *Britannicus*, Racine répondit victorieusement à ceux qui prétendaient limiter son talent à la peinture des sentiments plus tendres que forts. Dans le cadre d'un épisode raconté par Tacite, il retraça le tableau de la Rome impériale à l'une des plus funestes époques que l'humanité ait traversées ; il montra la politique d'une cour corrompue, non dans ses violences, comme l'avait fait Corneille, mais dans ses menées secrètes et ses criminelles intrigues. L'intérêt historique, d'ailleurs, ne se détache pas de l'intérêt naturel du drame lui-même. Les personnages n'ont pas seulement la fidélité du portrait ; ils ont encore cette vérité plus générale qui élève une figure historique à la hauteur d'un type. Quelle image de la femme ambitieuse que cette Agrippine, tournant à ses vues les vices comme les vertus de ceux qui l'entourent, sans scrupule, insolente et perfide, enfin, prise elle-même dans les fils de ses intrigues ! Le Néron de Racine conduit à celui de Tacite ; encore hésitant entre Burrhus et Narcisse, il se trouve placé ainsi dans les conditions qui font naître l'intérêt dramatique par la rencontre et la lutte de deux sentiments contraires. L'amour de Britannicus et de Junie adoucit ce que la seule peinture de la cour de Néron aurait eu de trop sombre : c'est une idylle qui repose, tout en restant intimement liée à l'ensemble de l'œuvre.

Le sujet d'*Esther* avait déjà été traité par plusieurs poëtes ; mais dans ces pièces, aujourd'hui oubliées, le rôle le plus important appartenait à Aman. Racine, en transportant sur Esther l'intérêt principal, ne fit pas seulement une œuvre plus touchante ; il donna à sa tragédie une plus haute valeur historique et morale. Esther devenait ainsi l'instrument dont il plaisait à Dieu de se servir pour sauver son peuple de la ruine et confirmer ses promesses. La faiblesse même de celle que Dieu choisissait faisait mieux encore éclater la toute-puissance qui brise l'orgueil de l'impiété. Un autre trait original de la tragédie de Racine était l'introduction de chœurs, à la manière des Grecs, mais de chœurs tout pénétrés de l'accent de l'élégie chrétienne. Sans doute Esther, chez le poëte français, n'a pas gardé la sévérité et presque la rudesse de son caractère juif : elle est un peu amollie ; mais sa grâce nous touche davantage sans qu'elle diminue la ferveur de son zèle religieux. Mardochée personnifie admirablement le peuple juif courbé sous la servitude, mais obstiné dans ses espérances. Aman, vindicatif, et pris enfin dans ses propres filets ; Assuérus, fantasque et toujours extrême dans sa conduite, sont des figures bien tracées, naturelles et vraies ; et les singulières critiques faites par Voltaire et La Harpe au personnage d'Assuérus s'adresseraient plutôt au récit biblique qu'au poëte, qui en a été le fidèle interprète.

Le triomphe de la faiblesse humble et confiante en Dieu sur la puissance des méchants, telle est encore l'idée principale dont la tragédie d'*Athalie* est la sublime expression. Derrière les personnages eux-mêmes, et sans que la liberté de leur action comme l'originalité de leurs caractères en soit amoindrie, c'est bien Dieu qui est toujours présent, qui conduit le drame et le précipite au dénoûment contre la logique des moyens humains ; c'est lui qui inspire le courage aux faibles, qui égare et livre Athalie. Il est remarquable que la plus parfaite de nos tragédies ne doive rien au sentiment de l'amour. Quoique toute passion humaine soit ici écartée, l'action est rapide, touchante, pleine de terreur et de pitié ; l'intérêt ne se refroidit pas un instant, ne s'égare sur aucun épisode étranger ; et la dernière impression est en même temps pleine de grandeur et de calme. Jamais la langue de Racine n'a eu plus de richesse et de suavité, et le reflet de la poésie biblique ajoute encore un éclat qui n'altère en rien l'harmonieuse unité des couleurs. Si Dieu remplit toute la pièce, les personnages ne se détachent pas moins dans toute la vérité et l'opposition de leurs caractères : Athalie, figure achevée de la reine ambitieuse, hypocrite et violente, supérieure à Agrippine par la hauteur de son ambition qui poursuit, dans le triomphe de sa cause, la défaite et l'humiliation du Dieu des Juifs ; en face d'elle, Joad, expression pleine de grandeur de la loi juive, implacable dans sa lutte contre la race impie qui règne sur le peuple élu, vraiment ministre, confident et justicier de Dieu, et dont la foi ne se trouble pas un instant, au plus fort de la crise ; Mathan, sacrilége et renégat, d'autant plus animé contre le vrai Dieu qu'il a déserté ses autels ; Josabeth, dont les tendres sollicitudes pour Joas forment un touchant contraste avec la foi inflexible du grand prêtre ; Joas enfin, l'enfant sur lequel reposent tant de promesses, et que le poëte saura faire parler avec la candeur hardie de son âge et l'élévation d'une pensée inspirée de Dieu. Tant de traits de génie n'empêchèrent pas cependant que le goût public ne s'égarât d'abord, et Racine put craindre de s'être trompé. On aura peine à croire que dans plusieurs sociétés, on avait établi, par forme de plaisanterie, de donner pour pénitence la lecture d'un certain nombre de vers d'Athalie. Un jeune officier, raconte La Harpe, condamné à lire la première scène, lut toute la pièce, et la relut sur-le-champ une seconde fois ; ensuite il remercia la compagnie de lui avoir donné un plaisir auquel il ne s'attendait guère. Ce petit événement, qui fit du bruit par sa singularité, commença la révolution. Ce fut en 1716 que la voix des connaisseurs parvint jusqu'au Régent, qui donna ordre de jouer *Athalie*. Elle eut quinze représentations suivies avec affluence et applaudies avec transport, et depuis elle s'est soutenue sur la scène avec le même éclat.

III.

Voltaire, par quelques-unes de ses œuvres dramatiques, méritait une place dans le *Théâtre classique*. Si la conception et le style de ses pièces se ressentent trop de la précipitation avec laquelle il les faisait, s'il y mêla des idées étrangères à l'art pur et n'évita pas la déclamation, il chercha et parfois réussit à transporter sur la scène des beautés nouvelles, heureusement empruntées au théâtre anglais ou italien. Il était né à Paris le 20 février 1694. Élevé au collége Louis-le-Grand, alors dirigé par les Jésuites, il inquiéta ses maîtres par la hardiesse indocile et railleuse de son esprit : ses études achevées, il était aussitôt soupçonné d'une satire offensante pour la mémoire de Louis XIV et enfermé à la Bastille. Il y corrigea à loisir sa tragédie d'*Œdipe*, qui fut accueillie avec succès, en 1718. Longtemps, les dangers que lui attira son caractère agressif le condamnèrent à une vie errante ; mais jamais la prodigieuse activité de son esprit ne se ralentit. Ce fut pendant ces années, traversées par tant d'événements, d'études de toute sorte, d'intrigues, de plaisirs et de maladies, qu'il composa ses principales tragédies : *Brutus*, *la Mort de César*, *Zaïre*, *Alzire*. Il donnait *Mérope* en 1743, à une époque de sa vie relativement moins agitée, où il devenait gentilhomme de la chambre du roi et historiographe de France. La plus grande partie de sa vieillesse s'écoula dans la terre de Ferney, placée dans l'ancien pays de Gex, sur les confins de la France et de la Suisse. De là, il agita le monde par ses pamphlets, se dérobant lui-même sous le voile de l'anonyme. Il se servit de son redoutable talent pour ruiner les principes de l'ordre social et religieux. « Il dépouilla l'homme, en riant, a-t-on bien dit, de ce qui fait ici-bas son soutien et sa grandeur, des sentiments religieux ; implacable railleur, et ne se méprenant pas sur le pouvoir de cette ironie dissolvante, qui a fait tant de ruines en France, et qui était pour lui une sorte de levier d'Archimède, le point fixe avec lequel on enlevait tout. » La mort de Louis XV (1774) fit révoquer la défense qui lui avait été faite de revenir à Paris. Il n'y rentra, en 1778, que pour recevoir une bruyante ovation et y mourir. Il s'éteignait le 30 mai de cette même année, âgé de quatre-vingt-quatre ans.

Ce n'est pas sans raison que *Mérope* a été particulièrement distinguée dans le théâtre de Voltaire. Aucun sujet par lui-même n'est plus dramatique. Plusieurs poëtes s'y étaient déjà exercés, et l'on ne peut trop regretter que le *Cresphonte* d'Euripide, regardé comme son chef-d'œuvre par Aristote, ne soit pas parvenu jusqu'à nous. Le devancier immédiat de Voltaire était un poëte italien, Maffeï, dont il a adouci avec goût la rudesse, sans dissimuler qu'il lui dût quelques-uns de ses traits les plus touchants. Il s'est gardé de mêler des intrigues d'amour, comme il l'avait fait dans *Œdipe*, à la grandeur si pathétique du sujet, de diviser un intérêt que l'amour maternel de Mérope suffit à soutenir jusqu'à la fin. Cette figure de la reine, si naturelle dans sa douleur, inflexible quand le danger ne menace que sa personne, résignée à tous les sacrifices quand le salut de son fils les exige, est une création pleine de hauteur et de vérité. Égisthe nous plaît par sa candeur et sa fierté. La scène de la reconnaissance, sans le secours de la hache et du javelot dont Maffeï avait armé Mérope, prête à frapper son fils, est une des plus belles de notre théâtre. Le style même est ici plus vigoureux, plus pur que dans les autres pièces de Voltaire, dont l'activité impatiente a plus d'une fois oublié ce qu'il dit quelque part : « Pour bien écrire, il faut se corriger toujours. »

IV.

Notre théâtre comique n'avait connu, jusqu'à Corneille, que de grossières parodies dignes des tréteaux. Le *Menteur* fut une première indication de la vraie comédie, et Molière aimait à répéter que, « sans l'exemple du *Menteur*, il n'eût jamais fait que des comédies d'intrigue. » Né à Paris, le 15 janvier 1622, il ne songea d'abord, en effet, dans la vie aventureuse qu'il mena pendant de longues années, qu'à défrayer son répertoire avec des pièces écrites à la hâte, plus voisines de la farce italienne que de la haute comédie. Rentré à Paris en 1658, admis à jouer en présence du roi, il obtint « la concession d'un théâtre, » d'abord à l'hôtel du Petit-Bourbon, près du Louvre, puis, en 1660, au Palais-Royal. Par les *Précieuses ridicules* (1659), il entrait dans la vraie comédie de mœurs, celle, comme on l'a bien définie, où les situations ne sont plus produites par une intrigue, mais par les caractères. Pendant quatorze ans se succédèrent des œuvres dont les titres sont dans toutes les mémoires, et qui réunissent la profondeur de l'observation à la verve comique. En 1666 parut le *Misanthrope*, que « l'Europe, a dit Voltaire, regarde comme le chef-d'œuvre du haut comique. » La protection persistante de Louis XIV permit à Molière d'être le peintre hardi et libre des ridicules de son siècle : il n'en épargna aucun ; il les traduisit tous sur la scène, et fit rire à leurs propres dépens ceux qui lui fournissaient les originaux de ses vives peintures. Mais cette fidélité même d'expression élève le théâtre de Molière à une plus haute valeur que celle d'une exacte copie de la société française à une date déterminée : elle est le portrait toujours ressemblant de l'homme lui-même, avec ses faiblesses et ses contradictions, dont la forme varie, dont la nature et le fond ne changent pas. Cependant, si l'on ne peut assez reconnaître et louer chez Molière la force comique, le don de créer des personnages qui soient en même temps de vivantes figures et des types, une observation pénétrante et presque d'une clairvoyance implacable, un style vigoureux et plein, d'une marque si originale, il conviendrait aussi de mêler des réserves à ces éloges, de regretter la liberté de ses peintures, de blâmer des satires imprudentes, dont l'esprit de parti s'est trop souvent servi contre la foi religieuse de ses adversaires. On sait que Molière, frappé d'un mal subit, ne survécut que de quelques heures à une représentation du *Malade imaginaire*. Il mourut à Paris, le 17 février 1673.

Un moraliste a dit : « Le misanthrope est à refaire tous les cinquante ans. » C'est que la misanthropie, qui a sans doute ses caractères constants et invariables, a aussi ses formes variées et presque ses modes. Il est curieux de retrouver l'homme de son temps et de son milieu social dans celui-là même qui a prétendu s'en séparer. Avant Molière, Lucien et Shakspeare avaient peint le personnage traditionnel de Timon d'Athènes. Le trait le plus remarquable du drame de Shakspeare est la création, en face de Timon, d'un autre misanthrope, Apémantus, qui ne hait pas seulement les hommes à cause des déceptions dont il a été la victime, mais par esprit de système, par orgueil et chagrin naturel. La misanthropie, chez l'Alceste de Molière, a une plus haute origine que les déceptions d'une vanité mécontente et aigrie : elle vient du désenchantement de sa vertu ; elle est la protestation de son âme, blessée par le spectacle du mal. Mais ce qui le rend tributaire de la comédie, c'est la faiblesse qui l'enchaîne lui-même à une coquette. Il est injuste de dire que Molière ait ridiculisé la vertu dans la personne d'Alceste. Il ne cherche nullement à diminuer l'estime que nous devons à sa franche et ferme honnêteté ; mais c'est le droit du poëte comique d'indiquer des contradictions qui se mêlent à la vertu. J. J. Rousseau, si sévère à l'égard du chef-d'œuvre de Molière, et qui croyait se défendre lui-même en défendant Alceste, nous conduirait à un genre de misanthropie autrement dangereuse : celle qui porte la colère moins contre les hommes que contre la société, et rend les institutions de son pays responsables de ses rancunes.

CORNEILLE.

LE CID

TRAGÉDIE.

(1636.)

A MADAME LA DUCHESSE D'AIGUILLON[1].

Madame, ce portrait vivant que je vous offre représente un héros assez reconnaissable aux lauriers dont il est couvert. Sa vie a été une suite continuelle de victoires ; son corps, porté dans son armée, a gagné des batailles après sa mort ; et son nom, au bout de six cents ans, vient encore triompher en France. Il y a trouvé une réception trop favorable pour se repentir d'être sorti de son pays et d'avoir appris à parler une autre langue que la sienne. Ce succès a passé mes plus ambitieuses espérances, et m'a surpris d'abord ; mais il a cessé de m'étonner depuis que j'ai vu la satisfaction que vous avez témoignée quand il a paru devant vous. Alors j'ai osé me promettre de lui tout ce qui en est arrivé, et j'ai cru qu'après les éloges dont vous l'avez honoré cet applaudissement universel ne lui pouvoit manquer. Et véritablement, madame, on ne peut douter avec raison de ce que vaut une chose qui a eu le bonheur de vous plaire ; le jugement que vous en faites est la marque assurée de son prix : et comme vous donnez toujours libéralement aux véritables beautés l'estime qu'elles méritent, les fausses n'ont jamais le pouvoir de vous éblouir. Mais votre générosité ne s'arrête pas à des louanges stériles pour les ouvrages qui vous agréent ; elle prend plaisir à

---

[1]. Marie-Magdeleine de Vignerot, fille de la sœur du cardinal de Richelieu et de René de Vignerot, seigneur de Pont-Courley. Elle épousa le marquis du Roure de Combalet, et fut duchesse d'Aiguillon, de son chef, vers la fin de 1637. Cette épître dédicatoire lui fut adressée au commencement de cette année.

s'étendre utilement sur ceux qui les produisent, et ne dédaigne point d'employer en leur faveur ce grand crédit que votre qualité et vos vertus vous ont acquis. J'en ai ressenti des effets qui me sont trop avantageux pour m'en taire, et je ne vous dois pas moins de remercîments pour moi que pour *le Cid*. C'est une reconnaissance qui m'est glorieuse, puisqu'il m'est impossible de publier que je vous ai de grandes obligations, sans publier en même temps que vous m'avez assez estimé pour vouloir que je vous en eusse.

Aussi, madame, si je souhaite quelque durée pour cet heureux effort de ma plume, ce n'est point pour apprendre mon nom à la postérité, mais seulement pour laisser des marques éternelles de ce que je vous dois, et faire lire à ceux qui naîtront dans les autres siècles la protestation que je fais d'être toute ma vie,

Madame,

Votre très-humble, très-obéissant et très-obligé serviteur,

P. CORNEILLE.

EXTRAIT DE L'AVERTISSEMENT
DE CORNEILLE.

Fragment de l'historien Mariana, « Historia general de España », (liv. IX, ch. 5) : « Avia pocos dias antes hecho « campo con D. Gomez conde de Gormaz. Vencióle, y dióle « la muerte. Lo que resultó deste caso, fue que casó con doña « Ximena, hija y heredera del mismo conde. Ella misma « requirió al rey que se le diesse por marido (ca estava muy « prendada de sus partes), ó le castigasse conforme á las « leyes, por la muerte que dió á su padre. Hizóse el casa-« miento, que á todos estava á cuento, con qual por el grande « dote de su esposa, que se allegó al estado que él tenia de « su padre, se aumentó en poder y riquezas. »

Voilà ce qu'a prêté l'histoire à D. Guillen de Castro, qui a mis ce fameux événement sur le théâtre avant moi. Ceux qui entendent l'espagnol y remarqueront deux circonstances : l'une, que Chimène, ne pouvant s'empêcher de reconnoître et d'aimer les belles qualités qu'elle voyoit en D. Rodrigue, quoiqu'il eût tué son père, « estava prendada de sus partes, » alla proposer elle-même au roi cette généreuse alternative, ou qu'il le lui donnât pour mari, ou qu'il le fît punir suivant les lois ; l'autre, que ce mariage se fît au gré de tout le monde. « á todos estava á cuento. » Deux chroniques du *Cid* ajoutent qu'il fut célébré par l'archevêque de Séville, en présence du roi et de toute sa cour ; mais je me suis contenté du texte de l'historien, parce que toutes les deux ont quelque chose qui sent le roman, et peuvent ne persuader pas davantage que celles que nos François ont faites de Charlemagne et de Roland. Ce que j'ai rapporté de Mariana suffit pour faire voir l'état qu'on fit de Chimène et de son mariage dans son siècle même, où elle vécut en un tel éclat, que les rois d'Aragon et de Navarre tinrent à honneur d'être ses gendres, en épousant ses deux filles. Quelques-uns ne l'ont pas si bien traitée dans le nôtre : et, sans parler de ce qu'on a dit de la Chimène du théâtre, celui qui a composé l'histoire d'Espagne en françois l'a notée, dans son livre, de s'être tôt et aisément consolée de la mort de son père, et a voulu taxer de légèreté une action qui fut imputée à grandeur de courage par ceux qui en furent les témoins. Deux romances espagnoles que je vous donnerai ensuite de cet avertissement parlent encore plus en sa faveur. Ces sortes de petits poëmes sont comme des originaux décousus de leurs anciennes histoires; et je serois ingrat envers la mémoire de cette héroïne, si, après l'avoir fait connoître en France, et m'y être fait connoître par elle, je ne tâchois de la tirer de la honte qu'on lui a voulu faire, parce qu'elle a passé par mes mains. Je vous donne donc ces pièces justificatives de la réputation où elle a vécu, sans dessein de justifier la façon dont je l'ai fait parler françois. Le temps l'a fait pour moi, et les traductions qu'on en a faites en toutes les langues qui servent aujourd'hui à la scène, et chez tous les peuples où l'on voit des théâtres, je veux dire en italien, flamand et anglois, sont d'assez glorieuses apologies contre tout ce qu'on en a dit. Je n'y ajouterai pour toute chose qu'environ une douzaine de vers espagnols qui semblent faits exprès pour la défendre. Ils sont du même auteur qui l'a traitée avant moi, D. Guillen de Castro, qui, dans une autre comédie, qu'il intitule « Engañarse engañando, » fait dire à une princesse de Béarn :

> A mirar
> Bien el mundo, que el tener
> Apetitos que vencer, etc.

C'est, si je ne me trompe, comme agit Chimène dans mon ouvrage, en présence du roi et de l'infante, parce que, quand elle est seule, ou avec sa confidente, ou avec son amant, c'est une autre chose. Ses mœurs sont inégalement égales, pour parler en termes de notre Aristote, et changent suivant les circonstances des lieux, des personnes, des temps et des occasions, en conservant toujours le même principe.

Au reste, je me sens obligé de désabuser le public de deux erreurs qui s'y sont glissées touchant cette tragédie, et qui semblent avoir été autorisées par mon silence. La première est que j'aie convenu de juges touchant son mérite, et m'en sois rapporté au sentiment de ceux qu'on a prié d'en juger. Je m'en tairois encore, si ce faux bruit n'avoit été jusque chez M. de Balzac dans sa province, ou, pour me servir de ses paroles mêmes, dans son désert, et si je n'en avois vu depuis peu les marques dans cette admirable lettre qu'il a écrite sur ce sujet, et qui ne fait pas la moindre richesse des deux derniers trésors qu'il nous a donnés. Or, comme tout ce qui part de sa plume regarde toute la postérité, maintenant que mon nom est assuré de passer jusqu'à elle dans cette lettre incomparable, il me seroit honteux qu'il y passât avec cette tache, et qu'on pût à jamais me reprocher d'avoir compromis de ma réputation. C'est une chose qui jusqu'à présent est sans exemple; et de tous ceux qui ont été attaqués comme moi, aucun que je sache n'a eu assez de foiblesse pour convenir d'arbitres avec ses censeurs; et s'ils ont laissé tout le monde dans la liberté publique d'en juger, ainsi que j'ai fait, ç'a été sans s'obliger, non plus que moi, à en croire personne. Outre que, dans la conjoncture où étoient lors les affaires du *Cid*, il ne falloit pas être grand devin pour prévoir ce que nous en avons vu arriver. A moins que d'être tout à fait stupide, on ne pouvoit pas ignorer que, comme les questions de cette nature ne concernent ni la religion ni l'État, on en peut décider par les règles de la prudence humaine, aussi bien que par celles du théâtre, et tourner sans scrupule le sens du bon Aristote du côté de la politique. Ce n'est pas que je sache si ceux qui ont jugé du *Cid* en ont jugé suivant leur sentiment ou non, ni même que je veuille dire qu'ils en aient bien ou mal jugé, mais seulement que ce n'a jamais été de mon consentement qu'ils en ont jugé, et que peut-être je l'aurois justifié sans beaucoup de peine, si la même raison qui les a fait parler ne m'avoit obligé à me taire. Aristote ne s'est pas expliqué si clairement dans sa Poétique, que nous n'en puissions faire ainsi que les philosophes, qui le tirent chacun à leur parti dans leurs opinions contraires ; et comme c'est un pays inconnu pour beaucoup de monde, les plus zélés partisans du *Cid* en ont cru ses censeurs sur leur parole, et se sont imaginé avoir pleinement satisfait à toutes leurs objections quand ils ont soutenu qu'il importoit peu qu'il fût selon les règles d'Aristote, et qu'Aristote en avoit fait pour son siècle et pour des Grecs, et non pas pour le nôtre et pour des François.

Cette seconde erreur, que mon silence a affermie, n'est pas moins injurieuse à Aristote qu'à moi. Ce grand homme a traité la poétique avec tant d'adresse et de jugement, que les préceptes qu'il nous en a laissés sont de tous les temps et de tous les peuples ; et, bien loin de s'amuser au détail des bienséances et des agréments, qui peuvent être divers, selon que ces deux circonstances sont diverses, il a été droit aux mouvements de l'âme, dont la nature ne change point. Il a montré quelles passions la tragédie doit exciter dans celles de ses auditeurs ; il a cherché quelles conditions sont nécessaires, et aux personnes qu'on introduit, et aux événements qu'on représente, pour les y faire naître ; il en a laissé des moyens qui auroient produit leur effet partout dès la création du monde, et qui seront capables de le produire encore partout, tant qu'il y aura des théâtres et des acteurs ; et pour le reste, que les lieux et les temps peuvent changer, il l'a négligé, et n'a pas même prescrit le nombre des actes, qui n'a été réglé que par Horace beaucoup après lui.

Et certes, je serois le premier qui condamnerois *le Cid*, s'il péchoit contre ces grandes et souveraines maximes que nous tenons de ce philosophe ; mais, bien loin d'en demeurer d'accord, j'ose dire que cet heureux poëme n'a si extraordinairement réussi que parce qu'on y voit les deux maîtresses conditions (permettez-moi cette épithète) que demande ce grand maître aux excellentes tragédies, et qui se trouvent si rarement assemblées dans un même ouvrage, qu'un des plus doctes commentateurs de ce divin traité qu'il en a fait soutient que toute l'antiquité ne les a vûes se rencontrer que dans le seul Œdipe. La première est que celui qui souffre et est persécuté ne soit ni tout méchant ni tout vertueux, mais un homme plus vertueux que méchant, qui, par quelque trait de foiblesse humaine qui ne soit pas un crime, tombe dans un malheur qu'il ne mérite pas : l'autre, que la persécution et le péril ne viennent point d'un ennemi, ni d'un indifférent, mais d'une personne qui doive aimer celui qui souffre et en être aimée. Et voilà, pour en parler pleinement, la véritable et seule cause de tout le succès du *Cid*, en qui l'on ne peut méconnoître ces deux conditions sans s'aveugler soi-même pour lui faire injustice. J'achève donc en m'acquittant de ma parole; et après vous avoir dit en passant ces deux mots pour le Cid du théâtre, je vous donne, en faveur de la Chimène de l'histoire, les deux romances que je vous ai promises.

Romance primero.

Delante el rey de Leon
Doña Ximena una tarde
Se pone á pedir justicia
Por la muerte de su padre, etc.

Romance segundo.

A Ximena y á Rodrigo
Prendió el rey palabra, y mano,
De juntarlos para en uno
En presencia de Layn Calvo, etc.

EXAMEN DU CID
Par CORNEILLE.

Ce poëme a tant d'avantages du côté du sujet et des pensées brillantes dont il est semé, que la plupart de ses auditeurs n'ont pas voulu voir les défauts de sa conduite, et ont laissé enlever leurs suffrages au plaisir que leur a donné sa représentation. Bien que ce soit celui de tous mes ouvrages réguliers où je me suis permis le plus de licence, il passe encore pour le plus beau auprès de ceux qui ne s'attachent pas à la dernière sévérité des règles; et depuis cinquante ans qu'il tient sa place sur nos théâtres, l'histoire ni l'effort de l'imagination n'y ont rien fait voir qui en ait effacé l'éclat. Aussi a-t-il les deux grandes conditions que demande Aristote aux tragédies parfaites, et dont l'assemblage se rencontre si rarement chez les anciens ni chez les modernes; il les assemble même plus fortement et plus noblement que les espèces que pose ce philosophe. Une maîtresse que son devoir force à poursuivre la mort de son amant, qu'elle tremble d'obtenir, a les passions plus vives et plus allumées que tout ce qui peut se passer entre un mari et sa femme, une mère et son fils, un frère et sa sœur; et la haute vertu dans un naturel sensible à ces passions, qu'elle dompte sans les affoiblir, et à qui elle laisse toute leur force pour en triompher plus glorieusement, a quelque chose de plus touchant, de plus élevé et de plus aimable que cette médiocre bonté, capable d'une foiblesse, et même d'un crime, où nos anciens étoient contraints d'arrêter le caractère le plus parfait des rois et des princes dont ils faisoient leurs héros, afin que ces taches et ces forfaits, défigurant ce qu'ils leur laissoient de vertu, s'accommodât au goût et aux souhaits de leurs spectateurs et fortifiât l'horreur qu'ils avoient conçue de leur domination et de la monarchie.

Rodrigue suit ici son devoir sans rien relâcher de sa passion : Chimène fait la même chose à son tour, sans laisser ébranler son dessein par la douleur où elle se voit abîmée par là; et si la présence de son amant lui fait faire quelque faux pas, c'est une glissade dont elle se relève à l'heure même; et non-seulement elle connoît si bien sa faute, qu'elle nous en avertit; mais elle fait un prompt désaveu de tout ce qu'une vue si chère lui a pu arracher. Il n'est point besoin qu'on lui reproche qu'il lui est honteux de souffrir l'entretien de son amant après qu'il a tué son père ; elle avoue que c'est la seule prise que la médisance aura sur elle. Si elle s'emporte jusqu'à lui dire qu'elle veut bien qu'on sache qu'elle l'adore et le poursuit, ce n'est point une résolution si ferme, qu'elle l'empêche de cacher son amour de tout son possible lorsqu'elle est en la présence du roi. S'il lui échappe de l'encourager au combat contre don Sanche par ces paroles :

Sors vainqueur d'un combat dont Chimène est le prix,

elle ne se contente pas de s'enfuir de honte au même moment; mais sitôt qu'elle est avec Elvire, à qui elle ne déguise rien de ce qui se passe dans son âme, et que la vue de ce cher objet ne lui fait plus de violence, elle forme un souhait plus raisonnable, qui satisfait sa vertu et son amour tout ensemble, et demande au ciel que le combat se termine

Sans faire aucun des deux ni vaincu ni vainqueur.

Si elle ne dissimule point qu'elle penche du côté de Rodrigue, de peur d'être à don Sanche, pour qui elle a de l'aversion, cela ne détruit point la protestation qu'elle a faite un peu auparavant que, malgré la loi de ce combat et les promesses que le roi a faites à Rodrigue, elle lui fera mille autres ennemis, s'il en sort victorieux. Ce grand éclat même qu'elle laisse faire à son amour après qu'elle le croit mort est suivi d'une opposition vigoureuse à l'exécution de cette loi qui la donne à son amant, et elle ne se tait qu'après que le roi l'a différée, et lui a laissé lieu d'espérer qu'avec le temps il y pourra survenir quelque obstacle. Je sais bien que le silence passe d'ordinaire pour une marque de consentement; mais quand les rois parlent, c'en est une de contradiction : on ne manque jamais à leur applaudir quand on entre dans leurs sentiments; et le seul moyen de leur contredire avec le respect qui leur est dû, c'est de se taire, quand leurs ordres ne sont pas si pressants qu'on ne puisse remettre à s'excuser de leur obéir lorsque le temps en sera venu, et conserver cependant une espérance légitime d'un empêchement qu'on ne peut encore déterminément prévoir.

Il est vrai que, dans ce sujet, il faut se contenter de tirer Rodrigue de péril, sans le pousser jusqu'à son mariage avec Chimène. Il est historique, et a plu en son temps; mais bien sûrement il déplairoit au nôtre : et j'ai peine à voir que Chimène y consente chez l'auteur espagnol, bien qu'il donne plus de trois ans de durée à la comédie qu'il en a faite. Pour ne pas contredire l'histoire, j'ai cru ne me pouvoir dispenser d'en jeter quelque idée, mais avec incertitude de l'effet; et ce n'étoit que par là que je pouvois accorder la bienséance du théâtre avec la vérité de l'événement.

Les deux visites que Rodrigue fait à sa maîtresse ont quelque chose qui choque cette bienséance de la part de celle qui les souffre; la rigueur du devoir vouloit qu'elle refusât de lui parler, et s'enfermât dans son cabinet au lieu de l'écouter : mais permettez-moi de dire avec un des premiers esprits de notre siècle « que leur conversation est remplie de si beaux sentiments, que plusieurs n'ont pas connu ce défaut, et que ceux qui l'ont connu l'ont toléré. » J'irai plus outre, et dirai que presque tous ont souhaité que ces entretiens se fissent ; et j'ai remarqué aux premières représentations qu'alors que ce malheureux amant se présentoit devant elle, il s'élevoit un certain frémissement dans l'assemblée, qui marquoit une curiosité merveilleuse, et un redoublement d'attention pour ce qu'ils avoient à se dire dans un état si pitoyable. Aristote dit « qu'il y a des absurdités qu'il faut laisser dans un poëme, quand on peut espérer qu'elles seront bien reçues ; et il est du devoir du poëte, en ce cas, de les couvrir de tant de brillants, qu'elles puissent éblouir. » Je laisse au jugement de mes auditeurs si je me suis assez bien acquitté de ce devoir pour justifier par là ces deux scènes. Les pensées de la première des deux sont quelquefois trop spirituelles pour partir de personnes fort affligées ; mais, outre que je n'ai fait que la paraphraser de l'espagnol, si nous ne nous permettions quelque chose de plus ingénieux que le cours ordinaire de la passion, nos poëmes ramperoient souvent, et les grandes douleurs ne mettroient dans la bouche de nos acteurs que des exclamations et des hélas. Pour ne déguiser rien, cette offre que fait Rodrigue de son épée à Chimène, et cette protestation de se laisser tuer par don Sanche, ne me plairoient pas maintenant. Ces beautés étoient de mise en ce temps-là, et ne le seroient plus en celui-ci. La première est dans l'original espagnol ; et l'autre est tirée sur ce modèle. Toutes les deux ont fait leur effet en ma faveur ; mais je ferois scrupule d'en étaler de pareilles à l'avenir sur notre théâtre.

J'ai dit ailleurs ma pensée touchant l'infante et le roi : il reste néanmoins quelque chose à examiner sur la manière dont ce dernier agit, qui ne paroît pas assez vigoureuse, en ce qu'il ne fait pas arrêter le comte après le soufflet donné et n'envoie pas des gardes à don Diègue et à son fils. Sur quoi on peut considérer que don Fernand étant le premier roi de Castille, et ceux qui en avoient été maîtres auparavant lui n'ayant eu titre que de comtes, il n'étoit peut-être pas assez absolu sur les grands seigneurs de son royaume pour le pouvoir faire. Chez don Guillen de Castro, qui a traité ce sujet avant moi, et qui devoit mieux connoître que moi quelle étoit l'autorité de ce premier monarque de son pays, le soufflet se donne en sa présence, et en celle de deux ministres d'État, qui lui conseillent, après que le comte s'est retiré fièrement et avec bravade, et que don Diègue a fait la même chose en soupirant, de ne le pousser point à bout, parce qu'il a quantité d'amis dans les Asturies, qui se pourroient révolter, et prendre parti avec les Maures dont son État est environné : ainsi il se résout d'accommoder l'affaire sans bruit, et recommande le secret à ces deux ministres, qui ont été seuls témoins de l'action. C'est sur cet exemple que je me suis cru bien fondé à le faire agir plus mollement qu'on ne feroit en ce temps-ci, où l'autorité royale est plus absolue. Je ne pense pas non plus qu'il fasse une faute bien grande de ne jeter point l'alarme, de nuit, dans sa ville, sur l'avis incertain qu'il a du dessein des Maures, puisqu'on faisoit bonne garde sur les murs et sur le port ; mais il est inexcusable de n'y donner aucun ordre après leur arrivée, et de laisser tout faire à Rodrigue. La loi du combat qu'il propose à Chimène, avant que de le permettre à don Sanche contre Rodrigue, n'est pas si injuste que quelques-uns ont voulu le dire, parce qu'elle est plutôt une menace pour la faire dédire de la demande de ce combat qu'un arrêt qu'il lui veuille faire exécuter. Cela paroît en ce qu'après la victoire de Rodrigue il n'en exige pas précisément l'effet de sa parole, et la laisse en état d'espérer que cette condition n'aura point de lieu.

Je ne puis dénier que la règle des vingt et quatre heures presse trop les incidents de cette pièce. La mort du comte et l'arrivée des Maures s'y pouvoient entresuivre d'aussi près qu'elles font, parce que cette arrivée est une surprise qui n'a point de communication ni de mesures à prendre avec le reste ; mais il n'en va pas ainsi du combat de don Sanche, dont le roi étoit le maître, et pouvoit lui choisir un autre temps que deux heures après la fuite des Maures. Leur défaite avoit assez fatigué Rodrigue toute la nuit pour mériter deux ou trois jours de repos ; et même il y avoit quelque apparence qu'il n'en étoit pas échappé sans blessures, quoique je n'en aie rien dit, parce qu'elles n'auroient fait que nuire à la conclusion de l'action.

Cette même règle presse aussi trop Chimène de demander justice au roi la seconde fois. Elle l'avoit fait le soir d'auparavant, et n'avoit aucun sujet d'y retourner le lendemain matin pour en importuner le roi, dont elle n'avoit encore aucun lieu de se plaindre, puisqu'elle ne pouvoit encore dire qu'il lui eût manqué de promesse. Le roman lui auroit donné sept ou huit jours de patience avant que de l'en presser de nouveau ; mais les vingt et quatre heures ne l'ont pas permis : c'est l'incommodité de la règle. Passons à celle de l'unité de lieu, qui ne m'a pas donné moins de gêne en cette pièce.

Je l'ai placé dans Séville, bien que don Fernand n'en ait jamais été le maître ; et j'ai été obligé à cette falsification pour former quelque vraisemblance à la descente des Maures, dont l'armée ne pouvoit venir si vite par terre que par eau. Je ne voudrois pas assurer toutefois que le flux de la mer monte effectivement jusque-là ; mais, comme dans notre Seine il fait encore plus de chemin qu'il ne lui en faut faire sur le Guadalquivir pour abattre les murailles de cette ville, cela peut suffire à fonder quelque probabilité parmi nous, pour ceux qui n'ont point été sur le lieu même.

Cette arrivée des Maures ne laisse pas d'avoir ce défaut que j'ai marqué ailleurs, qu'ils se présentent d'eux-mêmes, sans être appelés dans la pièce directement ni indirectement par aucun acteur du premier acte. Ils ont plus de justesse dans l'irrégularité de l'auteur espagnol. Rodrigue, n'osant plus se montrer à la cour, les va combattre sur la frontière, et ainsi le premier acteur les va chercher et leur donne place dans le poëme, au contraire de ce qui arrive ici, où ils semblent se venir faire de fête exprès pour en être battus et lui donner moyen de rendre à son roi un service d'importance qui lui fasse obtenir sa grâce. C'est une seconde incommodité de la règle dans cette tragédie.

Tout s'y passe donc dans Séville, et garde ainsi quelque espèce d'unité de lieu en général; mais le lieu particulier change de scène en scène, et tantôt c'est le palais du roi, tantôt l'appartement de l'infante, tantôt la maison de Chimène, et tantôt une rue ou place publique. On le détermine aisément pour les scènes détachées; mais pour celles qui ont leur liaison ensemble, comme les quatre dernières du premier acte, il est malaisé d'en choisir un qui convienne à toutes. Le comte et don Diègue se querellent au sortir du palais: cela se peut passer dans une rue; mais, après le soufflet reçu, don Diègue ne peut pas demeurer en cette rue à faire ses plaintes, attendant que son fils survienne, qu'il ne soit tout aussitôt environné de peuple, et ne reçoive l'offre de quelques amis. Ainsi il seroit plus à propos qu'il se plaignît dans sa maison, où le met l'espagnol, pour laisser aller ses sentiments en liberté; mais, en ce cas, il faudrait délier les scènes comme il a fait. En l'état où elles sont ici, on peut dire qu'il faut quelquefois aider au théâtre et suppléer favorablement ce qui ne s'y peut représenter. Deux personnes s'y arrêtent pour parler, et quelquefois il faut présumer qu'ils marchent, ce qu'on ne peut exposer sensiblement à la vue, parce qu'ils échapperoient aux yeux avant que d'avoir pu dire ce qu'il est nécessaire qu'ils fassent savoir à l'auditeur. Ainsi, par une fiction de théâtre, on peut s'imaginer que don Diègue et le comte, sortant du palais du roi, avancent toujours en se querellant, et sont arrivés devant la maison de ce premier lorsqu'il reçoit le soufflet qui l'oblige à y entrer pour y chercher du secours. Si cette fiction poétique ne vous satisfait point, laissons-le dans la place publique, et disons que le concours du peuple autour de lui après cette offense, et les offres de service que lui font les premiers amis qui s'y rencontrent, sont des circonstances que le roman ne doit pas oublier, mais que ces menues actions ne servant de rien à la principale, il n'est pas besoin que le poëte s'en embarrasse sur la scène. Horace l'en dispense par ces vers :

> Hoc amet, hoc spernat promissi carminis auctor;
> Pleraque differat. (*Ars poet.*, v. 45.)

Et ailleurs,

> Semper ad eventum festinat. (*Ibid.*, v. 148.)

C'est ce qui m'a fait négliger, au troisième acte, de donner à don Diègue, pour aider à chercher son fils, aucun des cinq cents amis qu'il avoit chez lui. Il y a grande apparence que quelques-uns d'eux l'y accompagnoient, et même que quelques autres le cherchoient pour lui d'un autre côté; mais ces accompagnements inutiles de personnes qui n'ont rien à dire, puisque celui qu'ils accompagnent a seul tout l'intérêt à l'action, ces sortes d'accompagnements, dis-je, ont toujours mauvaise grâce au théâtre, et d'autant plus que les comédiens n'emploient à ces personnages muets que leurs moucheurs de chandelles et leurs valets, qui ne savent quelle posture tenir.

Les funérailles du comte étoient encore une chose fort embarrassante, soit qu'elles se soient faites avant la fin de la pièce, soit que le corps ait demeuré en présence dans son hôtel, attendant qu'on y donnât ordre. Le moindre mot que j'en eusse laissé dire pour en prendre soin eût rompu toute la chaleur de l'attention et rempli l'auditeur d'une fâcheuse idée. J'ai cru plus à propos de les dérober à son imagination par mon silence, aussi bien que le lieu précis de ces quatre scènes du premier acte dont je viens de parler; et je m'assure que cet artifice m'a si bien réussi, que peu de personnes ont pris garde à l'un ni à l'autre, et que la plupart des spectateurs, laissant emporter leurs esprits à ce qu'ils ont vu et entendu de pathétique en ce poëme, ne se sont point avisés de réfléchir sur ces deux considérations. J'achève par une remarque sur ce que dit Horace, que ce qu'on expose à la vue touche bien plus que ce qu'on n'apprend que par un récit.

> Segnius irritant animos demissa per aurem,
> Quam quæ sunt oculis subjecta fidelibus. (*Ars poet.*, v. 180.)

C'est sur quoi je me suis fondé pour faire voir le soufflet que reçoit don Diègue, et cacher aux yeux la mort du comte, afin d'acquérir et conserver à mon premier acteur l'amitié des auditeurs, si nécessaire pour réussir au théâtre. L'indignité d'un affront fait à un vieillard chargé d'années et de victoires les jette aisément dans le parti de l'offensé; et cette mort, qu'on vient dire au roi tout simplement sans aucune narration touchante, n'excite point en eux la commisération qu'y eût fait naître le spectacle de son sang, et ne leur donne aucune aversion pour ce malheureux amant qu'ils ont vu forcé, par ce qu'il devoit à son honneur, d'en venir à cette extrémité, malgré l'intérêt et la tendresse de son amour.

LE CID

TRAGÉDIE.

(1636.)

PERSONNAGES. — D. FERNAND, premier roi de Castille.— D. URRAQUE, infante de Castille.— D. DIÈGUE, père de don Rodrigue. — D. GOMÈS, comte de Gormas, père de Chimène.— CHIMÈNE, fille de don Gomès. —D. RODRIGUE, fils de don Diègue et amant de Chimène.—D. SANCHE, amoureux de Chimène. — D. ARIAS, D. ALONSE, gentilshommes castillans. — LÉONOR, gouvernante de l'infante. — ELVIRE, gouvernante de Chimène. — Un page de l'infante.

La scène est à Séville.

ACTE PREMIER.

SCÈNE I.

CHIMÈNE, ELVIRE.

CHIMÈNE.
Elvire, m'as-tu fait un rapport bien sincère ?
Ne déguises-tu rien de ce qu'a dit mon père ?
ELVIRE.
Tous mes sens à moi-même en sont encor charmés,
Il estime Rodrigue autant que vous l'aimez,
Et si je ne m'abuse à lire dans son âme,
Il vous commandera de répondre à sa flamme.
CHIMÈNE.
Dis-moi donc, je te prie, une seconde fois,
Ce qui te fait juger qu'il approuve mon choix ; [dre :
Apprends-moi de nouveau quel espoir j'en dois pren-
Un si charmant discours ne se peut trop entendre ; 10

Tu ne peux trop promettre aux feux de notre amour
La douce liberté de se montrer au jour.
Que t'a-t-il répondu sur la secrète brigue
Que font auprès de toi don Sanche et don Rodrigue?
N'as-tu point trop fait voir quelle inégalité
Entre ces deux amants me penche d'un côté?

ELVIRE.

Non, j'ai peint votre cœur dans une indifférence
Qui n'enfle d'aucun d'eux ni détruit l'espérance,
Et, sans les voir d'un œil trop sévère ou trop doux,
Attend l'ordre d'un père à choisir un époux.   20
Ce respect l'a ravi ; sa bouche et son visage
M'en ont donné sur l'heure un digne témoignage,
Et puisqu'il faut encor vous en faire un récit,
Voici d'eux et de vous ce qu'en hâte il m'a dit:
Elle est dans le devoir, tous deux sont dignes d'elle,
Tous deux formés d'un sang noble, vaillant, fidèle,
Jeunes, mais qui font lire aisément dans leurs yeux
L'éclatante vertu de leurs braves aïeux.
Don Rodrigue surtout n'a trait en son visage,
Qui d'un homme de cœur ne soit la haute image, 30
Et sort d'une maison si féconde en guerriers,
Qu'ils y prennent naissance au milieu des lauriers.
La valeur de son père, en son temps sans pareille,
Tant qu'a duré sa force, a passé pour merveille ;
Ses rides sur son front ont gravé ses exploits,
Et nous disent encor ce qu'il fut autrefois.
Je me promets du fils ce que j'ai vu du père ;
Et ma fille, en un mot, peut l'aimer et me plaire.
Il allait au conseil, dont l'heure qui pressait
A tranché ce discours qu'à peine il commençait ; 40
Mais à ce peu de mots je crois que sa pensée
Entre vos deux amants n'est pas fort balancée.
Le roi doit à son fils élire un gouverneur,
Et c'est lui que regarde un tel degré d'honneur;
Ce choix n'est pas douteux, et sa rare vaillance

Ne peut souffrir qu'on craigne aucune concurrence.
Comme ses hauts exploits le rendent sans égal,
Dans un espoir si juste il sera sans rival :
Et puisque don Rodrigue a résolu son père
Au sortir du conseil à proposer l'affaire, 50
Je vous laisse à juger s'il prendra bien son temps,
Et si tous vos désirs seront bientôt contents.

CHIMÈNE.

Il semble toutefois que mon âme troublée
Refuse cette joie et s'en trouve accablée.
Un moment donne au sort des visages divers,
Et dans ce grand bonheur je crains un grand revers.

ELVIRE.

Vous verrez votre crainte heureusement déçue.

CHIMÈNE.

Allons, quoi qu'il en soit, en attendre l'issue.

SCÈNE II.

L'INFANTE, LÉONOR, UN PAGE.

L'INFANTE, *au page.*

Va-t'en trouver Chimène, et dis-lui de ma part
Qu'aujourd'hui pour me voir elle attend un peu tard,
Et que mon amitié se plaint de sa paresse. 61

(*Le page sort.*)

LÉONOR.

Madame, chaque jour même désir vous presse,
Et je vous vois, pensive et triste chaque jour,
Demander avec soin comme va son amour.

L'INFANTE.

Ce n'est pas sans sujet ; je l'ai presque forcée
A recevoir les traits dont son âme est blessée :
Elle aime don Rodrigue et le tient de ma main,
Et par moi don Rodrigue a vaincu son dédain ;

Ainsi de ces amants ayant formé les chaînes,
Je dois prendre intérêt à voir finir leurs peines. 70
  LÉONOR.
Madame, toutefois parmi leurs bons succès
Vous montrez un chagrin qui va jusqu'à l'excès.
Cet amour, qui tous deux les comble d'allégresse,
Fait-il de ce grand cœur la profonde tristesse?
Et ce grand intérêt que vous prenez pour eux
Vous rend-il malheureuse alors qu'ils sont heureux?
Mais je vais trop avant et deviens indiscrète.
  L'INFANTE.
Ma tristesse redouble à la tenir secrète.
Écoute, écoute enfin comme j'ai combattu,
Et, plaignant ma faiblesse, admire ma vertu. 80
L'amour est un tyran qui n'épargne personne.
Ce jeune cavalier, cet amant que je donne,
Je l'aime.
  LÉONOR. Vous l'aimez!
    L'INFANTE. Mets la main sur mon cœur,
Et vois comme il se trouble au nom de son vainqueur,
Comme il le reconnaît.
    LÉONOR. Pardonnez-moi, madame,
Si je sors du respect pour blâmer cette flamme.
Choisir pour votre amant un simple cavalier!
Une grande princesse à ce point s'oublier!
Et que dira le roi? que dira la Castille?
Vous souvenez-vous bien de qui vous êtes fille? 90
  L'INFANTE.
Oui, oui, je m'en souviens, et j'épandrais mon sang
Plutôt que de rien faire indigne de mon rang.
Je te répondrais bien que dans les belles âmes
Le seul mérite a droit de produire des flammes;
Et, si ma passion cherchait à s'excuser,
Mille exemples fameux pourraient l'autoriser:
Mais je n'en veux point suivre où ma gloire s'engage;
Si j'ai beaucoup d'amour, j'ai bien plus de courage;

Un noble orgueil m'apprend qu'étant fille de roi,
Tout autre qu'un monarque est indigne de moi. 100
Quand je vis que mon cœur ne se pouvait défendre,
Moi-même je donnai ce que je n'osais prendre.
Je mis, au lieu de moi, Chimène en ses liens,
Et j'allumai leurs feux pour éteindre les miens.
Ne t'étonne donc plus si mon âme gênée
Avec impatience attend leur hyménée :
Tu vois que mon repos en dépend aujourd'hui.
Si l'amour vit d'espoir, il périt avec lui ;
C'est un feu qui s'éteint faute de nourriture ;
Et, malgré la rigueur de ma triste aventure, 110
Si Chimène a jamais Rodrigue pour mari,
Mon espérance est morte, et mon esprit guéri.
 Je souffre cependant un tourment incroyable.
Jusques à cet hymen Rodrigue m'est aimable :
Je travaille à le perdre, et le perds à regret ;
Et de là prend son cours mon déplaisir secret.
Je vois avec chagrin que l'amour me contraigne
A pousser des soupirs pour ce que je dédaigne ;
Je sens en deux partis mon esprit divisé.
Si mon courage est haut, mon cœur est embrasé. 120
Cet hymen m'est fatal, je le crains et souhaite :
Je n'ose en espérer qu'une joie imparfaite.
Ma gloire et mon amour ont pour moi tant d'appas,
Que je meurs s'il s'achève, ou ne s'achève pas.

    LÉONOR.

Madame, après cela je n'ai rien à vous dire,
Sinon que de vos maux avec vous je soupire :
Je vous blâmais tantôt, je vous plains à présent ;
Mais, puisque dans un mal si doux et si cuisant
Votre vertu combat et son charme et sa force,
En repousse l'assaut, en rejette l'amorce, 130
Elle rendra le calme à vos esprits flottants.
Espérez donc tout d'elle, et du secours du temps :
Espérez tout du ciel ; il a trop de justice

Pour laisser la vertu dans un si long supplice.
L'INFANTE.
Ma plus douce espérance est de perdre l'espoir.

SCÈNE III.

L'INFANTE, LÉONOR, UN PAGE.

LE PAGE.
Par vos commandements, Chimène vous vient voir.
L'INFANTE, *à Léonor.*
Allez l'entretenir en cette galerie.
LÉONOR.
Voulez-vous demeurer dedans la rêverie?
L'INFANTE.
Non, je veux seulement, malgré mon déplaisir,
Remettre mon visage un peu plus à loisir. 140
Je vous suis.

SCÈNE IV.

L'INFANTE, *seule.*

    Juste ciel, d'où j'attends mon remède,
Mets enfin quelque borne au mal qui me possède;
Assure mon repos, assure mon honneur.
Dans le bonheur d'autrui je cherche mon bonheur.
Cet hyménée à trois également importe;
Rends son effet plus prompt, ou mon âme plus forte.
D'un lien conjugal joindre ces deux amants,
C'est briser tous mes fers et finir mes tourments.
Mais je tarde un peu trop; allons trouver Chimène,
Et, par son entretien, soulager notre peine. 150

SCÈNE V.

LE COMTE, D. DIÈGUE.

LE COMTE.
Enfin vous l'emportez, et la faveur du roi
Vous élève en un rang qui n'était dû qu'à moi;
Il vous fait gouverneur du prince de Castille.
D. DIÈGUE.
Cette marque d'honneur qu'il met dans ma famille
Montre à tous qu'il est juste, et fait connaître assez
Qu'il sait récompenser les services passés.
LE COMTE.   [sommes:
Pour grands que soient les rois, ils sont ce que nous
Ils peuvent se tromper comme les autres hommes;
Et ce choix sert de preuve à tous les courtisans
Qu'ils savent mal payer les services présents.   160
D. DIÈGUE.
Ne parlons plus d'un choix dont votre esprit s'irrite;
La faveur l'a pu faire autant que le mérite.
Mais on doit ce respect au pouvoir absolu,
De n'examiner rien quand un roi l'a voulu.
A l'honneur qu'il m'a fait ajoutez-en un autre;
Joignons d'un sacré nœud ma maison à la vôtre.
Rodrigue aime Chimène, et ce digne sujet
De ses affections est le plus cher objet.
Consentez-y, monsieur, et l'acceptez pour gendre.
LE COMTE.
A de plus hauts partis Rodrigue doit prétendre;   170
Et le nouvel éclat de votre dignité
Lui doit enfler le cœur d'une autre vanité.
Exercez-la, monsieur, et gouvernez le prince;
Montrez-lui comme il faut régir une province,
Faire trembler partout les peuples sous sa loi,
Remplir les bons d'amour et les méchants d'effroi;

Joignez à ces vertus celles d'un capitaine :
Montrez-lui comme il faut s'endurcir à la peine,
Dans le métier de Mars se rendre sans égal,
Passer les jours entiers et les nuits à cheval,   180
Reposer tout armé, forcer une muraille,
Et ne devoir qu'à soi le gain d'une bataille :
Instruisez-le d'exemple, et rendez-le parfait,
Expliquant à ses yeux vos leçons par l'effet.

D. DIÈGUE.

Pour s'instruire d'exemple, en dépit de l'envie,
Il lira seulement l'histoire de ma vie.
Là, dans un long tissu de belles actions,
Il verra comme il faut dompter des nations,
Attaquer une place, ordonner une armée,
Et sur de grands exploits bâtir sa renommée.   190

LE COMTE.

Les exemples vivants ont bien plus de pouvoir;
Un prince dans un livre apprend mal son devoir.
Et, qu'a fait, après tout, ce grand nombre d'années,
Que ne puisse égaler une de mes journées?
Si vous fûtes vaillant, je le suis aujourd'hui;
Et ce bras du royaume est le plus ferme appui.
Grenade et l'Aragon tremblent quand ce fer brille;
Mon nom sert de rempart à toute la Castille :
Sans moi, vous passeriez bientôt sous d'autres lois,
Et vous auriez bientôt vos ennemis pour rois.   200
Chaque jour, chaque instant, pour rehausser ma gloire,
Met lauriers sur lauriers, victoire sur victoire :
Le prince à mes côtés ferait dans les combats
L'essai de son courage à l'ombre de mon bras;
Il apprendrait à vaincre en me regardant faire;
Et, pour répondre en hâte à son grand caractère,
Il verrait....

D. DIÈGUE.

   Je le sais, vous servez bien le roi.
Je vous ai vu combattre et commander sous moi.

Quand l'âge dans mes nerfs a fait couler sa glace,
Votre rare valeur a bien rempli ma place : 210
Enfin, pour épargner les discours superflus,
Vous êtes aujourd'hui ce qu'autrefois je fus.
Vous voyez toutefois qu'en cette concurrence
Un monarque entre nous met quelque différence.
    LE COMTE.
Ce que je méritais vous l'avez emporté.
    D. DIÈGUE.
Qui l'a gagné sur vous l'avait mieux mérité.
    LE COMTE.
Qui peut mieux l'exercer en est bien le plus digne.
    D. DIÈGUE.
En être refusé n'en est pas un bon signe.
    LE COMTE.
Vous l'avez eu par brigue, étant vieux courtisan.
    D. DIÈGUE.
L'éclat de mes hauts faits fut mon seul partisan. 220
    LE COMTE.
Parlons-en mieux, le roi fait honneur à votre âge.
    D. DIÈGUE.
Le roi, quand il en fait, le mesure au courage.
    LE COMTE.
Et par là cet honneur n'était dû qu'à mon bras.
    D. DIÈGUE.
Qui n'a pu l'obtenir ne le méritait pas.
    LE COMTE.
Ne le méritait pas ! Moi ?
        D. DIÈGUE. Vous.
            LE COMTE. Ton impudence,
Téméraire vieillard, aura sa récompense.
        (Il lui donne un soufflet.)
    D. DIÈGUE, *mettant l'épée à la main.*
Achève, et prends ma vie après un tel affront,
Le premier dont ma race ait vu rougir son front.

LE COMTE.

Et que penses-tu faire avec tant de faiblesse?

D. DIÈGUE.

O Dieu! ma force usée en ce besoin me laisse!

LE COMTE.

Ton épée est à moi; mais tu serais trop vain,
Si ce honteux trophée avait chargé ma main.
Adieu. Fais lire au prince, en dépit de l'envie,
Pour son instruction, l'histoire de ta vie;
D'un insolent discours ce juste châtiment
Ne lui servira pas d'un petit ornement.

D. DIÈGUE.

Épargnes-tu mon sang?

LE COMTE. Mon âme est satisfaite,
Et mes yeux à ma main reprochent ta défaite.

D. DIÈGUE.

Tu dédaignes ma vie!

LE COMTE. En arrêter le cours
Ne ferait que hâter la Parque de trois jours.

SCÈNE VI.

D. DIÈGUE, *seul*.

O rage! ô désespoir! ô vieillesse ennemie!
N'ai-je donc tant vécu que pour cette infamie?
Et ne suis-je blanchi dans les travaux guerriers
Que pour voir en un jour flétrir tant de lauriers?
Mon bras qu'avec respect toute l'Espagne admire,
Mon bras, qui tant de fois a sauvé cet empire,
Tant de fois affermi le trône de son roi,
Trahit donc ma querelle, et ne fait rien pour moi?
O cruel souvenir de ma gloire passée!
Œuvre de tant de jours en un jour effacée!
Nouvelle dignité, fatale à mon bonheur!
Précipice élevé d'où tombe mon honneur!

Faut-il de votre éclat voir triompher le comte,
Et mourir sans vengeance ou vivre dans la honte?
Comte, sois de mon prince à présent gouverneur :
Ce haut rang n'admet point un homme sans honneur ;
Et ton jaloux orgueil, par cet affront insigne,
Malgré le choix du roi, m'en a su rendre indigne.
Et toi, de mes exploits glorieux instrument,
Mais d'un corps tout de glace inutile ornement, 260
Fer jadis tant à craindre, et qui, dans cette offense,
M'as servi de parade, et non pas de défense,
Va, quitte désormais le dernier des humains,
Passe, pour me venger, en de meilleures mains.
Si Rodrigue est mon fils, il faut que l'amour cède,
Et qu'une ardeur plus haute à ses flammes succède.
Mon honneur est le sien, et le mortel affront
Qui tombe sur mon chef rejaillit sur son front.

SCÈNE VII.

D. DIÈGUE, D. RODRIGUE.

D. DIÈGUE.
Rodrigue, as-tu du cœur?
    D. RODRIGUE. Tout autre que mon père
L'éprouverait sur l'heure.
    D. DIÈGUE. Agréable colère ! 270
Digne ressentiment à ma douleur bien doux !
Je reconnais mon sang à ce noble courroux ;
Ma jeunesse revit en cette ardeur si prompte.
Viens, mon fils, viens, mon sang, viens réparer ma
Viens me venger.   [honte;
    D. RODRIGUE. De quoi?
    D. DIÈGUE. D'un affront si cruel,
Qu'à l'honneur de tous deux il porte un coup mortel :
D'un soufflet. L'insolent en eût perdu la vie ;
Mais mon âge a trompé ma généreuse envie ;

Et ce fer que mon bras ne peut plus soutenir,
Je le remets au tien pour venger et punir. 230
Va contre un arrogant éprouver ton courage :
Ce n'est que dans le sang qu'on lave un tel outrage ;
Meurs, ou tue. Au surplus, pour ne te point flatter,
Je te donne à combattre un homme à redouter ;
Je l'ai vu tout sanglant, au milieu des batailles,
Se faire un beau rempart de mille funérailles ;
J'ai vu, par sa valeur, cent escadrons rompus,
Et, pour t'en dire encor quelque chose de plus,
Plus que brave soldat, plus que grand capitaine,
C'est...
D. RODRIGUE. De grâce, achevez.
     D. DIÈGUE. Le père de Chimène. 290
  D. RODRIGUE.
Le...?
D. DIÈGUE. Ne réplique point, je connais ton amour :
Mais qui peut vivre infâme est indigne du jour ;
Plus l'offenseur est cher, et plus grande est l'offense.
Enfin tu sais l'affront, et tu tiens la vengeance.
Je ne te dis plus rien. Venge-moi, venge-toi.
Montre-toi digne fils d'un père tel que moi.
Accablé des malheurs où le destin me range,
Je vais les déplorer. Va, cours, vole, et nous venge.

SCÈNE VIII.

D. RODRIGUE, *seul*.

  Percé jusques au fond du cœur
D'une atteinte imprévue aussi bien que mortelle, 300
Misérable vengeur d'une juste querelle,
Et malheureux objet d'une injuste rigueur,
Je demeure immobile, et mon âme abattue
  Cède au coup qui me tue.
Si près de voir mon feu récompensé,

O Dieu! l'étrange peine!
En cet affront mon père est l'offensé,
Et l'offenseur le père de Chimène!

Que je sens de rudes combats!
Contre mon propre honneur mon amour s'intéresse :
Il faut venger un père, et perdre une maîtresse. 311
L'un m'anime le cœur, l'autre retient mon bras.
Réduit au triste choix ou de trahir ma flamme,
　　Ou de vivre en infâme,
Des deux côtés mon mal est infini.
　　O Dieu, l'étrange peine!
Faut-il laisser un affront impuni?
Faut-il punir le père de Chimène?

　　Père, maîtresse, honneur, amour,
Noble et dure contrainte, aimable tyrannie,　　320
Tous mes plaisirs sont morts, ou ma gloire ternie.
L'un me rend malheureux, l'autre indigne du jour.
Cher et cruel espoir d'une âme généreuse,
　　Mais ensemble amoureuse,
Digne ennemi de mon plus grand bonheur,
　　Fer qui causes ma peine,
M'es-tu donné pour venger mon honneur?
M'es-tu donné pour perdre ma Chimène?

　　Il vaut mieux courir au trépas.
Je dois à ma maîtresse aussi bien qu'à mon père ; 330
J'attire en me vengeant sa haine et sa colère ;
J'attire ses mépris en ne me vengeant pas.
A mon plus doux espoir l'un me rend infidèle,
　　Et l'autre indigne d'elle.
Mon mal augmente à le vouloir guérir ;
　　Tout redouble ma peine.
Allons, mon âme ; et, puisqu'il faut mourir,
Mourons du moins sans offenser Chimène.

Mourir sans tirer ma raison !
Rechercher un trépas si mortel à ma gloire ! 340
Endurer que l'Espagne impute à ma mémoire
D'avoir mal soutenu l'honneur de ma maison
Respecter un amour dont mon âme égarée
            Voit la perte assurée !
    N'écoutons plus ce penser suborneur,
            Qui ne sert qu'à ma peine.
Allons, mon bras, sauvons du moins l'honneur,
Puisqu'aussi bien il faut perdre Chimène.

        Oui, mon esprit s'était déçu.
Je dois tout à mon père avant qu'à ma maîtresse : 350
Que je meure au combat, ou meure de tristesse,
Je rendrai mon sang pur comme je l'ai reçu.
Je m'accuse déjà de trop de négligence ;
            Courons à la vengeance ;
    Et, tout honteux d'avoir tant balancé,
            Ne soyons plus en peine,
Puisque aujourd'hui mon père est l'offensé,
Si l'offenseur est père de Chimène.

ACTE DEUXIÈME.

SCÈNE I.

D. ARIAS, LE COMTE.

LE COMTE.
Je l'avoue entre nous, quand je lui fis l'affront,
J'eus le sang un peu chaud et le bras un peu prompt :
Mais, puisque c'en est fait, le coup est sans remède. 361
    D. ARIAS.
Qu'aux volontés du roi ce grand courage cède :

Il y prend grande part ; et son cœur irrité
Agira contre vous de pleine autorité.
Aussi vous n'avez point de valable défense.
Le rang de l'offensé, la grandeur de l'offense,
Demandent des devoirs et des soumissions
Qui passent le commun des satisfactions.

LE COMTE.
Le roi peut, à son gré, disposer de ma vie.

D. ARIAS.
De trop d'emportement votre faute est suivie.   370
Le roi vous aime encore ; apaisez son courroux :
Il a dit, Je le veux ; désobéirez-vous ?

LE COMTE.
Monsieur, pour conserver ma gloire et mon estime,
Désobéir un peu n'est pas un si grand crime ;
Et, quelque grand qu'il fût, mes services présents
Pour le faire abolir sont plus que suffisants.

D. ARIAS.
Quoi qu'on fasse d'illustre et de considérable,
Jamais à son sujet un roi n'est redevable.
Vous vous flattez beaucoup, et vous devez savoir
Que qui sert bien son roi ne fait que son devoir. 380
Vous vous perdrez, monsieur, sur cette confiance.

LE COMTE.
Je ne vous en croirai qu'après l'expérience.

D. ARIAS.
Vous devez redouter la puissance d'un roi.

LE COMTE.
Un jour seul ne perd pas un homme tel que moi.
Que toute sa grandeur s'arme pour mon supplice,
Tout l'État périra, s'il faut que je périsse.

D. ARIAS.
Quoi ! vous craignez si peu le pouvoir souverain....

LE COMTE.
D'un sceptre qui sans moi tomberait de sa main.
Il a trop d'intérêt lui-même en ma personne,

Et ma tête en tombant ferait choir sa couronne. 390
　　　　D. ARIAS.
Souffrez que la raison remette vos esprits.
Prenez un bon conseil.
　　　　　　　　LE COMTE. Le conseil en est pris.
　　　　D. ARIAS.
Que lui dirai-je enfin? je lui dois rendre compte
　　　　LE COMTE.
Que je ne puis du tout consentir à ma honte.
　　　　D. ARIAS.
Mais songez que les rois veulent être absolus.
　　　　LE COMTE.
Le sort en est jeté, monsieur; n'en parlons plus.
　　　　D. ARIAS.
Adieu donc, puisqu'en vain je tâche à vous résoudre.
Tout couvert de lauriers, craignez encor la foudre.
　　　　LE COMTE.
Je l'attendrai sans peur.
　　　　　　　　D. ARIAS. Mais non pas sans effet.
　　　　LE COMTE.
Nous verrons donc par là don Diègue satisfait. 400
　　　　　　　(*D. Arias sort.*)　　　[naces.
Qui ne craint point la mort ne craint point les me-
J'ai le cœur au-dessus des plus fières disgrâces;
Et l'on peut me réduire à vivre sans bonheur,
Mais non pas me résoudre à vivre sans honneur.

SCÈNE II.

LE COMTE, D. RODRIGUE.

　　　　D. RODRIGUE.
A moi, comte, deux mots.
　　　　　　　　LE COMTE. Parle.
　　　　　　　　　　　D. RODRIGUE. Ote-moi d'un doute.
Connais-tu bien don Diègue?

LE COMTE. Oui.

D. RODRIGUE. Parlons bas; écoute.
Sais-tu que ce vieillard fut la même vertu,
La vaillance et l'honneur de son temps? le sais-tu?

LE COMTE.
Peut-être.

D. RODRIGUE. Cette ardeur que dans les yeux je porte,
Sais-tu que c'est son sang? le sais-tu?

LE COMTE. Que m'importe? 410

D. RODRIGUE.
A quatre pas d'ici je te le fais savoir.

LE COMTE.
Jeune présomptueux.

D. RODRIGUE. Parle sans t'émouvoir.
Je suis jeune, il est vrai; mais aux âmes bien nées
La valeur n'attend pas le nombre des années.

LE COMTE.
Te mesurer à moi! qui t'a rendu si vain,
Toi qu'on n'a jamais vu les armes à la main?

D. RODRIGUE.
Mes pareils à deux fois ne se font pas connaître,
Et pour leurs coups d'essai veulent des coups de
LE COMTE. [maître.
Sais-tu bien qui je suis?

D. RODRIGUE. Oui; tout autre que moi
Au seul bruit de ton nom pourrait trembler d'effroi.
Les palmes dont je vois ta tête si couverte 421
Semblent porter écrit le destin de ma perte.
J'attaque en téméraire un bras toujours vainqueur;
Mais j'aurai trop de force ayant assez de cœur.
A qui venge son père il n'est rien d'impossible.
Ton bras est invaincu, mais non pas invincible.

LE COMTE.
Ce grand cœur qui paraît au discours que tu tiens
Par tes yeux chaque jour se découvrait aux miens,
Et croyant voir en toi l'honneur de la Castille,

Mon âme avec plaisir te destinait ma fille. 430
Je sais ta passion, et suis ravi de voir
Que tous ses mouvements cèdent à ton devoir;
Qu'ils n'ont point affaibli cette ardeur magnanime;
Que ta haute vertu répond à mon estime;
Et que, voulant pour gendre un cavalier parfait,
Je ne me trompais point au choix que j'avais fait.
Mais je sens que pour toi ma pitié s'intéresse :
J'admire ton courage, et je plains ta jeunesse.
Ne cherche point à faire un coup d'essai fatal;
Dispense ma valeur d'un combat inégal; 440
Trop peu d'honneur pour moi suivrait cette victoire :
A vaincre sans péril, on triomphe sans gloire.
On te croirait toujours abattu sans effort;
Et j'aurais seulement le regret de ta mort.

D. RODRIGUE.

D'une indigne pitié ton audace est suivie :
Qui m'ose ôter l'honneur craint de m'ôter la vie!

LE COMTE.

Retire-toi d'ici.

D. RODRIGUE. Marchons sans discourir.

LE COMTE.

Es-tu si las de vivre?

D. RODRIGUE. As-tu peur de mourir?

LE COMTE.

Viens, tu fais ton devoir, et le fils dégénère,
Qui survit un moment à l'honneur de son père. 450

SCÈNE III.

L'INFANTE, CHIMÈNE, LÉONOR.

L'INFANTE.

Apaise, ma Chimène, apaise ta douleur;
Fais agir ta constance en ce coup de malheur :
Tu reverras le calme après ce faible orage;

Ton bonheur n'est couvert que d'un peu de nuage,
Et tu n'as rien perdu pour le voir différer.

CHIMÈNE.

Mon cœur, outré d'ennuis, n'ose rien espérer.
Un orage si prompt qui trouble une bonace
D'un naufrage certain nous porte la menace;
Je n'en saurais douter, je péris dans le port.
J'aimais, j'étais aimée, et nos pères d'accord;   460
Et je vous en contais la première nouvelle,
Au malheureux moment que naissait leur querelle,
Dont le récit fatal, sitôt qu'on vous l'a fait,
D'une si douce attente a ruiné l'effet.
Maudite ambition, détestable manie,
Dont les plus généreux souffrent la tyrannie!
Impitoyable honneur, mortel à mes plaisirs,
Que tu me vas coûter de pleurs et de soupirs!

L'INFANTE.

Tu n'as dans leur querelle aucun sujet de craindre;
Un moment l'a fait naître, un moment va l'éteindre:
Elle a fait trop de bruit pour ne pas s'accorder,   471
Puisque déjà le roi les veut accommoder;
Et tu sais que mon âme, à tes ennuis sensible,
Pour en tarir la source y fera l'impossible.

CHIMÈNE.

Les accommodements ne font rien en ce point:
Les affronts à l'honneur ne se réparent point.
En vain on fait agir la force ou la prudence;
Si l'on guérit le mal, ce n'est qu'en apparence:
La haine que les cœurs conservent au dedans
Nourrit des feux cachés, mais d'autant plus ardents. 480

L'INFANTE.

Le saint nœud qui joindra don Rodrigue et Chimène
Des pères ennemis dissipera la haine;
Et nous verrons bientôt votre amour le plus fort
Par un heureux hymen étouffer ce discord.

CHIMÈNE.
Je le souhaite ainsi plus que je ne l'espère :
Don Diègue est trop altier, et je connais mon père.
Je sens couler des pleurs que je veux retenir ;
Le passé me tourmente, et je crains l'avenir.
L'INFANTE.
Que crains-tu? d'un vieillard l'impuissante faiblesse?
CHIMÈNE.
Rodrigue a du courage.
L'INFANTE. Il a trop de jeunesse. 400
CHIMÈNE.
Les hommes valeureux le sont du premier coup.
L'INFANTE.
Tu ne dois pas pourtant le redouter beaucoup ;
Il est trop amoureux pour te vouloir déplaire,
Et deux mots de ta bouche arrêtent sa colère.
CHIMÈNE.
S'il ne m'obéit point, quel comble à mon ennui !
Et, s'il peut m'obéir, que dira-t-on de lui ?
Étant né ce qu'il est, souffrir un tel outrage !
Soit qu'il cède ou résiste au feu qui me l'engage,
Mon esprit ne peut qu'être ou honteux ou confus
De son trop de respect ou d'un juste refus. 500
L'INFANTE.
Chimène est généreuse, et, quoique intéressée,
Elle ne peut souffrir une basse pensée ·
Mais, si jusques au jour de l'accommodement
Je fais mon prisonnier de ce parfait amant,
Et que j'empêche ainsi l'effet de son courage,
Ton esprit amoureux n'aura-t-il point d'ombrage?
CHIMÈNE.
Ah! madame, en ce cas je n'ai plus de souci

SCÈNE IV.

L'INFANTE, CHIMÈNE, LÉONOR, UN PAGE.

L'INFANTE.
Page, cherchez Rodrigue et l'amenez ici.
LE PAGE.
Le comte de Gormas et lui...
CHIMÈNE. Bon Dieu! je tremble.
L'INFANTE.
Parlez.
LE PAGE. Hors de la ville ils sont sortis ensemble. 510
CHIMÈNE.
Seuls?
LE PAGE. Seuls, et qui semblaient tout bas se quereller.
CHIMÈNE.
Sans doute ils sont aux mains, il n'en faut plus parler.
Madame, pardonnez à cette promptitude.

SCÈNE V.

L'INFANTE, LÉONOR.

L'INFANTE.
Hélas! que dans l'esprit je sens d'inquiétude!
Je pleure ses malheurs, son amant me ravit;
Mon repos m'abandonne, et ma flamme revit.
Ce qui va séparer Rodrigue de Chimène
Fait renaître à la fois mon espoir et ma peine;
Et leur division, que je vois à regret,
Dans mon esprit charmé jette un plaisir secret. 520
LÉONOR.
Cette haute vertu qui règne dans votre âme
Se rend-elle sitôt à cette lâche flamme?

L'INFANTE.

Ne la nomme point lâche, à présent que chez moi,
Pompeuse et triomphante, elle me fait la loi :
Porte-lui du respect, puisqu'elle m'est si chère.
Ma vertu la combat, mais, malgré moi, j'espère ;
Et d'un si fol espoir mon cœur mal défendu
Vole après un amant que Chimène a perdu.

LÉONOR.

Vous laissez choir ainsi ce glorieux courage ?
Et la raison chez vous perd ainsi son usage ? 530

L'INFANTE.

Ah ! qu'avec peu d'effet on entend la raison,
Quand le cœur est atteint d'un si charmant poison !
Et lorsque le malade aime sa maladie,
Qu'il a peine à souffrir que l'on y remédie !

LÉONOR.

Votre mal vous séduit, votre mal vous est doux ;
Mais enfin ce Rodrigue est indigne de vous.

L'INFANTE.

Je ne le sais que trop ; mais, si ma vertu cède,
Apprends comme l'amour flatte un cœur qu'il possède.
Si Rodrigue une fois sort vainqueur du combat,
Si dessous sa valeur ce grand guerrier s'abat, 540
Je puis en faire cas, je puis l'aimer sans honte.
Que ne fera-t-il point, s'il peut vaincre le comte !
J'ose m'imaginer qu'à ses moindres exploits
Les royaumes entiers tomberont sous ses lois ;
Et mon amour flatteur déjà me persuade
Que je le vois assis au trône de Grenade,
Les Maures subjugués trembler en l'adorant,
L'Aragon recevoir ce nouveau conquérant,
Le Portugal se rendre, et ses nobles journées
Porter delà les mers ses hautes destinées ; 550
Du sang des Africains arroser ses lauriers ;
Enfin, tout ce qu'on dit des plus fameux guerriers,
Je l'attends de Rodrigue après cette victoire,

Et fais de son amour un sujet de ma gloire.
LÉONOR.
Mais, madame, voyez où vous portez son bras,
Ensuite d'un combat qui peut-être n'est pas.
L'INFANTE.
Rodrigue est offensé, le comte a fait l'outrage;
Ils sont sortis ensemble, en faut-il davantage?
LÉONOR.
Eh bien! ils se battront, puisque vous le voulez;
Mais Rodrigue ira-t-il si loin que vous allez? 560
L'INFANTE.
Que veux-tu? je suis folle, et mon esprit s'égare;
Mais c'est le moindre mal que l'amour me prépare.
Viens dans mon cabinet consoler mes ennuis,
Et ne me quitte point dans le trouble où je suis.

SCÈNE VI.

LE ROI, D. ARIAS, D. SANCHE, D. ALONSE.

LE ROI.
Le comte est donc si vain et si peu raisonnable!
Ose-t-il croire encor son crime pardonnable?
D. ARIAS.
Je l'ai de votre part longtemps entretenu.
J'ai fait mon pouvoir, sire, et n'ai rien obtenu.
LE ROI.
Justes cieux! ainsi donc un sujet téméraire
A si peu de respect et de soin de me plaire! 570
Il offense don Diègue, et méprise son roi!
Au milieu de ma cour il me donne la loi!
Qu'il soit brave guerrier, qu'il soit grand capitaine,
Je saurai bien rabattre une humeur si hautaine:
Fût-il la valeur même, et le dieu des combats,
Il verra ce que c'est que de n'obéir pas.
Quoi qu'ait pu mériter une telle insolence,

Je l'ai voulu d'abord traiter sans violence ;
Mais, puisqu'il en abuse, allez dès aujourd'hui,
Soit qu'il resiste, ou non, vous assurer de lui.   580
(*D. Alonse sort.*)

SCÈNE VII.

LE ROI, D. SANCHE, D. ARIAS.

D. SANCHE.

Peut-être un peu de temps le rendrait moins rebelle ;
On l'a pris tout bouillant encor de sa querelle ;
Sire, dans la chaleur d'un premier mouvement,
Un cœur si généreux se rend malaisément.
Il voit bien qu'il a tort, mais une âme si haute
N'est pas sitôt réduite à confesser sa faute.

LE ROI.

Don Sanche, taisez-vous, et soyez averti
Qu'on se rend criminel à prendre son parti.

D. SANCHE.

J'obéis, et me tais ; mais, de grâce encor, sire,
Deux mots en sa défense.   LE ROI. Et, que pourrez-vous dire ?

D. SANCHE.

Qu'une âme accoutumée aux grandes actions   591
Ne se peut abaisser à des soumissions :
Elle n'en conçoit point qui s'expliquent sans honte ;
Et c'est à ce mot seul qu'a résisté le comte.
Il trouve en son devoir un peu trop de rigueur,
Et vous obéirait, s'il avait moins de cœur.
Commandez que son bras, nourri dans les alarmes,
Répare cette injure à la pointe des armes ;
Il satisfera, sire, et vienne qui voudra,
Attendant qu'il l'ait su, voici qui répondra.   600

LE ROI.

Vous perdez le respect : mais je pardonne à l'âge,

Et j'estime l'ardeur en un jeune courage.
Un roi dont la prudence a de meilleurs objets
Est meilleur ménager du sang de ses sujets :
Je veille pour les miens, mes soucis les conservent,
Comme le chef a soin des membres qui le servent.
Ainsi votre raison n'est pas raison pour moi :
Vous parlez en soldat, je dois agir en roi ;
Et, quoi qu'on veuille dire, et quoi qu'il ose croire,
Le comte à m'obéir ne peut perdre sa gloire. 610
D'ailleurs, l'affront me touche, il a perdu d'honneur
Celui que de mon fils j'ai fait le gouverneur :
S'attaquer à mon choix c'est se prendre à moi-même,
Et faire un attentat sur le pouvoir suprême.
N'en parlons plus. Au reste, on a vu dix vaisseaux
De nos vieux ennemis arborer les drapeaux ;
Vers la bouche du fleuve ils ont osé paraître.

D. ARIAS.
Les Maures ont appris par force à vous connaître,
Et, tant de fois vaincus, ils ont perdu le cœur
De se plus hasarder contre un si grand vainqueur. 620

LE ROI.
Ils ne verront jamais, sans quelque jalousie,
Mon sceptre, en dépit d'eux, régir l'Andalousie ;
Et ce pays si beau, qu'ils ont trop possédé,
Avec un œil d'envie est toujours regardé.
C'est l'unique raison qui m'a fait dans Séville
Placer, depuis dix ans, le trône de Castille,
Pour les voir de plus près, et d'un ordre plus prompt
Renverser aussitôt ce qu'ils entreprendront.

D. ARIAS.
Sire, ils ont trop appris aux dépens de leurs têtes
Combien votre présence assure vos conquêtes ; 630
Vous n'avez rien à craindre.

LE ROI. Et rien à négliger.
Le trop de confiance attire le danger ;
Et vous n'ignorez pas qu'avec fort peu de peine

Un flux de pleine mer jusqu'ici les amène.
Toutefois j'aurais tort de jeter dans les cœurs,
L'avis étant mal sûr, de paniques terreurs.
L'effroi que produirait cette alarme inutile,
Dans la nuit qui survient, troublerait trop la ville :
Puisqu'on fait bonne garde aux murs et sur le port,
C'est assez pour ce soir.

SCÈNE VIII.

LE ROI, D. ALONSE, D. SANCHE, D. ARIAS.

D. ALONSE. Sire, le comte est mort. 640
Don Diègue, par son fils, a vengé son offense.
LE ROI.
Dès que j'ai su l'affront, j'ai prévu la vengeance,
Et j'ai voulu dès lors prévenir ce malheur.
D. ALONSE.
Chimène à vos genoux apporte sa douleur ;
Elle vient tout en pleurs vous demander justice.
LE ROI.
Bien qu'à ses déplaisirs mon âme compatisse,
Ce que le comte a fait semble avoir mérité
Ce juste châtiment de sa témérité.
Quelque juste pourtant que puisse être sa peine,
Je ne puis sans regret perdre un tel capitaine. 650
Après un long service à mon État rendu,
Après son sang pour moi mille fois répandu,
A quelques sentiments que son orgueil m'oblige,
Sa perte m'affaiblit et son trépas m'afflige.

SCÈNE IX.

LE ROI, D. DIÈGUE, CHIMÈNE, D. SANCHE, D. ARIAS, D. ALONSE.

CHIMÈNE.
Sire, sire, justice.
   D. DIÈGUE. Ah! sire, écoutez-nous.
CHIMÈNE.
Je me jette à vos pieds.
    D. DIÈGUE. J'embrasse vos genoux.
CHIMÈNE.
Je demande justice.
   D. DIÈGUE. Entendez ma défense.
CHIMÈNE.
D'un jeune audacieux punissez l'insolence ;
Il a de votre sceptre abattu le soutien,
Il a tué mon père.
   D. DIÈGUE. Il a vengé le sien. 660
CHIMÈNE.
Au sang de ses sujets un roi doit la justice.
 D. DIÈGUE.
Pour la juste vengeance il n'est point de supplice.
 LE ROI.
Levez-vous l'un et l'autre, et parlez à loisir.
Chimène, je prends part à votre déplaisir ;
D'une égale douleur je sens mon âme atteinte.
 (*à D. Diègue.*)
Vous parlerez après ; ne troublez pas sa plainte
 CHIMÈNE.
Sire, mon père est mort : mes yeux ont vu son sang
Couler à gros bouillons de son généreux flanc ;
Ce sang qui tant de fois garantit vos murailles,
Ce sang qui tant de fois vous gagna des batailles, 670
Ce sang qui tout sorti fume encor de courroux
De se voir répandu pour d'autres que pour vous,

Qu'au milieu des hasards n'osait verser la guerre,
Rodrigue en votre cour vient d'en couvrir la terre.
J'ai couru sur le lieu, sans force et sans couleur;
Je l'ai trouvé sans vie. Excusez ma douleur,
Sire; la voix me manque à ce récit funeste:
Mes pleurs et mes soupirs vous diront mieux le reste.
LE ROI.
Prends courage, ma fille, et sache qu'aujourd'hui
Ton roi te veut servir de père au lieu de lui. 680
CHIMÈNE.
Sire, de trop d'honneur ma misère est suivie.
Je vous l'ai déjà dit, je l'ai trouvé sans vie;
Son flanc était ouvert; et, pour mieux m'émouvoir,
Son sang sur la poussière écrivait mon devoir;
Ou plutôt sa valeur en cet état réduite
Me parlait par sa plaie et hâtait ma poursuite;
Et, pour se faire entendre au plus juste des rois,
Par cette triste bouche elle empruntait ma voix.
Sire, ne souffrez pas que sous votre puissance
Règne devant vos yeux une telle licence; 690
Que les plus valeureux, avec impunité,
Soient exposés aux coups de la témérité;
Qu'un jeune audacieux triomphe de leur gloire,
Se baigne dans leur sang, et brave leur mémoire.
Un si vaillant guerrier qu'on vient de vous ravir
Éteint, s'il n'est vengé, l'ardeur de vous servir.
Enfin mon père est mort, j'en demande vengeance,
Plus pour votre intérêt que pour mon allégeance.
Vous perdez en la mort d'un homme de son rang;
Vengez-la par une autre, et le sang par le sang. 700
Immolez, non à moi, mais à votre couronne,
Mais à votre grandeur, mais à votre personne,
Immolez, dis-je, sire, au bien de tout l'État
Tout ce qu'enorgueillit un si grand attentat.
LE ROI.
Don Diègue, répondez.

D. DIÈGUE. Qu'on est digne d'envie
Lorsqu'en perdant la force on perd aussi la vie !
Et qu'un long âge apprête aux hommes généreux,
Au bout de leur carrière, un destin malheureux !
Moi, dont les longs travaux ont acquis tant de gloire,
Moi, que jadis partout a suivi la victoire, 710
Je me vois aujourd'hui, pour avoir trop vécu,
Recevoir un affront, et demeurer vaincu.
Ce que n'a pu jamais combat, siége, embuscade,
Ce que n'a pu jamais Aragon, ni Grenade,
Ni tous vos ennemis, ni tous mes envieux,
Le comte en votre cour l'a fait presque à vos yeux,
Jaloux de votre choix, et fier de l'avantage
Que lui donnait sur moi l'impuissance de l'âge.
Sire, ainsi ces cheveux blanchis sous le harnois,
Ce sang pour vous servir prodigué tant de fois : 720
Ce bras, jadis l'effroi d'une armée ennemie,
Descendaient au tombeau tout chargés d'infamie,
Si je n'eusse produit un fils digne de moi,
Digne de son pays, et digne de son roi :
Il m'a prêté sa main, il a tué le comte ;
Il m'a rendu l'honneur, il a lavé ma honte.
Si montrer du courage et du ressentiment,
Si venger un soufflet mérite un châtiment,
Sur moi seul doit tomber l'éclat de la tempête :
Quand le bras a failli, l'on en punit la tête. 730
Du crime glorieux qui cause nos débats,
Sire, j'en suis la tête ; il n'en est que le bras.
Si Chimène se plaint qu'il a tué son père,
Il ne l'eût jamais fait, si je l'eusse pu faire.
Immolez donc ce chef que les ans vont ravir,
Et conservez pour vous le bras qui peut servir.
Aux dépens de mon sang satisfaites Chimène :
Je n'y résiste point, je consens à ma peine ;
Et, loin de murmurer d'un rigoureux décret,
Mourant sans déshonneur, je mourrai sans regret. 740

LE ROI.
L'affaire est d'importance, et, bien considérée,
Mérite en plein conseil d'être délibérée.
Don Sanche, remettez Chimène en sa maison.
Don Diègue aura ma cour et sa foi pour prison.
Qu'on me cherche son fils. Je vous ferai justice.
CHIMÈNE.
Il est juste, grand roi, qu'un meurtrier périsse.
LE ROI.
Prends du repos, ma fille, et calme tes douleurs.
CHIMÈNE.
M'ordonner du repos, c'est croître mes malheurs.

ACTE TROISIÈME.

SCÈNE I.

D. RODRIGUE, ELVIRE.

ELVIRE.
Rodrigue, qu'as-tu fait? où viens-tu, misérable?
D. RODRIGUE.
Suivre le triste cours de mon sort déplorable. 750
ELVIRE.
Où prends-tu cette audace et ce nouvel orgueil
De paraître en des lieux que tu remplis de deuil?
Quoi! viens-tu jusqu'ici braver l'ombre du comte?
Ne l'as-tu pas tué?
D. RODRIGUE. Sa vie était ma honte;
Mon honneur de ma main a voulu cet effort.
ELVIRE.
Mais chercher ton asile en la maison du mort!
Jamais un meurtrier en fit-il son refuge?

D. RODRIGUE.

Et je n'y viens aussi que m'offrir à mon juge.
Ne me regarde plus d'un visage étonné ;
Je cherche le trépas après l'avoir donné. 760
Mon juge est mon amour, mon juge est ma Chimène :
Je mérite la mort de mériter sa haine,
Et j'en viens recevoir comme un bien souverain
Et l'arrêt de sa bouche, et le coup de sa main.

ELVIRE.

Fuis plutôt de ses yeux, fuis de sa violence ;
A ses premiers transports dérobe ta présence.
Va, ne t'expose point aux premiers mouvements
Que poussera l'ardeur de ses ressentiments.

D. RODRIGUE.

Non, non, ce cher objet à qui j'ai pu déplaire
Ne peut pour mon supplice avoir trop de colère ; 770
Et j'évite cent morts qui me vont accabler,
Si pour mourir plus tôt je la puis redoubler.

ELVIRE.

Chimène est au palais, de pleurs toute baignée,
Et n'en reviendra point que bien accompagnée.
Rodrigue, fuis, de grâce, ôte-moi de souci.
Que ne dira-t-on point si l'on te voit ici ?
Veux-tu qu'un médisant, pour comble à sa misère,
L'accuse d'y souffrir l'assassin de son père ?
Elle va revenir, elle vient, je la voi :
Du moins, pour son honneur, Rodrigue, cache-toi. 780

SCÈNE II.

D. SANCHE, CHIMÈNE, ELVIRE.

D. SANCHE.

Oui, madame, il vous faut de sanglantes victimes.
Votre colère est juste, et vos pleurs légitimes ;
Et je n'entreprends pas, à force de parler,

Ni de vous adoucir ni de vous consoler.
Mais si de vous servir je puis être capable,
Employez mon épée à punir le coupable;
Employez mon amour à venger cette mort :
Sous vos commandements mon bras sera trop fort.
CHIMÈNE.
Malheureuse!
D. SANCHE. Madame, acceptez mon service.   791
CHIMÈNE.
J'offenserais le roi, qui m'a promis justice.
D. SANCHE.
Vous savez qu'elle marche avec tant de langueur,
Que bien souvent le crime échappe à sa longueur;
Son cours lent et douteux fait trop perdre de larmes.
Souffrez qu'un cavalier vous venge par les armes :
La voie en est plus sûre et plus prompte à punir.
CHIMÈNE.
C'est le dernier remède; et s'il y faut venir,
Et que de mes malheurs cette pitié vous dure,
Vous serez libre alors de venger mon injure.   800
D. SANCHE.
C'est l'unique bonheur où mon âme prétend;
Et, pouvant l'espérer, je m'en vais trop content.

SCÈNE III.

CHIMÈNE, ELVIRE.

CHIMÈNE.
Enfin je me vois libre, et je puis, sans contrainte,
De mes vives douleurs te faire voir l'atteinte;
Je puis donner passage à mes tristes soupirs;
Je puis t'ouvrir mon âme, et tous mes déplaisirs.
Mon père est mort, Elvire; et la première épée
Dont s'est armé Rodrigue a sa trame coupée.
Pleurez, pleurez, mes yeux, et fondez-vous en eau;

La moitié de ma vie a mis l'autre au tombeau, 810
Et m'oblige à venger, après ce coup funeste,
Celle que je n'ai plus sur celle qui me reste.

ELVIRE.

Reposez-vous, madame.
     CHIMÈNE. Ah! que mal à propos
Dans un malheur si grand tu parles de repos!
Par où sera jamais ma douleur apaisée,
Si je ne puis haïr la main qui l'a causée?
Et que dois-je espérer qu'un tourment éternel,
Si je poursuis un crime, aimant le criminel?

ELVIRE.

Il vous prive d'un père, et vous l'aimez encore?

CHIMÈNE.

C'est peu de dire aimer, Elvire, je l'adore; 820
Ma passion s'oppose à mon ressentiment;
Dedans mon ennemi je trouve mon amant;
Et je sens qu'en dépit de toute ma colère,
Rodrigue dans mon cœur combat encor mon père :
Il l'attaque, il le presse, il cède, il se défend,
Tantôt fort, tantôt faible, et tantôt triomphant:
Mais, en ce dur combat de colère et de flamme,
Il déchire mon cœur sans partager mon âme;
Et, quoi que mon amour ait sur moi de pouvoir,
Je ne consulte point pour suivre mon devoir; 830
Je cours sans balancer où mon honneur m'oblige.
Rodrigue m'est bien cher, son intérêt m'afflige;
Mon cœur prend son parti; mais, contre leur effort,
Je sais que je suis fille, et que mon père est mort.

ELVIRE.

Pensez-vous le poursuivre?
     CHIMÈNE. Ah! cruelle pensée!
Et cruelle poursuite où je me vois forcée!
Je demande sa tête, et crains de l'obtenir :
Ma mort suivra la sienne, et je le veux punir!

ELVIRE.

Quittez, quittez, madame, un dessein si tragique ;
Ne vous imposez point de loi si tyrannique.   840
CHIMÈNE.

Quoi! j'aurai vu mourir mon père entre mes bras!
Son sang criîra vengeance, et je ne l'orrai pas!
Mon cœur, honteusement surpris par d'autres char-
Croira ne lui devoir que d'impuissantes larmes! [mes,
Et je pourrai souffrir qu'un amour suborneur
Dans un lâche silence étouffe mon honneur!
ELVIRE.

Madame, croyez-moi, vous serez excusable
D'avoir moins de chaleur contre un objet aimable,
Contre un amant si cher : vous avez assez fait;
Vous avez vu le roi, n'en pressez point l'effet :   850
Ne vous obstinez point en cette humeur étrange.
CHIMÈNE.

Il y va de ma gloire, il faut que je me venge;
Et de quoi que nous flatte un désir amoureux,
Toute excuse est honteuse aux esprits généreux.
ELVIRE.

Mais vous aimez Rodrigue, il ne vous peut déplaire.
CHIMÈNE.

Je l'avoue.

ELVIRE. Après tout, que pensez-vous donc faire?
CHIMÈNE.

Pour conserver ma gloire et finir mon ennui,
Le poursuivre, le perdre, et mourir après lui.

SCÈNE IV.

D. RODRIGUE, CHIMÈNE, ELVIRE.

D. RODRIGUE.

Eh bien! sans vous donner la peine de poursuivre,
Assurez-vous l'honneur de m'empêcher de vivre.   860

CHIMÈNE.
Elvire, où sommes-nous? et qu'est-ce que je vois?
Rodrigue en ma maison! Rodrigue devant moi!
D. RODRIGUE.
N'épargnez point mon sang; goûtez, sans résistance,
La douceur de ma perte et de votre vengeance.
CHIMÈNE.
Hélas!
D. RODRIGUE. Écoute-moi.
CHIMÈNE. Je me meurs.
D. RODRIGUE. Un moment.
CHIMÈNE.
Va, laisse-moi mourir.
D. RODRIGUE. Quatre mots seulement;
Après, ne me réponds qu'avecque cette épée!
CHIMÈNE.
Quoi! du sang de mon père encor toute trempée!
D. RODRIGUE.
Ma Chimène.
CHIMÈNE. Ote-moi cet objet odieux,
Qui reproche ton crime et ta vie à mes yeux. 870
D. RODRIGUE.
Regarde-le plutôt pour exciter ta haine,
Pour croître ta colère, et pour hâter ma peine.
CHIMÈNE.
Il est teint de mon sang.
D. RODRIGUE. Plonge-le dans le mien;
Et fais-lui perdre ainsi la teinture du tien.
CHIMÈNE.
Ah! quelle cruauté, qui tout en un jour tue
Le père par le fer, la fille par la vue!
Ote-moi cet objet, je ne le puis souffrir :
Tu veux que je t'écoute, et tu me fais mourir.
D. RODRIGUE.
Je fais ce que tu veux, mais sans quitter l'envie
De finir par tes mains ma déplorable vie; 880

Car enfin n'attends pas de mon affection
Un lâche repentir d'une bonne action.
De la main de ton père un coup irréparable
Déshonorait du mien la vieillesse honorable.
Tu sais comme un soufflet touche un homme de cœur.
J'avais part à l'affront, j'en ai cherché l'auteur :
Je l'ai vu, j'ai vengé mon honneur et mon père;
Je le ferais encor, si j'avais à le faire :
Ce n'est pas qu'en effet, contre mon père et moi,
Ma flamme assez longtemps n'ait combattu pour toi:
Juge de son pouvoir, dans une telle offense 891
J'ai pu délibérer si j'en prendrais vengeance.
Réduit à te déplaire, ou souffrir un affront,
J'ai retenu ma main, j'ai cru mon bras trop prompt,
Je me suis accusé de trop de violence;
Et ta beauté, sans doute, emportait la balance,
Si je n'eusse opposé contre tous tes appas
Qu'un homme sans honneur ne te méritait pas;
Qu'après m'avoir chéri quand je vivais sans blâme,
Qui m'aima généreux me haïrait infâme; 900
Qu'écouter ton amour, obéir à sa voix,
C'était m'en rendre indigne et diffamer ton choix.
Je te le dis encore, et, quoique j'en soupire,
Jusqu'au dernier soupir je veux bien le redire :
Je t'ai fait une offense, et j'ai dû m'y porter
Pour effacer ma honte et pour te mériter;
Mais quitte envers l'honneur, et quitte envers mon
C'est maintenant à toi que je viens satisfaire : [père,
C'est pour t'offrir mon sang qu'en ce lieu tu me vois.
J'ai fait ce que j'ai dû, je fais ce que je dois. 910
Je sais qu'un père mort t'arme contre mon crime;
Je ne t'ai pas voulu dérober ta victime;
Immole avec courage au sang qu'il a perdu
Celui qui met sa gloire à l'avoir répandu.

CHIMÈNE.

Ah, Rodrigue! il est vrai, quoique ton ennemie,

Je ne te puis blâmer d'avoir fui l'infamie ;
Et, de quelque façon qu'éclatent mes douleurs,
Je ne t'accuse point, je pleure mes malheurs.
Je sais ce que l'honneur, après un tel outrage,
Demandait à l'ardeur d'un généreux courage : 920
Tu n'as fait le devoir que d'un homme de bien ;
Mais aussi, le faisant, tu m'as appris le mien.
Ta funeste valeur m'instruit par ta victoire ;
Elle a vengé ton père et soutenu ta gloire :
Même soin me regarde, et j'ai, pour m'affliger,
Ma gloire à soutenir et mon père à venger.
Hélas ! ton intérêt ici me désespère.
Si quelque autre malheur m'avait ravi mon père,
Mon âme aurait trouvé dans le bien de te voir
L'unique allégement qu'elle eût pu recevoir ; 930
Et contre ma douleur j'aurais senti des charmes,
Quand une main si chère eût essuyé mes larmes.
Mais il me faut te perdre après l'avoir perdu :
Cet effort sur ma flamme à mon honneur est dû ;
Et cet affreux devoir, dont l'ordre m'assassine,
Me force à travailler moi-même à ta ruine.
Car, enfin, n'attends pas de mon affection
De lâches sentiments pour ta punition.
De quoi qu'en ta faveur notre amour m'entretienne,
Ma générosité doit répondre à la tienne : 940
Tu t'es, en m'offensant, montré digne de moi ;
Je me dois, par ta mort, montrer digne de toi.

D. RODRIGUE.

Ne diffère donc plus ce que l'honneur t'ordonne :
Il demande ma tête, et je te l'abandonne ;
Fais-en un sacrifice à ce noble intérêt :
Le coup m'en sera doux, aussi bien que l'arrêt.
Attendre après mon crime une lente justice,
C'est reculer ta gloire autant que mon supplice.
Je mourrai trop heureux mourant d'un coup si beau.

CHIMÈNE.
Va, je suis ta partie, et non pas ton bourreau. 950
Si tu m'offres ta tête, est-ce à moi de la prendre ?
Je la dois attaquer, mais tu dois la défendre ;
C'est d'un autre que toi qu'il me faut l'obtenir,
Et je dois te poursuivre, et non pas te punir.

D. RODRIGUE.
De quoi qu'en ma faveur notre amour t'entretienne,
Ta générosité doit répondre à la mienne ;
Et, pour venger un père, emprunter d'autres bras,
Ma Chimène, crois-moi, c'est n'y répondre pas :
Ma main seule du mien a su venger l'offense,
Ta main seule du tien doit prendre la vengeance. 960

CHIMÈNE.
Cruel, à quel propos sur ce point t'obstiner ?
Tu t'es vengé sans aide, et tu m'en veux donner !
Je suivrai ton exemple, et j'ai trop de courage
Pour souffrir qu'avec toi ma gloire se partage.
Mon père et mon honneur ne veulent rien devoir
Aux traits de ton amour, ni de ton désespoir.

D. RODRIGUE.
Rigoureux point d'honneur ! hélas ! quoi que je fasse,
Ne pourrai-je à la fin obtenir cette grâce ?
Au nom d'un père mort, ou de notre amitié,
Punis-moi par vengeance, ou du moins par pitié. 970
Ton malheureux amant aura bien moins de peine
A mourir par ta main qu'à vivre avec ta haine.

CHIMÈNE.
Va, je ne te hais point.

D. RODRIGUE. Tu le dois.

CHIMÈNE. Je ne puis.

D. RODRIGUE.
Crains-tu si peu le blâme, et si peu les faux bruits ?
Quand on saura mon crime, et que ta flamme dure,
Que ne publîront point l'envie et l'imposture ?
Force-les au silence, et, sans plus discourir,

Sauve ta renommée en me faisant mourir.
CHIMÈNE.
Elle éclate bien mieux en te laissant la vie ;
Et je veux que la voix de la plus noire envie 930
Élève au ciel ma gloire et plaigne mes ennuis,
Sachant que je t'adore et que je te poursuis.
Va-t'en, ne montre plus à ma douleur extrême
Ce qu'il faut que je perde encore que je l'aime.
Dans l'ombre de la nuit cache bien ton départ ;
Si l'on te voit sortir, mon honneur court hasard :
La seule occasion qu'aura la médisance,
C'est de savoir qu'ici j'ai souffert ta présence :
Ne lui donne point lieu d'attaquer ma vertu.
D. RODRIGUE.
Que je meure !
CHIMÈNE. Va-t'en.
D. RODRIGUE. A quoi te résous-tu ? 990
CHIMÈNE.
Malgré des feux si beaux qui troublent ma colère,
Je ferai mon possible à bien venger mon père ;
Mais, malgré la rigueur d'un si cruel devoir,
Mon unique souhait est de ne rien pouvoir.
D. RODRIGUE.
O miracle d'amour !
CHIMÈNE. O comble de misères !
D. RODRIGUE.
Que de maux et de pleurs nous coûteront nos pères !
CHIMÈNE.
Rodrigue, qui l'eût cru...
D. RODRIGUE. Chimène, qui l'eût dit...
CHIMÈNE.
Que notre heur fût si proche, et sitôt se perdît ?
D. RODRIGUE.
Et que si près du port, contre toute apparence,
Un orage si prompt brisât notre espérance ? 1000

CHIMÈNE.
Ah, mortelles douleurs!
    D. RODRIGUE. Ah, regrets superflus!
CHIMÈNE.
Va-t'en, encore un coup, je ne t'écoute plus.
   D. RODRIGUE.
Adieu; je vais traîner une mourante vie,
Tant que par ta poursuite elle me soit ravie.
   CHIMÈNE.
Si j'en obtiens l'effet, je t'engage ma foi
De ne respirer pas un moment après toi.
Adieu; sors, et surtout garde bien qu'on te voie.
   ELVIRE.
Madame, quelques maux que le ciel nous envoie...
   CHIMÈNE.
Ne m'importune plus, laisse-moi soupirer.
Je cherche le silence et la nuit pour pleurer.   1010

SCÈNE V.

D. DIÈGUE, *seul.*

Jamais nous ne goûtons de parfaite allégresse:
Nos plus heureux succès sont mêlés de tristesse;
Toujours quelques soucis en ces événements
Troublent la pureté de nos contentements.
Au milieu du bonheur mon âme en sent l'atteinte;
Je nage dans la joie, et je tremble de crainte.
J'ai vu mort l'ennemi qui m'avait outragé;
Et je ne saurais voir la main qui m'a vengé.
En vain je m'y travaille, et d'un soin inutile,
Tout cassé que je suis, je cours toute la ville :   1020
Ce peu que mes vieux ans m'ont laissé de vigueur
Se consume sans fruit à chercher ce vainqueur.
A toute heure, en tous lieux, dans une nuit si sombre,
Je pense l'embrasser, et n'embrasse qu'une ombre;

Et mon amour, déçu par cet objet trompeur,
Se forme des soupçons qui redoublent ma peur.
Je ne découvre point de marques de sa fuite;
Je crains du comte mort les amis et la suite:
Leur nombre m'épouvante et confond ma raison.
Rodrigue ne vit plus, ou respire en prison. 1030
Justes cieux! me trompé-je encore à l'apparence,
Ou si je vois enfin mon unique espérance?
C'est lui, n'en doutons plus: mes vœux sont exaucés;
Ma crainte est dissipée, et mes ennuis cessés.

SCÈNE VI.

D. DIÈGUE, D. RODRIGUE

D. DIÈGUE.
Rodrigue, enfin le ciel permet que je te voie.
D. RODRIGUE.
Hélas!
D. DIÈGUE. Ne mêle point de soupirs à ma joie;
Laisse-moi prendre haleine afin de te louer :
Ma valeur n'a point lieu de te désavouer;
Tu l'as bien imitée, et ton illustre audace
Fait bien revivre en toi les héros de ma race : 1040
C'est d'eux que tu descends, c'est de moi que tu viens;
Ton premier coup d'épée égale tous les miens :
Et d'une belle ardeur ta jeunesse animée
Par cette grande épreuve atteint ma renommée.
Appui de ma vieillesse, et comble de mon heur,
Touche ces cheveux blancs à qui tu rends l'honneur;
Viens baiser cette joue, et reconnais la place
Où fut empreint l'affront que ton courage efface.
D. RODRIGUE.
L'honneur vous en est dû; les cieux me sont témoins
Qu'étant sorti de vous je ne pouvais pas moins. 1050
Je me tiens trop heureux, et mon âme est ravie

Que mon coup d'essai plaise à qui je dois la vie :
Mais parmi vos plaisirs ne soyez point jaloux
Si je m'ose, à mon tour, satisfaire après vous.
Souffrez qu'en liberté mon désespoir éclate ;
Assez et trop longtemps votre discours le flatte.
Je ne me repens point de vous avoir servi ;
Mais rendez-moi le bien que ce coup m'a ravi.
Mon bras, pour vous venger, armé contre ma flamme,
Par ce coup glorieux m'a privé de mon âme : 1060
Ne me dites plus rien, pour vous j'ai tout perdu ;
Ce que je vous devais, je vous l'ai bien rendu.
   D. DIÈGUE.
Porte encore plus haut le fruit de ta victoire.
Je t'ai donné la vie, et tu me rends ma gloire ;
Et d'autant que l'honneur m'est plus cher que le jour,
D'autant plus maintenant je te dois de retour.
Mais d'un cœur magnanime éloigne ces faiblesses :
Nous n'avons qu'un honneur, il est tant de maîtresses !
L'amour n'est qu'un plaisir, l'honneur est un devoir.
   D. RODRIGUE.
Ah ! que me dites-vous ?
     D. DIÈGUE. Ce que tu dois savoir. 1070
   D. RODRIGUE.
Mon honneur offensé sur moi-même se venge ;
Et vous m'osez pousser à la honte du change !
L'infamie est pareille, et suit également
Le guerrier sans courage et le perfide amant.
A ma fidélité ne faites point d'injure ;
Souffrez-moi généreux sans me rendre parjure ;
Mes liens sont trop forts pour être ainsi rompus :
Ma foi m'engage encor si je n'espère plus ;
Et, ne pouvant quitter ni posséder Chimène,
Le trépas que je cherche est ma plus douce peine. 1080
   D. DIÈGUE.
Il n'est pas temps encor de chercher le trépas :
Ton prince et ton pays ont besoin de ton bras.

La flotte qu'on craignait, dans le grand fleuve entrée,
Vient surprendre la ville et piller la contrée.
Les Maures vont descendre, et le flux et la nuit
Dans une heure à nos murs les amènent sans bruit.
La cour est en désordre et le peuple en alarmes ;
On n'entend que des cris, on ne voit que des larmes.
Dans ce malheur public mon bonheur a permis
Que j'ai trouvé chez moi cinq cents de mes amis, 1090
Qui, sachant mon affront, poussés d'un même zèle,
Se venaient tous offrir à venger ma querelle.
Tu les as prévenus ; mais leurs vaillantes mains
Se tremperont bien mieux au sang des Africains.
Va marcher à leur tête, où l'honneur te demande ;
C'est toi que veut pour chef leur généreuse bande.
De ces vieux ennemis va soutenir l'abord :
Là, si tu veux mourir, trouve une belle mort ;
Prends-en l'occasion, puisqu'elle t'est offerte ;
Fais devoir à ton roi son salut à ta perte ; 1100
Mais reviens-en plutôt les palmes sur le front.
Ne borne pas ta gloire à venger un affront,
Porte-la plus avant : force par ta vaillance
Ce monarque au pardon et Chimène au silence ;
Si tu l'aimes, apprends que revenir vainqueur,
C'est l'unique moyen de regagner son cœur.
Mais le temps est trop cher pour le perdre en paroles ;
Je t'arrête en discours, et je veux que tu voles :
Viens, suis-moi, va combattre, et montrer à ton roi
Que ce qu'il perd au comte il le recouvre en toi. 1110

ACTE QUATRIÈME.

SCÈNE I.

CHIMÈNE, ELVIRE.

CHIMÈNE.
N'est-ce point un faux bruit? le sais-tu bien, Elvire?
ELVIRE.
Vous ne croiriez jamais comme chacun l'admire,
Et porte jusqu'au ciel, d'une commune voix,
De ce jeune héros les glorieux exploits.
Les Maures devant lui n'ont paru qu'à leur honte :
Leur abord fut bien prompt, leur fuite encor plus
[prompte;
Trois heures de combat laissent à nos guerriers
Une victoire entière et deux rois prisonniers.
La valeur de leur chef ne trouvait point d'obstacles.
CHIMÈNE.
Et la main de Rodrigue a fait tous ces miracles! 1120
ELVIRE.
De ses nobles efforts ces deux rois sont le prix;
Sa main les a vaincus, et sa main les a pris.
CHIMÈNE.
De qui peux-tu savoir ces nouvelles étranges?
ELVIRE.
Du peuple qui partout fait sonner ses louanges,
Le nomme de sa joie et l'objet et l'auteur,
Son ange tutélaire, et son libérateur.
CHIMÈNE.
Et le roi, de quel œil voit-il tant de vaillance?
ELVIRE.
Rodrigue n'ose encor paraître en sa présence;

Mais don Diègue ravi lui présente enchaînés,
Au nom de ce vainqueur, ces captifs couronnés, 1130
Et demande pour grâce à ce généreux prince
Qu'il daigne voir la main qui sauve la province.
CHIMÈNE.
Mais n'est-il point blessé?
ELVIRE.
Je n'en ai rien appris.
Vous changez de couleur! reprenez vos esprits.
CHIMÈNE.
Reprenons donc aussi ma colère affaiblie :
Pour avoir soin de lui faut-il que je m'oublie?
On le vante, on le loue, et mon cœur y consent!
Mon honneur est muet, mon devoir impuissant!
Silence, mon amour, laisse agir ma colère ;
S'il a vaincu deux rois, il a tué mon père : 1140
Ces tristes vêtements où je lis mon malheur
Sont les premiers effets qu'ait produits sa valeur;
Et quoi qu'on dise ailleurs d'un cœur si magnanime,
Ici tous les objets me parlent de son crime.
Vous qui rendez la force à mes ressentiments,
Voile, crêpes, habits, lugubres ornements,
Pompe où m'ensevelit sa première victoire,
Contre ma passion soutenez bien ma gloire ;
Et, lorsque mon amour prendra trop de pouvoir,
Parlez à mon esprit de mon triste devoir, 1150
Attaquez sans rien craindre une main triomphante.
ELVIRE.
Modérez ces transports, voici venir l'infante.

SCÈNE II.

L'INFANTE, CHIMÈNE, LÉONOR, ELVIRE.

L'INFANTE.
Je ne viens pas ici consoler tes douleurs;
Je viens plutôt mêler mes soupirs à tes pleurs.

CHIMÈNE.
Prenez bien plutôt part à la commune joie,
Et goûtez le bonheur que le ciel vous envoie,
Madame : autre que moi n'a droit de soupirer.
Le péril dont Rodrigue a su vous retirer,
Et le salut public que vous rendent ses armes,
A moi seule aujourd'hui permet encor les larmes : 1160
Il a sauvé la ville, il a servi son roi ;
Et son bras valeureux n'est funeste qu'à moi.

L'INFANTE.
Ma Chimène, il est vrai qu'il a fait des merveilles.

CHIMÈNE.
Déjà ce bruit fâcheux a frappé mes oreilles ;
Et je l'entends partout publier hautement
Aussi brave guerrier que malheureux amant.

L'INFANTE.
Qu'a de fâcheux pour toi ce discours populaire ?
Ce jeune Mars qu'il loue a su jadis te plaire ;
Il possédait ton âme, il vivait sous tes lois,
Et vanter sa valeur c'est honorer ton choix. 1170

CHIMÈNE.
Chacun peut la vanter avec quelque justice ;
Mais pour moi sa louange est un nouveau supplice.
On aigrit ma douleur en l'élevant si haut :
Je vois ce que je perds quand je vois ce qu'il vaut.
Ah ! cruels déplaisirs à l'esprit d'une amante !
Plus j'apprends son mérite et plus mon feu s'augmente :
Cependant mon devoir est toujours le plus fort,
Et malgré mon amour va poursuivre sa mort.

L'INFANTE.
Hier ce devoir te mit en une haute estime ;
L'effort que tu te fis parut si magnanime, 1180
Si digne d'un grand cœur, que chacun à la cour
Admirait ton courage et plaignait ton amour.
Mais croirais-tu l'avis d'une amitié fidèle ?

CHIMÈNE.
Ne vous obéir pas me rendrait criminelle.
L'INFANTE.
Ce qui fut juste alors ne l'est plus aujourd'hui.
Rodrigue maintenant est notre unique appui,
L'espérance et l'amour d'un peuple qui l'adore,
Le soutien de Castille, et la terreur du Maure.
Le roi même est d'accord de cette vérité,
Que ton père en lui seul se voit ressuscité ; 1190
Et si tu veux enfin qu'en deux mots je m'explique,
Tu poursuis en sa mort la ruine publique.
Quoi ! pour venger un père est-il jamais permis
De livrer sa patrie aux mains des ennemis ?
Contre nous ta poursuite est-elle légitime ?
Et pour être punis avons-nous part au crime ?
Ce n'est pas qu'après tout tu doives épouser
Celui qu'un père mort t'obligeait d'accuser ;
Je te voudrais moi-même en arracher l'envie :
Ote-lui ton amour, mais laisse-nous sa vie. 1200
CHIMÈNE.
Ah ! ce n'est pas à moi d'avoir tant de bonté ;
Le devoir qui m'aigrit n'a rien de limité.
Quoique pour ce vainqueur mon amour s'intéresse,
Quoiqu'un peuple l'adore, et qu'un roi le caresse,
Qu'il soit environné des plus vaillants guerriers,
J'irai sous mes cyprès accabler ses lauriers.
L'INFANTE.
C'est générosité, quand, pour venger un père,
Notre devoir attaque une tête si chère ;
Mais c'en est une encor d'un plus illustre rang,
Quand on donne au public les intérêts du sang. 1210
Non, crois-moi, c'est assez que d'éteindre ta flamme ;
Il sera trop puni s'il n'est plus dans ton âme.
Que le bien du pays t'impose cette loi ;
Aussi bien, que crois-tu que t'accorde le roi ?

CHIMÈNE.
Il peut me refuser, mais je ne puis me taire.
L'INFANTE.
Pense bien, ma Chimène, à ce que tu veux faire.
Adieu : tu pourras seule y songer à loisir.
CHIMÈNE.
Après mon père mort, je n'ai point à choisir.

SCÈNE III.

LE ROI, D. DIÈGUE, D. ARIAS, D. RODRIGUE,
D. SANCHE.

LE ROI.
Généreux héritier d'une illustre famille
Qui fut toujours la gloire et l'appui de Castille, 1220
Race de tant d'aïeux en valeur signalés,
Que l'essai de la tienne a sitôt égalés,
Pour te récompenser ma force est trop petite ;
Et j'ai moins de pouvoir que tu n'as de mérite.
Le pays délivré d'un si rude ennemi,
Mon sceptre dans ma main par la tienne affermi,
Et les Maures défaits avant qu'en ces alarmes
J'eusse pu donner ordre à repousser leurs armes,
Ne sont point des exploits qui laissent à ton roi
Le moyen ni l'espoir de s'acquitter vers toi. 1230
Mais deux rois tes captifs feront ta récompense :
Ils t'ont nommé tous deux leur Cid en ma présence.
Puisque Cid en leur langue est autant que seigneur,
Je ne t'envîrai pas ce beau titre d'honneur.
Sois désormais le Cid : qu'à ce grand nom tout cède ;
Qu'il comble d'épouvante et Grenade et Tolède,
Et qu'il marque à tous ceux qui vivent sous mes lois
Et ce que tu me vaux et ce que je te dois.
D. RODRIGUE.
Que Votre Majesté, sire, épargne ma honte.

D'un si faible service elle fait trop de compte, 1240
Et me force à rougir devant un si grand roi
De mériter si peu l'honneur que j'en reçoi.
Je sais trop que je dois au bien de votre empire
Et le sang qui m'anime et l'air que je respire;
Et, quand je les perdrai pour un si digne objet,
Je ferai seulement le devoir d'un sujet.

LE ROI.

Tous ceux que ce devoir à mon service engage
Ne s'en acquittent pas avec même courage :
Et lorsque la valeur ne va point dans l'excès,
Elle ne produit point de si rares succès. 1250
Souffre donc qu'on te loue, et de cette victoire
Apprends-moi plus au long la véritable histoire.

D. RODRIGUE.

Sire, vous avez su qu'en ce danger pressant,
Qui jeta dans la ville un effroi si puissant,
Une troupe d'amis chez mon père assemblée
Sollicita mon âme encor toute troublée...
Mais, sire, pardonnez à ma témérité,
Si j'osai l'employer sans votre autorité ;
Le péril approchait, leur brigade était prête :
Me montrant à la cour, je hasardais ma tête ; 1260
Et, s'il la fallait perdre, il m'était bien plus doux
De sortir de la vie en combattant pour vous.

LE ROI.

J'excuse ta chaleur à venger ton offense ;
Et l'État défendu me parle en ta défense :
Crois que dorénavant Chimène a beau parler,
Je ne l'écoute plus que pour la consoler.
Mais poursuis.

D. RODRIGUE. Sous moi donc cette troupe s'avance
Et porte sur le front une mâle assurance : [fort,
Nous partîmes cinq cents; mais, par un prompt ren-
Nous nous vîmes trois mille en arrivant au port, 1270
Tant à nous voir marcher avec un tel visage

Les plus épouvantés reprenaient de courage !
J'en cache les deux tiers aussitôt qu'arrivés
Dans le fond des vaisseaux qui lors furent trouvés :
Le reste, dont le nombre augmentait à toute heure,
Brûlant d'impatience, autour de moi demeure,
Se couche contre terre, et, sans faire aucun bruit,
Passe une bonne part d'une si belle nuit.
Par mon commandement la garde en fait de même,
Et, se tenant cachée, aide à mon stratagème; 1280
Et je feins hardiment d'avoir reçu de vous
L'ordre qu'on me voit suivre et que je donne à tous.
Cette obscure clarté qui tombe des étoiles
Enfin avec le flux nous fit voir trente voiles :
L'onde s'enfle dessous, et d'un commun effort
Les Maures et la mer montent jusques au port.
On les laisse passer : tout leur paraît tranquille;
Point de soldats au port, point aux murs de la ville.
Notre profond silence abusant leurs esprits,
Ils n'osent plus douter de nous avoir surpris ; 1290
Ils abordent sans peur, ils ancrent, ils descendent,
Et courent se livrer aux mains qui les attendent.
Nous nous levons alors, et tous en même temps
Poussons jusques au ciel mille cris éclatants;
Les nôtres, au signal, de nos vaisseaux répondent;
Ils paraissent armés, les Maures se confondent;
L'épouvante les prend à demi descendus;
Avant que de combattre ils s'estiment perdus.
Ils couraient au pillage, et rencontrent la guerre;
Nous les pressons sur l'eau, nous les pressons sur
[terre, 1300
Et nous faisons courir des ruisseaux de leur sang,
Avant qu'aucun résiste ou reprenne son rang.
Mais bientôt, malgré nous, leurs princes les rallient,
Leur courage renaît, et leurs terreurs s'oublient :
La honte de mourir sans avoir combattu
Arrête leur désordre, et leur rend leur vertu.

Contre nous de pied ferme ils tirent leurs épées,
Des plus braves soldats les trames sont coupées ;
Et la terre, et le fleuve, et leur flotte, et le port,
Sont des champs de carnage où triomphe la mort.
O combien d'actions, combien d'exploits célèbres
'urent ensevelis dans l'horreur des ténèbres,   1312
ù chacun, seul témoin des grands coups qu'il don-
'e pouvait discerner où le sort inclinait!   [nait,
'allais de tous côtés encourager les nôtres,
aire avancer les uns et soutenir les autres,
anger ceux qui venaient, les pousser à leur tour,
t ne l'ai pu savoir jusques au point du jour.
Iais enfin sa clarté montre notre avantage ;
e Maure voit sa perte, et soudain perd courage :
t voyant un renfort qui nous vient secourir,   1321
'ardeur de vaincre cède à la peur de mourir.
ls gagnent leurs vaisseaux, ils en coupent les câbles,
'ous laissent pour adieux des cris épouvantables,
ont retraite en tumulte, et sans considérer
i leurs rois avec eux peuvent se retirer.
our souffrir ce devoir leur frayeur est trop forte ;
e flux les apporta, le reflux les remporte,
ependant que leurs rois, engagés parmi nous,
t quelque peu des leurs, tous percés de nos coups,
isputent vaillamment et vendent bien leur vie.   1331
se rendre moi-même en vain je les convie·
e cimeterre au poing ils ne m'écoutent pas :
Iais voyant à leurs pieds tomber tous leurs soldats,
t que seuls désormais en vain ils se défendent,
ls demandent le chef ; je me nomme, ils se rendent.
e vous les envoyai tous deux en même temps ;
t le combat cessa faute de combattants.
'est de cette façon, que, pour votre service....

SCÈNE IV.

**LE ROI, D. DIÈGUE, D. RODRIGUE, D. ARIAS,
D. ALONSE, D. SANCHE.**

D. ALONSE.
Sire, Chimène vient vous demander justice.   1340
LE ROI.
La fâcheuse nouvelle, et l'importun devoir!
Va, je ne la veux pas obliger à te voir.
Pour tout remercîment il faut que je te chasse :
Mais avant que sortir, viens, que ton roi t'embrasse.
(D. Rodrigue rentre.)
D. DIÈGUE.
Chimène le poursuit, et voudrait le sauver.
LE ROI.
On m'a dit qu'elle l'aime, et je vais l'éprouver :
Montrez un œil plus triste.

SCÈNE V.

**LE ROI, D. DIÈGUE, D. ARIAS, D. SANCHE, D. ALONSE,
CHIMÈNE, ELVIRE.**

LE ROI. Enfin soyez contente,
Chimène, le succès répond à votre attente.
Si de nos ennemis Rodrigue a le dessus,
Il est mort à nos yeux des coups qu'il a reçus ; 1350
Rendez grâces au ciel qui vous en a vengée.
(A D. Diègue.)
Voyez comme déjà sa couleur est changée.
D. DIÈGUE.
Mais voyez qu'elle pâme, et d'un amour parfait,
Dans cette pamoison, sire, admirez l'effet.

Sa douleur a trahi les secrets de son âme,
Et ne vous permet plus de douter de sa flamme.
    CHIMÈNE.
Quoi! Rodrigue est donc mort?
                    LE ROI. Non, non, il voit le jour,
Et te conserve encore un immuable amour :
Calme cette douleur qui pour lui s'intéresse.
    CHIMÈNE.
Sire, on pâme de joie, ainsi que de tristesse : 1360
Un excès de plaisir nous rend tout languissants ;
Et, quand il surprend l'âme, il accable les sens.
    LE ROI.
Tu veux qu'en ta faveur nous croyions l'impossible?
Chimène, ta douleur a paru trop visible.
    CHIMÈNE.
Eh bien! sire, ajoutez ce comble à mes malheurs,
Nommez ma pamoison l'effet de mes douleurs ;
Un juste déplaisir à ce point m'a réduite ;
Son trépas dérobait sa tête à ma poursuite ;
S'il meurt des coups reçus pour le bien du pays,
Ma vengeance est perdue et mes desseins trahis : 1370
Une si belle fin m'est trop injurieuse.
Je demande sa mort, mais non pas glorieuse,
Non pas dans un éclat qui l'élève si haut,
Non pas au lit d'honneur, mais sur un échafaud :
Qu'il meure pour mon père, et non pour la patrie ;
Que son nom soit taché, sa mémoire flétrie.
Mourir pour le pays n'est pas un triste sort,
C'est s'immortaliser par une belle mort.
J'aime donc sa victoire, et je le puis sans crime ;
Elle assure l'État, et me rend ma victime, 1380
Mais noble, mais fameuse entre tous les guerriers,
Le chef, au lieu de fleurs, couronné de lauriers ;
Et, pour dire en un mot ce que j'en considère,
Digne d'être immolée aux mânes de mon père.
Hélas! à quel espoir me laissé-je emporter!

Rodrigue de ma part n'a rien à redouter ;
Que pourraient contre lui des larmes qu'on méprise?
Pour lui tout votre empire est un lieu de franchise:
Là, sous votre pouvoir, tout lui devient permis;
Il triomphe de moi comme des ennemis. 1390
Dans leur sang répandu la justice étouffée
Au crime du vainqueur sert d'un nouveau trophée;
Nous en croissons la pompe, et le mépris des lois
Nous fait suivre son char au milieu de deux rois.

LE ROI.
Ma fille, ces transports ont trop de violence.
Quand on rend la justice on met tout en balance.
On a tué ton père, il était l'agresseur ;
Et la même équité m'ordonne la douceur.
Avant que d'accuser ce que j'en fais paraître,
Consulte bien ton cœur, Rodrigue en est le maître;
Et ta flamme en secret rend grâces à ton roi, 1401
Dont la faveur conserve un tel amant pour toi.

CHIMÈNE.
Pour moi, mon ennemi! l'objet de ma colère!
L'auteur de mes malheurs! l'assassin de mon père!
De ma juste poursuite on fait si peu de cas
Qu'on me croit obliger en ne m'écoutant pas.
Puisque vous refusez la justice à mes larmes,
Sire, permettez-moi de recourir aux armes:
C'est par là seulement qu'il a su m'outrager,
Et c'est aussi par là que je me dois venger. 1410
A tous vos cavaliers je demande sa tête;
Oui, qu'un d'eux me l'apporte, et je suis sa conquête;
Qu'ils le combattent, sire ; et, le combat fini,
J'épouse le vainqueur, si Rodrigue est puni;
Sous votre autorité souffrez qu'on le publie.

LE ROI.
Cette vieille coutume en ces lieux établie,
Sous couleur de punir un injuste attentat,
Des meilleurs combattants affaiblit un État ;

Souvent de cet abus le succès déplorable
Opprime l'innocent et soutient le coupable. 1420
J'en dispense Rodrigue, il m'est trop précieux
Pour l'exposer aux coups d'un sort capricieux ;
Et quoi qu'ait pu commettre un cœur si magnanime,
Les Maures en fuyant ont emporté son crime.

D. DIÈGUE.

Quoi! sire, pour lui seul vous renversez des lois
Qu'a vu toute la cour observer tant de fois !
Que croira votre peuple, et que dira l'envie
Si sous votre défense il ménage sa vie,
Et s'en fait un prétexte à ne paraître pas
Où tous les gens d'honneur cherchent un beau tré-
De pareilles faveurs terniraient trop sa gloire ; [pas?
Qu'il goûte sans rougir les fruits de sa victoire. 1430
Le comte eut de l'audace, il l'en a su punir :
Il l'a fait en brave homme, et le doit soutenir.

LE ROI.

Puisque vous le voulez, j'accorde qu'il le fasse :
Mais d'un guerrier vaincu mille prendraient la place;
Et le prix que Chimène au vainqueur a promis
De tous mes cavaliers ferait ses ennemis :
L'opposer seul à tous serait trop d'injustice;
Il suffit qu'une fois il entre dans la lice. 1440
Choisis qui tu voudras, Chimène, et choisis bien ;
Mais après ce combat ne demande plus rien.

D. DIÈGUE.

N'excusez point par là ceux que son bras étonne;
Laissez un champ ouvert où n'entrera personne.
Après ce que Rodrigue a fait voir aujourd'hui,
Quel courage assez vain s'oserait prendre à lui?
Qui se hasarderait contre un tel adversaire?
Qui serait ce vaillant ou bien ce téméraire?

D. SANCHE.

Faites ouvrir le champ : vous voyez l'assaillant,
Je suis ce téméraire, ou plutôt ce vaillant. 1450

(*A Chimène.*)
Accordez cette grâce à l'ardeur qui me presse.
Madame, vous savez quelle est votre promesse.
LE ROI.
Chimène, remets-tu ta querelle en sa main?
CHIMÈNE.
Sire, je l'ai promis.
LE ROI. Soyez prêt à demain.
D. DIÈGUE.
Non, sire, il ne faut pas différer davantage;
On est toujours tout prêt quand on a du courage.
LE ROI.
Sortir d'une bataille et combattre à l'instant!
D. DIÈGUE.
Rodrigue a pris haleine en vous la racontant.
LE ROI.
Du moins une heure ou deux je veux qu'il se délasse.
Mais de peur qu'en exemple un tel combat ne passe,
Pour témoigner à tous qu'à regret je permets 1461
Un sanglant procédé qui ne me plut jamais,
De moi ni de ma cour il n'aura la présence.
(*A D. Arias.*)
Vous seul des combattants jugerez la vaillance.
Ayez soin que tous deux fassent en gens de cœur,
Et, le combat fini, m'amenez le vainqueur.
Quel qu'il soit, même prix est acquis à sa peine;
Je le veux de ma main présenter à Chimène,
Et que, pour récompense, il reçoive sa foi.
CHIMÈNE.
Quoi! sire, m'imposer une si dure loi! 1470
LE ROI.
Tu t'en plains; mais ton feu, loin d'avouer ta plainte,
Si Rodrigue est vainqueur, l'accepte sans contrainte.
Cesse de murmurer contre un arrêt si doux;
Qui que ce soit des deux, j'en ferai ton époux.

ACTE CINQUIÈME.

SCÈNE I.

D. RODRIGUE, CHIMÈNE.

CHIMÈNE.   [dace?
Quoi! Rodrigue, en plein jour! d'où te vient cette au-
Va, tu me perds d'honneur; retire-toi, de grâce.
   D. RODRIGUE.
Je vais mourir, madame, et vous viens en ce lieu,
Avant le coup mortel, dire un dernier adieu:
Mon amour vous le doit, et mon cœur qui soupire
N'ose sans votre aveu sortir de votre empire.   1480
   CHIMÈNE.
Tu vas mourir!
   D. RODRIGUE. Je cours à ces heureux moments
Qui vont livrer ma vie à vos ressentiments.
   CHIMÈNE.
Tu vas mourir! Don Sanche est-il si redoutable
Qu'il donne l'épouvante à ce cœur indomptable?
Qui t'a rendu si faible? ou qui le rend si fort?
Rodrigue va combattre, et se croit déjà mort!
Celui qui n'a pas craint les Maures, ni mon père,
Va combattre don Sanche, et déjà désespère!
Ainsi donc au besoin ton courage s'abat?
   D. RODRIGUE.
Je cours à mon supplice, et non pas au combat;
Et ma fidèle ardeur sait bien m'ôter l'envie,   1491
Quand vous cherchez ma mort, de défendre ma vie.
J'ai toujours même cœur; mais je n'ai point de bras
Quand il faut conserver ce qui ne vous plaît pas;
Et déjà cette nuit m'aurait été mortelle,
Si j'eusse combattu pour ma seule querelle;

Mais défendant mon roi, son peuple, et mon pays,
A me défendre mal je les aurais trahis.
Mon esprit généreux ne hait pas tant la vie,
Qu'il en veuille sortir par une perfidie : 1500
Maintenant qu'il s'agit de mon seul intérêt,
Vous demandez ma mort, j'en accepte l'arrêt.
Votre ressentiment choisit la main d'un autre;
Je ne méritais pas de mourir de la vôtre.
On ne me verra point en repousser les coups :
Je dois plus de respect à qui combat pour vous;
Et, ravi de penser que c'est de vous qu'ils viennent,
Puisque c'est votre honneur que ses armes soutien-
Je lui vais présenter mon estomac ouvert, [nent,
Adorant en sa main la vôtre qui me perd. 1510

  CHIMÈNE.

Si d'un triste devoir la juste violence,
Qui me fait malgré moi poursuivre ta vaillance,
Prescrit à ton amour une si forte loi,
Qu'il te rend sans défense à qui combat pour moi;
En cet aveuglement ne perds pas la mémoire
Qu'ainsi que de ta vie il y va de ta gloire,
Et que, dans quelque éclat que Rodrigue ait vécu,
Quand on le saura mort, on le croira vaincu.
L'honneur te fut plus cher que je ne te suis chère
Puisqu'il trempa tes mains dans le sang de mon père,
Et te fit renoncer, malgré ta passion, 1520
A l'espoir le plus doux de ma possession :
Je t'en vois cependant faire si peu de compte,
Que sans rendre combat tu veux qu'on te surmonte.
Quelle inégalité ravale ta vertu?
Pourquoi ne l'as-tu plus? ou pourquoi l'avais-tu?
Quoi! n'es-tu généreux que pour me faire outrage?
S'il ne faut m'offenser, n'as-tu point de courage?
Et traites-tu mon père avec tant de rigueur,
Qu'après l'avoir vaincu tu souffres un vainqueur?
Non, sans vouloir mourir, laisse-moi te poursuivre,

Et défends ton honneur, si tu ne veux plus vivre.
D. RODRIGUE.
Après la mort du comte, et les Maures défaits, 1533
Faudrait-il à ma gloire encor d'autres effets ?
Elle peut dédaigner le soin de me défendre :
On sait que mon courage ose tout entreprendre,
Que ma valeur peut tout, et que, dessous les cieux,
Auprès de mon honneur rien ne m'est précieux.
Non, non, en ce combat, quoi que vous veuilliez croire,
Rodrigue peut mourir sans hasarder sa gloire, 1540
Sans qu'on l'ose accuser d'avoir manqué de cœur,
Sans passer pour vaincu, sans souffrir un vainqueur.
On dira seulement : « Il adorait Chimène ;
Il n'a pas voulu vivre et mériter sa haine ;
Il a cédé lui-même à la rigueur du sort
Qui forçait sa maîtresse à poursuivre sa mort :
Elle voulait sa tête ; et son cœur magnanime,
S'il l'en eût refusée, eût pensé faire un crime.
Pour venger son honneur il perdit son amour,
Pour venger sa maîtresse il a quitté le jour, 1550
Préférant, quelque espoir qu'eût son âme asservie,
Son honneur à Chimène, et Chimène à sa vie. »
Ainsi donc vous verrez ma mort en ce combat,
Loin d'obscurcir ma gloire, en rehausser l'éclat ;
Et cet honneur suivra mon trépas volontaire
Que tout autre que moi n'eût pu vous satisfaire.
CHIMÈNE.
Puisque pour t'empêcher de courir au trépas
Ta vie et ton honneur sont de faibles appas,
Si jamais je t'aimai, cher Rodrigue, en revanche
Défends-toi maintenant pour m'ôter à don Sanche.
Combats pour m'affranchir d'une condition 1561
Qui me livre à l'objet de mon aversion.
Te dirai-je encor plus ? va, songe à ta défense,
Pour forcer mon devoir, pour m'imposer silence,
Et, si tu sens pour moi ton cœur encore épris,

Sors vainqueur d'un combat dont Chimène est le prix.
Adieu : ce mot lâché me fait rougir de honte.
       D. RODRIGUE, *seul.*
Est-il quelque ennemi qu'à présent je ne dompte ?
Paraissez, Navarrais, Maures et Castillans,
Et tout ce que l'Espagne a nourri de vaillants ; 1570
Unissez-vous ensemble, et faites une armée,
Pour combattre une main de la sorte animée.
Joignez tous vos efforts contre un espoir si doux ;
Pour en venir à bout c'est trop peu que de vous.

SCÈNE II.

L'INFANTE, *seule.*

T'écouterai-je encor, respect de ma naissance,
    Qui fais un crime de mes feux ?
T'écouterai-je, amour, dont la douce puissance
Contre ce fier tyran fait révolter mes vœux ?
    Pauvre princesse, auquel des deux
    Dois-tu prêter obéissance ? 1580
Rodrigue, ta valeur te rend digne de moi ;
Mais pour être vaillant tu n'es pas fils de roi.

Impitoyable sort, dont la rigueur sépare
    Ma gloire d'avec mes désirs,
Est-il dit que le choix d'une vertu si rare
Coûte à ma passion de si grands déplaisirs ?
    O cieux ! à combien de soupirs
    Faut-il que mon cœur se prépare,
Si jamais il n'obtient sur un si long tourment
Ni d'éteindre l'amour, ni d'accepter l'amant ? 1590

Mais c'est trop de scrupule, et ma raison s'étonne
    Du mépris d'un si digne choix :

Bien qu'aux monarques seuls ma naissance me donne,
Rodrigue, avec honneur je vivrai sous tes lois.
    Après avoir vaincu deux rois,
    Pourrais-tu manquer de couronne ?
Et ce grand nom de Cid que tu viens de gagner
Ne fait-il pas trop voir sur qui tu dois régner ?

Il est digne de moi, mais il est à Chimène ;
    Le don que j'en ai fait me nuit.   1600
Entre eux la mort d'un père a si peu mis de haine,
Que le devoir du sang à regret le poursuit :
    Ainsi n'espérons aucun fruit
    De son crime, ni de ma peine,
Puisque pour me punir le destin a permis
Que l'amour dure même entre deux ennemis.

SCÈNE III.

L'INFANTE, LÉONOR.

L'INFANTE.
Où viens-tu, Léonor ?
            LÉONOR. Vous applaudir, madame,
Sur le repos qu'enfin a retrouvé votre âme.
    L'INFANTE.
D'où viendrait ce repos dans un comble d'ennui ?
    LÉONOR.
Si l'amour vit d'espoir, et s'il meurt avec lui,   1610
Rodrigue ne peut plus charmer votre courage.
Vous savez le combat où Chimène l'engage ;
Puisqu'il faut qu'il y meure, ou qu'il soit son mari,
Votre espérance est morte et votre esprit guéri.
    L'INFANTE.
Ah ! qu'il s'en faut encor !
            LÉONOR. Que pouvez-vous prétendre ?

L'INFANTE.
Mais plutôt quel espoir me pourrais-tu défendre ?
Si Rodrigue combat sous ces conditions,
Pour en rompre l'effet j'ai trop d'inventions.
L'amour, ce doux auteur de mes cruels supplices,
Aux esprits des amants apprend trop d'artifices. 1620
LÉONOR.
Pourrez-vous quelque chose, après qu'un père mort
N'a pu, dans leurs esprits, allumer de discord ?
Car Chimène aisément montre, par sa conduite,
Que la haine aujourd'hui ne fait pas sa poursuite.
Elle obtient un combat, et pour son combattant
C'est le premier offert qu'elle accepte à l'instant :
Elle n'a point recours à ces mains généreuses
Que tant d'exploits fameux rendent si glorieuses ;
Don Sanche lui suffit et mérite son choix,
Parce qu'il va s'armer pour la première fois ; 1630
Elle aime en ce duel son peu d'expérience ;
Comme il est sans renom, elle est sans défiance ;
Et sa facilité vous doit bien faire voir
Qu'elle cherche un combat qui force son devoir,
Qui livre à son Rodrigue une victoire aisée,
Et l'autorise enfin à paraître apaisée.
L'INFANTE.
Je le remarque assez, et toutefois mon cœur
A l'envi de Chimène adore ce vainqueur.
A quoi me résoudrai-je, amante infortunée ?
LÉONOR.
A vous mieux souvenir de qui vous êtes née : 1640
Le ciel vous doit un roi, vous aimez un sujet !
L'INFANTE.
Mon inclination a bien changé d'objet.
Je n'aime plus Rodrigue, un simple gentilhomme ;
Non, ce n'est plus ainsi que mon amour le nomme :
Si j'aime, c'est l'auteur de tant de beaux exploits,
C'est le valeureux Cid, le maître de deux rois.

Je me vaincrai pourtant, non de peur d'aucun blâme,
Mais pour ne troubler pas une si belle flamme ;
Et, quand pour m'obliger on l'aurait couronné,
Je ne veux point reprendre un bien que j'ai donné. 1650
Puisqu'en un tel combat sa victoire est certaine,
Allons encore un coup le donner à Chimène.
Et toi, qui vois les traits dont mon cœur est percé,
Viens me voir achever comme j'ai commencé.

SCÈNE IV.

CHIMÈNE, ELVIRE.

CHIMÈNE.
Elvire, que je souffre ! et que je suis à plaindre !
Je ne sais qu'espérer, et je vois tout à craindre ;
Aucun vœu ne m'échappe où j'ose consentir ;
Je ne souhaite rien sans un prompt repentir.
A deux rivaux pour moi je fais prendre les armes :
Le plus heureux succès me coûtera des larmes ; 1660
Et, quoi qu'en ma faveur en ordonne le sort,
Mon père est sans vengeance, ou mon amant est mort.

ELVIRE.
D'un et d'autre côté je vous vois soulagée :
Ou vous avez Rodrigue, ou vous êtes vengée ;
Et, quoi que le destin puisse ordonner de vous,
Il soutient votre gloire et vous donne un époux.

CHIMÈNE.
Quoi ! l'objet de ma haine, ou bien de ma colère !
L'assassin de Rodrigue, ou celui de mon père !
De tous les deux côtés on me donne un mari
Encor tout teint du sang que j'ai le plus chéri. 1670
De tous les deux côtés mon âme se rebelle.
Je crains plus que la mort la fin de ma querelle.
Allez, vengeance, amour, qui troublez mes esprits,
Vous n'avez point pour moi de douceurs à ce prix :

Et toi, puissant moteur du destin qui m'outrage,
Termine ce combat sans aucun avantage,
Sans faire aucun des deux ni vaincu ni vainqueur.

ELVIRE.

Ce serait vous traiter avec trop de rigueur.
Ce combat pour votre âme est un nouveau supplice,
S'il vous laisse obligée à demander justice, 1680
A témoigner toujours ce haut ressentiment,
Et poursuivre toujours la mort de votre amant.
Madame, il vaut bien mieux que sa rare vaillance,
Lui couronnant le front, vous impose silence ;
Que la loi du combat étouffe vos soupirs,
Et que le roi vous force à suivre vos désirs.

CHIMÈNE.

Quand il sera vainqueur, crois-tu que je me rende ?
Mon devoir est trop fort, et ma perte trop grande ;
Et ce n'est pas assez pour leur faire la loi,
Que celle du combat et le vouloir du roi. 1690
Il peut vaincre don Sanche avec fort peu de peine,
Mais non pas avec lui la gloire de Chimène ;
Et, quoi qu'à sa victoire un monarque ait promis,
Mon honneur lui fera mille autres ennemis.

ELVIRE.

Gardez, pour vous punir de cet orgueil étrange,
Que le ciel à la fin ne souffre qu'on vous venge.
Quoi ! vous voulez encor refuser le bonheur
De pouvoir maintenant vous taire avec honneur ?
Que prétend ce devoir, et qu'est-ce qu'il espère ? 1700
La mort de votre amant vous rendra-t-elle un père ?
Est-ce trop peu pour vous que d'un coup de malheur ?
Faut-il perte sur perte, et douleur sur douleur ?
Allez, dans le caprice où votre humeur s'obstine,
Vous ne méritez pas l'amant qu'on vous destine ;
Et nous verrons du ciel l'équitable courroux
Vous laisser, par sa mort, don Sanche pour époux.

CHIMÈNE.

Elvire, c'est assez des peines que j'endure ;
Ne les redouble point par ce funeste augure :
Je veux, si je le puis, les éviter tous deux ;
Sinon, en ce combat Rodrigue a tous mes vœux : 1710
Non qu'une folle ardeur de son côté me penche ;
Mais, s'il était vaincu, je serais à don Sanche :
Cette appréhension fait naître mon souhait.
Que vois-je, malheureuse ! Elvire, c'en est fait.

SCÈNE V.

D. SANCHE, CHIMÈNE, ELVIRE.

D. SANCHE.

Madame, à vos genoux j'apporte cette épée...

CHIMÈNE.

Quoi ! du sang de Rodrigue encor toute trempée ?
Perfide, oses-tu bien te montrer à mes yeux,
Après m'avoir ôté ce que j'aimais le mieux ?
Éclate, mon amour, tu n'as plus rien à craindre :
Mon père est satisfait, cesse de te contraindre ; 1720
Un même coup a mis ma gloire en sûreté,
Mon âme au désespoir, ma flamme en liberté.

D. SANCHE.

D'un esprit plus rassis...

     CHIMÈNE. Tu me parles encore,
Exécrable assassin d'un héros que j'adore !
Va, tu l'as pris en traître ; un guerrier si vaillant
N'eût jamais succombé sous un tel assaillant.
N'espère rien de moi, tu ne m'as point servie :
En croyant me venger, tu m'as ôté la vie.

D. SANCHE.

Étrange impression qui, loin de m'écouter...

CHIMÈNE.
Veux-tu que de sa mort je t'écoute vanter,   1730
Que j'entende à loisir avec quelle insolence
Tu peindras son malheur, mon crime, et ta vaillance ?

SCÈNE VI.

LE ROI, D. DIÈGUE, D. ARIAS, D. SANCHE, D. ALONSE,
CHIMÈNE, ELVIRE.

CHIMÈNE.
Sire, il n'est plus besoin de vous dissimuler
Ce que tous mes efforts ne vous ont pu celer.
J'aimais, vous l'avez su ; mais, pour venger mon père,
J'ai bien voulu proscrire une tête si chère :
Votre Majesté, sire, elle-même a pu voir
Comme j'ai fait céder mon amour au devoir.
Enfin Rodrigue est mort, et sa mort m'a changée
D'implacable ennemie en amante affligée.   1740
J'ai dû cette vengeance à qui m'a mise au jour,
Et je dois maintenant ces pleurs à mon amour.
Don Sanche m'a perdue en prenant ma défense ;
Et du bras qui me perd je suis la récompense !
Sire, si la pitié peut émouvoir un roi,
De grâce, révoquez une si dure loi :
Pour prix d'une victoire où je perds ce que j'aime,
Je lui laisse mon bien ; qu'il me laisse à moi-même ;
Qu'en un cloître sacré je pleure incessamment,
Jusqu'au dernier soupir, mon père et mon amant. 1750

D. DIÈGUE.
Enfin, elle aime, sire, et ne croit plus un crime
D'avouer par sa bouche un amour légitime.

LE ROI.
Chimène, sors d'erreur, ton amant n'est pas mort ;
Et don Sanche vaincu t'a fait un faux rapport.

D. SANCHE.

Sire, un peu trop d'ardeur malgré moi l'a déçue :
Je venais du combat lui raconter l'issue.
Ce généreux guerrier dont son cœur est charmé,
« Ne crains rien, m'a-t-il dit quand il m'a désarmé,
« Je laisserais plutôt la victoire incertaine,
« Que de répandre un sang hasardé pour Chimène; 1769
« Mais puisque mon devoir m'appelle auprès du roi,
« Va de notre combat l'entretenir pour moi,
« De la part du vainqueur lui porter ton épée. »
Sire, j'y suis venu : cet objet l'a trompée;
Elle m'a cru vainqueur, me voyant de retour;
Et soudain sa colère a trahi son amour
Avec tant de transport et tant d'impatience,
Que je n'ai pu gagner un moment d'audience.
Pour moi, bien que vaincu, je me répute heureux;
Et malgré l'intérêt de mon cœur amoureux, 1770
Perdant infiniment, j'aime encor ma défaite,
Qui fait le beau succès d'une amour si parfaite.

LE ROI.

Ma fille, il ne faut point rougir d'un si beau feu,
Ni chercher les moyens d'en faire un désaveu :
Une louable honte en vain t'en sollicite;
Ta gloire est dégagée, et ton devoir est quitte;
Ton père est satisfait, et c'était le venger
Que mettre tant de fois ton Rodrigue en danger.
Tu vois comme le ciel autrement en dispose.
Ayant tant fait pour lui, fais pour toi quelque chose, 1780
Et ne sois point rebelle à mon commandement,
Qui te donne un époux aimé si chèrement.

SCÈNE VII.

LE ROI, D. DIÈGUE, D. ARIAS, D. RODRIGUE, D. ALONSE,
D. SANCHE, L'INFANTE, CHIMÈNE, LÉONOR, ELVIRE.

L'INFANTE.

Sèche tes pleurs, Chimène, et reçois sans tristesse
Ce généreux vainqueur des mains de ta princesse.

D. RODRIGUE.

Ne vous offensez point, sire, si devant vous
Un respect amoureux me jette à ses genoux.
Je ne viens point ici demander ma conquête;
Je viens tout de nouveau vous apporter ma tête,
Madame ; mon amour n'emploîra point pour moi,
Ni la loi du combat, ni le vouloir du roi. 1790
Si tout ce qui s'est fait est trop peu pour un père,
Dites par quels moyens il vous faut satisfaire.
Faut-il combattre encor mille et mille rivaux,
Aux deux bouts de la terre étendre mes travaux,
Forcer moi seul un camp, mettre en fuite une armée,
Des héros fabuleux passer la renommée ?
Si mon crime par là se peut enfin laver,
J'ose tout entreprendre, et puis tout achever :
Mais si ce fier honneur, toujours inexorable,
Ne se peut apaiser sans la mort du coupable, 1800
N'armez plus contre moi le pouvoir des humains;
Ma tête est à vos pieds, vengez-vous par vos mains;
Vos mains seules ont droit de vaincre un invincible:
Prenez une vengeance à tout autre impossible;
Mais du moins que ma mort suffise à me punir.
Ne me bannissez point de votre souvenir ;
Et, puisque mon trépas conserve votre gloire,
Pour vous en revancher conservez ma mémoire,
Et dites quelquefois, en déplorant mon sort :
S'il ne m'avait aimée, il ne serait pas mort. 1810

CHIMÈNE.

Relève-toi, Rodrigue. Il faut l'avouer, sire,
Je vous en ai trop dit pour m'en pouvoir dédire.
Rodrigue a des vertus que je ne puis haïr;
Et vous êtes mon roi, je vous dois obéir.
Mais, à quoi que déjà vous m'ayez condamnée,
Pourrez-vous à vos yeux souffrir cet hyménée?
Et quand de mon devoir vous voulez cet effort,
Toute votre justice en est-elle d'accord?
Si Rodrigue à l'État devient si nécessaire,
De ce qu'il fait pour vous dois-je être le salaire, 1820
Et me livrer moi-même au reproche éternel
D'avoir trempé mes mains dans le sang paternel?

LE ROI.

Le temps assez souvent a rendu légitime
Ce qui semblait d'abord ne se pouvoir sans crime.
Rodrigue t'a gagnée, et tu dois être à lui.
Mais, quoique sa valeur t'ait conquise aujourd'hui,
Il faudrait que je fusse ennemi de ta gloire
Pour lui donner sitôt le prix de sa victoire.
Cet hymen différé ne rompt point une loi
Qui, sans marquer de temps, lui destine ta foi. 1830
Prends un an, si tu veux, pour essuyer tes larmes.
Rodrigue, cependant il faut prendre les armes.
Après avoir vaincu les Maures sur nos bords,
Renversé leurs desseins, repoussé leurs efforts,
Va jusqu'en leur pays leur reporter la guerre,
Commander mon armée, et ravager leur terre.
A ce seul nom de Cid ils trembleront d'effroi;
Ils t'ont nommé seigneur, et te voudront pour roi.
Mais parmi tes hauts faits sois-lui toujours fidèle:
Reviens-en, s'il se peut, encor plus digne d'elle; 1840
Et par tes grands exploits fais-toi si bien priser,
Qu'il lui soit glorieux alors de t'épouser.

D. RODRIGUE.

Pour posséder Chimène, et pour votre service,

Que peut-on m'ordonner que mon bras n'accomplisse ?
Quoi qu'absent de ses yeux il me faille endurer,
Sire, ce m'est trop d'heur de pouvoir espérer.
    LE ROI.
Espère en ton courage, espère en ma promesse ;
Et possédant déjà le cœur de ta maîtresse,
Pour vaincre un point d'honneur qui combat contre toi
Laisse faire le temps, ta vaillance, et ton roi.   1850

FIN DU CID.

CORNEILLE.

CINNA

TRAGÉDIE.

(1639.)

A MONSIEUR DE MONTAURON[1].

Monsieur, je vous présente un tableau d'une des plus belles actions d'Auguste. Ce monarque étoit tout généreux, et sa générosité n'a jamais paru avec tant d'éclat que dans les effets de sa clémence et de sa libéralité. Ces deux rares vertus lui étoient si naturelles, et si inséparables en lui, qu'il semble qu'en cette histoire que j'ai mise sur notre théâtre, elles se soient tour à tour entreproduites dans son âme. Il avoit été si libéral envers Cinna, que sa conjuration ayant fait voir une ingratitude extraordinaire, il eut besoin d'un extraordinaire effort de clémence pour lui pardonner; et le pardon qu'il lui donna fut la source des nouveaux bienfaits dont il lui fut prodigue, pour vaincre tout à fait cet esprit qui n'avoit pu être gagné par les premiers; de sorte qu'il est vrai de dire qu'il eût été moins clément envers lui s'il eût été moins libéral, et qu'il eût été moins libéral s'il eût été moins clément. Cela étant, à qui pourrois-je plus justement donner le portrait de l'une de ces héroïques vertus, qu'à celui qui possède l'autre en un si haut degré, puisque, dans cette action, ce grand prince les a si bien attachées et comme unies l'une à l'autre, qu'elles ont été tout ensemble et la cause et l'effet l'une de l'autre? Vous avez des richesses, mais vous savez en jouir, et vous en jouissez d'une façon si noble, si relevée, et tellement illustre, que vous forcez la voix publique d'avouer que la fortune a consulté la raison quand elle a répandu ses faveurs sur vous, et qu'on a plus de sujet de vous en souhaiter le redoublement que de vous en envier l'abondance. J'ai vécu si éloigné de la flatterie, que je pense être en possession de me faire croire

---

1. M. de Montauron avait d'abord servi dans le régiment des gardes, et ensuite, après avoir été commis à la recette de Guienne, il avait acheté la charge de receveur général de cette province.

quand je dis du bien de quelqu'un ; et lorsque je donne des louanges, ce qui m'arrive assez rarement, c'est avec tant de retenue que je supprime toujours quantité de glorieuses vérités, pour ne me rendre pas suspect d'étaler de ces mensonges obligeants que beaucoup de nos modernes savent débiter de si bonne grâce. Aussi je ne dirai rien des avantages de votre naissance, ni de votre courage qui l'a si dignement soutenue dans la profession des armes à qui vous avez donné vos premières années ; ce sont des choses trop connues de tout le monde. Je ne dirai rien de ce prompt et puissant secours que reçoivent chaque jour de votre main tant de bonnes familles ruinées par les désordres de nos guerres ; ce sont des choses que vous voulez tenir cachées. Je dirai seulement un mot de ce que vous avez particulièrement de commun avec Auguste : c'est que cette générosité qui compose la meilleure partie de votre âme et règne sur l'autre, et qu'à juste titre on peut nommer l'âme de votre âme, puisqu'elle en fait mouvoir toutes les puissances ; c'est, dis-je, que cette générosité, à l'exemple de ce grand empereur, prend plaisir à s'étendre sur les gens de lettres, en un temps où beaucoup pensent avoir trop récompensé leurs travaux quand ils les ont honorés d'une louange stérile. Et certes, vous avez traité quelques-unes de nos muses avec tant de magnanimité, qu'en elles vous avez obligé toutes les autres, et qu'il n'en est point qui ne vous en doive un remercîment. Trouvez donc bon, monsieur, que je m'acquitte de celui que je reconnois vous en devoir, par le présent que je vous fais de ce poëme, que j'ai choisi comme le plus durable des miens, pour apprendre plus longtemps à ceux qui le liront que le généreux M. de Montauron, par une libéralité inouïe en ce siècle, s'est rendu toutes les muses redevables, et que je prends tant de part aux bienfaits dont vous avez surpris quelques-unes d'elles, que je m'en dirai toute ma vie,

Monsieur,

Votre très-humble et très-obligé serviteur,

P. CORNEILLE.

EXAMEN DE CINNA

Par CORNEILLE.

Ce poëme a tant d'illustres suffrages qui lui donnent le premier rang parmi les miens, que je me ferois trop d'importants ennemis si j'en disois du mal : je ne le suis pas assez de moi-même pour chercher des défauts où ils n'en ont point voulu voir, et accuser le jugement qu'ils en ont fait, pour obscurcir la gloire qu'ils m'en ont donnée. Cette approbation si forte et si générale vient sans doute de ce que la vraisemblance s'y trouve si heureusement conservée aux endroits où la vérité lui manque, qu'il n'a jamais besoin de recourir au nécessaire. Rien n'y contredit l'histoire, bien que beaucoup de choses y soient ajoutées; rien n'y est violenté par les incommodités de la représentation, ni par l'unité de jour, ni par celle de lieu.

Il est vrai qu'il s'y rencontre une duplicité de lieu particulier. La moitié de la pièce se passe chez Æmilie, et l'autre dans le cabinet d'Auguste. J'aurois été ridicule si j'avois prétendu que cet empereur délibérât avec Maxime et Cinna s'il quitteroit l'empire ou non, précisément dans la même place où ce dernier vient de rendre compte à Æmilie de la conspiration qu'il a formée contre lui. C'est ce qui m'a fait rompre la liaison des scènes au quatrième acte, n'ayant pu me résoudre à faire que Maxime vînt donner l'alarme à Æmilie de la conjuration découverte au lieu même où Auguste en venoit de recevoir l'avis par son ordre, et dont il ne faisoit que de sortir avec tant d'inquiétude et d'irrésolution. C'eût été une impudence extraordinaire, et tout à fait hors du vraisemblable, de se présenter dans son cabinet un moment après qu'il lui avoit fait révéler le secret de cette entreprise, dont il étoit un des chefs, et porter la nouvelle de sa fausse mort. Bien loin de pouvoir surprendre Æmilie par la peur de se voir arrêtée, c'eût été se faire arrêter lui-même, et se précipiter dans un obstacle invincible au dessein qu'il vouloit exécuter. Æmilie ne parle donc pas où parle Auguste, à la réserve du cinquième acte; mais cela n'empêche pas qu'à considérer tout le poëme ensemble, il n'ait son unité de lieu, puisque tout s'y peut passer, non-seulement dans Rome, ou dans un quartier de Rome, mais dans le seul palais d'Auguste, pourvu que vous y vouliez donner un appartement à Æmilie qui soit éloigné du sien.

Le compte que Cinna lui rend de sa conspiration justifie ce que j'ai dit ailleurs, que, pour faire souffrir une narration ornée, il faut que celui qui la fait et celui qui l'écoute ayent l'esprit assez tranquille, et s'y plaisent assez pour lui prêter toute la patience qui lui est nécessaire. Æmilie a de la joie d'apprendre de la bouche de son amant avec quelle chaleur il a suivi ses intentions; et Cinna n'en a pas moins de lui pouvoir donner de si belles espérances de l'effet qu'elle en souhaite : c'est pourquoi, quelque longue que soit cette narration, sans interruption aucune, elle n'ennuie point. Les ornements de rhétorique dont j'ai tâché de l'enrichir ne la font point condamner de trop d'artifice, et la diversité de ses figures ne fait point regretter le temps que j'y perds ; mais si j'avois attendu à la commencer qu'Évandre eût troublé ces deux amants par la nouvelle qu'il leur apporte, Cinna eût été obligé de s'en taire ou de la conclure en six vers, et Æmilie n'en eût pu supporter davantage.

Comme les vers de ma tragédie d'*Horace* ont quelque chose de plus net et de moins guindé pour les pensées que ceux du *Cid*, on peut dire que ceux de cette pièce ont quelque chose de plus achevé que ceux d'*Horace*, et qu'enfin la facilité de concevoir le sujet, qui n'est ni trop chargé d'incidents, ni trop embarrassé des récits de ce qui s'est passé avant le commencement de la pièce, est une des causes sans doute de la grande approbation qu'il a reçue. L'auditeur aime à s'abandonner à l'action présente, et à n'être point obligé, pour l'intelligence de ce qu'il voit, de réfléchir sur ce qu'il a déjà vu, et de fixer sa mémoire sur les premiers actes pendant que les derniers sont devant ses yeux. C'est l'incommodité des pièces embarrassées, qu'en termes de l'art on nomme *implexes*, par un mot emprunté du latin, telles que sont *Rodogune* et *Héraclius*. Elle ne se rencontre pas dans les simples ; mais comme celles-là ont sans doute besoin de plus d'esprit pour les imaginer, et de plus d'art pour les conduire, celles-ci, n'ayant pas le même secours du côté du sujet, demandent plus de force de vers, de raisonnement, et de sentiments, pour les soutenir.

P. CORNEILLE.

CINNA

ou

LA CLÉMENCE D'AUGUSTE.

TRAGÉDIE.

(1639.)

PERSONNAGES. — Octave-César-Auguste, empereur de Rome. — Livie, impératrice. — Cinna, fils d'une fille de Pompée, chef de la conjuration contre Auguste. — Maxime, autre chef de la conjuration. — Émilie, fille de C. Toranius, tuteur d'Auguste, et proscrit par lui durant le triumvirat. — Fulvie, confidente d'Émilie. — Polyclète, affranchi d'Auguste. — Évandre, affranchi de Cinna. — Euphorbe, affranchi de Maxime.

La scène est à Rome.

ACTE PREMIER.

SCÈNE I.

ÉMILIE, *seule.*

Impatients désirs d'une illustre vengeance
Dont la mort de mon père a formé la naissance,
Enfants impétueux de mon ressentiment,
Que ma douleur séduite embrasse aveuglément,
Vous prenez sur mon âme un trop puissant empire;
Durant quelques moments souffrez que je respire,
Et que je considère, en l'état où je suis,
Et ce que je hasarde et ce que je poursuis.

Quand je regarde Auguste au milieu de sa gloire,
Et que vous reprochez à ma triste mémoire 10
Que par sa propre main mon père massacré
Du trône où je le vois fait le premier degré ;
Quand vous me présentez cette sanglante image,
La cause de ma haine, et l'effet de sa rage,
Je m'abandonne toute à vos ardents transports,
Et crois, pour une mort, lui devoir mille morts.
Au milieu toutefois d'une fureur si juste,
J'aime encor plus Cinna que je ne hais Auguste,
Et je sens refroidir ce bouillant mouvement
Quand il faut, pour le suivre, exposer mon amant. 20
Oui, Cinna, contre moi moi-même je m'irrite
Quand je songe aux dangers où je te précipite.
Quoique pour me servir tu n'appréhendes rien,
Te demander du sang, c'est exposer le tien :
D'une si haute place on n'abat point de têtes
Sans attirer sur soi mille et mille tempêtes ;
L'issue en est douteuse, et le péril certain.
Un ami déloyal peut trahir ton dessein ;
L'ordre mal concerté, l'occasion mal prise,
Peuvent sur son auteur renverser l'entreprise, 30
Tourner sur toi les coups dont tu le veux frapper :
Dans sa ruine même il peut t'envelopper ;
Et, quoi qu'en ma faveur ton amour exécute,
Il te peut, en tombant, écraser sous sa chute.
Ah ! cesse de courir à ce mortel danger ;
Te perdre en me vengeant, ce n'est pas me venger.
Un cœur est trop cruel quand il trouve des charmes
Aux douceurs que corrompt l'amertume des larmes ;
Et l'on doit mettre au rang des plus cuisants malheurs
La mort d'un ennemi qui coûte tant de pleurs. 40
   Mais peut-on en verser alors qu'on venge un père ?
Est-il perte à ce prix qui ne semble légère ?
Et, quand son assassin tombe sous notre effort,
Doit-on considérer ce que coûte sa mort ?

Cessez, vaines frayeurs, cessez, lâches tendresses,
De jeter dans mon cœur vos indignes faiblesses ;
Et toi qui les produis par tes soins superflus,
Amour, sers mon devoir et ne le combats plus :
Lui céder c'est ta gloire, et le vaincre, ta honte ;
Montre-toi généreux, souffrant qu'il te surmonte : 50
Plus tu lui donneras, plus il te va donner
Et ne triomphera que pour te couronner.

SCÈNE II.

ÉMILIE, FULVIE.

ÉMILIE.

Je l'ai juré, Fulvie, et je le jure encore,
Quoique j'aime Cinna, quoique mon cœur l'adore,
S'il me veut posséder, Auguste doit périr ;
Sa tête est le seul prix dont il peut m'acquérir.
Je lui prescris la loi que mon devoir m'impose.

FULVIE.

Elle a pour la blâmer une trop juste cause ;
Par un si grand dessein vous vous faites juger
Digne sang de celui que vous voulez venger ; 60
Mais encore une fois, souffrez que je vous die
Qu'une si juste ardeur devrait être attiédie.
Auguste chaque jour, à force de bienfaits,
Semble assez réparer les maux qu'il vous a faits ;
Sa faveur envers vous paraît si déclarée,
Que vous êtes chez lui la plus considérée ;
Et de ses courtisans souvent les plus heureux
Vous pressent à genoux de lui parler pour eux.

ÉMILIE.

Toute cette faveur ne me rend pas mon père ;
Et de quelque façon que l'on me considère, 70
Abondante en richesse, ou puissante en crédit,
Je demeure toujours la fille d'un proscrit.

Les bienfaits ne font pas toujours ce que tu penses;
D'une main odieuse ils tiennent lieu d'offenses:
Plus nous en prodiguons à qui nous peut haïr,
Plus d'armes nous donnons à qui nous veut trahir.
Il m'en fait chaque jour, sans changer mon courage;
Je suis ce que j'étais, et je puis davantage,
Et des mêmes présents qu'il verse dans mes mains
J'achète contre lui les esprits des Romains; 80
Je recevrais de lui la place de Livie,
Comme un moyen plus sûr d'attenter à sa vie.
Pour qui venge son père il n'est point de forfaits,
Et c'est vendre son sang que se rendre aux bienfaits.

FULVIE.

Quel besoin toutefois de passer pour ingrate?
Ne pouvez-vous haïr sans que la haine éclate?
Assez d'autres sans vous n'ont pas mis en oubli
Par quelles cruautés son trône est établi;
Tant de braves Romains, tant d'illustres victimes,
Qu'à son ambition ont immolés ses crimes, 90
Laissent à leurs enfants d'assez vives douleurs
Pour venger votre perte en vengeant leurs malheurs.
Beaucoup l'ont entrepris, mille autres vont les suivre:
Qui vit haï de tous ne saurait longtemps vivre:
Remettez à leurs bras les communs intérêts,
Et n'aidez leurs desseins que par des vœux secrets.

ÉMILIE.

Quoi! je le haïrai sans tâcher de lui nuire?
J'attendrai du hasard qu'il ose le détruire?
Et je satisferai des devoirs si pressants
Par une haine obscure et des vœux impuissants? 100
Sa perte, que je veux, me deviendrait amère,
Si quelqu'un l'immolait à d'autres qu'à mon père;
Et tu verrais mes pleurs couler pour son trépas
Qui, le faisant périr, ne me vengerait pas.
C'est une lâcheté que de remettre à d'autres
Les intérêts publics qui s'attachent aux nôtres.

Joignons à la douceur de venger nos parents
La gloire qu'on remporte à punir les tyrans.
Et faisons publier par toute l'Italie :
« La liberté de Rome est l'œuvre d'Émilie ; 110
« On a touché son âme, et son cœur s'est épris ;
« Mais elle n'a donné son amour qu'à ce prix. »

FULVIE.

Votre amour à ce prix n'est qu'un présent funeste
Qui porte à votre amant sa perte manifeste.
Pensez mieux, Émilie, à quoi vous l'exposez,
Combien à cet écueil se sont déjà brisés ;
Ne vous aveuglez point quand sa mort est visible.

ÉMILIE.

Ah ! tu sais me frapper par où je suis sensible
Quand je songe aux dangers que je lui fais courir,
La crainte de sa mort me fait déjà mourir ; 120
Mon esprit en désordre à soi-même s'oppose :
Je veux, et ne veux pas, je m'emporte, et je n'ose ;
Et mon devoir confus, languissant, étonné,
Cède aux rébellions de mon cœur mutiné.

Tout beau, ma passion, deviens un peu moins forte ;
Tu vois bien des hasards, ils sont grands, mais n'im-
Cinna n'est pas perdu pour être hasardé. [porte :
De quelques légions qu'Auguste soit gardé, [tienne,
Quelque soin qu'il se donne, et quelque ordre qu'il
Qui méprise la vie est maître de la sienne. 130
Plus le péril est grand, plus doux en est le fruit ;
La vertu nous y jette, et la gloire le suit :
Quoi qu'il en soit, qu'Auguste ou que Cinna périsse,
Aux mânes paternels je dois ce sacrifice :
Cinna me l'a promis en recevant ma foi ;
Et ce coup seul aussi le rend digne de moi.
Il est tard, après tout, de m'en vouloir dédire
Aujourd'hui l'on s'assemble, aujourd'hui l'on con-
L'heure, le lieu, le bras se choisit aujourd'hui ; [spire :
Et c'est à faire enfin à mourir après lui. 140

Mais le voici qui vient.

SCÈNE III.

CINNA, ÉMILIE, FULVIE.

ÉMILIE. Cinna, votre assemblée
Par l'effroi du péril n'est-elle point troublée ?
Et reconnaissez-vous au front de vos amis
Qu'ils soient prêts à tenir ce qu'ils vous ont promis ?
CINNA.
Jamais contre un tyran entreprise conçue
Ne permit d'espérer une si belle issue,
Jamais de telle ardeur on n'en jura la mort,
Et jamais conjurés ne furent mieux d'accord.
Tous s'y montrent portés avec tant d'allégresse
Qu'ils semblent, comme moi, servir une maîtresse ;
Et tous font éclater un si puissant courroux.   151
Qu'ils semblent tous venger un père, comme vous.
ÉMILIE.
Je l'avais bien prévu, que, pour un tel ouvrage,
Cinna saurait choisir des hommes de courage
Et ne remettrait pas en de mauvaises mains
L'intérêt d'Émilie et celui des Romains.
CINNA.
Plût aux dieux que vous-même eussiez vu de quel zèle
Cette troupe entreprend une action si belle !
Au seul nom de César, d'Auguste, et d'empereur
Vous eussiez vu leurs yeux s'enflammer de fureur,
Et dans un même instant, par un effet contraire,   161
Leur front pâlir d'horreur et rougir de colère.
« Amis, leur ai-je dit, voici le jour heureux
« Qui doit conclure enfin nos desseins généreux ;
« Le ciel entre nos mains a mis le sort de Rome,
« Et son salut dépend de la perte d'un homme,

Si l'on doit le nom d'homme à qui n'a rien d'hu-
A ce tigre altéré de tout le sang romain. [main,
Combien pour le répandre a-t-il formé de brigues!
Combien de fois changé de partis et de ligues, 170
Tantôt ami d'Antoine, et tantôt ennemi,
Et jamais insolent ni cruel à demi! »
, par un long récit de toutes les misères
ie durant notre enfance ont enduré nos pères,
nouvelant leur haine avec leur souvenir,
redouble en leurs cœurs l'ardeur de le punir.
leur fais des tableaux de ces tristes batailles
Rome par ses mains déchirait ses entrailles,
l'aigle abattait l'aigle, et de chaque côté
s légions s'armaient contre leur liberté; 180
les meilleurs soldats et les chefs les plus braves
ttaient toute leur gloire à devenir esclaves;
, pour mieux assurer la honte de leurs fers,
us voulaient à leur chaîne attacher l'univers;
l'exécrable honneur de lui donner un maître
isant aimer à tous l'infâme nom de traître,
mains contre Romains, parents contre parents,
mbattaient seulement pour le choix des tyrans.
'ajoute à ces tableaux la peinture effroyable
leur concorde impie, affreuse, inexorable, 190
neste aux gens de bien, aux riches, au sénat,
, pour tout dire enfin, de leur triumvirat;
is je ne trouve point de couleurs assez noires
ur en représenter les tragiques histoires.
les peins dans le meurtre à l'envi triomphants,
me entière noyée au sang de ses enfants :
uns assassinés dans les places publiques,
autres dans le sein de leurs dieux domestiques :
méchant par le prix au crime encouragé,
mari par sa femme en son lit égorgé; 200
fils tout dégouttant du meurtre de son père,
sa tête à la main, demandant son salaire,

Sans pouvoir exprimer par tant d'horribles traits
Qu'un crayon imparfait de leur sanglante paix.
 Vous dirai-je les noms de ces grands personnages
Dont j'ai dépeint les morts pour aigrir les courages,
De ces fameux proscrits, ces demi-dieux mortels,
Qu'on a sacrifiés jusque sur les autels?
Mais pourrais-je vous dire à quelle impatience,
A quels frémissements, à quelle violence, 210
Ces indignes trépas, quoique mal figurés,
Ont porté les esprits de tous nos conjurés?
Je n'ai point perdu temps, et voyant leur colère
Au point de ne rien craindre, en état de tout faire,
J'ajoute en peu de mots : « Toutes ces cruautés,
« La perte de nos biens et de nos libertés,
« Le ravage des champs, le pillage des villes
« Et les proscriptions, et les guerres civiles,
« Sont les degrés sanglants dont Auguste a fait choix
« Pour monter sur le trône et nous donner des lois. 220
« Mais nous pouvons changer un destin si funeste,
« Puisque de trois tyrans c'est le seul qui nous reste,
« Et que, juste une fois, il s'est privé d'appui, [lui.
« Perdant, pour régner seul, deux méchants comme
« Lui mort, nous n'avons point de vengeur ni de maî-
« Avec la liberté Rome s'en va renaître ;   [tre:
« Et nous mériterons le nom de vrais Romains,
« Si le joug qui l'accable est brisé par nos mains.
« Prenons l'occasion tandis qu'elle est propice :
« Demain au Capitole il fait un sacrifice ; 230
« Qu'il en soit la victime, et faisons en ces lieux
« Justice à tout le monde, à la face des dieux :
« Là presque pour sa suite il n'a que notre troupe;
« C'est de ma main qu'il prend et l'encens et la coupe;
« Et je veux pour signal que cette même main
« Lui donne, au lieu d'encens, d'un poignard dans le
« Ainsi d'un coup mortel la victime frappée   [sein.
« Fera voir si je suis du sang du grand Pompée;

« Faites voir, après moi, si vous vous souvenez
« Des illustres aïeux de qui vous êtes nés. » 240
A peine ai-je achevé, que chacun renouvelle,
Par un noble serment, le vœu d'être fidèle;
L'occasion leur plaît, mais chacun veut pour soi
L'honneur du premier coup que j'ai choisi pour moi.
La raison règle enfin l'ardeur qui les emporte :
Maxime et la moitié s'assurent de la porte;
L'autre moitié me suit, et doit l'environner,
Prête au moindre signal que je voudrai donner.
 Voilà, belle Émilie, à quel point nous en sommes.
Demain, j'attends la haine ou la faveur des hommes,
Le nom de parricide ou de libérateur, 250
César celui de prince ou d'un usurpateur.
Du succès qu'on obtient contre la tyrannie
Dépend ou notre gloire ou notre ignominie;
Et le peuple, inégal à l'endroit des tyrans,
S'il les déteste morts, les adore vivants.
Pour moi, soit que le ciel me soit dur ou propice,
Qu'il m'élève à la gloire ou me livre au supplice,
Que Rome se déclare ou pour ou contre nous,
Mourant pour vous servir, tout me semblera doux.

   ÉMILIE.

Ne crains point de succès qui souille ta mémoire :
Le bon et le mauvais sont égaux pour ta gloire; 262
Et, dans un tel dessein, le manque de bonheur
Met en péril ta vie, et non pas ton honneur.
Regarde le malheur de Brute et de Cassie;
La splendeur de leur nom en est-elle obscurcie ?
Sont-ils morts tout entiers avec leurs grands desseins ?
Ne les compte-t-on plus pour les derniers Romains ?
Leur mémoire dans Rome est encor précieuse
Autant que de César la vie est odieuse : 270
Si leur vainqueur y règne, ils y sont regrettés,
Et par les vœux de tous leurs pareils souhaités.
Va marcher sur leurs pas où l'honneur te convie :

Mais ne perds pas le soin de conserver ta vie ;
Souviens-toi du beau feu dont nous sommes épris,
Qu'aussi bien que la gloire Émilie est ton prix ;
Que tu me dois ton cœur, que mes faveurs t'attendent,
Que tes jours me sont chers, que les miens en dépen-
Mais quelle occasion mène Évandre vers nous ? [dent.

SCÈNE IV.

CINNA, ÉMILIE, ÉVANDRE, FULVIE.

ÉVANDRE.
Seigneur, César vous mande, et Maxime avec vous.
CINNA.
Et Maxime avec moi ! Le sais-tu bien, Évandre ? 281
ÉVANDRE.
Polyclète est encor chez vous à vous attendre,
Et fût venu lui-même avec moi vous chercher,
Si ma dextérité n'eût su l'en empêcher ;
Je vous en donne avis de peur d'une surprise.
Il presse fort.
ÉMILIE. Mander les chefs de l'entreprise !
Tous deux ! en même temps ! Vous êtes découverts.
CINNA.
Espérons mieux, de grâce.
ÉMILIE. Ah, Cinna ! je te perds !
Et les dieux, obstinés à nous donner un maître,
Parmi tes vrais amis ont mêlé quelque traître. 290
Il n'en faut point douter, Auguste a tout appris.
Quoi, tous deux ! et sitôt que le conseil est pris !
CINNA.
Je ne vous puis celer que son ordre m'étonne
Mais souvent il m'appelle auprès de sa personne ;
Maxime est comme moi de ses plus confidents,
Et nous nous alarmons peut-être en imprudents.

ÉMILIE.
Sois moins ingénieux à te tromper toi-même,
Cinna; ne porte point mes maux jusqu'à l'extrême;
Et, puisque désormais tu ne peux me venger,
Dérobe au moins ta tête à ce mortel danger; 300
Fuis d'Auguste irrité l'implacable colère.
Je verse assez de pleurs pour la mort de mon père;
N'aigris point ma douleur par un nouveau tourment,
Et ne me réduis point à pleurer mon amant.

CINNA.
Quoi! sur l'illusion d'une terreur panique
Trahir vos intérêts et la cause publique!
Par cette lâcheté moi-même m'accuser,
Et tout abandonner quand il faut tout oser!
Que feront nos amis si vous êtes déçue?

ÉMILIE.
Mais que deviendras-tu si l'entreprise est sue? 310

CINNA.
S'il est pour me trahir des esprits assez bas,
Ma vertu pour le moins ne me trahira pas;
Vous la verrez, brillante au bord des précipices,
Se couronner de gloire en bravant les supplices,
Rendre Auguste jaloux du sang qu'il répandra,
Et le faire trembler alors qu'il me perdra.
   Je deviendrais suspect à tarder davantage.
Adieu. Raffermissez ce généreux courage.
S'il faut subir le coup d'un destin rigoureux,
Je mourrai tout ensemble heureux et malheureux: 320
Heureux pour vous servir de perdre ainsi la vie,
Malheureux de mourir sans vous avoir servie.

ÉMILIE.
Oui, va, n'écoute plus ma voix qui te retient;
Mon trouble se dissipe, et ma raison revient.
Pardonne à mon amour cette indigne faiblesse
Tu voudrais fuir en vain, Cinna, je le confesse;
Si tout est découvert, Auguste a su pourvoir

A ne te laisser pas ta fuite en ton pouvoir.
Porte, porte chez lui cette mâle assurance,
Digne de notre amour, digne de ta naissance; 330
Meurs, s'il y faut mourir, en citoyen romain,
Et par un beau trépas couronne un beau dessein.
Ne crains pas qu'après toi rien ici me retienne :
Ta mort emportera mon âme vers la tienne;
Et mon cœur aussitôt percé des mêmes coups...
 CINNA.
Ah! souffrez que tout mort je vive encore en vous;
Et du moins en mourant permettez que j'espère
Que vous saurez venger l'amant avec le père.
Rien n'est pour vous à craindre : aucun de nos amis
Ne sait ni vos desseins, ni ce qui m'est promis; 340
Et, leur parlant tantôt des misères romaines,
Je leur ai tu la mort qui fait naître nos haines,
De peur que mon ardeur touchant vos intérêts
D'un si parfait amour ne trahît les secrets :
Il n'est su que d'Évandre et de votre Fulvie.
 ÉMILIE.
Avec moins de frayeur je vais donc chez Livie,
Puisque dans ton péril il me reste un moyen
De faire agir pour toi son crédit et le mien :
Mais si mon amitié par là ne te délivre,
N'espère pas qu'enfin je veuille te survivre. 350
Je fais de ton destin des règles à mon sort,
Et j'obtiendrai ta vie, ou je suivrai ta mort.
 CINNA.
Soyez en ma faveur moins cruelle à vous-même.
 ÉMILIE.
Va-t'en, et souviens-toi seulement que je t'aime.

ACTE DEUXIÈME.

SCÈNE I.

AUGUSTE, CINNA, MAXIME, *troupe de courtisans.*

AUGUSTE.

Que chacun se retire, et qu'aucun n'entre ici.
Vous, Cinna, demeurez, et vous, Maxime, aussi.
 (*Tous se retirent, à la réserve de Cinna et de Maxime.*)
Cet empire absolu sur la terre et sur l'onde,
Ce pouvoir souverain que j'ai sur tout le monde,
Cette grandeur sans borne, et cet illustre rang
Qui m'a jadis coûté tant de peine et de sang, 360
Enfin tout ce qu'adore en ma haute fortune
D'un courtisan flatteur la présence importune,
N'est que de ces beautés dont l'éclat éblouit,
Et qu'on cesse d'aimer sitôt qu'on en jouit.
L'ambition déplaît quand elle est assouvie,
D'une contraire ardeur son ardeur est suivie ;
Et comme notre esprit, jusqu'au dernier soupir,
Toujours vers quelque objet pousse quelque désir,
Il se ramène en soi, n'ayant plus où se prendre,
Et, monté sur le faîte, il aspire à descendre. 370
J'ai souhaité l'empire, et j'y suis parvenu ;
Mais, en le souhaitant, je ne l'ai pas connu :
Dans sa possession j'ai trouvé pour tous charmes
D'effroyables soucis, d'éternelles alarmes,
Mille ennemis secrets, la mort à tout propos,
Point de plaisir sans trouble, et jamais de repos.
Sylla m'a précédé dans ce pouvoir suprême :

Le grand César mon père en a joui de même ;
D'un œil si différent tous deux l'ont regardé,
Que l'un s'en est démis et l'autre l'a gardé : 380
Mais l'un cruel, barbare, est mort aimé, tranquille,
Comme un bon citoyen dans le sein de sa ville ;
L'autre, tout débonnaire, au milieu du sénat
A vu trancher ses jours par un assassinat.
Ces exemples récents suffiraient pour m'instruire,
Si par l'exemple seul on se devait conduire :
L'un m'invite à le suivre, et l'autre me fait peur ;
Mais l'exemple souvent n'est qu'un miroir trompeur ;
Et l'ordre du destin qui gêne nos pensées
N'est pas toujours écrit dans les choses passées : 390
Quelquefois l'un se brise où l'autre s'est sauvé,
Et par où l'un périt un autre est conservé.

Voilà, mes chers amis, ce qui me met en peine.
Vous, qui me tenez lieu d'Agrippe et de Mécène,
Pour résoudre ce point avec eux débattu,
Prenez sur mon esprit le pouvoir qu'ils ont eu :
Ne considérez point cette grandeur suprême,
Odieuse aux Romains et pesante à moi-même ;
Traitez-moi comme ami, non comme souverain ;
Rome, Auguste, l'État, tout est en votre main : 400
Vous mettrez et l'Europe, et l'Asie, et l'Afrique,
Sous les lois d'un monarque ou d'une république ;
Votre avis est ma règle, et par ce seul moyen
Je veux être empereur ou simple citoyen.

CINNA.
Malgré notre surprise et mon insuffisance,
Je vous obéirai, seigneur, sans complaisance,
Et mets bas le respect qui pourrait m'empêcher
De combattre un avis où vous semblez pencher ;
Souffrez-le d'un esprit jaloux de votre gloire,
Que vous allez souiller d'une tache trop noire, 410
Si vous ouvrez votre âme à ces impressions
Jusques à condamner toutes vos actions.

On ne renonce point aux grandeurs légitimes :
On garde sans remords ce qu'on acquiert sans crimes ;
Et plus le bien qu'on quitte est noble, grand, exquis,
Plus qui l'ose quitter le juge mal acquis.
N'imprimez pas, seigneur, cette honteuse marque
A ces rares vertus qui vous ont fait monarque ;
Vous l'êtes justement, et c'est sans attentat
Que vous avez changé la forme de l'État. 420
Rome est dessous vos lois par le droit de la guerre,
Qui sous les lois de Rome a mis toute la terre ;
Vos armes l'ont conquise, et tous les conquérants
Pour être usurpateurs ne sont pas des tyrans ;
Quand ils ont sous leurs lois asservi des provinces,
Gouvernant justement, ils s'en font justes princes :
C'est ce que fit César ; il vous faut aujourd'hui
Condamner sa mémoire ou faire comme lui.
Si le pouvoir suprême est blâmé par Auguste,
César fut un tyran, et son trépas fut juste, 430
Et vous devez aux dieux compte de tout le sang
Dont vous l'avez vengé pour monter à son rang.
N'en craignez point, seigneur, les tristes destinées ;
Un plus puissant démon veille sur vos années :
On a dix fois sur vous attenté sans effet,
Et qui l'a voulu perdre au même instant l'a fait.
On entreprend assez, mais aucun n'exécute ;
Il est des assassins, mais il n'est plus de Brute :
Enfin, s'il faut attendre un semblable revers,
Il est beau de mourir maître de l'univers. 440
C'est ce qu'en peu de mots j'ose dire ; et j'estime
Que ce peu que j'ai dit est l'avis de Maxime.

   MAXIME.

Oui, j'accorde qu'Auguste a droit de conserver
L'empire où sa vertu l'a fait seule arriver,
Et qu'au prix de son sang, au péril de sa tête,
Il a fait de l'État une juste conquête ;
Mais que, sans se noircir, il ne puisse quitter

Le fardeau que sa main est lasse de porter,
Qu'il accuse par là César de tyrannie,
Qu'il approuve sa mort, c'est ce que je dénie. 450
  Rome est à vous, seigneur; l'empire est votre bien.
Chacun en liberté peut disposer du sien;
Il le peut, à son choix, garder ou s'en défaire.
Vous seul ne pourriez pas ce que peut le vulgaire
Et seriez devenu, pour avoir tout dompté,
Esclave des grandeurs où vous êtes monté!
Possédez-les, seigneur, sans qu'elles vous possèdent.
Loin de vous captiver, souffrez qu'elles vous cèdent;
Et faites hautement connaître enfin à tous
Que tout ce qu'elles ont est au-dessous de vous. 460
Votre Rome autrefois vous donna la naissance
Vous lui voulez donner votre toute-puissance;
Et Cinna vous impute à crime capital
La libéralité vers le pays natal!
Il appelle remords l'amour de la patrie!
Par la haute vertu la gloire est donc flétrie,
Et ce n'est qu'un objet digne de nos mépris,
Si de ses pleins effets l'infamie est le prix!
Je veux bien avouer qu'une action si belle
Donne à Rome bien plus que vous ne tenez d'elle;
Mais commet-on un crime indigne de pardon, 471
Quand la reconnaissance est au-dessus du don?
Suivez, suivez, seigneur, le ciel qui vous inspire:
Votre gloire redouble à mépriser l'empire;
Et vous serez fameux chez la postérité
Moins pour l'avoir conquis que pour l'avoir quitté.
Le bonheur peut conduire à la grandeur suprême:
Mais pour y renoncer il faut la vertu même;
Et peu de généreux vont jusqu'à dédaigner,
Après un sceptre acquis, la douceur de régner. 480
  Considérez d'ailleurs que vous régnez dans Rome,
Où, de quelque façon que votre cour vous nomme,
On hait la monarchie; et le nom d'empereur,

Cachant celui de roi, ne fait pas moins d'horreur.
Il passe pour tyran quiconque s'y fait maître;
Qui le sert, pour esclave; et qui l'aime, pour traître :
Qui le souffre a le cœur lâche, mol, abattu;
Et pour s'en affranchir tout s'appelle vertu.
Vous en avez, seigneur, des preuves trop certaines :
On a fait contre vous dix entreprises vaines ; 490
Peut-être que l'onzième est prête d'éclater,
Et que ce mouvement qui vous vient d'agiter
N'est qu'un avis secret que le ciel vous envoie
Qui pour vous conserver n'a plus que cette voie.
Ne vous exposez plus à ces fameux revers :
Il est beau de mourir maître de l'univers;
Mais la plus belle mort souille notre mémoire,
Quand nous avons pu vivre et croître notre gloire.

CINNA.

Si l'amour du pays doit ici prévaloir,
C'est son bien seulement que vous devez vouloir;
Et cette liberté, qui lui semble si chère, 501
N'est pour Rome, seigneur, qu'un bien imaginaire,
Plus nuisible qu'utile, et qui n'approche pas
De celui qu'un bon prince apporte à ses États.
Avec ordre et raison les honneurs il dispense
Avec discernement punit et récompense,
Et dispose de tout en juste possesseur,
Sans rien précipiter, de peur d'un successeur. [multe;
Mais quand le peuple est maître, on n'agit qu'en tu-
La voix de la raison jamais ne se consulte; 510
Les honneurs sont vendus aux plus ambitieux,
L'autorité livrée aux plus séditieux.
Ces petits souverains qu'il fait pour une année,
Voyant d'un temps si court leur puissance bornée,
Des plus heureux desseins font avorter le fruit,
De peur de le laisser à celui qui les suit ; [nent,
Comme ils ont peu de part au bien dont ils ordon-
Dans le champ du public largement ils moissonnent,

Assurés que chacun leur pardonne aisément,
Espérant à son tour un pareil traitement. 520
Le pire des états, c'est l'état populaire.
    AUGUSTE.
Et toutefois le seul qui dans Rome peut plaire.
Cette haine des rois que depuis cinq cents ans
Avec le premier lait sucent tous ses enfants,
Pour l'arracher des cœurs, est trop enracinée.
    MAXIME.
Oui, seigneur, dans son mal Rome est trop obstinée;
Son peuple, qui s'y plaît, en fuit la guérison :
Sa coutume l'emporte, et non pas la raison;
Et cette vieille erreur, que Cinna veut abattre,
Est une heureuse erreur dont il est idolâtre, 530
Par qui le monde entier, asservi sous ses lois,
L'a vu cent fois marcher sur la tête des rois,
Son épargne s'enfler du sac de leurs provinces.
Que lui pouvaient de plus donner les meilleurs prin-
  J'ose dire, seigneur, que par tous les climats [ces?
Ne sont pas bien reçus toutes sortes d'états;
Chaque peuple a le sien conforme à sa nature,
Qu'on ne saurait changer sans lui faire une injure :
Telle est la loi du ciel, dont la sage équité
Sème dans l'univers cette diversité. 540
Les Macédoniens aiment le monarchique,
Et le reste des Grecs la liberté publique :
Les Parthes, les Persans, veulent des souverains;
Et le seul consulat est bon pour les Romains.
    CINNA.
Il est vrai que du ciel la prudence infinie
Départ à chaque peuple un différent génie;
Mais il n'est pas moins vrai que cet ordre des cieux
Change selon les temps comme selon les lieux.
Rome a reçu des rois ses murs et sa naissance;
Elle tient des consuls sa gloire et sa puissance, 550
Et reçoit maintenant de vos rares bontés

Le comble souverain de ses prospérités.
Sous vous, l'État n'est plus en pillage aux armées ;
Les portes de Janus par vos mains sont fermées,
Ce que sous ses consuls on n'a vu qu'une fois,
Et qu'a fait voir comme eux le second de ses rois.
    MAXIME.
Les changements d'état que fait l'ordre céleste
Ne coûtent point de sang, n'ont rien qui soit funeste.
    CINNA.
C'est un ordre des dieux qui jamais ne se rompt,
De nous vendre bien cher les grands biens qu'ils nous
[font. 560
L'exil des Tarquins même ensanglanta nos terres,
Et nos premiers consuls nous ont coûté des guerres.
    MAXIME.
Donc votre aïeul Pompée au ciel a résisté
Quand il a combattu pour notre liberté ?
    CINNA.
Si le ciel n'eût voulu que Rome l'eût perdue,
Par les mains de Pompée il l'aurait défendue :
Il a choisi sa mort pour servir dignement
D'une marque éternelle à ce grand changement,
Et devait cette gloire aux mânes d'un tel homme,
D'emporter avec eux la liberté de Rome. 570
  Ce nom depuis longtemps ne sert qu'à l'éblouir,
Et sa propre grandeur l'empêche d'en jouir.
Depuis qu'elle se voit la maîtresse du monde,
Depuis que la richesse entre ses murs abonde,
Et que son sein, fécond en glorieux exploits,
Produit des citoyens plus puissants que des rois
Les grands, pour s'affermir achetant les suffrages,
Tiennent pompeusement leurs maîtres à leurs gages,
Qui, par des fers dorés se laissant enchaîner, 579
Reçoivent d'eux les lois qu'ils pensent leur donner.
Envieux l'un de l'autre, ils mènent tout par brigues,
Que leur ambition tourne en sanglantes ligues.

Ainsi de Marius Sylla devint jaloux ;
César, de mon aïeul ; Marc-Antoine, de vous :
Ainsi la liberté ne peut plus être utile
Qu'à former les fureurs d'une guerre civile,
Lorsque, par un désordre à l'univers fatal,
L'un ne veut point de maître, et l'autre point d'égal.
 Seigneur, pour sauver Rome, il faut qu'elle s'unisse
En la main d'un bon chef à qui tout obéisse. 590
Si vous aimez encore à la favoriser,
Otez-lui les moyens de se plus diviser.
Sylla, quittant la place enfin bien usurpée,
N'a fait qu'ouvrir le champ à César et Pompée,
Que le malheur des temps ne nous eût pas fait voir
S'il eût dans sa famille assuré son pouvoir.
Qu'a fait du grand César le cruel parricide,
Qu'élever contre vous Antoine avec Lépide,
Qui n'eussent pas détruit Rome par les Romains,
Si César eût laissé l'empire entre vos mains ? 600
Vous la replongerez, en quittant cet empire,
Dans les maux dont à peine encore elle respire,
Et de ce peu, seigneur, qui lui reste de sang,
Une guerre nouvelle épuisera son flanc.
 Que l'amour du pays, que la pitié vous touche ;
Votre Rome à genoux vous parle par ma bouche.
Considérez le prix que vous avez coûté :
Non pas qu'elle vous croie avoir trop acheté,
Des maux qu'elle a soufferts elle est trop bien payée ;
Mais une juste peur tient son âme effrayée : 610
Si, jaloux de son heur et las de commander,
Vous lui rendez un bien qu'elle ne peut garder,
S'il lui faut à ce prix en acheter un autre,
Si vous ne préférez son intérêt au vôtre,
Si ce funeste don la met au désespoir,
Je n'ose dire ici ce que j'ose prévoir.
Conservez-vous, seigneur, en lui laissant un maître
Sous qui son vrai bonheur commence de renaître ;

Et, pour mieux assurer le bien commun de tous,
Donnez un successeur qui soit digne de vous. 620

AUGUSTE.

N'en délibérons plus, cette pitié l'emporte.
Mon repos m'est bien cher, mais Rome est la plus forte;
Et, quelque grand malheur qui m'en puisse arriver,
Je consens à me perdre afin de la sauver.
Pour ma tranquillité mon cœur en vain soupire :
Cinna, par vos conseils je retiendrai l'empire ;
Mais je le retiendrai pour vous en faire part.
Je vois trop que vos cœurs n'ont point pour moi de fard,
Et que chacun de vous, dans l'avis qu'il me donne,
Regarde seulement l'État et ma personne ; 630
Votre amour en tous deux fait ce combat d'esprits,
Et vous allez tous deux en recevoir le prix :
Maxime, je vous fais gouverneur de Sicile ;
Allez donner mes lois à ce terroir fertile :
Songez que c'est pour moi que vous gouvernerez,
Et que je répondrai de ce que vous ferez.
Pour épouse, Cinna, je vous donne Émilie ;
Vous savez qu'elle tient la place de Julie,
Et que, si nos malheurs et la nécessité
M'ont fait traiter son père avec sévérité, 640
Mon épargne depuis en sa faveur ouverte
Doit avoir adouci l'aigreur de cette perte.
Voyez-la de ma part, tâchez de la gagner :
Vous n'êtes point pour elle un homme à dédaigner ;
De l'offre de vos vœux elle sera ravie.
Adieu : j'en veux porter la nouvelle à Livie.

SCÈNE II.

CINNA, MAXIME.

MAXIME.
Quel est votre dessein après ces beaux discours?
CINNA.
Le même que j'avais, et que j'aurai toujours.
MAXIME.
Un chef de conjurés flatte la tyrannie!
CINNA.
Un chef de conjurés la veut voir impunie! 650
MAXIME.
Je veux voir Rome libre.
CINNA. Et vous pouvez juger
Que je veux l'affranchir ensemble et la venger.
Octave aura donc vu ses fureurs assouvies,
Pillé jusqu'aux autels, sacrifié nos vies,
Rempli les champs d'horreur, comblé Rome de morts,
Et sera quitte après pour l'effet d'un remords!
Quand le ciel par nos mains à le punir s'apprête,
Un lâche repentir garantira sa tête!
C'est trop semer d'appâts, et c'est trop inviter
Par son impunité quelque autre à l'imiter. 660
Vengeons nos citoyens, et que sa peine étonne
Quiconque après sa mort aspire à la couronne.
Que le peuple aux tyrans ne soit plus exposé:
S'il eût puni Sylla, César eût moins osé.
MAXIME.
Mais la mort de César, que vous trouvez si juste,
A servi de prétexte aux cruautés d'Auguste.
Voulant nous affranchir, Brute s'est abusé;
S'il n'eût puni César, Auguste eût moins osé.
CINNA.
La faute de Cassie, et ses terreurs paniques,

Ont fait rentrer l'État sous des lois tyranniques; 670
Mais nous ne verrons point de pareils accidents,
Lorsque Rome suivra des chefs moins imprudents.
   MAXIME.
Nous sommes encor loin de mettre en évidence
Si nous nous conduirons avec plus de prudence;
Cependant c'en est peu que de n'accepter pas
Le bonheur qu'on recherche au péril du trépas.
   CINNA.
C'en est encor bien moins, alors qu'on s'imagine
Guérir un mal si grand sans couper la racine;
Employer la douceur à cette guérison,
C'est, en fermant la plaie, y verser du poison. 680
   MAXIME.
Vous la voulez sanglante, et la rendez douteuse.
   CINNA.
Vous la voulez sans peine, et la rendez honteuse.
   MAXIME.
Pour sortir de ses fers jamais on ne rougit.
   CINNA.
On en sort lâchement, si la vertu n'agit.
   MAXIME.
Jamais la liberté ne cesse d'être aimable;
Et c'est toujours pour Rome un bien inestimable.
   CINNA.
Ce ne peut être un bien qu'elle daigne estimer,
Quand il vient d'une main lasse de l'opprimer:
Elle a le cœur trop bon pour se voir avec joie
Le rebut du tyran dont elle fut la proie; 690
Et tout ce que la gloire a de vrais partisans
Le hait trop puissamment pour aimer ses présents.
   MAXIME.
Donc pour vous Émilie est un objet de haine?
   CINNA.
La recevoir de lui me serait une gêne:
Mais quand j'aurai vengé Rome des maux soufferts,

Je saurai le braver jusque dans les enfers.
Oui, quand par son trépas je l'aurai méritée,
Je veux joindre à sa main ma main ensanglantée,
L'épouser sur sa cendre, et qu'après notre effort
Les présents du tyran soient le prix de sa mort. 700

MAXIME.

Mais l'apparence, ami, que vous puissiez lui plaire
Teint du sang de celui qu'elle aime comme un père?
Car vous n'êtes pas homme à la violenter.

CINNA.

Ami, dans ce palais on peut nous écouter,
Et nous parlons peut-être avec trop d'imprudence
Dans un lieu si mal propre à notre confidence :
Sortons, qu'en sûreté j'examine avec vous
Pour en venir à bout les moyens les plus doux.

ACTE TROISIÈME.

SCÈNE I.

MAXIME, EUPHORBE.

MAXIME.

Lui-même il m'a tout dit, leur flamme est mutuelle:
Il adore Émilie, il est adoré d'elle ; 710
Mais sans venger son père il n'y peut aspirer,
Et c'est pour l'acquérir qu'il nous fait conspirer.

EUPHORBE.

Je ne m'étonne plus de cette violence
Dont il contraint Auguste à garder sa puissance :
La ligue se romprait, s'il s'en était démis,
Et tous vos conjurés deviendraient ses amis.

MAXIME.
Ils servent à l'envi la passion d'un homme
Qui n'agit que pour soi, feignant d'agir pour Rome ;
Et moi, par un malheur qui n'eut jamais d'égal,
Je pense servir Rome, et je sers mon rival ! 720
EUPHORBE.
Vous êtes son rival ?
MAXIME. Oui, j'aime sa maîtresse,
Et l'ai caché toujours avec assez d'adresse ;
Mon ardeur inconnue, avant que d'éclater,
Par quelque grand exploit la voulait mériter :
Cependant par mes mains je vois qu'il me l'enlève ;
Son dessein fait ma perte, et c'est moi qui l'achève ;
J'avance des succès dont j'attends le trépas,
Et pour m'assassiner je lui prête mon bras.
Que l'amitié me plonge en un malheur extrême !
EUPHORBE.
L'issue en est aisée, agissez pour vous-même ; 730
D'un dessein qui vous perd rompez le coup fatal,
Gagnez une maîtresse, accusant un rival.
Auguste, à qui par là vous sauverez la vie,
Ne vous pourra jamais refuser Émilie.
MAXIME.
Quoi ! trahir mon ami !
EUPHORBE. L'amour rend tout permis ;
Un véritable amant ne connaît point d'amis,
Et même avec justice on peut trahir un traître
Qui pour une maîtresse ose trahir son maître.
Oubliez l'amitié comme lui les bienfaits.
MAXIME.
C'est un exemple à fuir que celui des forfaits. 740
EUPHORBE.
Contre un si noir dessein tout devient légitime ;
On n'est point criminel quand on punit un crime.
MAXIME.
Un crime par qui Rome obtient sa liberté !

EUPHORBE.

Craignez tout d'un esprit si plein de lâcheté.
L'intérêt du pays n'est point ce qui l'engage;
Le sien, et non la gloire anime son courage :
Il aimerait César, s'il n'était amoureux,
Et n'est enfin qu'ingrat, et non pas généreux.
 Pensez-vous avoir lu jusqu'au fond de son âme?
Sous la cause publique il vous cachait sa flamme,
Et peut cacher encor sous cette passion   751
Les détestables feux de son ambition.
Peut-être qu'il prétend, après la mort d'Octave,
Au lieu d'affranchir Rome, en faire son esclave,
Qu'il vous compte déjà pour un de ses sujets,
Ou que sur votre perte il fonde ses projets.

MAXIME.

Mais comment l'accuser sans nommer tout le reste?
A tous nos conjurés l'avis serait funeste.
Et par là nous verrions indignement trahis
Ceux qu'engage avec nous le seul bien du pays.   760
D'un si lâche dessein mon âme est incapable :
Il perd trop d'innocents pour punir un coupable.
J'ose tout contre lui, mais je crains tout pour eux.

EUPHORBE.

Auguste s'est lassé d'être si rigoureux;
En ces occasions, ennuyé de supplices,
Ayant puni les chefs, il pardonne aux complices.
Si toutefois pour eux vous craignez son courroux,
Quand vous lui parlerez, parlez au nom de tous.

MAXIME.

Nous disputons en vain, et ce n'est que folie
De vouloir par sa perte acquérir Émilie;   770
Ce n'est pas le moyen de plaire à ses beaux yeux
Que de priver du jour ce qu'elle aime le mieux.
Pour moi, j'estime peu qu'Auguste me la donne;
Je veux gagner son cœur plutôt que sa personne,
Et ne fais point d'état de sa possession,

Si je n'ai point de part à son affection.
Puis-je la mériter par une triple offense?
Je trahis son amant, je détruis sa vengeance,
Je conserve le sang qu'elle veut voir périr;
Et j'aurais quelque espoir qu'elle me pût chérir!
 EUPHORBE.
C'est ce qu'à dire vrai je vois fort difficile. 785
L'artifice pourtant vous y peut être utile;
Il en faut trouver un qui la puisse abuser,
Et du reste le temps en pourra disposer.
 MAXIME.
Mais si pour s'excuser il nomme sa complice,
S'il arrive qu'Auguste avec lui la punisse,
Puis-je lui demander, pour prix de mon rapport,
Celle qui nous oblige à conspirer sa mort?
 EUPHORBE.
Vous pourriez m'opposer tant et de tels obstacles,
Que pour les surmonter il faudrait des miracles;
J'espère toutefois qu'à force d'y rêver... 795
 MAXIME.
Éloigne-toi; dans peu j'irai te retrouver:
Cinna vient, et je veux en tirer quelque chose,
Pour mieux résoudre après ce que je me propose.

SCÈNE II.

CINNA, MAXIME.

 MAXIME.
Vous me semblez pensif.
     CINNA. Ce n'est pas sans sujet.
 MAXIME.
Puis-je d'un tel chagrin savoir quel est l'objet?
 CINNA.
Émilie et César; l'un et l'autre me gêne:
L'un me semble trop bon, l'autre trop inhumaine.

Plût aux dieux que César employât mieux ses soins,
Et s'en fît plus aimer ou m'aimât un peu moins;
Que sa bonté touchât la beauté qui me charme, 801
Et la pût adoucir comme elle me désarme!
Je sens au fond du cœur mille remords cuisants
Qui rendent à mes yeux tous ses bienfaits présents;
Cette faveur si pleine, et si mal reconnue,
Par un mortel reproche à tous moments me tue:
Il me semble surtout incessamment le voir
Déposer en nos mains son absolu pouvoir,
Écouter nos avis, m'applaudir, et me dire:
« Cinna, par vos conseils je retiendrai l'empire, 810
« Mais je le retiendrai pour vous en faire part: »
Et je puis dans son sein enfoncer un poignard!
Ah! plutôt... Mais hélas! j'idolâtre Émilie;
Un serment exécrable à sa haine me lie;
L'horreur qu'elle a de lui me le rend odieux:
Des deux côtés j'offense et ma gloire et les dieux;
Je deviens sacrilége, ou je suis parricide,
Et vers l'un ou vers l'autre il faut être perfide.

MAXIME.

Vous n'aviez point tantôt ces agitations;
Vous paraissiez plus ferme en vos intentions; 820
Vous ne sentiez au cœur ni remords ni reproche.

CINNA.

On ne les sent aussi que quand le coup approche,
Et l'on ne reconnaît de semblables forfaits
Que quand la main s'apprête à venir aux effets.
L'âme, de son dessein jusque-là possédée,
S'attache aveuglément à sa première idée;
Mais alors quel esprit n'en devient point troublé?
Ou plutôt quel esprit n'en est point accablé?
Je crois que Brute même, à tel point qu'on le prise,
Voulut plus d'une fois rompre son entreprise, 830
Qu'avant que de frapper elle lui fît sentir
Plus d'un remords en l'âme et plus d'un repentir.

MAXIME.

Il eut trop de vertu pour tant d'inquiétude ;
Il ne soupçonna point sa main d'ingratitude,
Et fut contre un tyran d'autant plus animé
Qu'il en reçut de biens et qu'il s'en vit aimé.
Comme vous l'imitez, faites la même chose,
Et formez vos remords d'une plus juste cause,
De vos lâches conseils, qui seuls ont arrêté
Le bonheur renaissant de notre liberté : 840
C'est vous seul aujourd'hui qui nous l'avez ôtée ;
De la main de César Brute l'eût acceptée,
Et n'eût jamais souffert qu'un intérêt léger
De vengeance ou d'amour l'eût remise en danger.
N'écoutez plus la voix d'un tyran qui vous aime,
Et vous veut faire part de son pouvoir suprême ;
Mais entendez crier Rome à votre côté :
« Rends-moi, rends-moi, Cinna, ce que tu m'as ôté ;
« Et, si tu m'as tantôt préféré ta maîtresse,
« Ne me préfère pas le tyran qui m'oppresse. » 850

CINNA.

Ami, n'accable plus un esprit malheureux
Qui ne forme qu'en lâche un dessein généreux.
Envers nos citoyens je sais quelle est ma faute,
Et leur rendrai bientôt tout ce que je leur ôte ;
Mais pardonne aux abois d'une vieille amitié
Qui ne peut expirer sans me faire pitié,
Et laisse-moi, de grâce, attendant Émilie,
Donner un libre cours à ma mélancolie :
Mon chagrin t'importune, et le trouble où je suis
Veut de la solitude à calmer tant d'ennuis. 860

MAXIME.

Vous voulez rendre compte à l'objet qui vous blesse
De la bonté d'Octave et de votre faiblesse ;
L'entretien des amants veut un entier secret.
Adieu. Je me retire en confident discret.

SCÈNE III.

CINNA, *seul.*

Donne un plus digne nom au glorieux empire
Du noble sentiment que la vertu m'inspire,
Et que l'honneur oppose au coup précipité
De mon ingratitude et de ma lâcheté;
Mais plutôt continue à le nommer faiblesse,
Puisqu'il devient si faible auprès d'une maîtresse,
Qu'il respecte un amour qu'il devrait étouffer, 871
Ou que, s'il le combat, il n'ose en triompher.
En ces extrémités quel conseil dois-je prendre?
De quel côté pencher? à quel parti me rendre?
 Qu'une âme généreuse a de peine à faillir!
Quelque fruit que par là j'espère de cueillir,
Les douceurs de l'amour, celles de la vengeance,
La gloire d'affranchir le lieu de ma naissance,
N'ont point assez d'appas pour flatter ma raison,
S'il les faut acquérir par une trahison, 880
S'il faut percer le flanc d'un prince magnanime
Qui du peu que je suis fait une telle estime,
Qui me comble d'honneurs, qui m'accable de biens,
Qui ne prend pour régner de conseils que les miens.
O coup! ô trahison trop indigne d'un homme!
Dure, dure à jamais l'esclavage de Rome!
Périsse mon amour, périsse mon espoir
Plutôt que de ma main parte un crime si noir!
Quoi! ne m'offre-t-il pas tout ce que je souhaite,
Et qu'au prix de son sang ma passion achète? 890
Pour jouir de ses dons faut-il l'assassiner?
Et faut-il lui ravir ce qu'il me veut donner?
Mais je dépends de vous, ô serment téméraire!
O haine d'Émilie! ô souvenir d'un père!

Ma foi, mon cœur, mon bras, tout vous est engagé,
Et je ne puis plus rien que par votre congé :
C'est à vous à régler ce qu'il faut que je fasse ;
C'est à vous, Émilie, à lui donner sa grâce ;
Vos seules volontés président à son sort,
Et tiennent en mes mains et sa vie et sa mort. 900
O dieux, qui comme vous la rendez adorable,
Rendez-la, comme vous, à mes vœux exorable ;
Et, puisque de ses lois je ne puis m'affranchir,
Faites qu'à mes désirs je la puisse fléchir.
Mais voici de retour cette aimable inhumaine.

SCÈNE IV.

ÉMILIE, CINNA, FULVIE.

ÉMILIE.
Grâces aux dieux, Cinna, ma frayeur était vaine ;
Aucun de tes amis ne t'a manqué de foi,
Et je n'ai point eu lieu de m'employer pour toi.
Octave en ma présence a tout dit à Livie,
Et par cette nouvelle il m'a rendu la vie. 910

CINNA.
Le désavoûrez-vous ? et du don qu'il me fait
Voudrez-vous retarder le bienheureux effet ?

ÉMILIE.
L'effet est en ta main.

CINNA. Mais plutôt en la vôtre.

ÉMILIE.
Je suis toujours moi-même, et mon cœur n'est point
Me donner à Cinna, c'est ne lui donner rien, [autre ;
C'est seulement lui faire un présent de son bien.

CINNA.
Vous pouvez toutefois... ô ciel ! l'osé-je dire ?

ÉMILIE.
Que puis-je ? et que crains-tu ?

CINNA. Je tremble, je soupire,
Et vois que, si nos cœurs avaient mêmes désirs,
Je n'aurais pas besoin d'expliquer mes soupirs. 920
Ainsi je suis trop sûr que je vais vous déplaire;
Mais je n'ose parler, et je ne puis me taire.
  ÉMILIE.
C'est trop me gêner, parle.
  CINNA. Il faut vous obéir.
Je vais donc vous déplaire, et vous m'allez haïr.
  Je vous aime, Émilie, et le ciel me foudroie
Si cette passion ne fait toute ma joie,
Et si je ne vous aime avec toute l'ardeur
Que peut un digne objet attendre d'un grand cœur!
Mais voyez à quel prix vous me donnez votre âme;
En me rendant heureux vous me rendez infâme :
Cette bonté d'Auguste...
  ÉMILIE. Il suffit, je t'entends, 931
Je vois ton repentir et tes vœux inconstants :
Les faveurs du tyran emportent tes promesses;
Tes feux et tes serments cèdent à ses caresses;
Et ton esprit crédule ose s'imaginer
Qu'Auguste pouvant tout peut aussi me donner:
Tu me veux de sa main plutôt que de la mienne;
Mais ne crois pas qu'ainsi jamais je t'appartienne.
Il peut faire trembler la terre sous ses pas,
Mettre un roi hors du trône et donner ses États,
De ses proscriptions rougir la terre et l'onde, 941
Et changer à son gré l'ordre de tout le monde;
Mais le cœur d'Émilie est hors de son pouvoir.
  CINNA.
Aussi n'est-ce qu'à vous que je veux le devoir.
Je suis toujours moi-même, et ma foi toujours pure;
La pitié que je sens ne me rend point parjure;
J'obéis sans réserve à tous vos sentiments,
Et prends vos intérêts par-delà mes serments.
  J'ai pu, vous le savez, sans parjure et sans crime,

Vous laisser échapper cette illustre victime : 950
César se dépouillant du pouvoir souverain
Nous ôtait tout prétexte à lui percer le sein :
La conjuration s'en allait dissipée,
Vos desseins avortés, votre haine trompée :
Moi seul j'ai raffermi son esprit étonné,
Et pour vous l'immoler ma main l'a couronné.
  ÉMILIE.
Pour me l'immoler, traître ! et tu veux que moi-même
Je retienne ta main ! qu'il vive, et que je l'aime !
Que je sois le butin de qui l'ose épargner,
Et le prix du conseil qui le force à régner ! 960
  CINNA.
Ne me condamnez point quand je vous ai servie :
Sans moi, vous n'auriez plus de pouvoir sur sa vie ;
Et, malgré ses bienfaits, je rends tout à l'amour,
Quand je veux qu'il périsse ou vous doive le jour.
Avec les premiers vœux de mon obéissance
Souffrez ce faible effort de ma reconnaissance,
Que je tâche de vaincre un indigne courroux,
Et vous donner pour lui l'amour qu'il a pour vous.
Une âme généreuse, et que la vertu guide,
Fuit la honte des noms d'ingrate et de perfide ; 970
Elle en hait l'infamie attachée au bonheur,
Et n'accepte aucun bien aux dépens de l'honneur.
  ÉMILIE.
Je fais gloire, pour moi, de cette ignominie :
La perfidie est noble envers la tyrannie ;
Et quand on rompt le cours d'un sort si malheureux,
Les cœurs les plus ingrats sont les plus généreux.
  CINNA.
Vous faites des vertus au gré de votre haine.
  ÉMILIE.
Je me fais des vertus dignes d'une Romaine.
  CINNA.
Un cœur vraiment romain...

ÉMILIE. Ose tout pour ravir
Une odieuse vie à qui le fait servir ; 980
Il fuit plus que la mort la honte d'être esclave.

CINNA.

C'est l'être avec honneur que de l'être d'Octave ;
Et nous voyons souvent des rois à nos genoux
Demander pour appuis tels esclaves que nous ;
Il abaisse à nos pieds l'orgueil des diadèmes,
Il nous fait souverains sur leurs grandeurs suprêmes,
Il prend d'eux les tributs dont il nous enrichit,
Et leur impose un joug dont il nous affranchit.

ÉMILIE.

L'indigne ambition que ton cœur se propose !
Pour être plus qu'un roi, tu te crois quelque chose !
Aux deux bouts de la terre en est-il un si vain 991
Qu'il prétende égaler un citoyen romain ?
Antoine sur sa tête attira notre haine
En se déshonorant par l'amour d'une reine ;
Attale, ce grand roi, dans la pourpre blanchi,
Qui du peuple romain se nommait l'affranchi,
Quand de toute l'Asie il se fût vu l'arbitre,
Eût encor moins prisé son trône que ce titre.
Souviens-toi de ton nom, soutiens sa dignité ;
Et prenant d'un Romain la générosité, 1000
Sache qu'il n'en est point que le ciel n'ait fait naître
Pour commander aux rois et pour vivre sans maître.

CINNA.

Le ciel a trop fait voir en de tels attentats
Qu'il hait les assassins et punit les ingrats ;
Et quoi qu'on entreprenne et quoi qu'on exécute,
Quand il élève un trône, il en venge la chute ;
Il se met du parti de ceux qu'il fait régner :
Le coup dont on les tue est longtemps à saigner ;
Et quand à les punir il a pu se résoudre,
De pareils châtiments n'appartiennent qu'au foudre.

Act. III.]

ÉMILIE.

Dis que de leur parti toi-même tu te rends, 1011
De te remettre au foudre à punir les tyrans.
Je ne t'en parle plus, va, sers la tyrannie;
Abandonne ton âme à son lâche génie;
Et, pour rendre le calme à ton esprit flottant,
Oublie et ta naissance et le prix qui t'attend.
Sans emprunter ta main pour servir ma colère,
Je saurai bien venger mon pays et mon père.
J'aurais déjà l'honneur d'un si fameux trépas,
Si l'amour jusqu'ici n'eût arrêté mon bras; 1020
C'est lui qui, sous tes lois me tenant asservie,
M'a fait en ta faveur prendre soin de ma vie :
Seule contre un tyran, en le faisant périr,
Par les mains de sa garde il me fallait mourir.
Je t'eusse par ma mort dérobé ta captive;
Et, comme pour toi seul l'amour veut que je vive,
J'ai voulu, mais en vain, me conserver pour toi,
Et te donner moyen d'être digne de moi.

Pardonnez-moi, grands dieux, si je me suis trompée
Quand j'ai pensé chérir un neveu de Pompée, 1030
Et si d'un faux semblant mon esprit abusé
A fait choix d'un esclave en son lieu supposé.
Je t'aime toutefois, quel que tu puisses être,
Et, si pour me gagner il faut trahir ton maître,
Mille autres à l'envi recevraient cette loi,
S'ils pouvaient m'acquérir à même prix que toi;
Mais n'appréhende pas qu'un autre ainsi m'obtienne.
Vis pour ton cher tyran, tandis que je meurs tienne :
Mes jours avec les tiens se vont précipiter,
Puisque ta lâcheté n'ose me mériter. 1040
Viens me voir dans son sang et dans le mien baignée
De ma seule vertu mourir accompagnée,
Et te dire en mourant d'un esprit satisfait :
« N'accuse point mon sort, c'est toi seul qui l'as fait;
« Je descends dans la tombe où tu m'as condamnée,

« Où la gloire me suit qui t'était destinée :
« Je meurs en détruisant un pouvoir absolu ;
« Mais je vivrais à toi, si tu l'avais voulu. »

CINNA.

Eh bien ! vous le voulez, il faut vous satisfaire,
Il faut affranchir Rome, il faut venger un père,
Il faut sur un tyran porter de justes coups ; 1051
Mais apprenez qu'Auguste est moins tyran que vous.
S'il nous ôte à son gré nos biens, nos jours, nos fem-
Il n'a point jusqu'ici tyrannisé nos âmes ;   [mes,
Mais l'empire inhumain qu'exercent vos beautés
Force jusqu'aux esprits et jusqu'aux volontés.
Vous me faites priser ce qui me déshonore ;
Vous me faites haïr ce que mon âme adore ;
Vous me faites répandre un sang pour qui je dois
Exposer tout le mien et mille et mille fois ; 1060
Vous le voulez, j'y cours, ma parole est donnée :
Mais ma main, aussitôt contre mon sein tournée,
Aux mânes d'un tel prince immolant votre amant,
A mon crime forcé joindra mon châtiment,
Et, par cette action dans l'autre confondue,
Recouvrera ma gloire aussitôt que perdue.
Adieu.

SCÈNE V.

ÉMILIE, FULVIE.

FULVIE. Vous avez mis son âme au désespoir.

ÉMILIE.

Qu'il cesse de m'aimer, ou suive son devoir.

FULVIE.

Il va vous obéir aux dépens de sa vie :
Vous en pleurez !

ÉMILIE. Hélas ! cours après lui, Fulvie,
Et, si ton amitié daigne me secourir, 1071

6.

Arrache-lui du cœur ce dessein de mourir;
Dis-lui...
FULVIE. Qu'en sa faveur vous laissez vivre Auguste?
ÉMILIE.
Ah! c'est faire à ma haine une loi trop injuste.
FULVIE.
Et quoi donc?
ÉMILIE. Qu'il achève et dégage sa foi,
Et qu'il choisisse après de la mort ou de moi.

ACTE QUATRIÈME.

SCÈNE I.

AUGUSTE, EUPHORBE, POLYCLÈTE, *gardes.*

AUGUSTE.
Tout ce que tu me dis, Euphorbe, est incroyable.
EUPHORBE.
Seigneur, le récit même en paraît effroyable:
On ne conçoit qu'à peine une telle fureur,
Et la seule pensée en fait frémir d'horreur.   1080
AUGUSTE.
Quoi! mes plus chers amis! quoi! Cinna! quoi! Maxi-
Les deux que j'honorais d'une si haute estime, [me!
A qui j'ouvrais mon cœur, et dont j'avais fait choix
Pour les plus importants et plus nobles emplois!
Après qu'entre leurs mains j'ai remis mon empire,
Pour m'arracher le jour l'un et l'autre conspire!
Maxime a vu sa faute, il m'en fait avertir,
Et montre un cœur touché d'un juste repentir;
Mais Cinna!

EUPHORBE. Cinna seul dans sa rage s'obstine,
Et contre vos bontés d'autant plus se mutine ; 1090
Lui seul combat encor les vertueux efforts
Que sur les conjurés fait ce juste remords,
Et, malgré les frayeurs à leurs regrets mêlées,
Il tâche à raffermir leurs âmes ébranlées.

AUGUSTE.
Lui seul les encourage, et lui seul les séduit !
O le plus déloyal que la terre ait produit !
O trahison conçue au sein d'une furie !
O trop sensible coup d'une main si chérie !
Cinna, tu me trahis ! Polyclète, écoutez.
(*Il lui parle à l'oreille.*)

POLYCLÈTE.
Tous vos ordres, seigneur, seront exécutés. 1100

AUGUSTE.
Qu'Éraste en même temps aille dire à Maxime
Qu'il vienne recevoir le pardon de son crime.

SCÈNE II.

AUGUSTE, EUPHORBE.

EUPHORBE.
Il l'a jugé trop grand pour ne pas s'en punir :
A peine du palais il a pu revenir,
Que, les yeux égarés et le regard farouche,
Le cœur gros de soupirs, les sanglots à la bouche,
Il déteste sa vie et ce complot maudit,
M'en apprend l'ordre entier tel que je vous l'ai dit ;
Et m'ayant commandé que je vous avertisse,
Il ajoute : « Dis-lui que je me fais justice, 1110
« Que je n'ignore point ce que j'ai mérité. »
Puis soudain dans le Tibre il s'est précipité ;
Et l'eau grosse et rapide, et la nuit assez noire,
M'ont dérobé la fin de sa tragique histoire.

[Act. IV.]

AUGUSTE.

Sous ce pressant remords il a trop succombé,
Et s'est à mes bontés lui-même dérobé ;
Il n'est crime envers moi qu'un repentir n'efface :
Mais puisqu'il a voulu renoncer à ma grâce,
Allez pourvoir au reste, et faites qu'on ait soin
De tenir en lieu sûr ce fidèle témoin. 1120

SCÈNE III.

AUGUSTE, *seul*.

Ciel, à qui voulez-vous désormais que je fie
Les secrets de mon âme et le soin de ma vie ?
Reprenez le pouvoir que vous m'avez commis,
Si donnant des sujets il ôte les amis,
Si tel est le destin des grandeurs souveraines [nes,
Que leurs plus grands bienfaits n'attirent que des hai-
Et si votre rigueur les condamne à chérir 1127
Ceux que vous animez à les faire périr. [craindre.
Pour elles rien n'est sûr ; qui peut tout doit tout
Rentre en toi-même, Octave, et cesse de te plaindre !
Quoi ! tu veux qu'on t'épargne, et n'as rien épargné.
Songe aux fleuves de sang où ton bras s'est baigné,
De combien ont rougi les champs de Macédoine,
Combien en a versé la défaite d'Antoine, 1134
Combien celle de Sexte, et revois tout d'un temps
Pérouse au sien noyée et tous ses habitants ;
Remets dans ton esprit, après tant de carnages,
De tes proscriptions les sanglantes images,
Où toi-même, des tiens devenu le bourreau,
Au sein de ton tuteur enfonças le couteau ; 1140
Et puis ose accuser le destin d'injustice
Quand tu vois que les tiens s'arment pour ton supplice,
Et que, par ton exemple à ta perte guidés,

Ils violent des droits que tu n'as pas gardés!
Leur trahison est juste, et le ciel l'autorise :
Quitte ta dignité comme tu l'as acquise;
Rends un sang infidèle à l'infidélité,
Et souffre des ingrats après l'avoir été.
 Mais que mon jugement au besoin m'abandonne!
Quelle fureur, Cinna, m'accuse et te pardonne?
Toi, dont la trahison me force à retenir   1151
Ce pouvoir souverain dont tu me veux punir,
Me traite en criminel et fait seule mon crime,
Relève pour l'abattre un trône illégitime,
Et, d'un zèle effronté couvrant son attentat,
S'oppose, pour me perdre, au bonheur de l'Etat?
Donc jusqu'à l'oublier je pourrais me contraindre!
Tu vivrais en repos apres m'avoir fait craindre!
Non, non, je me trahis moi-même d'y penser:
Qui pardonne aisément invite à l'offenser;   1160
Punissons l'assassin, proscrivons les complices.
 Mais quoi! toujours du sang, et toujours des suppli-
Ma cruauté se lasse, et ne peut s'arrêter;   [ces!
Je veux me faire craindre, et ne fais qu'irriter.
Rome a pour ma ruine une hydre trop fertile:
Une tête coupée en fait renaître mille,
Et le sang répandu de mille conjurés
Rend mes jours plus maudits, et non plus assurés.
Octave, n'attends plus le coup d'un nouveau Brute;
Meurs, et dérobe-lui la gloire de ta chute,   1170
Meurs; tu ferais pour vivre un lâche et vain effort,
Si tant de gens de cœur font des vœux pour ta mort,
Et si tout ce que Rome a d'illustre jeunesse
Pour te faire périr tour à tour s'intéresse;
Meurs, puisque c'est un mal que tu ne peux guérir;
Meurs enfin, puisqu'il faut ou tout perdre ou mourir:
La vie est peu de chose, et le peu qui t'en reste
Ne vaut pas l'acheter par un prix si funeste;
Meurs, mais quitte du moins la vie avec éclat,

Éteins-en le flambeau dans le sang de l'ingrat,
A toi-même en mourant immole ce perfide ;
Contentant ses désirs, punis son parricide ;
Fais un tourment pour lui de ton propre trépas,
En faisant qu'il le voie et n'en jouisse pas :
Mais jouissons plutôt nous-même de sa peine ;
Et si Rome nous hait, triomphons de sa haine.
O Romains ! ô vengeance ! ô pouvoir absolu !
O rigoureux combat d'un cœur irrésolu
Qui fuit en même temps tout ce qu'il se propose !
D'un prince malheureux ordonnez quelque chose.
Qui des deux dois-je suivre, et duquel m'éloigner ?
Ou laissez-moi périr, ou laissez-moi régner.

SCÈNE IV.

AUGUSTE, LIVIE.

AUGUSTE.

Madame, on me trahit, et la main qui me tue
Rend sous mes déplaisirs ma constance abattue.
Cinna, Cinna le traître...

            LIVIE. Euphorbe m'a tout dit,
Seigneur, et j'ai pâli cent fois à ce récit.
Mais écouteriez-vous les conseils d'une femme ?

AUGUSTE.

Hélas ! de quel conseil est capable mon âme ?

LIVIE.

Votre sévérité, sans produire aucun fruit,
Seigneur, jusqu'à présent a fait beaucoup de bruit ;
Par les peines d'un autre aucun ne s'intimide :
Salvidien à bas a soulevé Lépide ;
Murène a succédé, Cépion l'a suivi :
Le jour à tous les deux dans les tourments ravi
N'a point mêlé de crainte à la fureur d'Égnace,
Dont Cinna maintenant ose prendre la place ;

Et dans les plus bas rangs les noms les plus abjects
Ont voulu s'ennoblir par de si hauts projets.
Après avoir en vain puni leur insolence,
Essayez sur Cinna ce que peut la clémence ;   1210
Faites son châtiment de sa confusion,
Cherchez le plus utile en cette occasion :
Sa peine peut aigrir une ville animée ;
Son pardon peut servir à votre renommée ;
Et ceux que vos rigueurs ne font qu'effaroucher
Peut-être à vos bontés se laisseront toucher.

AUGUSTE.

Gagnons-les tout à fait en quittant cet empire
Qui nous rend odieux, contre qui l'on conspire.
J'ai trop par vos avis consulté là-dessus ;
Ne m'en parlez jamais, je ne consulte plus.   1220
 Cesse de soupirer, Rome, pour ta franchise ;
Si je t'ai mise aux fers, moi-même je les brise,
Et te rends ton état, après l'avoir conquis,
Plus paisible et plus grand que je ne te l'ai pris :
Si tu me veux haïr, hais-moi sans plus rien feindre ;
Si tu me veux aimer, aime-moi sans me craindre :
De tout ce qu'eut Sylla de puissance et d'honneur
Lassé comme il en fut, j'aspire à son bonheur.

LIVIE.

Assez et trop longtemps son exemple vous flatte ;
Mais gardez que sur vous le contraire n'éclate :
Ce bonheur sans pareil qui conserva ses jours   1231
Ne serait pas bonheur, s'il arrivait toujours.

AUGUSTE.

Eh bien ! s'il est trop grand, si j'ai tort d'y prétendre,
J'abandonne mon sang à qui voudra l'épandre.
Après un long orage il faut trouver un port ;
Et je n'en vois que deux, le repos ou la mort.

LIVIE.

Quoi ! vous voulez quitter le fruit de tant de peines ?

AUGUSTE.
Quoi ! vous voulez garder l'objet de tant de haines ?
LIVIE.
Seigneur, vous emporter à cette extrémité,
C'est plutôt désespoir que générosité. 1240
AUGUSTE.
Régner et caresser une main si traîtresse,
Au lieu de sa vertu, c'est montrer sa faiblesse.
LIVIE.
C'est régner sur vous-même, et, par un noble choix,
Pratiquer la vertu la plus digne des rois.
AUGUSTE.
Vous m'aviez bien promis des conseils d'une femme ;
Vous me tenez parole, et c'en sont là, madame.
Après tant d'ennemis à mes pieds abattus,
Depuis vingt ans je règne, et j'en sais les vertus ;
Je sais leur divers ordre, et de quelle nature
Sont les devoirs d'un prince en cette conjoncture :
Tout son peuple est blessé par un tel attentat,
Et la seule pensée est un crime d'État, 1252
Une offense qu'on fait à toute sa province,
Dont il faut qu'il la venge, ou cesse d'être prince.
LIVIE.
Donnez moins de croyance à votre passion.
AUGUSTE.
Ayez moins de faiblesse, ou moins d'ambition.
LIVIE.
Ne traitez plus si mal un conseil salutaire.
AUGUSTE.
Le ciel m'inspirera ce qu'ici je dois faire.
Adieu : nous perdons temps.
      LIVIE. Je ne vous quitte point,
Seigneur, que mon amour n'ait obtenu ce point.
AUGUSTE. [tune. 1261
C'est l'amour des grandeurs qui vous rend impor-

LIVIE.

J'aime votre personne, et non votre fortune.
   (*Seule.*)
Il m'échappe; suivons, et forçons-le de voir
Qu'il peut, en faisant grâce, affermir son pouvoir,
Et qu'enfin la clémence est la plus belle marque
Qui fasse à l'univers connaître un vrai monarque.

SCÈNE V.

ÉMILIE, FULVIE.

ÉMILIE.

D'où me vient cette joie? et que mal à propos
Mon esprit malgré moi goûte un entier repos!
César mande Cinna sans me donner d'alarmes!
Mon cœur est sans soupirs, mes yeux n'ont point de
            [larmes;
Comme si j'apprenais d'un secret mouvement   1271
Que tout doit succéder à mon contentement!
Ai-je bien entendu? me l'as-tu dit, Fulvie?

FULVIE.

J'avais gagné sur lui qu'il aimerait la vie,
Et je vous l'amenais, plus traitable et plus doux,
Faire un second effort contre votre courroux;
Je m'en applaudissais, quand soudain Polyclète,
Des volontés d'Auguste ordinaire interprète,
Est venu l'aborder et sans suite et sans bruit,
Et de sa part sur l'heure au palais l'a conduit.
Auguste est fort troublé, l'on ignore la cause: 1281
Chacun diversement soupçonne quelque chose;
Tous présument qu'il ait un grand sujet d'ennui,
Et qu'il mande Cinna pour prendre avis de lui.[dre,
Mais ce qui m'embarrasse, et que je viens d'appren-

C'est que deux inconnus se sont saisis d'Évandre,
Qu'Euphorbe est arrêté sans qu'on sache pourquoi,
Que même de son maître on dit je ne sais quoi :
On lui veut imputer un désespoir funeste ;
On parle d'eaux, de Tibre, et l'on se tait du reste.

ÉMILIE.

Que de sujets de craindre et de désespérer, 1291
Sans que mon triste cœur en daigne murmurer !
A chaque occasion le ciel y fait descendre
Un sentiment contraire à celui qu'il doit prendre :
Une vaine frayeur tantôt m'a pu troubler ;
Et je suis insensible alors qu'il faut trembler !
Je vous entends, grands dieux ! vos bontés que j'adore
Ne peuvent consentir que je me déshonore,
Et ne me permettant soupirs, sanglots ni pleurs,
Soutiennent ma vertu contre de tels malheurs. 1300
Vous voulez que je meure avec ce grand courage
Qui m'a fait entreprendre un si fameux ouvrage ;
Et je veux bien périr comme vous l'ordonnez,
Et dans la même assiette où vous me retenez.
O liberté de Rome ! ô mânes de mon père !
J'ai fait de mon côté tout ce que j'ai pu faire :
Contre votre tyran j'ai ligué ses amis,
Et plus osé pour vous qu'il ne m'était permis.
Si l'effet a manqué, ma gloire n'est pas moindre ;
N'ayant pu vous venger, je vous irai rejoindre, 1310
Mais si fumante encor d'un généreux courroux,
Par un trépas si noble et si digne de vous,
Qu'il vous fera sur l'heure aisément reconnaître
Le sang des grands héros dont vous m'avez fait naître.

SCÈNE VI.

MAXIME, ÉMILIE, FULVIE.

ÉMILIE.
Mais je vous vois, Maxime, et l'on vous faisait mort!

MAXIME.
Euphorbe trompe Auguste avec ce faux rapport;
Se voyant arrêté, la trame découverte,
Il a feint ce trépas pour empêcher ma perte.
ÉMILIE.
Que dit-on de Cinna ?
MAXIME. Que son plus grand regret
C'est de voir que César sait tout votre secret; 1320
En vain il le dénie et le veut méconnaître,
Évandre a tout conté pour excuser son maître,
Et par l'ordre d'Auguste on vient vous arrêter.
ÉMILIE.
Celui qui l'a reçu tarde à l'exécuter;
Je suis prête à le suivre et lasse de l'attendre.
MAXIME.
Il vous attend chez moi.
ÉMILIE. Chez vous!
MAXIME. C'est vous surprendre:
Mais apprenez le soin que le ciel a de vous ;
C'est un des conjurés qui va fuir avec nous.
Prenons notre avantage avant qu'on nous poursuive;
Nous avons pour partir un vaisseau sur la rive.
ÉMILIE.
Me connais-tu, Maxime, et sais-tu qui je suis ? 1331
MAXIME.
En faveur de Cinna je fais ce que je puis,
Et tâche à garantir de ce malheur extrême
La plus belle moitié qui reste de lui-même.

Sauvons-nous, Émilie, et conservons le jour,
Afin de le venger par un heureux retour.

  ÉMILIE.

Cinna dans son malheur est de ceux qu'il faut suivre,
Qu'il ne faut pas venger, de peur de leur survivre ;
Quiconque après sa perte aspire à se sauver
Est indigne du jour qu'il tâche à conserver.   1340

  MAXIME.

Quel désespoir aveugle à ces fureurs vous porte ?
O dieux ! que de faiblesse en une âme si forte !
Ce cœur si généreux rend si peu de combat,
Et du premier revers la fortune l'abat !
Rappelez, rappelez cette vertu sublime,
Ouvrez enfin les yeux, et connaissez Maxime :
C'est un autre Cinna qu'en lui vous regardez ;
Le ciel vous rend en lui l'amant que vous perdez ;
Et puisque l'amitié n'en faisait plus qu'une âme,
Aimez en cet ami l'objet de votre flamme ;   1350
Avec la même ardeur il saura vous chérir,
Que.....

 ÉMILIE. Tu m'oses aimer, et tu n'oses mourir !
Tu prétends un peu trop ; mais quoi que tu prétendes,
Rends-toi digne du moins de ce que tu demandes ;
Cesse de fuir en lâche un glorieux trépas,
Ou de m'offrir un cœur que tu fais voir si bas ;
Fais que je porte envie à ta vertu parfaite ;
Ne te pouvant aimer, fais que je te regrette ;
Montre d'un vrai Romain la dernière vigueur,
Et mérite mes pleurs au défaut de mon cœur.   1360
Quoi ! si ton amitié pour Cinna s'intéresse,
Crois-tu qu'elle consiste à flatter sa maîtresse ?
Apprends, apprends de moi quel en est le devoir,
Et donne-m'en l'exemple, ou viens le recevoir.

  MAXIME.

Votre juste douleur est trop impétueuse.

ÉMILIE.

La tienne en ta faveur est trop ingénieuse.
Tu me parles déjà d'un bienheureux retour,
Et dans tes déplaisirs tu conçois de l'amour!

MAXIME.

Cet amour en naissant est toutefois extrême;
C'est votre amant en vous, c'est mon ami que j'aime,
Et des mêmes ardeurs dont il fut embrasé.... 1371

ÉMILIE.

Maxime, en voilà trop pour un homme avisé.
Ma perte m'a surprise, et ne m'a point troublée;
Mon noble désespoir ne m'a point aveuglée;
Ma vertu tout entière agit sans s'émouvoir,
Et je vois malgré moi plus que je ne veux voir.

MAXIME.

Quoi! vous suis-je suspect de quelque perfidie?

ÉMILIE.

Oui, tu l'es, puisque enfin tu veux que je le die;
L'ordre de notre fuite est trop bien concerté
Pour ne te soupçonner d'aucune lâcheté : 1380
Les dieux seraient pour nous prodigues en miracles,
S'ils en avaient sans toi levé tous les obstacles.
Fuis sans moi, tes amours sont ici superflus.

MAXIME.

Ah! vous m'en dites trop.
      ÉMILIE. J'en présume encor plus.
Ne crains pas toutefois que j'éclate en injures;
Mais n'espère non plus m'éblouir de parjures.
Si c'est te faire tort que de m'en défier,
Viens mourir avec moi pour te justifier.

MAXIME.

Vivez, belle Émilie, et souffrez qu'un esclave...

ÉMILIE.

Je ne t'écoute plus qu'en présence d'Octave. 1390
Allons, Fulvie, allons.

SCÈNE VII.

MAXIME, *seul*.

Désespéré, confus,
Et digne, s'il se peut, d'un plus cruel refus,
Que résous-tu, Maxime ? et quel est le supplice
Que ta vertu prépare à ton vain artifice ?
Aucune illusion ne te doit plus flatter ;
Émilie en mourant va tout faire éclater ;
Sur un même échafaud la perte de sa vie
Étalera sa gloire et ton ignominie,
Et sa mort va laisser à la postérité
L'infâme souvenir de ta déloyauté. 1400
Un même jour t'a vu, par une fausse adresse,
Trahir ton souverain, ton ami, ta maîtresse,
Sans que de tant de droits en un jour violés,
Sans que de deux amants au tyran immolés,
Il te reste aucun fruit que la honte et la rage
Qu'un remords inutile allume en ton courage.
Euphorbe, c'est l'effet de tes lâches conseils :
Mais que peut-on attendre enfin de tes pareils ?
Jamais un affranchi n'est qu'un esclave infâme ;
Bien qu'il change d'état, il ne change point d'âme ;
La tienne, encor servile, avec la liberté 1411
N'a pu prendre un rayon de générosité :
Tu m'as fait relever une injuste puissance ;
Tu m'as fait démentir l'honneur de ma naissance ;
Mon cœur te résistait, et tu l'as combattu
Jusqu'à ce que ta fourbe ait souillé sa vertu.

Il m'en coûte la vie, il m'en coûte la gloire,
Et j'ai tout mérité pour t'avoir voulu croire ;
Mais les dieux permettront à mes ressentiments
De te sacrifier aux yeux des deux amants, 1420
Et j'ose m'assurer qu'en dépit de mon crime
Mon sang leur servira d'assez pure victime,
Si dans le tien mon bras, justement irrité,
Peut laver le forfait de t'avoir écouté.

ACTE CINQUIÈME.

SCÈNE I.

AUGUSTE, CINNA.

AUGUSTE.

Prends un siége, Cinna, prends, et sur toute chose
Observe exactement la loi que je t'impose :
Prête, sans me troubler, l'oreille à mes discours ;
D'aucun mot, d'aucun cri, n'en interromps le cours ;
Tiens ta langue captive ; et si ce grand silence
A ton émotion fait quelque violence, 1430
Tu pourras me répondre après tout à loisir :
Sur ce point seulement contente mon désir.

CINNA.

Je vous obéirai, seigneur.
      AUGUSTE. Qu'il te souvienne
De garder ta parole, et je tiendrai la mienne.
Tu vois le jour, Cinna ; mais ceux dont tu le tiens
Furent les ennemis de mon père, et les miens :
Au milieu de leur camp tu reçus la naissance ;

Et lorsqu'après leur mort tu vins en ma puissance,
Leur haine enracinée au milieu de ton sein   1440
T'avait mis contre moi les armes à la main ;
Tu fus mon ennemi même avant que de naître
Et tu le fus encor quand tu me pus connaître,
Et l'inclination jamais n'a démenti
Ce sang qui t'avait fait du contraire parti :
Autant que tu l'as pu les effets l'ont suivie ;
Je ne m'en suis vengé qu'en te donnant la vie ;
Je te fis prisonnier pour te combler de biens ;
Ma cour fut ta prison, mes faveurs tes liens ;
Je te restituai d'abord ton patrimoine ;
Je t'enrichis après des dépouilles d'Antoine,   1450
Et tu sais que depuis à chaque occasion
Je suis tombé pour toi dans la profusion ;
Toutes les dignités que tu m'as demandées,
Je te les ai sur l'heure et sans peine accordées;
Je t'ai préféré même à ceux dont les parents
Ont jadis dans mon camp tenu les premiers rangs,
A ceux qui de leur sang m'ont acheté l'empire,
Et qui m'ont conservé le jour que je respire ;
De la façon enfin qu'avec toi j'ai vécu,   1459
Les vainqueurs sont jaloux du bonheur du vaincu.
Quand le ciel me voulut, en rappelant Mécène,
Après tant de faveur montrer un peu de haine,
Je te donnai sa place en ce triste accident,
Et te fis, après lui, mon plus cher confident ;
Aujourd'hui même encor, mon âme irrésolue
Me pressant de quitter ma puissance absolue,
De Maxime et de toi j'ai pris les seuls avis,
Et ce sont, malgré lui, les tiens que j'ai suivis;
Bien plus, ce même jour je te donne Émilie,
Le digne objet des vœux de toute l'Italie,   1470
Et qu'ont mise si haut mon amour et mes soins,
Qu'en te couronnant roi je t'aurais donné moins :
Tu t'en souviens, Cinna, tant d'heur et tant de gloire

Ne peuvent pas sitôt sortir de ta mémoire ;
Mais ce qu'on ne pourrait jamais s'imaginer,
Cinna, tu t'en souviens, et veux m'assassiner.

CINNA.

Moi, seigneur, moi, que j'eusse une âme si traîtresse !
Qu'un si lâche dessein...

AUGUSTE. Tu tiens mal ta promesse :
Sieds-toi, je n'ai pas dit encor ce que je veux ;
Tu te justifiras après, si tu le peux. 1480
Écoute cependant, et tiens mieux ta parole :
Tu veux m'assassiner demain au Capitole,
Pendant le sacrifice, et ta main pour signal
Me doit au lieu d'encens donner le coup fatal ;
La moitié de tes gens doit occuper la porte,
L'autre moitié te suivre et te prêter main-forte.
Ai-je de bons avis, ou de mauvais soupçons ?
De tous ces meurtriers te dirai-je les noms ?
Procule, Glabrion, Virginian, Rutile,
Marcel, Plaute, Lénas, Pompone, Albin, Icile,
Maxime, qu'après toi j'avais le plus aimé ; 1491
Le reste ne vaut pas l'honneur d'être nommé :
Un tas d'hommes perdus de dettes et de crimes,
Que pressent de mes lois les ordres légitimes,
Et qui, désespérant de les plus éviter,
Si tout n'est renversé, ne sauraient subsister.
Tu te tais maintenant, et gardes le silence,
Plus par confusion que par obéissance.
Quel était ton dessein, et que prétendais-tu
Après m'avoir au temple à tes pieds abattu ? 1500
Affranchir ton pays d'un pouvoir monarchique ?
Si j'ai bien entendu tantôt ta politique,
Son salut désormais dépend d'un souverain,
Qui pour tout conserver tienne tout en sa main ;
Et si sa liberté te faisait entreprendre,
Tu ne m'eusses jamais empêché de la rendre ;

Tu l'aurais acceptée au nom de tout l'État,
Sans vouloir l'acquérir par un assassinat.
Quel était donc ton but? d'y régner en ma place?
D'un étrange malheur son destin le menace, 1510
Si pour monter au trône et lui donner la loi
Tu ne trouves dans Rome autre obstacle que moi,
Si jusques à ce point son sort est déplorable,
Que tu sois après moi le plus considérable,
Et que ce grand fardeau de l'empire romain
Ne puisse après ma mort tomber mieux qu'en ta main.
 Apprends à te connaître, et descends en toi-même :
On t'honore dans Rome, on te courtise, on t'aime,
Chacun tremble sous toi, chacun t'offre des vœux,
Ta fortune est bien haut, tu peux ce que tu veux :
Mais tu ferais pitié même à ceux qu'elle irrite, 1521
Si je t'abandonnais à ton peu de mérite.
Ose me démentir, dis-moi ce que tu vaux ;
Conte-moi tes vertus, tes glorieux travaux,
Les rares qualités par où tu m'as dû plaire,
Et tout ce qui t'élève au-dessus du vulgaire :
Ma faveur fait ta gloire, et ton pouvoir en vient ;
Elle seule t'élève, et seule te soutient ;
C'est elle qu'on adore, et non pas ta personne ;
Tu n'as crédit ni rang qu'autant qu'elle t'en donne ;
Et pour te faire choir je n'aurais aujourd'hui 1531
Qu'à retirer la main qui seule est ton appui :
J'aime mieux toutefois céder à ton envie ;
Règne, si tu le peux, aux dépens de ma vie ;
Mais oses-tu penser que les Serviliens,
Les Cosses, les Métels, les Pauls, les Fabiens,
Et tant d'autres enfin de qui les grands courages
Des héros de leur sang sont les vives images,
Quittent le noble orgueil d'un sang si généreux
Jusqu'à pouvoir souffrir que tu règnes sur eux ?
Parle, parle, il est temps.
      CINNA. Je demeure stupide : 1541

Non que votre colère ou la mort m'intimide ;
Je vois qu'on m'a trahi, vous m'y voyez rêver,
Et j'en cherche l'auteur sans le pouvoir trouver.
Mais c'est trop y tenir toute l'âme occupée :
Seigneur, je suis Romain, et du sang de Pompée.
Le père et les deux fils, lâchement égorgés,
Par la mort de César étaient trop peu vengés ;
C'est là d'un beau dessein l'illustre et seule cause :
Et puisqu'à vos rigueurs la trahison m'expose, 1550
N'attendez point de moi d'infâmes repentirs,
D'inutiles regrets, ni de honteux soupirs :
Le sort vous est propice autant qu'il m'est contraire :
Je sais ce que j'ai fait, et ce qu'il vous faut faire.
Vous devez un exemple à la postérité,
Et mon trépas importe à votre sûreté.

AUGUSTE.

Tu me braves, Cinna, tu fais le magnanime,
Et, loin de t'excuser, tu couronnes ton crime.
Voyons si ta constance ira jusques au bout.
Tu sais ce qui t'est dû, tu vois que je sais tout ; 1560
Fais ton arrêt toi-même, et choisis tes supplices.

SCÈNE II.

LIVIE, AUGUSTE, CINNA, ÉMILIE, FULVIE.

LIVIE.

Vous ne connaissez pas encor tous les complices ;
Votre Émilie en est, seigneur, et la voici.

CINNA.

C'est elle-même, ô dieux !

AUGUSTE. Et toi, ma fille, aussi !

ÉMILIE.

Oui, tout ce qu'il a fait, il l'a fait pour me plaire,
Et j'en étais, seigneur, la cause et le salaire.

AUGUSTE.

Quoi! l'amour qu'en ton cœur j'ai fait naître aujour-
T'emporte-t-il déjà jusqu'à mourir pour lui ! [d'hui
Ton âme à ces transports un peu trop s'abandonne,
Et c'est trop tôt aimer l'amant que je te donne. 1576

ÉMILIE.

Cet amour qui m'expose à vos ressentiments
N'est point le prompt effet de vos commandements ;
Ces flammes dans nos cœurs sans votre ordre étaient
Et ce sont des secrets de plus de quatre années : [nées,
Mais, quoique je l'aimasse, et qu'il brûlât pour moi,
Une haine plus forte à tous deux fit la loi ;
Je ne voulus jamais lui donner d'espérance
Qu'il ne m'eût de mon père assuré la vengeance :
Je la lui fis jurer ; il chercha des amis :
Le ciel rompt le succès que je m'étais promis, 1580
Et je vous viens, seigneur, offrir une victime,
Non pour sauver sa vie en me chargeant du crime,
Son trépas est trop juste après son attentat,
Et toute excuse est vaine en un crime d'État ;
Mourir en sa présence et rejoindre mon père,
C'est tout ce qui m'amène et tout ce que j'espère.

AUGUSTE.

Jusques à quand, ô ciel, et par quelle raison
Prendrez-vous contre moi des traits dans ma maison ?
Pour ses débordements j'en ai chassé Julie ;
Mon amour en sa place a fait choix d'Émilie, 1590
Et je la vois comme elle indigne de ce rang.
L'une m'ôtait l'honneur, l'autre a soif de mon sang ;
Et prenant toutes deux leur passion pour guide,
L'une fut impudique et l'autre est parricide.

O ma fille! est-ce là le prix de mes bienfaits?
ÉMILIE.
Ceux de mon père en vous firent mêmes effets.
AUGUSTE.
Songe avec quel amour j'élevai ta jeunesse.
ÉMILIE.
Il éleva la vôtre avec même tendresse;
Il fut votre tuteur, et vous son assassin;
Et vous m'avez au crime enseigné le chemin : 1600
Le mien d'avec le vôtre en ce point seul diffère,
Que votre ambition s'est immolé mon père,
Et qu'un juste courroux dont je me sens brûler
A son sang innocent voulait vous immoler.
LIVIE.
C'en est trop, Émilie, arrête, et considère
Qu'il t'a trop bien payé les bienfaits de ton père :
Sa mort, dont la mémoire allume ta fureur,
Fut un crime d'Octave, et non de l'empereur.
ÉMILIE.
Aussi, dans le discours que vous venez d'entendre,
Je parlais pour l'aigrir, et non pour me défendre : 1610
Punissez donc, seigneur, ces criminels appas
Qui de vos favoris font d'illustres ingrats;
Tranchez mes tristes jours pour assurer les vôtres.
Si j'ai séduit Cinna, j'en séduirai bien d'autres;
Et je suis plus à craindre, et vous plus en danger,
Si j'ai l'amour ensemble et le sang à venger.
CINNA.
Que vous m'ayez séduit, et que je souffre encore
D'être déshonoré par celle que j'adore!
Seigneur, la vérité doit ici s'exprimer :
J'avais fait ce dessein avant que de l'aimer; 1620
A mes plus saints désirs la trouvant inflexible,

Je crus qu'à d'autres soins elle serait sensible ;
Je parlai de son père, et de votre rigueur,
Et l'offre de mon bras suivit celle du cœur.
Que la vengeance est douce à l'esprit d'une femme !
Je l'attaquai par là, par là je pris son âme ;
Dans mon peu de mérite elle me négligeait,
Et ne put négliger le bras qui la vengeait :
Elle n'a conspiré que par mon artifice ;
J'en suis le seul auteur, elle n'est que complice. 1630

ÉMILIE.

Cinna, qu'oses-tu dire ? est-ce là me chérir
Que de m'ôter l'honneur quand il me faut mourir ?

CINNA.

Mourez, mais en mourant ne souillez point ma gloire.

ÉMILIE.

La mienne se flétrit, si César te veut croire.

CINNA.

Et la mienne se perd, si vous tirez à vous
Toute celle qui suit de si généreux coups.

ÉMILIE.

Eh bien ! prends-en ta part, et me laisse la mienne ;
Ce serait l'affaiblir que d'affaiblir la tienne :
La gloire et le plaisir, la honte et les tourments,
Tout doit être commun entre de vrais amants. 1640
  Nos deux âmes, seigneur, sont deux âmes romai-
Unissant nos désirs nous unîmes nos haines ; [nes ;
De nos parents perdus le vif ressentiment
Nous apprit nos devoirs en un même moment ;
En ce noble dessein nos cœurs se rencontrèrent ;
Nos esprits généreux ensemble le formèrent ;
Ensemble nous cherchons l'honneur d'un beau tré-
Vous vouliez nous unir, ne nous séparez pas. [pas :

AUGUSTE.

Oui, je vous unirai, couple ingrat et perfide,
Et plus mon ennemi qu'Antoine ni Lépide ; 1650
Oui, je vous unirai, puisque vous le voulez:
Il faut bien satisfaire aux feux dont vous brûlez ;
Et que tout l'univers, sachant ce qui m'anime,
S'étonne du supplice aussi bien que du crime.
Mais enfin le ciel m'aime, et ses bienfaits nouveaux
Ont arraché Maxime à la fureur des eaux.

SCÈNE III.

AUGUSTE, LIVIE, CINNA, MAXIME, ÉMILIE, FULVIE.

AUGUSTE.

Approche, seul ami, que j'éprouve fidèle.

MAXIME.

Honorez moins, seigneur, une âme criminelle.

AUGUSTE.

Ne parlons plus de crime après ton repentir,
Après que du péril tu m'as su garantir ; 1660
C'est à toi que je dois et le jour et l'empire.

MAXIME.

De tous vos ennemis connaissez mieux le pire :
Si vous régnez encor, seigneur, si vous vivez,
C'est ma jalouse rage à qui vous le devez.
 Un vertueux remords n'a point touché mon âme;
Pour perdre mon rival j'ai découvert sa trame;
Euphorbe vous a feint que je m'étais noyé
De crainte qu'après moi vous n'eussiez envoyé :
Je voulais avoir lieu d'abuser Émilie,

Effrayer son esprit, la tirer d'Italie, 1670
Et pensais la résoudre à cet enlèvement
Sous l'espoir du retour pour venger son amant;
Mais, au lieu de goûter ces grossières amorces,
Sa vertu combattue a redoublé ses forces,
Elle a lu dans mon cœur; vous savez le surplus,
Et je vous en ferais des récits superflus.
Vous voyez le succès de mon lâche artifice :
Si pourtant quelque grâce est due à mon indice,
Faites périr Euphorbe au milieu des tourments,
Et souffrez que je meure aux yeux de ces amants. 1680
J'ai trahi mon ami, ma maîtresse, mon maître,
Ma gloire, mon pays, par l'avis de ce traître;
Et croirai toutefois mon bonheur infini,
Si je puis m'en punir après l'avoir puni.

AUGUSTE.

En est-ce assez, ô ciel ! et le sort pour me nuire
A-t-il quelqu'un des miens qu'il veuille encor séduire?
Qu'il joigne à ses efforts le secours des enfers :
Je suis maître de moi comme de l'univers;
Je le suis, je veux l'être. O siècles ! ô mémoire,
Conservez à jamais ma dernière victoire; 1690
Je triomphe aujourd'hui du plus juste courroux
De qui le souvenir puisse aller jusqu'à vous.
 Soyons amis, Cinna, c'est moi qui t'en convie :
Comme à mon ennemi je t'ai donné la vie;
Et, malgré la fureur de ton lâche dessein,
Je te la donne encor comme à mon assassin.
Commençons un combat qui montre par l'issue
Qui l'aura mieux de nous ou donnée ou reçue.
Tu trahis mes bienfaits, je les veux redoubler;
Je t'en avais comblé, je t'en veux accabler : 1700
Avec cette beauté que je t'avais donnée
Reçois le consulat pour la prochaine année.
 Aime Cinna, ma fille, en cet illustre rang;

Préfères-en la pourpre à celle de mon sang ;
Apprends sur mon exemple à vaincre ta colère :
Te rendant un époux, je te rends plus qu'un père.

  ÉMILIE.

Et je me rends, seigneur, à ces hautes bontés ;
Je recouvre la vue auprès de leurs clartés :
Je connais mon forfait qui me semblait justice,
Et, ce que n'avait pu la terreur du supplice,   1710
Je sens naître en mon âme un repentir puissant ;
Et mon cœur en secret me dit qu'il y consent.
 Le ciel a résolu votre grandeur suprême ;
Et pour preuve, seigneur, je n'en veux que moi-même :
J'ose avec vanité me donner cet éclat,
Puisqu'il change mon cœur, qu'il veut changer l'État.
Ma haine va mourir, que j'ai crue immortelle ;
Elle est morte, et ce cœur devient sujet fidèle,
Et prenant désormais cette haine en horreur,
L'ardeur de vous servir succède à sa fureur.   1720

  CINNA.

Seigneur, que vous dirai-je après que nos offenses
Au lieu de châtiments trouvent des récompenses ?
O vertu sans exemple ! ô clémence, qui rend
Votre pouvoir plus juste et mon crime plus grand !

  AUGUSTE.

Cesse d'en retarder un oubli magnanime ;
Et tous deux avec moi faites grâce à Maxime :
Il nous a trahis tous ; mais ce qu'il a commis
Vous conserve innocents et me rend mes amis.

  (A Maxime.)

Reprends auprès de moi ta place accoutumée ;
Rentre dans ton crédit et dans ta renommée ;   1730
Qu'Euphorbe de tous trois ait sa grâce à son tour ;
Et que demain l'hymen couronne leur amour.
Si tu l'aimes encor, ce sera ton supplice.

MAXIME.

Je n'en murmure point, il a trop de justice ;
Et je suis plus confus, seigneur, de vos bontés
Que je ne suis jaloux du bien que vous m'ôtez.

CINNA.

Souffrez que ma vertu dans mon cœur rappelée
Vous consacre une foi lâchement violée,
Mais si ferme à présent, si loin de chanceler,
Que la chute du ciel ne pourrait l'ébranler.   1740
Puisse le grand moteur des belles destinées,
Pour prolonger vos jours, retrancher nos années ;
Et moi, par un bonheur dont chacun soit jaloux,
Perdre pour vous cent fois ce que je tiens de vous !

LIVIE.

Ce n'est pas tout, seigneur ; une céleste flamme
D'un rayon prophétique illumine mon âme.
Oyez ce que les dieux vous font savoir par moi :
De votre heureux destin c'est l'immuable loi.
Après cette action vous n'avez rien à craindre ;
On portera le joug désormais sans se plaindre,   1750
Et les plus indomptés, renversant leurs projets,
Mettront toute leur gloire à mourir vos sujets ;
Aucun lâche dessein, aucune ingrate envie,
N'attaquera le cours d'une si belle vie ;
Jamais plus d'assassins, ni de conspirateurs ;
Vous avez trouvé l'art d'être maître des cœurs.
Rome, avec une joie et sensible et profonde,
Se démet en vos mains de l'empire du monde ;
Vos royales vertus lui vont trop enseigner
Que son bonheur consiste à vous faire régner :   1760
D'une si longue erreur pleinement affranchie,
Elle n'a plus de vœux que pour la monarchie,
Vous prépare déjà des temples, des autels
Et le ciel une place entre les immortels ;

Et la postérité, dans toutes les provinces,
Donnera votre exemple aux plus généreux princes.

    AUGUSTE.

J'en accepte l'augure, et j'ose l'espérer :
Ainsi toujours les dieux vous daignent inspirer !
    Qu'on redouble demain les heureux sacrifices
Que nous leur offrirons sous de meilleurs auspices,
Et que vos conjurés entendent publier   1771
Qu'Auguste a tout appris, et veut tout oublier.

FIN DE CINNA.

CORNEILLE.

HORACE

TRAGÉDIE.

(1639.)

A MONSEIGNEUR LE CARDINAL DE RICHELIEU.

Monseigneur, je n'aurois jamais eu la témérité de présenter à Votre Éminence ce mauvais portrait d'Horace, si je n'eusse considéré qu'après tant de bienfaits que j'ai reçus d'elle, le silence où mon respect m'a retenu jusqu'à présent passeroit pour ingratitude, et que, quelque juste défiance que j'aie de mon travail, je dois avoir encore plus de confiance en votre bonté. C'est d'elle que je tiens tout ce que je suis, et ce n'est pas sans rougir que, pour toute reconnoissance, je vous fais un présent si peu digne de vous et si peu proportionné à ce que je vous dois. Mais dans cette confusion, qui m'est commune avec tous ceux qui écrivent, j'ai cet avantage qu'on ne peut, sans quelque injustice, condamner mon choix, et que ce généreux Romain, que je mets aux pieds de Votre Éminence, eût pu paroître devant elle avec moins de honte, si les forces de l'artisan eussent répondu à la dignité de la matière : j'en ai pour garant l'auteur dont je l'ai tirée[1], qui commence à décrire cette fameuse histoire par ce glorieux éloge, « qu'il n'y a presque aucune chose plus noble dans l'antiquité. » Je voudrois que ce qu'il a dit de l'action se pût dire de la peinture que j'en ai faite, non pour en tirer plus de vanité, mais seulement pour vous offrir quelque chose un peu moins indigne de vous être offert. Le sujet étoit capable de plus de grâces, s'il eût été traité d'une main plus savante; mais, du moins, il a reçu de la mienne toutes celles qu'elle étoit capable de lui donner, et qu'on pouvoit raisonnablement attendre d'une muse de province[2] qui, n'étant pas assez heureuse pour jouir souvent des regards de Votre Éminence, n'a pas les mêmes lumières à se conduire qu'ont celles qui en sont continuellement éclairées. Et certes, monseigneur, ce changement visible qu'on remarque en mes ouvrages depuis que j'ai l'honneur d'être à Votre

---

1. Tite-Live, liv. I, ch. 23.
2. La ville de Rouen, sa patrie, que Corneille habitait ordinairement.

Éminence, qu'est-ce autre chose qu'un effet des grandes idées qu'elle m'inspire quand elle daigne souffrir que je lui rende mes devoirs? et à quoi peut-on attribuer ce qui s'y mêle de mauvais, qu'aux teintures grossières que je reprends quand je demeure abandonné à ma propre foiblesse? Il faut, monseigneur, que tous ceux qui donnent leurs veilles au théâtre publient hautement avec moi que nous vous avons deux obligations très-signalées : l'une, d'avoir ennobli le but de l'art; l'autre, de nous en avoir facilité les connoissances. Vous avez ennobli le but de l'art, puisque, au lieu de plaire au peuple que nous prescrivent nos maîtres, et dont les deux plus honnêtes gens de leur siècle, Scipion et Lælie, ont autrefois protesté de se contenter, vous nous avez donné celui de vous plaire et de vous divertir; et qu'ainsi nous ne rendons pas un petit service à l'État, puisque, contribuant à vos divertissements, nous contribuons à l'entretien d'une santé qui lui est si précieuse et si nécessaire. Vous nous en avez facilité les connoissances, puisque nous n'avons plus besoin d'autre étude pour les acquérir que d'attacher nos yeux sur Votre Eminence quand elle honore de sa présence et de son attention le récit de nos poëmes. C'est là que, lisant sur son visage ce qui lui plaît et ce qui ne lui plaît pas, nous nous instruisons avec certitude de ce qui est bon et de ce qui est mauvais, et tirons des règles infaillibles de ce qu'il faut suivre et de ce qu'il faut éviter; c'est là que j'ai souvent appris en deux heures ce que mes livres n'eussent pu m'apprendre en dix ans : c'est là que j'ai puisé ce qui m'a valu l'applaudissement du public; et c'est là qu'avec votre faveur j'espère puiser assez pour être un jour une œuvre digne de vos mains. Ne trouvez donc pas mauvais, monseigneur, que pour vous remercier de ce que j'ai de réputation, dont je vous suis entièrement redevable, j'emprunte quatre vers d'un autre Horace que celui que je vous présente, et que je vous exprime par eux les plus véritables sentiments de mon âme :

> Totum muneris hoc tui est,
> Quod monstror digito prætercuntium
> Scenæ non levis artifex :
> Quod spiro et placeo, si placeo, tuum est.

Je n'ajouterai rien qu'une vérité à celle-ci en vous suppliant de croire que je suis et serai toute ma vie très-passionnément, monseigneur, de Votre Eminence,

Le très-humble, très-obéissant et très-fidèle serviteur,

P. CORNEILLE.

EXAMEN D'HORACE
Par CORNEILLE.

C'est une croyance assez générale que cette pièce pourroit passer pour la plus belle des miennes, si les derniers actes répondoient aux premiers. Tous veulent que la mort de Camille en gâte la fin, et j'en demeure d'accord; mais je ne sais si tous en savent la raison. On l'attribue communément à ce qu'on voit cette mort sur la scène; ce qui seroit plutôt la faute de l'actrice que la mienne, parce que, quand elle voit son frère mettre l'épée à la main, la frayeur, si naturelle au sexe, lui doit faire prendre la fuite, et recevoir le coup derrière le théâtre, comme je le marque dans cette impression. D'ailleurs, si c'est une règle de ne le point ensanglanter, elle n'est pas du temps d'Aristote, qui nous apprend que pour émouvoir puissamment il faut de grands déplaisirs, des blessures et des morts en spectacle. Horace ne veut pas que nous y hasardions des événements trop dénaturés, comme de Médée qui tue ses enfants: mais je ne vois pas qu'il en fasse une règle générale pour toutes sortes de morts, ni que l'emportement d'un homme passionné pour sa patrie contre une sœur qui la maudit en sa présence avec des imprécations horribles, soit de même nature que la cruauté de cette mère. Sénèque l'expose aux yeux du peuple, en dépit d'Horace; et, chez Sophocle, Ajax ne se cache point aux spectateurs lorsqu'il se tue. L'adoucissement que j'apporte dans le second de ces discours[1] pour rectifier la mort de Clytemnestre, ne peut être propre ici à celle de Camille. Quand elle s'enferreroit d'elle-même par désespoir en voyant son frère l'épée à la main, ce frère ne laisseroit pas d'être criminel de l'avoir tirée contre elle, puisqu'il n'y a point de troisième personne sur le théâtre à qui il pût adresser le coup qu'elle recevroit, comme peut faire Oreste à Egisthe.

---

1. Il s'agit ici de trois discours de Corneille sur le poëme dramatique, sur la tragédie, sur les trois unités; voici le passage auquel il fait ici allusion : « Pour rectifier ce sujet à notre mode, il faudroit qu'Oreste n'eût dessein que contre Égisthe, qu'un reste de tendresse respectueuse pour sa mère lui en fît remettre la punition aux dieux, que cette reine s'opiniâtrât à la protection de son adultère, et qu'elle se mît entre son fils et lui, si malheureusement, qu'elle reçût le coup que ce prince voudroit porter à cet assassin de son père ; ainsi elle mourroit de la main de son fils sans que la barbarie d'Oreste nous fît horreur. »

D'ailleurs, l'histoire est trop connue pour retrancher le péril qu'il court d'une mort infâme après l'avoir tuée, et la défense que lui prête son père pour obtenir sa grâce n'auroit plus de lieu, s'il demeuroit innocent. Quoi qu'il en soit, voyons si cette action n'a pu causer la chute de ce poëme que par là, et si elle n'a point d'autre irrégularité que de blesser les yeux.

Comme je n'ai point accoutumé de dissimuler mes défauts, j'en trouve ici deux ou trois assez considérables. Le premier est que cette action, qui devient la principale de la pièce, est momentanée, et n'a point cette juste grandeur que lui demande Aristote, et qui consiste en un commencement, un milieu et une fin. Elle surprend tout d'un coup; et toute la préparation que j'y ai donnée par la peinture de la vertu farouche d'Horace, et par la défense qu'il fait à sa sœur de regretter qui que ce soit de lui ou de son amant qui meure au combat, n'est point suffisante pour faire attendre un emportement si extraordinaire, et servir de commencement à cette action.

Le second défaut est que cette mort fait une action double par le second péril où tombe Horace après être sorti du premier. L'unité de péril d'un héros dans la tragédie fait l'unité d'action; et quand il en est garanti, la pièce est finie, si ce n'est que la sortie même de ce péril l'engage si nécessairement dans un autre, que la liaison et la continuité des deux n'en fasse qu'une action; ce qui n'arrive point ici, où Horace revient triomphant sans aucun besoin de tuer sa sœur, ni même de parler à elle, et l'action seroit suffisamment terminée à sa victoire. Cette chute d'un péril en l'autre, sans nécessité, fait ici un effet d'autant plus mauvais, que d'un péril public, où il y va de tout l'État, il tombe en un péril particulier, où il n'y va que de sa vie; et, pour dire encore plus, d'un péril illustre, où il ne peut succomber que glorieusement, en un péril infâme, dont il ne peut sortir sans tache. Ajoutez, pour troisième imperfection, que Camille, qui ne tient que le second rang dans les trois premiers actes, et y laisse le premier à Sabine, prend le premier en ces deux derniers, où cette Sabine n'est plus considérable; et qu'ainsi s'il y a égalité dans les mœurs, il n'y en a point dans la dignité des personnages, où se doit étendre ce précepte d'Horace :

Servetur ad imum
Qualis ab incepto processerit, et sibi constet.

Ce défaut en Rodelinde a été une des principales causes du mauvais succès de *Pertharite*, et je n'ai point encore vu sur nos théâtres cette inégalité de rang en un même acteur, qui n'ait produit un très-méchant effet. Il seroit bon d'en établir une règle inviolable.

Du côté du temps, l'action n'est point trop pressée et n'a rien qui ne me semble vraisemblable. Pour le lieu, bien que l'unité y soit exacte, elle n'est pas sans quelque contrainte. Il est constant qu'Horace et Curiace n'ont point de raison de se séparer du reste de la famille pour commencer le second acte ; et c'est une adresse de théâtre de n'en donner aucune, quand on n'en peut donner de bonnes. L'attachement de l'auditeur à l'action présente souvent ne lui permet pas de descendre à l'examen sévère de cette justesse, et ce n'est pas un crime que de s'en prévaloir pour l'éblouir, quand il est malaisé de le satisfaire.

Le personnage de Sabine est assez heureusement inventé, et trouve sa vraisemblance aisée dans le rapport à l'histoire, qui marque assez d'amitié et d'égalité entre les deux familles pour avoir pu faire oublier cette double alliance.

Elle ne sert pas davantage à l'action que l'infante à celle du *Cid*, et ne fait que se laisser toucher diversement, comme elle, à la diversité des événements. Néanmoins, on a généralement approuvé celle-ci et condamné l'autre. J'en ai cherché la raison, et j'en ai trouvé deux : l'une est la liaison des scènes, qui semble, s'il m'est permis de parler ainsi, incorporer Sabine dans cette pièce ; au lieu que, dans le *Cid*, toutes celles de l'infante sont détachées et paroissent hors d'œuvre :

Tantum series juncturaque pollet.

L'autre, qu'ayant une fois posé Sabine pour femme d'Horace, il est nécessaire que tous les incidents de ce poëme lui donnent les sentiments qu'elle en témoigne avoir, par l'obligation qu'elle a de prendre intérêt à ce qui regarde son mari et ses frères ; mais l'infante n'est point obligée d'en prendre aucun en ce qui touche le Cid ; et si elle a quelque inclination secrète pour lui, il n'est point besoin qu'elle en fasse rien paroître, puisqu'elle ne produit aucun effet.

L'oracle qui est proposé au premier acte trouve son vrai sens à la conclusion du cinquième. Il semble clair d'abord, et porte l'imagination à un sens contraire ; et je les aimerois mieux de cette sorte sur nos théâtres, que ceux qu'on fait entièrement obscurs, parce que la surprise de leur véritable effet en est plus belle. J'en ai usé ainsi encore dans l'*Andromède* et dans l'*Œdipe*. Je ne dis pas la même chose des songes, qui peuvent faire encore un grand ornement dans la protase, pourvu qu'on ne s'en serve pas souvent. Je voudrois qu'ils eussent l'idée de la fin véritable de la pièce, mais avec quelque confusion qui n'en permît pas l'intelligence entière. C'est ainsi que je m'en suis servi deux fois, ici et dans *Polyeucte*, mais avec plus d'éclat et d'artifice dans ce dernier poëme, où il marque toutes les particularités de l'événement, qu'en celui-

7.

ci, où il ne fait qu'exprimer une ébauche tout à fait informe de ce qui doit arriver de funeste.

Il passe pour constant que le second acte est un des plus pathétiques qui soient sur la scène, et le troisième un des plus artificieux; il est soutenu de la seule narration de la moitié du combat des trois frères, qui est coupée très-heureusement pour laisser Horace le père dans la colère et le déplaisir, et lui donner ensuite un beau retour à la joie dans le quatrième. Il a été à propos, pour le jeter dans cette erreur, de se servir de l'impatience d'une femme qui suit brusquement sa première idée, et présume le combat achevé, parce qu'elle a vu deux Horaces par terre, et le troisième en fuite. Un homme, qui doit être plus posé et plus judicieux, n'eût pas été propre à donner cette fausse alarme; il eût dû prendre plus de patience, afin d'avoir plus de certitude de l'événement, et n'eût pas été excusable de se laisser emporter si légèrement, par les apparences, à présumer le mauvais succès d'un combat dont il n'eût pas vu la fin.

Bien que le roi n'y paroisse qu'au cinquième, il y est mieux dans sa dignité que dans le *Cid*, parce qu'il a intérêt pour tout son État dans le reste de la pièce; et, bien qu'il n'y parle point, il ne laisse pas d'y agir comme roi. Il vient aussi dans ce cinquième comme roi qui veut honorer par cette visite un père dont les fils lui ont conservé sa couronne, et acquis celle d'Albe au prix de leur sang. S'il y fait l'office de juge, ce n'est que par accident; et il le fait dans ce logis même d'Horace, par la seule contrainte qu'impose la règle de l'unité de lieu. Tout ce cinquième est encore une des causes du peu de satisfaction que laisse cette tragédie : il est tout en plaidoyers; et ce n'est pas là la place des harangues ni des longs discours : ils peuvent être supportés en un commencement de pièce, où l'action n'est pas encore échauffée : mais le cinquième acte doit plus agir que discourir. L'attention de l'auditeur, déjà lassée, se rebute de ces conclusions qui traînent et tirent la fin en longueur.

Quelques-uns ne veulent pas que Valère y soit un digne accusateur d'Horace, parce que, dans la pièce, il n'a pas fait voir assez de passion pour Camille; à quoi je réponds que ce n'est pas à dire qu'il n'en eût une très-forte, mais qu'un amant mal voulu ne pouvoit se montrer de bonne grâce à sa maîtresse dans le jour qui la rejoignoit à un amant aimé. Il n'y avoit point de place pour lui au premier acte, et encore moins au second : il falloit qu'il tînt son rang à l'armée pendant le troisième; et il se montre au quatrième, sitôt que la mort de son rival fait quelque ouverture à son espérance : il tâche à gagner les bonnes grâces du père par la commission qu'il prend du roi de lui apporter les glorieuses nouvelles de l'honneur que ce prince lui veut faire; et, par occasion, il lui apprend la victoire de son fils, qu'il ignoroit. Il ne manque pas d'amour durant les trois premiers actes, mais d'un temps propre à le témoigner; et, dès la première scène de la pièce, il paroît bien qu'il rendoit assez de soins à Camille, puisque Sabine s'en alarme pour son frère. S'il ne prend pas le procédé de France, il faut considérer qu'il est Romain, et dans Rome, où il n'auroit pu entreprendre un duel contre un autre Romain sans faire un crime d'Etat, et que j'en aurois fait un de théâtre si j'avois habillé un Romain à la françoise.

P. CORNEILLE.

HORACE

TRAGÉDIE.

(1639.)

PERSONNAGES. — TULLE, roi de Rome.— Le vieil HORACE, chevalier romain. —'HORACE, son fils. — CURIACE, gentilhomme d'Albe, amant de Camille. — VALÈRE, chevalier romain, amoureux de Camille. — SABINE, femme d'Horace et sœur de Curiace.— CAMILLE, amante de Curiace et sœur d'Horace. — JULIE, dame romaine, confidente de Sabine et de Camille. — FLAVIAN, soldat de l'armée d'Albe. — PROCULE, soldat de l'armée de Rome.

La scène est à Rome, dans une salle de la maison d'Horace.

ACTE PREMIER.

SCÈNE I.

SABINE, JULIE.

SABINE.

Approuvez ma faiblesse, et souffrez ma douleur;
Elle n'est que trop juste en un si grand malheur
Si près de voir sur soi fondre de tels orages,
L'ébranlement sied bien aux plus fermes courages,
Et l'esprit le plus mâle et le moins abattu
Ne saurait sans désordre exercer sa vertu.
Quoique le mien s'étonne à ces rudes alarmes,
Le trouble de mon cœur ne peut rien sur mes larmes,
Et, parmi les soupirs qu'il pousse vers les cieux,
Ma constance du moins règne encor sur mes yeux :
Quand on arrête là les déplaisirs d'une âme, [femme;
Si l'on fait moins qu'un homme, on fait plus qu'une

Commander à ses pleurs en cette extrémité, 13
C'est montrer pour le sexe assez de fermeté.
JULIE.
C'en est peut-être assez pour une âme commune,
Qui du moindre péril se fait une infortune;
Mais de cette faiblesse un grand cœur est honteux;
Il ose espérer tout dans un succès douteux.
Les deux camps sont rangés au pied de nos murailles,
Mais Rome ignore encor comme on perd des batailles.
Loin de trembler pour elle, il lui faut applaudir : 21
Puisqu'elle va combattre, elle va s'agrandir.
Bannissez, bannissez une frayeur si vaine,
Et concevez des vœux dignes d'une Romaine.
SABINE.
Je suis Romaine, hélas! puisque Horace est Romain:
J'en ai reçu le titre en recevant sa main;
Mais ce nœud me tiendrait en esclave enchaînée,
S'il m'empêchait de voir en quels lieux je suis née.
Albe, où j'ai commencé de respirer le jour,
Albe, mon cher pays, et mon premier amour, 30
Lorsqu'entre nous et toi je vois la guerre ouverte,
Je crains notre victoire autant que notre perte.
Rome, si tu te plains que c'est là te trahir,
Fais-toi des ennemis que je puisse haïr.
Quand je vois de tes murs leur armée et la nôtre,
Mes trois frères dans l'une et mon mari dans l'au-
Puis-je former des vœux, et sans impiété [tre,
Importuner le ciel pour ta félicité?
Je sais que ton État, encore en sa naissance,
Ne saurait, sans la guerre, affermir sa puissance; 40
Je sais qu'il doit s'accroître, et que tes grands destins
Ne le borneront pas chez les peuples latins;
Que les dieux t'ont promis l'empire de la terre,
Et que tu n'en peux voir l'effet que par la guerre :
Bien loin de m'opposer à cette noble ardeur,
Qui suit l'arrêt des dieux et court à ta grandeur,

Je voudrais déjà voir tes troupes couronnées
D'un pas victorieux franchir les Pyrénées.
Va jusqu'en l'Orient pousser tes bataillons;
Va sur les bords du Rhin planter tes pavillons; 50
Fais trembler sous tes pas les colonnes d'Hercule,
Mais respecte une ville à qui tu dois Romule.
Ingrate, souviens-toi que du sang de ses rois
Tu tiens ton nom, tes murs, et tes premières lois.
Albe est ton origine; arrête, et considère
Que tu portes le fer dans le sein de ta mère.
Tourne ailleurs les efforts de tes bras triomphants:
Sa joie éclatera dans l'heur de ses enfants;
Et, se laissant ravir à l'amour maternelle, 59
Ses vœux seront pour toi, si tu n'es plus contre elle.

  JULIE.

Ce discours me surprend, vu que depuis le temps
Qu'on a contre son peuple armé nos combattants,
Je vous ai vu pour elle autant d'indifférence
Que si d'un sang romain vous aviez pris naissance.
J'admirais la vertu qui réduisait en vous
Vos plus chers intérêts à ceux de votre époux;
Et je vous consolais au milieu de vos plaintes,
Comme si notre Rome eût fait toutes vos craintes.

  SABINE.

Tant qu'on ne s'est choqué qu'en de légers combats,
Trop faibles pour jeter un des partis à bas, 70
Tant qu'un espoir de paix a pu flatter ma peine,
Oui, j'ai fait vanité d'être toute Romaine.
Si j'ai vu Rome heureuse avec quelque regret,
Soudain j'ai condamné ce mouvement secret;
Et si j'ai ressenti, dans ses destins contraires,
Quelque maligne joie en faveur de mes frères,
Soudain, pour l'étouffer, rappelant ma raison,
J'ai pleuré quand la gloire entrait dans leur maison.
Mais aujourd'hui qu'il faut que l'une ou l'autre tombe,
Qu'Albe devienne esclave ou que Rome succombe,

Et qu'après la bataille il ne demeure plus 81
Ni d'obstacle aux vainqueurs ni d'espoir aux vaincus,
J'aurais pour mon pays une cruelle haine
Si je pouvais encore être toute Romaine,
Et si je demandais votre triomphe aux dieux
Au prix de tant de sang qui m'est si précieux.
Je m'attache un peu moins aux intérêts d'un homme;
Je ne suis point pour Albe, et ne suis plus pour Rome;
Je crains pour l'une et l'autre en ce dernier effort,
Et serai du parti qu'affligera le sort. 90
Égale à tous les deux jusques à la victoire,
Je prendrai part aux maux sans en prendre à la gloire;
Et je garde, au milieu de tant d'âpres rigueurs,
Mes larmes aux vaincus et ma haine aux vainqueurs.

JULIE.

Qu'on voit naître souvent de pareilles traverses,
En des esprits divers, des passions diverses !
Et qu'à nos yeux Camille agit bien autrement!
Son frère est votre époux, le vôtre est son amant :
Mais elle voit d'un œil bien différent du vôtre 99
Son sang dans une armée et son amour dans l'autre.
Lorsque vous conserviez un esprit tout romain,
Le sien irrésolu, le sien tout incertain,
De la moindre mêlée appréhendait l'orage,
De tous les deux partis détestait l'avantage,
Au malheur des vaincus donnait toujours ses pleurs,
Et nourrissait ainsi d'éternelles douleurs.
Mais hier, quand elle sut qu'on avait pris journée,
Et qu'enfin la bataille allait être donnée,
Une soudaine joie éclatant sur son front....

SABINE.

Ah! que je crains, Julie, un changement si prompt!
Hier dans sa belle humeur elle entretint Valère : 111
Pour ce rival, sans doute, elle quitte mon frère;
Son esprit, ébranlé par les objets présents,
Ne trouve point d'absent aimable après deux ans.

Mais excusez l'ardeur d'une amour fraternelle;
Le soin que j'ai de lui me fait craindre tout d'elle :
Je forme des soupçons d'un trop léger sujet.
Près d'un jour si funeste on change peu d'objet.
Les âmes rarement sont de nouveau blessées,
Et dans un si grand trouble on a d'autres pensées;
Mais on n'a pas aussi de si doux entretiens, 121
Ni de contentements qui soient pareils aux siens.

JULIE.

Les causes, comme à vous, m'en semblent fort obs-
Je ne me satisfais d'aucunes conjectures. [cures;
C'est assez de constance en un si grand danger
Que de le voir, l'attendre, et ne point s'affliger;
Mais certes c'en est trop d'aller jusqu'à la joie.

SABINE.

Voyez qu'un bon génie à propos nous l'envoie.
Essayez sur ce point à la faire parler;
Elle vous aime assez pour ne vous rien celer. 130
Je vous laisse.

SCÈNE II.

CAMILLE, SABINE, JULIE.

SABINE. Ma sœur, entretenez Julie :
J'ai honte de montrer tant de mélancolie,
Et mon cœur, accablé de mille déplaisirs,
Cherche la solitude à cacher ses soupirs.

SCÈNE III.

CAMILLE, JULIE.

CAMILLE.
Qu'elle a tort de vouloir que je vous entretienne!
Croit-elle ma douleur moins vive que la sienne,

Et que, plus insensible à de si grands malheurs,
A mes tristes discours je mêle moins de pleurs ?
De pareilles frayeurs mon âme est alarmée ;
Comme elle je perdrai dans l'une et l'autre armée.
Je verrai mon amant, mon plus unique bien,
Mourir pour son pays ou détruire le mien,
Et cet objet d'amour devenir, pour ma peine,
Digne de mes soupirs ou digne de ma haine.
Hélas !
JULIE. Elle est pourtant plus à plaindre que vous.
On peut changer d'amant, mais non changer d'époux.
Oubliez Curiace, et recevez Valère :
Vous ne tremblerez plus pour le parti contraire,
Vous serez toute nôtre, et votre esprit remis
N'aura plus rien à perdre au camp des ennemis.
  CAMILLE.
Donnez-moi des conseils qui soient plus légitimes,
Et plaignez mes malheurs sans m'ordonner des crimes.
Quoiqu'à peine à mes maux je puisse résister,
J'aime mieux les souffrir que de les mériter.
  JULIE.
Quoi ! vous appelez crime un change raisonnable ?
  CAMILLE.
Quoi ! le manque de foi vous semble pardonnable ?
  JULIE.
Envers un ennemi qui peut nous obliger ?
  CAMILLE.
D'un serment solennel qui peut nous dégager ?
  JULIE.
Vous déguisez en vain une chose trop claire.
Je vous vis encore hier entretenir Valère ;
Et l'accueil gracieux qu'il recevait de vous
Lui permet de nourrir un espoir assez doux.
  CAMILLE.
Si je l'entretins hier et lui fis bon visage,
N'en imaginez rien qu'à son désavantage ;

De mon contentement un autre était l'objet :
Mais pour sortir d'erreur sachez-en le sujet ;
Je garde à Curiace une amitié trop pure
Pour souffrir plus longtemps qu'on m'estime parjure.
Il vous souvient qu'à peine on voyait de sa sœur
Par un heureux hymen mon frère possesseur, 170
Quand, pour comble de joie, il obtint de mon père
Que de ses chastes feux je serais le salaire.
Ce jour nous fut propice et funeste à la fois :
Unissant nos maisons, il désunit nos rois ;
Un même instant conclut notre hymen et la guerre,
Fit naître notre espoir et le jeta par terre,
Nous ôta tout, sitôt qu'il nous eut tout promis ;
Et, nous faisant amants, il nous fit ennemis.
Combien nos déplaisirs parurent lors extrêmes !
Combien contre le ciel il vomit de blasphèmes ! 180
Et combien de ruisseaux coulèrent de mes yeux !
Je ne vous le dis point, vous vîtes nos adieux.
Vous avez vu depuis les troubles de mon âme :
Vous savez pour la paix quels vœux a faits ma flamme,
Et quels pleurs j'ai versés à chaque événement,
Tantôt pour mon pays, tantôt pour mon amant.
Enfin mon désespoir, parmi ces longs obstacles,
M'a fait avoir recours à la voix des oracles.
Écoutez si celui qui me fut hier rendu
Eut droit de rassurer mon esprit éperdu. 190
Ce Grec si renommé, qui depuis tant d'années
Au pied de l'Aventin prédit nos destinées,
Lui qu'Apollon jamais n'a fait parler à faux,
Me promit par ces vers la fin de mes travaux :
« Albe et Rome demain prendront une autre face ;
« Tes vœux sont exaucés, elles auront la paix,
« Et tu seras unie avec ton Curiace,
« Sans qu'aucun mauvais sort t'en sépare jamais. »
Je pris sur cet oracle une entière assurance ;
Et, comme le succès passait mon espérance, 200

J'abandonnai mon âme à des ravissements
Qui passaient les transports des plus heureux amants.
Jugez de leur excès : je rencontrai Valère,
Et, contre sa coutume, il ne put me déplaire;
Il me parla d'amour sans me donner d'ennui :
Je ne m'aperçus pas que je parlais à lui ;
Je ne lui pus montrer de mépris ni de glace :
Tout ce que je voyais me semblait Curiace ;
Tout ce qu'on me disait me parlait de ses feux;
Tout ce que je disais l'assurait de mes vœux. 210
Le combat général aujourd'hui se hasarde ;
J'en sus hier la nouvelle, et je n'y pris pas garde;
Mon esprit rejetait ces funestes objets,
Charmé des doux pensers d'hymen et de la paix.
La nuit a dissipé des erreurs si charmantes ;
Mille songes affreux, mille images sanglantes,
Ou plutôt mille amas de carnage et d'horreur,
M'ont arraché ma joie et rendu ma terreur.
J'ai vu du sang, des morts, et n'ai rien vu de suite;
Un spectre en paraissant prenait soudain la fuite : 220
Ils s'effaçaient l'un l'autre ; et chaque illusion
Redoublait mon effroi par sa confusion.

  JULIE.

C'est en contraire sens qu'un songe s'interprète.

  CAMILLE.

Je le dois croire ainsi, puisque je le souhaite;
Mais je me trouve enfin, malgré tous mes souhaits,
Au jour d'une bataille, et non pas d'une paix.

  JULIE.

Par là finit la guerre, et la paix lui succède.

  CAMILLE.

Dure à jamais le mal, s'il y faut ce remède !
Soit que Rome y succombe ou qu'Albe ait le dessous,
Cher amant, n'attends plus d'être un jour mon époux;
Jamais, jamais ce nom ne sera pour un homme 231
Qui soit ou le vainqueur ou l'esclave de Rome.

Mais quel objet nouveau se présente en ces lieux ?
Est-ce toi, Curiace ? en croirai-je mes yeux ?

SCÈNE IV.

CURIACE, CAMILLE, JULIE.

CURIACE.

N'en doutez point, Camille, et revoyez un homme
Qui n'est ni le vainqueur ni l'esclave de Rome ;
Cessez d'appréhender de voir rougir mes mains
Du poids honteux des fers ou du sang des Romains.
J'ai cru que vous aimiez assez Rome et la gloire
Pour mépriser ma chaîne et haïr ma victoire ; 240
Et comme également en cette extrémité
Je craignais la victoire et la captivité...

CAMILLE.

Curiace, il suffit, je devine le reste :
Tu fuis une bataille à tes vœux si funeste,
Et ton cœur, tout à moi, pour ne me perdre pas,
Dérobe à ton pays le secours de ton bras.
Qu'un autre considère ici ta renommée,
Et te blâme, s'il veut, de m'avoir trop aimée,
Ce n'est point à Camille à t'en mésestimer :
Plus ton amour paraît, plus elle doit t'aimer ; 250
Et, si tu dois beaucoup aux lieux qui t'ont vu naître,
Plus tu quittes pour moi, plus tu le fais paraître.
Mais as-tu vu mon père ? et peut-il endurer
Qu'ainsi dans sa maison tu t'oses retirer ?
Ne préfère-t-il point l'État à sa famille ?
Ne regarde-t-il point Rome plus que sa fille ?
Enfin notre bonheur est-il bien affermi ?
T'a-t-il vu comme gendre ou bien comme ennemi ?

CURIACE.

Il m'a vu comme gendre, avec une tendresse
Qui témoignait assez une entière allégresse ; 260

Mais il ne m'a point vu, par une trahison,
Indigne de l'honneur d'entrer dans sa maison.
Je n'abandonne point l'intérêt de ma ville ;
J'aime encor mon honneur en adorant Camille.
Tant qu'a duré la guerre, on m'a vu constamment
Aussi bon citoyen que véritable amant.
D'Albe avec mon amour j'accordais la querelle ;
Je soupirais pour vous en combattant pour elle :
Et, s'il fallait encor que l'on en vînt aux coups,
Je combattrais pour elle en soupirant pour vous. 275
Oui, malgré les désirs de mon âme charmée,
Si la guerre durait, je serais dans l'armée :
C'est la paix qui chez vous me donne un libre accès,
La paix à qui nos feux doivent ce beau succès.

  CAMILLE.

La paix ! Et le moyen de croire un tel miracle ?

  JULIE.

Camille, pour le moins croyez-en votre oracle,
Et sachons pleinement par quels heureux effets
L'heure d'une bataille a produit cette paix.

  CURIACE.

L'aurait-on jamais cru ? Déjà les deux armées,
D'une égale chaleur au combat animées,   280
Se menaçaient des yeux, et, marchant fièrement,
N'attendaient, pour donner, que le commandement ;
Quand notre dictateur devant les rangs s'avance,
Demande à votre prince un moment de silence ;
Et, l'ayant obtenu : « Que faisons-nous, Romains,
« Dit-il, et quel démon nous fait venir aux mains ?
« Souffrons que la raison éclaire enfin nos âmes :
« Nous sommes vos voisins, nos filles sont vos femmes,
« Et l'hymen nous a joints par tant et tant de nœuds,
« Qu'il est peu de nos fils qui ne soient vos neveux ; 290
« Nous ne sommes qu'un sang et qu'un peuple en deux
[villes:
« Pourquoi nous déchirer par des guerres civiles,

« Où la mort des vaincus affaiblit les vainqueurs,
« Et le plus beau triomphe est arrosé de pleurs ?
« Nos ennemis communs attendent avec joie
« Qu'un des partis défait leur donne l'autre en proie,
« Lassé, demi-rompu, vainqueur, mais, pour tout fruit,
« Dénué d'un secours par lui-même détruit.
« Ils ont assez longtemps joui de nos divorces ;
« Contre eux dorénavant joignons toutes nos forces,
« Et noyons dans l'oubli ces petits différends   301
« Qui de si bons guerriers font de mauvais parents.
« Que si l'ambition de commander aux autres
« Fait marcher aujourd'hui vos troupes et les nôtres,
« Pourvu qu'à moins de sang nous voulions l'apaiser,
« Elle nous unira, loin de nous diviser.
« Nommons des combattants pour la cause commune :
« Que chaque peuple aux siens attache sa fortune ;
« Et, suivant ce que d'eux ordonnera le sort,
« Que le parti plus faible obéisse au plus fort :   310
« Mais, sans indignité pour des guerriers si braves,
« Qu'ils deviennent sujets sans devenir esclaves,
« Sans honte, sans tribut, et sans autre rigueur
« Que de suivre en tous lieux les drapeaux du vain-
                                         [queur.
« Ainsi nos deux États ne feront qu'un empire. »
Il semble qu'à ces mots notre discorde expire :
Chacun, jetant les yeux dans un rang ennemi,
Reconnaît un beau-frère, un cousin, un ami ;
Ils s'étonnent comment leurs mains, de sang avides,
Volaient, sans y penser, à tant de parricides,   320
Et font paraître un front couvert tout à la fois
D'horreur pour la bataille et d'ardeur pour ce choix.
Enfin l'offre s'accepte, et la paix désirée
Sous ces conditions est aussitôt jurée :   [choisir,
Trois combattront pour tous ; mais, pour les mieux
Nos chefs ont voulu prendre un peu plus de loisir :
Le vôtre est au sénat, le nôtre dans sa tente.

CAMILLE.
O dieux, que ce discours rend mon âme contente !
CURIACE.
Dans deux heures au plus, par un commun accord,
Le sort de nos guerriers réglera notre sort. 330
Cependant tout est libre, attendant qu'on les nomme.
Rome est dans notre camp, et notre camp dans Rome;
D'un et d'autre côté l'accès étant permis,
Chacun va renouer avec ses vieux amis.
Pour moi, ma passion m'a fait suivre vos frères;
Et mes désirs ont eu des succès si prospères,
Que l'auteur de vos jours m'a promis à demain
Le bonheur sans pareil de vous donner la main.
Vous ne deviendrez pas rebelle à sa puissance
CAMILLE.
Le devoir d'une fille est dans l'obéissance. 340
CURIACE.
Venez donc recevoir ce doux commandement,
Qui doit mettre le comble à mon contentement.
CAMILLE.
Je vais suivre vos pas, mais pour revoir mes frères,
Et savoir d'eux encor la fin de nos misères.
JULIE.
Allez, et cependant au pied de nos autels
J'irai rendre pour vous grâces aux immortels.

ACTE DEUXIÈME.

SCÈNE I.

HORACE, CURIACE.

CURIACE.
Ainsi Rome n'a point séparé son estime ;
Elle eût cru faire ailleurs un choix illégitime :
Cette superbe ville en vos frères et vous
Trouve les trois guerriers qu'elle préfère à tous, 350
Et son illustre ardeur d'oser plus que les autres
D'une seule maison brave toutes les nôtres :
Nous croirons, à la voir tout entière en vos mains,
Que hors les fils d'Horace il n'est point de Romains.
Ce choix pouvait combler trois familles de gloire,
Consacrer hautement leurs noms à la mémoire :
Oui, l'honneur que reçoit la vôtre par ce choix
En pouvait à bon titre immortaliser trois ;
Et puisque c'est chez vous que mon heur et ma flamme
M'ont fait placer ma sœur et choisir une femme, 360
Ce que je vais vous être et ce que je vous suis
Me font y prendre part autant que je le puis.
Mais un autre intérêt tient ma joie en contrainte,
Et parmi ses douceurs mêle beaucoup de crainte :
La guerre en tel éclat a mis votre valeur,
Que je tremble pour Albe et prévois son malheur :
Puisque vous combattez, sa perte est assurée ;
En vous faisant nommer, le destin l'a jurée.
Je vois trop dans ce choix ses funestes projets,
Et me compte déjà pour un de vos sujets. 370

HORACE.
Loin de trembler pour Albe, il vous faut plaindre Rome,
Voyant ceux qu'elle oublie et les trois qu'elle nomme.

C'est un aveuglement pour elle bien fatal
D'avoir tant à choisir, et de choisir si mal.
Mille de ses enfants beaucoup plus dignes d'elle
Pouvaient bien mieux que nous soutenir sa querelle :
Mais quoique ce combat me promette un cercueil,
La gloire de ce choix m'enfle d'un juste orgueil ;
Mon esprit en conçoit une mâle assurance :
J'ose espérer beaucoup de mon peu de vaillance ; 380
Et du sort envieux quels que soient les projets,
Je ne me compte point pour un de vos sujets.
Rome a trop cru de moi ; mais mon âme ravie
Remplira son attente ou quittera la vie.
Qui veut mourir ou vaincre est vaincu rarement ;
Ce noble désespoir périt malaisément.
Rome, quoi qu'il en soit, ne sera point sujette
Que mes derniers soupirs n'assurent ma défaite.

  CURIACE.

Hélas ! c'est bien ici que je dois être plaint.
Ce que veut mon pays, mon amitié le craint : 390
Dures extrémités, de voir Albe asservie,
Ou sa victoire au prix d'une si chère vie,
Et que l'unique bien où tendent ses désirs
S'achète seulement par vos derniers soupirs !
Quels vœux puis-je former ? et quel bonheur attendre ?
De tous les deux côtés j'ai des pleurs à répandre ;
De tous les deux côtés mes désirs sont trahis.

  HORACE.

Quoi ! vous me pleureriez mourant pour mon pays !
Pour un cœur généreux ce trépas a des charmes ;
La gloire qui le suit ne souffre point de larmes, 400
Et je le recevrais en bénissant mon sort,
Si Rome et tout l'État perdaient moins en ma mort.

  CURIACE.

A vos amis pourtant permettez de le craindre ;
Dans un si beau trépas ils sont les seuls à plaindre :
La gloire en est pour vous, et la perte pour eux ;

Il vous fait immortel, et les rend malheureux :
On perd tout quand on perd un ami si fidèle.
Mais Flavian m'apporte ici quelque nouvelle.

SCÈNE II.

HORACE, CURIACE, FLAVIAN.

CURIACE.
Albe de trois guerriers a-t-elle fait le choix ? 409
FLAVIAN.
Je viens pour vous l'apprendre.
     CURIACE. Eh bien ! qui sont les trois ?
FLAVIAN.
Vos deux frères et vous.
   CURIACE. Qui ?
      FLAVIAN. Vous et vos deux frères.
Mais pourquoi ce front triste et ces regards sévères ?
Ce choix vous déplaît-il ?
     CURIACE. Non, mais il me surprend ;
Je m'estimais trop peu pour un honneur si grand.
FLAVIAN.
Dirai-je au dictateur, dont l'ordre ici m'envoie,
Que vous le recevez avec si peu de joie ?
Ce morne et froid accueil me surprend à mon tour.
CURIACE.
Dis-lui que l'amitié, l'alliance et l'amour
Ne pourront empêcher que les trois Curiaces
Ne servent leur pays contre les trois Horaces. 420
FLAVIAN.
Contre eux ! Ah ! c'est beaucoup me dire en peu de
  CURIACE.   [mots.
Porte-lui ma réponse, et nous laisse en repos.

SCÈNE III.

HORACE, CURIACE.

CURIACE.
Que désormais le ciel, les enfers, et la terre,
Unissent leurs fureurs à nous faire la guerre,
Que les hommes, les dieux, les démons, et le sort,
Préparent contre nous un général effort :
Je mets à faire pis, en l'état où nous sommes,
Le sort, et les démons, et les dieux, et les hommes.
Ce qu'ils ont de cruel, et d'horrible, et d'affreux,
L'est bien moins que l'honneur qu'on nous fait à tous
HORACE.   [deux. 430
Le sort qui de l'honneur nous ouvre la barrière
Offre à notre constance une illustre matière :
Il épuise sa force à former un malheur
Pour mieux se mesurer avec notre valeur ;
Et comme il voit en nous des âmes peu communes,
Hors de l'ordre commun il nous fait des fortunes.
Combattre un ennemi pour le salut de tous,
Et contre un inconnu s'exposer seul aux coups,
D'une simple vertu c'est l'effet ordinaire,
Mille déjà l'ont fait, mille pourraient le faire ;   440
Mourir pour le pays est un si digne sort,
Qu'on briguerait en foule une si belle mort.
Mais vouloir au public immoler ce qu'on aime,
S'attacher au combat contre un autre soi-même,
Attaquer un parti qui prend pour défenseur
Le frère d'une femme et l'amant d'une sœur,
Et, rompant tous ces nœuds, s'armer pour la patrie
Contre un sang qu'on voudrait racheter de sa vie ;
Une telle vertu n'appartenait qu'à nous :
L'éclat de son grand nom lui fait peu de jaloux, 450
Et peu d'hommes au cœur l'ont assez imprimée

Pour oser aspirer à tant de renommée.
CURIACE.
Il est vrai que nos noms ne sauraient plus périr :
L'occasion est belle, il nous la faut chérir.
Nous serons les miroirs d'une vertu bien rare :
Mais votre fermeté tient un peu du barbare ;
Peu, même des grands cœurs, tireraient vanité
D'aller par ce chemin à l'immortalité :
A quelque prix qu'on mette une telle fumée,
L'obscurité vaut mieux que tant de renommée. 460
Pour moi, je l'ose dire, et vous l'avez pu voir,
Je n'ai point consulté pour suivre mon devoir ;
Notre longue amitié, l'amour, ni l'alliance,
N'ont pu mettre un moment mon esprit en balance ;
Et puisque par ce choix Albe montre en effet
Qu'elle m'estime autant que Rome vous a fait,
Je crois faire pour elle autant que vous pour Rome ;
J'ai le cœur aussi bon, mais enfin je suis homme :
Je vois que votre honneur demande tout mon sang,
Que tout le mien consiste à vous percer le flanc, 470
Près d'épouser la sœur, qu'il faut tuer le frère,
Et que pour mon pays j'ai le sort si contraire.
Encor qu'à mon devoir je coure sans terreur,
Mon cœur s'en effarouche, et j'en frémis d'horreur ;
J'ai pitié de moi-même, et jette un œil d'envie
Sur ceux dont notre guerre a consumé la vie,
Sans souhait toutefois de pouvoir reculer.
Ce triste et fier honneur m'émeut sans m'ébranler :
J'aime ce qu'il me donne, et je plains ce qu'il m'ôte ;
Et si Rome demande une vertu plus haute, 480
Je rends grâces aux dieux de n'être pas Romain,
Pour conserver encor quelque chose d'humain.
HORACE.
Si vous n'êtes Romain, soyez digne de l'être ;
Et si vous m'égalez, faites-le mieux paraître.
La solide vertu dont je fais vanité

N'admet point de faiblesse avec sa fermeté :
Et c'est mal de l'honneur entrer dans la carrière
Que dès le premier pas regarder en arrière.
Notre malheur est grand, il est au plus haut point ;
Je l'envisage entier, mais je n'en frémis point : 490
Contre qui que ce soit que mon pays m'emploie,
J'accepte aveuglément cette gloire avec joie ;
Celle de recevoir de tels commandements
Doit étouffer en nous tous autres sentiments.
Qui, près de le servir, considère autre chose,
A faire ce qu'il doit lâchement se dispose ;
Ce droit saint et sacré rompt tout autre lien.
Rome a choisi mon bras, je n'examine rien.
Avec une allégresse aussi pleine et sincère
Que j'épousai la sœur, je combattrai le frère : 500
Et pour trancher enfin ces discours superflus,
Albe vous a nommé, je ne vous connais plus.

  CURIACE.

Je vous connais encore et c'est ce qui me tue ;
Mais cette âpre vertu ne m'était pas connue ;
Comme notre malheur elle est au plus haut point :
Souffrez que je l'admire et ne l'imite point.

  HORACE.

Non, non, n'embrassez pas de vertu par contrainte ;
Et, puisque vous trouvez plus de charme à la plainte,
En toute liberté goûtez un bien si doux.
Voici venir ma sœur pour se plaindre avec vous. 510
Je vais revoir la vôtre, et résoudre son âme
A se bien souvenir qu'elle est toujours ma femme,
A vous aimer encor, si je meurs par vos mains,
Et prendre en son malheur des sentiments romains.

SCÈNE IV.

CAMILLE, HORACE, CURIACE.

HORACE.
Avez-vous su l'état qu'on fait de Curiace,
Ma sœur ?
　　CAMILLE. Hélas ! mon sort a bien changé de face.
　　HORACE.
Armez-vous de constance, et montrez-vous ma sœur ;
Et si par mon trépas il retourne vainqueur,
Ne le recevez point en meurtrier d'un frère,
Mais en homme d'honneur qui fait ce qu'il doit faire,
Qui sert bien son pays, et sait montrer à tous, 521
Par sa haute vertu, qu'il est digne de vous.
Comme si je vivais, achevez l'hyménée ;
Mais si ce fer aussi tranche sa destinée,
Faites à ma victoire un pareil traitement,
Ne me reprochez point la mort de votre amant.
Vos larmes vont couler, et votre cœur se presse :
Consumez avec lui toute cette faiblesse,
Querellez ciel et terre, et maudissez le sort ;
Mais après le combat ne pensez plus au mort. 530
　　　　　　(*A Curiace.*)
Je ne vous laisserai qu'un moment avec elle,
Puis nous irons ensemble où l'honneur nous appelle.

SCÈNE V.

CURIACE, CAMILLE.

CAMILLE.
Iras-tu, Curiace ? et ce funeste honneur
Te plaît-il aux dépens de tout notre bonheur ?

CURIACE.
Hélas! je vois trop bien qu'il faut, quoi que je fasse,
Mourir ou de douleur, ou de la main d'Horace.
Je vais comme au supplice à cet illustre emploi;
Je maudis mille fois l'état qu'on fait de moi :
Je hais cette valeur qui fait qu'Albe m'estime :
Ma flamme au désespoir passe jusques au crime, 540
Elle se prend au ciel, et l'ose quereller.
Je vous plains, je me plains; mais il y faut aller.
CAMILLE.
Non, je te connais mieux, tu veux que je te prie,
Et qu'ainsi mon pouvoir t'excuse à ta patrie.
Tu n'es que trop fameux par tes autres exploits:
Albe a reçu par eux tout ce que tu lui dois.
Autre n'a mieux que toi soutenu cette guerre;
Autre de plus de morts n'a couvert notre terre :
Ton nom ne peut plus croître, il ne lui manque rien;
Souffre qu'un autre aussi puisse ennoblir le sien. 550
CURIACE.
Que je souffre à mes yeux qu'on ceigne une autre
Des lauriers immortels que la gloire m'apprête, [tête
Ou que tout mon pays reproche à ma vertu
Qu'il aurait triomphé si j'avais combattu,
Et que sous mon amour ma valeur endormie
Couronne tant d'exploits d'une telle infamie!
Non, Albe, après l'honneur que j'ai reçu de toi,
Tu ne succomberas ni vaincras que par moi;
Tu m'as commis ton sort, je t'en rendrai bon compte,
Et vivrai sans reproche ou périrai sans honte. 560
CAMILLE.
Quoi! tu ne veux pas voir qu'ainsi tu me trahis!
CURIACE.
Avant que d'être à vous je suis à mon pays.
CAMILLE.
Mais te priver pour lui toi-même d'un beau-frère,
Ta sœur de son mari!

CURIACE. Telle est notre misère;
Le choix d'Albe et de Rome ôte toute douceur
Aux noms jadis si doux de beau-frère et de sœur.
    CAMILLE.
Tu pourras donc, cruel, me présenter sa tête,
Et demander ma main pour prix de ta conquête!
    CURIACE.
Il n'y faut plus penser; en l'état où je suis,
Vous aimer sans espoir, c'est tout ce que je puis.
Vous en pleurez, Camille!   571
           CAMILLE. Il faut bien que je pleure:
Mon insensible amant ordonne que je meure;
Et quand l'hymen pour nous allume son flambeau,
Il l'éteint de sa main pour m'ouvrir le tombeau.
Ce cœur impitoyable à ma perte s'obstine,
Et dit qu'il m'aime encore alors qu'il m'assassine.
    CURIACE.
Que les pleurs d'une amante ont de puissants discours!
Et qu'un bel œil est fort avec un tel secours!
Que mon cœur s'attendrit à cette triste vue!
Ma constance contre elle à regret s'évertue.   580
N'attaquez plus ma gloire avec tant de douleurs,
Et laissez-moi sauver ma vertu de vos pleurs;
Je sens qu'elle chancelle et défend mal la place:
Plus je suis votre amant, moins je suis Curiace.
Faible d'avoir déjà combattu l'amitié,
Vaincrait-elle à la fois l'amour et la pitié?
Allez, ne m'aimez plus, ne versez plus de larmes,
Ou j'oppose l'offense à de si fortes armes;
Je me défendrai mieux contre votre courroux,
Et, pour le mériter... je n'ai plus d'yeux pour vous. 590
Vengez-vous d'un ingrat, punissez un volage...
Vous ne vous montrez point sensible à cet outrage!
Je n'ai plus d'yeux pour vous, vous en avez pour moi!
En faut-il plus encor? je renonce à ma foi.
Rigoureuse vertu dont je suis la victime,

Ne peux-tu résister sans le secours d'un crime?
CAMILLE.
Ne fais point d'autre crime, et j'atteste les dieux
Qu'au lieu de t'en haïr, je t'en aimerai mieux;
Oui, je te chérirai, tout ingrat et perfide,
Et cesse d'aspirer au nom de fratricide. 600
Pourquoi suis-je Romaine, ou que n'es-tu Romain?
Je te préparerais des lauriers de ma main;
Je t'encouragerais, au lieu de te distraire,
Et je te traiterais comme j'ai fait mon frère.
Hélas! j'étais aveugle en mes vœux aujourd'hui,
J'en ai fait contre toi quand j'en ai fait pour lui.
Il revient; quel malheur, si l'amour de sa femme
Ne peut non plus sur lui que le mien sur ton âme!

SCÈNE VI.

HORACE, SABINE, CURIACE, CAMILLE.

CURIACE.
Dieux! Sabine le suit! Pour ébranler mon cœur,
Est-ce peu de Camille? y joignez-vous ma sœur? 610
Et, laissant à ses pleurs vaincre ce grand courage,
L'amenez-vous ici chercher même avantage?
SABINE.
Non, non, mon frère, non, je ne viens en ce lieu
Que pour vous embrasser et pour vous dire adieu.
Votre sang est trop bon, n'en craignez rien de lâche,
Rien dont la fermeté de ces grands cœurs se fâche:
Si ce malheur illustre ébranlait l'un de vous,
Je le désavoûrais pour frère ou pour époux.
Pourrai-je toutefois vous faire une prière
Digne d'un tel époux et digne d'un tel frère? 620
Je veux d'un coup si noble ôter l'impiété,
A l'honneur qui l'attend rendre sa pureté,
La mettre en son éclat sans mélange de crimes;

Enfin, je vous veux faire ennemis légitimes.
Du saint nœud qui vous joint je suis le seul lien :
Quand je ne serai plus, vous ne vous serez rien.
Brisez votre alliance, et rompez-en la chaîne ;
Et, puisque votre honneur veut des effets de haine,
Achetez par ma mort le droit de vous haïr :
Albe le veut, et Rome ; il faut leur obéir. 630
Qu'un de vous deux me tue, et que l'autre me venge :
Alors votre combat n'aura plus rien d'étrange,
Et du moins l'un des deux sera juste agresseur,
Ou pour venger sa femme ou pour venger sa sœur.
Mais, quoi ? vous souilleriez une gloire si belle,
Si vous vous animiez par quelque autre querelle :
Le zèle du pays vous défend de tels soins ;
Vous feriez peu pour lui si vous vous étiez moins :
Il lui faut, et sans haine, immoler un beau-frère.
Ne différez donc plus ce que vous devez faire ; 640
Commencez par sa sœur à répandre son sang,
Commencez par sa femme à lui percer le flanc,
Commencez par Sabine à faire de vos vies
Un digne sacrifice à vos chères patries :
Vous êtes ennemis en ce combat fameux,
Vous d'Albe, vous de Rome, et moi de toutes deux.
Quoi ! me réservez-vous à voir une victoire
Où, pour haut appareil d'une pompeuse gloire,
Je verrai les lauriers d'un frère ou d'un mari
Fumer encor d'un sang que j'aurai tant chéri ? 650
Pourrai-je entre vous deux régler alors mon âme,
Satisfaire aux devoirs et de sœur et de femme,
Embrasser le vainqueur en pleurant le vaincu ?
Non, non, avant ce coup Sabine aura vécu :
Ma mort le préviendra, de qui que je l'obtienne ;
Le refus de vos mains y condamne la mienne.
Sus donc, qui vous retient ? Allez, cœurs inhumains,
J'aurai trop de moyens pour y forcer vos mains ;
Vous ne les aurez point au combat occupées,

Que ce corps au milieu n'arrête vos épées, 660
Et, malgré vos refus, il faudra que leurs coups
Se fassent jour ici pour aller jusqu'à vous.
　　　HORACE.
O ma femme!
　　　　CURIACE. O ma sœur!
　　　　　　　CAMILLE. Courage! ils s'amollissent.
　　SABINE.
Vous poussez des soupirs! vos visages pâlissent!
Quelle peur vous saisit? Sont-ce là ces grands cœurs,
Ces héros qu'Albe et Rome ont pris pour défenseurs?
　　　HORACE.
Que t'ai-je fait, Sabine? et quelle est mon offense
Qui t'oblige à chercher une telle vengeance?
Que t'a fait mon honneur? et par quel droit viens-tu
Avec toute ta force attaquer ma vertu? 670
Du moins contente-toi de l'avoir étonnée,
Et me laisse achever cette grande journée.
Tu me viens de réduire en un étrange point :
Aime assez ton mari pour n'en triompher point;
Va-t'en, et ne rends plus la victoire douteuse;
La dispute déjà m'en est assez honteuse :
Souffre qu'avec honneur je termine mes jours.
　　SABINE.
Va, cesse de me craindre; on vient à ton secours.

SCÈNE VII.

LE VIEIL HORACE, HORACE, CURIACE, SABINE, CAMILLE.

　　LE VIEIL HORACE.
Qu'est-ce ci, mes enfants? écoutez-vous vos flammes?
Et perdez-vous encor le temps avec des femmes? 680
Prêts à verser du sang, regardez-vous des pleurs?
Fuyez, et laissez-les déplorer leurs malheurs.

Leurs plaintes ont pour vous trop d'art et de tendresse :
Elles vous feraient part enfin de leur faiblesse,
Et ce n'est qu'en fuyant qu'on pare de tels coups.
   SABINE.
N'appréhendez rien d'eux, ils sont dignes de vous.
Malgré tous nos efforts vous en devez attendre
Ce que vous souhaitez et d'un fils et d'un gendre ;
Et si notre faiblesse ébranlait leur honneur,
Nous vous laissons ici pour leur rendre du cœur. 690
Allons, ma sœur, allons, ne perdons plus de larmes;
Contre tant de vertus ce sont de faibles armes.
Ce n'est qu'au désespoir qu'il nous faut recourir :
Tigres, allez combattre, et nous, allons mourir.

SCÈNE VIII.

LE VIEIL HORACE, HORACE, CURIACE.

   HORACE.
Mon père, retenez des femmes qui s'emportent,
Et, de grâce, empêchez surtout qu'elles ne sortent :
Leur amour importun viendrait avec éclat
Par des cris et des pleurs troubler notre combat ;
Et ce qu'elles nous sont ferait qu'avec justice
On nous imputerait ce mauvais artifice : 700
L'honneur d'un si beau choix serait trop acheté,
Si l'on nous soupçonnait de quelque lâcheté.
   LE VIEIL HORACE.
J'en aurai soin. Allez : vos frères vous attendent;
Ne pensez qu'aux devoirs que vos pays demandent.
   CURIACE.
Quel adieu vous dirai-je? et par quels compliments...
   LE VIEIL HORACE.
Ah! n'attendrissez point ici mes sentiments :
Pour vous encourager ma voix manque de termes;

Mon cœur ne forme point de pensers assez fermes ;
Moi-même en cet adieu j'ai les larmes aux yeux.
Faites votre devoir, et laissez faire aux dieux. 710

ACTE TROISIÈME.

SCÈNE I.

SABINE, *seule*.

Prenons parti, mon âme, en de telles disgrâces ;
Soyons femme d'Horace ou sœur des Curiaces ;
Cessons de partager nos inutiles soins ;
Souhaitons quelque chose et craignons un peu moins.
Mais, las ! quel parti prendre en un sort si contraire ?
Quel ennemi choisir, d'un époux ou d'un frère ?
La nature ou l'amour parle pour chacun d'eux,
Et la loi du devoir m'attache à tous les deux.
Sur leurs hauts sentiments réglons plutôt les nôtres ;
Soyons femme de l'un ensemble et sœur des autres ; 720
Regardons leur honneur comme un souverain bien ;
Imitons leur constance, et ne craignons plus rien.
La mort qui les menace est une mort si belle,
Qu'il en faut sans frayeur attendre la nouvelle.
N'appelons point alors les destins inhumains ;
Songeons pour quelle cause, et non par quelles mains :
Revoyons les vainqueurs, sans penser qu'à la gloire
Que toute leur maison reçoit de leur victoire ;
Et, sans considérer aux dépens de quel sang
Leur vertu les élève en cet illustre rang, 730
Faisons nos intérêts de ceux de leur famille :
En l'une je suis femme, en l'autre je suis fille ;

Et tiens à toutes deux par de si forts liens,
Qu'on ne peut triompher que par les bras des miens.
Fortune, quelques maux que ta rigueur m'envoie,
J'ai trouvé les moyens d'en tirer de la joie,
Et puis voir aujourd'hui le combat sans terreur,
Les morts sans désespoir, les vainqueurs sans horreur.
Flatteuse illusion, erreur douce et grossière,
Vain effort de mon âme, impuissante lumière, 740
De qui le faux brillant prend droit de m'éblouir,
Que tu sais peu durer, et tôt t'évanouir!
Pareille à ces éclairs qui dans le fort des ombres
Poussent un jour qui fuit et rend les nuits plus sombres,
Tu n'as frappé mes yeux d'un moment de clarté
Que pour les abîmer dans plus d'obscurité.
Tu charmais trop ma peine, et le ciel, qui s'en fâche,
Me vend déjà bien cher ce moment de relâche.
Je sens mon triste cœur percé de tous les coups
Qui m'ôtent maintenant un frère ou mon époux. 750
Quand je songe à leur mort, quoi que je me propose,
Je songe par quel bras, et non pour quelle cause,
Et ne vois les vainqueurs en leur illustre rang,
Que pour considérer aux dépens de quel sang.
La maison des vaincus touche seule mon âme;
En l'une je suis fille, en l'autre je suis femme,
Et tiens à toutes deux par de si forts liens,
Qu'on ne peut triompher que par la mort des miens.
C'est donc là cette paix que j'ai tant souhaitée!
Trop favorables dieux, vous m'avez écoutée! 760
Quels foudres lancez-vous quand vous vous irritez,
Si même vos faveurs ont tant de cruautés?
Et de quelle façon punissez-vous l'offense,
Si vous traitez ainsi les vœux de l'innocence?

SCÈNE II.

SABINE, JULIE.

SABINE.

En est-ce fait, Julie? et que m'apportez-vous?
Est-ce la mort d'un frère, ou celle d'un époux?
Le funeste succès de leurs armes impies
De tous les combattants a-t-il fait des hosties?
Et, m'enviant l'horreur que j'aurais des vainqueurs,
Pour tous tant qu'ils étaient demande-t-il mes pleurs?
JULIE.
Quoi! ce qui s'est passé, vous l'ignorez encore? 771
SABINE.
Vous faut-il étonner de ce que je l'ignore?
Et ne savez-vous point que de cette maison
Pour Camille et pour moi l'on fait une prison?
Julie, on nous renferme, on a peur de nos larmes;
Sans cela nous serions au milieu de leurs armes,
Et, par les désespoirs d'une chaste amitié,
Nous aurions des deux camps tiré quelque pitié.
JULIE.
Il n'était pas besoin d'un si tendre spectacle;
Leur vue à leur combat apporte assez d'obstacle. 780
Sitôt qu'ils ont paru prêts à se mesurer,
On a dans les deux camps entendu murmurer:
A voir de tels amis, des personnes si proches,
Venir pour leur patrie aux mortelles approches,
L'un s'émeut de pitié, l'autre est saisi d'horreur;
L'autre d'un si grand zèle admire la fureur;
Tel porte jusqu'aux cieux leur vertu sans égale,
Et tel l'ose nommer sacrilége et brutale.
Ces divers sentiments n'ont pourtant qu'une voix:
Tous accusent leurs chefs, tous détestent leurs choix;
Et, ne pouvant souffrir un combat si barbare, 791

On s'écrie, on s'avance, enfin on les sépare.
    SABINE.
Que je vous dois d'encens, grands dieux, qui m'exau-
    JULIE. [cez!
Vous n'êtes pas, Sabine, encore où vous pensez :
Vous pouvez espérer, vous avez moins à craindre :
Mais il vous reste encore assez de quoi vous plaindre.
En vain d'un sort si triste on les veut garantir ;
Ces cruels généreux n'y peuvent consentir :
La gloire de ce choix leur est si précieuse,
Et charme tellement leur âme ambitieuse,   800
Qu'alors qu'on les déplore ils s'estiment heureux,
Et prennent pour affront la pitié qu'on a d'eux.
Le trouble des deux camps souille leur renommée ;
Ils combattront plutôt et l'une et l'autre armée,
Et mourront par les mains qui leur font d'autres lois,
Que pas un d'eux renonce aux honneurs d'un tel choix.
    SABINE.
Quoi! dans leur dureté ces cœurs d'acier s'obstinent?
    JULIE.
Oui ; mais d'autre côté les deux camps se mutinent,
Et leurs cris des deux parts poussés en même temps
Demandent la bataille, ou d'autres combattants. 810
La présence des chefs à peine est respectée,
Leur pouvoir est douteux, leur voix mal écoutée ;
Le roi même s'étonne ; et, pour dernier effort,
« Puisque chacun, dit-il, s'échauffe en ce discord,
« Consultons des grands dieux la majesté sacrée,
« Et voyons si ce change à leurs bontés agrée.
« Quel impie osera se prendre à leur vouloir,
« Lorsqu'en un sacrifice ils nous l'auront fait voir? »
Il se tait, et ces mots semblent être des charmes :
Même aux six combattants ils arrachent les armes ;
Et ce désir d'honneur qui leur ferme les yeux,   821
Tout aveugle qu'il est, respecte encor les dieux.
Leur plus bouillante ardeur cède à l'avis de Tulle ;

Et, soit par déférence, ou par un prompt scrupule,
Dans l'une et l'autre armée on s'en fait une loi,
Comme si toutes deux le connaissaient pour roi.
Le reste s'apprendra par la mort des victimes.

SABINE.

Les dieux n'avoûront point un combat plein de cri-
J'en espère beaucoup, puisqu'il est différé ; [mes:
Et je commence à voir ce que j'ai désiré.   830

SCÈNE III.

CAMILLE, SABINE, JULIE.

SABINE.

Ma sœur, que je vous die une bonne nouvelle.

CAMILLE.

Je pense la savoir, s'il faut la nommer telle :
On l'a dite à mon père, et j'étais avec lui ;
Mais je n'en conçois rien qui flatte mon ennui.
Ce délai de nos maux rendra leurs coups plus rudes;
Ce n'est qu'un plus long terme à nos inquiétudes ;
Et tout l'allégement qu'il en faut espérer,
C'est de pleurer plus tard ceux qu'il faudra pleurer.

SABINE.

Les dieux n'ont pas en vain inspiré ce tumulte.

CAMILLE.

Disons plutôt, ma sœur, qu'en vain on les consulte.
Ces mêmes dieux à Tulle ont inspiré ce choix ;   841
Et la voix du public n'est pas toujours leur voix:
Ils descendent bien moins dans de si bas étages,
Que dans l'âme des rois, leurs vivantes images,
De qui l'indépendante et sainte autorité
Est un rayon secret de leur divinité.

JULIE.

C'est vouloir sans raison vous former des obstacles,
Que de chercher leur voix ailleurs qu'en leurs oracles;

Et vous ne vous pouvez figurer tout perdu
Sans démentir celui qui vous fut hier rendu. 850

CAMILLE.

Un oracle jamais ne se laisse comprendre :
On l'entend d'autant moins, que plus on croit l'enten-
Et, loin de s'assurer sur un pareil arrêt, [dre;
Qui n'y voit rien d'obscur doit croire que tout l'est.

SABINE.

Sur ce qu'il fait pour nous prenons plus d'assurance,
Et souffrons les douceurs d'une juste espérance.
Quand la faveur du ciel ouvre à demi ses bras,
Qui ne s'en promet rien ne la mérite pas :
Il empêche souvent qu'elle ne se déploie ;
Et lorsqu'elle descend, son refus la renvoie. 860

CAMILLE.

Le ciel agit sans nous en ces événements,
Et ne les règle point dessus nos sentiments.

JULIE.

Il ne vous a fait peur que pour vous faire grâce.
Adieu : je vais savoir comme enfin tout se passe.
Modérez vos frayeurs : j'espère à mon retour
Ne vous entretenir que de propos d'amour,
Et que nous n'emploîrons la fin de la journée
Qu'aux doux préparatifs d'un heureux hyménée.

SABINE.

J'ose encor l'espérer.

   CAMILLE. Moi, je n'espère rien.

JULIE.

L'effet vous fera voir que nous en jugeons bien. 870

SCÈNE IV.

SABINE, CAMILLE.

SABINE.
Parmi nos déplaisirs souffrez que je vous blâme :
Je ne puis approuver tant de trouble en votre âme;
Que feriez-vous, ma sœur, au point où je me vois,
Si vous aviez à craindre autant que je le dois,
Et si vous attendiez de leurs armes fatales
Des maux pareils aux miens, et des pertes égales?
CAMILLE.
Parlez plus sainement de vos maux et des miens :
Chacun voit ceux d'autrui d'un autre œil que les siens;
Mais, à bien regarder ceux où le ciel me plonge, 879
Les vôtres auprès d'eux vous sembleront un songe.
La seule mort d'Horace est à craindre pour vous.
Des frères ne sont rien à l'égal d'un époux :
L'hymen qui nous attache en une autre famille
Nous détache de celle où l'on a vécu fille :
On voit d'un œil divers des nœuds si différents,
Et pour suivre un mari l'on quitte ses parents.
Mais, si près d'un hymen, l'amant que donne un père
Nous est moins qu'un époux, et non pas moins qu'un
Nos sentiments entre eux demeurent suspendus,[frère
Notre choix impossible, et nos vœux confondus. 890
Ainsi, ma sœur, du moins vous avez dans vos plaintes
Où porter vos souhaits et terminer vos craintes ;
Mais si le ciel s'obstine à nous persécuter,
Pour moi, j'ai tout à craindre et rien à souhaiter.
SABINE.
Quand il faut que l'un meure et par les mains de l'au-
C'est un raisonnement bien mauvais que le vôtre.[tre,
Quoique ce soient, ma sœur, des nœuds bien diffé-
C'est sans les oublier qu'on quitte ses parents :[rents,

L'hymen n'efface point ces profonds caractères ;
Pour aimer un mari l'on ne hait pas ses frères ;   900
La nature en tout temps garde ses premiers droits ;
Aux dépens de leur vie on ne fait point de choix :
Aussi bien qu'un époux ils sont d'autres nous-mêmes ;
Et tous maux sont pareils alors qu'ils sont extrêmes.
Mais l'amant qui vous charme et pour qui vous brûlez
Ne vous est, après tout, que ce que vous voulez ;
Une mauvaise humeur, un peu de jalousie,
En fait assez souvent passer la fantaisie.
Ce que peut le caprice, osez-le par raison,
Et laissez votre sang hors de comparaison :   910
C'est crime qu'opposer des liens volontaires
A ceux que la naissance a rendus nécessaires.
Si donc le ciel s'obstine à nous persécuter,
Seule j'ai tout à craindre et rien à souhaiter ;
Mais pour vous, le devoir vous donne, dans vos plain-
Où porter vos souhaits et terminer vos craintes. [tes,

CAMILLE.

Je le vois bien, ma sœur, vous n'aimâtes jamais ;
Et vous ne connaissez ni l'amour ni ses traits :
On peut lui résister quand il commence à naître,
Mais non pas le bannir quand il s'est rendu maître,
Et que l'aveu d'un père, engageant notre foi,   921
A fait de ce tyran un légitime roi :
Il entre avec douceur, mais il règne par force ;
Et quand l'âme une fois a goûté son amorce,
Vouloir ne plus aimer, c'est ce qu'elle ne peut,
Puisqu'elle ne peut plus vouloir que ce qu'il veut :
Ses chaînes sont pour nous aussi fortes que belles.

SCÈNE V.

LE VIEIL HORACE, SABINE, CAMILLE.

LE VIEIL HORACE.

Je viens vous apporter de fâcheuses nouvelles,
Mes filles ; mais en vain je voudrais vous celer
Ce qu'on ne vous saurait longtemps dissimuler :
Vos frères sont aux mains, les dieux ainsi l'ordon-
[nent.
SABINE.

Je veux bien l'avouer, ces nouvelles m'étonnent ;
Et je m'imaginais dans la Divinité
Beaucoup moins d'injustice et bien plus de bonté.
Ne nous consolez point : contre tant d'infortune
La pitié parle en vain, la raison importune.
Nous avons en nos mains la fin de nos douleurs,
Et qui veut bien mourir peut braver les malheurs.
Nous pourrions aisément faire en votre présence
De notre désespoir une fausse constance ;
Mais quand on peut sans honte être sans fermeté,
L'affecter au dehors, c'est une lâcheté ;
L'usage d'un tel art, nous le laissons aux hommes,
Et ne voulons passer que pour ce que nous sommes.
Nous ne demandons point qu'un courage si fort
S'abaisse à notre exemple à se plaindre du sort.
Recevez sans frémir ces mortelles alarmes ;
Voyez couler nos pleurs sans y mêler vos larmes :
Enfin, pour toute grâce, en de tels déplaisirs,
Gardez votre constance et souffrez nos soupirs.

LE VIEIL HORACE.

Loin de blâmer les pleurs que je vous vois répandre,
Je crois faire beaucoup de m'en pouvoir défendre,
Et céderais peut-être à de si rudes coups,

Si je prenais ici même intérêt que vous :
Bien qu'Albe par son choix m'ait fait haïr vos frères,
Tous trois me sont encor des personnes bien chères ;
Mais enfin l'amitié n'est pas de même rang,
Et n'a point les effets de l'amour ni du sang ;
Je ne sens point pour eux la douleur qui tourmente
Sabine comme sœur, Camille comme amante : 960
Je puis les regarder comme nos ennemis,
Et donne sans regret mes souhaits à mes fils.
Ils sont, grâces aux dieux, dignes de leur patrie ;
Aucun étonnement n'a leur gloire flétrie ;
Et j'ai vu leur honneur croître de la moitié
Quand ils ont des deux camps refusé la pitié.
Si par quelque faiblesse ils l'avaient mendiée,
Si leur haute vertu ne l'eût répudiée,
Ma main bientôt sur eux m'eût vengé hautement
De l'affront que m'eût fait ce mol consentement. 970
Mais lorsqu'en dépit d'eux on en a voulu d'autres,
Je ne le cèle point, j'ai joint mes vœux aux vôtres.
Si le ciel pitoyable eût écouté ma voix,
Albe serait réduite à faire un autre choix ;
Nous pourrions voir tantôt triompher les Horaces
Sans voir leurs bras souillés du sang des Curiaces,
Et de l'événement d'un combat plus humain
Dépendrait maintenant l'honneur du nom romain :
La prudence des dieux autrement en dispose ;
Sur leur ordre éternel mon esprit se repose : 980
Il s'arme en ce besoin de générosité,
Et du bonheur public fait sa félicité.
Tâchez d'en faire autant pour soulager vos peines,
Et songez toutes deux que vous êtes Romaines :
Vous l'êtes devenue, et vous l'êtes encor ;
Un si glorieux titre est un digne trésor.
Un jour, un jour viendra que par toute la terre
Rome se fera craindre à l'égal du tonnerre,
Et que, tout l'univers tremblant dessous ses lois,

Ce grand nom deviendra l'ambition des rois : 990
Les dieux à notre Énée ont promis cette gloire.

SCÈNE VI.

LE VIEIL HORACE, SABINE, CAMILLE, JULIE.

LE VIEIL HORACE.
Nous venez-vous, Julie, apprendre la victoire?
JULIE.
Mais plutôt du combat les funestes effets.
Rome est sujette d'Albe, et vos fils sont défaits;
Des trois les deux sont morts, son époux seul vous reste.
LE VIEIL HORACE.
O d'un triste combat effet vraiment funeste!
Rome est sujette d'Albe, et pour l'en garantir
Il n'a pas employé jusqu'au dernier soupir!
Non, non, cela n'est point, on vous trompe, Julie;
Rome n'est point sujette, ou mon fils est sans vie: 1000
Je connais mieux mon sang, il sait mieux son devoir.
JULIE.
Mille, de nos remparts, comme moi l'ont pu voir.
Il s'est fait admirer tant qu'ont duré ses frères;
Mais, comme il s'est vu seul contre trois adversaires,
Près d'être enfermé d'eux, sa fuite l'a sauvé.
LE VIEIL HORACE.
Et nos soldats trahis ne l'ont point achevé!
Dans leurs rangs à ce lâche ils ont donné retraite!
JULIE.
Je n'ai rien voulu voir après cette défaite.
CAMILLE.
O mes frères!
LE VIEIL HORACE. Tout beau, ne les pleurez pas tous;
Deux jouissent d'un sort dont leur père est jaloux. 1010
Que des plus nobles fleurs leur tombe soit couverte;

La gloire de leur mort m'a payé de leur perte :
Ce bonheur a suivi leur courage invaincu,
Qu'ils ont vu Rome libre autant qu'ils ont vécu,
Et ne l'auront point vue obéir qu'à son prince,
Ni d'un État voisin devenir la province.
Pleurez l'autre, pleurez l'irréparable affront
Que sa fuite honteuse imprime à notre front ;
Pleurez le déshonneur de toute notre race,
Et l'opprobre éternel qu'il laisse au nom d'Horace. 1020

JULIE.
Que vouliez-vous qu'il fît contre trois ?
　　　　　　　　　　　　LE VIEIL HORACE. Qu'il mourût,
Ou qu'un beau désespoir alors le secourût.
N'eût-il que d'un moment reculé sa défaite,
Rome eût été du moins un peu plus tard sujette ;
Il eût avec honneur laissé mes cheveux gris,
Et c'était de sa vie un assez digne prix.
Il est de tout son sang comptable à sa patrie ;
Chaque goutte épargnée a sa gloire flétrie ;
Chaque instant de sa vie, après ce lâche tour,
Met d'autant plus ma honte avec la sienne au jour. 1030
J'en romprai bien le cours, et ma juste colère,
Contre un indigne fils usant des droits d'un père,
Saura bien faire voir, dans sa punition,
L'éclatant désaveu d'une telle action.

SABINE.
Écoutez un peu moins ces ardeurs généreuses,
Et ne nous rendez point tout à fait malheureuses.

LE VIEIL HORACE.
Sabine, votre cœur se console aisément ;
Nos malheurs jusqu'ici vous touchent faiblement.
Vous n'avez point encor de part à nos misères ;
Le ciel vous a sauvé votre époux et vos frères : 1040
Si nous sommes sujets, c'est de votre pays :
Vos frères sont vainqueurs quand nous sommes trahis ;
Et voyant le haut point où leur gloire se monte,

Vous regardez fort peu ce qui nous vient de honte.
Mais votre trop d'amour pour cet infâme époux
Vous donnera bientôt à plaindre comme à nous :
Vos pleurs en sa faveur sont de faibles défenses;
J'atteste des grands dieux les suprêmes puissances,
Qu'avant ce jour fini, ces mains, ces propres mains
Laveront dans son sang la honte des Romains. 1050
Le vieil Horace sort.

SABINE.

Suivons-le promptement, la colère l'emporte.
Dieux! verrons-nous toujours des malheurs de la sorte?
Nous faudra-t-il toujours en craindre de plus grands,
Et toujours redouter la main de nos parents?

ACTE QUATRIÈME.

SCÈNE I.

LE VIEIL HORACE, CAMILLE.

LE VIEIL HORACE.

Ne me parlez jamais en faveur d'un infâme;
Qu'il me fuie à l'égal des frères de sa femme :
Pour conserver un sang qu'il tient si précieux,
Il n'a rien fait encor, s'il n'évite mes yeux.
Sabine y peut mettre ordre, ou derechef j'atteste
Le souverain pouvoir de la troupe céleste... 1060

CAMILLE.

Ah! mon père, prenez un plus doux sentiment :
Vous verrez Rome même en user autrement;
Et, de quelque malheur que le ciel l'ait comblée,
Excuser la vertu sous le nombre accablée.

LE VIEIL HORACE.
Le jugement de Rome est peu pour mon regard,
Camille; je suis père, et j'ai mes droits à part.
Je sais trop comme agit la vertu véritable :
C'est sans en triompher que le nombre l'accable;
Et sa mâle vigueur, toujours en même point,
Succombe sous la force, et ne lui cède point. 1070
Taisez-vous, et sachons ce que nous veut Valère.

SCÈNE II.

LE VIEIL HORACE, VALÈRE, CAMILLE.

VALÈRE.
Envoyé par le roi pour consoler un père,
Et pour lui témoigner...
    LE VIEIL HORACE. N'en prenez aucun soin :
C'est un soulagement dont je n'ai pas besoin;
Et j'aime mieux voir morts que couverts d'infamie
Ceux que vient de m'ôter une main ennemie.
Tous deux pour leur pays sont morts en gens d'hon-
Il me suffit.   [neur;
    VALÈRE. Mais l'autre est un rare bonheur;
De tous les trois chez vous il doit tenir la place.
    LE VIEIL HORACE.
Que n'a-t-on vu périr en lui le nom d'Horace! 1080
    VALÈRE.
Seul vous le maltraitez après ce qu'il a fait.
    LE VIEIL HORACE.
C'est à moi seul aussi de punir son forfait.
    VALÈRE.
Quel forfait trouvez-vous en sa bonne conduite?
    LE VIEIL HORACE.
Quel éclat de vertu trouvez-vous en sa fuite?

VALÈRE.

La fuite est glorieuse en cette occasion.

LE VIEIL HORACE.

Vous redoublez ma honte et ma confusion.
Certes, l'exemple est rare et digne de mémoire
De trouver dans la fuite un chemin à la gloire.

VALÈRE.

Quelle confusion, et quelle honte à vous
D'avoir produit un fils qui nous conserve tous, 1090
Qui fait triompher Rome, et lui gagne un empire!
A quels plus grands honneurs faut-il qu'un père aspire?

LE VIEIL HORACE.

Quels honneurs, quel triomphe, et quel empire enfin,
Lorsqu'Albe sous ses lois range notre destin?

VALÈRE.

Que parlez-vous ici d'Albe et de sa victoire?
Ignorez-vous encor la moitié de l'histoire?

LE VIEIL HORACE.

Je sais que par sa fuite il a trahi l'État.

VALÈRE.

Oui, s'il eût en fuyant terminé le combat;
Mais on a bientôt vu qu'il ne fuyait qu'en homme
Qui savait ménager l'avantage de Rome. 1100

LE VIEIL HORACE.

Quoi, Rome donc triomphe!

VALÈRE. Apprenez, apprenez
La valeur de ce fils qu'à tort vous condamnez.
 Resté seul contre trois, mais en cette aventure
Tous trois étant blessés, et lui seul sans blessure,
Trop faible pour eux tous, trop fort pour chacun
Il sait bien se tirer d'un pas si hasardeux; [d'eux,
Il fuit pour mieux combattre, et cette prompte ruse
Divise adroitement trois frères qu'elle abuse.
Chacun le suit d'un pas ou plus ou moins pressé,

Selon qu'il se rencontre ou plus ou moins blessé : 1111
Leur ardeur est égale à poursuivre sa fuite ;
Mais leurs coups inégaux séparent leur poursuite.
Horace, les voyant l'un de l'autre écartés,
Se retourne, et déjà les croit demi domptés :
Il attend le premier, et c'était votre gendre.
L'autre, tout indigné qu'il ait osé l'attendre,
En vain en l'attaquant fait paraître un grand cœur ;
Le sang qu'il a perdu ralentit sa vigueur.
Albe à son tour commence à craindre un sort contraire ;
Elle crie au second qu'il secoure son frère :   1120
Il se hâte et s'épuise en efforts superflus ;
Il trouve en les joignant que son frère n'est plus.

CAMILLE.

Hélas!

VALÈRE. Tout hors d'haleine il prend pourtant sa place,
Et redouble bientôt la victoire d'Horace :
Son courage sans force est un débile appui ;
Voulant venger son frère, il tombe auprès de lui.
L'air résonne des cris qu'au ciel chacun envoie ;
Albe en jette d'angoisse, et les Romains de joie.
Comme notre héros se voit près d'achever,
C'est peu pour lui de vaincre, il veut encor braver : 1130
« J'en viens d'immoler deux aux mânes de mes frères,
« Rome aura le dernier de mes trois adversaires,
« C'est à ses intérêts que je vais l'immoler, »
Dit-il ; et tout d'un temps on le voit y voler.
La victoire entre eux deux n'était pas incertaine ;
L'Albain percé de coups ne se traînait qu'à peine,
Et, comme une victime aux marches de l'autel,
Il semblait présenter sa gorge au coup mortel :
Aussi le reçoit-il, peu s'en faut, sans défense,
Et son trépas de Rome établit la puissance.   1140

LE VIEIL HORACE.

O mon fils ! ô ma joie ! ô l'honneur de nos jours !

O d'un État penchant l'inespéré secours !
Vertu digne de Rome, et sang digne d'Horace !
Appui de ton pays, et gloire de ta race !
Quand pourrai-je étouffer dans tes embrassements
L'erreur dont j'ai formé de si faux sentiments ?
Quand pourra mon amour baigner avec tendresse
Ton front victorieux de larmes d'allégresse ?

VALÈRE.

Vos caresses bientôt pourront se déployer ;
Le roi, dans un moment, vous le va renvoyer, 1150
Et remet à demain la pompe qu'il prépare
D'un sacrifice aux dieux pour un bonheur si rare :
Aujourd'hui seulement on s'acquitte vers eux
Par des chants de victoire et par de simples vœux.
C'est où le roi le mène, et tandis il m'envoie
Faire office vers vous de douleur et de joie ;
Mais cet office encor n'est pas assez pour lui :
Il y viendra lui-même, et peut-être aujourd'hui.
Il croit mal reconnaître une vertu si pure,
Si de sa propre bouche il ne vous en assure, 1160
S'il ne vous dit chez vous combien vous doit l'État.

LE VIEIL HORACE.

De tels remercîments ont pour moi trop d'éclat,
Et je me tiens déjà trop payé par les vôtres
Du service d'un fils et du sang des deux autres.

VALÈRE.

Le roi ne sait que c'est d'honorer à demi ;
Et son sceptre arraché des mains de l'ennemi
Fait qu'il tient cet honneur qu'il lui plaît de vous faire
Au-dessous du mérite et du fils et du père.
Je vais lui témoigner quels nobles sentiments
La vertu vous inspire en tous vos mouvements, 1170
Et combien vous montrez d'ardeur pour son service.

LE VIEIL HORACE.

Je vous devrai beaucoup pour un si bon office.

SCÈNE III.

LE VIEIL HORACE, CAMILLE.

LE VIEIL HORACE.

Ma fille, il n'est plus temps de répandre des pleurs ;
Il sied mal d'en verser où l'on voit tant d'honneurs :
On pleure injustement des pertes domestiques,
Quand on en voit sortir des victoires publiques.
Rome triomphe d'Albe, et c'est assez pour nous ;
Tous nos maux à ce prix doivent nous être doux.
En la mort d'un amant vous ne perdez qu'un homme
Dont la perte est aisée à réparer dans Rome ; 1180
Après cette victoire, il n'est point de Romain
Qui ne soit glorieux de vous donner la main.
Il me faut à Sabine en porter la nouvelle ;
Ce coup sera sans doute assez rude pour elle,
Et ses trois frères morts par la main d'un époux
Lui donneront des pleurs bien plus justes qu'à vous ;
Mais j'espère aisément en dissiper l'orage,
Et qu'un peu de prudence, aidant son grand courage,
Fera bientôt régner sur un si noble cœur
Le généreux amour qu'elle doit au vainqueur. 1190
Cependant étouffez cette lâche tristesse ;
Recevez-le, s'il vient, avec moins de faiblesse ;
Faites-vous voir sa sœur, et qu'en un même flanc
Le ciel vous a tous deux formés d'un même sang.

SCÈNE IV.

CAMILLE, *seule.*

Oui, je lui ferai voir, par d'infaillibles marques,
Qu'un véritable amour brave la main des Parques,
Et ne prend point de lois de ces cruels tyrans
Qu'un astre injurieux nous donne pour parents.
Tu blâmes ma douleur, tu l'oses nommer lâche;
Je l'aime d'autant plus que plus elle te fâche, 1200
Impitoyable père, et par un juste effort
Je la veux rendre égale aux rigueurs de mon sort.
En vit-on jamais un dont les rudes traverses
Prissent en moins de rien tant de faces diverses,
Qui fût doux tant de fois, et tant de fois cruel,
Et portât tant de coups avant le coup mortel?
Vit-on jamais une âme en un jour plus atteinte
De joie et de douleur, d'espérance et de crainte,
Asservie en esclave à plus d'événements,
Et le piteux jouet de plus de changements? 1210
Un oracle m'assure, un songe me travaille;
La paix calme l'effroi que me fait la bataille;
Mon hymen se prépare, et presqu'en un moment
Pour combattre mon frère on choisit mon amant;
Ce choix me désespère, et tous le désavouent,
La partie est rompue, et les dieux la renouent;
Rome semble vaincue, et seul des trois Albains
Curiace en mon sang n'a point trempé ses mains.
O dieux! sentais-je alors des douleurs trop légères
Pour le malheur de Rome et la mort de deux frères?
Et me flattais-je trop quand je croyais pouvoir 1221
L'aimer encor sans crime et nourrir quelque espoir?
Sa mort m'en punit bien, et la façon cruelle
Dont mon âme éperdue en reçoit la nouvelle;

Son rival me l'apprend, et, faisant à mes yeux
D'un si triste succès le récit odieux,
Il porte sur le front une allégresse ouverte,
Que le bonheur public fait bien moins que ma perte,
Et, bâtissant en l'air sur le malheur d'autrui,
Aussi bien que mon frère il triomphe de lui. 1230
Mais ce n'est rien encore au prix de ce qui reste :
On demande ma joie en un jour si funeste ;
Il me faut applaudir aux exploits du vainqueur,
Et baiser une main qui me perce le cœur.
En un sujet de pleurs si grand, si légitime,
Se plaindre est une honte, et soupirer un crime ;
Leur brutale vertu veut qu'on s'estime heureux,
Et si l'on n'est barbare on n'est point généreux.
Dégénérons, mon cœur, d'un si vertueux père ;
Soyons indigne sœur d'un si généreux frère : 1240
C'est gloire de passer pour un cœur abattu,
Quand la brutalité fait la haute vertu.
Éclatez, mes douleurs : à quoi bon vous contraindre ?
Quand on a tout perdu, que saurait-on plus craindre ?
Pour ce cruel vainqueur n'ayez point de respect ;
Loin d'éviter ses yeux, croissez à son aspect ;
Offensez sa victoire, irritez sa colère,
Et prenez, s'il se peut, plaisir à lui déplaire.
Il vient, préparons-nous à montrer constamment
Ce que doit une amante à la mort d'un amant. 1250

SCÈNE V.

HORACE, CAMILLE, PROCULE.

(Procule porte en sa main les trois épées des Curiaces.)

HORACE.
Ma sœur, voici le bras qui venge nos deux frères,
Le bras qui rompt le cours de nos destins contraires,
Qui nous rend maîtres d'Albe ; enfin, voici le bras
Qui seul fait aujourd'hui le sort de deux États ;
Vois ces marques d'honneur, ces témoins de ma gloire,
Et rends ce que tu dois à l'heur de ma victoire.

CAMILLE.
Recevez donc mes pleurs, c'est ce que je lui dois.

HORACE.
Rome n'en veut point voir après de tels exploits,
Et nos deux frères morts dans le malheur des armes
Sont trop payés de sang pour exiger des larmes : 1260
Quand la perte est vengée, on n'a plus rien perdu.

CAMILLE.
Puisqu'ils sont satisfaits par le sang épandu,
Je cesserai pour eux de paraître affligée,
Et j'oublirai leur mort que vous avez vengée ;
Mais qui me vengera de celle d'un amant
Pour me faire oublier sa perte en un moment ?

HORACE.
Que dis-tu, malheureuse ?

      CAMILLE. O mon cher Curiace !

HORACE.
O d'une indigne sœur insupportable audace !
D'un ennemi public dont je reviens vainqueur

Le nom est dans ta bouche et l'amour dans ton cœur !
Ton ardeur criminelle à la vengeance aspire ! 1271
Ta bouche la demande, et ton cœur la respire !
Suis moins ta passion, règle mieux tes désirs,
Ne me fais plus rougir d'entendre tes soupirs.
Tes flammes désormais doivent être étouffées ;
Bannis-les de ton âme, et songe à mes trophées :
Qu'ils soient dorénavant ton unique entretien.

CAMILLE.

Donne-moi donc, barbare, un cœur comme le tien ;
Et, si tu veux enfin que je t'ouvre mon âme,
Rends-moi mon Curiace, ou laisse agir ma flamme :
Ma joie et mes douleurs dépendaient de son sort ; 1281
Je l'adorais vivant, et je le pleure mort.
 Ne cherche plus ta sœur où tu l'avais laissée ;
Tu ne revois en moi qu'une amante offensée,
Qui, comme une furie attachée à tes pas,
Te veut incessamment reprocher son trépas.
Tigre altéré de sang, qui me défends les larmes,
Qui veux que dans sa mort je trouve encor des charmes,
Et que, jusques au ciel élevant tes exploits,
Moi-même je le tue une seconde fois ! 1290
Puissent tant de malheurs accompagner ta vie,
Que tu tombes au point de me porter envie !
Et toi bientôt souiller par quelque lâcheté
Cette gloire si chère à ta brutalité !

HORACE.

O ciel ! qui vit jamais une pareille rage !
Crois-tu donc que je sois insensible à l'outrage,
Que je souffre en mon sang ce mortel déshonneur ?
Aime, aime cette mort qui fait notre bonheur,
Et préfère du moins au souvenir d'un homme
Ce que doit ta naissance aux intérêts de Rome. 1300

CAMILLE.

Rome, l'unique objet de mon ressentiment !

Rome, à qui vient ton bras d'immoler mon amant!
Rome qui t'a vu naître, et que ton cœur adore!
Rome enfin que je hais parce qu'elle t'honore!
Puissent tous ses voisins ensemble conjurés
Saper ses fondements encor mal assurés!
Et, si ce n'est assez de toute l'Italie,
Que l'Orient contre elle à l'Occident s'allie;
Que cent peuples unis des bouts de l'univers
Passent pour la détruire et les monts et les mers! 1310
Qu'elle-même sur soi renverse ses murailles,
Et de ses propres mains déchire ses entrailles!
Que le courroux du ciel allumé par mes vœux
Fasse pleuvoir sur elle un déluge de feux!
Puissé-je de mes yeux y voir tomber ce foudre,
Voir ses maisons en cendre et tes lauriers en poudre,
Voir le dernier Romain à son dernier soupir,
Moi seule en être cause, et mourir de plaisir!

HORACE, *mettant l'épée à la main et poursuivant sa sœur qui s'enfuit.*

C'est trop, ma patience à la raison fait place;
Va dedans les enfers plaindre ton Curiace. 1320

    CAMILLE, *blessée, derrière le théâtre.*

Ah, traître!
HORACE, *revenant sur le théâtre.*
           Ainsi reçoive un châtiment soudain
Quiconque ose pleurer un ennemi romain!

SCÈNE VI.

HORACE, PROCULE.

PROCULE.
Que venez-vous de faire?
HORACE. Un acte de justice;
Un semblable forfait veut un pareil supplice.
PROCULE.
Vous deviez la traiter avec moins de rigueur.
HORACE.
Ne me dis point qu'elle est et mon sang et ma sœur.
Mon père ne peut plus l'avouer pour sa fille :
Qui maudit son pays renonce à sa famille;
Des noms si pleins d'amour ne lui sont plus permis;
De ses plus chers parents il fait ses ennemis; 1330
Le sang même les arme en haine de son crime.
La plus prompte vengeance en est plus légitime;
Et ce souhait impie, encore qu'impuissant,
Est un monstre qu'il faut étouffer en naissant.

SCÈNE VII.

SABINE, HORACE, PROCULE.

SABINE.
A quoi s'arrête ici ton illustre colère?
Viens voir mourir ta sœur dans les bras de ton père;
Viens repaître tes yeux d'un spectacle si doux;
Ou, si tu n'es point las de ces généreux coups,
Immole au cher pays des vertueux Horaces

Ce reste malheureux du sang des Curiaces. 1340
Si prodigue du tien, n'épargne point le leur;
Joins Sabine à Camille et ta femme à ta sœur;
Nos crimes sont pareils, ainsi que nos misères,
Je soupire comme elle et déplore mes frères :
Plus coupable en ce point contre tes dures lois,
Qu'elle n'en pleurait qu'un et que j'en pleure trois,
Qu'après son châtiment ma faute continue.

HORACE.

Sèche tes pleurs, Sabine, ou les cache à ma vue;
Rends-toi digne du nom de ma chaste moitié,
Et ne m'accable point d'une indigne pitié. 1350
Si l'absolu pouvoir d'une pudique flamme
Ne nous laisse à tous deux qu'un penser et qu'une âme,
C'est à toi d'élever tes sentiments aux miens,
Non à moi de descendre à la honte des tiens.
Je t'aime, et je connais la douleur qui te presse;
Embrasse ma vertu pour vaincre ta faiblesse,
Participe à ma gloire au lieu de la souiller,
Tâche à t'en revêtir, non à m'en dépouiller.
Es-tu de mon honneur si mortelle ennemie,
Que je te plaise mieux couvert d'une infamie? 1360
Sois plus femme que sœur, et, te réglant sur moi,
Fais-toi de mon exemple une immuable loi.

SABINE.

Cherche pour t'imiter des âmes plus parfaites.
Je ne t'impute point les pertes que j'ai faites,
J'en ai les sentiments que je dois en avoir,
Et je m'en prends au sort plutôt qu'à ton devoir;
Mais enfin je renonce à la vertu romaine,
Si, pour la posséder, je dois être inhumaine,
Et ne puis voir en moi la femme du vainqueur
Sans y voir des vaincus la déplorable sœur. 1370
Prenons part en public aux victoires publiques,
Pleurons dans la maison nos malheurs domestiques,

Et ne regardons point des biens communs à tous,
Quand nous voyons des maux qui ne sont que pour nous,
Pourquoi veux-tu, cruel, agir d'une autre sorte?
Laisse en entrant ici tes lauriers à la porte,
Mêle tes pleurs aux miens. Quoi! ces lâches discours
N'arment point ta vertu contre mes tristes jours?
Mon crime redoublé n'émeut point ta colère?
Que Camille est heureuse! elle a pu te déplaire; 1380
Elle a reçu de toi ce qu'elle a prétendu,
Et recouvre là-bas tout ce qu'elle a perdu.
Cher époux, cher auteur du tourment qui me presse,
Écoute la pitié, si ta colère cesse,
Exerce l'une ou l'autre, après de tels malheurs,
A punir ma faiblesse ou finir mes douleurs.
Je demande la mort pour grâce ou pour supplice:
Qu'elle soit un effet d'amour ou de justice,
N'importe; tous ses traits n'auront rien que de doux,
Si je les vois partir de la main d'un époux.   1390

  HORACE.
Quelle injustice aux dieux d'abandonner aux femmes
Un empire si grand sur les plus belles âmes,
Et de se plaire à voir de si faibles vainqueurs
Régner si puissamment sur les plus nobles cœurs!
A quel point ma vertu devient-elle réduite!
Rien ne la saurait plus garantir que la fuite.
Adieu. Ne me suis point, ou retiens tes soupirs.

  SABINE, *seule.*
O colère, ô pitié, sourdes à mes désirs,
Vous négligez mon crime, et ma douleur vous lasse,
Et je n'obtiens de vous ni supplice ni grâce!   1400
Allons-y par nos pleurs faire encore un effort,
Et n'employons après que nous à notre mort.

ACTE CINQUIÈME.

SCÈNE I.

LE VIEIL HORACE, HORACE.

LE VIEIL HORACE.

Retirons nos regards de cet objet funeste,
Pour admirer ici le jugement céleste.
Quand la gloire nous enfle, il sait bien comme il faut
Confondre notre orgueil qui s'élève trop haut :
Nos plaisirs les plus doux ne vont point sans tristesse;
Il mêle à nos vertus des marques de faiblesse,
Et rarement accorde à notre ambition
L'entier et pur honneur d'une bonne action. 1410
Je ne plains point Camille : elle était criminelle;
Je me tiens plus à plaindre, et je te plains plus qu'elle :
Moi, d'avoir mis au jour un cœur si peu romain;
Toi, d'avoir par sa mort déshonoré ta main.
Je ne la trouve point injuste ni trop prompte;
Mais tu pouvais, mon fils, t'en épargner la honte :
Son crime, quoique énorme et digne du trépas,
Était mieux impuni que puni par ton bras.

HORACE.

Disposez de mon sang, les lois vous en font maître;
J'ai cru devoir le sien aux lieux qui m'ont vu naître.
Si dans vos sentiments mon zèle est criminel, 1421
S'il m'en faut recevoir un reproche éternel,
Si ma main en devient honteuse et profanée,
Vous pouvez d'un seul mot trancher ma destinée :
Reprenez tout ce sang de qui ma lâcheté
A si brutalement souillé la pureté.

la main n'a pu souffrir de crime en votre race;
Ne souffrez point de tache en la maison d'Horace.
C'est en ces actions dont l'honneur est blessé
Qu'un père tel que vous se montre intéressé : 1430
Son amour doit se taire où toute excuse est nulle;
Lui-même il y prend part lorsqu'il les dissimule;
Et de sa propre gloire il fait trop peu de cas
Quand il ne punit point ce qu'il n'approuve pas.

LE VIEIL HORACE.

Il n'use pas toujours d'une rigueur extrême;
Il épargne ses fils bien souvent pour soi-même :
Sa vieillesse sur eux aime à se soutenir,
Et ne les punit point de peur de se punir.
Je te vois d'un autre œil que tu ne te regardes;
Je sais... Mais le roi vient, je vois entrer ses gardes.

SCÈNE II.

TULLE, VALÈRE, LE VIEIL HORACE, HORACE, *troupe de gardes.*

LE VIEIL HORACE.

Ah, sire! un tel honneur a trop d'excès pour moi; 1441
Ce n'est point en ce lieu que je dois voir mon roi :
Permettez qu'à genoux...

     TULLE. Non, levez-vous, mon père.
Je fais ce qu'en ma place un bon prince doit faire.
Un si rare service et si fort important
Veut l'honneur le plus rare et le plus éclatant.

(*Montrant Valère.*)

Vous en aviez déjà sa parole pour gage;
Je ne l'ai pas voulu différer davantage.
J'ai su, par son rapport, et je n'en doutais pas,

Comme de vos deux fils vous portez le trépas, 1450
Et que, déjà votre âme étant trop résolue,
Ma consolation vous serait superflue :
Mais je viens de savoir quel étrange malheur
D'un fils victorieux a suivi la valeur,
Et que son trop d'amour pour la cause publique,
Par ses mains, à son père ôte une fille unique.
Ce coup est un peu rude à l'esprit le plus fort;
Et je doute comment vous portez cette mort.

LE VIEIL HORACE.

Sire, avec déplaisir, mais avec patience.

TULLE.

C'est l'effet vertueux de votre expérience. 1460
Beaucoup par un long âge ont appris comme vous
Que le malheur succède au bonheur le plus doux:
Peu savent comme vous s'appliquer ce remède,
Et dans leur intérêt toute leur vertu cède.
Si vous pouvez trouver dans ma compassion
Quelque soulagement pour votre affliction,
Ainsi que votre mal sachez qu'elle est extrême,
Et que je vous en plains autant que je vous aime.

VALÈRE.

Sire, puisque le ciel entre les mains des rois
Dépose sa justice et la force des lois, 1470
Et que l'État demande aux princes légitimes
Des prix pour les vertus, des peines pour les crimes,
Souffrez qu'un bon sujet vous fasse souvenir
Que vous plaignez beaucoup ce qu'il vous faut punir.
Souffrez...

LE VIEIL HORACE. Quoi! qu'on envoie un vainqueur au
TULLE. [supplice?
Permettez qu'il achève, et je ferai justice :
J'aime à la rendre à tous, à toute heure, en tout lieu;
C'est par elle qu'un roi se fait un demi-dieu;
Et c'est dont je vous plains qu'après un tel service

On puisse contre lui me demander justice. 1480
VALÈRE.
Souffrez donc, ô grand roi, le plus juste des rois,
Que tous les gens de bien vous parlent par ma voix :
Non que nos cœurs jaloux de ses honneurs s'irritent,
S'il en reçoit beaucoup, ses hauts faits les méritent;
Ajoutez-y plutôt que d'en diminuer;
Nous sommes tous encor prêts d'y contribuer :
Mais, puisque d'un tel crime il s'est montré capable,
Qu'il triomphe en vainqueur et périsse en coupable.
Arrêtez sa fureur, et sauvez de ses mains,
Si vous voulez régner, le reste des Romains; 1490
Il y va de la perte ou du salut du reste.
  La guerre avait un cours si sanglant, si funeste,
Et les nœuds de l'hymen, durant nos bons destins,
Ont tant de fois uni des peuples si voisins,
Qu'il est peu de Romains que le parti contraire
N'intéresse en la mort d'un gendre ou d'un beau-frère,
Et qui ne soient forcés de donner quelques pleurs,
Dans le bonheur public, à leurs propres malheurs.
Si c'est offenser Rome, et que l'heur de ses armes
L'autorise à punir ce crime de nos larmes, 1500
Quel sang épargnera ce barbare vainqueur,
Qui ne pardonne pas à celui de sa sœur,
Et ne peut excuser cette douleur pressante
Que la mort d'un amant jette au cœur d'une amante,
Quand, près d'être éclairés du nuptial flambeau,
Elle voit avec lui son espoir au tombeau?
Faisant triompher Rome, il se l'est asservie :
Il a sur nous un droit et de mort et de vie;
Et nos jours criminels ne pourront plus durer,
Qu'autant qu'à sa clémence il plaira l'endurer. 1510
  Je pourrais ajouter aux intérêts de Rome,
Combien un pareil coup est indigne d'un homme;
Je pourrais demander qu'on mît devant vos yeux
Ce grand et rare exploit d'un bras victorieux :

Vous verriez un beau sang, pour accuser sa rage,
D'un frère si cruel rejaillir au visage;
Vous verriez des horreurs qu'on ne peut concevoir;
Son âge et sa beauté vous pourraient émouvoir:
Mais je hais ces moyens qui sentent l'artifice.
Vous avez à demain remis le sacrifice; 1530
Pensez-vous que les dieux, vengeurs des innocents
D'une main parricide acceptent de l'encens?
Sur vous ce sacrilége attirerait sa peine:
Ne le considérez qu'en objet de leur haine;
Et croyez avec nous qu'en tous ces trois combats
Le bon destin de Rome a fait plus que son bras,
Puisque ces mêmes dieux, auteurs de sa victoire,
Ont permis qu'aussitôt il en souillât la gloire,
Et qu'un si grand courage, après ce noble effort,
Fût digne en même jour de triomphe et de mort. 1530
Sire, c'est ce qu'il faut que votre arrêt décide.
En ce lieu Rome a vu le premier parricide;
La suite en est à craindre, et la haine des cieux.
Sauvez-nous de sa main, et redoutez les dieux.

TULLE.

Défendez-vous, Horace.

HORACE. A quoi bon me défendre?
Vous savez l'action, vous la venez d'entendre;
Ce que vous en croyez me doit être une loi.
Sire, on se défend mal contre l'avis d'un roi;
Et le plus innocent devient soudain coupable,
Quand aux yeux de son prince il paraît condamnable;
C'est crime qu'envers lui se vouloir excuser : 1541
Notre sang est son bien, il en peut disposer;
Et c'est à nous de croire, alors qu'il en dispose,
Qu'il ne s'en prive point sans une juste cause.
Sire, prononcez donc, je suis prêt d'obéir;
D'autres aiment la vie, et je la dois haïr.
Je ne reproche point à l'ardeur de Valère
Qu'en amant de la sœur il accuse le frère :

Mes vœux avec les siens conspirent aujourd'hui ;
Il demande ma mort, je la veux comme lui. 1550
Un seul point entre nous met cette différence,
Que mon honneur par là cherche son assurance,
Et qu'à ce même but nous voulons arriver,
Lui pour flétrir ma gloire et moi pour la sauver.
 Sire, c'est rarement qu'il s'offre une matière
A montrer d'un grand cœur la vertu tout entière ;
Suivant l'occasion elle agit plus ou moins,
Et paraît forte ou faible aux yeux de ses témoins.
Le peuple, qui voit tout seulement par l'écorce,
S'attache à son effet pour juger de sa force ; 1560
Il veut que ses dehors gardent un même cours,
Qu'ayant fait un miracle, elle en fasse toujours :
Après une action pleine, haute, éclatante,
Tout ce qui brille moins remplit mal son attente :
Il veut qu'on soit égal en tout temps, en tous lieux ;
Il n'examine point si lors on pouvait mieux,
Ni que, s'il ne voit pas sans cesse une merveille,
L'occasion est moindre et la vertu pareille :
Son injustice accable et détruit les grands noms ;
L'honneur des premiers faits se perd par les seconds ;
Et quand la renommée a passé l'ordinaire, 1571
Si l'on n'en veut déchoir, il faut ne plus rien faire.
 Je ne vanterai point les exploits de mon bras ;
Votre Majesté, sire, a vu mes trois combats :
Il est bien malaisé qu'un pareil les seconde,
Qu'une autre occasion à celle-ci réponde,
Et que tout mon courage, après de si grands coups,
Parvienne à des succès qui n'aillent au-dessous ;
Si bien que, pour laisser une illustre mémoire,
La mort seule aujourd'hui peut conserver ma gloire :
Encor la fallait-il sitôt que j'eus vaincu, 1581
Puisque pour mon honneur j'ai déjà trop vécu.
Un homme tel que moi voit sa gloire ternie,
Quand il tombe en péril de quelque ignominie :

Et ma main aurait su déjà m'en garantir;
Mais sans votre congé mon sang n'ose sortir;
Comme il vous appartient, votre aveu doit se prendre:
C'est vous le dérober qu'autrement le répandre.
Rome ne manque point de généreux guerriers;
Assez d'autres sans moi soutiendront vos lauriers; 1590
Que votre Majesté désormais m'en dispense :
Et si ce que j'ai fait vaut quelque récompense,
Permettez, ô grand roi, que de ce bras vainqueur
Je m'immole à ma gloire et non pas à ma sœur.

SCÈNE III.

TULLE, VALÈRE, LE VIEIL HORACE, HORACE, SABINE.

SABINE.

Sire, écoutez Sabine; et voyez dans son âme
Les douleurs d'une sœur et celles d'une femme,
Qui, toute désolée, à vos sacrés genoux,
Pleure pour sa famille et craint pour son époux.
Ce n'est pas que je veuille avec cet artifice
Dérober un coupable au bras de la justice; 1600
Quoi qu'il ait fait pour vous, traitez-le comme tel,
Et punissez en moi ce noble criminel;
De mon sang malheureux expiez tout son crime:
Vous ne changerez point pour cela de victime;
Ce n'en sera point prendre une injuste pitié,
Mais en sacrifier la plus chère moitié.
Les nœuds de l'hyménée, et son amour extrême,
Font qu'il vit plus en moi qu'il ne vit en lui-même;
Et si vous m'accordez de mourir aujourd'hui,
Il mourra plus en moi qu'il ne mourrait en lui: 1610
La mort que je demande, et qu'il faut que j'obtienne,
Augmentera sa peine et finira la mienne.

Sire, voyez l'excès de mes tristes ennuis,
Et l'effroyable état où mes jours sont réduits.
Quelle horreur d'embrasser un homme dont l'épée
De toute ma famille a la trame coupée !
Et quelle impiété de haïr un époux
Pour avoir bien servi les siens, l'État, et vous !
Aimer un bras souillé du sang de tous mes frères !
N'aimer pas un mari qui finit nos misères ! 1620
Sire, délivrez-moi, par un heureux trépas,
Des crimes de l'aimer et de ne l'aimer pas :
J'en nommerai l'arrêt une faveur bien grande.
Ma main peut me donner ce que je vous demande;
Mais ce trépas enfin me sera bien plus doux,
Si je puis de sa honte affranchir mon époux;
Si je puis par mon sang apaiser la colère
Des dieux qu'a pu fâcher sa vertu trop sévère,
Satisfaire, en mourant, aux mânes de sa sœur
Et conserver à Rome un si bon défenseur. 1630

LE VIEIL HORACE.

Sire, c'est donc à moi de répondre à Valère.
Mes enfants avec lui conspirent contre un père ;
Tous trois veulent me perdre, et s'arment sans raison
Contre si peu de sang qui reste en ma maison.

 (A Sabine.)

Toi, qui, par des douleurs à ton devoir contraires,
Veux quitter un mari pour rejoindre tes frères,
Va plutôt consulter leurs mânes généreux;
Ils sont morts, mais pour Albe, et s'en tiennent heu-
Puisque le ciel voulait qu'elle fût asservie, [reux :
Si quelque sentiment demeure après la vie, 1640
Ce mal leur semble moindre, et moins rudes ses coups,
Voyant que tout l'honneur en retombe sur nous;
Tous trois désavoûront la douleur qui te touche,
Les larmes de tes yeux, les soupirs de ta bouche,
L'horreur que tu fais voir d'un mari vertueux.

Sabine, sois leur sœur, suis ton devoir comme eux.
  (Au roi.)
Contre ce cher époux Valère en vain s'anime :
Un premier mouvement ne fut jamais un crime ;
Et la louange est due au lieu du châtiment,
Quand la vertu produit ce premier mouvement. 1655
Aimer nos ennemis avec idolâtrie,
De rage en leur trépas maudire la patrie,
Souhaiter à l'État un malheur infini,
C'est ce qu'on nomme crime, et ce qu'il a puni.
Le seul amour de Rome a sa main animée ;
Il serait innocent, s'il l'avait moins aimée.
Qu'ai-je dit, sire? il l'est, et ce bras paternel
L'aurait déjà puni, s'il était criminel ;
J'aurais su mieux user de l'entière puissance
Que me donnent sur lui les droits de la naissance: 1660
J'aime trop l'honneur, sire, et ne suis point de rang
A souffrir ni d'affront ni de crime en mon sang.
C'est dont je ne veux point de témoin que Valère :
Il a vu quel accueil lui gardait ma colère,
Lorsqu'ignorant encor la moitié du combat,
Je croyais que sa fuite avait trahi l'État.
Qui le fait se charger des soins de ma famille ?
Qui le fait, malgré moi, vouloir venger ma fille ?
Et par quelle raison dans son juste trépas
Prend-il un intérêt qu'un père ne prend pas ? 1670
On craint qu'après sa sœur il n'en maltraite d'autres!
Sire, nous n'avons part qu'à la honte des nôtres,
Et, de quelque façon qu'un autre puisse agir,
Qui ne nous touche point ne nous fait point rougir.
  (A Valère.)
Tu peux pleurer, Valère, et même aux yeux d'Horace ;
Il ne prend intérêt qu'aux crimes de sa race :
Qui n'est point de son sang ne peut faire d'affront
Aux lauriers immortels qui lui ceignent le front.

Lauriers, sacrés rameaux qu'on veut réduire en poudre,
Vous qui mettez sa tête à couvert de la foudre, 1680
L'abandonnerez-vous à l'infâme couteau
Qui fait choir les méchants sous la main d'un bourreau?
Romains, souffrirez-vous qu'on vous immole un homme
Sans qui Rome aujourd'hui cesserait d'être Rome,
Et qu'un Romain s'efforce à tacher le renom
D'un guerrier à qui tous doivent un si beau nom?
Dis, Valère, dis-nous, si tu veux qu'il périsse,
Où tu penses choisir un lieu pour son supplice :
Sera-ce entre ces murs que mille et mille voix
Font résonner encor du bruit de ses exploits? 1690
Sera-ce hors des murs, au milieu de ces places
Qu'on voit fumer encor du sang des Curiaces,
Entre leurs trois tombeaux, et dans ce champ d'hon-
Témoin de sa vaillance et de notre bonheur? [neur
Tu ne saurais cacher sa peine à sa victoire :
Dans les murs, hors des murs, tout parle de sa gloire,
Tout s'oppose à l'effort de ton injuste amour,
Qui veut d'un si bon sang souiller un si beau jour.
Albe ne pourra pas souffrir un tel spectacle,
Et Rome par ses pleurs y mettra trop d'obstacle. 1700
   Vous les préviendrez, sire ; et par un juste arrêt
Vous saurez embrasser bien mieux son intérêt.
Ce qu'il a fait pour elle il peut encor le faire ;
Il peut la garantir encor d'un sort contraire.
Sire, ne donnez rien à mes débiles ans :
Rome aujourd'hui m'a vu père de quatre enfants;
Trois en ce même jour sont morts pour sa querelle :
Il m'en reste encore un ; conservez-le pour elle :
N'ôtez pas à ses murs un si puissant appui ;
Et souffrez, pour finir, que je m'adresse à lui. 1710
   Horace, ne crois pas que le peuple stupide
Soit le maître absolu d'un renom bien solide.
Sa voix tumultueuse assez souvent fait bruit ;
Mais un moment l'élève, un moment le détruit.

Et ce qu'il contribue à notre renommée
Toujours en moins de rien se dissipe en fumée.
C'est aux rois, c'est aux grands, c'est aux esprits bien faits
A voir la vertu pleine en ses moindres effets ;
C'est d'eux seuls qu'on reçoit la véritable gloire,
Eux seuls des vrais héros assurent la mémoire. 1720
Vis toujours en Horace ; et toujours auprès d'eux
Ton nom demeurera grand, illustre, fameux,
Bien que l'occasion, moins haute ou moins brillante,
D'un vulgaire ignorant trompe l'injuste attente.
Ne hais donc plus la vie, et du moins vis pour moi,
Et pour servir encor ton pays et ton roi.
    Sire, j'en ai trop dit : mais l'affaire vous touche ;
Et Rome tout entière a parlé par ma bouche.

    VALÈRE.

Sire, permettez-moi...
                    TULLE. Valère, c'est assez,
Vos discours par les leurs ne sont pas effacés ; 1730
J'en garde en mon esprit les forces plus pressantes,
Et toutes vos raisons me sont encor présentes.
Cette énorme action faite presqu'à nos yeux
Outrage la nature, et blesse jusqu'aux dieux.
Un premier mouvement qui produit un tel crime
Ne saurait lui servir d'excuse légitime :
Les moins sévères lois en ce point sont d'accord ;
Et, si nous les suivons, il est digne de mort.
Si d'ailleurs nous voulons regarder le coupable,
Ce crime, quoique grand, énorme, inexcusable, 1740
Vient de la même épée et part du même bras
Qui me fait aujourd'hui maître de deux États.
Deux sceptres en ma main, Albe à Rome asservie,
Parlent bien hautement en faveur de sa vie :
Sans lui j'obéirais où je donne la loi,
Et je serais sujet où je suis deux fois roi.
Assez de bons sujets dans toutes les provinces

Par des vœux impuissants s'acquittent vers leurs prin-
Tous les peuvent aimer : mais tous ne peuvent pas [ces;
Par d'illustres effets assurer leurs États ; 1750
Et l'art et le pouvoir d'affermir des couronnes
Sont des dons que le ciel fait à peu de personnes.
De pareils serviteurs sont les forces des rois,
Et de pareils aussi sont au-dessus des lois.
Qu'elles se taisent donc ; que Rome dissimule
Ce que dès sa naissance elle vit en Romule ;
Elle peut bien souffrir en son libérateur
Ce qu'elle a bien souffert en son premier auteur.

Vis donc, Horace ; vis, guerrier trop magnanime :
Ta vertu met ta gloire au-dessus de ton crime ; 1760
Sa chaleur généreuse a produit ton forfait ;
D'une cause si belle il faut souffrir l'effet.
Vis pour servir l'État ; vis, mais aime Valère :
Qu'il ne reste entre vous ni haine ni colère ;
Et soit qu'il ait suivi l'amour ou le devoir,
Sans aucun sentiment résous-toi de le voir.
Sabine, écoutez moins la douleur qui vous presse ;
Chassez de ce grand cœur ces marques de faiblesse :
C'est en séchant vos pleurs que vous vous montrerez
La véritable sœur de ceux que vous pleurez. 1770

Mais nous devons aux dieux demain un sacrifice ;
Et nous aurions le ciel à nos vœux mal propice,
Si nos prêtres, avant que de sacrifier,
Ne trouvaient les moyens de le purifier :
Son père en prendra soin ; il lui sera facile
D'apaiser tout d'un temps les mânes de Camille.
Je la plains ; et pour rendre à son sort rigoureux
Ce que peut souhaiter son esprit amoureux,
Puisqu'en un même jour l'ardeur d'un même zèle
Achève le destin de son amant et d'elle, 1780
Je veux qu'un même jour, témoin de leurs deux morts,
En un même tombeau voie enfermer leurs corps.

SCÈNE IV.

JULIE, *seule.*

Camille, ainsi le ciel t'avait bien avertie
Des tragiques succès qu'il t'avait préparés ;
Mais toujours du secret il cache une partie
Aux esprits les plus nets et les mieux éclairés.

Il semblait nous parler de ton proche hyménée,
Il semblait tout promettre à tes vœux innocents ;
Et, nous cachant ainsi ta mort inopinée,   1790
Sa voix n'est que trop vraie en trompant notre sens.

« Albe et Rome aujourd'hui prennent une autre face.
« Tes vœux sont exaucés ; elles goûtent la paix ;
« Et tu vas être unie avec ton Curiace,
« Sans qu'aucun mauvais sort t'en sépare jamais. »

FIN D'HORACE.

CORNEILLE.

POLYEUCTE

TRAGÉDIE.

(1640.)

A LA REINE RÉGENTE[1].

Madame, quelque connoissance que j'aie de ma foiblesse, quelque profond respect qu'imprime Votre Majesté dans les âmes de ceux qui l'approchent, j'avoue que je me jette à ses pieds sans timidité et sans défiance, et que je me tiens assuré de lui plaire, parce que je suis assuré de lui parler de ce qu'elle aime le mieux. Ce n'est qu'une pièce de théâtre que je lui présente, mais qui l'entretiendra de Dieu : la dignité de la matière est si haute, que l'impuissance de l'artisan ne la peut ravaler; et votre âme royale se plaît trop à cette sorte d'entretien, pour s'offenser des défauts d'un ouvrage où elle rencontrera les délices de son cœur. C'est par là, madame, que j'espère obtenir de Votre Majesté le pardon du long temps que j'ai attendu à lui rendre cette sorte d'hommage. Toutes les fois que j'ai mis sur notre scène des vertus morales ou politiques, j'en ai toujours cru les tableaux trop peu dignes de paroître devant elle, quand j'ai considéré qu'avec quelque soin que je les pusse choisir dans l'histoire, et quelques ornements dont l'artifice les pût enrichir, elle en voyoit de plus grands exemples dans elle-même. Pour rendre les choses proportionnées, il falloit aller à la plus haute espèce, et n'entreprendre pas de rien offrir de cette nature à une Reine très-chrétienne, et qui l'est beaucoup plus encore par ses actions que par son titre, à moins que de lui offrir un portrait des vertus chrétiennes dont l'amour et la gloire de Dieu formassent les plus beaux traits, et qui rendît les plaisirs qu'elle y pourra prendre aussi propres à exercer sa piété qu'à délasser son esprit. C'est à cette extraordinaire et admirable piété, madame, que la France est redevable des bénédictions qu'elle voit tomber sur les premières armes de son Roi; les heureux

---

1. Anne d'Autriche, veuve de Louis XIII, régente pendant la minorité de Louis XIV.

succès qu'elles ont obtenus en sont les rétributions éclatantes, et des coups du ciel qui répand abondamment sur tout le royaume les récompenses et les grâces que Votre Majesté a méritées. Notre perte sembloit infaillible après celle de notre grand monarque; toute l'Europe avoit déjà pitié de nous, et s'imaginoit que nous nous allions précipiter dans un extrême désordre, parce qu'elle nous voyoit dans une extrême désolation : cependant la prudence et les soins de Votre Majesté, les bons conseils qu'elle a pris, les grands courages qu'elle a choisis pour les exécuter, ont agi si puissamment dans tous les besoins de l'Etat, que cette première année de sa régence a non-seulement égalé les plus glorieuses de l'autre règne, mais a même effacé, par la prise de Thionville, le souvenir du malheur qui, devant ses murs, avoit interrompu une si longue suite de victoires. Permettez que je me laisse emporter au ravissement que me donne cette pensée, et que je m'écrie dans ce transport :

> Que vos soins, grande reine, enfantent de miracles !
> Bruxelles et Madrid en sont tout interdits ;
> Et si notre Apollon me les avoit prédits,
> J'aurois moi-même osé douter de ses oracles.
>
> Sous vos commandements on force tous obstacles ;
> On porte l'épouvante aux cœurs les plus hardis,
> Et par des coups d'essai vos Etats agrandis
> Des drapeaux ennemis font d'illustres spectacles.
>
> La victoire elle-même accourant à mon roi,
> Et mettant à ses pieds Thionville et Rocroi,
> Fait retentir ces vers sur les bords de la Seine :
> France, attends tout d'un règne ouvert en triomphant
> Puisque tu vois déjà les ordres de ta reine
> Faire un foudre en tes mains des armes d'un enfant.

Il ne faut point douter que des commencements si merveilleux ne soient soutenus par des progrès encore plus étonnants. Dieu ne laisse point ses ouvrages imparfaits ; il les achèvera, madame, et rendra non-seulement la régence de Votre Majesté, mais encore toute sa vie, un enchaînement continuel de prospérités. Ce sont les vœux de toute la France, et ce sont ceux que fait avec plus de zèle,

    Madame,

        de Votre Majesté,

            Le très-humble, très-obéissant et très-fidèle serviteur et sujet,

                    P. CORNEILLE.

EXAMEN DE POLYEUCTE

Par CORNEILLE.

Ce martyre est rapporté par Surius sur le neuvième de janvier. Polyeucte vivoit en 250, sous l'empereur Décius. Il étoit Arménien, ami de Néarque, et gendre de Félix, qui avoit la commission de l'empereur pour faire exécuter ses édits contre les chrétiens. Cet ami l'ayant résolu à se faire chrétien, il déchira ces édits qu'on publioit, arracha les idoles des mains de ceux qui les portoient sur les autels pour les adorer, les brisa contre terre, résista aux larmes de sa femme Pauline, que Félix employa auprès de lui pour le ramener à leur culte, et perdit la vie par l'ordre de son beau-père, sans autre baptême que celui de son sang. Voilà ce que m'a prêté l'histoire ; le reste est de mon invention.

Pour donner plus de dignité à l'action, j'ai fait Félix gouverneur d'Arménie, et ai pratiqué un sacrifice public, afin de rendre l'occasion plus illustre, et donner un prétexte à Sévère de venir en cette province, sans faire éclater son amour avant qu'il en eût l'aveu de Pauline. Ceux qui veulent arrêter nos héros dans une médiocre bonté, où quelques interprètes d'Aristote bornent leur vertu, ne trouveront pas ici leur compte, puisque celle de Polyeucte va jusqu'à la sainteté, et n'a aucun mélange de foiblesse. J'en ai déjà parlé ailleurs, et pour confirmer ce que j'en ai dit par quelques autorités, j'ajouterai ici que Minturnus, dans son *Traité du Poëte*, agite cette question, *si la Passion de Jésus-Christ et les martyres des saints doivent être exclus du théâtre, à cause qu'ils passent cette médiocre bonté*, et résout en ma faveur. Le célèbre Heinsius, qui nonseulement a traduit la *Poétique* de notre philosophe, mais a fait un *Traité de la constitution de la Tragédie* selon sa pensée, nous en a donné une sur le martyre des Innocents. L'illustre Grotius a mis sur la scène la Passion même de Jésus-Christ et l'histoire de Joseph ; et le savant Buchanan a fait la même chose de celle de Jephté, et de la mort de saint Jean-Baptiste. C'est sur ces exemples que j'ai hasardé ce poëme, où je me suis donné des licences qu'ils n'ont pas prises, de changer l'histoire en quelque chose, et d'y mêler des épisodes d'invention : aussi m'étoit-il plus permis sur cette matière qu'à eux sur celle qu'ils ont choisie. Nous ne devons qu'une croyance pieuse à la vie des saints, et nous avons le même droit sur ce que nous en tirons pour le porter sur le théâtre, que sur ce que nous empruntons des autres histoires ; mais nous devons une foi chrétienne et indispensable à tout ce qui est dans la *Bible*, qui ne nous laisse aucune liberté d'y rien changer. J'estime toutefois qu'il ne nous est pas défendu d'y ajouter quelque chose, pourvu qu'il ne détruise rien de ces vérités dictées par le Saint-Esprit. Buchanan ni Grotius ne l'ont pas fait dans leurs poëmes; mais aussi ne les ont-ils pas rendus assez fournis pour notre théâtre, et ne s'y sont proposé pour exemple que la constitution la plus simple des anciens. Heinsius a plus osé qu'eux dans celui que j'ai nommé : les anges qui bercent l'enfant Jésus, et l'ombre de Mariamne avec les furies qui agitent l'esprit d'Hérode, sont des agréments qu'il n'a pas trouvés dans l'Évangile. Je crois même qu'on en peut supprimer quelque chose, quand il y a apparence qu'il ne plairoit pas sur le théâtre, pourvu qu'on ne mette rien en la place; car alors ce seroit changer l'histoire, ce que le respect que nous devons à l'Ecriture ne permet point. Si j'avois à y exposer celle de David et de Bethsabée, je ne décrirois pas comme il en devint amoureux en la voyant se baigner dans une fontaine; mais je me contenterois de le peindre avec de l'amour pour elle, sans parler aucunement de quelle manière cet amour se seroit emparé de son cœur.

Je reviens à *Polyeucte*, dont le succès a été très-heureux. Le style n'en est pas si fort ni si majestueux que celui de *Cinna* et de *Pompée;* mais il a quelque chose de plus touchant, et les tendresses de l'amour humain y font un si agréable mélange avec la fermeté du divin, que sa représentation a satisfait tout ensemble les dévots et les gens du monde. A mon gré, je n'ai point fait de pièce où l'ordre du théâtre soit plus beau et l'enchaînement des scènes mieux ménagé. L'unité d'action, et celle de jour et de lieu, y ont leur justesse; et les scrupules qui peuvent naître touchant ces deux dernières se dissiperont aisément, pour peu qu'on me veuille prêter de cette faveur que l'auditeur nous doit toujours, quand l'occasion s'en offre, en reconnoissance de la peine que nous avons prise à le divertir.

Il est hors de doute que si nous appliquons ce poëme à nos coutumes, le sacrifice se fait trop tôt après la venue de Sévère; et cette précipitation sortira du vraisemblable par la nécessité d'obéir à la règle. Quand le roi envoie ses ordres dans les villes pour y faire rendre des actions de grâces pour ses victoires, ou pour d'autres bénédictions qu'il reçoit du ciel, on ne les exécute pas dès le jour même; mais aussi il faut du temps pour assembler le clergé, les magistrats et les corps de ville, et c'est ce qui en fait différer l'exécution. Nos acteurs n'avoient ici aucune de ces assemblées à faire.

Il suffisoit de la présence de Sévère et de Félix, et du ministère du grand prêtre; ainsi nous n'avons eu aucun besoin de remettre ce sacrifice à un autre jour. D'ailleurs, comme Félix craignoit ce favori, qu'il croyoit irrité du mariage de sa fille, il étoit bien aise de lui donner le moins d'occasion de tarder qu'il lui étoit possible, et de tâcher, durant son peu de séjour, à gagner son esprit par une prompte complaisance, et montrer tout ensemble une impatience d'obéir aux volontés de l'empereur.

L'autre scrupule regarde l'unité de lieu, qui est assez exacte, puisque tout s'y passe dans une salle ou antichambre commune aux appartements de Félix et de sa fille. Il semble que la bienséance y soit un peu forcée pour conserver cette unité au second acte, en ce que Pauline vient jusque dans cette antichambre pour trouver Sévère, dont elle devroit attendre la visite dans son cabinet. A quoi je réponds qu'elle a eu deux raisons de venir au-devant de lui : l'une, pour faire plus d'honneur à un homme dont son père redoutoit l'indignation, et qu'il lui avoit commandé d'adoucir en sa faveur ; l'autre, pour rompre plus aisément la conversation avec lui, en se retirant dans ce cabinet, s'il ne vouloit pas la quitter à sa prière, et se délivrer, par cette retraite, d'un entretien dangereux pour elle : ce qu'elle n'eût pu faire, si elle eût reçu sa visite dans son appartement.

Sa confidence avec Stratonice, touchant l'amour qu'elle avoit eu pour ce cavalier, me fait faire une réflexion sur le temps qu'elle prend pour cela. Il s'en fait beaucoup sur nos théâtres d'affections qui ont déjà duré deux ou trois ans, dont on attend à révéler le secret justement au jour de l'action qui se représente, et non-seulement sans aucune raison de choisir ce jour-là plutôt qu'un autre pour le déclarer, mais lors même que vraisemblablement on s'en est dû ouvrir beaucoup auparavant avec la personne à qui on en fait confidence. Ce sont choses dont il faut instruire le spectateur, en les faisant apprendre par un des acteurs à l'autre ; mais il faut prendre garde avec soin que celui à qui on les apprend ait eu lieu de les ignorer jusque-là, aussi bien que le spectateur, et que quelque occasion tirée du sujet oblige celui qui les récite à rompre enfin un silence qu'il a gardé si longtemps. L'infante, dans le *Cid*, avoue à Léonor l'amour secret qu'elle a pour lui, et l'auroit pu faire un an ou six mois plus tôt. Cléopâtre, dans *Pompée*, ne prend pas des mesures plus justes avec Charmion ; elle lui conte la passion de César pour elle, et comme

> Chaque jour ses courriers
> Lui portent en tribut ses vœux et ses lauriers.

Cependant, comme il ne paroît personne avec qui elle ait plus d'ouverture de cœur qu'avec cette Charmion, il y a grande apparence que c'étoit elle-même dont cette reine se servoit pour introduire ces courriers, et qu'ainsi elle devoit savoir déjà tout ce commerce entre César et sa maîtresse. Du moins il falloit marquer quelque raison qui lui eût laissé ignorer jusque-là tout ce qu'elle lui apprend, et de quel autre ministère cette princesse s'étoit servie pour recevoir ces courriers. Il n'en va pas de même ici. Pauline ne s'ouvre avec Stratonice que pour lui faire entendre le songe qui la trouble, et les sujets qu'elle a de s'en alarmer; et comme elle n'a fait ce songe que la nuit d'auparavant, et qu'elle ne lui eût jamais révélé son secret sans cette occasion qui l'y oblige, on peut dire qu'elle n'a point eu lieu de lui faire cette confidence plus tôt qu'elle ne l'a faite.

Je n'ai point fait de narration de la mort de Polyeucte, parce que je n'avois personne pour la faire ni pour l'écouter, que des païens qui ne la pouvoient ni écouter, ni faire que comme ils avoient fait et écouté celle de Néarque; ce qui auroit été une répétition et marque de stérilité, et, en outre, n'auroit pas répondu à la dignité de l'action principale, qui est terminée par là. Ainsi j'ai mieux aimé la faire connoître par un saint emportement de Pauline, que cette mort a convertie, que par un récit qui n'eût point eu de grâce dans une bouche indigne de le prononcer. Félix, son père, se convertit après elle: et ces deux conversions, quoique miraculeuses, sont si ordinaires dans les martyres, qu'elles ne sortent point de la vraisemblance, parce qu'elles ne sont pas de ces événements rares et singuliers qu'on ne peut tirer en exemple; et elles servent à remettre le calme dans les esprits de Félix, de Sévère et de Pauline, que sans cela j'aurois eu bien de la peine à retirer du théâtre dans un état qui rendit la pièce complète, en ne laissant rien à souhaiter à la curiosité de l'auditeur.

P. CORNEILLE.

POLYEUCTE

MARTYR

TRAGÉDIE CHRÉTIENNE.

(1640.)

PERSONNAGES. — FÉLIX, sénateur romain, gouverneur d'Arménie. — POLYEUCTE, seigneur arménien, gendre de Félix. — SÉVÈRE, chevalier romain, favori de l'empereur Décie. — NÉARQUE, seigneur arménien, ami de Polyeucte. — PAULINE, fille de Félix, et femme de Polyeucte. — STRATONICE, confidente de Pauline. — ALBIN, confident de Félix. — FABIAN, domestique de Sévère. — CLÉON, domestique de Félix. — Trois gardes.

La scène est à Mélitène, capitale de l'Arménie, dans le palais de Félix.

ACTE PREMIER.

SCÈNE I.

POLYEUCTE, NÉARQUE.

NÉARQUE.
Quoi! vous vous arrêtez aux songes d'une femme!
De si faibles sujets troublent cette grande âme!
Et ce cœur tant de fois dans la guerre éprouvé
S'alarme d'un péril qu'une femme a rêvé!

POLYEUCTE.
Je sais ce qu'est un songe, et le peu de croyance
Qu'un homme doit donner à son extravagance,
Qui d'un amas confus des vapeurs de la nuit

Forme de vains objets que le réveil détruit ;
Mais vous ne savez pas ce que c'est qu'une femme :
Vous ignorez quels droits elle a sur toute l'âme 10
Quand, après un long temps qu'elle a su nous charmer,
Les flambeaux de l'hymen viennent de s'allumer.
Pauline, sans raison dans la douleur plongée,
Craint et croit déjà voir ma mort qu'elle a songée ;
Elle oppose ses pleurs au dessein que je fais,
Et tâche à m'empêcher de sortir du palais.
Je méprise sa crainte, et je cède à ses larmes ;
Elle me fait pitié sans me donner d'alarmes ;
Et mon cœur, attendri sans être intimidé,
N'ose déplaire aux yeux dont il est possédé. 20
L'occasion, Néarque, est-elle si pressante
Qu'il faille être insensible aux soupirs d'une amante ?
Par un peu de remise épargnons son ennui,
Pour faire en plein repos ce qu'il trouble aujourd'hui.

    NÉARQUE.

Avez-vous cependant une pleine assurance
D'avoir assez de vie ou de persévérance ?
Et Dieu, qui tient votre âme et vos jours dans sa main,
Promet-il à vos vœux de le vouloir demain ?
Il est toujours tout juste et tout bon ; mais sa grâce
Ne descend pas toujours avec même efficace ; 30
Après certains moments que perdent nos longueurs
Elle quitte ces traits qui pénètrent les cœurs ;
Le nôtre s'endurcit, la repousse, l'égare :
Le bras qui la versait en devient plus avare ;
Et cette sainte ardeur qui doit porter au bien
Tombe plus rarement, ou n'opère plus rien.
Celle qui vous pressait de courir au baptême,
Languissante déjà, cesse d'être la même,
Et, pour quelques soupirs qu'on vous a fait ouïr,
Sa flamme se dissipe et va s'évanouir. 40

    POLYEUCTE.

Vous me connaissez mal : la même ardeur me brûle

Et le désir s'accroît quand l'effet se recule.
Ces pleurs, que je regarde avec un œil d'époux,
Me laissent dans le cœur aussi chrétien que vous ;
Mais, pour en recevoir le sacré caractère
Qui lave nos forfaits dans une eau salutaire,
Et qui, purgeant notre âme et dessillant nos yeux,
Nous rend le premier droit que nous avions aux cieux,
Bien que je le préfère aux grandeurs d'un empire,
Comme le bien suprême et le seul où j'aspire,   50
Je crois, pour satisfaire un juste et saint amour,
Pouvoir un peu remettre et différer d'un jour.

    NÉARQUE.

Ainsi du genre humain l'ennemi vous abuse :
Ce qu'il ne peut de force, il l'entreprend de ruse.
Jaloux des bons desseins qu'il tâche d'ébranler,
Quand il ne les peut rompre, il pousse à reculer ;
D'obstacle sur obstacle il va troubler le vôtre,
Aujourd'hui par des pleurs, chaque jour par quelque
Et ce songe rempli de noires visions   [autre ;
N'est que le coup d'essai de ses illusions :   60
Il met tout en usage, et prière et menace ;
Il attaque toujours, et jamais ne se lasse ;
Il croit pouvoir enfin ce qu'encore il n'a pu,
Et que ce qu'on diffère est à demi rompu.
  Rompez ces premiers coups ; laissez pleurer Pauline.
Dieu ne veut point d'un cœur où le monde domine,
Qui regarde en arrière, et, douteux en son choix,
Lorsque sa voix l'appelle, écoute une autre voix.

    POLYEUCTE.

Pour se donner à lui faut-il n'aimer personne ?

    NÉARQUE.

Nous pouvons tout aimer, il le souffre, il l'ordonne ;   70
Mais, à vous dire tout, ce Seigneur des seigneurs
Veut le premier amour et les premiers honneurs.
Comme rien n'est égal à sa grandeur suprême,
Il faut ne rien aimer qu'après lui, qu'en lui-même,

Négliger, pour lui plaire, et femme, et biens, et rang,
Exposer pour sa gloire et verser tout son sang.
Mais que vous êtes loin de cette ardeur parfaite
Qui vous est nécessaire, et que je vous souhaite!
Je ne puis vous parler que les larmes aux yeux.
Polyeucte, aujourd'hui qu'on nous hait en tous lieux,
Qu'on croit servir l'État quand on nous persécute, 85
Qu'aux plus âpres tourments un chrétien est en butte,
Comment en pourrez-vous surmonter les douleurs,
Si vous ne pouvez pas résister à des pleurs?

  POLYEUCTE.

Vous ne m'étonnez point; la pitié qui me blesse
Sied bien aux plus grands cœurs, et n'a point de fai-
             [blesse.
Sur mes pareils, Néarque, un bel œil est bien fort:
Tel craint de le fâcher qui ne craint pas la mort;
Et s'il faut affronter les plus cruels supplices,
Y trouver des appas, en faire mes délices, 90
Votre Dieu, que je n'ose encor nommer le mien,
M'en donnera la force en me faisant chrétien.

  NÉARQUE.

Hâtez-vous donc de l'être.

    POLYEUCTE. Oui, j'y cours, cher Néarque;
Je brûle d'en porter la glorieuse marque.
Mais Pauline s'afflige, et ne peut consentir,
Tant ce songe la trouble, à me laisser sortir.

  NÉARQUE.

Votre retour pour elle en aura plus de charmes:
Dans une heure au plus tard vous essuîrez ses larmes;
Et l'heur de vous revoir lui semblera plus doux,
Plus elle aura pleuré pour un si cher époux. 100
Allons, on nous attend.

    POLYEUCTE. Apaisez donc sa crainte,
Et calmez la douleur dont son âme est atteinte.
Elle revient.

  NÉARQUE. Fuyez.

POLYEUCTE. Je ne puis.
NÉARQUE. Il le faut ;
Fuyez un ennemi qui sait votre défaut,
Qui le trouve aisément, qui blesse par la vue,
Et dont le coup mortel vous plaît quand il vous tue.
POLYEUCTE.
Fuyons, puisqu'il le faut.

SCÈNE II.

POLYEUCTE, NÉARQUE, PAULINE, STRATONICE.

POLYEUCTE. Adieu, Pauline, adieu.
Dans une heure au plus tard je reviens en ce lieu.
PAULINE.
Quel sujet si pressant à sortir vous convie ?
Y va-t-il de l'honneur ? y va-t-il de la vie ? 110
POLYEUCTE.
Il y va de bien plus.
PAULINE. Quel est donc ce secret ?
POLYEUCTE.
Vous le saurez un jour : je vous quitte à regret ;
Mais enfin il le faut.
PAULINE. Vous m'aimez ?
POLYEUCTE. Je vous aime,
Le ciel m'en soit témoin, cent fois plus que moi-même ;
Mais...
PAULINE. Mais mon déplaisir ne vous peut émouvoir !
Vous avez des secrets que je ne puis savoir !
Quelle preuve d'amour ! Au nom de l'hyménée,
Donnez à mes soupirs cette seule journée.
POLYEUCTE.
Un songe vous fait peur ?
PAULINE. Ses présages sont vains,
Je le sais ; mais enfin je vous aime, et je crains. 120

POLYEUCTE.
Ne craignez rien de mal pour une heure d'absence.
Adieu : vos pleurs sur moi prennent trop de puissance;
Je sens déjà mon cœur prêt à se révolter,
Et ce n'est qu'en fuyant que j'y puis résister.

SCÈNE III.

PAULINE, STRATONICE.

PAULINE.
Va, néglige mes pleurs, cours, et te précipite
Au-devant de la mort que les dieux m'ont prédite;
Suis cet agent fatal de tes mauvais destins,
Qui peut-être te livre aux mains des assassins.
Tu vois, ma Stratonice, en quel siècle nous sommes:
Voilà notre pouvoir sur les esprits des hommes; 130
Voilà ce qui nous reste, et l'ordinaire effet   [fait.
De l'amour qu'on nous offre et des vœux qu'on nous
Tant qu'ils ne sont qu'amants nous sommes souverai-
Et jusqu'à la conquête ils nous traitent de reines ; [nes,
Mais après l'hyménée ils sont rois à leur tour.

STRATONICE.
Polyeucte pour vous ne manque point d'amour :
S'il ne vous traite ici d'entière confidence,
S'il part malgré vos pleurs, c'est un trait de prudence;
Sans vous en affliger, présumez avec moi
Qu'il est plus à propos qu'il vous cèle pourquoi ; 140
Assurez-vous sur lui qu'il en a juste cause.
Il est bon qu'un mari nous cache quelque chose,
Qu'il soit quelquefois libre, et ne s'abaisse pas
A nous rendre toujours compte de tous ses pas :
On n'a tous deux qu'un cœur qui sent mêmes traver-
Mais ce cœur a pourtant ses fonctions diverses, [ses;
Et la loi de l'hymen qui vous tient assemblés

N'ordonne pas qu'il tremble alors que vous tremblez :
Ce qui fait vos frayeurs ne peut le mettre en peine ;
Il est Arménien, et vous êtes Romaine, 150
Et vous pouvez savoir que nos deux nations
N'ont pas sur ce sujet mêmes impressions.
Un songe en notre esprit passe pour ridicule,
Il ne nous laisse espoir, ni crainte, ni scrupule ;
Mais il passe dans Rome avec autorité
Pour fidèle miroir de la fatalité.

PAULINE.

Quelque peu de crédit que chez vous il obtienne,
Je crois que ta frayeur égalerait la mienne,
Si de telles horreurs t'avaient frappé l'esprit,
Si je t'en avais fait seulement le récit. 160

STRATONICE.

A raconter ses maux souvent on les soulage.

PAULINE.

Écoute ; mais il faut te dire davantage,
Et que, pour mieux comprendre un si triste discours,
Tu saches ma faiblesse et mes autres amours :
Une femme d'honneur peut avouer sans honte
Ces surprises des sens que la raison surmonte ;
Ce n'est qu'en ces assauts qu'éclate la vertu,
Et l'on doute d'un cœur qui n'a point combattu.
 Dans Rome, où je naquis, ce malheureux visage
D'un chevalier romain captiva le courage ; 170
Il s'appelait Sévère : excuse les soupirs
Qu'arrache encore un nom trop cher à mes désirs.

STRATONICE.

Est-ce lui qui naguère aux dépens de sa vie
Sauva des ennemis votre empereur Décie,
Qui leur tira mourant la victoire des mains,
Et fit tourner le sort des Perses aux Romains ?
Lui, qu'entre tant de morts immolés à son maître,
On ne put rencontrer, ou du moins reconnaître ;
A qui Décie enfin pour des exploits si beaux

Fit si pompeusement dresser de vains tombeaux ? 180
  PAULINE.
Hélas ! c'était lui-même, et jamais notre Rome
N'a produit plus grand cœur ni vu plus honnête
Puisque tu le connais, je ne t'en dirai rien. [homme.
Je l'aimai, Stratonice ; il le méritait bien.
Mais que sert le mérite où manque la fortune ?
L'un était grand en lui, l'autre faible et commune ;
Trop invincible obstacle, et dont trop rarement
Triomphe auprès d'un père un vertueux amant !
  STRATONICE.
La digne occasion d'une rare constance !
  PAULINE.
Dis plutôt d'une indigne et folle résistance. 190
Quelque fruit qu'une fille en puisse recueillir,
Ce n'est une vertu que pour qui veut faillir.
 Parmi ce grand amour que j'avais pour Sévère,
J'attendais un époux de la main de mon père ;
Toujours prête à le prendre, et jamais ma raison
N'avoua de mes yeux l'aimable trahison :
Il possédait mon cœur, mes désirs, ma pensée ;
Je ne lui cachais point combien j'étais blessée ;
Nous soupirions ensemble et pleurions nos malheurs :
Mais au lieu d'espérance il n'avait que des pleurs ; 200
Et, malgré des soupirs si doux, si favorables,
Mon père et mon devoir étaient inexorables.
Enfin je quittai Rome et ce parfait amant,
Pour suivre ici mon père en son gouvernement ;
Et lui, désespéré, s'en alla dans l'armée
Chercher d'un beau trépas l'illustre renommée.
Le reste, tu le sais. Mon abord en ces lieux
Me fit voir Polyeucte, et je plus à ses yeux ;
Et comme il est ici le chef de la noblesse,
Mon père fut ravi qu'il me prît pour maîtresse, 210
Et par son alliance il se crut assuré
D'être plus redoutable et plus considéré :

Il approuva sa flamme et conclut l'hyménée;
Et moi, comme à son lit je me vis destinée,
Je donnai par devoir à son affection
Tout ce que l'autre avait par inclination.
Si tu peux en douter, juge-le par la crainte
Dont en ce triste jour tu me vois l'âme atteinte.
            STRATONICE.
Elle fait assez voir à quel point vous l'aimez.
Mais quel songe, après tout, tient vos sens alarmés ?
            PAULINE.
Je l'ai vu cette nuit, ce malheureux Sévère,   221
La vengeance à la main, l'œil ardent de colère :
Il n'était point couvert de ces tristes lambeaux
Qu'une ombre désolée emporte des tombeaux ;
Il n'était point percé de ces coups pleins de gloire
Qui, retranchant sa vie, assurent sa mémoire ;
Il semblait triomphant, et tel que sur son char
Victorieux dans Rome entre notre César.
Après un peu d'effroi que m'a donné sa vue :
« Porte à qui tu voudras la faveur qui m'est due,
« Ingrate, m'a-t-il dit, et, ce jour expiré,   231
« Pleure à loisir l'époux que tu m'as préféré. »
A ces mots, j'ai frémi, mon âme s'est troublée ;
Ensuite des chrétiens une impie assemblée,
Pour avancer l'effet de ce discours fatal,
A jeté Polyeucte aux pieds de son rival.
Soudain à son secours j'ai réclamé mon père :
Hélas ! c'est de tout point ce qui me désespère.
J'ai vu mon père même un poignard à la main
Entrer le bras levé pour lui percer le sein :   240
Là, ma douleur trop forte a brouillé ces images ;
Le sang de Polyeucte a satisfait leurs rages.
Je ne sais ni comment ni quand ils l'ont tué,
Mais je sais qu'à sa mort tous ont contribué.
Voilà quel est mon songe.
            STRATONICE. Il est vrai qu'il est triste ;

Mais il faut que votre âme à ces frayeurs résiste :
La vision de soi peut faire quelque horreur,
Mais non pas vous donner une juste terreur.
Pouvez-vous craindre un mort, pouvez-vous craindre
[un père,
Qui chérit votre époux, que votre époux révère, 250
Et dont le juste choix vous a donnée à lui
Pour s'en faire en ces lieux un ferme et sûr appui ?

PAULINE.

Il m'en a dit autant, et rit de mes alarmes ;
Mais je crains des chrétiens les complots et les char-
Et que sur mon époux leur troupeau ramassé [mes,
Ne venge tant de sang que mon père a versé.

STRATONICE.

Leur secte est insensée, impie et sacrilége,
Et dans son sacrifice use de sortilége ;
Mais sa fureur ne va qu'à briser nos autels :
Elle n'en veut qu'aux dieux, et non pas aux mortels.
Quelque sévérité que sur eux on déploie, 261
Ils souffrent sans murmure et meurent avec joie ;
Et depuis qu'on les traite en criminels d'État,
On ne peut les charger d'aucun assassinat.

PAULINE.

Tais-toi, mon père vient.

SCÈNE IV.

FÉLIX, ALBIN, PAULINE, STRATONICE.

FÉLIX. Ma fille, que ton songe
En d'étranges frayeurs ainsi que toi me plonge !
Que j'en crains les effets qui semblent s'approcher !

PAULINE.

Quelle subite alarme ainsi vous peut toucher ?

FÉLIX.
Sévère n'est point mort.
PAULINE. Quel mal nous fait sa vie ?
FÉLIX.
Il est le favori de l'empereur Décie.   270
PAULINE.
Après l'avoir sauvé des mains des ennemis,
L'espoir d'un si haut rang lui devenait permis ;
Le destin, aux grands cœurs si souvent mal propice,
Se résout quelquefois à leur faire justice.
FÉLIX.
Il vient ici lui-même.
PAULINE. Il vient !
FÉLIX. Tu vas le voir.
PAULINE.
C'en est trop ; mais comment le pouvez-vous savoir ?
FÉLIX.
Albin l'a rencontré dans la proche campagne :
Un gros de courtisans en foule l'accompagne,
Et montre assez quel est son rang et son crédit :
Mais, Albin, redis-lui ce que ses gens t'ont dit.   280
ALBIN.
Vous savez quelle fut cette grande journée,
Que sa perte pour nous rendit si fortunée,
Où l'empereur captif, par sa main dégagé,
Rassura son parti déjà découragé,
Tandis que sa vertu succomba sous le nombre ;
Vous savez les honneurs qu'on fit faire à son ombre,
Après qu'entre les morts on ne le put trouver :
Le roi de Perse aussi l'avait fait enlever ;
Témoin de ses hauts faits et de son grand courage,
Ce monarque en voulut connaître le visage ;   290
On le mit dans sa tente, où, tout percé de coups,
Tout mort qu'il paraissait, il fit mille jaloux ;
Là bientôt il montra quelque signe de vie :
Ce prince généreux en eut l'âme ravie,

Et sa joie, en dépit de son dernier malheur,
Du bras qui le causait honora la valeur ;
Il en fit prendre soin, la cure en fut secrète ;
Et comme au bout d'un mois sa santé fut parfaite,
Il offrit dignités, alliance, trésors,
Et pour gagner Sévère il fit cent vains efforts. 300
Après avoir comblé ses refus de louange,
Il envoie à Décie en proposer l'échange ;
Et soudain l'empereur, transporté de plaisir,
Offre au Perse son frère et cent chefs à choisir
Ainsi revint au camp le valeureux Sévère
De sa haute vertu recevoir le salaire ;
La faveur de Décie en fut le digne prix.
De nouveau l'on combat, et nous sommes surpris :
Ce malheur toutefois sert à croître sa gloire ;
Lui seul rétablit l'ordre et gagne la victoire, 310
Mais si belle, et si pleine, et par tant de beaux faits,
Qu'on nous offre tribut, et nous faisons la paix.
L'empereur, qui lui montre une amour infinie,
Après ce grand succès l'envoie en Arménie ;
Il vient en apporter la nouvelle en ces lieux,
Et par un sacrifice en rendre hommage aux dieux.

FÉLIX.

O ciel ! en quel état ma fortune est réduite !

ALBIN.

Voilà ce que j'ai su d'un homme de sa suite,
Et j'ai couru, seigneur, pour vous y disposer.

FÉLIX.

Ah ! sans doute, ma fille, il vient pour t'épouser ; 320
L'ordre d'un sacrifice est pour lui peu de chose,
C'est un prétexte faux dont l'amour est la cause.

PAULINE.

Cela pourrait bien être ; il m'aimait chèrement.

FÉLIX.

Que ne permettra-t-il à son ressentiment ?
Et jusques à quel point ne porte sa vengeance

Une juste colère avec tant de puissance ?
Il nous perdra, ma fille.
    PAULINE. Il est trop généreux.
 FÉLIX.
Tu veux flatter en vain un père malheureux ;
Il nous perdra, ma fille. Ah ! regret qui me tue
De n'avoir pas aimé la vertu toute nue !   330
Ah, Pauline ! en effet, tu m'as trop obéi ;
Ton courage était bon, ton devoir l'a trahi :
Que ta rébellion m'eût été favorable !
Qu'elle m'eût garanti d'un état déplorable !
Si quelque espoir me reste, il n'est plus aujourd'hui
Qu'en l'absolu pouvoir qu'il te donnait sur lui ;
Ménage en ma faveur l'amour qui le possède,
Et d'où provient mon mal fais sortir le remède.
 PAULINE.
Moi ! moi ! que je revoie un si puissant vainqueur,
Et m'expose à des yeux qui me percent le cœur !   340
Mon père, je suis femme, et je sais ma faiblesse ;
Je sens déjà mon cœur qui pour lui s'intéresse,
Et poussera sans doute, en dépit de ma foi,
Quelque soupir indigne et de vous et de moi.
Je ne le verrai point.
    FÉLIX. Rassure un peu ton âme.
 PAULINE.
Il est toujours aimable, et je suis toujours femme ;
Dans le pouvoir sur moi que ses regards ont eu
Je n'ose m'assurer de toute ma vertu.
Je ne le verrai point.
    FÉLIX. Il faut le voir, ma fille,
Ou tu trahis ton père et toute ta famille.   350
 PAULINE.
C'est à moi d'obéir, puisque vous commandez ;
Mais voyez les périls où vous me hasardez.
 FÉLIX.
Ta vertu m'est connue.

PAULINE. Elle vaincra sans doute ;
Ce n'est pas le succès que mon âme redoute :
Je crains ce dur combat et ces troubles puissants
Que fait déjà chez moi la révolte des sens ;
Mais, puisqu'il faut combattre un ennemi que j'aime,
Souffrez que je me puisse armer contre moi-même,
Et qu'un peu de loisir me prépare à le voir.
　　FÉLIX.
Jusqu'au-devant des murs je vais le recevoir ; 360
Rappelle cependant tes forces étonnées,
Et songe qu'en tes mains tu tiens nos destinées.
　　PAULINE.
Oui, je vais de nouveau dompter mes sentiments
Pour servir de victime à vos commandements.

ACTE DEUXIÈME.

SCÈNE I.

SÉVÈRE, FABIAN.

　　SÉVÈRE.
Cependant que Félix donne ordre au sacrifice,
Pourrai-je prendre un temps à mes vœux si propice ?
Pourrai-je voir Pauline, et rendre à ses beaux yeux
L'hommage souverain que l'on va rendre aux dieux ?
Je ne t'ai point celé que c'est ce qui m'amène,
Le reste est un prétexte à soulager ma peine ; 370
Je viens sacrifier, mais c'est à ses beautés
Que je viens immoler toutes mes volontés.
　　FABIAN.
Vous la verrez, seigneur.

SÉVÈRE. Ah, quel comble de joie !
Cette chère beauté consent que je la voie !
Mais ai-je sur son âme encor quelque pouvoir ?
Quelque reste d'amour s'y fait-il encor voir ?
Quel trouble, quel transport lui cause ma venue ?
Puis-je tout espérer de cette heureuse vue ?
Car je voudrais mourir plutôt que d'abuser
Des lettres de faveur que j'ai pour l'épouser : 380
Elles sont pour Félix, non pour triompher d'elle.
Jamais à ses désirs mon cœur ne fut rebelle ;
Et, si mon mauvais sort avait changé le sien,
Je me vaincrais moi-même et ne prétendrais rien.
FABIAN.
Vous la verrez, c'est tout ce que je vous puis dire.
SÉVÈRE.
D'où vient que tu frémis et que ton cœur soupire ?
Ne m'aime-t-elle plus ? éclaircis-moi ce point.
FABIAN.
M'en croirez-vous, seigneur ? ne la revoyez point ;
Portez en lieu plus haut l'honneur de vos caresses :
Vous trouverez à Rome assez d'autres maîtresses ; 390
Et, dans ce haut degré de puissance et d'honneur,
Les plus grands y tiendront votre amour à bonheur.
SÉVÈRE.
Qu'à des pensers si bas mon âme se ravale !
Que je tienne Pauline à mon sort inégale !
Elle en a mieux usé, je la dois imiter ;
Je n'aime mon bonheur que pour la mériter.
Voyons-la, Fabian, ton discours m'importune ;
Allons mettre à ses pieds cette haute fortune :
Je l'ai dans les combats trouvée heureusement
En cherchant une mort digne de son amant ; 400
Ainsi ce rang est sien, cette faveur est sienne,
Et je n'ai rien enfin que d'elle je ne tienne.
FABIAN.
Non, mais encore un coup ne la revoyez point.

SÉVÈRE.

Ah ! c'en est trop enfin, éclaircis-moi ce point ;
As-tu vu des froideurs quand tu l'en as priée ?

FABIAN.

Je tremble à vous le dire ; elle est...

SÉVÈRE. Quoi?

FABIAN. Mariée.

SÉVÈRE.

Soutiens-moi, Fabian ; ce coup de foudre est grand,
Et frappe d'autant plus que plus il me surprend.

FABIAN.

Seigneur, qu'est devenu ce généreux courage ?

SÉVÈRE.

La constance est ici d'un difficile usage : 410
De pareils déplaisirs accablent un grand cœur ;
La vertu la plus mâle en perd toute vigueur ;
Et quand d'un feu si beau les âmes sont éprises,
La mort les trouble moins que de telles surprises.
Je ne suis plus à moi quand j'entends ce discours.
Pauline est mariée !

FABIAN. Oui, depuis quinze jours ;
Polyeucte, un seigneur des premiers d'Arménie,
Goûte de son hymen la douceur infinie.

SÉVÈRE.

Je ne la puis du moins blâmer d'un mauvais choix ;
Polyeucte a du nom, et sort du sang des rois : 420
Faibles soulagements d'un malheur sans remède !
Pauline, je verrai qu'un autre vous possède !
O ciel, qui malgré moi me renvoyez au jour,
O sort, qui redonniez l'espoir à mon amour,
Reprenez la faveur que vous m'avez prêtée,
Et rendez-moi la mort que vous m'avez ôtée !
Voyons-la toutefois, et dans ce triste lieu
Achevons de mourir en lui disant adieu ;
Que mon cœur, chez les morts emportant son image,
De son dernier soupir puisse lui faire hommage. 430

11.

FABIAN.
Seigneur, considérez...
SÉVÈRE. Tout est considéré.
Quel désordre peut craindre un cœur désespéré ?
N'y consent-elle pas ?
FABIAN. Oui, seigneur, mais...
SÉVÈRE. N'importe.

FABIAN.
Cette vive douleur en deviendra plus forte.
SÉVÈRE.
Et ce n'est pas un mal que je veuille guérir :
Je ne veux que la voir, soupirer, et mourir.
FABIAN.
Vous vous échapperez sans doute en sa présence :
Un amant qui perd tout n'a plus de complaisance ;
Dans un tel entretien il suit sa passion,
Et ne pousse qu'injure et qu'imprécation.   440
SÉVÈRE.
Juge autrement de moi, mon respect dure encore ;
Tout violent qu'il est, mon désespoir l'adore.
Quels reproches aussi peuvent m'être permis ?
De quoi puis-je accuser qui ne m'a rien promis ?
Elle n'est point parjure, elle n'est point légère :
Son devoir m'a trahi, mon malheur, et son père.
Mais son devoir fut juste, et son père eut raison ;
J'impute à mon malheur toute la trahison :
Un peu moins de fortune et plus tôt arrivée
Eût gagné l'un par l'autre, et me l'eût conservée ; 450
Trop heureux, mais trop tard, je n'ai pu l'acquérir :
Laisse-la-moi donc voir, soupirer, et mourir.
FABIAN.
Oui, je vais l'assurer qu'en ce malheur extrême
Vous êtes assez fort pour vous vaincre vous-même.
Elle a craint comme moi ces premiers mouvements
Qu'une perte imprévue arrache aux vrais amants,
Et dont la violence excite assez de trouble,

Sans que l'objet présent l'irrite et le redouble.
SÉVÈRE.
Fabian, je la vois.
FABIAN. Seigneur, souvenez-vous....
SÉVÈRE.
Hélas! elle aime un autre! un autre est son époux! 460

SCÈNE II.

PAULINE, SÉVÈRE, STRATONICE, FABIAN.

PAULINE.
Oui, je l'aime, Sévère, et n'en fais point d'excuse :
Que tout autre que moi vous flatte et vous abuse,
Pauline a l'âme noble, et parle à cœur ouvert.
Le bruit de votre mort n'est point ce qui vous perd :
Si le ciel en mon choix eût mis mon hyménée,
A vos seules vertus je me serais donnée,
Et toute la rigueur de votre premier sort
Contre votre mérite eût fait un vain effort;
Je découvrais en vous d'assez illustres marques
Pour vous préférer même aux plus heureux monarques
Mais puisque mon devoir m'imposait d'autres lois, 471
De quelque amant pour moi que mon père eût fait
[choix,
Quand à ce grand pouvoir que la valeur vous donne
Vous auriez ajouté l'éclat d'une couronne,
Quand je vous aurais vu, quand je l'aurais haï,
J'en aurais soupiré, mais j'aurais obéi,
Et sur mes passions ma raison souveraine
Eût blâmé mes soupirs et dissipé ma haine.
SÉVÈRE.
Que vous êtes heureuse! et qu'un peu de soupirs
Fait un aisé remède à tous vos déplaisirs ! 480
Ainsi, de vos désirs toujours reine absolue,

Les plus grands changements vous trouvent résolue;
De la plus forte ardeur vous portez vos esprits
Jusqu'à l'indifférence, et peut-être au mépris,
Et votre fermeté fait succéder sans peine
La faveur au dédain et l'amour à la haine.
Qu'un peu de votre humeur ou de votre vertu
Soulagerait les maux de ce cœur abattu!
Un soupir, une larme à regret épandue,
M'aurait déjà guéri de vous avoir perdue ; 490
Ma raison pourrait tout sur l'amour affaibli,
Et de l'indifférence irait jusqu'à l'oubli ;
Et, mon feu désormais se réglant sur le vôtre,
Je me tiendrais heureux entre les bras d'une autre.
O trop aimable objet, qui m'avez trop charmé,
Est-ce là comme on aime, et m'avez-vous aimé ?

PAULINE.

Je vous l'ai trop fait voir, seigneur, et si mon âme
Pouvait bien étouffer les restes de sa flamme,
Dieux, que j'éviterais de rigoureux tourments!
Ma raison, il est vrai, dompte mes sentiments; 500
Mais, quelque autorité que sur eux elle ait prise,
Elle n'y règne pas, elle les tyrannise,
Et, quoique le dehors soit sans émotion,
Le dedans n'est que trouble et que sédition :
Un je ne sais quel charme encor vers vous m'emporte;
Votre mérite est grand, si ma raison est forte :
Je le vois, encor tel qu'il alluma mes feux,
D'autant plus puissamment solliciter mes vœux
Qu'il est environné de puissance et de gloire,
Qu'en tous lieux après vous il traîne la victoire, 510
Que j'en sais mieux le prix, et qu'il n'a point déçu
Le généreux espoir que j'en avais conçu;
Mais ce même devoir qui le vainquit dans Rome,
Et qui me range ici dessous les lois d'un homme,
Repousse encor si bien l'effort de tant d'appas,
Qu'il déchire mon âme et ne l'ébranle pas;

C'est cette vertu même, à nos désirs cruelle,
Que vous louiez alors en blasphémant contre elle :
Plaignez-vous-en encor, mais louez sa rigueur
Qui triomphe à la fois de vous et de mon cœur, 520
Et voyez qu'un devoir moins ferme et moins sincère
N'aurait pas mérité l'amour du grand Sévère.
  SÉVÈRE.
Ah ! madame, excusez une aveugle douleur
Qui ne connaît plus rien que l'excès du malheur :
Je nommais inconstance et prenais pour un crime
De ce juste devoir l'effort le plus sublime.
De grâce, montrez moins à mes sens désolés
La grandeur de ma perte et ce que vous valez ;
Et cachant par pitié cette vertu si rare,
Qui redouble mes feux lorsqu'elle nous sépare, 530
Faites voir des défauts qui puissent à leur tour
Affaiblir ma douleur avecque mon amour.
  PAULINE.
Hélas ! cette vertu, quoique enfin invincible,
Ne laisse que trop voir une âme trop sensible.
Ces pleurs en sont témoins, et ces lâches soupirs
Qu'arrachent de nos feux les cruels souvenirs :
Trop rigoureux effets d'une aimable présence
Contre qui mon devoir a trop peu de défense !
Mais si vous estimez ce vertueux devoir,
Conservez-m'en la gloire, et cessez de me voir. 540
Épargnez-moi des pleurs qui coulent à ma honte ;
Épargnez-moi des feux qu'à regret je surmonte ;
Enfin épargnez-moi ces tristes entretiens,
Qui ne font qu'irriter vos tourments et les miens.
  SÉVÈRE.
Que je me prive ainsi du seul bien qui me reste !
  PAULINE.
Sauvez-vous d'une vue à tous les deux funeste.
  SÉVÈRE.
Quel prix de mon amour ! quel fruit de mes travaux !

PAULINE.
'est le remède seul qui peut guérir nos maux.
SÉVÈRE.
e veux mourir des miens ; aimez-en la mémoire.
PAULINE.
e veux guérir des miens ; ils souilleraient ma gloire.
SÉVÈRE.
h ! puisque votre gloire en prononce l'arrêt, 551
l faut que ma douleur cède à son intérêt.
st-il rien que sur moi cette gloire n'obtienne ?
lle me rend les soins que je dois à la mienne.
dieu : je vais chercher au milieu des combats
ette immortalité que donne un beau trépas,
t remplir dignement, par une mort pompeuse,
e mes premiers exploits l'attente avantageuse,
i toutefois, après ce coup mortel du sort,
J'ai de la vie assez pour chercher une mort. 560

PAULINE.
Et moi, dont votre vue augmente le supplice,
Je l'éviterai même en votre sacrifice ;
Et, seule dans ma chambre enfermant mes regrets,
Je vais pour vous aux dieux faire des vœux secrets.
SÉVÈRE.
Puisse le juste ciel, content de ma ruine,
Combler d'heur et de jours Polyeucte et Pauline !
PAULINE.
Puisse trouver Sévère, après tant de malheur,
Une félicité digne de sa valeur !
SÉVÈRE.
Il la trouvait en vous.
PAULINE. Je dépendais d'un père.
SÉVÈRE.
O devoir qui me perd et qui me désespère ! 570
Adieu, trop vertueux objet, et trop charmant.
PAULINE.
Adieu, trop malheureux et trop parfait amant.

SCÈNE III.

PAULINE, STRATONICE.

STRATONICE.
Je vous ai plaints tous deux, j'en verse encor des larmes;
Mais du moins votre esprit est hors de ses alarmes :
Vous voyez clairement que votre songe est vain ;
Sévère ne vient pas la vengeance à la main.
PAULINE.
Laisse-moi respirer du moins si tu m'as plainte :
Au fort de ma douleur tu rappelles ma crainte ;
Souffre un peu de relâche à mes esprits troublés,
Et ne m'accable point par des maux redoublés. 580
STRATONICE.
Quoi ! vous craignez encor ?
PAULINE. Je tremble, Stratonice ;
Et, bien que je m'effraie avec peu de justice,
Cette injuste frayeur sans cesse reproduit
L'image des malheurs que j'ai vus cette nuit.
STRATONICE.
Sévère est généreux.
PAULINE. Malgré sa retenue,
Polyeucte sanglant frappe toujours ma vue.
STRATONICE.
Vous voyez ce rival faire des vœux pour lui.
PAULINE.
Je crois même au besoin qu'il serait son appui :
Mais soit cette croyance ou fausse, ou véritable,
Son séjour en ce lieu m'est toujours redoutable ; 590
A quoi que sa vertu puisse le disposer,
Il est puissant, il m'aime, et vient pour m'épouser.

SCÈNE IV.

POLYEUCTE, NÉARQUE, PAULINE, STRATONICE.

POLYEUCTE.
C'est trop verser de pleurs; il est temps qu'ils tarissent·
Que votre douleur cesse et vos craintes finissent,
Malgré les faux avis par vos dieux envoyés,
Je suis vivant, madame, et vous me revoyez.

PAULINE.
Le jour est encor long, et ce qui plus m'effraie,
La moitié de l'avis se trouve déjà vraie ;
J'ai cru Sévère mort, et je le vois ici.

POLYEUCTE.
Je le sais; mais enfin j'en prends peu de souci. 600
Je suis dans Mélitène ; et, quel que soit Sévère,
Votre père y commande, et l'on m'y considère ;
Et je ne pense pas qu'on puisse avec raison
D'un cœur tel que le sien craindre une trahison :
On m'avait assuré qu'il vous faisait visite,
Et je venais lui rendre un honneur qu'il mérite.

PAULINE.
Il vient de me quitter assez triste et confus ;
Mais j'ai gagné sur lui qu'il ne me verra plus.

POLYEUCTE.
Quoi! vous me soupçonnez déjà de quelque ombrage?

PAULINE.
Je ferais à tous trois un trop sensible outrage : 610
J'assure mon repos que troublent ses regards.
La vertu la plus ferme évite les hasards :
Qui s'expose au péril veut bien trouver sa perte ;
Et, pour vous en parler avec une âme ouverte,
Depuis qu'un vrai mérite a pu nous enflammer,
Sa présence toujours a droit de nous charmer.

14.

Outre qu'on doit rougir de s'en laisser surprendre,
On souffre à résister, on souffre à s'en défendre;
Et, bien que la vertu triomphe de ces feux,
La victoire est pénible et le combat honteux.   620
POLYEUCTE.
O vertu trop parfaite et devoir trop sincère,
Que vous devez coûter de regrets à Sévère!
Qu'aux dépens d'un beau feu vous me rendez heu-
Et que vous êtes doux à mon cœur amoureux! [reux!
Plus je vois mes défauts et plus je vous contemple,
Plus j'admire...

SCÈNE V

POLYEUCTE, PAULINE, NÉARQUE, STRATONICE, CLÉON.

CLÉON. Seigneur, Félix vous mande au temple:
La victime est choisie, et le peuple à genoux;
Et pour sacrifier on n'attend plus que vous.
POLYEUCTE.
Va, nous allons te suivre. Y venez-vous, madame?
PAULINE.
Sévère craint ma vue, elle irrite sa flamme;   630
Je lui tiendrai parole, et ne veux plus le voir.
Adieu: vous l'y verrez; pensez à son pouvoir,
Et ressouvenez-vous que sa faveur est grande.
POLYEUCTE.
Allez, tout son crédit n'a rien que j'appréhende;
Et comme je connais sa générosité,
Nous ne nous combattrons que de civilité.

SCÈNE VI.

POLYEUCTE, NÉARQUE.

NÉARQUE.
Où pensez-vous aller ?
   POLYEUCTE. Au temple où l'on m'appelle.
NÉARQUE.
Quoi ! vous mêler aux vœux d'une troupe infidèle !
Oubliez-vous déjà que vous êtes chrétien ?
  POLYEUCTE.
Vous par qui je le suis, vous en souvient-il bien ? 640
NÉARQUE.
J'abhorre les faux dieux.
   POLYEUCTE. Et moi, je les déteste.
NÉARQUE.
Je tiens leur culte impie.
   POLYEUCTE. Et je le tiens funeste.
NÉARQUE.
Fuyez donc leurs autels.
   POLYEUCTE. Je les veux renverser,
Et mourir dans leur temple, ou les y terrasser.
Allons, mon cher Néarque, allons aux yeux des hom-
Braver l'idolâtrie et montrer qui nous sommes. [mes
C'est l'attente du ciel, il nous la faut remplir ;
Je viens de le promettre, et je vais l'accomplir.
Je rends grâces au Dieu que tu m'as fait connaître
De cette occasion qu'il a sitôt fait naître, 650
Où déjà sa bonté, prête à me couronner,
Daigne éprouver la foi qu'il vient de me donner.
  NÉARQUE.
Ce zèle est trop ardent, souffrez qu'il se modère.
  POLYEUCTE.
On n'en peut avoir trop pour le Dieu qu'on révère.

NÉARQUE.
Vous trouverez la mort.
POLYEUCTE. Je la cherche pour lui.
NÉARQUE.
Et si ce cœur s'ébranle ?
POLYEUCTE. Il sera mon appui.
NÉARQUE.
Il ne commande point que l'on s'y précipite.
POLYEUCTE.
Plus elle est volontaire, et plus elle mérite.
NÉARQUE.
Il suffit, sans chercher, d'attendre et de souffrir.
POLYEUCTE.
On souffre avec regret quand on n'ose s'offrir. 660
NÉARQUE.
Mais dans ce temple enfin la mort est assurée.
POLYEUCTE.
Mais dans le ciel déjà la palme est préparée.
NÉARQUE.
Par une sainte vie il faut la mériter.
POLYEUCTE.
Mes crimes en vivant me la pourraient ôter.
Pourquoi mettre au hasard ce que la mort assure ?
Quand elle ouvre le ciel, peut-elle sembler dure ?
Je suis chrétien, Néarque, et le suis tout à fait ;
La foi que j'ai reçue aspire à son effet.
Qui fuit croit lâchement et n'a qu'une foi morte.
NÉARQUE.
Ménagez votre vie, à Dieu même elle importe ; 670
Vivez pour protéger les chrétiens en ces lieux.
POLYEUCTE.
L'exemple de ma mort les fortifiera mieux.
NÉARQUE.
Vous voulez donc mourir ?
POLYEUCTE. Vous aimez donc à vivre ?

[Act. II.]

NÉARQUE.
Je ne puis déguiser que j'ai peine à vous suivre,
Sous l'horreur des tourments je crains de succomber.
POLYEUCTE.
Qui marche assurément n'a point peur de tomber :
Dieu fait part, au besoin, de sa force infinie.
Qui craint de le nier, dans son âme le nie ;
Il croit le pouvoir faire, et doute de sa foi.
NÉARQUE.
Qui n'appréhende rien présume trop de soi. 680
POLYEUCTE.
J'attends tout de sa grâce, et rien de ma faiblesse.
Mais loin de me presser, il faut que je vous presse !
D'où vient cette froideur ?
    NÉARQUE. Dieu même a craint la mort.
POLYEUCTE.
Il s'est offert pourtant : suivons ce saint effort ;
Dressons-lui des autels sur des monceaux d'idoles.
Il faut, je me souviens encor de vos paroles,
Négliger, pour lui plaire, et femme, et biens, et rang ;
Exposer pour sa gloire et verser tout son sang.
Hélas ! qu'avez-vous fait de cette amour parfaite
Que vous me souhaitiez, et que je vous souhaite ? 690
S'il vous en reste encor, n'êtes-vous point jaloux
Qu'à grand'peine chrétien j'en montre plus que vous ?
NÉARQUE.
Vous sortez du baptême, et ce qui vous anime,
C'est sa grâce qu'en vous n'affaiblit aucun crime ;
Comme encor tout entière, elle agit pleinement,
Et tout semble possible à son feu véhément :
Mais cette même grâce en moi diminuée,
Et par mille péchés sans cesse exténuée,
Agit aux grands effets avec tant de langueur,
Que tout semble impossible à son peu de vigueur : 700
Cette indigne mollesse et ces lâches défenses
Sont des punitions qu'attirent mes offenses ;

Mais Dieu, dont on ne doit jamais se défier,
Me donne votre exemple à me fortifier.
Allons, cher Polyeucte, allons aux yeux des hom-
Braver l'idolâtrie et montrer qui nous sommes ; [mes
Puissé-je vous donner l'exemple de souffrir,
Comme vous me donnez celui de vous offrir !

     POLYEUCTE.

A cet heureux transport que le ciel vous envoie,
Je reconnais Néarque, et j'en pleure de joie.   710
Ne perdons plus de temps ; le sacrifice est prêt ;
Allons-y du vrai Dieu soutenir l'intérêt ;
Allons fouler aux pieds ce foudre ridicule
Dont arme un bois pourri ce peuple trop crédule,
Allons en éclairer l'aveuglement fatal ;
Allons briser ces dieux de pierre et de métal ;
Abandonnons nos jours à cette ardeur céleste ;
Faisons triompher Dieu : qu'il dispose du reste.

     NÉARQUE.

Allons faire éclater sa gloire aux yeux de tous,
Et répondre avec zèle à ce qu'il veut de nous.   720

ACTE TROISIÈME.

SCÈNE I.

PAULINE, *seule*.

Que de soucis flottants, que de confus nuages
Présentent à mes yeux d'inconstantes images !
Douce tranquillité, que je n'ose espérer,
Que ton divin rayon tarde à les éclairer !
Mille agitations, que mes troubles produisent,

Dans mon cœur ébranlé tour à tour se détruisent ;
Aucun espoir n'y coule où j'ose persister ;
Aucun effroi n'y règne où j'ose m'arrêter.
Mon esprit, embrassant tout ce qu'il s'imagine,
Voit tantôt mon bonheur et tantôt ma ruine,   730
Et suit leur vaine idée avec si peu d'effet,
Qu'il ne peut espérer ni craindre tout à fait.
Sévère incessamment brouille ma fantaisie :
J'espère en sa vertu, je crains sa jalousie ;
Et je n'ose penser que d'un œil bien égal
Polyeucte en ces lieux puisse voir son rival.
Comme entre deux rivaux la haine est naturelle,
L'entrevue aisément se termine en querelle ;
L'un voit aux mains d'autrui ce qu'il croit mériter,
L'autre un désespéré qui peut trop attenter.   740
Quelque haute raison qui règle leur courage,
L'un conçoit de l'envie et l'autre de l'ombrage ;
La honte d'un affront que chacun d'eux croit voir
Ou de nouveau reçue, ou prête à recevoir,
Consumant dès l'abord toute leur patience,
Forme de la colère et de la défiance ;
Et, saisissant ensemble et l'époux et l'amant,
En dépit d'eux les livre à leur ressentiment.
Mais que je me figure une étrange chimère !
Et que je traite mal Polyeucte et Sévère,   750
Comme si la vertu de ces fameux rivaux
Ne pouvait s'affranchir de ces communs défauts !
Leurs âmes à tous deux d'elles-mêmes maîtresses
Sont d'un ordre trop haut pour de telles bassesses :
Ils se verront au temple en hommes généreux.
Mais las ! ils se verront, et c'est beaucoup pour eux.
Que sert à mon époux d'être dans Mélitène,
Si contre lui Sévère arme l'aigle romaine,
Si mon père y commande, et craint ce favori,
Et se repent déjà du choix de mon mari ?   760
Si peu que j'ai d'espoir ne luit qu'avec contrainte ;

En naissant il avorte, et fait place à la crainte ;
Ce qui doit l'affermir sert à le dissiper.
Dieux ! faites que ma peur puisse enfin se tromper !
Mais sachons-en l'issue.

SCÈNE II.

PAULINE, STRATONICE.

PAULINE. Eh bien ! ma Stratonice,
Comment s'est terminé ce pompeux sacrifice ?
Ces rivaux généreux au temple se sont vus ?
  STRATONICE.
Ah, Pauline !
    PAULINE. Mes vœux ont-ils été déçus ?
J'en vois sur ton visage une mauvaise marque.
Se sont-ils querellés ?
    STRATONICE. Polyeucte, Néarque,   770
Les chrétiens...
    PAULINE. Parle donc : les chrétiens ?...
    STRATONICE. Je ne puis.
  PAULINE.
Tu prépares mon âme à d'étranges ennuis.
  STRATONICE.
Vous n'en sauriez avoir une plus juste cause.
  PAULINE.
L'ont-ils assassiné ?
    STRATONICE. Ce serait peu de chose.
Tout votre songe est vrai, Polyeucte n'est plus...
  PAULINE.
Il est mort !
STRATONICE. Non, il vit ; mais, ô pleurs superflus !
Ce courage si grand, cette âme si divine,
N'est plus digne du jour, ni digne de Pauline.
Ce n'est plus cet époux si charmant à vos yeux ;

C'est l'ennemi commun de l'État et des dieux, 780
Un méchant, un infâme, un rebelle, un perfide,
Un traître, un scélérat, un lâche, un parricide,
Une peste exécrable à tous les gens de bien,
Un sacrilège impie, en un mot, un chrétien.
PAULINE.
Ce mot aurait suffi sans ce torrent d'injures.
STRATONICE.
Ces titres aux chrétiens sont-ce des impostures ?
PAULINE.
Il est ce que tu dis, s'il embrasse leur foi ;
Mais il est mon époux, et tu parles à moi.
STRATONICE.
Ne considérez plus que le Dieu qu'il adore.
PAULINE.
Je l'aimai par devoir ; ce devoir dure encore. 790
STRATONICE.
Il vous donne à présent sujet de le haïr :
Qui trahit tous nos dieux aurait pu vous trahir.
PAULINE.
Je l'aimerais encor, quand il m'aurait trahie ;
Et si de tant d'amour tu peux être ébahie,
Apprends que mon devoir ne dépend point du sien :
Qu'il y manque, s'il veut ; je dois faire le mien.
Quoi ! s'il aimait ailleurs, serais-je dispensée
A suivre, à son exemple, une ardeur insensée ?
Quelque chrétien qu'il soit, je n'en ai point d'horreur ;
Je chéris sa personne, et je hais son erreur. 800
Mais quel ressentiment en témoigne mon père ?
STRATONICE.
Une secrète rage, un excès de colère,
Malgré qui toutefois un reste d'amitié
Montre pour Polyeucte encor quelque pitié.
Il ne veut point sur lui faire agir sa justice,
Que du traître Néarque il n'ait vu le supplice.

PAULINE.
Quoi ! Néarque en est donc ?
STRATONICE. Néarque l'a séduit ;
De leur vieille amitié c'est là l'indigne fruit.
Ce perfide tantôt, en dépit de lui-même,
L'arrachant de vos bras, le traînait au baptême. 810
Voilà ce grand secret et si mystérieux
Que n'en pouvait tirer votre amour curieux.

PAULINE.
Tu me blâmais alors d'être trop importune.

STRATONICE.
Je ne prévoyais pas une telle infortune.

PAULINE.
Avant qu'abandonner mon âme à mes douleurs,
Il me faut essayer la force de mes pleurs ;
En qualité de femme ou de fille, j'espère
Qu'ils vaincront un époux ou fléchiront un père.
Que si sur l'un et l'autre ils manquent de pouvoir,
Je ne prendrai conseil que de mon désespoir. 820
Apprends-moi cependant ce qu'ils ont fait au temple.

STRATONICE.
C'est une impiété qui n'eut jamais d'exemple.
Je ne puis y penser sans frémir à l'instant,
Et crains de faire un crime en vous la racontant.
Apprenez en deux mots leur brutale insolence.
  Le prêtre avait à peine obtenu du silence,
Et devers l'orient assuré son aspect,
Qu'ils ont fait éclater leur manque de respect.
A chaque occasion de la cérémonie,
A l'envi l'un et l'autre étalait sa manie, 830
Des mystères sacrés hautement se moquait,
Et traitait de mépris les dieux qu'on invoquait.
Tout le peuple en murmure, et Félix s'en offense ;
Mais tous deux s'emportant à plus d'irrévérence,
« Quoi ! lui dit Polyeucte en élevant sa voix,
« Adorez-vous des dieux ou de pierre ou de bois ? »

Ici dispensez-moi du récit des blasphèmes
Qu'ils ont vomis tous deux contre Jupiter mêmes :
L'adultère et l'inceste en étaient les plus doux.
« Oyez, dit-il ensuite, oyez, peuple ; oyez tous. 840
« Le Dieu de Polyeucte et celui de Néarque
« De la terre et du ciel est l'absolu monarque,
« Seul être indépendant, seul maître du destin,
« Seul principe éternel, et souveraine fin.
« C'est ce Dieu des chrétiens qu'il faut qu'on remer-
« Des victoires qu'il donne à l'empereur Décie ; [cie
« Lui seul tient en sa main le succès des combats ;
« Il le veut élever, il le peut mettre à bas ;
« Sa bonté, son pouvoir, sa justice est immense ;
« C'est lui seul qui punit, lui seul qui récompense :
« Vous adorez en vain des monstres impuissants. » 851
Se jetant à ces mots sur le vin et l'encens,
Après en avoir mis les saints vases par terre,
Sans crainte de Félix, sans crainte du tonnerre,
D'une fureur pareille ils courent à l'autel.
Cieux ! a-t-on vu jamais, a-t-on rien vu de tel !
Du plus puissant des dieux nous voyons la statue
Par une main impie à leurs pieds abattue,
Les mystères troublés, le temple profané,
La fuite et les clameurs d'un peuple mutiné, 860
Qui craint d'être accablé sous le courroux céleste.
Félix... Mais le voici qui vous dira le reste.

  PAULINE.
Que son visage est sombre et plein d'émotion !
Qu'il montre de tristesse et d'indignation !

SCÈNE III.

FÉLIX, PAULINE, STRATONICE.

FÉLIX.
Une telle insolence avoir osé paraître!
En public! à ma vue! il en mourra, le traître.
PAULINE.
Souffrez que votre fille embrasse vos genoux.
FÉLIX.
Je parle de Néarque, et non de votre époux.
Quelque indigne qu'il soit de ce doux nom de gendre,
Mon âme lui conserve un sentiment plus tendre;
La grandeur de son crime et de mon déplaisir
N'a pas éteint l'amour qui me l'a fait choisir.
PAULINE.
Je n'attendais pas moins de la bonté d'un père.
FÉLIX.
Je pouvais l'immoler à ma juste colère :
Car vous n'ignorez pas à quel comble d'horreur
De son audace impie a monté la fureur ;
Vous l'avez pu savoir du moins de Stratonice.
PAULINE.
Je sais que de Néarque il doit voir le supplice.
FÉLIX.
Du conseil qu'il doit prendre il sera mieux instruit,
Quand il verra punir celui qui l'a séduit.
Au spectacle sanglant d'un ami qu'il faut suivre,
La crainte de mourir et le désir de vivre
Ressaisissent une âme avec tant de pouvoir,
Que qui voit le trépas cesse de le vouloir.
L'exemple touche plus que ne fait la menace :
Cette indiscrète ardeur tourne bientôt en glace,
Et nous verrons bientôt son cœur inquiété
Me demander pardon de tant d'impiété.

PAULINE.
Vous pouvez espérer qu'il change de courage?
FÉLIX.
Aux dépens de Néarque il doit se rendre sage. 890
PAULINE.
Il le doit, mais, hélas! où me renvoyez-vous?
Et quels tristes hasards ne court point mon époux,
Si de son inconstance il faut qu'enfin j'espère
Le bien que j'espérais de la bonté d'un père?
FÉLIX.
Je vous en fais trop voir, Pauline, à consentir
Qu'il évite la mort par un prompt repentir.
Je devais même peine à des crimes semblables;
Et, mettant différence entre ces deux coupables,
J'ai trahi la justice à l'amour paternel;
Je me suis fait pour lui moi-même criminel; 900
Et j'attendais de vous, au milieu de vos craintes,
Plus de remercîments que je n'entends de plaintes.
PAULINE.
De quoi remercier qui ne me donne rien?
Je sais quelle est l'humeur et l'esprit d'un chrétien.
Dans l'obstination jusqu'au bout il demeure:
Vouloir son repentir, c'est ordonner qu'il meure.
FÉLIX.
Sa grâce est en sa main, c'est à lui d'y rêver.
PAULINE.
Faites-la tout entière.
FÉLIX. Il la peut achever.
PAULINE.
Ne l'abandonnez pas aux fureurs de sa secte.
FÉLIX.
Je l'abandonne aux lois, qu'il faut que je respecte.
PAULINE.
Est-ce ainsi que d'un gendre un beau-père est l'appui?
FÉLIX.
Qu'il fasse autant pour soi comme je fais pour lui. 912

PAULINE.
Mais il est aveuglé.
FÉLIX. Mais il se plaît à l'être.
Qui chérit son erreur ne la veut pas connaître.
PAULINE.
Mon père, au nom des dieux...
FÉLIX. Ne les réclamez pas,
Ces dieux dont l'intérêt demande son trépas.
PAULINE.
Ils écoutent nos vœux.
FÉLIX. Eh bien ! qu'il leur en fasse.
PAULINE.
Au nom de l'empereur, dont vous tenez la place...
FÉLIX.
J'ai son pouvoir en main ; mais, s'il me l'a commis,
C'est pour le déployer contre ses ennemis.   920
PAULINE.
Polyeucte l'est-il ?
FÉLIX. Tous chrétiens sont rebelles.
PAULINE.
N'écoutez point pour lui ces maximes cruelles ;
En épousant Pauline il s'est fait votre sang.
FÉLIX.
Je regarde sa faute, et ne vois plus son rang.
Quand le crime d'État se mêle au sacrilége,
Le sang ni l'amitié n'ont plus de privilége.
PAULINE.
Quel excès de rigueur !
FÉLIX. Moindre que son forfait.
PAULINE.
O de mon songe affreux trop véritable effet !
Voyez-vous qu'avec lui vous perdez votre fille ?
FÉLIX.
Les dieux et l'empereur sont plus que ma famille
PAULINE.
La perte de tous deux ne vous peut arrêter !   931

FÉLIX.

'ai les dieux et Décie ensemble à redouter.
Iais nous n'avons encore à craindre rien de triste :
ans son aveuglement pensez-vous qu'il persiste
'il nous semblait tantôt courir à son malheur,
'est d'un nouveau chrétien la première chaleur.

PAULINE.

i vous l'aimez encor, quittez cette espérance
ue deux fois en un jour il change de croyance :
utre que les chrétiens ont plus de dureté,
ous attendez de lui trop de légèreté.   940
e n'est point une erreur avec le lait sucée,
ue sans l'examiner son âme ait embrassée ;
olyeucte est chrétien parce qu'il l'a voulu,
t vous portait au temple un esprit résolu.
ous devez présumer de lui comme du reste :
e trépas n'est pour eux ni honteux ni funeste ;
s cherchent de la gloire à mépriser nos dieux ;
veugles pour la terre, ils aspirent aux cieux ;
t, croyant que la mort leur en ouvre la porte,
ourmentés, déchirés, assassinés, n'importe,   950
es supplices leur sont ce qu'à nous les plaisirs,
t les mènent au but où tendent leurs désirs :
a mort la plus infâme ils l'appellent martyre.

FÉLIX.

h bien donc ! Polyeucte aura ce qu'il désire :
'en parlons plus.

PAULINE. Mon père...

SCÈNE IV.

FÉLIX, ALBIN, PAULINE, STRATONICE.

FÉLIX. Albin, en est-ce fait ?
ALBIN.
Oui, seigneur ; et Néarque a payé son forfait.
FÉLIX.
Et notre Polyeucte a vu trancher sa vie ?
ALBIN.
Il l'a vu, mais, hélas ! avec un œil d'envie.
Il brûle de le suivre, au lieu de reculer ;
Et son cœur s'affermit, au lieu de s'ébranler.   900
PAULINE.
Je vous le disais bien. Encore un coup, mon père,
Si jamais mon respect a pu vous satisfaire,
Si vous l'avez prisé, si vous l'avez chéri...
FÉLIX.
Vous aimez trop, Pauline, un indigne mari.
PAULINE.
Je l'ai de votre main : mon amour est sans crime ;
Il est de votre choix la glorieuse estime ;
Et j'ai, pour l'accepter, éteint le plus beau feu
Qui d'une âme bien née ait mérité l'aveu.
Au nom de cette aveugle et prompte obéissance
Que j'ai toujours rendue aux lois de la naissance,
Si vous avez pu tout sur moi, sur mon amour,   971
Que je puisse sur vous quelque chose à mon tour !
Par ce juste pouvoir à présent trop à craindre,
Par ces beaux sentiments qu'il m'a fallu contraindre,
Ne m'ôtez pas vos dons ; ils sont chers à mes yeux,
Et m'ont assez coûté pour m'être précieux.
FÉLIX.
Vous m'importunez trop : bien que j'aie un cœur ten-
[dre,

Act. III.]

Je n'aime la pitié qu'au prix que j'en veux prendre:
Employez mieux l'effort de vos justes douleurs;
Malgré moi m'en toucher, c'est perdre et temps et
[pleurs;
J'en veux être le maître, et je veux bien qu'on sache
Que je la désavoue alors qu'on me l'arrache. 932
Préparez-vous à voir ce malheureux chrétien;
Et faites votre effort quand j'aurai fait le mien.
Allez; n'irritez plus un père qui vous aime,
Et tâchez d'obtenir votre époux de lui-même.
Tantôt jusqu'en ce lieu je le ferai venir:
Cependant quittez-nous; je veux l'entretenir.

PAULINE.
De grâce, permettez...

FÉLIX. Laissez-nous seuls, vous dis-je;
Votre douleur m'offense autant qu'elle m'afflige. 990
A gagner Polyeucte appliquez tous vos soins;
Vous avancerez plus en m'importunant moins.

SCÈNE V

FÉLIX, ALBIN.

FÉLIX.
Albin, comme est-il mort?

ALBIN. En brutal, en impie,
En bravant les tourments, en dédaignant la vie,
Sans regret, sans murmure, et sans étonnement,
Dans l'obstination et l'endurcissement,
Comme un chrétien enfin, le blasphème à la bouche

FÉLIX.
Et l'autre?

ALBIN. Je l'ai dit déjà, rien ne le touche;
Loin d'en être abattu, son cœur en est plus haut;
On l'a violenté pour quitter l'échafaud: 1000

Il est dans la prison où je l'ai vu conduire ;
Mais vous êtes bien loin encor de le réduire.
    FÉLIX.
Que je suis malheureux !
                ALBIN. Tout le monde vous plaint.
    FÉLIX.
On ne sait pas les maux dont mon cœur est atteint;
De pensers sur pensers mon âme est agitée
De soucis sur soucis elle est inquiétée ;
Je sens l'amour, la haine, et la crainte, et l'espoir,
La joie et la douleur tour à tour l'émouvoir ;
J'entre en des sentiments qui ne sont pas croyables;
J'en ai de violents, j'en ai de pitoyables ;   1010
J'en ai de généreux qui n'oseraient agir ;
J'en ai même de bas, et qui me font rougir.
J'aime ce malheureux que j'ai choisi pour gendre,
Je hais l'aveugle erreur qui le vient de surprendre ;
Je déplore sa perte, et, le voulant sauver,
J'ai la gloire des dieux ensemble à conserver ;
Je redoute leur foudre et celui de Décie;
Il y va de ma charge, il y va de ma vie.
Ainsi tantôt pour lui je m'expose au trépas,
Et tantôt je le perds pour ne me perdre pas.   1020
    ALBIN.
Décie excusera l'amitié d'un beau-père ;
Et d'ailleurs Polyeucte est d'un sang qu'on révère.
    FÉLIX.
A punir les chrétiens son ordre est rigoureux ;
Et plus l'exemple est grand, plus il est dangereux :
On ne distingue point quand l'offense est publique ;
Et, lorsqu'on dissimule un crime domestique,
Par quelle autorité peut-on, par quelle loi,
Châtier en autrui ce qu'on souffre chez soi ?
    ALBIN.
Si vous n'osez avoir d'égard à sa personne,

Écrivez à Décie afin qu'il en ordonne. 1030

FÉLIX.

Sévère me perdrait, si j'en usais ainsi :
Sa haine et son pouvoir font mon plus grand souci.
Si j'avais différé de punir un tel crime,
Quoiqu'il soit généreux, quoiqu'il soit magnanime,
Il est homme, et sensible, et je l'ai dédaigné ;
Et de tant de mépris son esprit indigné,
Que met au désespoir cet hymen de Pauline,
Du courroux de Décie obtiendrait ma ruine.
Pour venger un affront tout semble être permis,
Et les occasions tentent les plus remis. 1040
Peut-être, et ce soupçon n'est pas sans apparence,
Il rallume en son cœur déjà quelque espérance ;
Et, croyant bientôt voir Polyeucte puni,
Il rappelle un amour à grand'peine banni.
Juge si sa colère, en ce cas implacable,
Me ferait innocent de sauver un coupable,
Et s'il m'épargnerait, voyant par mes bontés
Une seconde fois ses desseins avortés.
 Te dirai-je un penser indigne, bas, et lâche ? 1050
Je l'étouffe ; il renaît ; il me flatte, et me fâche :
L'ambition toujours me le vient présenter ;
Et tout ce que je puis, c'est de le détester.
Polyeucte est ici l'appui de ma famille ;
Mais si, par son trépas, l'autre épousait ma fille,
J'acquerrais bien par là de plus puissants appuis
Qui me mettraient plus haut cent fois que je ne suis.
Mon cœur en prend par force une maligne joie :
Mais que plutôt le ciel à tes yeux me foudroie,
Qu'à des pensers si bas je puisse consentir,
Que jusque-là ma gloire ose se démentir ! 1060

ALBIN.

Votre cœur est trop bon et votre âme trop haute.
Mais vous résolvez-vous à punir cette faute ?

FÉLIX.
Je vais dans la prison faire tout mon effort
A vaincre cet esprit par l'effroi de la mort ;
Et nous verrons après ce que pourra Pauline.
ALBIN.
Que ferez-vous enfin, si toujours il s'obstine ?
FÉLIX.
Ne me presse point tant; dans un tel déplaisir,
Je ne puis que résoudre et ne sais que choisir.
ALBIN.
Je dois vous avertir, en serviteur fidèle,
Qu'en sa faveur déjà la ville se rebelle, 1070
Et ne peut voir passer par la rigueur des lois
Sa dernière espérance et le sang de ses rois.
Je tiens sa prison même assez mal assurée ;
J'ai laissé tout autour une troupe éplorée ;
Je crains qu'on ne la force.
      FÉLIX. Il faut donc l'en tirer,
Et l'amener ici pour nous en assurer.
ALBIN.
Tirez-l'en donc vous-même, et d'un espoir de grâce
Apaisez la fureur de cette populace.
FÉLIX.
Allons, et, s'il persiste à demeurer chrétien,
Nous en disposerons sans qu'elle en sache rien.

ACTE QUATRIÈME.

SCÈNE I.

POLYEUCTE, CLÉON, *trois autres gardes.*

POLYEUCTE.
Gardes, que me veut-on ?
                    CLÉON. Pauline vous demande.
POLYEUCTE.
O présence, ô combat que surtout j'appréhende ! 1082
Félix, dans la prison j'ai triomphé de toi,
J'ai ri de ta menace et t'ai vu sans effroi :
Tu prends pour t'en venger de plus puissantes armes ;
Je craignais beaucoup moins tes bourreaux que ses
                    [larmes.
    Seigneur, qui vois ici les périls que je cours
En ce pressant besoin redouble ton secours ;
Et toi qui, tout sortant encor de la victoire,
Regardes mes travaux du séjour de la gloire, 1090
Cher Néarque, pour vaincre un si fort ennemi.
Prête du haut du ciel la main à ton ami.
    Gardes, oseriez-vous me rendre un bon office ?
Non pour me dérober aux rigueurs du supplice
Ce n'est pas mon dessein qu'on me fasse évader ;
Mais comme il suffira de trois à me garder
L'autre m'obligerait d'aller querir Sévère.
Je crois que sans péril on peut me satisfaire :
Si j'avais pu lui dire un secret important,
Il vivrait plus heureux, et je mourrais content.
        CLÉON.
Si vous me l'ordonnez, j'y cours en diligence.

POLYEUCTE.
Sévère à mon défaut fera ta récompense. 1102
Va, ne perds point de temps, et reviens promptement.
CLÉON.
Je serai de retour, seigneur, dans un moment.

SCÈNE II.

POLYEUCTE, *seul*.

(Les gardes se retirent aux côtés du théâtre.)

Source délicieuse, en misères féconde,
Que voulez-vous de moi, flatteuses voluptés ?
Honteux attachements de la chair et du monde,
Que ne me quittez-vous, quand je vous ai quittés !
Allez, honneurs, plaisirs, qui me livrez la guerre :
    Toute votre félicité, 1110
    Sujette à l'instabilité,
  En moins de rien tombe par terre ;
  Et comme elle a l'éclat du verre,
    Elle en a la fragilité.

Ainsi n'espérez pas qu'après vous je soupire.
Vous étalez en vain vos charmes impuissants
Vous me montrez en vain par tout ce vaste empire
Les ennemis de Dieu pompeux et florissants :
Il étale à son tour des revers équitables
    Par qui les grands sont confondus ; 1120
    Et les glaives qu'il tient pendus
    Sur les plus fortunés coupables
    Sont d'autant plus inévitables,
    Que leurs coups sont moins attendus.

Tigre altéré de sang, Décie impitoyable
Ce Dieu t'a trop longtemps abandonné les siens :
De ton heureux destin vois la suite effroyable ;
Le Scythe va venger la Perse et les chrétiens.
Encore un peu plus outre, et ton heure est venue ;
  Rien ne t'en saurait garantir ;   1130
  Et la foudre qui va partir,
  Toute prête à crever la nue,
  Ne peut plus être retenue
  Par l'attente du repentir.

Que cependant Félix m'immole à ta colère ;
Qu'un rival plus puissant éblouisse ses yeux
Qu'aux dépens de ma vie il s'en fasse beau-père
Et qu'à titre d'esclave il commande en ces lieux :
Je consens, ou plutôt j'aspire à ma ruine.
  Monde, pour moi tu n'as plus rien :   1140
  Je porte en un cœur tout chrétien
  Une flamme toute divine ;
  Et je ne regarde Pauline
  Que comme un obstacle à mon bien.

Saintes douceurs du ciel, adorables idées,
Vous remplissez un cœur qui vous peut recevoir :
De vos sacrés attraits les âmes possédées
Ne conçoivent plus rien qui les puisse émouvoir.
Vous promettez beaucoup, et donnez davantage :
  Vos biens ne sont point inconstants,   1150
  Et l'heureux trépas que j'attends
  Ne vous sert que d'un doux passage
  Pour nous introduire au partage
  Qui nous rend à jamais contents.

C'est vous, ô feu divin que rien ne peut éteindre,
Qui m'allez faire voir Pauline sans la craindre.
Je la vois : mais mon cœur, d'un saint zèle enflammé,

N'en goûte plus l'appas dont il était charmé ;
Et mes yeux, éclairés des célestes lumières,
Ne trouvent plus aux siens leurs grâces coutumières.

SCÈNE III.

POLYEUCTE, PAULINE, *gardes*.

POLYEUCTE.
Madame, quel dessein vous fait me demander ? 1161
Est-ce pour me combattre ou pour me seconder ?
Cet effort généreux de votre amour parfaite
Vient-il à mon secours, vient-il à ma défaite ?
Apportez-vous ici la haine ou l'amitié,
Comme mon ennemie ou ma chère moitié ?

PAULINE.
Vous n'avez point ici d'ennemi que vous-même ;
Seul vous vous haïssez lorsque chacun vous aime ;
Seul vous exécutez tout ce que j'ai rêvé :
Ne veuillez pas vous perdre, et vous êtes sauvé.
A quelque extrémité que votre crime passe, 1171
Vous êtes innocent si vous vous faites grâce.
Daignez considérer le sang dont vous sortez,
Vos grandes actions, vos rares qualités ;
Chéri de tout le peuple, estimé chez le prince,
Gendre du gouverneur de toute la province,
Je ne vous compte à rien le nom de mon époux :
C'est un bonheur pour moi qui n'est pas grand pour
Mais après vos exploits, après votre naissance, [vous;
Après votre pouvoir, voyez notre espérance ; 1180
Et n'abandonnez pas à la main d'un bourreau
Ce qu'à nos justes vœux promet un sort si beau.

POLYEUCTE.
Je considère plus ; je sais mes avantages,
Et l'espoir que sur eux forment les grands courages.

Ils n'aspirent enfin qu'à des biens passagers,
Que troublent les soucis, que suivent les dangers ;
La mort nous les ravit, la fortune s'en joue :
Aujourd'hui dans le trône, et demain dans la boue ;
Et leur plus haut éclat fait tant de mécontents,
Que peu de vos Césars en ont joui longtemps. 1190
 J'ai de l'ambition, mais plus noble et plus belle :
Cette grandeur périt, j'en veux une immortelle,
Un bonheur assuré, sans mesure et sans fin,
Au-dessus de l'envie, au-dessus du destin.
Est-ce trop l'acheter que d'une triste vie,
Qui tantôt, qui soudain, me peut être ravie ;
Qui ne me fait jouir que d'un instant qui fuit,
Et ne peut m'assurer de celui qui le suit ?

PAULINE.

Voilà de vos chrétiens les ridicules songes ; [songes :
Voilà jusqu'à quel point vous charment leurs men-
Tout votre sang est peu pour un bonheur si doux !
Mais, pour en disposer, ce sang est-il à vous ? 1202
Vous n'avez pas la vie ainsi qu'un héritage ;
Le jour qui vous la donne en même temps l'engage :
Vous la devez au prince, au public, à l'État.

POLYEUCTE.

Je la voudrais pour eux perdre dans un combat ;
Je sais quel en est l'heur et quelle en est la gloire.
Des aïeux de Décie on vante la mémoire ;
Et ce nom, précieux encore à vos Romains,
Au bout de six cents ans lui met l'empire aux mains.
Je dois ma vie au peuple, au prince, à sa couronne ;
Mais je la dois bien plus au Dieu qui me la donne.
Si mourir pour son prince est un illustre sort, 1213
Quand on meurt pour son Dieu, quelle sera la mort !

PAULINE.

Quel Dieu !

POLYEUCTE. Tout beau, Pauline : il entend vos paroles ;
Et ce n'est pas un Dieu comme vos dieux frivoles.

Insensibles et sourds, impuissants, mutilés,
De bois, de marbre, ou d'or, comme vous les voulez :
C'est le Dieu des chrétiens, c'est le mien, c'est le vôtre ;
Et la terre et le ciel n'en connaissent point d'autre.
  PAULINE.
Adorez-le dans l'âme, et n'en témoignez rien.   1225
  POLYEUCTE.
Que je sois tout ensemble idolâtre et chrétien !
  PAULINE.
Ne feignez qu'un moment : laissez partir Sévère,
Et donnez lieu d'agir aux bontés de mon père.
  POLYEUCTE.
Les bontés de mon Dieu sont bien plus à chérir :
Il m'ôte des périls que j'aurais pu courir,
Et, sans me laisser lieu de tourner en arrière,
Sa faveur me couronne entrant dans la carrière ;
Du premier coup de vent il me conduit au port,
Et, sortant du baptême, il m'envoie à la mort.   1230
Si vous pouviez comprendre et le peu qu'est la vie,
Et de quelles douceurs cette mort est suivie...
Mais que sert de parler de ces trésors cachés
A des esprits que Dieu n'a pas encor touchés ?
  PAULINE.
Cruel ! car il est temps que ma douleur éclate,
Et qu'un juste reproche accable une âme ingrate ;
Est-ce là ce beau feu ? sont-ce là tes serments ?
Témoignes-tu pour moi les moindres sentiments ?
Je ne te parlais point de l'état déplorable
Où ta mort va laisser ta femme inconsolable ;   1240
Je croyais que l'amour t'en parlerait assez,
Et je ne voulais pas de sentiments forcés :
Mais cette amour si ferme et si bien méritée
Que tu m'avais promise, et que je t'ai portée,
Quand tu me veux quitter, quand tu me fais mourir,
Te peut-elle arracher une larme, un soupir ?
Tu me quittes, ingrat, et le fais avec joie ;

Tu ne la caches pas, tu veux que je la voie;
Et ton cœur, insensible à ces tristes appas,
Se figure un bonheur où je ne serai pas ! 1250
C'est donc là le dégoût qu'apporte l'hyménée ?
Je te suis odieuse après m'être donnée !
POLYEUCTE.
Hélas !
PAULINE. Que cet hélas a de peine à sortir !
Encor s'il commençait un heureux repentir,
Que, tout forcé qu'il est, j'y trouverais de charmes!
Mais courage, il s'émeut, je vois couler des larmes.
POLYEUCTE.
J'en verse, et plût à Dieu qu'à force d'en verser
Ce cœur trop endurci se pût enfin percer !
Le déplorable état où je vous abandonne
Est bien digne des pleurs que mon amour vous donne;
Et si l'on peut au ciel sentir quelques douleurs,
J'y pleurerai pour vous l'excès de vos malheurs : 1262
Mais si, dans ce séjour de gloire et de lumière,
Ce Dieu tout juste et bon peut souffrir ma prière,
S'il y daigne écouter un conjugal amour,
Sur votre aveuglement il répandra le jour.
  Seigneur, de vos bontés il faut que je l'obtienne;
Elle a trop de vertus pour n'être pas chrétienne :
Avec trop de mérite il vous plut la former,
Pour ne vous pas connaître et ne vous pas aimer,
Pour vivre des enfers esclave infortunée, 1271
Et sous leur triste joug mourir comme elle est née.
PAULINE.
Que dis-tu, malheureux ? qu'oses-tu souhaiter ?
POLYEUCTE.
Ce que de tout mon sang je voudrais acheter.
PAULINE.
Que plutôt !...
POLYEUCTE. C'est en vain qu'on se met en défense
Ce Dieu touche les cœurs lorsque moins on y pense.

Ce bienheureux moment n'est pas encor venu :
Il viendra ; mais le temps ne m'en est pas connu.
####### PAULINE.
Quittez cette chimère, et m'aimez.
################## POLYEUCTE. Je vous aime,
Beaucoup moins que mon Dieu, mais bien plus que
####### PAULINE. [moi-même.
Au nom de cet amour, ne m'abandonnez pas. 1281
####### POLYEUCTE.
Au nom de cet amour, daignez suivre mes pas.
####### PAULINE.
C'est peu de me quitter, tu veux donc me séduire ?
####### POLYEUCTE.
C'est peu d'aller au ciel, je vous y veux conduire.
####### PAULINE.
Imaginations !
####### POLYEUCTE. Célestes vérités !
####### PAULINE.
Étrange aveuglement !
############ POLYEUCTE. Éternelles clartés !
####### PAULINE.
Tu préfères la mort à l'amour de Pauline !
####### POLYEUCTE.
Vous préférez le monde à la bonté divine !
####### PAULINE.
Va, cruel, va mourir, tu ne m'aimas jamais.
####### POLYEUCTE.
Vivez heureuse au monde, et me laissez en paix.
####### PAULINE.
Oui, je t'y vais laisser ; ne t'en mets plus en peine ;
Je vais...

SCÈNE IV.

SÉVÈRE, POLYEUCTE, PAULINE, FABIAN, *gardes.*

PAULINE. Mais quel dessein en ce lieu vous amène,
Sévère ? aurait-on cru qu'un cœur si généreux   1293
Dût venir jusqu'ici braver un malheureux ?

POLYEUCTE.

Vous traitez mal, Pauline, un si rare mérite ;
À ma seule prière il rend cette visite.
Je vous ai fait, seigneur, une incivilité,
Que vous pardonnerez à ma captivité.
Possesseur d'un trésor dont je n'étais pas digne,
Souffrez avant ma mort que je vous le résigne,
Et laisse la vertu la plus rare à nos yeux   1301
Qu'une femme jamais pût recevoir des cieux
Aux mains du plus vaillant et du plus honnête homme
Qu'ait adoré la terre et qu'ait vu naître Rome.
Vous êtes digne d'elle, elle est digne de vous ;
Ne la refusez pas de la main d'un époux :
S'il vous a désunis, sa mort vous va rejoindre.
Qu'un feu jadis si beau n'en devienne pas moindre ;
Rendez-lui votre cœur, et recevez sa foi :
Vivez heureux ensemble, et mourez comme moi :
C'est le bien qu'à tous deux Polyeucte désire.   1311
Qu'on me mène à la mort, je n'ai plus rien à dire.
Allons, gardes, c'est fait.

SCÈNE V.

SÉVÈRE, PAULINE, FABIAN.

SÉVÈRE. Dans mon étonnement,
Je suis confus pour lui de son aveuglement ;
Sa résolution a si peu de pareilles,
Qu'à peine je me lie encore à mes oreilles.
Un cœur qui vous chérit (mais quel cœur assez bas
Aurait pu vous connaître et ne vous chérir pas ?),
Un homme aimé de vous, sitôt qu'il vous possède,
Sans regret il vous quitte : il fait plus, il vous cède ;
Et, comme si vos feux étaient un don fatal, 1321
Il en fait un présent lui-même à son rival !
Certes, ou les chrétiens ont d'étranges manies,
Ou leurs félicités doivent être infinies,
Puisque, pour y prétendre, ils osent rejeter
Ce que de tout l'empire il faudrait acheter.
Pour moi, si mes destins, un peu plus tôt propices,
Eussent de votre hymen honoré mes services,
Je n'aurais adoré que l'éclat de vos yeux,
J'en aurais fait mes rois, j'en aurais fait mes dieux ;
On m'aurait mis en poudre, on m'aurait mis en
Avant que... [cendre,

PAULINE. Brisons là ; je crains de trop entendre, 1332
Et que cette chaleur, qui sent vos premiers feux,
Ne pousse quelque suite indigne de tous deux.
Sévère, connaissez Pauline tout entière.
Mon Polyeucte touche à son heure dernière ;
Pour achever de vivre il n'a plus qu'un moment :
Vous en êtes la cause, encor qu'innocemment.
Je ne sais si votre âme, à vos désirs ouverte,
Aurait osé former quelque espoir sur sa perte ;
Mais sachez qu'il n'est point de si cruels trépas

Où d'un front assuré je ne porte mes pas, 1342
Qu'il n'est point aux enfers d'horreurs que je n'en-
Plutôt que de souiller une gloire si pure, [dure,
Que d'épouser un homme, après son triste sort,
Qui de quelque façon soit cause de sa mort :
Et, si vous me croyez d'une âme si peu saine,
L'amour que j'eus pour vous tournerait tout en haine.
Vous êtes généreux ; soyez-le jusqu'au bout.
Mon père est en état de vous accorder tout : 1350
Il vous craint; et j'avance encor cette parole,
Que, s'il perd mon époux, c'est à vous qu'il l'immole.
Sauvez ce malheureux, employez-vous pour lui ;
Faites-vous un effort pour lui servir d'appui.
Je sais que c'est beaucoup que ce que je demande ;
Mais plus l'effort est grand, plus la gloire en est grande.
Conserver un rival dont vous êtes jaloux,
C'est un trait de vertu qui n'appartient qu'à vous ;
Et si ce n'est assez de votre renommée,
C'est beaucoup qu'une femme, autrefois tant aimée,
Et dont l'amour peut-être encor vous peut toucher,
Doive à votre grand cœur ce qu'elle a de plus cher :
Souvenez-vous enfin que vous êtes Sévère. 1363
Adieu. Résolvez seul ce que vous devez faire ;
Si vous n'êtes pas tel que je l'ose espérer,
Pour vous priser encor je le veux ignorer.

SCÈNE VI.

SÉVÈRE, FABIAN.

SÉVÈRE.
Qu'est-ce ci, Fabian? quel nouveau coup de foudre
Tombe sur mon bonheur et le réduit en poudre !
Plus je l'estime près, plus il est éloigné ;
Je trouve tout perdu, quand je crois tout gagné ;

Et toujours la fortune, à me nuire obstinée, 1371
Tranche mon espérance aussitôt qu'elle est née;
Avant qu'offrir des vœux je reçois des refus :
Toujours triste, toujours et honteux et confus
De voir que lâchement elle ait osé renaître,
Qu'encor plus lâchement elle ait osé paraître;
Et qu'une femme enfin dans la calamité
Me fasse des leçons de générosité.
  Votre belle âme est haute autant que malheureuse;
Mais elle est inhumaine autant que généreuse, 1380
Pauline; et vos douleurs avec trop de rigueur
D'un amant tout à vous tyrannisent le cœur.
C'est donc peu de vous perdre, il faut que je vous donne
Que je serve un rival lorsqu'il vous abandonne;
Et que, par un cruel et généreux effort,
Pour vous rendre en ses mains je l'arrache à la mort!

FABIAN.

Laissez à son destin cette ingrate famille :
Qu'il accorde, s'il veut, le père avec la fille,
Polyeucte et Félix, l'épouse avec l'époux :
D'un si cruel effort quel prix espérez-vous? 1390

SÉVÈRE.

La gloire de montrer à cette âme si belle
Que Sévère l'égale, et qu'il est digne d'elle,
Qu'elle m'était bien due, et que l'ordre des cieux
En me la refusant m'est trop injurieux.

FABIAN.

Sans accuser le sort ni le ciel d'injustice,
Prenez garde au péril qui suit un tel service;
Vous hasardez beaucoup, seigneur, pensez-y bien.
Quoi! vous entreprenez de sauver un chrétien!
Pouvez-vous ignorer pour cette secte impie
Quelle est et fut toujours la haine de Décie? 1400
C'est un crime vers lui si grand, si capital,
Qu'à votre faveur même il peut être fatal.

SÉVÈRE.
Cet avis serait bon pour quelque âme commune.
S'il tient entre ses mains ma vie et ma fortune,
Je suis encor Sévère ; et tout ce grand pouvoir
Ne peut rien sur ma gloire et rien sur mon devoir.
Ici l'honneur m'oblige, et j'y veux satisfaire ;
Qu'après le sort se montre ou propice ou contraire,
Comme son naturel est toujours inconstant,
Périssant glorieux, je périrai content. 1410
   Je te dirai bien plus, mais avec confidence,
La secte des chrétiens n'est pas ce que l'on pense :
On les hait ; la raison, je ne la connais point ;
Et je ne vois Décie injuste qu'en ce point.
Par curiosité j'ai voulu les connaître :
On les tient pour sorciers dont l'enfer est le maître ;
Et sur cette croyance on punit du trépas
Des mystères secrets que nous n'entendons pas.
Mais Cérès Éleusine, et la Bonne Déesse,
Ont leurs secrets comme eux à Rome et dans la Grèce ;
Encore impunément nous souffrons en tous lieux,
Leur Dieu seul excepté, toute sorte de dieux : 1422
Tous les monstres d'Égypte ont leurs temples dans
                                                               [Rome ;
Nos aïeux à leur gré faisaient un dieu d'un homme ;
Et, leur sang parmi nous conservant leurs erreurs,
Nous remplissons le ciel de tous nos empereurs :
Mais, à parler sans fard de tant d'apothéoses,
L'effet est bien douteux de ces métamorphoses.
   Les chrétiens n'ont qu'un Dieu, maître absolu de
De qui le seul vouloir fait tout ce qu'il résout : [tout,
Mais, si j'ose entre nous dire ce qu'il me semble,
Les nôtres bien souvent s'accordent mal ensemble ;
Et, me dût leur colère écraser à tes yeux, 1433
Nous en avons beaucoup pour être de vrais dieux.
Enfin chez les chrétiens les mœurs sont innocentes,
Les vices détestés, les vertus florissantes ;

Ils font des vœux pour nous qui les persécutons ;
Et, depuis tant de temps que nous les tourmentons,
Les a-t-on vus mutins ? les a-t-on vus rebelles ?
Nos princes ont-ils eu des soldats plus fidèles ? 1440
Furieux dans la guerre, ils souffrent nos bourreaux ;
Et, lions au combat, ils meurent en agneaux.
J'ai trop de pitié d'eux pour ne les pas défendre.
Allons trouver Félix ; commençons par son gendre ;
Et contentons ainsi, d'une seule action,
Et Pauline, et ma gloire, et ma compassion.

ACTE CINQUIÈME.

SCÈNE I.

FÉLIX, ALBIN, CLÉON.

FÉLIX.
Albin, as-tu bien vu la fourbe de Sévère ?
As-tu bien vu sa haine ? et vois-tu ma misère ?
ALBIN.
Je n'ai vu rien en lui qu'un rival généreux,
Et ne vois rien en vous qu'un père rigoureux. 1450
FÉLIX.
Que tu discernes mal le cœur d'avec la mine !
Dans l'âme il hait Félix et dédaigne Pauline ;
Et, s'il l'aima jadis, il estime aujourd'hui
Les restes d'un rival trop indignes de lui.
Il parle en sa faveur, il me prie, il menace,
Et me perdra, dit-il, si je ne lui fais grâce ;
Tranchant du généreux, il croit m'épouvanter
L'artifice est trop lourd pour ne pas l'éventer.

Je sais des gens de cour quelle est la politique,
J'en connais mieux que lui la plus fine pratique. 1460
C'est en vain qu'il tempête et feint d'être en fureur ;
Je vois ce qu'il prétend auprès de l'empereur.
De ce qu'il me demande il m'y ferait un crime,
Épargnant son rival, je serais sa victime ;
Et s'il avait à faire à quelque maladroit,
Le piége est bien tendu, sans doute il le perdroit :
Mais un vieux courtisan est un peu moins crédule ;
Il voit quand on le joue, et quand on dissimule ;
Et moi j'en ai tant vu de toutes les façons,
Qu'à lui-même au besoin j'en ferais des leçons. 1470

ALBIN.

Dieux ! que vous vous gênez par cette défiance !

FÉLIX.

Pour subsister en cour c'est la haute science.
Quand un homme une fois a droit de nous haïr,
Nous devons présumer qu'il cherche à nous trahir ;
Toute son amitié nous doit être suspecte.
Si Polyeucte enfin n'abandonne sa secte,
Quoi que son protecteur ait pour lui dans l'esprit,
Je suivrai hautement l'ordre qui m'est prescrit.

ALBIN.

Grâce, grâce, seigneur ! que Pauline l'obtienne !

FÉLIX.

Celle de l'empereur ne suivrait pas la mienne ; 1480
Et, loin de le tirer de ce pas dangereux,
Ma bonté ne ferait que nous perdre tous deux.

ALBIN.

Mais Sévère promet...

FÉLIX. Albin, je m'en défie,
Et connais mieux que lui la haine de Décie ;
En faveur des chrétiens s'il choquait son courroux,
Lui-même assurément se perdrait avec nous.
  Je veux tenter pourtant encore une autre voie.
Amenez Polyeucte ; et si je le renvoie,

S'il demeure insensible à ce dernier effort,
Au sortir de ce lieu qu'on lui donne la mort. 1490
    ALBIN.
Votre ordre est rigoureux.
                    FÉLIX. Il faut que je le suive,
Si je veux empêcher qu'un désordre n'arrive.
Je vois le peuple ému pour prendre son parti;
Et toi-même tantôt tu m'en as averti :
Dans ce zèle pour lui qu'il fait déjà paraître
Je ne sais si longtemps j'en pourrais être maître;
Peut-être dès demain, dès la nuit, dès ce soir,
J'en verrais des effets que je ne veux pas voir;
Et Sévère aussitôt, courant à sa vengeance,
M'irait calomnier de quelque intelligence. 1500
Il faut rompre ce coup qui me serait fatal.
    ALBIN.
Que tant de prévoyance est un étrange mal !
Tout vous nuit, tout vous perd, tout vous fait de l'om-
                                        [brage :
Mais voyez que sa mort mettra ce peuple en rage;
Que c'est mal le guérir que le désespérer.
    FÉLIX.
En vain après sa mort il voudra murmurer;
Et, s'il ose venir à quelque violence,
C'est à faire à céder deux jours à l'insolence :
J'aurai fait mon devoir, quoi qu'il puisse arriver.
Mais Polyeucte vient, tâchons à le sauver. 1510
Soldats, retirez-vous, et gardez bien la porte

SCÈNE II.

FÉLIX, POLYEUCTE, ALBIN.

FÉLIX.

As-tu donc pour la vie une haine si forte,
Malheureux Polyeucte? et la loi des chrétiens
T'ordonne-t-elle ainsi d'abandonner les tiens?

POLYEUCTE.

Je ne hais point la vie, et j'en aime l'usage,
Mais sans attachement qui sente l'esclavage,
Toujours prêt à la rendre au Dieu dont je la tiens:
La raison me l'ordonne, et la loi des chrétiens;
Et je vous montre à tous par là comme il faut vivre,
Si vous avez le cœur assez bon pour me suivre. 1520

FÉLIX.

Te suivre dans l'abîme où tu te veux jeter?

POLYEUCTE.

Mais plutôt dans la gloire où je m'en vais monter.

FÉLIX.

Donne-moi pour le moins le temps de la connaître:
Pour me faire chrétien, sers-moi de guide à l'être;
Et ne dédaigne pas de m'instruire en ta foi,
Ou toi-même à ton Dieu tu répondras de moi.

POLYEUCTE.

N'en riez point, Félix, il sera votre juge;
Vous ne trouverez point devant lui de refuge;
Les rois et les bergers y sont d'un même rang:
De tous les siens sur vous il vengera le sang. 1530

FÉLIX.

Je n'en répandrai plus, et, quoi qu'il en arrive,
Dans la foi des chrétiens je souffrirai qu'on vive;
J'en serai protecteur.

POLYEUCTE. Non, non, persécutez,
Et soyez l'instrument de nos félicités :
Celle d'un vrai chrétien n'est que dans les souffrances;
Les plus cruels tourments lui sont des récompenses.
Dieu, qui rend le centuple aux bonnes actions,
Pour comble donne encor les persécutions :
Mais ces secrets pour vous sont fâcheux à comprendre;
Ce n'est qu'à ses élus que Dieu les fait entendre.

FÉLIX.

Je te parle sans fard, et veux être chrétien. 1541

POLYEUCTE.

Qui peut donc retarder l'effet d'un si grand bien?

FÉLIX.

La présence importune...

POLYEUCTE. Et de qui? de Sévère?

FÉLIX.

Pour lui seul contre toi j'ai feint tant de colère :
Dissimule un moment jusques à son départ.

POLYEUCTE.

Félix, c'est donc ainsi que vous parlez sans fard?
Portez à vos païens, portez à vos idoles,
Le sucre empoisonné que sèment vos paroles.
Un chrétien ne craint rien, ne dissimule rien;
Aux yeux de tout le monde il est toujours chrétien.

FÉLIX.

Ce zèle de ta foi ne sert qu'à te séduire, 1551
Si tu cours à la mort plutôt que de m'instruire.

POLYEUCTE.

Je vous en parlerais ici hors de saison :
Elle est un don du ciel, et non de la raison;
Et c'est là que bientôt, voyant Dieu face à face,
Plus aisément pour vous j'obtiendrai cette grâce.

FÉLIX.

Ta perte cependant me va désespérer.

POLYEUCTE.

Vous avez en vos mains de quoi la réparer ;
En vous ôtant un gendre, on vous en donne un autre
Dont la condition répond mieux à la vôtre ; 1560
Ma perte n'est pour vous qu'un change avantageux.

FÉLIX.

Cesse de me tenir ce discours outrageux.
Je t'ai considéré plus que tu ne mérites ;
Mais, malgré ma bonté, qui croît plus tu l'irrites,
Cette insolence enfin te rendrait odieux,
Et je me vengerais aussi bien que nos dieux

POLYEUCTE.

Quoi ! vous changez bientôt d'humeur et de langage !
Le zèle de vos dieux rentre en votre courage !
Celui d'être chrétien s'échappe ! et par hasard
Je vous viens d'obliger à me parler sans fard ! 1570

FÉLIX.

Va, ne présume pas que, quoi que je te jure,
De tes nouveaux docteurs je suive l'imposture.
Je flattais ta manie, afin de t'arracher
Du honteux précipice où tu vas trébucher ;
Je voulais gagner temps pour ménager ta vie
Après l'éloignement d'un flatteur de Décie :
Mais j'ai trop fait d'injure à nos dieux tout-puissants ;
Choisis de leur donner ton sang, ou de l'encens.

POLYEUCTE.

Mon choix n'est point douteux. Mais j'aperçois Pau-
O ciel ! [line :

SCÈNE III.

PAULINE, FÉLIX, POLYEUCTE, ALBIN

PAULINE. Qui de vous deux aujourd'hui m'assassine ?

Sont-ce tous deux ensemble, ou chacun à son tour?
Ne pourrai-je fléchir la nature ou l'amour? 1582
Et n'obtiendrai-je rien d'un époux ni d'un père?
FÉLIX.
Parlez à votre époux. POLYEUCTE. Vivez avec Sévère.
PAULINE.
Tigre, assassine-moi du moins sans m'outrager.
POLYEUCTE.
Mon amour, par pitié, cherche à vous soulager;
Il voit quelle douleur dans l'âme vous possède,
Et sait qu'un autre amour en est le seul remède.
Puisqu'un si grand mérite a pu vous enflammer,
Sa présence toujours a droit de vous charmer : 1590
Vous l'aimiez, il vous aime, et sa gloire augmentée....
PAULINE.
Que t'ai-je fait, cruel, pour être ainsi traitée,
Et pour me reprocher, au mépris de ma foi,
Un amour si puissant que j'ai vaincu pour toi?
Vois, pour te faire vaincre un si fort adversaire,
Quels efforts à moi-même il a fallu me faire;
Quels combats j'ai donnés pour te donner un cœur
Si justement acquis à son premier vainqueur;
Et si l'ingratitude en ton cœur ne domine,
Fais quelque effort sur toi pour te rendre à Pauline:
Apprends d'elle à forcer ton propre sentiment; 1601
Prends sa vertu pour guide en ton aveuglement;
Souffre que de toi-même elle obtienne ta vie,
Pour vivre sous tes lois à jamais asservie.
Si tu peux rejeter de si justes désirs,
Regarde au moins ses pleurs, écoute ses soupirs;
Ne désespère pas une âme qui t'adore.
POLYEUCTE.
Je vous l'ai déjà dit, et vous le dis encore,
Vivez avec Sévère, ou mourez avec moi. 1609

Je ne méprise point vos pleurs ni votre foi ;
Mais, de quoi que pour vous notre amour m'entre-
[tienne,
Je ne vous connais plus, si vous n'êtes chrétienne.
C'en est assez : Félix, reprenez ce courroux
Et sur cet insolent vengez vos dieux et vous.

PAULINE.

Ah! mon père, son crime à peine est pardonnable ;
Mais s'il est insensé, vous êtes raisonnable :
La nature est trop forte, et ses aimables traits
Imprimés dans le sang ne s'effacent jamais ;
Un père est toujours père, et sur cette assurance
J'ose appuyer encore un reste d'espérance. 1620
 Jetez sur votre fille un regard paternel :
Ma mort suivra la mort de ce cher criminel ;
Et les dieux trouveront sa peine illégitime,
Puisqu'elle confondra l'innocence et le crime ;
Et qu'elle changera, par ce redoublement,
En injuste rigueur un juste châtiment :
Nos destins, par vos mains rendus inséparables,
Nous doivent rendre heureux ensemble, ou miséra-
Et vous seriez cruel jusques au dernier point, [bles ;
Si vous désunissiez ce que vous avez joint. 1630
Un cœur à l'autre uni jamais ne se retire ;
Et pour l'en séparer il faut qu'on le déchire.
Mais vous êtes sensible à mes justes douleurs,
Et d'un œil paternel vous regardez mes pleurs.

FÉLIX.

Oui, ma fille, il est vrai qu'un père est toujours père :
Rien n'en peut effacer le sacré caractère ;
Je porte un cœur sensible, et vous l'avez percé.
Je me joins avec vous contre cet insensé.
 Malheureux Polyeucte, es-tu seul insensible ?
Et veux-tu rendre seul ton crime irrémissible ? 1640
Peux-tu voir tant de pleurs d'un œil si détaché ?
Peux-tu voir tant d'amour sans en être touché ?

Ne reconnais-tu plus ni beau-père ni femme,
Sans amitié pour l'un et pour l'autre sans flamme?
Pour reprendre les noms et de gendre et d'époux,
Veux-tu nous voir tous deux embrasser tes genoux?

POLYEUCTE.

Que tout cet artifice est de mauvaise grâce!
Après avoir deux fois essayé la menace,
Après m'avoir fait voir Néarque dans la mort,
Après avoir tenté l'amour et son effort, 1650
Après m'avoir montré cette soif du baptême,
Pour opposer à Dieu l'intérêt de Dieu même,
Vous vous joignez ensemble! Ah! ruses de l'enfer!
Faut-il tant de fois vaincre avant de triompher!
Vos résolutions usent trop de remise;
Prenez la vôtre enfin, puisque la mienne est prise.
   Je n'adore qu'un Dieu, maître de l'univers,
Sous qui tremblent le ciel, la terre et les enfers;
Un Dieu qui, nous aimant d'une amour infinie,
Voulut mourir pour nous avec ignominie, 1660
Et qui, par un effort de cet excès d'amour,
Veut pour nous en victime être offert chaque jour.
Mais j'ai tort d'en parler à qui ne peut m'entendre.
Voyez l'aveugle erreur que vous osez défendre:
Des crimes les plus noirs vous souillez tous vos dieux;
Vous n'en punissez point qui n'ait son maître aux
La prostitution, l'adultère, l'inceste, [cieux;
Le vol, l'assassinat, et tout ce qu'on déteste,
C'est l'exemple qu'à suivre offrent vos immortels.
J'ai profané leur temple et brisé leurs autels; 1670
Je le ferais encor, si j'avais à le faire,
Même aux yeux de Félix, même aux yeux de Sévère,
Même aux yeux du sénat, aux yeux de l'empereur.

FÉLIX.

Enfin ma bonté cède à ma juste fureur:
Adore-les, ou meurs.

POLYEUCTE. Je suis chrétien.
                    FÉLIX. Impie!
Adore-les, te dis-je; ou renonce à la vie.
    POLYEUCTE.
Je suis chrétien.
            FÉLIX. Tu l'es? O cœur trop obstiné,
Soldats, exécutez l'ordre que j'ai donné.
    PAULINE.
Où le conduisez-vous?
            FÉLIX. A la mort.
                    POLYEUCTE. A la gloire.
Chère Pauline, adieu; conservez ma mémoire. 1680
    PAULINE.
Je te suivrai partout, et mourrai si tu meurs.
    POLYEUCTE.
Ne suivez point mes pas, ou quittez vos erreurs.
    FÉLIX.
Qu'on l'ôte de mes yeux, et que l'on m'obéisse.
Puisqu'il aime à périr, je consens qu'il périsse.

SCÈNE IV.

FELIX, ALBIN

FÉLIX.

Je me fais violence, Albin, mais je l'ai dû;
Ma bonté naturelle aisément m'eût perdu.
Que la rage du peuple à présent se déploie,
Que Sévère en fureur tonne, éclate, foudroie,
M'étant fait cet effort, j'ai fait ma sûreté. 1690
Mais n'es-tu point surpris de cette dureté?
Vois-tu comme le sien des cœurs impénétrables,
Ou des impiétés à ce point exécrables?
Du moins j'ai satisfait mon esprit affligé:

Pour amollir son cœur je n'ai rien négligé;
J'ai feint même à tes yeux des lâchetés extrêmes:
Et certes, sans l'horreur de ses derniers blasphèmes,
Qui m'ont rempli soudain de colère et d'effroi,
J'aurais eu de la peine à triompher de moi.

ALBIN.

Vous maudirez peut-être un jour cette victoire,
Qui tient je ne sais quoi d'une action trop noire,
Indigne de Félix, indigne d'un Romain, 1701
Répandant votre sang par votre propre main.

FÉLIX.

Ainsi l'ont autrefois versé Brute et Manlie:
Mais leur gloire en a crû, loin d'en être affaiblie;
Et quand nos vieux héros avaient de mauvais sang,
Ils eussent, pour le perdre, ouvert leur propre flanc.

ALBIN.

Votre ardeur vous séduit; mais, quoi qu'elle vous die,
Quand vous la sentirez une fois refroidie,
Quand vous verrez Pauline, et que son désespoir
Par ses pleurs et ses cris saura vous émouvoir... 1710

FÉLIX.

Tu me fais souvenir qu'elle a suivi ce traître,
Et que ce désespoir qu'elle fera paraître
De mes commandements pourra troubler l'effet:
Va donc y donner ordre, et voir ce qu'elle fait;
Romps ce que ses douleurs y donneraient d'obstacle,
Tire-la, si tu peux, de ce triste spectacle;
Tâche à la consoler. Va donc; qui te retient?

ALBIN.

Il n'en est pas besoin, seigneur, elle revient.

SCÈNE V.

FÉLIX, PAULINE, ALBIN.

PAULINE.

Père barbare, achève, achève ton ouvrage;
Cette seconde hostie est digne de ta rage : 1720
Joins ta fille à ton gendre ; ose : que tardes-tu?
Tu vois le même crime, ou la même vertu :
Ta barbarie en elle a les mêmes matières.
Mon époux en mourant m'a laissé ses lumières;
Son sang, dont tes bourreaux viennent de me couvrir,
M'a dessillé les yeux, et me les vient d'ouvrir.
 Je vois, je sais, je crois, je suis désabusée :
De ce bienheureux sang tu me vois baptisée;
Je suis chrétienne enfin, n'est-ce point assez dit?
Conserve en me perdant ton rang et ton crédit; 1730
Redoute l'empereur, appréhende Sévère :
Si tu ne veux périr, ma perte est nécessaire;
Polyeucte m'appelle à cet heureux trépas;
Je vois Néarque et lui qui me tendent les bras.
Mène, mène-moi voir tes dieux que je déteste;
Ils n'en ont brisé qu'un, je briserai le reste.
On m'y verra braver tout ce que vous craignez,
Ces foudres impuissants qu'en leurs mains vous pei-
Et, saintement rebelle aux lois de la naissance, [gnez;
Une fois envers toi manquer d'obéissance. 1740
Ce n'est point ma douleur que par là je fais voir;
C'est la grâce qui parle, et non le désespoir.
Le faut-il dire encor? Félix, je suis chrétienne;
Affermis par ma mort ta fortune et la mienne:
Le coup à l'un et l'autre en sera précieux,
Puisqu'il t'assure en terre en m'élevant aux cieux.

SCÈNE VI.

SÉVÈRE, FÉLIX, PAULINE, ALBIN, FABIAN.

SÉVÈRE.

Père dénaturé, malheureux politique,
Esclave ambitieux d'une peur chimérique ;
Polyeucte est donc mort ! et par vos cruautés
Vous pensez conserver vos tristes dignités ! 1750
La faveur que pour lui je vous avais offerte,
Au lieu de le sauver, précipite sa perte !
J'ai prié, menacé, mais sans vous émouvoir ;
Et vous m'avez cru fourbe ou de peu de pouvoir !
Eh bien ! à vos dépens vous verrez que Sévère
Ne se vante jamais que de ce qu'il peut faire ;
Et par votre ruine il vous fera juger
Que qui peut bien vous perdre eût pu vous protéger.
Continuez aux dieux ce service fidèle ;
Par de telles horreurs montrez-leur votre zèle. 1760
Adieu ; mais quand l'orage éclatera sur vous,
Ne doutez point du bras dont partiront les coups.

FÉLIX.

Arrêtez-vous, seigneur, et d'une âme apaisée,
Souffrez que je vous livre une vengeance aisée.
Ne me reprochez plus que par mes cruautés
Je tâche à conserver mes tristes dignités ;
Je dépose à vos pieds l'éclat de leur faux lustre :
Celle où j'ose aspirer est d'un rang plus illustre ;
Je m'y trouve forcé par un secret appas ;
Je cède à des transports que je ne connais pas ; 1770
Et, par un mouvement que je ne puis entendre,
De ma fureur je passe au zèle de mon gendre.
C'est lui, n'en doutez point, dont le sang innocent

Pour son persécuteur prie un Dieu tout-puissant ;
Son amour épandu sur toute la famille
Tire après lui le père aussi bien que la fille.
J'en ai fait un martyr, sa mort me fait chrétien :
J'ai fait tout son bonheur ; il veut faire le mien.
C'est ainsi qu'un chrétien se venge et se courrouce :
Heureuse cruauté dont la suite est si douce ! 1780
Donne la main, Pauline. Apportez des liens ;
Immolez à vos dieux ces deux nouveaux chrétiens.
Je le suis, elle l'est, suivez votre colère.

PAULINE.

Qu'heureusement enfin je retrouve mon père !
Cet heureux changement rend mon bonheur parfait.

FÉLIX.

Ma fille, il n'appartient qu'à la main qui le fait.

SÉVÈRE.

Qui ne serait touché d'un si tendre spectacle !
De pareils changements ne vont point sans miracle.
Sans doute vos chrétiens, qu'on persécute en vain,
Ont quelque chose en eux qui surpasse l'humain ;
Ils mènent une vie avec tant d'innocence, 1791
Que le ciel leur en doit quelque reconnaissance :
Se relever plus forts, plus ils sont abattus,
N'est pas aussi l'effet des communes vertus.
Je les aimai toujours, quoi qu'on m'en ait pu dire ;
Je n'en vois point mourir que mon cœur n'en soupire,
Et peut-être qu'un jour je les connaîtrai mieux.
J'approuve cependant que chacun ait ses dieux,
Qu'il les serve à sa mode, et sans peur de la peine.
Si vous êtes chrétien, ne craignez plus ma haine ;
Je les aime, Félix, et de leur protecteur 1801
Je n'en veux pas sur vous faire un persécuteur.
Gardez votre pouvoir, reprenez-en la marque ;
Servez bien votre Dieu, servez notre monarque.

Je perdrai mon crédit envers sa majesté,
Ou vous verrez finir cette sévérité :
Par cette injuste haine il se fait trop d'outrage.

FÉLIX.

Daigne le ciel en vous achever son ouvrage,
Et, pour vous rendre un jour ce que vous méritez,
Vous inspirer bientôt toutes ses vérités ! 1810
Nous autres, bénissons notre heureuse aventure :
Allons à nos martyrs donner la sépulture,
Baiser leurs corps sacrés, les mettre en digne lieu,
Et faire retentir partout le nom de Dieu.

FIN DE POLYEUCTE.

RACINE.

BRITANNICUS

TRAGÉDIE.

(1669.)

A MONSEIGNEUR LE DUC DE CHEVREUSE.

Monseigneur, vous serez peut-être étonné de voir votre nom à la tête de cet ouvrage; et, si je vous avois demandé la permission de vous l'offrir, je doute si je l'aurois obtenue. Mais ce seroit être en quelque sorte ingrat que de cacher plus longtemps au monde les bontés dont vous m'avez toujours honoré. Quelle apparence qu'un homme qui ne travaille que pour la gloire se puisse taire d'une protection aussi glorieuse que la vôtre?

Non, Monseigneur, il m'est trop avantageux que l'on sache que mes amis mêmes ne vous sont pas indifférents, que vous prenez part à tous mes ouvrages, et que vous m'avez procuré l'honneur de lire celui-ci devant un homme dont toutes les heures sont précieuses. Vous fûtes témoin avec quelle pénétration d'esprit il jugea de l'économie de la pièce, et combien l'idée qu'il s'est formée d'une excellente tragédie est au delà de tout ce que j'en ai pu concevoir.

Ne craignez pas, Monseigneur, que je m'engage plus avant, et que, n'osant le louer en face, je m'adresse à vous pour le louer avec plus de liberté. Je sais qu'il seroit dangereux de le fatiguer de ses louanges; et j'ose dire que cette même modestie, qui vous est commune avec lui, n'est pas un des moindres liens qui vous attachent l'un à l'autre.

La modération n'est qu'une vertu ordinaire, quand elle ne se rencontre qu'avec des qualités ordinaires. Mais qu'avec toutes les qualités et du cœur et de l'esprit, qu'avec un jugement qui, ce semble, ne devroit être le fruit que de l'expérience de plusieurs années, qu'avec mille belles connoissances que vous ne sauriez cacher à vos amis particuliers, vous ayez encore cette sage retenue que tout le monde admire en vous, c'est sans doute une vertu rare en un siècle où l'on fait vanité des moindres choses. Mais je me laisse emporter insensiblement à la tentation de parler de vous; il faut qu'elle soit bien violente, puisque je n'ai pu y résister dans une lettre où je n'avois autre dessein que de vous témoigner avec combien de respect je suis,

Monseigneur,

Votre très-humble, très-obéissant et très-fidèle serviteur.

J. RACINE.

PREMIÈRE PRÉFACE.

De tous les ouvrages que j'ai donnés au public, il n'y en a point qui m'ait attiré plus d'applaudissements ni plus de censeurs que celui-ci. Quelque soin que j'aie pris pour travailler cette tragédie, il semble qu'autant que je me suis efforcé de la rendre bonne, autant de certaines gens se sont efforcés de la décrier : il n'y a point de cabale qu'ils n'aient faite, point de critique dont ils ne se soient avisés. Il y en a qui ont pris même le parti de Néron contre moi : ils ont dit que je le faisois trop cruel. Pour moi, je croyois que le nom seul de Néron faisoit entendre quelque chose de plus que cruel. Mais peut-être qu'ils raffinent sur son histoire, et veulent dire qu'il étoit honnête homme dans ses premières années : il ne faut qu'avoir lu Tacite pour savoir que, s'il a été quelque temps un bon empereur, il a toujours été un très-méchant homme. Il ne s'agit point dans ma tragédie des affaires du dehors : Néron est ici dans son particulier et dans sa famille; et ils me dispenseront de leur rapporter tous les passages qui pourroient aisément leur prouver que je n'ai point de réparation à lui faire.

D'autres ont dit, au contraire, que je l'avois fait trop bon. J'avoue que je ne m'étois pas formé l'idée d'un bon homme en la personne de Néron; je l'ai toujours regardé comme un monstre. Mais c'est ici un monstre naissant. Il n'a pas encore mis le feu à Rome; il n'a pas encore tué sa mère, sa femme, ses gouverneurs : à cela près, il me semble qu'il lui échappe assez de cruautés pour empêcher que personne ne le méconnoisse.

Quelques-uns ont pris l'intérêt de Narcisse, et se sont plaints que j'en eusse fait un très-méchant homme et le confident de Néron. Il suffit d'un passage pour leur répondre. « Néron, dit Tacite, porta impatiemment la mort de Narcisse, parce que cet affranchi avoit une conformité merveilleuse avec les vices du prince encore cachés; « *cujus abditis adhuc vitiis..... mire congruebat.* »

Les autres se sont scandalisés que j'eusse choisi un homme aussi jeune que Britannicus pour le héros d'une tragédie. Je leur ai déclaré, dans la préface d'*Andromaque*, le sentiment d'Aristote sur le héros de la tragédie; et que, bien loin d'être parfait, il faut toujours qu'il ait quelque imperfection. Mais je leur dirai encore ici qu'un jeune prince de dix-sept ans, qui a beaucoup de cœur, beaucoup d'amour, beaucoup de franchise et beaucoup de crédulité, qualités ordinaires d'un jeune homme, m'a semblé très-capable d'exciter la compassion. Je n'en veux pas davantage.

« Mais, disent-ils, ce prince n'entroit que dans sa quinzième année lorsqu'il mourut. On le fait vivre, lui et Narcisse, deux ans plus qu'ils n'ont vécu. » Je n'aurois point parlé de cette objection, si elle n'avoit été faite avec chaleur par un homme qui s'est donné la liberté de faire régner vingt ans un empereur qui n'en a régné que huit, quoique ce changement soit bien plus considérable dans la chronologie, où l'on suppute les temps par les années des empereurs.

Junie ne manque pas non plus de censeurs ; ils disent que d'une vieille coquette, nommée Junia Silana, j'en ai fait une jeune fille très-sage. Qu'auroient-ils à me répondre, si je leur disois que cette Junie est un personnage inventé, comme l'Émilie de *Cinna*, comme la Sabine d'*Horace*? Mais j'ai à leur dire que s'ils avoient bien lu l'histoire, ils auroient trouvé une Junia Calvina, de la famille d'Auguste, sœur de Silanus, à qui Claudius avoit promis Octavie. Cette Junie étoit jeune, belle, et comme dit Sénèque, « *festivissima omnium puellarum.* » Elle aimoit tendrement son frère ; et leurs ennemis, dit Tacite, les accusèrent tous deux d'inceste, quoiqu'ils ne fussent coupables que d'un peu d'indiscrétion. Si je la présente plus retenue qu'elle n'étoit, je n'ai pas ouï dire qu'il nous fût défendu de rectifier les mœurs d'un personnage, surtout lorsqu'il n'est pas connu.

L'on trouve étrange qu'elle paroisse sur le théâtre après la mort de Britannicus. Certainement la délicatesse est grande de ne pas vouloir qu'elle dise en quatre vers assez touchants qu'elle passe chez Octavie. « Mais, disent-ils, cela ne valoit pas la peine de la faire revenir ; un autre l'auroit pu raconter pour elle. » Ils ne savent pas qu'une des règles du théâtre est de ne mettre en récit que les choses qui ne se peuvent passer en action, et que tous les anciens font venir souvent sur la scène des acteurs qui n'ont autre chose à dire, sinon qu'ils viennent d'un endroit et qu'ils s'en retournent en un autre.

« Tout cela est inutile, disent mes censeurs : la pièce est finie au récit de la mort de Britannicus, et l'on ne devroit point écouter le reste. » On l'écoute pourtant, et même avec autant d'attention qu'aucune fin de tragédie. Pour moi, j'ai toujours compris que la tragédie étant l'imitation d'une action complète, où plusieurs personnes concourent, cette action n'est point finie que l'on ne sache en quelle situation elle laisse ces mêmes personnes. C'est ainsi que Sophocle en use presque partout : c'est ainsi que dans l'*Antigone* il emploie autant de vers à représenter la fureur d'Hémon et la punition de Créon, après la mort de cette princesse, que j'en ai employé aux imprécations d'Agrippine, à la retraite de Junie, à la punition de Narcisse, et au désespoir de Néron, après la mort de Britannicus.

Que faudroit-il faire pour contenter des juges si difficiles? La chose seroit aisée, pour peu qu'on voulût trahir le bon sens. Il ne faudroit que s'écarter du naturel pour se jeter dans l'extraordinaire. Au lieu d'une action simple, chargée de peu de matière, telle que doit être une action qui se passe en un seul jour, et qui, s'avançant par degrés vers sa fin, n'est soutenue que par les intérêts, les sentiments et les passions des personnages, il faudroit remplir cette même action de quantité d'incidents qui ne se pourroient passer qu'en un mois, d'un grand nombre de jeux de théâtre d'autant plus surprenants qu'ils seroient moins vraisemblables, d'une infinité de déclamations où l'on feroit dire aux acteurs tout le contraire de ce qu'ils devroient dire. Il faudroit, par exemple, représenter quelque héros ivre, qui se voudroit faire haïr de sa maîtresse de gaîté de cœur, un Lacédémonien grand parleur, un conquérant qui ne débiteroit que des maximes d'amour, une femme qui donneroit des leçons de fierté à des conquérants. Voilà sans doute de quoi faire récrier tous ces messieurs. Mais que diroit cependant le petit nombre de gens sages auxquels je m'efforce de plaire? De quel front oserois-je me montrer, pour ainsi dire, aux yeux de ces grands hommes de l'antiquité que j'ai choisis pour modèles? Car, pour me servir de la pensée d'un ancien, voilà les véritables spectateurs que nous devons nous proposer; et nous devons sans cesse nous demander: Que diroient Homère et Virgile, s'ils lisoient ces vers? que diroit Sophocle, s'il voyoit représenter cette scène? Quoi qu'il en soit, je n'ai point prétendu empêcher qu'on ne parlât contre mes ouvrages; je l'aurois prétendu inutilement: « *Quid de te alii loquantur ipsi videant*, dit Cicéron, *sed loquentur tamen.* »

Je prie seulement le lecteur de me pardonner cette petite préface, que j'ai faite pour lui rendre raison de ma tragédie. Il n'y a rien de plus naturel que de se défendre quand on se croit injustement attaqué. Je vois que Térence même semble n'avoir fait des prologues que pour se justifier contre les critiques d'un vieux poëte malintentionné, « *malevoli veteris poetæ,* » et qui venoit briguer des voix contre lui jusqu'aux heures où l'on représentoit ses comédies:

. . . . Occepta est agi :
Exclamat . . . .

On me pouvoit faire une difficulté qu'on ne m'a point faite. Mais ce qui est échappé aux spectateurs pourra être remarqué par les lecteurs. C'est que je fais entrer Junie dans les vestales, où, selon Aulu-Gelle, on ne recevoit personne au-dessous de six ans ni au-dessus de dix. Mais le peuple prend ici Junie sous sa protection; et j'ai cru qu'en considération de sa naissance, de sa vertu et de son malheur, il pouvoit la dispenser de l'âge prescrit par les lois, comme il a dispensé de l'âge pour le consulat tant de grands hommes qui avoient mérité ce privilége.

Enfin je suis très-persuadé qu'on me peut faire bien d'autres critiques, sur lesquelles je n'aurois d'autre parti à prendre que celui d'en profiter à l'avenir. Mais je plains fort le malheur d'un homme qui travaille pour le public. Ceux qui voient le mieux nos défauts sont ceux qui les dissimulent le plus volontiers : ils nous pardonnent les endroits qui leur ont déplu, en faveur de ceux qui leur ont donné du plaisir. Il n'y a rien, au contraire, de plus injuste qu'un ignorant : il croit toujours que l'admiration est le partage des gens qui ne savent rien; il condamne toute une pièce pour une scène qu'il n'approuve pas; il s'attaque même aux endroits les plus éclatants, pour faire croire qu'il a de l'esprit ; et, pour peu que nous résistions à ses sentiments, il nous traite de présomptueux qui ne veulent croire personne, et ne songe pas qu'il tire quelquefois plus de vanité d'une critique fort mauvaise que nous n'en tirons d'une assez bonne pièce de théâtre.

Homine imperito nunquam quidquam injustiu'st.

J. RACINE.

SECONDE PRÉFACE.

Voici celle de mes tragédies que je puis dire que j'ai le plus travaillée. Cependant j'avoue que le succès ne répondit pas d'abord à mes espérances : à peine elle parut sur le théâtre, qu'il s'éleva quantité de critiques qui sembloient la devoir détruire. Je crus moi-même que sa destinée seroit à l'avenir moins heureuse que celle de mes autres tragédies. Mais enfin il est arrivé de cette pièce ce qui arrivera toujours des ouvrages qui auront quelque bonté : les critiques se sont évanouies, la pièce est demeurée. C'est maintenant celle des miennes que la cour et le public revoient le plus volontiers. Et si j'ai fait quelque chose de solide, et qui mérite quelque louange, la plupart des connoisseurs demeurent d'accord que c'est ce même Britannicus.

A la vérité j'avois travaillé sur des modèles qui m'avoient extrêmement soutenu dans la peinture que je voulois faire de la cour d'Agrippine et de Néron. J'avois copié mes personnages d'après le plus grand peintre de l'antiquité, je veux dire d'après Tacite, et j'étois alors si rempli de la lecture de cet excellent historien, qu'il n'y a presque pas un trait éclatant dans ma tragédie dont il ne m'ait donné l'idée. J'avois voulu mettre dans ce recueil un extrait des plus beaux endroits que j'ai tâché d'imiter; mais j'ai trouvé que cet extrait tiendroit presque autant de place que la tragédie. Ainsi le lecteur trouvera bon que je le renvoie à cet auteur, qui aussi bien est entre les mains de tout le monde, et je me contenterai de rapporter ici quelques-uns de ses passages sur chacun des personnages que j'introduis sur la scène.

Pour commencer par Néron, il faut se souvenir qu'il est ici dans les premières années de son règne, qui ont été heureuses, comme l'on sait. Ainsi il ne m'a pas été permis de le représenter aussi méchant qu'il l'a été depuis. Je ne le représente pas non plus comme un homme vertueux, car il ne l'a jamais été. Il n'a pas encore tué sa mère, sa femme, ses gouverneurs; mais il a en lui les semences de tous ces crimes : il commence à vouloir secouer le joug; il les hait les uns et les autres; il leur cache sa haine sous de fausses caresses, « *factus natura.... velare odium fallacibus blanditiis.* » En un mot, c'est ici un monstre naissant, mais qui n'ose encore se déclarer, et qui cherche des couleurs à ses méchantes actions : « *hactenus Nero flagitiis et sceleribus velamenta quæsivit.* Il ne pouvoit souffrir Octavie, princesse d'une bonté et d'une vertu exemplaires, « *fato quodam, an quia prævalent illicita....: metuebaturque ne in stupra feminarum illustrium prorumperet.* »

Je lui donne Narcisse pour confident. J'ai suivi en cela Tacite, qui dit que Néron porta impatiemment la mort de Narcisse, parce que cet affranchi avoit une conformité merveilleuse avec les vices du prince encore cachés; « *cujus abditis adhuc vitiis.... mire congruebat.* » Ce passage prouve deux choses: il prouve et que Néron étoit déjà vicieux, mais qu'il dissimuloit ses vices, et que Narcisse l'entretenoit dans ses mauvaises inclinations.

J'ai choisi Burrhus pour opposer un honnête homme à cette peste de cour; et je l'ai choisi plutôt que Sénèque; en voici la raison: ils étoient tous deux gouverneurs de la jeunesse de Néron, l'un pour les armes et l'autre pour les lettres; et ils étoient fameux, Burrhus pour son expérience dans les armes et pour la sévérité de ses mœurs, « *militaribus curis et severitate morum,* » Sénèque pour son éloquence et le tour agréable de son esprit, « *Seneca praeceptis eloquentiæ et comitate honesta.* » Burrhus, après sa mort, fut extrêmement regretté à cause de sa vertu: « *Civitati grande desiderium ejus mansit, per memoriam virtutis.* »

Toute leur peine étoit de résister à l'orgueil et à la férocité d'Agrippine, « *quæ, cunctis malæ dominationis cupidinibus flagrans, habebat in partibus Pallantem.* » Je ne dis qu'ce mot d'Agrippine, car il y auroit trop de choses à en dire. C'est elle que je me suis surtout efforcé de bien exprimer, et ma tragédie n'est pas moins la disgrâce d'Agrippine que la mort de Britannicus. Cette mort fut un coup de foudre pour elle; et il parut, dit Tacite, par sa frayeur et par sa consternation, qu'elle étoit aussi innocente de cette mort qu'Octavie. Agrippine perdoit en lui sa dernière espérance, et ce crime lui en faisoit craindre un plus grand: « *Sibi supremum auxilium ereptum, et parricidii exemplum intelligebat.* »

L'âge de Britannicus étoit si connu, qu'il ne m'a pas été permis de le représenter autrement que comme un jeune prince qui avoit beaucoup de cœur, beaucoup d'amour et beaucoup de franchise, qualités ordinaires d'un jeune homme. Il avoit quinze ans, et on dit qu'il avoit beaucoup d'esprit, soit qu'on dise vrai, ou que ses malheurs aient fait croire cela de lui, sans qu'il ait pu en donner des marques: « *Neque segnem ei fuisse indolem ferunt, sive verum, seu, periculis commendatus, retinuit famam sine experimento.* »

Il ne faut pas s'étonner s'il n'a auprès de lui qu'un aussi méchant homme que Narcisse; car il y avoit longtemps qu'on avoit donné ordre qu'il n'y eût auprès de Britannicus que des gens qui n'eussent ni foi, ni honneur: « *Nam, ut proximus quisque Britannico neque fas neque fidem pensi haberet, olim provisum erat.* »

Il me reste à parler de Junie. Il ne la faut pas confondre avec une vieille coquette qui s'appeloit *Junia Silana.* C'est ici une autre Junie, que Tacite appelle *Junia Calvina*, de la famille d'Auguste, sœur de Silanus, à qui Claudius avait promis Octavie. Cette Junie étoit jeune, belle, et, comme dit Sénèque, « *festivissima omnium puellarum.* » Son frère et elle s'aimoient tendrement; et leurs ennemis, dit Tacite, les accusèrent tous deux d'inceste, quoiqu'ils ne fussent coupables que d'un peu d'indiscrétion. Elle vécut jusqu'au règne de Vespasien.

Je la fais entrer dans les vestales quoique, selon Aulu-Gelle, on n'y reçût jamais personne au-dessous de six ans ni au-dessus de dix. Mais le peuple prend ici Junie sous sa protection; et j'ai cru qu'en considération de sa naissance, de sa vertu et de son malheur, il pouvoit la dispenser de l'âge prescrit par les lois, comme il a dispensé de l'âge pour le consulat tant de grands hommes qui avoient mérité ce privilége.

J. RACINE.

BRITANNICUS.

TRAGÉDIE.

(1669.)

PERSONNAGES. — Néron, empereur, fils d'Agrippine. — Britannicus, fils de Messaline et de l'empereur Claudius. — Agrippine, veuve de Domitius Ænobarbus, père de Néron, et, en secondes noces, veuve de l'empereur Claudius.— Junie, amante de Britannicus.— Burrhus, gouverneur de Néron. — Narcisse, gouverneur de Britannicus. — Albine, confidente d'Agrippine. — Gardes.

La scène est à Rome, dans une chambre du palais de Néron.

ACTE PREMIER.

SCÈNE I.

AGRIPPINE, ALBINE.

ALBINE.
Quoi! tandis que Néron s'abandonne au sommeil,
Faut-il que vous veniez attendre son réveil?
Qu'errant dans le palais, sans suite et sans escorte,
La mère de César veille seule à sa porte?
Madame, retournez dans votre appartement.
　　AGRIPPINE.
Albine, il ne faut pas s'éloigner un moment.
Je veux l'attendre ici : les chagrins qu'il me cause
M'occuperont assez tout le temps qu'il repose.
Tout ce que j'ai prédit n'est que trop assuré :
Contre Britannicus Néron s'est déclaré.

L'impatient Néron cesse de se contraindre ;
Las de se faire aimer, il veut se faire craindre.
Britannicus le gêne, Albine ; et chaque jour
Je sens que je deviens importune à mon tour.
   ALBINE.
Quoi ! vous à qui Néron doit le jour qu'il respire,
Qui l'avez appelé de si loin à l'empire ?
Vous qui, déshéritant le fils de Claudius,
Avez nommé César l'heureux Domitius ?
Tout lui parle, madame, en faveur d'Agrippine :
Il vous doit son amour.
   AGRIPPINE. Il me le doit, Albine :   20
Tout, s'il est généreux, lui prescrit cette loi :
Mais tout, s'il est ingrat, lui parle contre moi.
   ALBINE.
S'il est ingrat, madame ? Ah ! toute sa conduite
Marque dans son devoir une âme trop instruite.
Depuis trois ans entiers, qu'a-t-il dit, qu'a-t-il fait
Qui ne promette à Rome un empereur parfait ?
Rome, depuis trois ans par ses soins gouvernée,
Au temps de ses consuls croit être retournée :
Il la gouverne en père. Enfin, Néron naissant
A toutes les vertus d'Auguste vieillissant.   30
   AGRIPPINE.
Non, non, mon intérêt ne me rend point injuste :
Il commence, il est vrai, par où finit Auguste ;
Mais crains que, l'avenir détruisant le passé,
Il ne finisse ainsi qu'Auguste a commencé.
Il se déguise en vain : je lis sur son visage
Des fiers Domitius l'humeur triste et sauvage ;
Il mêle avec l'orgueil qu'il a pris dans leur sang
La fierté des Nérons qu'il puisa dans mon flanc.
Toujours la tyrannie a d'heureuses prémices :
De Rome, pour un temps, Caïus fut les délices ;   40
Mais, sa feinte bonté se tournant en fureur,
Les délices de Rome en devinrent l'horreur.

Que m'importe, après tout, que Néron, plus fidèle,
D'une longue vertu laisse un jour le modèle ?
Ai-je mis dans sa main le timon de l'État
Pour le conduire au gré du peuple et du sénat ?
Ah ! que de la patrie il soit, s'il veut, le père :
Mais qu'il songe un peu plus qu'Agrippine est sa mère.
De quel nom cependant pouvons-nous appeler
L'attentat que le jour vient de nous révéler ? 50
Il sait, car leur amour ne peut être ignorée,
Que de Britannicus Junie est adorée :
Et ce même Néron, que la vertu conduit,
Fait enlever Junie au milieu de la nuit :
Que veut-il ? Est-ce haine, est-ce amour qui l'inspire ?
Cherche-t-il seulement le plaisir de leur nuire ;
Ou plutôt n'est-ce point que sa malignité
Punit sur eux l'appui que je leur ai prêté ?

    ALBINE.
Vous leur appui, madame ?
                    AGRIPPINE. Arrête, chère Albine.
Je sais que j'ai moi seule avancé leur ruine ; 60
Que du trône, où le sang l'a dû faire monter,
Britannicus par moi s'est vu précipiter.
Par moi seule éloigné de l'hymen d'Octavie,
Le frère de Junie abandonna la vie,
Silanus, sur qui Claude avait jeté les yeux,
Et qui comptait Auguste au rang de ses aïeux.
Néron jouit de tout : et moi, pour récompense,
Il faut qu'entre eux et lui je tienne la balance,
Afin que quelque jour, par une même loi,
Britannicus la tienne entre mon fils et moi. 70

    ALBINE.
Quel dessein !
    AGRIPPINE. Je m'assure un port dans la tempête.
Néron m'échappera, si ce frein ne l'arrête.

    ALBINE.
Mais prendre contre un fils tant de soins superflus ?

AGRIPPINE.
Je le craindrais bientôt s'il ne me craignait plus.
ALBINE.
Une injuste frayeur vous alarme peut-être.
Mais si Néron pour vous n'est plus ce qu'il doit être,
Du moins son changement ne vient pas jusqu'à nous,
Et ce sont des secrets entre César et vous.
Quelques titres nouveaux que Rome lui défère :
Néron n'en reçoit point qu'il ne donne à sa mère. 80
Sa prodigue amitié ne se réserve rien :
Votre nom est dans Rome aussi saint que le sien ;
A peine parle-t-on de la triste Octavie.
Auguste votre aïeul honora moins Livie :
Néron devant sa mère a permis le premier
Qu'on portât des faisceaux couronnés de laurier.
Quels effets voulez-vous de sa reconnaissance?
AGRIPPINE.
Un peu moins de respect, et plus de confiance.
Tous ces présents, Albine, irritent mon dépit :
Je vois mes honneurs croître, et tomber mon crédit. 90
Non, non, le temps n'est plus que Néron, jeune encore,
Me renvoyait les vœux d'une cour qui l'adore ;
Lorsqu'il se reposait sur moi de tout l'État,
Que mon ordre au palais assemblait le sénat,
Et que derrière un voile, invisible et présente,
J'étais de ce grand corps l'âme toute-puissante.
Des volontés de Rome alors mal assuré,
Néron de sa grandeur n'était point enivré.
Ce jour, ce triste jour, frappe encor ma mémoire,
Où Néron fut lui-même ébloui de sa gloire, 100
Quand les ambassadeurs de tant de rois divers
Vinrent le reconnaître au nom de l'univers.
Sur son trône avec lui j'allais prendre ma place :
J'ignore quel conseil prépara ma disgrâce ;
Quoi qu'il en soit, Néron, d'aussi loin qu'il me vit,
Laissa sur son visage éclater son dépit.

Mon cœur même en conçut un malheureux augure.
L'ingrat, d'un faux respect colorant son injure,
Se leva par avance, et courant m'embrasser,
Il m'écarta du trône où je m'allais placer. 110
Depuis ce coup fatal le pouvoir d'Agrippine
Vers sa chute à grands pas chaque jour s'achemine.
L'ombre seule m'en reste, et l'on n'implore plus
Que le nom de Sénèque et l'appui de Burrhus.

ALBINE.

Ah! si de ce soupçon votre âme est prévenue,
Pourquoi nourrissez-vous le venin qui vous tue?
Daignez avec César vous éclaircir du moins.

AGRIPPINE.

César ne me voit plus, Albine, sans témoins :
En public, à mon heure, on me donne audience.
Sa réponse est dictée, et même son silence. 120
Je vois deux surveillants, ses maîtres et les miens,
Présider l'un ou l'autre à tous nos entretiens.
Mais je le poursuivrai d'autant plus qu'il m'évite :
De son désordre, Albine, il faut que je profite.
J'entends du bruit; on ouvre. Allons subitement
Lui demander raison de cet enlèvement :
Surprenons, s'il se peut, les secrets de son âme.
Mais quoi! déjà Burrhus sort de chez lui?

SCÈNE II.

AGRIPPINE, BURRHUS, ALBINE.

BURRHUS. Madame,
Au nom de l'empereur, j'allais vous informer
D'un ordre qui d'abord a pu vous alarmer, 130
Mais qui n'est que l'effet d'une sage conduite,
Dont César a voulu que vous soyez instruite.

AGRIPPINE.

Puisqu'il le veut, entrons : il m'en instruira mieux.
BURRHUS.
César pour quelque temps s'est soustrait à nos yeux.
Déjà par une porte au public moins connue
L'un et l'autre consul vous avaient prévenue,
Madame. Mais souffrez que je retourne exprès...
AGRIPPINE.
Non, je ne trouble point ses augustes secrets.
Cependant voulez-vous qu'avec moins de contrainte 139
L'un et l'autre une fois nous nous parlions sans feinte?
BURRHUS.
Burrhus pour le mensonge eut toujours trop d'horreur.
AGRIPPINE.
Prétendez-vous longtemps me cacher l'empereur?
Ne le verrai-je plus qu'à titre d'importune?
Ai-je donc élevé si haut votre fortune
Pour mettre une barrière entre mon fils et moi?
Ne l'osez-vous laisser un moment sur sa foi?
Entre Sénèque et vous disputez-vous la gloire
A qui m'effacera plus tôt de sa mémoire?
Vous l'ai-je confié pour en faire un ingrat,
Pour être, sous son nom, les maîtres de l'État?   150
Certes, plus je médite, et moins je me figure
Que vous m'osiez compter pour votre créature,
Vous dont j'ai pu laisser vieillir l'ambition
Dans les honneurs obscurs de quelque légion ;
Et moi qui sur le trône ai suivi mes ancêtres,
Moi, fille, femme, sœur et mère de vos maîtres!
Que prétendez-vous donc? Pensez-vous que ma voix
Ait fait un empereur pour m'en imposer trois?
Néron n'est plus enfant: n'est-il pas temps qu'il règne?
Jusqu'à quand voulez-vous que l'empereur vous craigne?
Ne saurait-il rien voir qu'il n'emprunte vos yeux? 161
Pour se conduire, enfin, n'a-t-il pas ses aïeux?
Qu'il choisisse, s'il veut, d'Auguste ou de Tibère:

Qu'il imite, s'il peut, Germanicus mon père.
Parmi tant de héros je n'ose me placer ;
Mais il est des vertus que je lui puis tracer :
Je puis l'instruire au moins combien sa confidence
Entre un sujet et lui doit laisser de distance.

BURRHUS.
Je ne m'étais chargé dans cette occasion
Que d'excuser César d'une seule action : 170
Mais puisque, sans vouloir que je le justifie,
Vous me rendez garant du reste de sa vie,
Je répondrai, madame, avec la liberté
D'un soldat qui sait mal farder la vérité.

Vous m'avez de César confié la jeunesse ;
Je l'avoue, et je dois m'en souvenir sans cesse.
Mais vous avais-je fait serment de le trahir,
D'en faire un empereur qui ne sût qu'obéir ?
Non. Ce n'est plus à vous qu'il faut que j'en réponde ;
Ce n'est plus votre fils, c'est le maître du monde. 180
J'en dois compte, madame, à l'empire romain,
Qui croit voir son salut ou sa perte en ma main.
Ah ! si dans l'ignorance il le fallait instruire,
N'avait-on que Sénèque et moi pour le séduire ?
Pourquoi de sa conduite éloigner les flatteurs ?
Fallait-il dans l'exil chercher des corrupteurs ?
La cour de Claudius, en esclaves fertile,
Pour deux que l'on cherchait en eût présenté mille,
Qui tous auraient brigué l'honneur de l'avilir :
Dans une longue enfance ils l'auraient fait vieillir. 190
De quoi vous plaignez-vous, madame ? On vous révère,
Ainsi que par César, on jure par sa mère.
L'empereur, il est vrai, ne vient plus chaque jour
Mettre à vos pieds l'empire et grossir votre cour :
Mais le doit-il, madame ? et sa reconnaissance
Ne peut-elle éclater que dans sa dépendance ?
Toujours humble, toujours le timide Néron
N'ose-t-il être Auguste et César que de nom ?

Vous le dirai-je enfin ? Rome le justifie :
Rome, à trois affranchis si longtemps asservie,   200
A peine respirant du joug qu'elle a porté,
Du règne de Néron compte sa liberté.
Que dis-je? la vertu semble même renaître.
Tout l'empire n'est plus la dépouille d'un maître :
Le peuple au champ de Mars nomme ses magistrats;
César nomme les chefs sur la foi des soldats;
Thraséas au sénat, Corbulon dans l'armée,
Sont encore innocents, malgré leur renommée ;
Les déserts, autrefois peuplés de sénateurs,
Ne sont plus habités que par leurs délateurs.   210
Qu'importe que César continue à nous croire,
Pourvu que nos conseils ne tendent qu'à sa gloire;
Pourvu que dans le cours d'un règne florissant
Rome soit toujours libre, et César tout-puissant?
Mais, madame, Néron suffit pour se conduire :
J'obéis, sans prétendre à l'honneur de l'instruire.
Sur ses aïeux, sans doute, il n'a qu'à se régler ;
Pour bien faire, Néron n'a qu'à se ressembler.
Heureux si ses vertus, l'une à l'autre enchaînées,
Ramènent tous les ans ses premières années!   220

  AGRIPPINE.

Ainsi, sur l'avenir n'osant vous assurer,
Vous croyez que sans vous Néron va s'égarer.
Mais vous qui, jusqu'ici content de votre ouvrage,
Venez de ses vertus nous rendre témoignage,
Expliquez-nous pourquoi, devenu ravisseur,
Néron de Silanus fait enlever la sœur.
Ne tient-il qu'à marquer de cette ignominie
Le sang de mes aïeux qui brille dans Junie?
De quoi l'accuse-t-il? et par quel attentat
Devient-elle en un jour criminelle d'État :   230
Elle qui, sans orgueil jusqu'alors élevée,
N'aurait point vu Néron, s'il ne l'eût enlevée;
Et qui même aurait mis au rang de ses bienfaits

L'heureuse liberté de ne le voir jamais?
BURRHUS.
Je sais que d'aucun crime elle n'est soupçonnée;
Mais jusqu'ici César ne l'a point condamnée,
Madame. Aucun objet ne blesse ici ses yeux :
Elle est dans un palais tout plein de ses aïeux.
Vous savez que les droits qu'elle porte avec elle
Peuvent de son époux faire un prince rebelle ; 240
Que le sang de César ne se doit allier
Qu'à ceux à qui César le veut bien confier ;
Et vous même avouerez qu'il ne serait pas juste
Qu'on disposât sans lui de la nièce d'Auguste.
AGRIPPINE.
Je vous entends : Néron m'apprend par votre voix
Qu'en vain Britannicus s'assure sur mon choix.
En vain, pour détourner ses yeux de sa misère,
J'ai flatté son amour d'un hymen qu'il espère :
A ma confusion, Néron veut faire voir
Qu'Agrippine promet par-delà son pouvoir. 250
Rome de ma faveur est trop préoccupée :
Il veut par cet affront qu'elle soit détrompée,
Et que tout l'univers apprenne avec terreur
A ne confondre plus mon fils et l'empereur.
Il le peut. Toutefois j'ose encore lui dire
Qu'il doit avant ce coup affermir son empire ;
Et qu'en me réduisant à la nécessité
D'éprouver contre lui ma faible autorité,
Il expose la sienne ; et que dans la balance
Mon nom peut-être aura plus de poids qu'il ne pense. 260
BURRHUS.
Quoi, madame! toujours soupçonner son respect!
Ne peut-il faire un pas qu'il ne vous soit suspect?
L'empereur vous croit-il du parti de Junie?
Avec Britannicus vous croit-il réunie?
Quoi! de vos ennemis devenez-vous l'appui
Pour trouver un prétexte à vous plaindre de lui?

Sur le moindre discours qu'on pourra vous redire,
Serez-vous toujours prête à partager l'empire?
Vous craindrez-vous sans cesse; et vos embrassements
Ne se passeront-ils qu'en éclaircissements ? 270
Ah! quittez d'un censeur la triste diligence;
D'une mère facile affectez l'indulgence ;
Souffrez quelques froideurs sans les faire éclater;
Et n'avertissez point la cour de vous quitter.

AGRIPPINE.

Et qui s'honorerait de l'appui d'Agrippine,
Lorsque Néron lui-même annonce ma ruine,
Lorsque de sa présence il semble me bannir,
Quand Burrhus à sa porte ose me retenir?

BURRHUS.

Madame, je vois bien qu'il est temps de me taire,
Et que ma liberté commence à vous déplaire. 280
La douleur est injuste; et toutes les raisons
Qui ne la flattent point aigrissent ses soupçons.
Voici Britannicus. Je lui cède ma place.
Je vous laisse écouter et plaindre sa disgrâce,
Et peut-être, madame, en accuser les soins
De ceux que l'empereur a consultés le moins.

SCÈNE III.

AGRIPPINE, BRITANNICUS, NARCISSE, ALBINE.

AGRIPPINE.

Ah prince! où courez-vous? Quelle ardeur inquiète
Parmi vos ennemis en aveugle vous jette?
Que venez-vous chercher ?

BRITANNICUS. Ce que je cherche? Ah dieux!
Tout ce que j'ai perdu, madame, est en ces lieux. 290
De mille affreux soldats Junie environnée
S'est vue en ce palais indignement traînée.
Hélas! de quelle horreur ses timides esprits

A ce nouveau spectacle auront été surpris !
Enfin on me l'enlève. Une loi trop sévère
Va séparer deux cœurs qu'assemblait leur misère ;
Sans doute on ne veut pas que, mêlant nos douleurs,
Nous nous aidions l'un l'autre à porter nos malheurs.
AGRIPPINE.
Il suffit. Comme vous je ressens vos injures ;
Mes plaintes ont déjà précédé vos murmures. 300
Mais je ne prétends pas qu'un impuissant courroux
Dégage ma parole et m'acquitte envers vous.
Je ne m'explique point. Si vous voulez m'entendre,
Suivez-moi chez Pallas où je vais vous attendre.

SCÈNE IV.

BRITANNICUS, NARCISSE.

BRITANNICUS.
La croirai-je, Narcisse ? et dois-je sur sa foi
La prendre pour arbitre entre son fils et moi ?
Qu'en dis-tu ? N'est-ce pas cette même Agrippine
Que mon père épousa jadis pour ma ruine,
Et qui, si je t'en crois, a de ses derniers jours,
Trop lents pour ses desseins, précipité le cours ? 310
NARCISSE.
N'importe : elle se sent comme vous outragée ;
A vous donner Junie elle s'est engagée :
Unissez vos chagrins ; liez vos intérêts.
Ce palais retentit en vain de vos regrets :
Tandis qu'on vous verra d'une voix suppliante
Semer ici la plainte et non pas l'épouvante,
Que vos ressentiments se perdront en discours,
Il n'en faut point douter, vous vous plaindrez toujours.
BRITANNICUS.
Ah, Narcisse ! tu sais si de la servitude
Je prétends faire encore une longue habitude ; 320

Tu sais si pour jamais, de ma chute étonné,
Je renonce à l'empire où j'étais destiné.
Mais je suis seul encor : les amis de mon père
Sont autant d'inconnus que glace ma misère,
Et ma jeunesse même écarte loin de moi
Tous ceux qui dans le cœur me réservent leur foi.
Pour moi, depuis un an qu'un peu d'expérience
M'a donné de mon sort la triste connaissance,
Que vois-je autour de moi, que des amis vendus
Qui sont de tous mes pas les témoins assidus, 330
Qui, choisis par Néron pour ce commerce infâme,
Trafiquent avec lui des secrets de mon âme?
Quoi qu'il en soit, Narcisse, on me vend tous les jours :
Il prévoit mes desseins, il entend mes discours ;
Comme toi, dans mon cœur il sait ce qui se passe.
Que t'en semble, Narcisse?

NARCISSE. Ah! quelle âme assez basse...
C'est à vous de choisir des confidents discrets,
Seigneur, et de ne pas prodiguer vos secrets.

BRITANNICUS.
Narcisse, tu dis vrai; mais cette défiance
Est toujours d'un grand cœur la dernière science : 340
On le trompe longtemps. Mais enfin je te croi,
Ou plutôt je fais vœu de ne croire que toi.
Mon père, il m'en souvient, m'assura de ton zèle :
Seul de ses affranchis tu m'es toujours fidèle ;
Tes yeux, sur ma conduite incessamment ouverts,
M'ont sauvé jusqu'ici de mille écueils couverts.
Va donc voir si le bruit de ce nouvel orage
Aura de nos amis excité le courage ;
Examine leurs yeux, observe leurs discours ;
Vois si j'en puis attendre un fidèle secours. 350
Surtout dans ce palais remarque avec adresse
Avec quel soin Néron fait garder la princesse :
Sache si du péril ses beaux yeux sont remis,
Et si son entretien m'est encore permis.

Cependant de Néron je vais trouver la mère
Chez Pallas, comme toi l'affranchi de mon père :
Je vais la voir, l'aigrir, la suivre, et, s'il se peut,
M'engager sous son nom plus loin qu'elle ne veut.

ACTE DEUXIÈME.

SCÈNE I.

NÉRON, BURRHUS, NARCISSE, *gardes*.

NÉRON.
N'en doutez point, Burrhus : malgré ses injustices,
C'est ma mère, et je veux ignorer ses caprices. 360
Mais je ne prétends plus ignorer ni souffrir
Le ministre insolent qui les ose nourrir.
Pallas de ses conseils empoisonne ma mère ;
Il séduit, chaque jour, Britannicus mon frère :
Ils l'écoutent tout seul ; et qui suivrait leurs pas
Les trouverait peut-être assemblés chez Pallas.
C'en est trop. De tous deux il faut que je l'écarte.
Pour la dernière fois, qu'il s'éloigne, qu'il parte ;
Je le veux, je l'ordonne ; et que la fin du jour
Ne le retrouve pas dans Rome ou dans ma cour. 370
Allez : cet ordre importe au salut de l'empire.
                    (*Aux gardes.*)
Vous, Narcisse, approchez. Et vous, qu'on se retire.

SCÈNE II.

NÉRON, NARCISSE.

NARCISSE.

Grâces aux dieux, seigneur, Junie entre vos mains
Vous assure aujourd'hui du reste des Romains.
Vos ennemis, déchus de leur vaine espérance,
Sont allés chez Pallas pleurer leur impuissance.
Mais que vois-je? vous-même, inquiet, étonné,
Plus que Britannicus paraissez consterné.
Que présage à mes yeux cette tristesse obscure,
Et ces sombres regards errants à l'aventure? 380
Tout vous rit : la fortune obéit à vos vœux.

NÉRON.

Narcisse, c'en est fait, Néron est amoureux.

NARCISSE.

Vous?

NÉRON.

Depuis un moment; mais pour toute ma vie.
J'aime, que dis-je, aimer? j'idolâtre Junie.

NARCISSE.

Vous l'aimez?

NÉRON. Excité d'un désir curieux,
Cette nuit je l'ai vue arriver en ces lieux,
Triste, levant au ciel ses yeux mouillés de larmes,
Qui brillaient au travers des flambeaux et des armes;
Belle sans ornement, dans le simple appareil
D'une beauté qu'on vient d'arracher au sommeil. 390
Que veux-tu? Je ne sais si cette négligence,
Les ombres, les flambeaux, les cris, et le silence,
Et le farouche aspect de ses fiers ravisseurs,
Relevaient de ses yeux les timides douceurs.
Quoi qu'il en soit, ravi d'une si belle vue,
J'ai voulu lui parler, et ma voix s'est perdue :
Immobile, saisi d'un long étonnement,

Je l'ai laissé passer dans son appartement.
J'ai passé dans le mien. C'est là que, solitaire,
De son image en vain j'ai voulu me distraire : 400
Trop présente à mes yeux je croyais lui parler ;
J'aimais jusqu'à ses pleurs que je faisais couler.
Quelquefois, mais trop tard, je lui demandais grâce,
J'employais les soupirs, et même la menace.
Voilà comme, occupé de mon nouvel amour,
Mes yeux, sans se fermer, ont attendu le jour.
Mais je m'en fais peut-être une trop belle image ;
Elle m'est apparue avec trop d'avantage :
Narcisse, qu'en dis-tu?

     NARCISSE. Quoi, seigneur! croira-t-on
Qu'elle ait pu si longtemps se cacher à Néron? 410
 NÉRON.
Tu le sais bien, Narcisse. Et soit que sa colère
M'imputât le malheur qui lui ravit son frère ;
Soit que son cœur, jaloux d'une austère fierté,
Enviât à nos yeux sa naissante beauté ;
Fidèle à sa douleur, et dans l'ombre enfermée,
Elle se dérobait même à sa renommée :
Et c'est cette vertu, si nouvelle à la cour,
Dont la persévérance irrite mon amour.
Quoi! Narcisse, tandis qu'il n'est point de Romaine
Que mon amour n'honore et ne rende plus vaine, 420
Qui, dès qu'à ses regards elle ose se fier,
Sur le cœur de César ne les vienne essayer ;
Seule, dans son palais, la modeste Junie
Regarde leurs honneurs comme une ignominie,
Fuit, et ne daigne pas peut-être s'informer
Si César est aimable, ou bien s'il sait aimer,
Dis-moi, Britannicus l'aime-t-il?

     NARCISSE. Quoi! s'il l'aime,
Seigneur?
 NÉRON. Si jeune encor, se connaît-il lui-même?
D'un regard enchanteur connaît-il le poison?

NARCISSE.
Seigneur, l'amour toujours n'attend pas la raison. 430
N'en doutez point, il l'aime. Instruits par tant de char-
Ses yeux sont déjà faits à l'usage des larmes : [mes,
A ses moindres désirs il sait s'accommoder;
Et peut-être déjà sait-il persuader.
NÉRON.
Que dis-tu? Sur son cœur il aurait quelque empire?
NARCISSE.
Je ne sais. Mais, seigneur, ce que je puis vous dire,
Je l'ai vu quelquefois s'arracher de ces lieux,
Le cœur plein d'un courroux qu'il cachait à vos yeux;
D'une cour qui le fuit pleurant l'ingratitude,
Las de votre grandeur et de sa servitude, 440
Entre l'impatience et la crainte flottant,
Il allait voir Junie, et revenait content.
NÉRON.
D'autant plus malheureux qu'il aura su lui plaire,
Narcisse, il doit plutôt souhaiter sa colère :
Néron impunément ne sera pas jaloux.
NARCISSE.
Vous? Et de quoi, seigneur, vous inquiétez-vous?
Junie a pu le plaindre et partager ses peines;
Elle n'a vu couler de larmes que les siennes :
Mais aujourd'hui, seigneur, que ses yeux dessillés,
Regardant de plus près l'éclat dont vous brillez, 450
Verront autour de vous les rois sans diadème,
Inconnus dans la foule, et son amant lui-même,
Attachés sur vos yeux, s'honorer d'un regard
Que vous aurez sur eux fait tomber au hasard;
Quand elle vous verra, de ce degré de gloire,
Venir en soupirant avouer sa victoire;
Maître, n'en doutez point, d'un cœur déjà charmé,
Commandez qu'on vous aime, et vous serez aimé.
NÉRON.
A combien de chagrins il faut que je m'apprête!

Que d'importunités !

NARCISSE. Quoi donc ! qui vous arrête, 460
Seigneur ?

NÉRON. Tout : Octavie, Agrippine, Burrhus,
Sénèque, Rome entière, et trois ans de vertus.
Non que pour Octavie un reste de tendresse
M'attache à son hymen et plaigne sa jeunesse :
Mes yeux, depuis longtemps fatigués de ses soins,
Rarement de ses pleurs daignent être témoins.
Trop heureux, si bientôt la faveur d'un divorce
Me soulageait d'un joug qu'on m'imposa par force !
Le ciel même en secret semble la condamner :
Ses vœux, depuis quatre ans, ont beau l'importuner, 470
Les dieux ne montrent point que sa vertu les touche :
D'aucun gage, Narcisse, ils n'honorent sa couche ;
L'empire vainement demande un héritier.

NARCISSE.
Que tardez-vous, seigneur, à la répudier ?
L'empire, votre cœur, tout condamne Octavie.
Auguste votre aïeul soupirait pour Livie :
Par un double divorce ils s'unirent tous deux ;
Et vous devez l'empire à ce divorce heureux.
Tibère, que l'hymen plaça dans sa famille,
Osa bien à ses yeux répudier sa fille. 480
Vous seul, jusques ici contraire à vos désirs,
N'osez par un divorce assurer vos plaisirs.

NÉRON.
Et ne connais-tu pas l'implacable Agrippine ?
Mon amour inquiet déjà se l'imagine
Qui m'amène Octavie, et d'un œil enflammé
Atteste les saints droits d'un nœud qu'elle a formé ;
Et, portant à mon cœur des atteintes plus rudes,
Me fait un long récit de mes ingratitudes.
De quel front soutenir ce fâcheux entretien ?

NARCISSE.
N'êtes-vous pas, seigneur, votre maître et le sien ? 490

Vous verrons-nous toujours trembler sous sa tutelle?
Vivez, régnez pour vous: c'est trop régner pour elle.
Craignez-vous? Mais, seigneur, vous ne la craignez [pas:
Vous venez de bannir le superbe Pallas,
Pallas dont vous savez qu'elle soutient l'audace.

    NÉRON.

Éloigné de ses yeux, j'ordonne, je menace,
J'écoute vos conseils, j'ose les approuver,
Je m'excite contre elle et tâche à la braver:
Mais, je t'expose ici mon âme toute nue,
Sitôt que mon malheur me ramène à sa vue,   500
Soit que je n'ose encor démentir le pouvoir
De ces yeux où j'ai lu si longtemps mon devoir,
Soit qu'à tant de bienfaits ma mémoire fidèle
Lui soumette en secret tout ce que je tiens d'elle;
Mais enfin mes efforts ne me servent de rien:
Mon génie étonné tremble devant le sien.
Et c'est pour m'affranchir de cette dépendance,
Que je la fuis partout, que même je l'offense,
Et que de temps en temps j'irrite ses ennuis,
Afin qu'elle m'évite autant que je la fuis.   510
Mais je t'arrête trop: retire-toi, Narcisse;
Britannicus pourrait t'accuser d'artifice.

    NARCISSE.

Non, non: Britannicus s'abandonne à ma foi.
Par son ordre, seigneur, il croit que je vous voi,
Que je m'informe ici de tout ce qui le touche,
Et veut de vos secrets être instruit par ma bouche.
Impatient surtout de revoir ses amours,
Il attend de mes soins ce fidèle secours.

    NÉRON.

J'y consens; porte-lui cette douce nouvelle:
Il la verra.

    NARCISSE. Seigneur, bannissez-le loin d'elle.   520
    NÉRON.

J'ai mes raisons, Narcisse; et tu peux concevoir

Que je lui vendrai cher le plaisir de la voir.
Cependant vante-lui ton heureux stratagème;
Dis-lui qu'en sa faveur on me trompe moi-même,
Qu'il la voit sans mon ordre. On ouvre; la voici.
Va retrouver ton maître et l'amener ici.

SCÈNE III.

NÉRON, JUNIE.

NÉRON.
Vous vous troublez, madame, et changez de visage!
Lisez-vous dans mes yeux quelque triste présage?
JUNIE.
Seigneur, je ne vous puis déguiser mon erreur:
J'allais voir Octavie, et non pas l'empereur. 530
NÉRON.
Je le sais bien, madame, et n'ai pu sans envie
Apprendre vos bontés pour l'heureuse Octavie.
JUNIE.
Vous, seigneur?
NÉRON. Pensez-vous, madame, qu'en ces lieux
Seule pour vous connaître Octavie ait des yeux?
JUNIE.
Et quel autre, seigneur, voulez-vous que j'implore?
A qui demanderais-je un crime que j'ignore?
Vous qui le punissez, vous ne l'ignorez pas:
De grâce, apprenez-moi, seigneur, mes attentats.
NÉRON.
Quoi! madame, est-ce donc une légère offense
De m'avoir si longtemps caché votre présence? 540
Ces trésors dont le ciel voulut vous embellir,
Les avez-vous reçus pour les ensevelir?
L'heureux Britannicus verra-t-il sans alarmes
Croître, loin de nos yeux, son amour et vos charmes?
Pourquoi, de cette gloire exclu jusqu'à ce jour,

M'avez-vous, sans pitié, relégué dans ma cour?
On dit plus : vous souffrez, sans en être offensée,
Qu'il vous ose, madame, expliquer sa pensée;
Car je ne croirai point que sans me consulter
La sévère Junie ait voulu le flatter, 550
Ni qu'elle ait consenti d'aimer et d'être aimée,
Sans que j'en sois instruit que par la renommée.
  JUNIE.
Je ne vous nierai point, seigneur, que ses soupirs
M'ont daigné quelquefois expliquer ses désirs.
Il n'a point détourné ses regards d'une fille
Seul reste du débris d'une illustre famille :
Peut-être il se souvient qu'en un temps plus heureux
Son père me nomma pour l'objet de ses vœux.
Il m'aime; il obéit à l'empereur son père,
Et j'ose dire encore, à vous, à votre mère : 560
Vos désirs sont toujours si conformes aux siens...
  NÉRON.
Ma mère a ses desseins, madame; et j'ai les miens.
Ne parlons plus ici de Claude et d'Agrippine :
Ce n'est point par leur choix que je me détermine.
C'est à moi seul, madame, à répondre de vous;
Et je veux de ma main vous choisir un époux.
  JUNIE.
Ah, seigneur! songez-vous que toute autre alliance
Fera honte aux Césars, auteurs de ma naissance?
  NÉRON.
Non, madame; l'époux dont je vous entretiens
Peut sans honte assembler vos aïeux et les siens; 570
Vous pouvez, sans rougir, consentir à sa flamme.
  JUNIE.
Et quel est donc, seigneur, cet époux?
        NÉRON. Moi, madame.
  JUNIE.
Vous?

NÉRON.
  Je vous nommerais, madame, un autre nom,
Si j'en savais quelque autre au-dessus de Néron.
Oui, pour vous faire un choix où vous puissiez souscrire,
J'ai parcouru des yeux la cour, Rome et l'empire.
Plus j'ai cherché, madame, et plus je cherche encor
En quelles mains je dois confier ce trésor,
Plus je vois que César, digne seul de vous plaire,
En doit être lui seul l'heureux dépositaire,   580
Et ne peut dignement vous confier qu'aux mains
A qui Rome a commis l'empire des humains.
Vous-même, consultez vos premières années.
Claudius à son fils les avait destinées ;
Mais c'était en un temps où de l'empire entier
Il croyait quelque jour le nommer l'héritier.
Les dieux ont prononcé. Loin de leur contredire,
C'est à vous de passer du côté de l'empire.
En vain de ce présent ils m'auraient honoré,
Si votre cœur devait en être séparé ;   590
Si tant de soins ne sont adoucis par vos charmes ;
Si, tandis que je donne aux veilles, aux alarmes,
Des jours toujours à plaindre et toujours enviés,
Je ne vais quelquefois respirer à vos pieds.
Qu'Octavie à vos yeux ne fasse point d'ombrage :
Rome, aussi bien que moi, vous donne son suffrage,
Répudie Octavie, et me fait dénouer
Un hymen que le ciel ne veut point avouer.
Songez-y donc, madame, et pesez en vous-même
Ce choix digne des soins d'un prince qui vous aime, 600
Digne de vos beaux yeux trop longtemps captivés,
Digne de l'univers à qui vous vous devez.
  JUNIE.
Seigneur, avec raison je demeure étonnée.
Je me vois, dans le cours d'une même journée,
Comme une criminelle amenée en ces lieux ;
Et lorsqu'avec frayeur je parais à vos yeux,

Que sur mon innocence à peine je me fie,
Vous m'offrez tout d'un coup la place d'Octavie.
J'ose dire pourtant que je n'ai mérité
Ni cet excès d'honneur, ni cette indignité. 610
Et pouvez-vous, seigneur, souhaiter qu'une fille
Qui vit presque en naissant éteindre sa famille,
Qui, dans l'obscurité nourrissant sa douleur,
S'est fait une vertu conforme à son malheur,
Passe subitement de cette nuit profonde
Dans un rang qui l'expose aux yeux de tout le monde,
Dont je n'ai pu de loin soutenir la clarté,
Et dont une autre enfin remplit la majesté?

NÉRON.

Je vous ai déjà dit que je la répudie :
Ayez moins de frayeur, ou moins de modestie. 620
N'accusez point ici mon choix d'aveuglement;
Je vous réponds de vous; consentez seulement.
Du sang dont vous sortez rappelez la mémoire;
Et ne préférez point à la solide gloire
Des honneurs dont César prétend vous revêtir,
La gloire d'un refus sujet au repentir.

JUNIE.

Le ciel connaît, seigneur, le fond de ma pensée.
Je ne me flatte point d'une gloire insensée :
Je sais de vos présents mesurer la grandeur;
Mais plus ce rang sur moi répandrait de splendeur, 630
Plus il me ferait honte, et mettrait en lumière
Le crime d'en avoir dépouillé l'héritière.

NÉRON.

C'est de ses intérêts prendre beaucoup de soin,
Madame; et l'amitié ne peut aller plus loin.
Mais ne nous flattons point, et laissons le mystère.
La sœur vous touche ici beaucoup moins que le frère;
Et pour Britannicus....

JUNIE. Il a su me toucher,
Seigneur; et je n'ai point prétendu m'en cacher.

Cette sincérité sans doute est peu discrète ;
Mais toujours de mon cœur ma bouche est l'interprète.
Absente de la cour, je n'ai pas dû penser, 641
Seigneur, qu'en l'art de feindre il fallût m'exercer.
J'aime Britannicus. Je lui fus destinée
Quand l'empire devait suivre son hyménée :
Mais ces mêmes malheurs qui l'en ont écarté,
Ses honneurs abolis, son palais déserté,
La fuite d'une cour que sa chute a bannie,
Sont autant de liens qui retiennent Junie.
Tout ce que vous voyez conspire à vos désirs ;
Vos jours toujours sereins coulent dans les plaisirs ;
L'empire en est pour vous l'inépuisable source ; 651
Ou, si quelque chagrin en interrompt la course,
Tout l'univers, soigneux de les entretenir,
S'empresse à l'effacer de votre souvenir.
Britannicus est seul : quelque ennui qui le presse,
Il ne voit dans son sort que moi qui s'intéresse,
Et n'a pour tous plaisirs, seigneur, que quelques pleurs
Qui lui font quelquefois oublier ses malheurs.

NÉRON.

Et ce sont ces plaisirs et ces pleurs que j'envie,
Que tout autre que lui me paierait de sa vie. 660
Mais je garde à ce prince un traitement plus doux :
Madame, il va bientôt paraître devant vous.

JUNIE.

Ah, seigneur ! vos vertus m'ont toujours rassurée.

NÉRON.

Je pouvais de ces lieux lui défendre l'entrée,
Mais, madame, je veux prévenir le danger
Où son ressentiment le pourrait engager.
Je ne veux point le perdre ; il vaut mieux que lui-même
Entende son arrêt de la bouche qu'il aime.
Si ses jours vous sont chers, éloignez-le de vous
Sans qu'il ait aucun lieu de me croire jaloux. 670
De son bannissement prenez sur vous l'offense ;

Et, soit par vos discours, soit par votre silence,
Du moins par vos froideurs, faites-lui concevoir
Qu'il doit porter ailleurs ses vœux et son espoir.
JUNIE.
Moi! que je lui prononce un arrêt si sévère!
Ma bouche mille fois lui jura le contraire.
Quand même jusque-là je pourrais me trahir,
Mes yeux lui défendront, seigneur, de m'obéir.
NÉRON.
Caché près de ces lieux, je vous verrai, madame.
Renfermez votre amour dans le fond de votre âme : 680
Vous n'aurez point pour moi de langages secrets,
J'entendrai des regards que vous croirez muets;
Et sa perte sera l'infaillible salaire
D'un geste ou d'un soupir échappé pour lui plaire.
JUNIE.
Hélas! si j'ose encor former quelques souhaits,
Seigneur, permettez-moi de ne le voir jamais!

SCÈNE IV.

NÉRON, JUNIE, NARCISSE.

NARCISSE.
Britannicus, seigneur, demande la princesse;
Il approche.
NÉRON. Qu'il vienne.
JUNIE. Ah, seigneur!
NÉRON. Je vous laisse.
Sa fortune dépend de vous plus que de moi :
Madame, en le voyant, songez que je vous voi. 690

SCÈNE V.

JUNIE, NARCISSE.

JUNIE.
Ah! cher Narcisse, cours au-devant de ton maître;
Dis-lui.... Je suis perdue! et je le vois paraître.

SCÈNE VI.

JUNIE, BRITANNICUS, NARCISSE.

BRITANNICUS.
Madame, quel bonheur me rapproche de vous?
Quoi! je puis donc jouir d'un entretien si doux!
Mais parmi ce plaisir quel chagrin me dévore!
Hélas! puis-je espérer de vous revoir encore?
Faut-il que je dérobe, avec mille détours,
Un bonheur que vos yeux m'accordaient tous les jours?
Quelle nuit! quel réveil! Vos pleurs, votre présence,
N'ont point de ces cruels désarmé l'insolence! 700
Que faisait votre amant? Quel démon envieux
M'a refusé l'honneur de mourir à vos yeux?
Hélas! dans la frayeur dont vous étiez atteinte,
M'avez-vous en secret adressé quelque plainte?
Ma princesse, avez-vous daigné me souhaiter?
Songiez-vous aux douleurs que vous m'alliez coûter?...
Vous ne me dites rien! quel accueil! quelle glace!
Est-ce ainsi que vos yeux consolent ma disgrâce?
Parlez : nous sommes seuls. Notre ennemi, trompé,
Tandis que je vous parle, est ailleurs occupé. 710
Ménageons les moments de cette heureuse absence.
JUNIE.
Vous êtes en des lieux tout pleins de sa puissance :
Ces murs même, seigneur, peuvent avoir des yeux,

Et jamais l'empereur n'est absent de ces lieux.
BRITANNICUS.
Et depuis quand, madame, êtes-vous si craintive ?
Quoi ! déjà votre amour souffre qu'on le captive ?
Qu'est devenu ce cœur qui me jurait toujours
De faire à Néron même envier nos amours ?
Mais bannissez, madame, une inutile crainte :
La foi dans tous les cœurs n'est pas encore éteinte ; 720
Chacun semble des yeux approuver mon courroux ;
La mère de Néron se déclare pour nous.
Rome, de sa conduite elle-même offensée...
JUNIE.
Ah ! seigneur ! vous parlez contre votre pensée.
Vous-même vous m'avez avoué mille fois
Que Rome le louait d'une commune voix ;
Toujours à sa vertu vous rendiez quelque hommage.
Sans doute la douleur vous dicte ce langage.
BRITANNICUS.
Ce discours me surprend, il le faut avouer :
Je ne vous cherchais pas pour l'entendre louer. 730
Quoi ! pour vous confier la douleur qui m'accable,
A peine je dérobe un moment favorable ;
Et ce moment si cher, madame, est consumé
A louer l'ennemi dont je suis opprimé !
Qui vous rend à vous-même, en un jour, si contraire ?
Quoi ! même vos regards ont appris à se taire ?
Que vois-je ? vous craignez de rencontrer mes yeux !
Néron vous plairait-il ? Vous serais-je odieux ?
Ah ! si je le croyais !... Au nom des dieux, madame,
Éclaircissez le trouble où vous jetez mon âme. 740
Parlez. Ne suis-je plus dans votre souvenir ?
JUNIE.
Retirez-vous, seigneur ; l'empereur va venir.
BRITANNICUS.
Après ce coup, Narcisse, à qui dois-je m'attendre ?

SCÈNE VII.

NÉRON, JUNIE, NARCISSE.

NÉRON.
Madame....
    JUNIE. Non, seigneur, je ne puis rien entendre.
Vous êtes obéi. Laissez couler du moins
Des larmes dont ses yeux ne seront pas témoins.

SCÈNE VIII.

NÉRON, NARCISSE.

NÉRON.
Eh bien! de leur amour tu vois la violence,
Narcisse : elle a paru jusque dans son silence!
Elle aime mon rival, je ne puis l'ignorer;
Mais je mettrai ma joie à le désespérer. 750
Je me fais de sa peine une image charmante;
Et je l'ai vu douter du cœur de son amante.
Je la suis. Mon rival t'attend pour éclater :
Par de nouveaux soupçons, va, cours le tourmenter;
Et tandis qu'à mes yeux on le pleure, on l'adore,
Fais-lui payer bien cher un bonheur qu'il ignore.
    NARCISSE, *seul*.
La fortune t'appelle une seconde fois,
Narcisse; voudrais-tu résister à sa voix?
Suivons jusques au bout ses ordres favorables ; 75
Et, pour nous rendre heureux, perdons les misérables.

ACTE TROISIÈME.

SCÈNE I.

NÉRON, BURRHUS.

BURRHUS.
Pallas obéira, seigneur.
    NÉRON. Et de quel œil
Ma mère a-t-elle vu confondre son orgueil?
  BURRHUS.
Ne doutez point, seigneur, que ce coup ne la frappe;
Qu'en reproches bientôt sa douleur ne s'échappe.
Ses transports dès longtemps commencent d'éclater :
A d'inutiles cris puissent-ils s'arrêter !
  NÉRON.
Quoi! de quelque dessein la croyez-vous capable?
  BURRHUS.
Agrippine, seigneur, est toujours redoutable :
Rome et tous vos soldats révèrent ses aïeux;
Germanicus son père est présent à leurs yeux.   770
Elle sait son pouvoir, vous savez son courage ;
Et ce qui me la fait redouter davantage,
C'est que vous appuyez vous-même son courroux,
Et que vous lui donnez des armes contre vous.
  NÉRON.
Moi, Burrhus?
   BURRHUS. Cet amour, seigneur, qui vous possède...
  NÉRON.
Je vous entends, Burrhus. Le mal est sans remède :
Mon cœur s'en est plus dit que vous ne m'en direz;
Il faut que j'aime enfin.
    BURRHUS. Vous vous le figurez,
Seigneur; et, satisfait de quelque résistance,

ous redoutez un mal faible dans sa naissance. 780
ais si dans son devoir votre cœur affermi
oulait ne point s'entendre avec son ennemi ;
i de vos premiers ans vous consultiez la gloire ;
i vous daigniez, seigneur, rappeler la mémoire
es vertus d'Octavie indignes de ce prix,
t de son chaste amour vainqueur de vos mépris ;
urtout si, de Junie évitant la présence,
ous condamniez vos yeux à quelques jours d'absence ;
royez-moi, quelque amour qui semble vous charmer,
n n'aime point, seigneur, si l'on ne veut aimer. 790

NÉRON.

vous croirai, Burrhus, lorsque dans les alarmes
faudra soutenir la gloire de nos armes,
u lorsque, plus tranquille, assis dans le sénat,
faudra décider du destin de l'État ;
m'en reposerai sur votre expérience.
ais, croyez-moi, l'amour est une autre science,
urrhus ; et je ferais quelque difficulté
'abaisser jusque-là votre sévérité.
dieu. Je souffre trop, éloigné de Junie.

SCÈNE II.

BURRHUS.

nfin, Burrhus, Néron découvre son génie : 800
ette férocité que tu croyais fléchir,
e tes faibles liens est prête à s'affranchir.
n quels excès peut-être elle va se répandre !
dieux ! en ce malheur quel conseil dois-je prendre ?
énèque, dont les soins me devraient soulager,
ccupé loin de Rome, ignore ce danger.
ais quoi ! si d'Agrippine excitant la tendresse,
pouvais.... La voici : mon bonheur me l'adresse.

SCÈNE III.

AGRIPPINE, BURRHUS, ALBINE.

AGRIPPINE.

Eh bien! je me trompais, Burrhus, dans mes soupçons!
Et vous vous signalez par d'illustres leçons! 810
On exile Pallas, dont le crime peut-être
Est d'avoir à l'empire élevé votre maître.
Vous le savez trop bien : jamais, sans ses avis,
Claude qu'il gouvernait n'eût adopté mon fils.
Que dis-je? à son épouse on donne une rivale;
On affranchit Néron de la foi conjugale :
Digne emploi d'un ministre ennemi des flatteurs,
Choisi pour mettre un frein à ses jeunes ardeurs,
De les flatter lui-même, et nourrir dans son âme
Le mépris de sa mère et l'oubli de sa femme! 820

BURRHUS.

Madame, jusqu'ici c'est trop tôt m'accuser :
L'empereur n'a rien fait qu'on ne puisse excuser.
N'imputez qu'à Pallas un exil nécessaire :
Son orgueil dès longtemps exigeait ce salaire;
Et l'empereur ne fait qu'accomplir à regret
Ce que toute la cour demandait en secret.
Le reste est un malheur qui n'est point sans ressource:
Des larmes d'Octavie on peut tarir la source.
Mais calmez vos transports; par un chemin plus doux
Vous lui pourrez plutôt ramener son époux : 830
Les menaces, les cris, le rendront plus farouche.

AGRIPPINE.

Ah! l'on s'efforce en vain de me fermer la bouche.
Je vois que mon silence irrite vos dédains;
Et c'est trop respecter l'ouvrage de mes mains.
Pallas n'emporte pas tout l'appui d'Agrippine :
Le ciel m'en laisse assez pour venger ma ruine.

Le fils de Claudius commence à ressentir
Les crimes dont je n'ai que le seul repentir.
J'irai, n'en doutez point, le montrer à l'armée,
Plaindre aux yeux des soldats son enfance opprimée,
Leur faire, à mon exemple, expier leur erreur. 841
On verra d'un côté le fils d'un empereur
Redemandant la foi jurée à sa famille,
Et de Germanicus on entendra la fille;
De l'autre, l'on verra le fils d'Ænobarbus,
Appuyé de Sénèque et du tribun Burrhus,
Qui, tous deux de l'exil rappelés par moi-même,
Partagent à mes yeux l'autorité suprême.
De nos crimes communs je veux qu'on soit instruit;
On saura les chemins par où je l'ai conduit: 850
Pour rendre sa puissance et la vôtre odieuse,
J'avouerai les rumeurs les plus injurieuses;
Je confesserai tout, exils, assassinats,
Poison même....

BURRHUS. Madame, ils ne vous croiront pas:
Ils sauront récuser l'injuste stratagème
D'un témoin irrité qui s'accuse lui-même.
Pour moi, qui le premier secondai vos desseins,
Qui fis même jurer l'armée entre ses mains,
Je ne me repens point de ce zèle sincère.
Madame, c'est un fils qui succède à son père. 860
En adoptant Néron, Claudius par son choix
De son fils et du vôtre a confondu les droits.
Rome l'a pu choisir. Ainsi, sans être injuste,
Elle choisit Tibère adopté par Auguste;
Et le jeune Agrippa, de son sang descendu,
Se vit exclu du rang vainement prétendu.
Sur tant de fondements sa puissance établie
Par vous-même aujourd'hui ne peut être affaiblie:
Et s'il m'écoute encor, madame, sa bonté
Vous en fera bientôt perdre la volonté. 870
J'ai commencé, je vais poursuivre mon ouvrage.

SCÈNE IV.

AGRIPPINE, ALBINE.

ALBINE.
Dans quel emportement la douleur vous engage,
Madame ! L'empereur puisse-t-il l'ignorer !
AGRIPPINE.
Ah ! lui-même à mes yeux puisse-t-il se montrer !
ALBINE.
Madame, au nom des dieux, cachez votre colère.
Quoi ! pour les intérêts de la sœur ou du frère,
Faut-il sacrifier le repos de vos jours ?
Contraindrez-vous César jusque dans ses amours ?
AGRIPPINE.
Quoi ! tu ne vois donc pas jusqu'où l'on me ravale,
Albine ? C'est à moi qu'on donne une rivale. 880
Bientôt, si je ne romps ce funeste lien,
Ma place est occupée, et je ne suis plus rien.
Jusqu'ici d'un vain titre Octavie honorée,
Inutile à la cour, en était ignorée :
Les grâces, les honneurs, par moi seule versés,
M'attiraient des mortels les vœux intéressés.
Une autre de César a surpris la tendresse :
Elle aura le pouvoir d'épouse et de maîtresse ;
Le fruit de tant de soins, la pompe des Césars,
Tout deviendra le prix d'un seul de ses regards. 890
Que dis-je ? l'on m'évite, et déjà délaissée....
Ah ! je ne puis, Albine, en souffrir la pensée.
Quand je devrais du ciel hâter l'arrêt fatal,
Néron, l'ingrat Néron.... Mais voici son rival.

SCÈNE V.

BRITANNICUS, AGRIPPINE, NARCISSE, ALBINE.

BRITANNICUS.
Nos ennemis communs ne sont pas invincibles,
Madame ; nos malheurs trouvent des cœurs sensibles :
Vos amis et les miens, jusqu'alors si secrets,
Tandis que nous perdions le temps en vains regrets,
Animés du courroux qu'allume l'injustice,
Viennent de confier leur douleur à Narcisse.   900
Néron n'est pas encor tranquille possesseur
De l'ingrate qu'il aime au mépris de ma sœur.
Si vous êtes toujours sensible à son injure,
On peut dans son devoir ramener le parjure.
La moitié du sénat s'intéresse pour nous :
Sylla, Pison, Plautus....
        AGRIPPINE. Prince, que dites-vous ?
Sylla, Pison, Plautus, les chefs de la noblesse !
BRITANNICUS.
Madame, je vois bien que ce discours vous blesse,
Et que votre courroux, tremblant, irrésolu,
Craint déjà d'obtenir tout ce qu'il a voulu.   910
Non, vous avez trop bien établi ma disgrâce ;
D'aucun ami pour moi ne redoutez l'audace :
Il ne m'en reste plus ; et vos soins trop prudents
Les ont tous écartés ou séduits dès longtemps.
AGRIPPINE.
Seigneur, à vos soupçons donnez moins de créance ;
Notre salut dépend de notre intelligence
J'ai promis, il suffit : malgré vos ennemis,
Je ne révoque rien de ce que j'ai promis.
e coupable Néron fuit en vain ma colère,
ôt ou tard il faudra qu'il entende sa mère.   920
'essaierai tour à tour la force et la douceur,

Ou moi-même, avec moi conduisant votre sœur,
J'irai semer partout ma crainte et ses alarmes
Et ranger tous les cœurs du parti de ses larmes.
Adieu. J'assiégerai Néron de toutes parts.
Vous, si vous m'en croyez, évitez ses regards.

SCÈNE VI.

BRITANNICUS, NARCISSE.

BRITANNICUS.
Ne m'as-tu point flatté d'une fausse espérance ?
Puis-je sur ton récit fonder quelque assurance,
Narcisse ?
NARCISSE.
Oui. Mais, seigneur, ce n'est pas en ces lieux
Qu'il faut développer ce mystère à vos yeux. 930
Sortons. Qu'attendez-vous ?
BRITANNICUS. Ce que j'attends, Narcisse ?
Hélas !
NARCISSE.
Expliquez-vous.
BRITANNICUS. Si par ton artifice
Je pouvais revoir....
NARCISSE. Qui ?
BRITANNICUS. J'en rougis. Mais enfin
D'un cœur moins agité j'attendrais mon destin.
NARCISSE.
Après tous mes discours vous la croyez fidèle ?
BRITANNICUS.
Non, je la crois, Narcisse, ingrate, criminelle,
Digne de mon courroux ; mais je sens, malgré moi,
Que je ne le crois pas autant que je le doi.
Dans ses égarements, mon cœur opiniâtre
Lui prête des raisons, l'excuse, l'idolâtre. 940
Je voudrais vaincre enfin mon incrédulité :

Je la voudrais haïr avec tranquillité.
Eh! qui croira qu'un cœur si grand en apparence,
D'une infidèle cour ennemi dès l'enfance,
Renonce à tant de gloire, et dès le premier jour
Trame une perfidie inouïe à la cour?

    NARCISSE.
Eh! qui sait si l'ingrate, en sa longue retraite,
N'a point de l'empereur médité la défaite?
Trop sûre que ses yeux ne pouvaient se cacher,
Peut-être elle fuyait pour se faire chercher,   950
Pour exciter Néron par la gloire pénible
De vaincre une fierté jusqu'alors invincible.

    BRITANNICUS.
Je ne la puis donc voir?   NARCISSE. Seigneur, en ce moment
Elle reçoit les vœux de son nouvel amant.

    BRITANNICUS.
Ah bien! Narcisse, allons. Mais que vois-je? C'est elle.

    NARCISSE, *à part*.
Ah! dieux! A l'empereur portons cette nouvelle.

SCÈNE VII.

JUNIE, BRITANNICUS.

    JUNIE.
Retirez-vous, seigneur, et fuyez un courroux
Que ma persévérance allume contre vous.
Néron est irrité. Je me suis échappée,
Tandis qu'à l'arrêter sa mère est occupée.   960
Adieu; réservez-vous, sans blesser mon amour,
Au plaisir de me voir justifier un jour.
Votre image sans cesse est présente à mon âme:
Rien ne l'en peut bannir.

    BRITANNICUS. Je vous entends, madame:
Vous voulez que ma fuite assure vos désirs,

Que je laisse un champ libre à vos nouveaux soupirs.
Sans doute, en me voyant, une pudeur secrète
Ne vous laisse goûter qu'une joie inquiète.
Eh bien, il faut partir !

    JUNIE. Seigneur, sans m'imputer....

 BRITANNICUS.

Ah ! vous deviez du moins plus longtemps disputer. 970
Je ne murmure point qu'une amitié commune
Se range du parti que flatte la fortune ;
Que l'éclat d'un empire ait pu vous éblouir ;
Qu'aux dépens de ma sœur vous en vouliez jouir :
Mais que, de ces grandeurs comme une autre occupée,
Vous m'en ayez paru si longtemps détrompée ;
Non, je l'avoue encor, mon cœur désespéré
Contre ce seul malheur n'était point préparé.
J'ai vu sur ma ruine élever l'injustice ;
De mes persécuteurs j'ai vu le ciel complice : 980
Tant d'horreurs n'avaient point épuisé son courroux,
Madame ; il me restait d'être oublié de vous.

 JUNIE.

Dans un temps plus heureux, ma juste impatience
Vous ferait repentir de votre défiance ;
Mais Néron vous menace : en ce pressant danger,
Seigneur, j'ai d'autres soins que de vous affliger.
Allez, rassurez-vous, et cessez de vous plaindre :
Néron nous écoutait, et m'ordonnait de feindre.

 BRITANNICUS.

Quoi ! le cruel...

   JUNIE. Témoin de tout notre entretien,
D'un visage sévère examinait le mien, 990
Prêt à faire sur vous éclater la vengeance
D'un geste confident de notre intelligence.

 BRITANNICUS.

Néron nous écoutait, madame ! Mais, hélas !
Vos yeux auraient pu feindre et ne m'abuser pas.
Ils pouvaient me nommer l'auteur de cet outrage !

L'amour est-il muet, ou n'a-t-il qu'un langage?
De quel trouble un regard pouvait me préserver!
Il fallait....
  JUNIE. Il fallait me taire et vous sauver.
Combien de fois, hélas! puisqu'il faut vous le dire,
Mon cœur de son désordre allait-il vous instruire! 1000
De combien de soupirs interrompant le cours,
Ai-je évité vos yeux que je cherchais toujours!
Quel tourment de se taire en voyant ce qu'on aime,
De l'entendre gémir, de l'affliger soi-même,
Lorsque par un regard on peut le consoler!
Mais quels pleurs ce regard aurait-il fait couler!
Ah! dans ce souvenir, inquiète, troublée,
Je ne me sentais pas assez dissimulée :
De mon front effrayé je craignais la pâleur;
Je trouvais mes regards trop pleins de ma douleur : 1010
Sans cesse il me semblait que Néron en colère
Me venait reprocher trop de soin de vous plaire;
Je craignais mon amour vainement renfermé;
Enfin, j'aurais voulu n'avoir jamais aimé.
Hélas! pour son bonheur, seigneur, et pour le nôtre,
Il n'est que trop instruit de mon cœur et du vôtre!
Allez, encore un coup, cachez-vous à ses yeux :
Mon cœur plus à loisir vous éclaircira mieux.
De mille autres secrets j'aurais compte à vous rendre.
  BRITANNICUS.
Ah! n'en voilà que trop; c'est trop me faire entendre,
Madame, mon bonheur, mon crime, vos bontés. 1021
Et savez-vous pour moi tout ce que vous quittez?
    (*Se jetant aux pieds de Junie.*)
Quand pourrai-je à vos pieds expier ce reproche?
  JUNIE.
Que faites-vous? Hélas! votre rival s'approche.

SCÈNE VIII.

NÉRON, BRITANNICUS, JUNIE.

NÉRON.
Prince, continuez des transports si charmants.
Je conçois vos bontés par ses remercîments,
Madame; à vos genoux je viens de le surprendre.
Mais il aurait aussi quelque grâce à me rendre;
Ce lieu le favorise, et je vous y retiens
Pour lui faciliter de si doux entretiens. 1030

BRITANNICUS.
Je puis mettre à ses pieds ma douleur ou ma joie
Partout où sa bonté consent que je la voie;
Et l'aspect de ces lieux où vous la retenez
N'a rien dont mes regards doivent être étonnés.

NÉRON.
Et que vous montrent-ils qui ne vous avertisse
Qu'il faut qu'on me respecte et que l'on m'obéisse?

BRITANNICUS.
Ils ne nous ont pas vu l'un et l'autre élever,
Moi pour vous obéir, et vous pour me braver,
Et ne s'attendaient pas, lorsqu'ils nous virent naître,
Qu'un jour Domitius me dût parler en maître. 1040

NÉRON.
Ainsi par le destin nos vœux sont traversés;
J'obéissais alors, et vous obéissez.
Si vous n'avez appris à vous laisser conduire,
Vous êtes jeune encore, et l'on peut vous instruire.

BRITANNICUS.
Et qui m'en instruira?

                NÉRON. Tout l'empire à la fois,
Rome.

BRITANNICUS.
       Rome met-elle au nombre de vos droits
Tout ce qu'a de cruel l'injustice et la force

Les emprisonnements, le rapt et le divorce ?
NÉRON.
Rome ne porte point ses regards curieux
Jusque dans des secrets que je cache à ses yeux. 1055
Imitez son respect.

BRITANNICUS. On sait ce qu'elle en pense.
NÉRON.
Elle se tait du moins : imitez son silence.
BRITANNICUS.
Ainsi Néron commence à ne se plus forcer.
NÉRON.
Néron de vos discours commence à se lasser.
BRITANNICUS.
Chacun devait bénir le bonheur de son règne.
NÉRON.
Heureux ou malheureux, il suffit qu'on me craigne.
BRITANNICUS.
Je connais mal Junie, ou de tels sentiments
Ne mériteront pas ses applaudissements.
NÉRON.
Du moins, si je ne sais le secret de lui plaire,
Je sais l'art de punir un rival téméraire. 1060
BRITANNICUS.
Pour moi, quelque péril qui me puisse accabler,
Sa seule inimitié peut me faire trembler.
NÉRON.
Souhaitez-la; c'est tout ce que je vous puis dire.
BRITANNICUS.
Le bonheur de lui plaire est le seul où j'aspire.
NÉRON.
Elle vous l'a promis, vous lui plairez toujours.
BRITANNICUS.
Je ne sais pas du moins épier ses discours :
Je la laisse expliquer sur tout ce qui me touche,
Et ne me cache point pour lui fermer la bouche.

NÉRON.
Je vous entends. Eh bien, gardes!
                              JUNIE. Que faites-vous?
C'est votre frère. Hélas! c'est un amant jaloux!   1070
Seigneur, mille malheurs persécutent sa vie :
Ah! son bonheur peut-il exciter votre envie?
Souffrez que, de vos cœurs rapprochant les liens,
Je me cache à vos yeux et me dérobe aux siens.
Ma fuite arrêtera vos discordes fatales;
Seigneur, j'irai remplir le nombre des vestales.
Ne lui disputez plus mes vœux infortunés;
Souffrez que les dieux seuls en soient importunés.

NÉRON.
L'entreprise, madame, est étrange et soudaine.
Dans son appartement, gardes, qu'on la remène.   1080
Gardez Britannicus dans celui de sa sœur.

BRITANNICUS.
C'est ainsi que Néron sait disputer un cœur!

JUNIE.
Prince, sans l'irriter, cédons à cet orage.

NÉRON.
Gardes, obéissez sans tarder davantage.

SCÈNE IX.

NÉRON, BURRHUS.

BURRHUS.
Que vois-je? ô ciel!

NÉRON, *sans voir Burrhus.*
                     Ainsi leurs feux sont redoublés :
Je reconnais la main qui les a rassemblés.
Agrippine ne s'est présentée à ma vue,
Ne s'est dans ses discours si longtemps étendue,
Que pour faire jouer ce ressort odieux.
                        (*Apercevant Burrhus.*)
Qu'on sache si ma mère est encore en ces lieux.   1090

Burrhus, dans ce palais je veux qu'on la retienne,
Et qu'au lieu de sa garde on lui donne la mienne.
   BURRHUS.
Quoi, seigneur! sans l'ouïr? une mère?
           NÉRON. Arrêtez :
J'ignore quel projet, Burrhus, vous méditez ;
Mais, depuis quelques jours, tout ce que je désire
Trouve en vous un censeur prêt à me contredire.
Répondez-m'en, vous dis-je ; ou, sur votre refus,
D'autres me répondront et d'elle et de Burrhus.

ACTE QUATRIÈME.

CÈNE I.

AGRIPPINE, BURRHUS.

BURRHUS.
Oui, madame, à loisir vous pourrez vous défendre :
César lui-même ici consent de vous entendre. 1100
Si son ordre au palais vous a fait retenir,
C'est peut-être à dessein de vous entretenir.
Quoi qu'il en soit, si j'ose expliquer ma pensée,
Ne vous souvenez plus qu'il vous ait offensée ;
Préparez-vous plutôt à lui tendre les bras :
Défendez-vous, madame, et ne l'accusez pas.
Vous voyez, c'est lui seul que la cour envisage.
Quoiqu'il soit votre fils, et même votre ouvrage,
Il est votre empereur : vous êtes, comme nous,
Sujette à ce pouvoir qu'il a reçu de vous. 1110
Selon qu'il vous menace ou bien qu'il vous caresse,

La cour autour de vous ou s'écarte ou s'empresse.
C'est son appui qu'on cherche en cherchant votre ap-
Mais voici l'empereur. [pui.
AGRIPPINE. Qu'on me laisse avec lui.

SCÈNE II.

NÉRON, AGRIPPINE.

AGRIPPINE, *s'asseyant.*
Approchez-vous, Néron, et prenez votre place.
On veut sur vos soupçons que je vous satisfasse.
J'ignore de quel crime on a pu me noircir :
De tous ceux que j'ai faits je vais vous éclaircir.
Vous régnez : vous savez combien votre naissance
Entre l'empire et vous avait mis de distance. 1120
Les droits de mes aïeux, que Rome a consacrés,
Étaient même sans moi d'inutiles degrés.
Quand de Britannicus la mère condamnée
Laissa de Claudius disputer l'hyménée,
Parmi tant de beautés qui briguèrent son choix,
Qui de ses affranchis mendièrent les voix,
Je souhaitai son lit, dans la seule pensée
De vous laisser au trône où je serais placée.
Je fléchis mon orgueil ; j'allai prier Pallas,
Son maître, chaque jour caressé dans mes bras, 1130
Prit insensiblement dans les yeux de sa nièce
L'amour où je voulais amener sa tendresse.
Mais ce lien du sang qui nous joignait tous deux
Écartait Claudius d'un lit incestueux :
Il n'osait épouser la fille de son frère.
Le sénat fut séduit : une loi moins sévère
Mit Claude dans mon lit et Rome à mes genoux.
C'était beaucoup pour moi ; ce n'était rien pour vous.
Je vous fis sur mes pas entrer dans sa famille ;
Je vous nommai son gendre et vous donnai sa fille : 1140

Silanus, qui l'aimait, s'en vit abandonné
Et marqua de son sang ce jour infortuné.
Ce n'était rien encore. Eussiez-vous pu prétendre
Qu'un jour Claude à son fils dût préférer son gendre ?
De ce même Pallas j'implorai le secours :
Claude vous adopta, vaincu par ses discours,
Vous appela Néron, et du pouvoir suprême
Voulut avant le temps vous faire part lui-même.
C'est alors que chacun, rappelant le passé,
Découvrit mon dessein déjà trop avancé ; 1150
Que de Britannicus la disgrâce future
Des amis de son père excita le murmure.
Mes promesses aux uns éblouirent les yeux ;
L'exil me délivra des plus séditieux ;
Claude même, lassé de ma plainte éternelle,
Éloigna de son fils tous ceux de qui le zèle,
Engagé dès longtemps à suivre son destin,
Pouvait du trône encor lui rouvrir le chemin.
Je fis plus : je choisis moi-même dans ma suite
Ceux à qui je voulais qu'on livrât sa conduite. 1160
J'eus soin de vous nommer, par un contraire choix,
Des gouverneurs que Rome honorait de sa voix :
Je fus sourde à la brigue, et crus la renommée ;
J'appelai de l'exil, je tirai de l'armée
Et ce même Sénèque, et ce même Burrhus,
Qui depuis... Rome alors estimait leurs vertus.
De Claude en même temps épuisant les richesses,
Ma main sous votre nom répandait ses largesses.
Les spectacles, les dons, invincibles appas,
Vous attiraient les cœurs du peuple et des soldats, 1170
Qui d'ailleurs, réveillant leur tendresse première,
Favorisaient en vous Germanicus mon père.
Cependant Claudius penchait vers son déclin.
Ses yeux, longtemps fermés, s'ouvrirent à la fin :
Il connut son erreur. Occupé de sa crainte,
Il laissa pour son fils échapper quelque plainte,

Et voulut, mais trop tard, assembler ses amis :
Ses gardes, son palais, son lit, m'étaient soumis.
Je lui laissai sans fruit consumer sa tendresse ;
De ses derniers soupirs je me rendis maîtresse : 1180
Mes soins, en apparence épargnant ses douleurs,
De son fils, en mourant, lui cachèrent les pleurs.
Il mourut. Mille bruits en courent à ma honte.
J'arrêtai de sa mort la nouvelle trop prompte ;
Et tandis que Burrhus allait secrètement
De l'armée en vos mains exiger le serment,
Que vous marchiez au camp, conduit sous mes aus-
Dans Rome les autels fumaient de sacrifices : [pices,
Par mes ordres trompeurs tout le peuple excité
Du prince déjà mort demandait la santé. 1190
Enfin, des légions l'entière obéissance
Ayant de votre empire affermi la puissance,
On vit Claude ; et le peuple, étonné de son sort,
Apprit en même temps votre règne et sa mort.
C'est le sincère aveu que je voulais vous faire.
Voilà tous mes forfaits. En voici le salaire :
Du fruit de tant de soins à peine jouissant
En avez-vous six mois paru reconnaissant,
Que, lassé d'un respect qui vous gênait peut-être,
Vous avez affecté de ne me plus connaître. 1200
J'ai vu Burrhus, Sénèque, aigrissant vos soupçons,
De l'infidélité vous tracer des leçons,
Ravis d'être vaincus dans leur propre science.
J'ai vu favoriser de votre confiance
Othon, Sénécion, jeunes voluptueux,
Et de tous vos plaisirs flatteurs respectueux ;
Et lorsque, vos mépris excitant mes murmures,
Je vous ai demandé raison de tant d'injures
(Seul recours d'un ingrat qui se voit confondu),
Par de nouveaux affronts vous m'avez répondu. 1210
Aujourd'hui je promets Junie à votre frère ;
Ils se flattent tous deux du choix de votre mère :

Que faites-vous? Junie, enlevée à la cour,
Devient en une nuit l'objet de votre amour ;
Je vois de votre cœur Octavie effacée
Prête à sortir du lit où je l'avais placée ;
Je vois Pallas banni, votre frère arrêté ;
Vous attentez enfin jusqu'à ma liberté ;
Burrhus ose sur moi porter ses mains hardies.
Et lorsque, convaincu de tant de perfidies, 1220
Vous deviez ne me voir que pour les expier,
C'est vous qui m'ordonnez de me justifier.

NÉRON.

Je me souviens toujours que je vous dois l'empire ;
Et, sans vous fatiguer du soin de le redire,
Votre bonté, madame, avec tranquillité
Pouvait se reposer sur ma fidélité.
Aussi bien ces soupçons, ces plaintes assidues,
Ont fait croire à tous ceux qui les ont entendues,
Que jadis, j'ose ici vous le dire entre nous,
Vous n'aviez sous mon nom travaillé que pour vous. 1230
« Tant d'honneurs, disaient-ils, et tant de déférences,
Sont-ce de ses bienfaits de faibles récompenses ?
Quel crime a donc commis ce fils tant condamné ?
Est-ce pour obéir qu'elle l'a couronné ?
N'est-il de son pouvoir que le dépositaire? »
Non que, si jusque-là j'avais pu vous complaire,
Je n'eusse pris plaisir, madame, à vous céder
Le pouvoir que vos cris semblaient redemander ;
Mais Rome veut un maître, et non une maîtresse.
Vous entendiez les bruits qu'excitait ma faiblesse : 1240
Le sénat chaque jour et le peuple, irrités
De s'ouïr par ma voix dicter vos volontés,
Publiaient qu'en mourant Claude avec sa puissance
M'avait encor laissé sa simple obéissance.
Vous avez vu cent fois nos soldats en courroux
Porter en murmurant leurs aigles devant vous ;
Honteux de rabaisser par cet indigne usage

Les héros dont encore elles portent l'image.
Toute autre se serait rendue à leurs discours ;
Mais, si vous ne régnez, vous vous plaignez toujours.
Avec Britannicus contre moi réunie, 1251
Vous le fortifiez du parti de Junie ;
Et la main de Pallas trame tous ces complots.
Et, lorsque malgré moi j'assure mon repos,
On vous voit de colère et de haine animée :
Vous voulez présenter mon rival à l'armée ;
Déjà jusques au camp le bruit en a couru.

AGRIPPINE.

Moi ! le faire empereur ? Ingrat ! l'avez-vous cru ?
Quel serait mon dessein ? qu'aurais-je pu prétendre ?
Quels honneurs dans sa cour, quel rang pourrais-je
[attendre ? 1260
Ah ! si sous votre empire on ne m'épargne pas,
Si mes accusateurs observent tous mes pas,
Si de leur empereur ils poursuivent la mère,
Que ferais-je au milieu d'une cour étrangère ?
Ils me reprocheraient, non des cris impuissants,
Des desseins étouffés aussitôt que naissants,
Mais des crimes pour vous commis à votre vue,
Et dont je ne serais que trop tôt convaincue.
Vous ne me trompez point, je vois tous vos détours,
Vous êtes un ingrat, vous le fûtes toujours : 1270
Dès vos plus jeunes ans mes soins et mes tendresses
N'ont arraché de vous que de feintes caresses.
Rien ne vous a pu vaincre ; et votre dureté
Aurait dû dans son cours arrêter ma bonté.
Que je suis malheureuse ! Et par quelle infortune
Faut-il que tous mes soins me rendent importune !
Je n'ai qu'un fils : ô ciel ! qui m'entends aujourd'hui,
T'ai-je fait quelques vœux qui ne fussent pour lui ?
Remords, craintes, périls, rien ne m'a retenue ;
J'ai vaincu ses mépris ; j'ai détourné ma vue 1280
Des malheurs qui dès lors me furent annoncés ;

J'ai fait ce que j'ai pu : vous régnez, c'est assez.
Avec ma liberté, que vous m'avez ravie,
Si vous le souhaitez, prenez encor ma vie,
Pourvu que par ma mort tout le peuple irrité
Ne vous ravisse pas ce qui m'a tant coûté.
  NÉRON.
Eh bien donc, prononcez. Que voulez-vous qu'on fasse ?
  AGRIPPINE.
De mes accusateurs qu'on punisse l'audace ;
Que de Britannicus on calme le courroux ;
Que Junie à son choix puisse prendre un époux ; 1290
Qu'ils soient libres tous deux, et que Pallas demeure ;
Que vous me permettiez de vous voir à toute heure ;
  (*Apercevant Burrhus dans le fond du théâtre.*)
Que ce même Burrhus, qui nous vient écouter,
A votre porte enfin n'ose plus m'arrêter.
  NÉRON.
Oui, madame, je veux que ma reconnaissance
Désormais dans les cœurs grave votre puissance ;
Et je bénis déjà cette heureuse froideur
Qui de notre amitié va rallumer l'ardeur.
Quoi que Pallas ait fait, il suffit, je l'oublie ;
Avec Britannicus je me réconcilie ; 1300
Et, quant à cet amour qui nous a séparés,
Je vous fais notre arbitre, et vous nous jugerez.
Allez donc, et portez cette joie à mon frère.
Gardes, qu'on obéisse aux ordres de ma mère.

SCÈNE III.

NÉRON, BURRHUS.

  BURRHUS.
Que cette paix, seigneur, et ces embrassements
Vont offrir à mes yeux de spectacles charmants !
Vous savez si jamais ma voix lui fut contraire,

Si de son amitié j'ai voulu vous distraire,
Et si j'ai mérité cet injuste courroux.
NÉRON.
Je ne vous flatte point, je me plaignais de vous, 1310
Burrhus ; je vous ai crus tous deux d'intelligence ;
Mais son inimitié vous rend ma confiance.
Elle se hâte trop, Burrhus, de triompher :
J'embrasse mon rival, mais c'est pour l'étouffer.
BURRHUS.
Quoi, seigneur !
NÉRON.
C'en est trop ; il faut que sa ruine
Me délivre à jamais des fureurs d'Agrippine :
Tant qu'il respirera, je ne vis qu'à demi.
Elle m'a fatigué de ce nom ennemi ;
Et je ne prétends pas que sa coupable audace
Une seconde fois lui promette ma place. 1320
BURRHUS.
Elle va donc bientôt pleurer Britannicus?
NÉRON.
Avant la fin du jour je ne le craindrai plus.
BURRHUS.
Et qui de ce dessein vous inspire l'envie?
NÉRON.
Ma gloire, mon amour, ma sûreté, ma vie.
BURRHUS.
Non, quoi que vous disiez, cet horrible dessein
Ne fut jamais, seigneur, conçu dans votre sein.
NÉRON.
Burrhus !
BURRHUS.
De votre bouche, ô ciel ! puis-je l'appren-
Vous-même, sans frémir, avez-vous pu l'entendre? [dre?
Songez-vous dans quel sang vous allez vous baigner?
Néron dans tous les cœurs est-il las de régner? 1330
Que dira-t-on de vous? Quelle est votre pensée?
NÉRON.
Quoi ! toujours enchaîné de ma gloire passée,

J'aurai devant les yeux je ne sais quel amour
Que le hasard nous donne et nous ôte en un jour?
Soumis à tous leurs vœux, à mes désirs contraire,
Suis-je leur empereur seulement pour leur plaire?
      BURRHUS.
Eh! ne suffit-il pas, seigneur, à vos souhaits
Que le bonheur public soit un de vos bienfaits?
C'est à vous à choisir, vous êtes encor maître :
Vertueux jusqu'ici, vous pouvez toujours l'être ; 1340
Le chemin est tracé, rien ne vous retient plus ;
Vous n'avez qu'à marcher de vertus en vertus.
Mais si de vos flatteurs vous suivez la maxime,
Il vous faudra, seigneur, courir de crime en crime,
Soutenir vos rigueurs par d'autres cruautés,
Et laver dans le sang vos bras ensanglantés.
Britannicus mourant excitera le zèle
De ses amis, tout prêts à prendre sa querelle.
Ces vengeurs trouveront de nouveaux défenseurs,
Qui, même après leur mort, auront des successeurs: 1350
Vous allumez un feu qui ne pourra s'éteindre.
Craint de tout l'univers, il vous faudra tout craindre,
Toujours punir, toujours trembler dans vos projets,
Et pour vos ennemis compter tous vos sujets.
Ah! de vos premiers ans l'heureuse expérience
Vous fait-elle, seigneur, haïr votre innocence?
Songez-vous au bonheur qui les a signalés?
Dans quel repos, ô ciel, les avez-vous coulés!
Quel plaisir de penser et de dire en vous-même :
« Partout en ce moment on me bénit, on m'aime ; 1360
On ne voit point le peuple à mon nom s'alarmer,
Le ciel dans tous leurs pleurs ne m'entend point nom-
Leur sombre inimitié ne fuit point mon visage ; [mer ;
Je vois voler partout les cœurs à mon passage ! »
Tels étaient vos plaisirs. Quel changement, ô dieux!
Le sang le plus abject vous était précieux :
Un jour, il m'en souvient, le sénat équitable

Vous pressait de souscrire à la mort d'un coupable ;
Vous résistiez, seigneur, à leur sévérité ;
Votre cœur s'accusait de trop de cruauté ; 1370
Et, plaignant les malheurs attachés à l'empire :
« Je voudrais, disiez-vous, ne savoir pas écrire. »
Non, ou vous me croirez, ou bien de ce malheur
Ma mort m'épargnera la vue et la douleur :
On ne me verra point survivre à votre gloire.
Si vous allez commettre une action si noire,
  (*Se jetant aux pieds de Néron.*)
Me voilà prêt, seigneur ; avant que de partir,
Faites percer ce cœur qui n'y peut consentir ;
Appelez les cruels qui vous l'ont inspirée ;
Qu'ils viennent essayer leur main mal assurée... 1380
Mais je vois que mes pleurs touchent mon empereur ;
Je vois que sa vertu frémit de leur fureur.
Ne perdez point de temps, nommez-moi les perfides
Qui vous osent donner ces conseils parricides ;
Appelez votre frère, oubliez dans ses bras...
  NÉRON.
Ah ! que demandez-vous ?
     BURRHUS. Non, il ne vous hait pas,
Seigneur ; on le trahit : je sais son innocence ;
Je vous réponds pour lui de son obéissance.
J'y cours. Je vais presser un entretien si doux.
  NÉRON.
Dans mon appartement qu'il m'attende avec vous. 1390

SCÈNE IV.

NÉRON, NARCISSE.

  NARCISSE.
Seigneur, j'ai tout prévu pour une mort si juste :
Le poison est tout prêt. La fameuse Locuste
A redoublé pour moi ses soins officieux :

Elle a fait expirer un esclave à mes yeux :
Et le fer est moins prompt pour trancher une vie,
Que le nouveau poison que sa main me confie.
   NÉRON.
Narcisse, c'est assez : je reconnais ce soin,
Et ne souhaite pas que vous alliez plus loin.
   NARCISSE.
Quoi! pour Britannicus votre haine affaiblie
Me défend...
   NÉRON. Oui, Narcisse, on nous réconcilie. 1400
   NARCISSE.
Je me garderai bien de vous en détourner,
Seigneur. Mais il s'est vu tantôt emprisonner :
Cette offense en son cœur sera longtemps nouvelle.
Il n'est point de secrets que le temps ne révèle :
Il saura que ma main lui devait présenter
Un poison que votre ordre avait fait apprêter.
Les dieux de ce dessein puissent-ils le distraire!
Mais peut-être il fera ce que vous n'osez faire.
   NÉRON.
On répond de son cœur; et je vaincrai le mien.
   NARCISSE.
Et l'hymen de Junie en est-il le lien? 1410
Seigneur, lui faites-vous encor ce sacrifice?
   NÉRON.
C'est prendre trop de soin. Quoi qu'il en soit, Narcisse,
Je ne le compte plus parmi mes ennemis.
   NARCISSE.
Agrippine, seigneur, se l'était bien promis :
Elle a repris sur vous son souverain empire.
   NÉRON.
Quoi donc? Qu'a-t-elle dit? Et que voulez-vous dire?
   NARCISSE.
Elle s'en est vantée assez publiquement.
   NÉRON.
De quoi?

NARCISSE. Qu'elle n'avait qu'à vous voir un moment;
Qu'à tout ce grand éclat, à ce courroux funeste,
On verrait succéder un silence modeste ; 1420
Que vous-même à la paix souscririez le premier :
Heureux que sa bonté daignât tout oublier!

NÉRON.

Mais, Narcisse, dis-moi, que veux-tu que je fasse?
Je n'ai que trop de pente à punir son audace ;
Et, si je m'en croyais, ce triomphe indiscret
Serait bientôt suivi d'un éternel regret.
Mais de tout l'univers quel sera le langage?
Sur les pas des tyrans veux-tu que je m'engage,
Et que Rome, effaçant tant de titres d'honneur,
Me laisse pour tout nom celui d'empoisonneur? 1430
Ils mettront ma vengeance au rang des parricides.

NARCISSE.

Et prenez-vous, seigneur, leurs caprices pour guides?
Avez-vous prétendu qu'ils se tairaient toujours?
Est-ce à vous de prêter l'oreille à leurs discours?
De vos propres désirs perdrez-vous la mémoire?
Et serez-vous le seul que vous n'oserez croire?
Mais, seigneur, les Romains ne vous sont pas connus;
Non, non : dans leurs discours ils sont plus retenus.
Tant de précaution affaiblit votre règne :
Ils croiront, en effet, mériter qu'on les craigne. 1440
Au joug, depuis longtemps, ils se sont façonnés ;
Ils adorent la main qui les tient enchaînés.
Vous les verrez toujours ardents à vous complaire
Leur prompte servitude a fatigué Tibère.
Moi-même, revêtu d'un pouvoir emprunté
Que je reçus de Claude avec la liberté,
J'ai cent fois, dans le cours de ma gloire passée,
Tenté leur patience, et ne l'ai point lassée.
D'un empoisonnement vous craignez la noirceur?
Faites périr le frère, abandonnez la sœur : 1450
Rome sur les autels prodiguant les victimes,

Fussent-ils innocents, leur trouvera des crimes ;
Vous verrez mettre au rang des jours infortunés
Ceux où jadis la sœur et le frère sont nés.
  NÉRON.
Narcisse, encore un coup, je ne puis l'entreprendre.
J'ai promis à Burrhus, il a fallu me rendre.
Je ne veux point encore, en lui manquant de foi,
Donner à sa vertu des armes contre moi.
J'oppose à ses raisons un courage inutile :
Je ne l'écoute point avec un cœur tranquille.   1460
  NARCISSE.
Burrhus ne pense pas, seigneur, tout ce qu'il dit :
Son adroite vertu ménage son crédit ;
Ou plutôt ils n'ont tous qu'une même pensée.
Ils verraient par ce coup leur puissance abaissée :
Vous seriez libre alors, seigneur ; et, devant vous,
Ces maîtres orgueilleux fléchiraient comme nous.
Quoi donc ! ignorez-vous tout ce qu'ils osent dire ?
« Néron, s'ils en sont crus, n'est point né pour l'empire :
Il ne dit, il ne fait que ce qu'on lui prescrit ;
Burrhus conduit son cœur, Sénèque son esprit.   1470
Pour toute ambition, pour vertu singulière,
Il excelle à conduire un char dans la carrière,
A disputer des prix indignes de ses mains,
A se donner lui-même en spectacle aux Romains,
A venir prodiguer sa voix sur un théâtre,
A réciter des chants qu'il veut qu'on idolâtre,
Tandis que des soldats, de moments en moments,
Vont arracher pour lui les applaudissements. »
Ah ! ne voulez-vous pas les forcer à se taire ?   1479
  NÉRON.
Viens, Narcisse : allons voir ce que nous devons faire.

ACTE CINQUIÈME.

SCÈNE I.

BRITANNICUS, JUNIE.

BRITANNICUS.
Oui, madame, Néron, qui l'aurait pu penser?
Dans son appartement m'attend pour m'embrasser.
Il y fait de sa cour inviter la jeunesse :
Il veut que d'un festin la pompe et l'allégresse
Confirment à leurs yeux la foi de nos serments
Et réchauffent l'ardeur de nos embrassements.
Il éteint cet amour, source de tant de haine;
Il vous fait de mon sort arbitre souveraine.
Pour moi, quoique banni du rang de mes aïeux,
Quoique de leur dépouille il se pare à mes yeux, 1490
Depuis qu'à mon amour cessant d'être contraire,
Il semble me céder la gloire de vous plaire,
Mon cœur, je l'avoûrai, lui pardonne en secret,
Et lui laisse le reste avec moins de regret.
Quoi! je ne serai plus séparé de vos charmes!
Quoi! même en ce moment, je puis voir sans alarmes
Ces yeux que n'ont émus ni soupirs ni terreur,
Qui m'ont sacrifié l'empire et l'empereur!
Ah, madame!... Mais quoi! quelle nouvelle crainte
Tient parmi mes transports votre joie en contrainte? 1500
D'où vient qu'en m'écoutant, vos yeux, vos tristes yeux
Avec de longs regards se tournent vers les cieux?
Qu'est-ce que vous craignez?
      JUNIE. Je l'ignore moi-même;
Mais je crains.

BRITANNICUS. Vous m'aimez?

JUNIE. Hélas! si je vous aime!

BRITANNICUS.
Néron ne trouble plus notre félicité.

JUNIE.
Mais me répondez-vous de sa sincérité?

BRITANNICUS.
Quoi! vous le soupçonnez d'une haine couverte?

JUNIE.
Néron m'aimait tantôt, il jurait votre perte;
Il me fuit, il vous cherche : un si grand changement
Peut-il être, seigneur, l'ouvrage d'un moment? 1510

BRITANNICUS.
Cet ouvrage, madame, est un coup d'Agrippine.
Elle a cru que ma perte entraînait sa ruine.
Grâce aux préventions de son esprit jaloux,
Nos plus grands ennemis ont combattu pour nous.
Je m'en fie aux transports qu'elle m'a fait paraître;
Je m'en fie à Burrhus : j'en crois même son maître;
Je crois qu'à mon exemple, impuissant à trahir,
Il hait à cœur ouvert, ou cesse de haïr.

JUNIE.
Seigneur, ne jugez pas de son cœur par le vôtre.
Sur des pas différents vous marchez l'un et l'autre. 1520
Je ne connais Néron et la cour que d'un jour;
Mais, si je l'ose dire, hélas! dans cette cour
Combien tout ce qu'on dit est loin de ce qu'on pense!
Que la bouche et le cœur sont peu d'intelligence!
Avec combien de joie on y trahit sa foi!
Quel séjour étranger et pour vous et pour moi!

BRITANNICUS.
Mais que son amitié soit véritable ou feinte,
Si vous craignez Néron, lui-même est-il sans crainte?
Non, non, il n'ira point, par un lâche attentat,
Soulever contre lui le peuple et le sénat. 1530
Que dis-je? il reconnaît sa dernière injustice;

Ses remords ont paru, même aux yeux de Narcisse.
Ah! s'il vous avait dit, ma princesse, à quel point...
    JUNIE.
Mais Narcisse, seigneur, ne vous trahit-il point?
    BRITANNICUS.
Et pourquoi voulez-vous que mon cœur s'en défie?
    JUNIE.
Et que sais-je? il y va, seigneur, de votre vie :
Tout m'est suspect : je crains que tout ne soit séduit.
Je crains Néron; je crains le malheur qui me suit.
D'un noir pressentiment malgré moi prévenue,
Je vous laisse à regret éloigner de ma vue.   1540
Hélas! si cette paix dont vous vous repaissez
Couvrait contre vos jours quelques piéges dressés;
Si Néron, irrité de notre intelligence,
Avait choisi la nuit pour cacher sa vengeance;
S'il préparait ses coups tandis que je vous vois;
Et si je vous parlais pour la dernière fois!
Ah, prince!
    BRITANNICUS.
        Vous pleurez! ah, ma chère princesse!
Et pour moi jusque-là votre cœur s'intéresse!
Quoi, madame! en un jour, où, plein de sa grandeur,
Néron croit éblouir vos yeux de sa splendeur,   1550
Dans des lieux où chacun me fuit et le révère,
Aux pompes de sa cour préférer ma misère!
Quoi! dans ce même jour et dans ces mêmes lieux,
Refuser un empire et pleurer à mes yeux!
Mais, madame, arrêtez ces précieuses larmes;
Mon retour va bientôt dissiper vos alarmes.
Je me rendrais suspect par un plus long séjour :
Adieu. Je vais, le cœur tout plein de mon amour,
Au milieu des transports d'une aveugle jeunesse,
Ne voir, n'entretenir que ma belle princesse :   1560
Adieu.
    JUNIE. Prince....

BRITANNICUS. On m'attend, madame, il faut partir.
JUNIE.
Mais, du moins, attendez qu'on vous vienne avertir.

SCÈNE II.

AGRIPPINE, BRITANNICUS, JUNIE.

AGRIPPINE.
Prince, que tardez-vous? Partez en diligence.
Néron impatient se plaint de votre absence.
La joie et le plaisir de tous les conviés
Attend, pour éclater, que vous vous embrassiez.
Ne faites point languir une si juste envie;
Allez. Et nous, madame, allons chez Octavie.
BRITANNICUS.
Allez, belle Junie, et, d'un esprit content,
Hâtez-vous d'embrasser ma sœur qui vous attend. 1570
Dès que je le pourrai, je reviens sur vos traces,
Madame, et de vos soins j'irai vous rendre grâces.

SCÈNE III.

AGRIPPINE, JUNIE.

AGRIPPINE.
Madame, ou je me trompe, ou durant vos adieux
Quelques pleurs répandus ont obscurci vos yeux.
Puis-je savoir quel trouble a formé ce nuage?
Doutez-vous d'une paix dont je fais mon ouvrage?
JUNIE.
Après tous les ennuis que ce jour m'a coûtés,
Ai-je pu rassurer mes esprits agités?
Hélas! à peine encor je conçois ce miracle. 1579

Quand même à vos bontés je craindrais quelque obsta-
Le changement, madame, est commun à la cour, [cle,
Et toujours quelque crainte accompagne l'amour.
        AGRIPPINE.
Il suffit, j'ai parlé : tout a changé de face ;
Mes soins à vos soupçons ne laissent point de place :
Je réponds d'une paix jurée entre mes mains ;
Néron m'en a donné des gages trop certains.
Ah! si vous aviez vu par combien de caresses
Il m'a renouvelé la foi de ses promesses !
Par quels embrassements il vient de m'arrêter !
Ses bras dans nos adieux ne pouvaient me quitter. 1590
Sa facile bonté, sur son front répandue,
Jusqu'aux moindres secrets est d'abord descendue.
Il s'épanchait en fils qui vient en liberté
Dans le sein de sa mère oublier sa fierté.
Mais bientôt, reprenant un visage sévère,
Tel que d'un empereur qui consulte sa mère,
Sa confidence auguste a mis entre mes mains
Des secrets d'où dépend le destin des humains.
Non, il le faut ici confesser à sa gloire,
Son cœur n'enferme point une malice noire ; 1600
Et nos seuls ennemis, altérant sa bonté,
Abusaient contre nous de sa facilité.
Mais enfin, à son tour, leur puissance décline :
Rome encore une fois va connaître Agrippine :
Déjà de ma faveur on adore le bruit.
Cependant en ces lieux n'attendons pas la nuit :
Passons chez Octavie, et donnons-lui le reste
D'un jour autant heureux que je l'ai cru funeste
Mais qu'est-ce que j'entends? quel tumulte confus?
Que peut-on faire?
        JUNIE. O ciel, sauvez Britannicus ! 1610

SCÈNE IV.

AGRIPPINE, JUNIE, BURRHUS.

AGRIPPINE.
Burrhus, où courez-vous? arrêtez. Que veut dire...
BURRHUS.
Madame, c'en est fait, Britannicus expire.
JUNIE.
Ah, mon prince!
AGRIPPINE. Il expire?
BURRHUS. Ou plutôt il est mort,
Madame.
JUNIE. Pardonnez, madame, à ce transport:
Je vais le secourir, si je puis, ou le suivre.

SCÈNE V.

AGRIPPINE, BURRHUS.

AGRIPPINE.
Quel attentat, Burrhus!
BURRHUS. Je n'y pourrai survivre,
Madame; il faut quitter la cour et l'empereur.
AGRIPPINE.
Quoi! du sang de son frère il n'a point eu d'horreur!
BURRHUS.
Ce dessein s'est conduit avec plus de mystère.
A peine l'empereur a vu venir son frère, 1620
Il se lève, il l'embrasse, on se tait; et soudain
César prend le premier une coupe à la main:
« Pour achever ce jour sous de meilleurs auspices,
Ma main de cette coupe épanche les prémices,
Dit-il; dieux, que j'appelle à cette effusion,
Venez favoriser notre réunion. »

Par les mêmes serments Britannicus se lie.
La coupe dans ses mains par Narcisse est remplie ;
Mais ses lèvres à peine en ont touché les bords,
Le fer ne produit point de si puissants efforts, 1630
Madame : la lumière à ses yeux est ravie,
Il tombe sur son lit sans chaleur et sans vie.
Jugez combien ce coup frappe tous les esprits :
La moitié s'épouvante et sort avec des cris ;
Mais ceux qui de la cour ont un plus long usage
Sur les yeux de César composent leur visage.
Cependant sur son lit il demeure penché ;
D'aucun étonnement il ne paraît touché :
« Ce mal dont vous craignez, dit-il, la violence,
A souvent sans péril attaqué son enfance. » 1640
Narcisse veut en vain affecter quelque ennui,
Et sa perfide joie éclate malgré lui.
Pour moi, dût l'empereur punir ma hardiesse,
D'une odieuse cour j'ai traversé la presse ;
Et j'allais, accablé de cet assassinat,
Pleurer Britannicus, César et tout l'État.

  AGRIPPINE.

Le voici. Vous verrez si c'est moi qui l'inspire.

SCÈNE VI.

AGRIPPINE, NÉRON, BURRHUS, NARCISSE.

NÉRON, *voyant Agrippine.*
Dieux !
AGRIPPINE. Arrêtez, Néron ; j'ai deux mots à vous dire.
Britannicus est mort : je reconnais les coups ;
Je connais l'assassin.
  NÉRON. Et qui, madame ?
    AGRIPPINE. Vous. 1650
 NÉRON.
Moi ! voilà les soupçons dont vous êtes capable :

Il n'est point de malheur dont je ne sois coupable ;
Et si l'on veut, madame, écouter vos discours,
Ma main de Claude même aura tranché les jours.
Son fils vous était cher, sa mort peut vous confondre ;
Mais des coups du destin je ne puis pas répondre.
   AGRIPPINE.
Non, non ; Britannicus est mort empoisonné :
Narcisse a fait le coup ; vous l'avez ordonné.
   NÉRON.
Madame !... Mais qui peut vous tenir ce langage ?
   NARCISSE.
Eh seigneur ! ce soupçon vous fait-il tant d'outrage ?
Britannicus, madame, eut des desseins secrets 1661
Qui vous auraient coûté de plus justes regrets :
Il aspirait plus loin qu'à l'hymen de Junie ;
De vos propres bontés il vous aurait punie.
Il vous trompait vous-même, et son cœur offensé
Prétendait tôt ou tard rappeler le passé.
Soit donc que malgré vous le sort vous ait servie,
Soit qu'instruit des complots qui menaçaient sa vie
Sur ma fidélité César s'en soit remis,
Laissez les pleurs, madame, à vos seuls ennemis ; 1670
Qu'ils mettent ce malheur au rang des plus sinistres :
Mais vous...
AGRIPPINE. Poursuis, Néron ; avec de tels ministres,
Par des faits glorieux tu te vas signaler ;
Poursuis : tu n'as pas fait ce pas pour reculer.
Ta main a commencé par le sang de ton frère ;
Je prévois que tes coups viendront jusqu'à ta mère :
Dans le fond de ton cœur je sais que tu me hais ;
Tu voudras t'affranchir du joug de mes bienfaits.
Mais je veux que ma mort te soit même inutile :
Ne crois pas qu'en mourant je te laisse tranquille ; 1680
Rome, ce ciel, ce jour que tu reçus de moi,
Partout, à tout moment, m'offriront devant toi.
Tes remords te suivront comme autant de furies ;

Tu croiras les calmer par d'autres barbaries ;
Ta fureur, s'irritant soi-même dans son cours,
D'un sang toujours nouveau marquera tous tes jours.
Mais j'espère qu'enfin le ciel, las de tes crimes,
Ajoutera ta perte à tant d'autres victimes ;
Qu'après t'être couvert de leur sang et du mien,
Tu te verras forcé de répandre le tien ; 1600
Et ton nom paraîtra, dans la race future,
Aux plus cruels tyrans une cruelle injure.
Voilà ce que mon cœur se présage de toi.
Adieu : tu peux sortir.

NÉRON. Narcisse, suivez-moi.

SCÈNE VII.

AGRIPPINE, BURRHUS.

AGRIPPINE.
Ah ciel ! de mes soupçons quelle était l'injustice !
Je condamnais Burrhus pour écouter Narcisse !
Burrhus, avez-vous vu quels regards furieux
Néron en me quittant m'a laissés pour adieux ?
C'en est fait, le cruel n'a plus rien qui l'arrête,
Le coup qu'on m'a prédit va tomber sur ma tête. 1700
Il vous accablera vous-même à votre tour.

BURRHUS.
Ah, madame ! pour moi j'ai vécu trop d'un jour.
Plût au ciel que sa main, heureusement cruelle,
Eût fait sur moi l'essai de sa fureur nouvelle !
Qu'il ne m'eût pas donné, par ce triste attentat,
Un gage trop certain des malheurs de l'État !
Son crime seul n'est pas ce qui me désespère,
Sa jalousie a pu l'armer contre son frère :
Mais, s'il vous faut, madame, expliquer ma douleur,
Néron l'a vu mourir sans changer de couleur : 1710
Ses yeux indifférents ont déjà la constance

D'un tyran dans le crime endurci dès l'enfance.
Qu'il achève, madame, et qu'il fasse périr
Un ministre importun qui ne le peut souffrir.
Hélas! loin de vouloir éviter sa colère,
La plus soudaine mort me sera la plus chère.

SCÈNE VIII.

AGRIPPINE, BURRHUS, ALBINE.

ALBINE.
Ah, madame! ah, seigneur! courez vers l'empereur,
Venez sauver César de sa propre fureur :
Il se voit pour jamais séparé de Junie.
AGRIPPINE.
Quoi! Junie elle-même a terminé sa vie ? 1720
ALBINE.
Pour accabler César d'un éternel ennui,
Madame, sans mourir elle est morte pour lui.
Vous savez de ces lieux comme elle s'est ravie :
Elle a feint de passer chez la triste Octavie ;
Mais bientôt elle a pris des chemins écartés,
Où mes yeux ont suivi ses pas précipités.
Des portes du palais elle sort éperdue :
D'abord elle a d'Auguste aperçu la statue ;
Et mouillant de ses pleurs le marbre de ses pieds
Que de ses bras pressants elle tenait liés : 1730
« Prince, par ces genoux, dit-elle, que j'embrasse,
Protége en ce moment le reste de ta race.
Rome dans ton palais vient de voir immoler
Le seul de tes neveux qui te pût ressembler :
On veut après sa mort que je lui sois parjure ;
Mais, pour lui conserver une foi toujours pure,
Prince, je me dévoue à ces dieux immortels
Dont ta vertu t'a fait partager les autels. »
Le peuple cependant, que ce spectacle étonne,

Vole de toutes parts, se presse, l'environne, 1740
S'attendrit à ses pleurs, et, plaignant son ennui,
D'une commune voix la prend sous son appui.
Ils la mènent au temple, où depuis tant d'années
Au culte des autels nos vierges destinées
Gardent fidèlement le dépôt précieux
Du feu toujours ardent qui brûle pour nos dieux.
César les voit partir sans oser les distraire.
Narcisse, plus hardi, s'empresse pour lui plaire :
Il vole vers Junie, et, sans s'épouvanter,
D'une profane main commence à l'arrêter. 1750
De mille coups mortels son audace est punie :
Son infidèle sang rejaillit sur Junie.
César, de tant d'objets en même temps frappé,
Le laisse entre les mains qui l'ont enveloppé.
Il rentre. Chacun fuit son silence farouche :
Le seul nom de Junie échappe de sa bouche.
Il marche sans dessein ; ses yeux mal assurés
N'osent lever au ciel leurs regards égarés ;
Et l'on craint, si la nuit jointe à la solitude
Vient de son désespoir aigrir l'inquiétude, 1760
Si vous l'abandonnez plus longtemps sans secours,
Que sa douleur bientôt n'attente sur ses jours.
Le temps presse : courez. Il ne faut qu'un caprice;
Il se perdrait, madame.
    AGRIPPINE. Il se ferait justice.
Mais, Burrhus, allons voir jusqu'où vont ses transports:
Voyons quel changement produiront ses remords;
S'il voudra désormais suivre d'autres maximes.
  BURRHUS.
Plût aux dieux que ce fût le dernier de ses crimes!

RACINE.

ESTHER

TRAGÉDIE.

(1689.)

PRÉFACE.

La célèbre maison de Saint-Cyr ayant été principalement établie pour élever dans la piété un fort grand nombre de jeunes demoiselles rassemblées de tous les endroits du royaume, on n'y a rien oublié de tout ce qui pouvoit contribuer à les rendre capables de servir Dieu dans les différents états où il lui plaira de les appeler. Mais, en leur montrant les choses essentielles et nécessaires, on ne néglige pas de leur apprendre celles qui peuvent servir à leur polir l'esprit et à leur former le jugement. On a imaginé pour cela plusieurs moyens, qui, sans les détourner de leur travail et de leurs exercices ordinaires, les instruisent en les divertissant; on leur met, pour ainsi dire, à profit leurs heures de récréation; on leur fait faire entre elles, sur leurs principaux devoirs, des conversations ingénieuses qu'on leur a composées exprès, ou qu'elles-mêmes composent sur-le-champ; on les fait parler sur les histoires qu'on leur a lues ou sur les importantes vérités qu'on leur a enseignées; on leur fait réciter par cœur et déclamer les plus beaux endroits des meilleurs poëtes : et cela leur sert surtout à les défaire de quantité de mauvaises prononciations qu'elles pourroient avoir apportées de leurs provinces; on a soin aussi de faire apprendre à chanter à celles qui ont de la voix, et on ne leur laisse pas perdre un talent qui les peut amuser innocemment, et qu'elles peuvent employer un jour à chanter les louanges de Dieu.

Mais la plupart des plus excellents vers de notre langue ayant été composés sur des matières fort profanes, et nos plus beaux airs étant sur des paroles extrêmement molles et efféminées, capables de faire des impressions dangereuses sur de jeunes esprits, les personnes illustres qui ont bien voulu prendre la principale direction de cette maison ont souhaité qu'il y eût quelque ouvrage qui, sans avoir tous ces défauts, pût produire une partie de ces bons effets. Elles me firent l'honneur de me communiquer leur dessein, et même de me demander si je ne pourrois pas faire sur quelque sujet de piété et de morale une espèce de poëme où le chant fût mêlé avec le récit, le tout lié par une action qui rendît la chose plus vive et moins capable d'ennuyer.

Je leur proposai le sujet d'Esther, qui les frappa d'abord, cette histoire leur paroissant pleine de grandes leçons d'amour de Dieu et de détachement du monde au milieu du monde même. Et je crus de mon côté que je trouverois assez de facilité à traiter ce sujet : d'autant plus qu'il me sembla que, sans altérer aucune des circonstances tant soit peu considérables de l'Ecriture sainte, ce qui seroit, à mon avis, une espèce de sacrilège, je pourrois remplir toute mon action avec les seules scènes que Dieu lui-même, pour ainsi dire, a préparées.

J'entrepris donc la chose : et je m'aperçus qu'en travaillant sur le plan qu'on m'avoit donné, j'exécutois en quelqu sorte un dessein qui m'avoit souvent passé dans l'esprit, qui étoit de lier, comme dans les anciennes tragédies grecques, le chœur et le chant avec l'action, et d'employer à chanter les louanges du vrai Dieu cette partie du chœur que les païens employoient à chanter les louanges de leurs fausses divinités.

A dire vrai, je ne pensois guère que la chose dût être aussi publique qu'elle l'a été. Mais les grandes vérités de l'Ecriture, et la manière sublime dont elles y sont énoncées, pour peu qu'on les présente, même imparfaitement, aux yeux des hommes, sont si propres à les frapper; et d'ailleurs ces jeunes demoiselles ont déclamé et chanté cet ouvrage avec tant de grâce, tant de modestie et tant de piété, qu'il n'a pas été possible qu'il demeurât renfermé dans le secret de leur maison: de sorte qu'un divertissement d'enfants est devenu le sujet de l'empressement de toute la cour, le roi lui-même, qui en avoit été touché, n'ayant pu refuser à tout ce qu'il y a de plus grands seigneurs de les y mener, et ayant eu la satisfaction de voir, par le plaisir qu'ils y ont pris, qu'on se peut aussi bien divertir aux choses de piété qu'à tous les spectacles profanes.

Au reste, quoique j'aie évité soigneusement de mêler le profane avec le sacré, j'ai cru néanmoins que je pouvois emprunter deux ou trois traits d'Hérodote, pour mieux peindre Assuérus : car j'ai suivi le sentiment de plusieurs savants interprètes de l'Ecriture, qui tiennent que ce roi est le même que le fameux Darius, fils d'Hystaspe, dont parle cet historien. En effet, ils en rapportent quantité de preuves, dont quelques-unes me paroissent des démonstrations. Mais je n'ai pas jugé à propos de croire ce même Hérodote sur sa parole, lorsqu'il dit que les Perses n'élevoient ni temples, ni autels, ni statues à leurs dieux, et qu'ils ne se servoient point de libations dans leurs sacrifices. Son témoignage est expressément détruit par l'Écriture, aussi bien que par Xénophon, beaucoup mieux instruit que lui des mœurs et des affaires de la Perse, et enfin par Quinte-Curce.

On peut dire que l'unité de lieu est observée dans cette pièce, en ce que toute l'action se passe dans le palais d'Assuérus. Cependant, comme on vouloit rendre ce divertissement plus agréable à des enfants, en jetant quelque variété dans les décorations, cela a été cause que je n'ai pas gardé cette unité avec la même rigueur que j'ai fait autrefois dans mes tragédies.

Je crois qu'il est bon d'avertir ici que, bien qu'il y ait dans *Esther* des personnages d'hommes, ces personnages n'ont pas laissé d'être représentés par des filles avec toute la bienséance de leur sexe. La chose leur a été d'autant plus aisée, qu'anciennement les habits des Persans et des Juifs étoient de longues robes qui tomboient jusqu'à terre.

Je ne puis me résoudre à finir cette préface sans rendre à celui qui a fait la musique la justice qui lui est due, et sans confesser franchement que ses chants ont fait un des plus grands agréments de la pièce. Tous les connoisseurs demeurent d'accord que depuis longtemps on n'a point entendu d'airs plus touchants ni plus convenables aux paroles. Quelques personnes ont trouvé la musique du dernier chœur un peu longue, quoique très-belle. Mais qu'auroit-on dit de ces jeunes Israélites qui avoient tant fait de vœux à Dieu pour être délivrées de l'horrible péril où elles étoient, si, ce péril étant passé, elles lui en avoient rendu de médiocres actions de grâces? Elles auroient directement péché contre la louable coutume de leur nation, où l'on ne recevoit de Dieu aucun bienfait signalé, qu'on ne l'en remerciât sur-le-champ par de fort longs cantiques : témoin ceux de Marie, sœur de Moïse, de Débora et de Judith, et tant d'autres dont l'Écriture est pleine. On dit même que les Juifs, encore aujourd'hui, célèbrent par de grandes actions de grâces le jour où leurs ancêtres furent délivrés par Esther de la cruauté d'Aman.

J. RACINE.

ESTHER

TRAGÉDIE TIRÉE DE L'ÉCRITURE SAINTE.

(1689.)

PERSONNAGES. — Assuérus, roi de Perse. — Esther, reine de Perse. Mardochée, oncle d'Esther. — Aman, favori d'Assuérus. — Zarès, femme d'Aman. — Hydaspe, officier du palais intérieur d'Assuérus. — Asaph, autre officier d'Assuérus. — Élise, confidente d'Esther. Thamar, Israélite de la suite d'Esther. — Gardes du roi Assuérus. — Chœur de jeunes filles israélites.

La scène est à Suse, dans le palais d'Assuérus.

ACTE PREMIER.

SCÈNE I.

ESTHER, ÉLISE.

ESTHER.
Est-ce toi, chère Élise? O jour trois fois heureux!
Que béni soit le ciel qui te rend à mes vœux,
Toi qui, de Benjamin comme moi descendue,
Fus de mes premiers ans la compagne assidue,
Et qui, d'un même joug souffrant l'oppression,
M'aidais à soupirer les malheurs de Sion!
Combien ce temps encore est cher à ma mémoire!
Mais toi, de ton Esther ignorais-tu la gloire?
Depuis plus de six mois que je te fais chercher,
Quel climat, quel désert a donc pu te cacher?

ÉLISE.
Au bruit de votre mort justement éplorée,
Du reste des humains je vivais séparée,
Et de mes tristes jours n'attendais que la fin,
Quand tout à coup, madame, un prophète divin :
« C'est pleurer trop longtemps une mort qui t'abuse;
Lève-toi, m'a-t-il dit, prends ton chemin vers Suse :
Là, tu verras d'Esther la pompe et les honneurs,
Et sur le trône assis le sujet de tes pleurs.
Rassure, ajouta-t-il, tes tribus alarmées,
Sion : le jour approche où le dieu des armées   20
Va de son bras puissant faire éclater l'appui;
Et le cri de son peuple est monté jusqu'à lui. »
Il dit : et moi, de joie et d'horreur pénétrée,
Je cours. De ce palais j'ai su trouver l'entrée.
O spectacle ! O triomphe admirable à mes yeux,
Digne en effet du bras qui sauva nos aïeux !
Le fier Assuérus couronne sa captive,
Et le Persan superbe est aux pieds d'une Juive !
Par quels secrets ressorts, par quel enchaînement
Le ciel a-t-il conduit ce grand événement ?   30

ESTHER.
Peut-être on t'a conté la fameuse disgrâce
De l'altière Vasthi, dont j'occupe la place,
Lorsque le roi, contre elle enflammé de dépit,
La chassa de son trône ainsi que de son lit.
Mais il ne put sitôt en bannir la pensée :
Vasthi régna longtemps dans son âme offensée.
Dans ses nombreux États il fallut donc chercher
Quelque nouvel objet qui l'en pût détacher.
De l'Inde à l'Hellespont ses esclaves coururent;
Les filles de l'Égypte à Suse comparurent;   40
Celles même du Parthe et du Scythe indompté
Y briguèrent le sceptre offert à la beauté.
On m'élevait alors, solitaire et cachée,
Sous les yeux vigilants du sage Mardochée :

Tu sais combien je dois à ses heureux secours.
La mort m'avait ravi les auteurs de mes jours ;
Mais lui, voyant en moi la fille de son frère,
Me tint lieu, chère Élise, et de père et de mère.
Du triste état des Juifs jour et nuit agité,
Il me tira du sein de mon obscurité ; 50
Et, sur mes faibles mains fondant leur délivrance,
Il me fit d'un empire accepter l'espérance.
A ses desseins secrets, tremblante, j'obéis :
Je vins ; mais je cachai ma race et mon pays.
Qui pourrait cependant t'exprimer les cabales
Que formait en ces lieux ce peuple de rivales,
Qui toutes, disputant un si grand intérêt,
Des yeux d'Assuérus attendaient leur arrêt ?
Chacune avait sa brigue et de puissants suffrages :
L'une d'un sang fameux vantait les avantages ; 60
L'autre, pour se parer de superbes atours,
Des plus adroites mains empruntait le secours ;
Et moi, pour toute brigue et pour tout artifice,
De mes larmes au ciel j'offrais le sacrifice.
   Enfin, on m'annonça l'ordre d'Assuérus.
Devant ce fier monarque, Élise, je parus.
Dieu tient le cœur des rois entre ses mains puissantes ;
Il fait que tout prospère aux âmes innocentes,
Tandis qu'en ses projets l'orgueilleux est trompé.
De mes faibles attraits le roi parut frappé : 70
Il m'observa longtemps dans un sombre silence ;
Et le ciel, qui pour moi fit pencher la balance,
Dans ce temps-là, sans doute, agissait sur son cœur.
Enfin, avec des yeux où régnait la douceur :
« Soyez reine, » dit-il ; et, dès ce moment même,
De sa main sur mon front posa son diadème.
Pour mieux faire éclater sa joie et son amour,
Il combla de présents tous les grands de sa cour ;
Et même ses bienfaits, dans toutes ses provinces,
Invitèrent le peuple aux noces de leurs princes. 80

Hélas! durant ces jours de joie et de festins,
Quelle était en secret ma honte et mes chagrins!
Esther, disais-je, Esther dans la pourpre est assise,
La moitié de la terre à son sceptre est soumise;
Et de Jérusalem l'herbe cache les murs!
Sion, repaire affreux de reptiles impurs,
Voit de son temple saint les pierres dispersées,
Et du Dieu d'Israël les fêtes sont cessées!

ÉLISE.

N'avez-vous point au roi confié vos ennuis?

ESTHER.

Le roi, jusqu'à ce jour, ignore qui je suis :
Celui par qui le ciel règle ma destinée
Sur ce secret encor tient ma langue enchaînée.

ÉLISE.

Mardochée? Eh! peut-il approcher de ces lieux?

ESTHER.

Son amitié pour moi le rend ingénieux.
Absent, je le consulte; et ses réponses sages
Pour venir jusqu'à moi trouvent mille passages :
Un père a moins de soin du salut de son fils.
Déjà même, déjà, par ses secrets avis,
J'ai découvert au roi les sanglantes pratiques
Que formaient contre lui deux ingrats domestiques.
   Cependant mon amour pour notre nation
A rempli ce palais de filles de Sion,
Jeunes et tendres fleurs par le sort agitées,
Sous un ciel étranger comme moi transplantées.
Dans un lieu séparé de profanes témoins,
Je mets à les former mon étude et mes soins;
Et c'est là que, fuyant l'orgueil du diadème,
Lasse de vains honneurs, et me cherchant moi-même,
Aux pieds de l'Éternel je viens m'humilier,
Et goûter le plaisir de me faire oublier.
Mais à tous les Persans je cache leurs familles.
Il faut les appeler. Venez, venez, mes filles,

Compagnes autrefois de ma captivité,
De l'antique Jacob jeune postérité.

SCÈNE II.

ESTHER, ÉLISE, *le chœur*.

UNE ISRAÉLITE, *chantant derrière le théâtre*.
Ma sœur, quelle voix nous appelle ?
UNE AUTRE.
J'en reconnais les agréables sons :
C'est la reine.
TOUTES DEUX. Courons, mes sœurs, obéissons.
La reine nous appelle :
Allons, rangeons-nous auprès d'elle.
TOUT LE CHOEUR, *entrant sur la scène par
plusieurs endroits différents.*
La reine nous appelle : 120
Allons, rangeons-nous auprès d'elle.
ÉLISE.
Ciel ! quel nombreux essaim d'innocentes beautés
S'offre à mes yeux en foule, et sort de tous côtés !
Quelle aimable pudeur sur leur visage est peinte !
Prospérez, cher espoir d'une nation sainte.
Puissent jusques au ciel vos soupirs innocents
Monter comme l'odeur d'un agréable encens !
Que Dieu jette sur vous des regards pacifiques !
ESTHER.
Mes filles, chantez-nous quelqu'un de ces cantiques
Où vos voix si souvent se mêlant à mes pleurs 130
De la triste Sion célèbrent les malheurs.
UNE ISRAÉLITE *chante seule*.
Déplorable Sion, qu'as-tu fait de ta gloire ?
Tout l'univers admirait ta splendeur :
Tu n'es plus que poussière ; et de cette grandeur
Il ne nous reste plus que la triste mémoire.

Sion, jusques au ciel élevée autrefois,
   Jusqu'aux enfers maintenant abaissée,
     Puissé-je demeurer sans voix,
  Si dans mes chants ta douleur retracée
Jusqu'au dernier soupir n'occupe ma pensée! 140

     TOUT LE CHOEUR.

O rives du Jourdain! ô champs aimés des cieux!
   Sacrés monts, fertiles vallées
   Par cent miracles signalées!
   Du doux pays de nos aïeux
   Serons-nous toujours exilées?

     UNE ISRAÉLITE, *seule*.

Quand verrai-je, ô Sion! relever tes remparts,
  Et de tes tours les magnifiques faîtes?
   Quand verrai-je de toutes parts
Tes peuples en chantant accourir à tes fêtes?

     TOUT LE CHOEUR.

O rives du Jourdain! ô champs aimés des cieux! 150
   Sacrés monts, fertiles vallées,
   Par cent miracles signalées!
   Du doux pays de nos aïeux
   Serons-nous toujours exilées?

SCÈNE III.

ESTHER, MARDOCHÉE, ÉLISE, LE CHOEUR.

ESTHER.

Quel profane en ce lieu s'ose avancer vers nous?
Que vois-je? Mardochée! O mon père, est-ce vous?
Un ange du Seigneur, sous son aile sacrée,
A donc conduit vos pas et caché votre entrée?
Mais d'où vient cet air sombre, et ce cilice affreux,
Et cette cendre enfin qui couvre vos cheveux? 160
Que nous annoncez-vous?

MARDOCHÉE. O reine infortunée!
O d'un peuple innocent barbare destinée!
Lisez, lisez l'arrêt détestable, cruel...
Nous sommes tous perdus! et c'est fait d'Israël!
ESTHER.
Juste ciel! tout mon sang dans mes veines se glace.
MARDOCHÉE.
On doit de tous les Juifs exterminer la race.
Au sanguinaire Aman nous sommes tous livrés;
Les glaives, les couteaux, sont déjà préparés :
Toute la nation à la fois est proscrite.
Aman, l'impie Aman, race d'Amalécite, 170
A, pour ce coup funeste, armé tout son crédit;
Et le roi, trop crédule, a signé cet édit.
Prévenu contre nous par cette bouche impure,
Il nous croit en horreur à toute la nature :
Ses ordres sont donnés; et, dans tous ses États,
Le jour fatal est pris pour tant d'assassinats.
Cieux, éclairerez-vous cet horrible carnage!
Le fer ne connaîtra ni le sexe ni l'âge :
Tout doit servir de proie aux tigres, aux vautours;
Et ce jour effroyable arrive dans dix jours. 180
ESTHER.
O Dieu, qui vois former des desseins si funestes,
As-tu donc de Jacob abandonné les restes?
UNE DES PLUS JEUNES ISRAÉLITES.
Ciel, qui nous défendra, si tu ne nous défends?
MARDOCHÉE.
Laissez les pleurs, Esther, à ces jeunes enfants.
En vous est tout l'espoir de vos malheureux frères :
Il faut les secourir; mais les heures sont chères;
Le temps vole, et bientôt amènera le jour
Où le nom des Hébreux doit périr sans retour.
Toute pleine du feu de tant de saints prophètes,
Allez, osez au roi déclarer qui vous êtes. 190

ESTHER.
Hélas! ignorez-vous quelles sévères lois
Aux timides mortels cachent ici les rois?
Au fond de leurs palais leur majesté terrible
Affecte à leurs sujets de se rendre invisible;
Et la mort est le prix de tout audacieux
Qui, sans être appelé, se présente à leurs yeux,
Si le roi dans l'instant, pour sauver le coupable,
Ne lui donne à baiser son sceptre redoutable.
Rien ne met à l'abri de cet ordre fatal,
Ni le rang, ni le sexe, et le crime est égal. 200
Moi-même, sur son trône à ses côtés assise,
Je suis à cette loi, comme une autre, soumise;
Et, sans le prévenir, il faut, pour lui parler,
Qu'il me cherche, ou du moins qu'il me fasse appeler.

MARDOCHÉE.
Quoi! lorsque vous voyez périr votre patrie,
Pour quelque chose, Esther, vous comptez votre vie!
Dieu parle; et d'un mortel vous craignez le courroux!
Que dis-je? votre vie, Esther, est-elle à vous?
N'est-elle pas au sang dont vous êtes issue?
N'est-elle pas à Dieu, dont vous l'avez reçue? 210
Et qui sait, lorsqu'au trône il conduisit vos pas,
Si pour sauver son peuple il ne vous gardait pas?
Songez-y bien : ce Dieu ne vous a pas choisie
Pour être un vain spectacle aux peuples de l'Asie,
Ni pour charmer les yeux des profanes humains :
Pour un plus noble usage il réserve ses saints.
S'immoler pour son nom et pour son héritage,
D'un enfant d'Israël voilà le vrai partage :
Trop heureuse pour lui de hasarder vos jours!
Et quel besoin son bras a-t-il de nos secours? 220
Que peuvent contre lui tous les rois de la terre?
En vain ils s'uniraient pour lui faire la guerre :
Pour dissiper leur ligue il n'a qu'à se montrer;
Il parle, et dans la poudre il les fait tous rentrer.

Au seul son de sa voix la mer fuit, le ciel tremble :
Il voit comme un néant tout l'univers ensemble ;
Et les faibles mortels, vains jouets du trépas,
Sont tous devant ses yeux comme s'ils n'étaient pas.
   S'il a permis d'Aman l'audace criminelle,
Sans doute qu'il voulait éprouver votre zèle.   230
C'est lui qui, m'excitant à vous oser chercher,
Devant moi, chère Esther, a bien voulu marcher ;
Et s'il faut que sa voix frappe en vain vos oreilles,
Nous n'en verrons pas moins éclater ses merveilles.
Il peut confondre Aman, il peut briser nos fers
Par la plus faible main qui soit dans l'univers ;
Et vous, qui n'aurez point accepté cette grâce,
Vous périrez peut-être et toute votre race.

    ESTHER.

Allez : que tous les Juifs, dans Suse répandus,
A prier avec vous jour et nuit assidus,   240
Me prêtent de leurs vœux le secours salutaire,
Et pendant ces trois jours gardent un jeûne austère.
Déjà la sombre nuit a commencé son tour :
Demain, quand le soleil rallumera le jour,
Contente de périr, s'il faut que je périsse,
J'irai pour mon pays m'offrir en sacrifice.
Qu'on s'éloigne un moment.
   (Le chœur se retire vers le fond du théâtre.)

SCÈNE IV.

ESTHER, ÉLISE, LE CHOEUR.

    ESTHER. O mon souverain roi,
Me voici donc tremblante et seule devant toi !
Mon père mille fois m'a dit dans mon enfance
Qu'avec nous tu juras une sainte alliance,   250
Quand, pour te faire un peuple agréable à tes yeux,
Il plut à ton amour de choisir nos aïeux :

Même tu leur promis de ta bouche sacrée
Une postérité d'éternelle durée.
Hélas! ce peuple ingrat a méprisé ta loi;
La nation chérie a violé sa foi;
Elle a répudié son époux et son père,
Pour rendre à d'autres dieux un honneur adultère :
Maintenant elle sert sous un maître étranger.
Mais c'est peu d'être esclave, on la veut égorger : 260
Nos superbes vainqueurs, insultant à nos larmes,
Imputent à leurs dieux le bonheur de leurs armes,
Et veulent aujourd'hui qu'un même coup mortel
Abolisse ton nom, ton peuple et ton autel.
Ainsi donc un perfide, après tant de miracles,
Pourrait anéantir la foi de tes oracles,
Ravirait aux mortels le plus cher de tes dons,
Le saint que tu promets et que nous attendons?
Non, non, ne souffre pas que ces peuples farouches,
Ivres de notre sang, ferment les seules bouches 270
Qui dans tout l'univers célèbrent tes bienfaits;
Et confonds tous ces dieux qui ne furent jamais.

   Pour moi, que tu retiens parmi ces infidèles,
Tu sais combien je hais leurs fêtes criminelles,
Et que je mets au rang des profanations
Leur table, leurs festins et leurs libations ;
Que même cette pompe où je suis condamnée,
Ce bandeau dont il faut que je paraisse ornée
Dans ces jours solennels à l'orgueil dédiés,
Seule et dans le secret je le foule à mes pieds; 280
Qu'à ces vains ornements je préfère la cendre,
Et n'ai de goût qu'aux pleurs que tu me vois répandre.
J'attendais le moment marqué dans ton arrêt,
Pour oser de ton peuple embrasser l'intérêt :
Ce moment est venu; ma prompte obéissance
Va d'un roi redoutable affronter la présence.
C'est pour toi que je marche : accompagne mes pas
Devant ce fier lion qui ne te connaît pas;

Commande en me voyant que son courroux s'apaise,
Et prête à mes discours un charme qui lui plaise : 290
Les orages, les vents, les cieux, te sont soumis;
Tourne enfin sa fureur contre nos ennemis.

SCÈNE V.

(Toute cette scène est chantée.)

LE CHOEUR.

UNE ISRAÉLITE, *seule.*
Pleurons et gémissons, mes fidèles compagnes;
  A nos sanglots donnons un libre cours,
  Levons les yeux vers les saintes montagnes
  D'où l'innocence attend tout son secours.
      O mortelles alarmes!
Tout Israël périt. Pleurez, mes tristes yeux :
    Il ne fut jamais sous les cieux
    Un si juste sujet de larmes. 300
  TOUT LE CHOEUR.
      O mortelles alarmes!
  UNE AUTRE ISRAÉLITE.
N'était-ce pas assez qu'un vainqueur odieux
De l'auguste Sion eût détruit tous les charmes,
Et traîné ses enfants captifs en mille lieux?
  TOUT LE CHOEUR.
      O mortelles alarmes!
  LA MÊME ISRAÉLITE.
Faibles agneaux livrés à des loups furieux,
    Nos soupirs sont nos seules armes.
  TOUT LE CHOEUR.
      O mortelles alarmes!
  UNE ISRAÉLITE.
Arrachons, déchirons tous ces vains ornements
      Qui parent notre tête. 310

UNE AUTRE.
Revêtons-nous d'habillements
Conformes à l'horrible fête
Que l'impie Aman nous apprête.
TOUT LE CHOEUR.
Arrachons, déchirons tous ces vains ornements
  Qui parent notre tête.
UNE ISRAÉLITE, *seule*.
  Quel carnage de toutes parts !
On égorge à la fois les enfants, les vieillards,
  Et la sœur et le frère,
  Et la fille et la mère,
 Le fils dans les bras de son père !
Que de corps entassés ! Que de membres épars,
  Privés de sépulture !
 Grand Dieu ! tes saints sont la pâture
 Des tigres et des léopards.
UNE DES PLUS JEUNES ISRAÉLITES.
  Hélas ! si jeune encore,
Par quel crime ai-je pu mériter mon malheur ?
 Ma vie à peine a commencé d'éclore :
  Je tomberai comme une fleur
  Qui n'a vu qu'une aurore.
  Hélas ! si jeune encore,
Par quel crime ai-je pu mériter mon malheur ?
UNE AUTRE.
Des offenses d'autrui malheureuses victimes,
Que nous servent, hélas ! ces regrets superflus ?
Nos pères ont péché, nos pères ne sont plus,
 Et nous portons la peine de leurs crimes.
TOUT LE CHOEUR.
Le Dieu que nous servons est le Dieu des combats :
  Non, non, il ne souffrira pas
  Qu'on égorge ainsi l'innocence.
UNE ISRAÉLITE, *seule*.
 Eh quoi ! dirait l'impiété,

Où donc est-il ce Dieu si redouté 340
Dont Israël nous vantait la puissance?
UNE AUTRE.
Ce Dieu jaloux, ce Dieu victorieux,
Frémissez, peuples de la terre,
Ce Dieu jaloux, ce Dieu victorieux,
Est le seul qui commande aux cieux.
Ni les éclairs ni le tonnerre
N'obéissent point à vos dieux.
UNE AUTRE.
Il renverse l'audacieux.
UNE AUTRE.
Il prend l'humble sous sa défense.
TOUT LE CHOEUR.
e Dieu que nous servons est le Dieu des combats : 350
Non, non, il ne souffrira pas
Qu'on égorge ainsi l'innocence.
DEUX ISRAÉLITES.
O Dieu, que la gloire couronne,
Dieu, que la lumière environne,
Qui voles sur l'aile des vents,
Et dont le trône est porté par les anges;
DEUX AUTRES DES PLUS JEUNES.
Dieu qui veux bien que de simples enfants
Avec eux chantent tes louanges;
TOUT LE CHOEUR.
Tu vois nos pressants dangers :
Donne à ton nom la victoire; 360
Ne souffre point que ta gloire
Passe à des dieux étrangers.
UNE ISRAÉLITE, *seule*.
Arme-toi, viens nous défendre :
scends tel qu'autrefois la mer te vit descendre;
Que les méchants apprennent aujourd'hui
A craindre ta colère :
'ils soient comme la poudre et la paille légère

Que le vent chasse devant lui.
TOUT LE CHOEUR.
Tu vois nos pressans dangers :
Donne à ton nom la victoire ;
Ne souffre point que ta gloire
Passe à des dieux étrangers.

ACTE DEUXIÈME.

Le théâtre représente la chambre où est le trône d'Assuérus.

SCÈNE I.

AMAN, HYDASPE.

AMAN.
Eh quoi ! lorsque le jour ne commence qu'à luire,
Dans ce lieu redoutable oses-tu m'introduire ?
HYDASPE.
Vous savez qu'on s'en peut reposer sur ma foi :
Que ces portes, seigneur, n'obéissent qu'à moi :
Venez. Partout ailleurs on pourrait nous entendre.
AMAN.
Quel est donc le secret que tu me veux apprendre ?
HYDASPE.
Seigneur, de vos bienfaits mille fois honoré,
Je me souviens toujours que je vous ai juré
D'exposer à vos yeux, par des avis sincères,
Tout ce que ce palais renferme de mystères.
Le roi d'un noir chagrin paraît enveloppé :
Quelque songe effrayant cette nuit l'a frappé.
Pendant que tout gardait un silence paisible,
Sa voix s'est fait entendre avec un cri terrible :
J'ai couru. Le désordre était dans ses discours ;

Il s'est plaint d'un péril qui menaçait ses jours :
Il parlait d'ennemi, de ravisseur farouche ;
Même le nom d'Esther est sorti de sa bouche ; 390
Il a dans ces horreurs passé toute la nuit.
Enfin, las d'appeler un sommeil qui le fuit,
Pour écarter de lui ces images funèbres,
Il s'est fait apporter ces annales célèbres
Où les faits de son règne, avec soin amassés,
Par de fidèles mains chaque jour sont tracés :
On y conserve écrits le service et l'offense ;
Monuments éternels d'amour et de vengeance.
Le roi, que j'ai laissé plus calme dans son lit,
D'une oreille attentive écoute ce récit. 400

 AMAN.
De quel temps de sa vie a-t-il choisi l'histoire?
 HYDASPE.
Il revoit tous ces temps si remplis de sa gloire,
Depuis le fameux jour qu'au trône de Cyrus
Le choix du sort plaça l'heureux Assuérus.

 AMAN.
Ce songe, Hydaspe, est donc sorti de son idée?
 HYDASPE.
Entre tous les devins fameux dans la Chaldée,
Il a fait assembler ceux qui savent le mieux
Lire en un songe obscur les volontés des cieux...
Mais quel trouble vous-même aujourd'hui vous agite?
Votre âme en m'écoutant paraît tout interdite : 410
L'heureux Aman a-t-il quelques secrets ennuis?

 AMAN.
Peux-tu le demander dans la place où je suis?
Haï, craint, envié, souvent plus misérable
Que tous les malheureux que mon pouvoir accable!

 HYDASPE.
Eh! qui jamais du ciel eut des regards plus doux?
Vous voyez l'univers prosterné devant vous.

AMAN.

L'univers! Tous les jours un homme... un vil esclave
D'un front audacieux me dédaigne et me brave.

HYDASPE.

Quel est cet ennemi de l'État et du roi?

AMAN.

Le nom de Mardochée est-il connu de toi? 420

HYDASPE.

Qui? ce chef d'une race abominable, impie?

AMAN.

Oui, lui-même.

HYDASPE. Eh, seigneur! d'une si belle vie
Un si faible ennemi peut-il troubler la paix?

AMAN.

L'insolent devant moi ne se courba jamais.
En vain de la faveur du plus grand des monarques
Tout révère à genoux les glorieuses marques;
Lorsque d'un saint respect tous les Persans touchés
N'osent lever leurs fronts à la terre attachés,
Lui, fièrement assis et la tête immobile,
Traite tous ces honneurs d'impiété servile, 430
Présente à mes regards un front séditieux,
Et ne daignerait pas au moins baisser les yeux!
Du palais cependant il assiége la porte.
A quelque heure que j'entre, Hydaspe, ou que je sorte,
Son visage odieux m'afflige et me poursuit;
Et mon esprit troublé le voit encor la nuit.
Ce matin j'ai voulu devancer la lumière:
Je l'ai trouvé couvert d'une affreuse poussière,
Revêtu de lambeaux, tout pâle, mais son œil
Conservait sous la cendre encor le même orgueil. 440
D'où lui vient, cher ami, cette impudente audace?
Toi, qui dans ce palais vois tout ce qui se passe,
Crois-tu que quelque voix ose parler pour lui?
Sur quel roseau fragile a-t-il mis son appui?

HYDASPE.

Seigneur, vous le savez, son avis salutaire
Découvrit de Tharès le complot sanguinaire.
Le roi promit alors de le récompenser.
Le roi, depuis ce temps, paraît n'y plus penser.

AMAN.

Non, il faut à tes yeux dépouiller l'artifice.
J'ai su de mon destin corriger l'injustice : 450
Dans les mains des Persans jeune enfant apporté,
Je gouverne l'empire où je fus acheté ;
Mes richesses des rois égalent l'opulence ;
Environné d'enfants, soutiens de ma puissance,
Il ne manque à mon front que le bandeau royal.
Cependant (des mortels aveuglement fatal !)
De cet amas d'honneurs la douceur passagère
Fait sur mon cœur à peine une atteinte légère :
Mais Mardochée, assis aux portes du palais,
Dans ce cœur douloureux enfonce mille traits ; 460
Et toute ma grandeur me devient insipide
Tandis que le soleil éclaire ce perfide.

HYDASPE.

Vous serez de sa vue affranchi dans dix jours :
La nation entière est promise aux vautours.

AMAN.

Ah! que ce temps est long à mon impatience !
C'est lui, je te veux bien confier ma vengeance,
C'est lui qui, devant moi refusant de ployer,
Les a livrés au bras qui les va foudroyer.
C'était trop peu pour moi d'une telle victime :
La vengeance trop faible attire un second crime. 470
Un homme tel qu'Aman, lorsqu'on l'ose irriter,
Dans sa juste fureur ne peut trop éclater :
Il faut des châtiments dont l'univers frémisse ;
Qu'on tremble en comparant l'offense et le supplice ;
Que les peuples entiers dans le sang soient noyés.
Je veux qu'on dise un jour aux siècles effrayés :

« Il fut des Juifs, il fut une insolente race ;
Répandus sur la terre, ils en couvraient la face ;
Un seul osa d'Aman attirer le courroux :
Aussitôt de la terre ils disparurent tous. »   480
            HYDASPE.
Ce n'est donc pas, seigneur, le sang amalécite
Dont la voix à les perdre en secret vous excite ?
            AMAN.
Je sais que, descendu de ce sang malheureux,
Une éternelle haine a dû m'armer contre eux ;
Qu'ils firent d'Amalec un indigne carnage ;
Que, jusqu'aux vils troupeaux, tout éprouva leur rage ;
Qu'un déplorable reste à peine fut sauvé :
Mais, crois-moi, dans le rang où je suis élevé,
Mon âme, à ma grandeur tout entière attachée,
Des intérêts du sang est faiblement touchée.   490
Mardochée est coupable ; et que faut-il de plus ?
Je prévins donc contre eux l'esprit d'Assuérus,
J'inventai des couleurs, j'armai la calomnie,
J'intéressai sa gloire ; il trembla pour sa vie :
Je les peignis puissants, riches, séditieux ;
Leur Dieu même ennemi de tous les autres dieux.
« Jusqu'à quand souffre-t-on que ce peuple respire,
Et d'un culte profane infecte votre empire ?
Étrangers dans la Perse, à nos lois opposés,
Du reste des humains ils semblent divisés,   500
N'aspirent qu'à troubler le repos où nous sommes,
Et, détestés partout, détestent tous les hommes.
Prévenez, punissez leurs insolents efforts ;
De leur dépouille enfin grossissez vos trésors. »
Je dis, et l'on me crut. Le roi, dès l'heure même,
Mit dans ma main le sceau de son pouvoir suprême :
« Assure, me dit-il, le repos de ton roi ;
Va, perds ces malheureux : leur dépouille est à toi. »
Toute la nation fut ainsi condamnée.
Du carnage avec lui je réglai la journée.   510

Mais de ce traître enfin le trépas différé
Fait trop souffrir mon cœur, de son sang altéré.
Un je ne sais quel trouble empoisonne ma joie.
Pourquoi dix jours encor faut-il que je le voie?

HYDASPE.
Et ne pouvez-vous pas d'un mot l'exterminer?
Dites au roi, seigneur, de vous l'abandonner.

AMAN.
Je viens pour épier le moment favorable.
Tu connais, comme moi, ce prince inexorable;
Tu sais combien, terrible en ses soudains transports,
De nos desseins souvent il rompt tous les ressorts. 520
Mais à me tourmenter ma crainte est trop subtile:
Mardochée à ses yeux est une âme trop vile.

HYDASPE.
Que tardez-vous? allez, et faites promptement
Elever de sa mort le honteux instrument.

AMAN.
J'entends du bruit; je sors. Toi, si le roi m'appelle...

HYDASPE.
Il suffit.

SCÈNE II.

ASSUÉRUS, HYDASPE, ASAPH, *suite d'Assuérus.*

ASSUÉRUS.
    Ainsi donc, sans cet avis fidèle,
Deux traîtres dans son lit assassinaient leur roi?
Qu'on me laisse, et qu'Asaph seul demeure avec moi.

SCÈNE III.

ASSUÉRUS, ASAPH.

ASSUÉRUS, *assis sur son trône.*
Je veux bien l'avouer : de ce couple perfide
J'avais presque oublié l'attentat parricide; 530

Et j'ai pâli deux fois au terrible récit
Qui vient d'en retracer l'image à mon esprit.
Je vois de quel succès leur fureur fut suivie,
Et que dans les tourments ils laissèrent la vie.
Mais ce sujet zélé, qui, d'un œil si subtil,
Sut de leur noir complot développer le fil,
Qui me montra sur moi leur main déjà levée,
Enfin par qui la Perse avec moi fut sauvée,
Quel honneur pour sa foi, quel prix a-t-il reçu?
   ASAPH.
On lui promit beaucoup : c'est tout ce que j'ai su. 540
   ASSUÉRUS.
O d'un si grand service oubli trop condamnable!
Des embarras du trône effet inévitable!
De soins tumultueux un prince environné
Vers de nouveaux objets est sans cesse entraîné;
L'avenir l'inquiète, et le présent le frappe :
Mais, plus prompt que l'éclair, le passé nous échappe;
Et de tant de mortels à toute heure empressés
A nous faire valoir leurs soins intéressés,
Il ne s'en trouve point qui, touchés d'un vrai zèle,
Prennent à notre gloire un intérêt fidèle,   550
Du mérite oublié nous fassent souvenir,
Trop prompts à nous parler de ce qu'il faut punir.
Ah! que plutôt l'injure échappe à ma vengeance,
Qu'un si rare bienfait à ma reconnaissance!
Et qui voudrait jamais s'exposer pour son roi?
Ce mortel qui montra tant de zèle pour moi
Vit-il encore?
   ASAPH. Il voit l'astre qui vous éclaire.
   ASSUÉRUS.
Et que n'a-t-il plus tôt demandé son salaire?
Quel pays reculé le cache à mes bienfaits?
   ASAPH.
Assis le plus souvent aux portes du palais,   560
Sans se plaindre de vous ni de sa destinée,

Il y traîne, seigneur, sa vie infortunée.
  ASSUÉRUS.
Et je dois d'autant moins oublier la vertu,
Qu'elle-même s'oublie. Il se nomme, dis-tu?
  ASAPH.
Mardochée est le nom que je viens de vous lire.
  ASSUÉRUS.
Et son pays?
  ASAPH. Seigneur, puisqu'il faut vous le dire,
C'est un de ces captifs à périr destinés,
Des rives du Jourdain sur l'Euphrate amenés.
  ASSUÉRUS.
Il est donc Juif? O ciel, sur le point que la vie
Par mes propres sujets m'allait être ravie,   570
Un Juif rend par ses soins leurs efforts impuissants!
Un Juif m'a préservé du glaive des Persans!
Mais, puisqu'il m'a sauvé, quel qu'il soit, il n'importe.
Holà, quelqu'un !

SCÈNE IV.

ASSUÉRUS, HYDASPE, ASAPH.

  HYDASPE. Seigneur?
    ASSUÉRUS. Regarde à cette porte;
Vois s'il s'offre à tes yeux quelque grand de ma cour.
  HYDASPE.
Aman à votre porte a devancé le jour.
  ASSUÉRUS.
Qu'il entre. Ses avis m'éclaireront peut-être.

SCÈNE V.

ASSUÉRUS, AMAN, HYDASPE, ASAPH.

ASSUÉRUS.

Approche, heureux appui du trône de ton maître,
Ame de mes conseils, et qui seul tant de fois
Du sceptre dans ma main as soulagé le poids.　　580
Un reproche secret embarrasse mon âme.
Je sais combien est pur le zèle qui t'enflamme ;
Le mensonge jamais n'entra dans tes discours,
Et mon intérêt seul est le but où tu cours.
Dis-moi donc : que doit faire un prince magnanime
Qui veut combler d'honneurs un sujet qu'il estime ?
Par quel gage éclatant, et digne d'un grand roi,
Puis-je récompenser le mérite et la foi ?
Ne donne point de borne à ma reconnaissance :
Mesure tes conseils sur ma vaste puissance.　　590

AMAN, *à part.*

C'est pour toi-même, Aman, que tu vas prononcer ;
Et quel autre que toi peut-on récompenser ?

ASSUÉRUS.

Que penses-tu ?

AMAN. Seigneur, je cherche, j'envisage
Des monarques persans la conduite et l'usage :
Mais à mes yeux en vain je les rappelle tous ;
Pour vous régler sur eux, que sont-ils près de vous ?
Votre règne aux neveux doit servir de modèle.
Vous voulez d'un sujet reconnaître le zèle ;
L'honneur seul peut flatter un esprit généreux :
Je voudrais donc, seigneur, que ce mortel heureux,　600
De la pourpre aujourd'hui paré comme vous-même,
Et portant sur le front le sacré diadème,
Sur un de vos coursiers pompeusement orné,
Aux yeux de vos sujets dans Suse fût mené ;
Que, pour comble de gloire et de magnificence,

Un seigneur éminent en richesse, en puissance,
Enfin de votre empire après vous le premier,
Par la bride guidât son superbe coursier ;
Et lui-même, marchant en habits magnifiques,
Criât à haute voix dans les places publiques :
« Mortels, prosternez-vous : c'est ainsi que le roi
Honore le mérite et couronne la foi. »

ASSUÉRUS.

Je vois que la sagesse elle-même t'inspire :
Avec mes volontés ton sentiment conspire.
Va, ne perds point de temps ; ce que tu m'as dicté,
Je veux de point en point qu'il soit exécuté.
La vertu dans l'oubli ne sera plus cachée.
Aux portes du palais prends le Juif Mardochée ;
C'est lui que je prétends honorer aujourd'hui ;
Ordonne son triomphe, et marche devant lui : 620
Que Suse par ta voix de son nom retentisse,
Et fais à son aspect que tout genou fléchisse.
Sortez tous.

AMAN.
Dieux !

SCÈNE VI.

ASSUÉRUS.

Le prix est sans doute inouï :
Jamais d'un tel honneur un sujet n'a joui ;
Mais plus la récompense est grande et glorieuse,
Plus même de ce Juif la race est odieuse,
Plus j'assure ma vie, et montre avec éclat
Combien Assuérus redoute d'être ingrat.
On verra l'innocent discerné du coupable :
Je n'en perdrai pas moins ce peuple abominable ; 630
Leurs crimes...

SCÈNE VII.

ASSUÉRUS, ESTHER, ÉLISE, THAMAR, *une partie du chœur.*

(*Esther entre s'appuyant sur Élise; quatre Israélites soutiennent sa robe.*)

ASSUÉRUS. Sans mon ordre on porte ici ses pas!
Quel mortel insolent vient chercher le trépas?
Gardes... C'est vous, Esther? Quoi! sans être attendue?

ESTHER.
Mes filles, soutenez votre reine éperdue:
Je me meurs.

(*Elle tombe évanouie.*)

ASSUÉRUS. Dieux puissants! quelle étrange pâleur
De son teint tout à coup efface la couleur!
Esther, que craignez-vous? suis-je pas votre frère?
Est-ce pour vous qu'est fait un ordre si sévère?
Vivez: le sceptre d'or que vous tend cette main,
Pour vous de ma clémence est un gage certain. 640

ESTHER.
Quelle voix salutaire ordonne que je vive,
Et rappelle en mon sein mon âme fugitive?

ASSUÉRUS.
Ne connaissez-vous pas la voix de votre époux?
Encore un coup, vivez, et revenez à vous.

ESTHER.
Seigneur, je n'ai jamais contemplé qu'avec crainte
L'auguste majesté sur votre front empreinte;
Jugez combien ce front irrité contre moi
Dans mon âme troublée a dû jeter d'effroi:
Sur ce trône sacré qu'environne la foudre,
J'ai cru vous voir tout prêt à me réduire en poudre. 650
Hélas! sans frissonner, quel cœur audacieux
Soutiendrait les éclairs qui partaient de vos yeux?
Ainsi du Dieu vivant la colère étincelle...

ASSUÉRUS.

O soleil ! ô flambeau de lumière immortelle !
Je me trouble moi-même ; et sans frémissement
Je ne puis voir sa peine et son saisissement.
Calmez, reine, calmez la frayeur qui vous presse ;
Du cœur d'Assuérus souveraine maîtresse,
Éprouvez seulement son ardente amitié.
Faut-il de mes États vous donner la moitié ? 660

ESTHER.

Eh ! se peut-il qu'un roi craint de la terre entière,
Devant qui tout fléchit et baise la poussière,
Jette sur son esclave un regard si serein
Et m'offre sur son cœur un pouvoir souverain ?

ASSUÉRUS.

Croyez-moi, chère Esther, ce sceptre, cet empire,
Et ces profonds respects que la terreur inspire,
A leur pompeux éclat mêlent peu de douceur,
Et fatiguent souvent leur triste possesseur.
Je ne trouve qu'en vous je ne sais quelle grâce
Qui me charme toujours et jamais ne me lasse. 670
De l'aimable vertu doux et puissants attraits !
Tout respire en Esther l'innocence et la paix.
Du chagrin le plus noir elle écarte les ombres,
Et fait des jours sereins de mes jours les plus sombres :
Que dis-je ? sur ce trône assis auprès de vous,
Des astres ennemis j'en crains moins le courroux,
Et crois que votre front prête à mon diadème
Un éclat qui le rend respectable aux dieux même.
Osez donc me répondre, et ne me cachez pas
Quel sujet important conduit ici vos pas. 680
Quel intérêt, quels soins vous agitent, vous pressent ?
Je vois qu'en m'écoutant vos yeux au ciel s'adressent.
Parlez : de vos désirs le succès est certain,
Si ce succès dépend d'une mortelle main.

ESTHER.

O bonté qui m'assure autant qu'elle m'honore !

b

Un intérêt pressant veut que je vous implore :
J'attends ou mon malheur ou ma félicité ;
Et tout dépend, seigneur, de votre volonté.
Un mot de votre bouche, en terminant mes peines,
Peut rendre Esther heureuse entre toutes les reines. 690
  ASSUÉRUS.
Ah ! que vous enflammez mon désir curieux !
  ESTHER.
Seigneur, si j'ai trouvé grâce devant vos yeux,
Si jamais à mes vœux vous fûtes favorable,
Permettez, avant tout, qu'Esther puisse à sa table
Recevoir aujourd'hui son souverain seigneur,
Et qu'Aman soit admis à cet excès d'honneur.
J'oserai devant lui rompre ce grand silence ;
Et j'ai pour m'expliquer besoin de sa présence.
  ASSUÉRUS.
Dans quelle inquiétude, Esther, vous me jetez !
Toutefois qu'il soit fait comme vous souhaitez. 700
  (*A ceux de sa suite.*)
Vous, que l'on cherche Aman ; et qu'on lui fasse entendre
Qu'invité chez la reine, il ait soin de s'y rendre.

SCÈNE VIII.

ASSUÉRUS, ESTHER, ÉLISE, THAMAR, HYDASPE,
une partie du chœur.

  HYDASPE.
Les savants Chaldéens, par votre ordre appelés,
Dans cet appartement, seigneur, sont assemblés.
  ASSUÉRUS.
Princesse, un songe étrange occupe ma pensée :
Vous-même en leur réponse êtes intéressée.
Venez, derrière un voile écoutant leurs discours,
De vos propres clartés me prêter le secours.
Je crains pour vous, pour moi, quelque ennemi perfide.

ESTHER.

Suis-moi, Thamar. Et vous, troupe jeune et timide, 710
Sans craindre ici les yeux d'une profane cour,
A l'abri de ce trône attendez mon retour.

SCÈNE IX.

(Cette scène est partie déclamée et partie chantée.)

ÉLISE, *une partie du chœur.*

ÉLISE.

Que vous semble, mes sœurs, de l'état où nous sommes?
 D'Esther, d'Aman, qui le doit emporter?
  Est-ce Dieu, sont-ce les hommes,
  Dont les œuvres vont éclater?
 Vous avez vu quelle ardente colère
Allumait de ce roi le visage sévère.

UNE ISRAÉLITE.

Des éclairs de ses yeux l'œil était ébloui.

UNE AUTRE.

Et sa voix m'a paru comme un tonnerre horrible. 720

ÉLISE.

 Comment ce courroux si terrible
 En un moment s'est-il évanoui?

UNE ISRAÉLITE *chante.*

Un moment a changé ce courage inflexible:
Le lion rugissant est un agneau paisible.
Dieu, notre Dieu sans doute a versé dans son cœur
  Cet esprit de douceur.

LE CHOEUR *chante.*

Dieu, notre Dieu sans doute a versé dans son cœur
  Cet esprit de douceur.

LA MÊME ISRAÉLITE *chante.*

  Tel qu'un ruisseau docile
Obéit à la main qui détourne son cours. 730

Et, laissant de ses eaux partager le secours,
　　Va rendre tout un champ fertile;
Dieu, de nos volontés arbitre souverain,
　　Le cœur des rois est ainsi dans ta main.
　　　　ÉLISE.
Ah! que je crains, mes sœurs, les funestes nuages
　　Qui de ce prince obscurcissent les yeux!
Comme il est aveuglé du culte de ses dieux!
　　　　UNE ISRAÉLITE.
Il n'atteste jamais que leurs noms odieux..
　　　　UNE AUTRE.
Aux feux inanimés dont se parent les cieux
　　Il rend de profanes hommages. 740
　　　　UNE AUTRE.
　Tout son palais est plein de leurs images.
　　　LE CHŒUR *chante.*
Malheureux! vous quittez le maître des humains,
　　Pour adorer l'ouvrage de vos mains!
　　　UNE ISRAÉLITE *chante.*
　Dieu d'Israël, dissipe enfin cette ombre:
Des larmes de tes saints quand seras-tu touché?
　　Quand sera le voile arraché
Qui sur tout l'univers jette une nuit si sombre?
　Dieu d'Israël, dissipe enfin cette ombre:
　　Jusqu'à quand seras-tu caché?
　　　UNE DES PLUS JEUNES ISRAÉLITES.
Parlons plus bas, mes sœurs. Ciel! si quelque infidèle, 750
Écoutant nos discours, nous allait déceler!
　　　　ÉLISE.
Quoi! fille d'Abraham, une crainte mortelle
　　Semble déjà vous faire chanceler?
Eh! si l'impie Aman, dans sa main homicide,
Faisant luire à vos yeux un glaive menaçant,
　　A blasphémer le nom du Tout-Puissant
　　　Voulait forcer votre bouche timide?

UNE AUTRE ISRAÉLITE.
Peut-être Assuérus, frémissant de courroux,
  Si nous ne courbons les genoux
  Devant une muette idole, 700
  Commandera qu'on nous immole.
  Chère sœur, que choisirez-vous ?
LA JEUNE ISRAÉLITE.
Moi, je pourrais trahir le Dieu que j'aime !
J'adorerais un dieu sans force et sans vertu,
  Reste d'un tronc par les vents abattu,
  Qui ne peut se sauver lui-même !
LE CHOEUR *chante.*
Dieux impuissants, dieux sourds, tous ceux qui vous
  Ne seront jamais entendus : [implorent
  Que les démons, et ceux qui les adorent,
  Soient à jamais détruits et confondus ! 770
UNE ISRAÉLITE *chante.*
Que ma bouche et mon cœur, et tout ce que je suis,
Rendent honneur au Dieu qui m'a donné la vie.
  Dans les craintes, dans les ennuis,
  En ses bontés mon âme se confie.
Veut-il par mon trépas que je le glorifie ?
Que ma bouche et mon cœur, et tout ce que je suis,
Rendent honneur au Dieu qui m'a donné la vie.
ÉLISE.
Je n'admirai jamais la gloire de l'impie.
UNE AUTRE ISRAÉLITE.
Au bonheur du méchant qu'une autre porte envie.
ÉLISE.
  Tous ses jours paraissent charmants ; 780
  L'or éclate en ses vêtements ;
Son orgueil est sans borne ainsi que sa richesse ;
Jamais l'air n'est troublé de ses gémissements ;
Il s'endort, il s'éveille au son des instruments ;
  Son cœur nage dans la mollesse.

UNE AUTRE ISRAÉLITE.
Pour comble de prospérité,
Il espère revivre en sa postérité;
Et d'enfants à sa table une riante troupe
Semble boire avec lui la joie à pleine coupe.
(*Tout le reste est chanté.*)
LE CHOEUR.
Heureux, dit-on, le peuple florissant
Sur qui ces biens coulent en abondance !
Plus heureux le peuple innocent
Qui dans le Dieu du ciel a mis sa confiance !
UNE ISRAÉLITE, *seule*.
Pour contenter ses frivoles désirs,
L'homme insensé vainement se consume :
Il trouve l'amertume
Au milieu des plaisirs.
UNE AUTRE, *seule*.
Le bonheur de l'impie est toujours agité;
Il erre à la merci de sa propre inconstance.
Ne cherchons la félicité
Que dans la paix de l'innocence.
LA MÊME, *avec une autre*.
O douce paix !
O lumière éternelle !
Beauté toujours nouvelle !
Heureux le cœur épris de tes attraits !
O douce paix !
O lumière éternelle !
Heureux le cœur qui ne te perd jamais !
LE CHOEUR.
O douce paix !
O lumière éternelle !
Beauté toujours nouvelle !
O douce paix !
Heureux le cœur qui ne te perd jamais !

LA MÊME, *seule*.
Nulle paix pour l'impie : il la cherche, elle fuit ;
Et le calme en son cœur ne trouve point de place :
 Le glaive au dehors le poursuit ;
 Le remords au dedans le glace.
UNE AUTRE.
La gloire des méchants en un moment s'éteint ;
 L'affreux tombeau pour jamais les dévore.
Il n'en est pas ainsi de celui qui te craint : 820
Il renaîtra, mon Dieu, plus brillant que l'aurore.
LE CHŒUR.
  O douce paix !
Heureux le cœur qui ne te perd jamais !
ÉLISE, *sans chanter*. [chaine.
Mes sœurs, j'entends du bruit dans la chambre pro-
On nous appelle : allons rejoindre notre reine.

ACTE TROISIÈME.

Le théâtre représente les jardins d'Esther et un des côtés du salon où se fait le festin.

SCÈNE I.

AMAN, ZARÈS.

ZARÈS.
C'est donc ici d'Esther le superbe jardin,
Et ce salon pompeux est le lieu du festin.
Mais, tandis que la porte en est encor fermée,
Écoutez les conseils d'une épouse alarmée.
Au nom du sacré nœud qui me lie avec vous, 830
Dissimulez, seigneur, cet aveugle courroux ;
Éclaircissez ce front où la tristesse est peinte :
Les rois craignent surtout le reproche et la plainte.

Seul entre tous les grands par la reine invité,
Ressentez donc aussi cette félicité.
Si le mal vous aigrit, que le bienfait vous touche.
Je l'ai cent fois appris de votre propre bouche :
Quiconque ne sait pas dévorer un affront
Ni de fausses couleurs se déguiser le front,
Loin de l'aspect des rois qu'il s'écarte, qu'il fuie, 840
Il est des contre-temps qu'il faut qu'un sage essuie.
Souvent avec prudence un outrage enduré
Aux honneurs les plus hauts a servi de degré.

AMAN.

O douleur! ô supplice affreux à la pensée!
O honte, qui jamais ne peut être effacée!
Un exécrable Juif, l'opprobre des humains,
S'est donc vu de la pourpre habillé par mes mains!
C'est peu qu'il ait sur moi remporté la victoire;
Malheureux, j'ai servi de héraut à sa gloire!
Le traître! il insultait à ma confusion ; 850
Et tout le peuple même, avec dérision
Observant la rougeur qui couvrait mon visage,
De ma chute certaine en tirait le présage.
Roi cruel, ce sont là les jeux où tu te plais!
Tu ne m'as prodigué tes perfides bienfaits
Que pour me faire mieux sentir ta tyrannie,
Et m'accabler enfin de plus d'ignominie.

ZARÈS.

Pourquoi juger si mal de son intention?
Il croit récompenser une bonne action.
Ne faut-il pas, seigneur, s'étonner au contraire. 860
Qu'il en ait si longtemps différé le salaire?
Du reste, il n'a rien fait que par votre conseil,
Vous-même avez dicté tout ce triste appareil:
Vous êtes après lui le premier de l'empire.
Sait-il toute l'horreur que ce Juif vous inspire?

AMAN.

Il sait qu'il me doit tout, et que, pour sa grandeur,

J'ai foulé sous les pieds remords, crainte, pudeur;
Et avec un cœur d'airain exerçant sa puissance,
J'ai fait taire les lois et gémir l'innocence;
Due pour lui, des Persans bravant l'aversion, 870
J'ai chéri, j'ai cherché la malédiction :
Et, pour prix de ma vie à leur haine exposée,
Le barbare aujourd'hui m'expose à leur risée !

ZARÈS.

Seigneur, nous sommes seuls. Que sert de se flatter?
Ce zèle que pour lui vous fîtes éclater,
Le soin d'immoler tout à son pouvoir suprême,
Entre nous, avaient-ils d'autre objet que vous-même?
Et, sans chercher plus loin, tous ces Juifs désolés,
N'est-ce pas à vous seul que vous les immolez?
Et ne craignez-vous point que quelque avis funeste...
Enfin la cour nous hait, le peuple nous déteste. 881
Ce Juif même, il le faut confesser malgré moi,
Ce Juif, comblé d'honneurs, me cause quelque effroi.
Les malheurs sont souvent enchaînés l'un à l'autre;
Et sa race toujours fut fatale à la vôtre.
De ce léger affront songez à profiter.
Peut-être la fortune est prête à vous quitter;
Aux plus affreux excès son inconstance passe :
Prévenez son caprice avant qu'elle se lasse.
Où tendez-vous plus haut? Je frémis quand je voi 890
Les abîmes profonds qui s'offrent devant moi :
La chute désormais ne peut être qu'horrible.
Osez chercher ailleurs un destin plus paisible:
Regagnez l'Hellespont et ces bords écartés
Où vos aïeux errants jadis furent jetés,
Lorsque des Juifs contre eux la vengeance allumée
Chassa tout Amalec de la triste Idumée.
Aux malices du sort enfin dérobez-vous.
Nos plus riches trésors marcheront devant nous :
Vous pouvez du départ me laisser la conduite; 900
Surtout de vos enfants j'assurerai la fuite.

N'ayez soin cependant que de dissimuler.
Contente, sur vos pas vous me verrez voler :
La mer la plus terrible et la plus orageuse
Est plus sûre pour nous que cette cour trompeuse.
Mais à grands pas vers vous je vois quelqu'un marcher :
C'est Hydaspe.

SCÈNE II.

AMAN, ZARÈS, HYDASPE.

HYDASPE, *à Aman*.
　　　　　Seigneur, je courais vous chercher.
Votre absence en ces lieux suspend toute la joie ;
Et pour vous y conduire Assuérus m'envoie.
　　AMAN.
Et Mardochée est-il aussi de ce festin ? 910
　　HYDASPE,
A la table d'Esther portez-vous ce chagrin ?
Quoi ! toujours de ce Juif l'image vous désole ?
Laissez-le s'applaudir d'un triomphe frivole.
Croit-il d'Assuérus éviter la rigueur ?
Ne possédez-vous pas son oreille et son cœur ?
On a payé le zèle, on punira le crime ;
Et l'on vous a, seigneur, orné votre victime.
Je me trompe, ou vos vœux par Esther secondés
Obtiendront plus encor que vous ne demandez.
　　AMAN.
Croirai-je le bonheur que ta bouche m'annonce ? 920
　　HYDASPE.
J'ai des savants devins entendu la réponse :
Ils disent que la main d'un perfide étranger
Dans le sang de la reine est prête à se plonger ;
Et le roi, qui ne sait où trouver le coupable,
N'impute qu'aux seuls Juifs ce projet détestable.

AMAN.
Oui, ce sont, cher ami, des monstres furieux :
Il faut craindre surtout leur chef audacieux.
La terre avec horreur dès longtemps les endure ;
Et l'on n'en peut trop tôt délivrer la nature.
Ah! je respire enfin. Chère Zarès, adieu.   930
HYDASPE.
Les compagnes d'Esther s'avancent vers ce lieu :
Sans doute leur concert va commencer la fête.
Entrez, et recevez l'honneur qu'on vous apprête.

SCÈNE III.

ÉLISE, *le chœur*.

(*Ceci se récite sans chant.*)

UNE DES ISRAÉLITES.
C'est Aman.
UNE AUTRE. C'est lui-même ; et j'en frémis, ma sœur.
LA PREMIÈRE.
Mon cœur de crainte et d'horreur se resserre.
L'AUTRE.
C'est d'Israël le superbe oppresseur.
LA PREMIÈRE.
C'est celui qui trouble la terre.
ÉLISE.
Peut-on en le voyant ne le connaître pas?
L'orgueil et le dédain sont peints sur son visage.
UNE ISRAÉLITE.
On lit dans ses regards sa fureur et sa rage.   940
UNE AUTRE.
Je croyais voir marcher la mort devant ses pas.
UNE DES PLUS JEUNES.
Je ne sais si ce tigre a reconnu sa proie :
Mais, en nous regardant, mes sœurs, il m'a semblé

Qu'il avait dans les yeux une barbare joie
   Dont tout mon sang est encore troublé.
         ÉLISE.
Que ce nouvel honneur va croître son audace !
   Je le vois, mes sœurs, je le voi :
A la table d'Esther l'insolent près du roi
      A déjà pris sa place.
         UNE DES ISRAÉLITES.
Ministres du festin, de grâce, dites-nous,   950
Quels mets à ce cruel, quel vin préparez-vous ?
         UNE AUTRE.
Le sang de l'orphelin,
      UNE TROISIÈME. Les pleurs des misérables,
         LA SECONDE.
Sont ses mets les plus agréables ;
         LA TROISIÈME.
C'est son breuvage le plus doux.
         ÉLISE.
Chères sœurs, suspendez la douleur qui vous presse.
Chantons, on nous l'ordonne, et que puissent nos chants
Du cœur d'Assuérus adoucir la rudesse,
Comme autrefois David, par ses accords touchants,
Calmait d'un roi jaloux la sauvage tristesse !

   (*Tout le reste de cette scène est chanté.*)

         UNE ISRAÉLITE.
      Que le peuple est heureux,   960
      Lorsqu'un roi généreux,
Craint dans tout l'univers, veut encore qu'on l'aime !
   Heureux le peuple, heureux le roi lui-même !
         TOUT LE CHOEUR.
      O repos ! ô tranquillité !
O d'un parfait bonheur assurance éternelle,
      Quand la suprême autorité
      Dans ses conseils a toujours auprès d'elle
         La justice et la vérité !

18.

(Ces quatre stances sont chantées alternativement par une voix seule et par tout le chœur.)

UNE ISRAÉLITE.
Rois, chassez la calomnie :
Ses criminels attentats 970
Des plus paisibles États
Troublent l'heureuse harmonie.

Sa fureur, de sang avide,
Poursuit partout l'innocent.
Rois, prenez soin de l'absent
Contre sa langue homicide.

De ce monstre si farouche
Craignez la feinte douceur :
La vengeance est dans son cœur,
Et la pitié dans sa bouche. 980

La fraude adroite et subtile
Sème de fleurs son chemin ;
Mais sur ses pas vient enfin
Le repentir inutile.

UNE ISRAÉLITE, *seule*.
D'un souffle l'aquilon écarte les nuages,
  Et chasse au loin la foudre et les orages :
Un roi sage, ennemi du langage menteur,
Écarte d'un regard le perfide imposteur.

UNE AUTRE.
J'admire un roi victorieux,
Que sa valeur conduit triomphant en tous lieux ; 990
  Mais un roi sage et qui hait l'injustice,
  Qui sous la loi du riche impérieux
Ne souffre point que le pauvre gémisse,
  Est le plus beau présent des cieux.

UNE AUTRE.
La veuve en sa défense espère ;

UNE AUTRE.
De l'orphelin il est le père;
TOUTES ENSEMBLE.
Et les larmes du juste implorant son appui
    Sont précieuses devant lui.
UNE ISRAÉLITE, *seule*.
Détourne, roi puissant, détourne tes oreilles
  De tout conseil barbare et mensonger.   1000
    Il est temps que tu t'éveilles :
Dans le sang innocent ta main va se plonger
    Pendant que tu sommeilles.
Détourne, roi puissant, détourne tes oreilles
  De tout conseil barbare et mensonger.
UNE AUTRE.
Ainsi puisse sous toi trembler la terre entière!
Ainsi puisse à jamais contre tes ennemis
Le bruit de ta valeur te servir de barrière!
S'ils t'attaquent, qu'ils soient en un moment soumis,
  Que de ton bras la force les renverse;   1010
  Que de ton nom la terreur les disperse :
Que tout leur camp nombreux soit devant tes soldats
  Comme d'enfants une troupe inutile;
Et si par un chemin il entre en tes États,
  Qu'il en sorte par plus de mille!

SCÈNE IV.

ASSUÉRUS, ESTHER, AMAN, ÉLISE, *le chœur*.

ASSUÉRUS, *à Esther*.
Oui, vos moindres discours ont des grâces secrètes :
Une noble pudeur à tout ce que vous faites
Donne un prix que n'ont point ni la pourpre ni l'or.
Quel climat renfermait un si rare trésor?
Dans quel sein vertueux avez-vous pris naissance,
Et quelle main si sage éleva votre enfance?   1021

Mais dites promptement ce que vous demandez :
Tous vos désirs, Esther, vous seront accordés ;
Dussiez-vous, je l'ai dit, et veux bien le redire,
Demander la moitié de ce puissant empire.

ESTHER.

Je ne m'égare point dans ces vastes désirs.
Mais puisqu'il faut enfin expliquer mes soupirs,
Puisque mon roi lui-même à parler me convie,
(*Elle se jette aux pieds du roi.*)
J'ose vous implorer, et pour ma propre vie,
Et pour les tristes jours d'un peuple infortuné   1030
Qu'à périr avec moi vous avez condamné.

ASSUÉRUS, *la relevant.*

A périr ! Vous ! Quel peuple ? Et quel est ce mystère ?

AMAN, *à part.*

Je tremble.

ESTHER. Esther, seigneur, eut un Juif pour son père :
De vos ordres sanglants vous savez la rigueur.

AMAN, *à part.*

Ah dieux !

ASSUÉRUS. Ah ! de quel coup me percez-vous le cœur !
Vous la fille d'un Juif ? Eh quoi ! tout ce que j'aime,
Cette Esther, l'innocence et la sagesse même,
Que je croyais du ciel les plus chères amours,
Dans cette source impure aurait puisé ses jours ?
Malheureux !

ESTHER. Vous pourrez rejeter ma prière :   1040
Mais je demande au moins que, pour grâce dernière,
Jusqu'à la fin, seigneur, vous m'entendiez parler,
Et que surtout Aman n'ose point me troubler.

ASSUÉRUS.

Parlez.

ESTHER. O Dieu, confonds l'audace et l'imposture !
Ces Juifs, dont vous voulez délivrer la nature,
Que vous croyez, seigneur, le rebut des humains,
D'une riche contrée autrefois souverains,

Pendant qu'ils n'adoraient que le Dieu de leurs pères
Ont vu bénir le cours de leurs destins prospères.
 Ce Dieu, maître absolu de la terre et des cieux, 1050
N'est point tel que l'erreur le figure à vos yeux :
L'Éternel est son nom, le monde est son ouvrage;
Il entend les soupirs de l'humble qu'on outrage,
Juge tous les mortels avec d'égales lois,
Et du haut de son trône interroge les rois.
Des plus fermes États la chute épouvantable,
Quand il veut, n'est qu'un jeu de sa main redoutable.
Les Juifs à d'autres dieux osèrent s'adresser :
Roi, peuples, en un jour tout se vit disperser :
Sous les Assyriens leur triste servitude 1060
Devint le juste prix de leur ingratitude.
 Mais, pour punir enfin nos maîtres à leur tour,
Dieu fit choix de Cyrus avant qu'il vît le jour,
L'appela par son nom, le promit à la terre,
Le fit naître, et soudain l'arma de son tonnerre,
Brisa les fiers remparts et les portes d'airain,
Mit des superbes rois la dépouille en sa main,
De son temple détruit vengea sur eux l'injure :
Babylone paya nos pleurs avec usure.
Cyrus, par lui vainqueur, publia ses bienfaits, 1070
Regarda notre peuple avec des yeux de paix,
Nous rendit et nos lois et nos fêtes divines;
Et le temple déjà sortait de ses ruines.
Mais, de ce roi si sage héritier insensé,
Son fils interrompit l'ouvrage commencé,
Fut sourd à nos douleurs : Dieu rejeta sa race,
Le retrancha lui-même, et vous mit en sa place.
 Que n'espérions-nous point d'un roi si généreux!
Dieu regarde en pitié son peuple malheureux,
Disions-nous : un roi règne, ami de l'innocence. 1080
Partout du nouveau prince on vantait la clémence :
Les Juifs partout de joie en poussèrent des cris.
Ciel! verra-t-on toujours par de cruels esprits

Des princes les plus doux l'oreille environnée,
Et du bonheur public la source empoisonnée?
Dans le fond de la Thrace un barbare enfanté
Est venu dans ces lieux souffler la cruauté;
Un ministre ennemi de votre propre gloire...
    AMAN.
De votre gloire! Moi? Ciel! Le pourriez-vous croire?
Moi, qui n'ai d'autre objet ni d'autre dieu...
                      ASSUÉRUS. Tais-toi.
Oses-tu donc parler sans l'ordre de ton roi?   1091
    ESTHER.
Notre ennemi cruel devant vous se déclare :
C'est lui, c'est ce ministre infidèle et barbare
Qui, d'un zèle trompeur à vos yeux revêtu,
Contre notre innocence arma votre vertu.
Et quel autre, grand Dieu! qu'un Scythe impitoyable
Aurait de tant d'horreurs dicté l'ordre effroyable!
Partout l'affreux signal en même temps donné
De meurtres remplira l'univers étonné :
On verra, sous le nom du plus juste des princes, 1100
Un perfide étranger désoler vos provinces;
Et dans ce palais même, en proie à son courroux,
Le sang de vos sujets regorger jusqu'à vous.
    Et que reproche aux Juifs sa haine envenimée?
Quelle guerre intestine avons-nous allumée?
Les a-t-on vus marcher parmi vos ennemis?
Fut-il jamais au joug esclaves plus soumis?
Adorant dans leurs fers le Dieu qui les châtie,
Pendant que votre main, sur eux appesantie,
A leurs persécuteurs les livrait sans secours,   1110
Ils conjuraient ce Dieu de veiller sur vos jours,
De rompre des méchants les trames criminelles,
De mettre votre trône à l'ombre de ses ailes.
N'en doutez point, seigneur, il fut votre soutien :
Lui seul mit à vos pieds le Parthe et l'Indien,
Dissipa devant vous les innombrables Scythes,

Et renferma les mers dans vos vastes limites ;
Lui seul aux yeux d'un Juif découvrit le dessein
De deux traîtres tout prêts à vous percer le sein.
Hélas! ce Juif jadis m'adopta pour sa fille. 1120

ASSUÉRUS.
Mardochée?
ESTHER.
Il restait seul de notre famille.
Mon père était son frère. Il descend comme moi
Du sang infortuné de notre premier roi.
Plein d'une juste horreur pour un Amalécite,
Race que notre Dieu de sa bouche a maudite,
Il n'a devant Aman pu fléchir les genoux,
Ni lui rendre un honneur qu'il ne croit dû qu'à vous.
De là contre les Juifs et contre Mardochée
Cette haine, seigneur, sous d'autres noms cachée.
En vain de vos bienfaits Mardochée est paré : 1130
A la porte d'Aman est déjà préparé
D'un infâme trépas l'instrument exécrable ;
Dans une heure au plus tard ce vieillard vénérable,
Des portes du palais par son ordre arraché,
Couvert de votre pourpre y doit être attaché.

ASSUÉRUS.
Quel jour mêlé d'horreur vient effrayer mon âme!
Tout mon sang de colère et de honte s'enflamme.
J'étais donc le jouet.... Ciel, daigne m'éclairer!
Un moment sans témoins cherchons à respirer.
Appelez Mardochée : il faut aussi l'entendre. 1140
(*Le roi s'éloigne.*)

UNE ISRAÉLITE.
Vérité, que j'implore, achève de descendre!

SCÈNE V.

ESTHER, AMAN, ÉLISE, *le chœur.*

AMAN, *à Esther.*
D'un juste étonnement je demeure frappé.
Les ennemis des Juifs m'ont trahi, m'ont trompé :
J'en atteste du ciel la puissance suprême,
Et les perdant, j'ai cru vous assurer vous-même.
Princesse, en leur faveur employez mon crédit :
Le roi, vous le voyez, flotte encore interdit.
Je sais par quels ressorts on le pousse, on l'arrête ;
Et fais, comme il me plaît, le calme et la tempête.
Les intérêts des Juifs déjà me sont sacrés.
Parlez : vos ennemis aussitôt massacrés,
Victimes de la foi que ma bouche vous jure,
De ma fatale erreur répareront l'injure.
Quel sang demandez-vous ?
      ESTHER. Va, traître, laisse-moi :
Les Juifs n'attendent rien d'un méchant tel que toi.
Misérable ! le Dieu vengeur de l'innocence,
Tout prêt à te juger, tient déjà sa balance ;
Bientôt son juste arrêt te sera prononcé.
Tremble : son jour approche, et ton règne est passé.
 AMAN.
Oui, ce Dieu, je l'avoue, est un Dieu redoutable.
Mais veut-il que l'on garde une haine implacable ?
C'en est fait : mon orgueil est forcé de plier ;
L'inexorable Aman est réduit à prier.
 (*Il se jette à ses pieds.*)
Par le salut des Juifs, par ces pieds que j'embrasse,
Par ce sage vieillard, l'honneur de votre race,
Daignez d'un roi terrible apaiser le courroux ;
Sauvez Aman, qui tremble à vos sacrés genoux.

SCÈNE VI.

ASSUÉRUS, ESTHER, AMAN, ÉLISE, *le chœur, gardes.*

ASSUÉRUS.
Quoi ! le traître sur vous porte ses mains hardies !
Ah ! dans ses yeux confus je lis ses perfidies ;
Et son trouble, appuyant la foi de vos discours,   1170
De tous ses attentats me rappelle le cours.
Qu'à ce monstre à l'instant l'âme soit arrachée ;
Et que devant sa porte, au lieu de Mardochée,
Apaisant par sa mort et la terre et les cieux,
De mes peuples vengés il repaisse les yeux.
          (*Aman est emmené par les gardes.*)

SCÈNE VII.

ASSUÉRUS, ESTHER, MARDOCHÉE, ÉLISE, *le chœur.*

ASSUÉRUS *continue en s'adressant à Mardochée.*
Mortel chéri du ciel, mon salut et ma joie,
Aux conseils des méchants ton roi n'est plus en proie ;
Mes yeux sont dessillés, le crime est confondu :
Viens briller près de moi dans le rang qui t'est dû.
Je te donne d'Aman les biens et la puissance :   1180
Possède justement son injuste opulence.
Je romps le joug funeste où les Juifs sont soumis ;
Je leur livre le sang de tous leurs ennemis ;
A l'égal des Persans je veux qu'on les honore,
Et que tout tremble au nom du Dieu qu'Esther adore.
Rebâtissez son temple, et peuplez vos cités ;
Que vos heureux enfants dans leurs solennités
Consacrent de ce jour le triomphe et la gloire,
Et qu'à jamais mon nom vive dans leur mémoire.

SCÈNE VIII.

ASSUÉRUS, ESTHER, MARDOCHÉE, ASAPH, ÉLISE,
le chœur.

ASSUÉRUS.
Que veut Asaph ?
   ASAPH. Seigneur, le traître est expiré, 1190
Par le peuple en fureur à moitié déchiré.
On traîne, on va donner en spectacle funeste
De son corps tout sanglant le misérable reste.
  MARDOCHÉE.
Roi, qu'à jamais le ciel prenne soin de vos jours !
Le péril des Juifs presse, et veut un prompt secours.
  ASSUÉRUS.
Oui, je t'entends. Allons, par des ordres contraires,
Révoquer d'un méchant les ordres sanguinaires.
  ESTHER.
O Dieu, par quelle route inconnue aux mortels
Ta sagesse conduit ses desseins éternels !

SCÈNE IX.

LE CHOEUR.

TOUT LE CHOEUR.
 Dieu fait triompher l'innocence :   1200
 Chantons, célébrons sa puissance.
 UNE ISRAÉLITE.
Il a vu contre nous les méchants s'assembler,
 Et notre sang prêt à couler ;
Comme l'eau sur la terre ils allaient le répandre :
 Du haut du ciel sa voix s'est fait entendre ;
 L'homme superbe est renversé,
 Ses propres flèches l'ont percé.

UNE AUTRE.
J'ai vu l'impie adoré sur la terre;
Pareil au cèdre, il cachait dans les cieux
 Son front audacieux; 1210
Il semblait à son gré gouverner le tonnerre,
 Foulait aux pieds ses ennemis vaincus :
Je n'ai fait que passer, il n'était déjà plus.
UNE AUTRE.
On peut des plus grands rois surprendre la justice :
 Incapables de tromper,
 Ils ont peine à s'échapper
 Des piéges de l'artifice.
Un cœur noble ne peut soupçonner en autrui
 La bassesse et la malice
 Qu'il ne sent point en lui. 1220
UNE AUTRE.
 Comment s'est calmé l'orage?
UNE AUTRE.
Quelle main salutaire a chassé le nuage?
TOUT LE CHOEUR.
L'aimable Esther a fait ce grand ouvrage.
UNE ISRAÉLITE, *seule*.
De l'amour de son Dieu son cœur s'est embrasé;
 Au péril d'une mort funeste
 Son zèle ardent s'est exposé;
Elle a parlé : le ciel a fait le reste.
DEUX ISRAÉLITES.
Esther a triomphé des filles des Persans :
La nature et le ciel à l'envi l'ont ornée.
L'UNE DES DEUX.
Tout ressent de ses yeux les charmes innocents. 1230
Jamais tant de beauté fut-elle couronnée?
L'AUTRE.
Les charmes de son cœur sont encor plus puissants.
Jamais tant de vertu fut-elle couronnée?

TOUTES DEUX *ensemble*.
Esther a triomphé des filles des Persans :
La nature et le ciel à l'envi l'ont ornée.
UNE SEULE.
Ton Dieu n'est plus irrité :
Réjouis-toi, Sion, et sors de la poussière ;
Quitte les vêtements de ta captivité,
Et reprends ta splendeur première.
Les chemins de Sion à la fin sont ouverts : 1240
Rompez vos fers,
Tribus captives ;
Troupes fugitives,
Repassez les monts et les mers ;
Rassemblez-vous des bouts de l'univers.
TOUT LE CHOEUR.
Rompez vos fers,
Tribus captives ;
Troupes fugitives,
Repassez les monts et les mers ;
Rassemblez-vous des bouts de l'univers. 1250
UNE ISRAÉLITE, *seule*.
Je reverrai ces campagnes si chères.
UNE AUTRE.
J'irai pleurer au tombeau de mes pères.
TOUT LE CHOEUR.
Repassez les monts et les mers ;
Rassemblez-vous des bouts de l'univers.
UNE ISRAÉLITE, *seule*.
Relevez, relevez les superbes portiques
Du temple où notre Dieu se plaît d'être adoré ;
Que de l'or le plus pur son autel soit paré,
Et que du sein des monts le marbre soit tiré.
Liban, dépouille-toi de tes cèdres antiques ;
Prêtres sacrés, préparez vos cantiques. 1260
UNE AUTRE.
Dieu descend et revient habiter parmi nous :

Terre, frémis d'allégresse et de crainte;
 Et vous, sous sa majesté sainte,
  Cieux, abaissez-vous!
 UNE AUTRE.
Que le Seigneur est bon, que son joug est aimable!
Heureux qui dès l'enfance en connaît la douceur!
Jeune peuple, courez à ce maître adorable :
Les biens les plus charmants n'ont rien de comparable
Aux torrents de plaisirs qu'il répand dans un cœur.
Que le Seigneur est bon, que son joug est aimable! 1270
Heureux qui dès l'enfance en connaît la douceur!
 UNE AUTRE.
  Il s'apaise, il pardonne;
 Du cœur ingrat qui l'abandonne
  Il attend le retour;
Il excuse notre faiblesse;
A nous chercher même il s'empresse.
Pour l'enfant qu'elle a mis au jour
Une mère a moins de tendresse.
Ah! qui peut avec lui partager notre amour?
 TROIS ISRAÉLITES.
Il nous fait remporter une illustre victoire. 1280
 L'UNE DES TROIS.
Il nous a révélé sa gloire.
 TOUTES TROIS *ensemble.*
Ah! qui peut avec lui partager notre amour?
 TOUT LE CHOEUR.
Que son nom soit béni; que son nom soit chanté;
 Que l'on célèbre ses ouvrages
 Au delà des temps et des âges,
 Au delà de l'éternité!

RACINE.

ATHALIE

TRAGÉDIE.

(1691.)

PRÉFACE.

Tout le monde sait que le royaume de Juda étoit composé des deux tribus de Juda et de Benjamin, et que les dix autres tribus qui se révoltèrent contre Roboam composoient le royaume d'Israël. Comme les rois de Juda étoient de la maison de David, et qu'ils avoient dans leur partage la ville et le temple de Jérusalem, tout ce qu'il y avoit de prêtres et de lévites se retirèrent auprès d'eux, et leur demeurèrent toujours attachés : car, depuis que le temple de Salomon fut bâti, il n'étoit plus permis de sacrifier ailleurs; et tous ces autres autels qu'on élevoit à Dieu sur des montagnes, appelés pour cette raison dans l'Écriture les hauts lieux, ne lui étoient point agréables. Ainsi le culte légitime ne subsistoit plus que dans Juda. Les dix tribus, excepté un très-petit nombre de personnes, étoient ou idolâtres ou schismatiques.

Au reste, ces prêtres et ces lévites faisoient eux-mêmes une tribu fort nombreuse. Ils furent partagés en diverses classes pour servir tour à tour dans le temple, d'un jour de sabbat à l'autre. Les prêtres étaient de la famille d'Aaron; et il n'y avoit que ceux de cette famille lesquels pussent exercer la sacrificature. Les lévites leur étoient subordonnés, et avoient soin, entre autre choses, du chant, de la préparation des victimes et de la garde du temple. Ce nom de lévite ne laisse pas d'être donné quelquefois indifféremment à tous ceux de la tribu. Ceux qui étoient en semaine avoient, ainsi que le grand prêtre, leur logement dans les portiques ou galeries dont le temple étoit environné, et qui faisoient partie du temple même. Tout l'édifice s'appeloit en général le lieu saint; mais on appeloit plus particulièrement de ce nom cette partie du temple intérieur où étoient le chandelier d'or, l'autel des parfums et les tables des pains de proposition; et cette partie étoit encore distinguée du saint des saints, où étoit l'arche, et où le grand prêtre seul avoit droit d'entrer une fois l'année. C'étoit une tradition assez constante que la montagne sur laquelle le temple fut bâti étoit la même montagne où Abraham avoit autrefois offert en sacrifice son fils Isaac.

J'ai cru devoir expliquer ici ces particularités, afin que ceux à qui l'histoire de l'Ancien Testament ne sera pas assez présente n'en soient point arrêtés en lisant cette tragédie. Elle a pour sujet Joas reconnu et mis sur le trône : et j'aurois dû, dans les règles, l'intituler Joas; mais la plupart du monde n'en ayant entendu parler que sous le nom d'Athalie, je n'ai pas jugé à propos de la leur présenter sous un autre titre, puisque d'ailleurs Athalie y joue un personnage si considérable, et que c'est sa mort qui termine la pièce. Voici une partie des principaux événements qui devancèrent cette grande action :

Joram, roi de Juda, fils de Josaphat, et le septième roi de la race de David, épousa Athalie, fille d'Achab et de Jézabel, qui régnoient en Israël, fameux l'un et l'autre, mais principalement Jézabel, par leurs sanglantes persécutions contre les prophètes. Athalie, non moins impie que sa mère, entraîna bientôt le roi son mari dans l'idolâtrie, et fit même construire dans Jérusalem un temple à Baal, qui étoit le dieu de Tyr et de Sidon, où Jézabel avoit pris naissance. Joram, après avoir vu périr par les mains des Arabes et des Philistins tous les princes ses enfants, à la réserve d'Ochozias, mourut lui-même misérablement d'une longue maladie qui lui consuma les entrailles. Sa mort funeste n'empêcha pas Ochozias d'imiter son impiété et celle d'Athalie, sa mère. Mais ce prince, après avoir régné seulement un an, étant allé rendre visite au roi d'Israël, frère d'Athalie, fut enveloppé dans la ruine de la maison d'Achab et tué par l'ordre de Jéhu, que Dieu avoit fait sacrer par ses prophètes pour régner sur Israël et pour être le ministre de ses vengeances. Jéhu extermina toute la postérité d'Achab et fit jeter par les fenêtres Jézabel, qui, selon la prédiction d'Élie, fut mangée des chiens dans la vigne de ce même Naboth qu'elle avoit fait mourir autrefois pour s'emparer de son héritage. Athalie, ayant appris à Jérusalem tous ces massacres, entreprit de son côté d'éteindre entièrement la race royale de David, en faisant mourir tous les enfants d'Ochozias, ses petits-fils. Mais heureusement Josabeth, sœur d'Ochozias et fille de Joram, mais d'une autre mère qu'Athalie, étant arrivée lorsqu'on égorgeoit les princes ses neveux, elle trouva moyen de dérober du milieu des morts le petit Joas, encore à la mamelle, et le confia avec sa nourrice au grand prêtre son mari, qui les cacha tous deux dans le temple, où l'enfant fut élevé secrètement jusqu'au jour qu'il fut proclamé roi de Juda. L'histoire des Rois dit que ce fut la septième année d'après. Mais le texte grec des *Parali-*

pomènes, que Sévère Sulpice a suivi, dit que ce fut la huitième. C'est ce qui m'a autorisé à donner à ce prince neuf à dix ans, pour le mettre déjà en état de répondre aux questions qu'on lui fait.

Je crois ne lui avoir rien fait dire qui soit au-dessus de la portée d'un enfant de cet âge qui a de l'esprit et de la mémoire. Mais quand j'aurois été un peu au delà, il faut considérer que c'est ici un enfant tout extraordinaire, élevé dans le temple par un grand prêtre qui, le regardant comme l'unique espérance de sa nation, l'avoit instruit de bonne heure dans tous les devoirs de la religion et de la royauté. Il n'en étoit pas de même des enfants des Juifs que de la plupart des nôtres : on leur apprenoit les saintes lettres, non-seulement dès qu'ils avoient atteint l'usage de la raison, mais, pour me servir de l'expression de saint Paul, dès la mamelle. Chaque Juif étoit obligé d'écrire une fois en sa vie, de sa propre main, le volume de la loi tout entier. Les rois étoient même obligés de l'écrire deux fois, et il leur étoit enjoint de l'avoir continuellement devant les yeux. Je puis dire ici que la France voit en la personne d'un prince de huit ans et demi, qui fait aujourd'hui ses plus chères délices, un exemple illustre de ce que peut dans un enfant un heureux naturel aidé d'une excellente éducation; et que si j'avois donné au petit Joas la même vivacité et le même discernement qui brillent dans les reparties de ce jeune prince, on m'auroit accusé avec raison d'avoir péché contre les règles de la vraisemblance.

L'âge de Zacharie, fils du grand prêtre, n'étant point marqué, on peut lui supposer, si l'on veut, deux ou trois ans de plus qu'à Joas.

J'ai suivi l'explication de plusieurs commentateurs fort habiles qui prouvent, par le texte même de l'Écriture, que tous ces soldats à qui Joïada, ou Joad, comme il est appelé dans Josèphe, fit prendre les armes consacrées à Dieu par David, étoient autant de prêtres et de lévites, aussi bien que les cinq centeniers qui les commandoient. En effet, disent ces interprètes, tout devoit être saint dans une si sainte action, et aucun profane n'y devoit être employé. Il s'y agissoit non-seulement de conserver le sceptre dans la maison de David, mais encore de conserver à ce grand roi cette suite de descendants dont devoit naître le Messie : « Car ce Messie, tant de fois promis comme fils d'Abraham, devoit être aussi le fils de David et de tous les rois de Juda. » De là vient que l'illustre et savant prélat de qui j'ai emprunté ces paroles appelle Joas le précieux reste de la maison de David. Josèphe en parle dans les mêmes termes; et l'Écriture dit expressément que Dieu n'extermina pas toute la famille de Joram, voulant conserver à David la lampe qu'il lui avoit promise. Or, cette lampe, qu'étoit-ce autre chose que la lumière qui devoit être un jour révélée aux nations?

L'histoire ne spécifie point le jour où Joas fut proclamé. Quelques interprètes veulent que ce fût un jour de fête. J'ai choisi celle de la Pentecôte, qui étoit l'une des trois grandes fêtes des Juifs. On y célébroit la mémoire de la publication de la loi sur le mont de Sinaï, et on y offroit aussi à Dieu les premiers pains de la nouvelle moisson : ce qui faisoit qu'on la nommoit encore la fête des prémices. J'ai songé que ces circonstances me fourniroient quelque variété pour les chants du chœur.

Ce chœur est composé de jeunes filles de la tribu de Lévi, et je mets à leur tête une fille que je donne pour sœur à Zacharie. C'est elle qui introduit le chœur chez sa mère. Elle chante avec lui, porte la parole pour lui, et fait enfin les fonctions de ce personnage des anciens chœurs qu'on appeloit le coryphée. J'ai aussi essayé d'imiter des anciens cette continuité d'action qui fait que leur théâtre ne demeure jamais vide, les intervalles des actes n'étant marqués que par des hymnes et par des moralités du chœur qui ont rapport à ce qui se passe.

On me trouvera peut-être un peu hardi d'avoir osé mettre sur la scène un prophète inspiré de Dieu, et qui prédit l'avenir; mais j'ai eu la précaution de ne mettre dans sa bouche que des expressions tirées des prophètes mêmes. Quoique l'Écriture ne dise pas en termes exprès que Joïada ait eu l'esprit de prophétie, comme elle le dit de son fils, elle le représente comme un homme tout plein de l'esprit de Dieu. Et d'ailleurs ne paroît-il pas, par l'Évangile, qu'il a pu prophétiser en qualité de souverain pontife? Je suppose donc qu'il voit en esprit le funeste changement de Joas, qui, après trente années d'un règne fort pieux, s'abandonna aux mauvais conseils des flatteurs et se souilla du meurtre de Zacharie, fils et successeur de ce grand prêtre. Ce meurtre, commis dans le temple, fut une des principales causes de la colère de Dieu contre les Juifs et de tous les malheurs qui leur arrivèrent dans la suite. On prétend même que depuis ce jour-là les réponses de Dieu cessèrent entièrement dans le sanctuaire. C'est ce qui m'a donné lieu de faire prédire de suite à Joad et la destruction du temple et la ruine de Jérusalem. Mais comme les prophètes joignent d'ordinaire les consolations aux menaces, et que d'ailleurs il s'agit de mettre sur le trône un des ancêtres du Messie, j'ai pris occasion de faire entrevoir la venue de ce consolateur, après lequel tous les anciens justes soupiroient. Cette scène, qui est une espèce d'épisode, amène très-naturellement la musique, par la coutume qu'avoient plusieurs prophètes d'entrer dans leurs saints transports au son des instruments : témoin cette troupe de prophètes qui vinrent au-devant de Saül avec des harpes et des lyres qu'on portoit devant eux; et témoin Élisée lui-même, qui, étant consulté sur l'avenir par le roi de Juda et par le roi d'Israël, dit, comme fait ici Joad : « *Adducite mihi psaltem.* » Ajoutez à cela que cette prophétie sert beaucoup à augmenter le trouble dans la pièce, par la consternation et par les différents mouvements où elle jette le chœur et les principaux acteurs.

J. RACINE.

ATHALIE

TRAGÉDIE TIRÉE DE L'ÉCRITURE SAINTE.

(1691.)

PERSONNAGES. — JOAS, roi de Juda, fils d'Ochozias. — ATHALIE, veuve de Joram, aïeule de Joas. — JOAD, autrement JOIADA, grand prêtre. — JOSABETH, tante de Joas, femme du grand prêtre. — ZACHARIE, fils de Joad et de Josabeth. — SALOMITH, sœur de Zacharie. — ABNER, l'un des principaux officiers des rois de Juda. — AZARIAS, ISMAEL, et les trois autres chefs des prêtres et des lévites. — MATHAN, prêtre apostat, sacrificateur de Baal. — NABAL, confident de Mathan. — AGAR, femme de la suite d'Athalie. — Troupe de prêtres et de lévites. — Suite d'Athalie. — La nourrice de Joas. — Chœur de jeunes filles de la tribu de Lévi.

La scène est dans le temple de Jérusalem, dans un vestibule de l'appartement du grand prêtre.

ACTE PREMIER.

SCÈNE I.

JOAD, ABNER.

ABNER.
Oui, je viens dans son temple adorer l'Éternel;
Je viens, selon l'usage antique et solennel,
Célébrer avec vous la fameuse journée
Où sur le mont Sina la loi nous fut donnée.
Que les temps sont changés! Sitôt que de ce jour

La trompette sacrée annonçait le retour,
Du temple, orné partout de festons magnifiques,
Le peuple saint en foule inondait les portiques ;
Et tous, devant l'autel avec ordre introduits, [fruits,
De leurs champs dans leurs mains portant les nouveaux
Au Dieu de l'univers consacraient ces prémices : 11
Les prêtres ne pouvaient suffire aux sacrifices.
L'audace d'une femme, arrêtant ce concours,
En des jours ténébreux a changé ces beaux jours.
D'adorateurs zélés à peine un petit nombre
Ose des premiers temps nous retracer quelque ombre :
Le reste pour son Dieu montre un oubli fatal ;
Ou même, s'empressant aux autels de Baal,
Se fait initier à ses honteux mystères,
Et blasphème le nom qu'ont invoqué leurs pères. 20
Je tremble qu'Athalie, à ne vous rien cacher,
Vous-même de l'autel vous faisant arracher,
N'achève enfin sur vous ses vengeances funestes,
Et d'un respect forcé ne dépouille les restes.

  JOAD.

D'où vous vient aujourd'hui ce noir pressentiment ?

  ABNER.

Pensez-vous être saint et juste impunément ?
Dès longtemps elle hait cette fermeté rare
Qui rehausse en Joad l'éclat de la tiare ;
Dès longtemps votre amour pour la religion
Est traité de révolte et de sédition. 30
Du mérite éclatant cette reine jalouse
Hait surtout Josabeth, votre fidèle épouse :
Si du grand prêtre Aaron Joad est successeur,
De notre dernier roi Josabeth est la sœur.
Mathan, d'ailleurs, Mathan, ce prêtre sacrilége,
Plus méchant qu'Athalie, à toute heure l'assiége.
Mathan, de nos autels infâme déserteur,
Et de toute vertu zélé persécuteur.
C'est peu que, le front ceint d'une mitre étrangère,

Ce lévite à Baal prête son ministère ; 10
Ce temple l'importune, et son impiété
Voudrait anéantir le dieu qu'il a quitté.   [vente :
Pour vous perdre il n'est point de ressorts qu'il n'in-
Quelquefois il vous plaint, souvent même il vous vante :
Il affecte pour vous une fausse douceur ;
Et, par là de son fiel colorant la noirceur,
Tantôt à cette reine il vous peint redoutable,
Tantôt, voyant pour l'or sa soif insatiable,
Il lui feint qu'en un lieu que vous seul connaissez
Vous cachez des trésors par David amassés. 50
Enfin, depuis deux jours, la superbe Athalie
Dans un sombre chagrin paraît ensevelie.
Je l'observais hier, et je voyais ses yeux
Lancer sur le lieu saint des regards furieux ;
Comme si, dans le fond de ce vaste édifice,
Dieu cachait un vengeur armé pour son supplice.
Croyez-moi, plus j'y pense, et moins je puis douter
Que sur vous son courroux ne soit près d'éclater,
Et que de Jézabel la fille sanguinaire
Ne vienne attaquer Dieu jusqu'en son sanctuaire. 60

JOAD.

Celui qui met un frein à la fureur des flots
Sait aussi des méchants arrêter les complots.
Soumis avec respect à sa volonté sainte,
Je crains Dieu, cher Abner, et n'ai point d'autre crainte.
Cependant je rends grâce au zèle officieux
Qui sur tous mes périls vous fait ouvrir les yeux.
Je vois que l'injustice en secret vous irrite,
Que vous avez encor le cœur israélite.
Le ciel en soit béni ! Mais ce secret courroux,
Cette oisive vertu, vous en contentez-vous ? 70
La foi qui n'agit point, est-ce une foi sincère ?
Huit ans déjà passés, une impie étrangère
Du sceptre de David usurpe tous les droits,
Se baigne impunément dans le sang de nos rois,

Des enfants de son fils détestable homicide,
Et même contre Dieu lève son bras perfide ;
Et vous, l'un des soutiens de ce tremblant État,
Vous, nourri dans les camps du saint roi Josaphat,
Qui sous son fils Joram commandiez nos armées,
Qui rassurâtes seul nos villes alarmées, 80
Lorsque d'Ochozias le trépas imprévu
Dispersa tout son camp à l'aspect de Jéhu :
« Je crains Dieu, dites-vous ; sa vérité me touche ! »
Voici comme ce Dieu vous répond par ma bouche :
« Du zèle de ma loi que sert de vous parer ?
Par de stériles vœux pensez-vous m'honorer ?
Quel fruit me revient-il de tous vos sacrifices ?
Ai-je besoin du sang des boucs et des génisses ?
Le sang de vos rois crie, et n'est point écouté.
Rompez, rompez tout pacte avec l'impiété ; 90
Du milieu de mon peuple exterminez les crimes :
Et vous viendrez alors m'immoler vos victimes. »

   ABNER.

Eh ! que puis-je au milieu de ce peuple abattu ?
Benjamin est sans force, et Juda sans vertu :
Le jour qui de leurs rois vit éteindre la race
Éteignit tout le feu de leur antique audace.
Dieu même, disent-ils, s'est retiré de nous :
De l'honneur des Hébreux autrefois si jaloux,
Il voit sans intérêt leur grandeur terrassée ;
Et sa miséricorde à la fin s'est lassée : 100
On ne voit plus pour nous ses redoutables mains
De merveilles sans nombre effrayer les humains ;
L'arche sainte est muette, et ne rend plus d'oracles.

   JOAD.

Et quel temps fut jamais si fertile en miracles ?
Quand Dieu par plus d'effets montra-t-il son pouvoir ?
Auras-tu donc toujours des yeux pour ne point voir,
Peuple ingrat ? Quoi ! toujours les plus grandes merveilles
Sans ébranler ton cœur frapperont tes oreilles ?

Faut-il, Abner, faut-il vous rappeler le cours
Des prodiges fameux accomplis en nos jours? 110
Des tyrans d'Israël les célèbres disgrâces,
Et Dieu trouvé fidèle en toutes ses menaces;
L'impie Achab détruit, et de son sang trempé
Le champ que par le meurtre il avait usurpé;
Près de ce champ fatal Jézabel immolée,
Sous les pieds des chevaux cette reine foulée,
Dans son sang inhumain les chiens désaltérés,
Et de son corps hideux les membres déchirés;
Des prophètes menteurs la troupe confondue,
Et la flamme du ciel sur l'autel descendue; 120
Élie aux éléments parlant en souverain,
Les cieux par lui fermés et devenus d'airain,
Et la terre trois ans sans pluie et sans rosée;
Les morts se ranimant à la voix d'Élisée?
Reconnaissez, Abner, à ces traits éclatants,
Un Dieu tel aujourd'hui qu'il fut dans tous les temps:
Il sait, quand il lui plaît, faire éclater sa gloire;
Et son peuple est toujours présent à sa mémoire.
　　ABNER.
Mais où sont ces honneurs à David tant promis,
Et prédits même encore à Salomon son fils? 130
Hélas! nous espérions que de leur race heureuse
Devait sortir de rois une suite nombreuse;
Que sur toute tribu, sur toute nation,
L'un d'eux établirait sa domination,
Ferait cesser partout la discorde et la guerre,
Et verrait à ses pieds tous les rois de la terre.
　　JOAD.
Aux promesses du ciel pourquoi renoncez-vous?
　　ABNER.
Ce roi, fils de David, où le chercherons-nous?
Le ciel même peut-il réparer les ruines
De cet arbre séché jusque dans ses racines? 140
Athalie étouffa l'enfant même au berceau.

Les morts, après huit ans, sortent-ils du tombeau?
Ah! si dans sa fureur elle s'était trompée;
Si du sang de nos rois quelque goutte échappée...
  JOAD.
Eh bien! que feriez-vous?
       ABNER. O jour heureux pour moi!
De quelle ardeur j'irais reconnaître mon roi!
Doutez-vous qu'à ses pieds nos tribus empressées..
Mais pourquoi me flatter de ces vaines pensées?
Déplorable héritier de ces rois triomphants,
Ochozias restait seul avec ses enfants :   150
Par les traits de Jéhu je vis percer le père;
Vous avez vu les fils massacrés par la mère.
  JOAD.
Je ne m'explique point; mais quand l'astre du jour
Aura sur l'horizon fait le tiers de son tour,
Lorsque la troisième heure aux prières rappelle,
Retrouvez-vous au temple avec ce même zèle.
Dieu pourra vous montrer par d'importants bienfaits
Que sa parole est stable, et ne trompe jamais.
Allez: pour ce grand jour il faut que je m'apprête,
Et du temple déjà l'aube blanchit le faîte.   160
  ABNER.
Quel sera ce bienfait que je ne comprends pas?
L'illustre Josabeth porte vers vous ses pas :
Je sors, et vais me joindre à la troupe fidèle
Qu'attire de ce jour la pompe solennelle.

SCÈNE II.

JOAD, JOSABETH.

  JOAD.
Les temps sont accomplis, princesse : il faut parler;
Et votre heureux larcin ne se peut plus celer
Des ennemis de Dieu la coupable insolence,
Abusant contre lui de ce profond silence,

Accuse trop longtemps ses promesses d'erreur :
Que dis-je? Le succès, animant leur fureur, 170
Jusque sur notre autel votre injuste marâtre
Veut offrir à Baal un encens idolâtre.
Montrons ce jeune roi que vos mains ont sauvé,
Sous l'aile du Seigneur dans le temple élevé.
De nos princes hébreux il aura le courage;
Et déjà son esprit a devancé son âge.
Avant que son destin s'explique par ma voix,
Je vais l'offrir au Dieu par qui règnent les rois :
Aussitôt assemblant nos lévites, nos prêtres,
Je leur déclarerai l'héritier de leurs maîtres. 180

JOSABETH.
Sait-il déjà son nom et son noble destin?

JOAD.
Il ne répond encor qu'au nom d'Éliacin,
Et se croit quelque enfant rejeté par sa mère,
A qui j'ai par pitié daigné servir de père.

JOSABETH.
Hélas! de quel péril je l'avais su tirer!
Dans quel péril encore il est près de rentrer!

JOAD.
Quoi! déjà votre foi s'affaiblit et s'étonne?

JOSABETH.
A vos sages conseils, seigneur, je m'abandonne.
Du jour que j'arrachai cet enfant à la mort,
Je remis en vos mains tout le soin de son sort; 190
Même, de mon amour craignant la violence,
Autant que je le puis j'évite sa présence,
De peur qu'en le voyant, quelque trouble indiscret
Ne fasse avec mes pleurs échapper mon secret.
Surtout j'ai cru devoir aux larmes, aux prières,
Consacrer ces trois jours et ces trois nuits entières.
Cependant aujourd'hui puis-je vous demander
Quels amis vous avez prêts à vous seconder?
Abner, le brave Abner viendra-t-il nous défendre?

A-t-il près de son roi fait serment de se rendre ? 200
JOAD.
Abner, quoiqu'on se pût assurer sur sa foi,
Ne sait pas même encor si nous avons un roi.
JOSABETH.
Mais à qui de Joas confiez-vous la garde ?
Est-ce Obed, est-ce Ammon que cet honneur regarde ?
De mon père sur eux les bienfaits répandus...
JOAD.
A l'injuste Athalie ils se sont tous vendus.
JOSABETH.
Qui donc opposez-vous contre ses satellites ?
JOAD.
Ne vous l'ai-je pas dit ? Nos prêtres, nos lévites.
JOSABETH.
Je sais que, près de vous en secret assemblé,
Par vos soins prévoyants leur nombre est redoublé ; 210
Que, pleins d'amour pour vous, d'horreur pour Athalie,
Un serment solennel par avance les lie
A ce fils de David qu'on leur doit révéler.
Mais, quelque noble ardeur dont ils puissent brûler,
Peuvent-ils de leur roi venger seuls la querelle ?
Pour un si grand ouvrage est-ce assez de leur zèle ?
Doutez-vous qu'Athalie, au premier bruit semé
Qu'un fils d'Ochozias est ici renfermé,
De ses fiers étrangers assemblant les cohortes,
N'environne le temple et n'en brise les portes ? 220
Suffira-t-il contre eux de vos ministres saints,
Qui, levant au Seigneur leurs innocentes mains,
Ne savent que gémir et prier pour nos crimes,
Et n'ont jamais versé que le sang des victimes ?
Peut-être dans leurs bras Joas percé de coups...
JOAD.
Et comptez-vous pour rien Dieu qui combat pour nous ?
Dieu, qui de l'orphelin protége l'innocence,
Et fait dans la faiblesse éclater sa puissance ;

Dieu, qui hait les tyrans, et qui dans Jezraël
Jura d'exterminer Achab et Jézabel ; 230
Dieu, qui frappant Joram, le mari de leur fille,
A jusque sur son fils poursuivi leur famille ;
Dieu, dont le bras vengeur, pour un temps suspendu,
Sur cette race impie est toujours étendu ?

JOSABETH.

Et c'est sur tous ces rois en justice sévère
Que je crains pour le fils de mon malheureux frère.
Qui sait si cet enfant, par leur crime entraîné,
Avec eux en naissant ne fut pas condamné ?
Si Dieu, le séparant d'une odieuse race,
En faveur de David voudra lui faire grâce ? 240
Hélas ! l'état horrible où le ciel me l'offrit
Revient à tout moment effrayer mon esprit.
De princes égorgés la chambre était remplie ;
Un poignard à la main, l'implacable Athalie
Au carnage animait ses barbares soldats
Et poursuivait le cours de ses assassinats.
Joas, laissé pour mort, frappa soudain ma vue.
Je me figure encor sa nourrice éperdue,
Qui devant les bourreaux s'était jetée en vain,
Et, faible, le tenait renversé sur son sein. 250
Je le pris tout sanglant. En baignant son visage,
Mes pleurs du sentiment lui rendirent l'usage ;
Et, soit frayeur encore, ou pour me caresser,
De ses bras innocents je me sentis presser.
Grand Dieu, que mon amour ne lui soit point funeste !
Du fidèle David c'est le précieux reste :
Nourri dans ta maison, en l'amour de ta loi,
Il ne connaît encor d'autre père que toi.
Sur le point d'attaquer une reine homicide,
A l'aspect du péril si ma foi s'intimide, 260
Si la chair et le sang, se troublant aujourd'hui,
Ont trop de part aux pleurs que je répands pour lui,
Conserve l'héritier de tes saintes promesses,

Et ne punis que moi de toutes mes faiblesses !
JOAD.
Vos larmes, Josabeth, n'ont rien de criminel ;
Mais Dieu veut qu'on espère en son soin paternel.
Il ne recherche point, aveugle en sa colère,
Sur le fils qui le craint l'impiété du père.
Tout ce qui reste encor de fidèles Hébreux
Lui viendront aujourd'hui renouveler leurs vœux : 270
Autant que de David la race est respectée,
Autant de Jézabel la fille est détestée.
Joas les touchera par sa noble pudeur,
Où semble de son sang reluire la splendeur ;
Et Dieu, par sa voix même appuyant notre exemple,
De plus près à leur cœur parlera dans son temple.
Deux infidèles rois tour à tour l'ont bravé :
Il faut que sur le trône un roi soit élevé,
Qui se souvienne un jour qu'au rang de ses ancêtres
Dieu l'a fait remonter par la main de ses prêtres, 280
L'a tiré par leurs mains de l'oubli du tombeau,
Et de David éteint rallumé le flambeau.
 Grand Dieu ! si tu prévois qu'indigne de sa race,
Il doive de David abandonner la trace,
Qu'il soit comme le fruit en naissant arraché,
Ou qu'un souffle ennemi dans sa fleur a séché !
Mais si ce même enfant, à tes ordres docile,
Doit être à tes desseins un instrument utile,
Fais qu'au juste héritier le sceptre soit remis ;
Livre en mes faibles mains ses puissants ennemis ; 290
Confonds dans ses conseils une reine cruelle :
Daigne, daigne, mon Dieu, sur Mathan et sur elle
Répandre cet esprit d'imprudence et d'erreur,
De la chute des rois funeste avant-coureur !
 L'heure me presse : adieu. Des plus saintes familles
Votre fils et sa sœur vous amènent les filles.

SCÈNE III.

JOSABETH, ZACHARIE, SALOMITH, *le chœur*.
JOSABETH.

Cher Zacharie, allez, ne vous arrêtez pas.
De votre auguste père accompagnez les pas.
 O filles de Lévi, troupe jeune et fidèle,
Que déjà le Seigneur embrase de son zèle, 300
Qui venez si souvent partager mes soupirs,
Enfants, ma seule joie en mes longs déplaisirs,
Ces festons dans vos mains, et ces fleurs sur vos têtes,
Autrefois convenaient à nos pompeuses fêtes :
Mais, hélas ! en ce temps d'opprobre et de douleurs,
Quelle offrande sied mieux que celle de nos pleurs !
J'entends déjà, j'entends la trompette sacrée,
Et du temple bientôt on permettra l'entrée.
Tandis que je me vais préparer à marcher,
Chantez, louez le Dieu que vous venez chercher. 310

SCÈNE IV.

LE CHOEUR.

TOUT LE CHOEUR *chante*.
Tout l'univers est plein de sa magnificence.
Qu'on l'adore, ce Dieu, qu'on l'invoque à jamais !
Son empire a des temps précédé la naissance ;
 Chantons, publions ses bienfaits.
UNE VOIX, *seule*.
 En vain l'injuste violence
Au peuple qui le loue imposerait silence ;
 Son nom ne périra jamais.
Le jour annonce au jour sa gloire et sa puissance ;
Tout l'univers est plein de sa magnificence :
 Chantons, publions ses bienfaits. 320

TOUT LE CHOEUR *répète.*
Tout l'univers est plein de sa magnificence :
  Chantons, publions ses bienfaits.
  UNE VOIX, *seule.*
 Il donne aux fleurs leur aimable peinture.
  Il fait naître et mûrir les fruits :
  Il leur dispense avec mesure
Et la chaleur des jours et la fraîcheur des nuits,
Le champ qui les reçut les rend avec usure.
  UNE AUTRE.
Il commande au soleil d'animer la nature,
  Et la lumière est un don de ses mains;
  Mais sa loi sainte, sa loi pure 330
Est le plus riche don qu'il ait fait aux humains.
  UNE AUTRE.
O mont de Sinaï, conserve la mémoire
De ce jour à jamais auguste et renommé,
  Quand, sur ton sommet enflammé,
Dans un nuage épais le Seigneur enfermé
Fit luire aux yeux mortels un rayon de sa gloire.
 Dis-nous pourquoi ces feux et ces éclairs,
Ces torrents de fumée, et ce bruit dans les airs,
  Ces trompettes et ce tonnerre :
Venait-il renverser l'ordre des éléments? 340
  Sur ses antiques fondements
  Venait-il ébranler la terre?
  UNE AUTRE.
Il venait révéler aux enfants des Hébreux
De ses préceptes saints la lumière immortelle;
  Il venait à ce peuple heureux
Ordonner de l'aimer d'une amour éternelle.
  TOUT LE CHOEUR.
  O divine, ô charmante loi!
  O justice, ô bonté suprême!
 Que de raisons, quelle douceur extrême
D'engager à ce Dieu son amour et sa foi! 350

UNE VOIX, *seule*.

D'un joug cruel il sauva nos aïeux,
Les nourrit au désert d'un pain délicieux;
Il nous donne ses lois, il se donne lui-même:
  Pour tant de biens, il commande qu'on l'aime.

LE CHOEUR.

  O justice, ô bonté suprême!

LA MÊME VOIX.

Des mers pour eux il entr'ouvrit les eaux,
D'un aride rocher fit sortir des ruisseaux;
Il nous donne ses lois, il se donne lui-même:
  Pour tant de biens, il commande qu'on l'aime.

LE CHOEUR.

  O divine, ô charmante loi!   360
Que de raisons, quelle douceur extrême
D'engager à ce Dieu son amour et sa foi!

UNE AUTRE VOIX, *seule*.

Vous qui ne connaissez qu'une crainte servile,
Ingrats, un Dieu si bon ne peut-il vous charmer?
Est-il donc à vos cœurs, est-il si difficile
  Et si pénible de l'aimer?
  L'esclave craint le tyran qui l'outrage;
  Mais des enfants l'amour est le partage:
Vous voulez que ce Dieu vous comble de bienfaits,
  Et ne l'aimer jamais!   370

TOUT LE CHOEUR.

  O divine, ô charmante loi!
  O justice, ô bonté suprême!
Que de raisons, quelle douceur extrême
D'engager à ce Dieu son amour et sa foi!

ACTE DEUXIÈME.

SCÈNE I.

JOSABETH, SALOMITH, *le chœur*.

JOSABETH.
Mes filles, c'est assez ; suspendez vos cantiques :
Il est temps de nous joindre aux prières publiques.
Voici notre heure : allons célébrer ce grand jour,
Et devant le Seigneur paraître à notre tour.

SCÈNE II.

JOSABETH, ZACHARIE, SALOMITH, *le chœur*.

JOSABETH.
Mais que vois-je ? Mon fils, quel sujet vous ramène ?
Où courez-vous ainsi tout pâle et hors d'haleine ? 380
ZACHARIE.
O ma mère !
JOSABETH.
Eh bien ! quoi ?
ZACHARIE. Le temple est profané.
JOSABETH.
Comment ?
ZACHARIE.
Et du Seigneur l'autel abandonné.
JOSABETH.
Je tremble. Hâtez-vous d'éclaircir votre mère
ZACHARIE.
Déjà, selon la loi, le grand prêtre mon père,

Après avoir au Dieu qui nourrit les humains
De la moisson nouvelle offert les premiers pains,
Lui présentait encore entre ses mains sanglantes
Des victimes de paix les entrailles fumantes ;
Debout à ses côtés le jeune Éliacin
Comme moi le servait en long habit de lin ; 390
Et cependant du sang de la chair immolée
Les prêtres arrosaient l'autel et l'assemblée :
Un bruit confus s'élève, et du peuple surpris
Détourne tout à coup les yeux et les esprits.
Une femme.... Peut-on la nommer sans blasphème ?
Une femme.... C'était Athalie elle-même.

JOSABETH.

Ciel !

ZACHARIE.

Dans un des parvis, aux hommes réservé,
Cette femme superbe entre, le front levé,
Et se préparait même à passer les limites
De l'enceinte sacrée ouverte aux seuls lévites. 400
Le peuple s'épouvante, et fuit de toutes parts.
Mon père.... Ah ! quel courroux animait ses regards !
Moïse à Pharaon parut moins formidable :
« Reine, sors, a-t-il dit, de ce lieu redoutable,
D'où te bannit ton sexe et ton impiété.
Viens-tu du Dieu vivant braver la majesté ? »
La reine alors, sur lui jetant un œil farouche,
Pour blasphémer sans doute ouvrait déjà la bouche :
J'ignore si de Dieu l'ange se dévoilant
Est venu lui montrer un glaive étincelant ; 410
Mais sa langue en sa bouche à l'instant s'est glacée,
Et toute son audace a paru terrassée ;
Ses yeux, comme effrayés, n'osaient se détourner ;
Surtout, Éliacin paraissait l'étonner.

JOSABETH.

Quoi donc ? Éliacin a paru devant elle ?

ZACHARIE.

Nous regardions tous deux cette reine cruelle,
Et d'une égale horreur nos cœurs étaient frappés.
Mais les prêtres bientôt nous ont enveloppés :
On nous a fait sortir. J'ignore tout le reste,
Et venais vous conter ce désordre funeste. 420

JOSABETH.

Ah! de nos bras sans doute elle vient l'arracher;
Et c'est lui qu'à l'autel sa fureur vient chercher.
Peut-être en ce moment l'objet de tant de larmes....
Souviens-toi de David, Dieu qui vois mes alarmes!

SALOMITH.

Quel est-il cet objet des pleurs que vous versez?

ZACHARIE.

Les jours d'Éliacin seraient-ils menacés?

SALOMITH.

Aurait-il de la reine attiré la colère?

ZACHARIE.

Que craint-on d'un enfant sans support et sans père?

JOSABETH.

Ah! la voici. Sortons : il la faut éviter.

SCÈNE III.

ATHALIE, ABNER, AGAR, *suite d'Athalie.*

AGAR.

Madame, dans ces lieux pourquoi vous arrêter? 430
Ici tous les objets vous blessent, vous irritent.
Abandonnez ce temple aux prêtres qui l'habitent;
Fuyez tout ce tumulte, et dans votre palais
A vos sens agités venez rendre la paix.

ATHALIE.

Non, je ne puis : tu vois mon trouble et ma faiblesse.
Va, fais dire à Mathan qu'il vienne, qu'il se presse :

Heureuse si je puis trouver par son secours
Cette paix que je cherche, et qui me fuit toujours!
(*Elle s'assied.*)

SCÈNE IV.

ATHALIE, ABNER, *suite d'Athalie.*

ABNER.

Madame, pardonnez si j'ose le défendre :
Le zèle de Joad n'a point dû vous surprendre.   440
Du Dieu que nous servons tel est l'ordre éternel ;
Lui-même il nous traça son temple et son autel,
Aux seuls enfants d'Aaron commit ses sacrifices,
Aux lévites marqua leur place et leurs offices,
Et surtout défendit à leur postérité
Avec tout autre dieu toute société.
Eh quoi! vous de nos rois et la femme et la mère,
Êtes-vous à ce point parmi nous étrangère?
Ignorez-vous nos lois? et faut-il qu'aujourd'hui....
Voici votre Mathan : je vous laisse avec lui.   450

ATHALIE.

Votre présence, Abner, est ici nécessaire.
Laissons là de Joad l'audace téméraire,
Et tout ce vain amas de superstitions
Qui ferment votre temple aux autres nations :
Un sujet plus pressant excite mes alarmes.
Je sais que, dès l'enfance élevé dans les armes,
Abner a le cœur noble, et qu'il rend à la fois
Ce qu'il doit à son Dieu, ce qu'il doit à ses rois.
Demeurez.

SCÈNE V.

ATHALIE, ABNER, MATHAN, *suite d'Athalie.*

MATHAN.

Grande reine, est-ce ici votre place?
Quel trouble vous agite, et quel effroi vous glace? 460
Parmi vos ennemis que venez-vous chercher?
De ce temple profane osez-vous approcher?
Avez-vous dépouillé cette haine si vive....

ATHALIE.

Prêtez-moi l'un et l'autre une oreille attentive.
Je ne veux point ici rappeler le passé,
Ni vous rendre raison du sang que j'ai versé :
Ce que j'ai fait, Abner, j'ai cru le devoir faire.
Je ne prends point pour juge un peuple téméraire
Quoi que son insolence ait osé publier,
Le ciel même a pris soin de me justifier. 470
Sur d'éclatants succès ma puissance établie
A fait jusqu'aux deux mers respecter Athalie :
Par moi Jérusalem goûte un calme profond;
Le Jourdain ne voit plus l'Arabe vagabond,
Ni l'altier Philistin, par d'éternels ravages,
Comme au temps de vos rois, désoler ses rivages;
Le Syrien me traite et de reine et de sœur;
Enfin de ma maison le perfide oppresseur,
Qui devait jusqu'à moi pousser sa barbarie,
Jéhu, le fier Jéhu, tremble dans Samarie; 480
De toutes parts pressé par un puissant voisin
Que j'ai su soulever contre cet assassin,
Il me laisse en ces lieux souveraine maîtresse.
Je jouissais en paix du fruit de ma sagesse;
Mais un trouble importun vient, depuis quelques jours,
De mes prospérités interrompre le cours.
Un songe (me devrais-je inquiéter d'un songe?)

Entretient dans mon cœur un chagrin qui le ronge :
Je l'évite partout, partout il me poursuit.
  C'était pendant l'horreur d'une profonde nuit ; 490
Ma mère Jézabel devant moi s'est montrée,
Comme au jour de sa mort pompeusement parée ;
Ses malheurs n'avaient point abattu sa fierté ;
Même elle avait encor cet éclat emprunté
Dont elle eut soin de peindre et d'orner son visage,
Pour réparer des ans l'irréparable outrage :
« Tremble, m'a-t-elle dit, fille digne de moi ;
Le cruel Dieu des Juifs l'emporte aussi sur toi.
Je te plains de tomber dans ses mains redoutables,
Ma fille. » En achevant ces mots épouvantables, 500
Son ombre vers mon lit a paru se baisser ;
Et moi je lui tendais les mains pour l'embrasser :
Mais je n'ai plus trouvé qu'un horrible mélange
D'os et de chairs meurtris, et traînés dans la fange,
Des lambeaux pleins de sang, et des membres affreux
Que des chiens dévorants se disputaient entre eux.

   ABNER.
Grand Dieu !

   ATHALIE. Dans ce désordre à mes yeux se présente
Un jeune enfant couvert d'une robe éclatante,
Tel qu'on voit des Hébreux les prêtres revêtus.
Sa vue a ranimé mes esprits abattus ; 510
Mais lorsque, revenant de mon trouble funeste,
J'admirais sa douceur, son air noble et modeste,
J'ai senti tout à coup un homicide acier
Que le traître en mon sein a plongé tout entier.
De tant d'objets divers le bizarre assemblage
Peut-être du hasard vous paraît un ouvrage :
Moi-même quelque temps, honteuse de ma peur,
Je l'ai pris pour l'effet d'une sombre vapeur.
Mais de ce souvenir mon âme possédée
A deux fois en dormant revu la même idée ; 520
Deux fois mes tristes yeux se sont vu retracer

Ce même enfant toujours tout prêt à me percer.
Lasse enfin des horreurs dont j'étais poursuivie,
J'allais prier Baal de veiller sur ma vie
Et chercher du repos au pied de ses autels :
Que ne peut la frayeur sur l'esprit des mortels !
Dans le temple des Juifs un instinct m'a poussée,
Et d'apaiser leur Dieu j'ai conçu la pensée ;
J'ai cru que des présents calmeraient son courroux,
Que ce Dieu, quel qu'il soit, en deviendrait plus doux.
Pontife de Baal, excusez ma faiblesse. 531
J'entre : le peuple fuit, le sacrifice cesse ;
Le grand prêtre vers moi s'avance avec fureur :
Pendant qu'il me parlait, ô surprise ! ô terreur !
J'ai vu ce même enfant dont je suis menacée,
Tel qu'un songe effrayant l'a peint à ma pensée.
Je l'ai vu : son même air, son même habit de lin,
Sa démarche, ses yeux, et tous ses traits enfin :
C'est lui-même. Il marchait à côté du grand prêtre ;
Mais bientôt à ma vue on l'a fait disparaître. 540
Voilà quel trouble ici m'oblige à m'arrêter,
Et sur quoi j'ai voulu tous deux vous consulter.
Que présage, Mathan, ce prodige incroyable

MATHAN.

Ce songe et ce rapport, tout me semble effroyable.

ATHALIE.

Mais cet enfant fatal, Abner, vous l'avez vu :
Quel est-il ? de quel sang, et de quelle tribu ?

ABNER.

Deux enfants à l'autel prêtaient leur ministère :
L'un est fils de Joad, Josabeth est sa mère ;
L'autre m'est inconnu.

MATHAN. Pourquoi délibérer ?

De tous les deux, madame, il se faut assurer. 550
Vous savez pour Joad mes égards, mes mesures ;
Que je ne cherche point à venger mes injures ;
Que la seule équité règne en tous mes avis ;

Mais lui-même, après tout, fût-ce son propre fils,
Voudrait-il un moment laisser vivre un coupable?
ABNER.
De quel crime un enfant peut-il être capable?
MATHAN.
Le ciel nous le fait voir un poignard à la main :
Le ciel est juste et sage, et ne fait rien en vain.
Que cherchez-vous de plus? ABNER. Mais, sur la foi d'un songe,
Dans le sang d'un enfant voulez-vous qu'on se plonge?
Vous ne savez encor de quel père il est né,
Quel il est.
MATHAN. On le craint : tout est examiné.
A d'illustres parents s'il doit son origine,
La splendeur de son sort doit hâter sa ruine :
Dans le vulgaire obscur si le sort l'a placé,
Qu'importe qu'au hasard un sang vil soit versé?
Est-ce aux rois à garder cette lente justice?
Leur sûreté souvent dépend d'un prompt supplice.
N'allons point les gêner d'un soin embarrassant :
Dès qu'on leur est suspect, on n'est plus innocent.
ABNER.
Eh quoi, Mathan! d'un prêtre est-ce là le langage?
Moi, nourri dans la guerre, aux horreurs du carnage,
Des vengeances des rois ministre rigoureux,
C'est moi qui prête ici ma voix au malheureux!
Et vous, qui lui devez des entrailles de père,
Vous, ministre de paix dans les temps de colère,
Couvrant d'un zèle faux votre ressentiment,
Le sang à votre gré coule trop lentement!
Vous m'avez commandé de vous parler sans feinte,
Madame : quel est donc ce grand sujet de crainte?
Un songe, un faible enfant que votre œil prévenu
Peut-être sans raison croit avoir reconnu.
ATHALIE.
Je le veux croire. Abner, je puis m'être trompée :

Peut-être un songe vain m'a trop préoccupée.
Eh bien! il faut revoir cet enfant de plus près;
Il en faut à loisir examiner les traits.
Qu'on les fasse tous deux paraître en ma présence.

ABNER.
Je crains....

ATHALIE. Manquerait-on pour moi de complaisance?
De ce refus bizarre où seraient les raisons?
Il pourrait me jeter en d'étranges soupçons. 590
Que Josabeth, vous dis-je, ou Joad les amène:
Je puis, quand je voudrai, parler en souveraine.
Vos prêtres, je veux bien, Abner, vous l'avouer,
Des bontés d'Athalie ont lieu de se louer.
Je sais sur ma conduite et contre ma puissance
Jusqu'où de leurs discours ils portent la licence.
Ils vivent cependant, et leur temple est debout;
Mais je sens que bientôt ma douceur est à bout.
Que Joad mette un frein à son zèle sauvage,
Et ne m'irrite point par un second outrage. 600
Allez.

SCÈNE VI.

ATHALIE, MATHAN, *suite d'Athalie.*

MATHAN.
Enfin je puis parler en liberté;
Je puis dans tout son jour mettre la vérité.
Quelque monstre naissant dans ce temple s'élève,
Reine: n'attendez pas que le nuage crève.
Abner chez le grand prêtre a devancé le jour:
Pour le sang de ses rois vous savez son amour;
Et qui sait si Joad ne veut point en leur place
Substituer l'enfant dont le ciel vous menace,
Soit son fils, soit quelque autre?

ATHALIE. Oui, vous m'ouvrez les yeux,

Act. II.]

Je commence à voir clair dans cet avis des cieux. 610
Mais je veux de mon doute être débarrassée :
Un enfant est peu propre à trahir sa pensée;
Souvent d'un grand dessein un mot nous fait juger.
Laissez-moi, cher Mathan, le voir, l'interroger.
Vous cependant, allez; et, sans jeter d'alarmes,
A tous mes Tyriens faites prendre les armes.

SCÈNE VII.

JOAS, ATHALIE, JOSABETH, ZACHARIE, SALOMITH, ABNER,
deux lévites, le chœur, suite d'Athalie.

JOSABETH, *aux deux lévites.*
O vous, sur ces enfants si chers, si précieux,
Ministres du Seigneur, ayez toujours les yeux.
ABNER, *à Josabeth.*
Princesse, assurez-vous, je les prends sous ma garde.
ATHALIE.
O ciel! plus j'examine, et plus je le regarde.... 620
C'est lui! D'horreur encor tous mes sens sont saisis.
(*Montrant Joas.*)
Épouse de Joad, est-ce là votre fils?
JOSABETH.
Qui? lui? madame.
    ATHALIE. Lui.
       JOSABETH. Je ne suis point sa mère.
(*Montrant Zacharie.*)
Voilà mon fils.
  ATHALIE, *à Joas.*
       Et vous, quel est donc votre père?
Jeune enfant, répondez.
      JOSABETH. Le ciel jusque aujourd'hui....
ATHALIE.
Pourquoi vous pressez-vous de répondre pour lui?

C'est à lui de parler.
    JOSABETH. Dans un âge si tendre
Quel éclaircissement en pouvez-vous attendre?
 ATHALIE.
Cet âge est innocent : son ingénuité
N'altère point encor la simple vérité.   630
Laissez-le s'expliquer sur tout ce qui le touche.
 JOSABETH, *à part*.
Daigne mettre, grand Dieu, ta sagesse en sa bouche!
 ATHALIE.
Comment vous nommez-vous?
      JOAS. J'ai nom Éliacin.
 ATHALIE.
Votre père?
  JOAS. Je suis, dit-on, un orphelin
Entre les bras de Dieu jeté dès ma naissance,
Et qui de mes parents n'eus jamais connaissance.
 ATHALIE.
Vous êtes sans parents?
    JOAS. Ils m'ont abandonné.
 ATHALIE.
Comment? et depuis quand?
     JOAS. Depuis que je suis né.
 ATHALIE.
Ne sait-on pas au moins quel pays est le vôtre?
 JOAS.
Ce temple est mon pays; je n'en connais point d'autre.
 ATHALIE.
Où dit-on que le sort vous a fait rencontrer? 641
 JOAS.
Parmi des loups cruels prêts à me dévorer.
 ATHALIE.
Qui vous mit dans ce temple?
      JOAS. Une femme inconnue,
Qui ne dit point son nom, et qu'on n'a point revue.

ATHALIE.
Mais de vos premiers ans quelles mains ont pris soin?
JOAS.
Dieu laissa-t-il jamais ses enfants au besoin?
Aux petits des oiseaux il donne leur pâture,
Et sa bonté s'étend sur toute la nature.
Tous les jours je l'invoque; et d'un soin paternel
Il me nourrit des dons offerts sur son autel. 650
ATHALIE.
Quel prodige nouveau me trouble et m'embarrasse?
La douceur de sa voix, son enfance, sa grâce,
Font insensiblement à mon inimitié
Succéder.... Je serais sensible à la pitié?
ABNER.
Madame, voilà donc cet ennemi terrible?
De vos songes menteurs l'imposture est visible,
A moins que la pitié qui semble vous troubler
Ne soit ce coup fatal qui vous faisait trembler.
ATHALIE, *à Joas et à Josabeth.*
Vous sortez?
JOSABETH. Vous avez entendu sa fortune:
Sa présence à la fin pourrait être importune. 660
ATHALIE, *à Joas.*
Non: revenez. Quel est tous les jours votre emploi?
JOAS.
J'adore le Seigneur; on m'explique sa loi;
Dans son livre divin on m'apprend à la lire;
Et déjà de ma main je commence à l'écrire.
ATHALIE.
Que vous dit cette loi?
     JOAS. Que Dieu veut être aimé;
Qu'il venge tôt ou tard son saint nom blasphémé;
Qu'il est le défenseur de l'orphelin timide;
Qu'il résiste au superbe, et punit l'homicide.
ATHALIE.
J'entends. Mais tout ce peuple enfermé dans ce lieu,

A quoi s'occupe-t-il?

JOAS. Il loue, il bénit Dieu.

ATHALIE.
Dieu veut-il qu'à toute heure on prie, on le contemple?

JOAS.
Tout profane exercice est banni de son temple.

ATHALIE.
Quels sont donc vos plaisirs?

JOAS. Quelquefois à l'autel
Je présente au grand prêtre ou l'encens ou le sel;
J'entends chanter de Dieu les grandeurs infinies;
Je vois l'ordre pompeux de ses cérémonies.

ATHALIE.
Eh quoi! vous n'avez point de passe-temps plus doux?
Je plains le triste sort d'un enfant tel que vous.
Venez dans mon palais, vous y verrez ma gloire.

JOAS.
Moi! des bienfaits de Dieu je perdrais la mémoire!

ATHALIE.
Non, je ne vous veux pas contraindre à l'oublier.

JOAS.
Vous ne le priez point.

ATHALIE. Vous le pourrez prier.

JOAS.
Je verrais cependant en invoquer un autre.

ATHALIE.
J'ai mon Dieu que je sers : vous servirez le vôtre :
Ce sont deux puissants dieux.

JOAS. Il faut craindre le mien :
Lui seul est Dieu, madame, et le vôtre n'est rien.

ATHALIE.
Les plaisirs près de moi vous chercheront en foule.

JOAS.
Le bonheur des méchants comme un torrent s'écoule.

ATHALIE.
Ces méchants, qui sont-ils?

JOSABETH. Eh, madame! excusez
Un enfant....
　　ATHALIE, *à Josabeth.*
　　　　　J'aime à voir comme vous l'instruisez. 690
Enfin, Éliacin, vous avez su me plaire ;
Vous n'êtes point sans doute un enfant ordinaire.
Vous voyez, je suis reine, et n'ai point d'héritier :
Laissez là cet habit, quittez ce vil métier ;
Je veux vous faire part de toutes mes richesses ;
Essayez dès ce jour l'effet de mes promesses.
A ma table, partout, à mes côtés assis,
Je prétends vous traiter comme mon propre fils.
　　JOAS.
Comme votre fils ?
　　ATHALIE. Oui.... Vous vous taisez ?
　　　　　　　　　　　　JOAS. Quel père
Je quitterais ! et pour....
　　　　ATHALIE. Eh bien ?
　　　　　　　　　　　JOAS. Pour quelle mère ! 700
　　ATHALIE, *à Josabeth.*
Sa mémoire est fidèle ; et dans tout ce qu'il dit
De vous et de Joad je reconnais l'esprit.
Voilà comme, infectant cette simple jeunesse,
Vous employez tous deux le calme où je vous laisse.
Vous cultivez déjà leur haine et leur fureur ;
Vous ne leur prononcez mon nom qu'avec horreur.
　　JOSABETH.
Peut-on de nos malheurs leur dérober l'histoire ?
Tout l'univers les sait ; vous-même en faites gloire.
　　ATHALIE.
Oui, ma juste fureur, et j'en fais vanité,
A vengé mes parents sur ma postérité. 710
J'aurais vu massacrer et mon père et mon frère,
Du haut de son palais précipiter ma mère,
Et dans un même jour égorger à la fois
(Quel spectacle d'horreur !) quatre-vingts fils de rois ;

Et pourquoi? pour venger je ne sais quels prophètes
Dont elle avait puni les fureurs indiscrètes :
Et moi, reine sans cœur, fille sans amitié,
Esclave d'une lâche et frivole pitié,
Je n'aurais pas du moins à cette aveugle rage
Rendu meurtre pour meurtre, outrage pour outrage,
Et de votre David traité tous les neveux 721
Comme on traitait d'Achab les restes malheureux!
Où serais-je aujourd'hui, si, domptant ma faiblesse,
Je n'eusse d'une mère étouffé la tendresse;
Si de mon propre sang ma main versant des flots
N'eût par ce coup hardi réprimé vos complots?
Enfin de votre Dieu l'implacable vengeance
Entre nos deux maisons rompit toute alliance :
David m'est en horreur; et les fils de ce roi,
Quoique nés de mon sang, sont étrangers pour moi. 730

   JOSABETH.

Tout vous a réussi. Que Dieu voie, et nous juge.

   ATHALIE.

Ce Dieu, depuis longtemps votre unique refuge,
Que deviendra l'effet de ses prédictions?
Qu'il vous donne ce roi promis aux nations,
Cet enfant de David, votre espoir, votre attente....
Mais nous nous reverrons. Adieu, je sors contente :
J'ai voulu voir; j'ai vu.

  ABNER, *à Josabeth.* Je vous l'avais promis :
Je vous rends le dépôt que vous m'avez commis.

SCÈNE VIII.

JOAS, JOSABETH, ZACHARIE, SALOMITH, JOAD, ABNER,
lévites, le chœur.

   JOSABETH, *à Joad.*

Avez-vous entendu cette superbe reine,
Seigneur?

JOAD. J'entendais tout, et plaignais votre peine. 740
Ces lévites et moi, prêts à vous secourir,
Nous étions avec vous résolus de périr.
(*A Joas, en l'embrassant.*)
Que Dieu veille sur vous, enfant dont le courage
Vient de rendre à son nom ce noble témoignage !
Je reconnais, Abner, ce service important :
Souvenez-vous de l'heure où Joad vous attend.
Et nous, dont cette femme impie et meurtrière
A souillé les regards et troublé la prière,
Rentrons ; et qu'un sang pur, par mes mains épanché,
Lave jusques au marbre où ses pas ont touché. 750

SCÈNE IX.

LE CHOEUR.

UNE DES FILLES DU CHOEUR.
Quel astre à nos yeux vient de luire ?
Quel sera quelque jour cet enfant merveilleux ?
  Il brave le faste orgueilleux,
  Et ne se laisse point séduire
  A tous ses attraits périlleux.
UNE AUTRE.
  Pendant que du dieu d'Athalie
  Chacun court encenser l'autel,
  Un enfant courageux publie
  Que Dieu lui seul est éternel,
  Et parle comme un autre Élie 760
  Devant cette autre Jézabel.
UNE AUTRE.
Qui nous révélera ta naissance secrète,
Cher enfant ? Es-tu fils de quelque saint prophète ?
UNE AUTRE.
  Ainsi l'on vit l'aimable Samuel

Croître à l'ombre du tabernacle :
Il devint des Hébreux l'espérance et l'oracle.
Puisses-tu, comme lui, consoler Israël !

UNE AUTRE *chante.*

O bienheureux mille fois
　L'enfant que le Seigneur aime,
　Qui de bonne heure entend sa voix,
Et que ce Dieu daigne instruire lui-même !
Loin du monde élevé, de tous les dons des cieux
　Il est orné dès son enfance ;
　Et du méchant l'abord contagieux
　N'altère point son innocence.

TOUT LE CHOEUR.

Heureuse, heureuse l'enfance
Que le Seigneur instruit et prend sous sa défense !

LA MÊME VOIX, *seule.*

Tel en un secret vallon,
　Sur le bord d'une onde pure,
　Croît, à l'abri de l'aquilon,
Un jeune lis, l'amour de la nature.
Loin du monde élevé, de tous les dons des cieux
　Il est orné dès sa naissance ;
　Et du méchant l'abord contagieux
　N'altère point son innocence.

TOUT LE CHOEUR.

Heureux, heureux mille fois
L'enfant que le Seigneur rend docile à ses lois !

UNE VOIX, *seule.*

Mon Dieu, qu'une vertu naissante
Parmi tant de périls marche à pas incertains !
Qu'une âme qui te cherche et veut être innocente
　Trouve d'obstacle à ses desseins !
　Que d'ennemis lui font la guerre !
　Où se peuvent cacher tes saints ?
　Les pécheurs couvrent la terre.

UNE AUTRE.

O palais de David, et sa chère cité,
Mont fameux, que Dieu même a longtemps habité,
Comment as-tu du ciel attiré la colère?
Sion, chère Sion, que dis-tu quand tu vois
    Une impie étrangère
  Assise, hélas! au trône de tes rois?   800

TOUT LE CHOEUR.

Sion, chère Sion, que dis-tu quand tu vois
    Une impie étrangère
  Assise, hélas! au trône de tes rois?

LA MÊME VOIX *continue*.

  Au lieu des cantiques charmants
Où David t'exprimait ses saints ravissements,
Et bénissait son Dieu, son seigneur et son père;
Sion, chère Sion, que dis-tu, quand tu vois
  Louer le Dieu de l'impie étrangère,
Et blasphémer le nom qu'ont adoré tes rois?

UNE VOIX, *seule*.

Combien de temps, Seigneur, combien de temps encore
Verrons-nous contre toi les méchants s'élever?   811
Jusque dans ton saint temple ils viennent te braver:
Ils traitent d'insensé le peuple qui t'adore.
Combien de temps, Seigneur, combien de temps encore
Verrons-nous contre toi les méchants s'élever?

UNE AUTRE.

Que vous sert, disent-ils, cette vertu sauvage?
    De tant de plaisirs si doux
    Pourquoi fuyez-vous l'usage?
  Votre Dieu ne fait rien pour vous.

UNE AUTRE.

Rions, chantons, dit cette troupe impie;   820
  De fleurs en fleurs, de plaisirs en plaisirs,
    Promenons nos désirs.
Sur l'avenir insensé qui se fie.
De nos ans passagers le nombre est incertain:

Hâtons-nous aujourd'hui de jouir de la vie ;
    Qui sait si nous serons demain ?
    TOUT LE CHOEUR.
Qu'ils pleurent, ô mon Dieu ! qu'ils frémissent de crainte,
  Ces malheureux, qui de ta cité sainte
  Ne verront point l'éternelle splendeur.
C'est à nous de chanter, nous à qui tu révèles   830
    Tes clartés immortelles ;
C'est à nous de chanter tes dons et ta grandeur.
    UNE VOIX, *seule*.
De tous ces vains plaisirs où leur âme se plonge,
Que leur restera-t-il ? Ce qui reste d'un songe
    Dont on a reconnu l'erreur.
  A leur réveil (ô réveil plein d'horreur !)
    Pendant que le pauvre à ta table
Goûtera de ta paix la douceur ineffable,
Ils boiront dans la coupe affreuse, inépuisable,
Que tu présenteras, au jour de ta fureur,   840
    A toute la race coupable.
    TOUT LE CHOEUR.
    O réveil plein d'horreur !
    O songe peu durable !
    O dangereuse erreur !

ACTE TROISIÈME.

SCÈNE I.

MATHAN, NABAL, *le chœur*.

MATHAN.
Jeunes filles, allez : qu'on dise à Josabeth
Que Mathan veut ici lui parler en secret.

UNE DES FILLES DU CHOEUR.

Mathan! O Dieu du ciel, puisses-tu le confondre!

NABAL.

Eh quoi! tout se disperse, et fuit sans vous répondre?

MATHAN.

Approchons.

SCÈNE II.

ZACHARIE, MATHAN, NABAL.

ZACHARIE. Téméraire, où voulez-vous passer?
Au delà de ce lieu gardez-vous d'avancer : 850
C'est des ministres saints la demeure sacrée;
Les lois à tout profane en défendent l'entrée.
Qui cherchez-vous? Mon père, en ce jour solennel
De l'idolâtre impur fuit l'aspect criminel;
Et, devant le Seigneur maintenant prosternée,
Ma mère en ce devoir craint d'être détournée.

MATHAN.

Mon fils, nous attendrons; cessez de vous troubler.
C'est votre illustre mère à qui je veux parler :
Je viens ici chargé d'un ordre de la reine.

SCÈNE III.

MATHAN, NABAL.

NABAL.

Leurs enfants ont déjà leur audace hautaine. 865
Mais que veut Athalie en cette occasion?
D'où naît dans ses conseils cette confusion?
Par l'insolent Joad ce matin offensée,
Et d'un enfant fatal en songe menacée,
Elle allait immoler Joad à son courroux,
Et dans ce temple enfin placer Baal et vous.
Vous m'en aviez déjà confié votre joie;
Et j'espérais ma part d'une si riche proie.

Qui fait changer ainsi ses vœux irrésolus?
MATHAN.
Ami, depuis deux jours je ne la connais plus. 870
Ce n'est plus cette reine éclairée, intrépide,
Élevée au-dessus de son sexe timide,
Qui d'abord accablait ses ennemis surpris,
Et d'un instant perdu connaissait tout le prix
La peur d'un vain remords trouble cette grande âme;
Elle flotte, elle hésite; en un mot, elle est femme.
J'avais tantôt rempli d'amertume et de fiel
Son cœur, déjà saisi des menaces du ciel;
Elle-même, à mes soins confiant sa vengeance,
M'avait dit d'assembler sa garde en diligence; 880
Mais, soit que cet enfant devant elle amené,
De ses parents, dit-on, rebut infortuné,
Eût d'un songe effrayant diminué l'alarme,
Soit qu'elle eût même en lui vu je ne sais quel charme,
J'ai trouvé son courroux chancelant, incertain,
Et déjà remettant sa vengeance à demain.
Tous ses projets semblaient l'un l'autre se détruire :
« Du sort de cet enfant je me suis fait instruire,
Ai-je dit : on commence à vanter ses aïeux ;
Joad de temps en temps le montre aux factieux, 890
Le fait attendre aux Juifs comme un autre Moïse
Et d'oracles menteurs s'appuie et s'autorise. »
Ces mots ont fait monter la rougeur sur son front.
Jamais mensonge heureux n'eut un effet si prompt.
« Est-ce à moi de languir dans cette incertitude ?
Sortons, a-t-elle dit, sortons d'inquiétude.
Vous-même à Josabeth prononcez cet arrêt :
Les feux vont s'allumer, et le fer est tout prêt,
Rien ne peut de leur temple empêcher le ravage,
Si je n'ai de leur foi cet enfant pour otage. » 900
NABAL.
Eh bien! pour un enfant qu'ils ne connaissent pas,
Que le hasard peut-être a jeté dans leurs bras,

Voudront-ils que leur temple, enseveli sous l'herbe...
MATHAN.
Ah! de tous les mortels connais le plus superbe.
Plutôt que dans mes mains par Joad soit livré
Un enfant qu'à son Dieu Joad a consacré,
Tu lui verras subir la mort la plus terrible.
D'ailleurs pour cet enfant leur attache est visible.
Si j'ai bien de la reine entendu le récit,
Joad sur sa naissance en sait plus qu'il ne dit. 910
Quel qu'il soit, je prévois qu'il leur sera funeste ;
Ils le refuseront : je prends sur moi le reste;
Et j'espère qu'enfin de ce temple odieux
Et la flamme et le fer vont délivrer mes yeux.
NABAL.
Qui peut vous inspirer une haine si forte?
Est-ce que de Baal le zèle vous transporte?
Pour moi, vous le savez, descendu d'Ismaël,
Je ne sers ni Baal, ni le Dieu d'Israël.
MATHAN.
Ami, peux-tu penser que d'un zèle frivole
Je me laisse aveugler pour une vaine idole, 920
Pour un fragile bois, que, malgré mon secours,
Les vers sur son autel consument tous les jours?
Né ministre du Dieu qu'en ce temple on adore,
Peut-être que Mathan le servirait encore,
Si l'amour des grandeurs, la soif de commander,
Avec son joug étroit pouvaient s'accommoder.
 Qu'est-il besoin, Nabal, qu'à tes yeux je rappelle
De Joad et de moi la fameuse querelle,
Quand j'osai contre lui disputer l'encensoir ;
Mes brigues, mes combats, mes pleurs, mon désespoir?
Vaincu par lui, j'entrai dans une autre carrière, 931
Et mon âme à la cour s'attacha tout entière.
J'approchai par degrés de l'oreille des rois;
Et bientôt en oracle on érigea ma voix.
J'étudiai leur cœur, je flattai leurs caprices ;

Je leur semai de fleurs les bords des précipices :
Près de leurs passions rien ne me fut sacré ;
De mesure et de poids je changeais à leur gré.
Autant que de Joad l'inflexible rudesse
De leur superbe oreille offensait la mollesse, 940
Autant je les charmais par ma dextérité :
Dérobant à leurs yeux la triste vérité,
Prêtant à leurs fureurs des couleurs favorables,
Et prodigue surtout du sang des misérables.
 Enfin, au dieu nouveau qu'elle avait introduit,
Par les mains d'Athalie un temple fut construit.
Jérusalem pleura de se voir profanée ;
Des enfants de Lévi la troupe consternée
En poussa vers le ciel des hurlements affreux.
Moi seul, donnant l'exemple aux timides Hébreux, 950
Déserteur de leur loi, j'approuvai l'entreprise
Et par là de Baal méritai la prêtrise ;
Par là je me rendis terrible à mon rival,
Je ceignis la tiare, et marchai son égal.
Toutefois, je l'avoue, en ce comble de gloire,
Du Dieu que j'ai quitté l'importune mémoire
Jette encore en mon âme un reste de terreur ;
Et c'est ce qui redouble et nourrit ma fureur.
Heureux si, sur son temple achevant ma vengeance,
Je puis convaincre enfin sa haine d'impuissance, 960
Et parmi le débris, le ravage et les morts,
A force d'attentats perdre tous mes remords !
Mais voici Josabeth.

SCÈNE IV.

JOSABETH, MATHAN, NABAL.

 MATHAN. Envoyé par la reine,
Pour rétablir le calme et dissiper la haine,
Princesse, en qui le ciel mit un esprit si doux,
Ne vous étonnez pas si je m'adresse à vous.

Un bruit, que j'ai pourtant soupçonné de mensonge,
Appuyant les avis qu'elle a reçus en songe,
Sur Joad, accusé de dangereux complots,
Allait de sa colère attirer tous les flots. 970
Je ne veux point ici vous vanter mes services :
De Joad contre moi je sais les injustices ;
Mais il faut à l'offense opposer les bienfaits.
Enfin, je viens chargé de paroles de paix.
Vivez, solennisez vos fêtes sans ombrage.
De votre obéissance elle ne veut qu'un gage :
C'est (pour l'en détourner j'ai fait ce que j'ai pu)
Cet enfant sans parents, qu'elle dit qu'elle a vu.

  JOSABETH.
Eliacin?
  MATHAN.
   J'en ai pour elle quelque honte :
D'un vain songe peut-être elle fait trop de compte. 980
Mais vous vous déclarez ses mortels ennemis,
Si cet enfant sur l'heure en mes mains n'est remis.
La reine, impatiente, attend votre réponse.

  JOSABETH.
Et voilà de sa part la paix qu'on nous annonce!
  MATHAN.
Pourriez-vous un moment douter de l'accepter?
D'un peu de complaisance est-ce trop l'acheter?

  JOSABETH.
J'admirais si Mathan, dépouillant l'artifice,
Avait pu de son cœur surmonter l'injustice,
Et si de tant de maux le funeste inventeur
De quelque ombre de bien pouvait être l'auteur. 990

  MATHAN.
De quoi vous plaignez-vous? Vient-on avec furie
Arracher de vos bras votre fils Zacharie?
Quel est cet autre enfant si cher à votre amour?
Ce grand attachement me surprend à mon tour.
Est-ce un trésor pour vous si précieux, si rare?

Est-ce un libérateur que le ciel vous prépare?
Songez-y : vos refus pourraient me confirmer
Un bruit sourd que déjà l'on commence à semer.
JOSABETH.
Quel bruit?
  MATHAN. Que cet enfant vient d'illustre origine;
Qu'à quelque grand projet votre époux le destine.
JOSABETH.
Et Mathan, par ce bruit qui flatte sa fureur....
MATHAN,
Princesse, c'est à vous à me tirer d'erreur.
Je sais que, du mensonge implacable ennemie,
Josabeth livrerait même sa propre vie,
S'il fallait que sa vie à sa sincérité
Coûtât le moindre mot contre la vérité.
Du sort de cet enfant on n'a donc nulle trace?
Une profonde nuit enveloppe sa race?
Et vous-même ignorez de quels parents issu,
De quelles mains Joad en ses bras l'a reçu?
Parlez; je vous écoute, et suis prêt à vous croire :
Au Dieu que vous servez, princesse, rendez gloire.
JOSABETH.
Méchant, c'est bien à vous d'oser ainsi nommer
Un Dieu que votre bouche enseigne à blasphémer!
Sa vérité par vous peut-elle être attestée,
Vous, malheureux, assis dans la chaire empestée
Où le mensonge règne et répand son poison ;
Vous, nourri dans la fourbe et dans la trahison?

SCÈNE V.

JOAD, JOSABETH, MATHAN, NABAL.

JOAD.

Où suis-je? De Baal ne vois-je pas le prêtre?
Quoi! fille de David, vous parlez à ce traître?
Vous souffrez qu'il vous parle? Et vous ne craignez pas
Que du fond de l'abîme entr'ouvert sous ses pas

Il ne sorte à l'instant des feux qui vous embrasent,
Ou qu'en tombant sur lui ces murs ne vous écrasent?
Que veut-il? De quel front cet ennemi de Dieu
Vient-il infecter l'air qu'on respire en ce lieu?

    MATHAN.

On reconnaît Joad à cette violence.
Toutefois il devrait montrer plus de prudence,
Respecter une reine, et ne pas outrager
Celui que de son ordre elle a daigné charger.   1030

    JOAD.

Eh bien! que nous fait-elle annoncer de sinistre?
Quel sera l'ordre affreux qu'apporte un tel ministre?

    MATHAN.

J'ai fait à Josabeth savoir sa volonté.

    JOAD.

Sors donc de devant moi, monstre d'impiété.
De toutes tes horreurs, va, comble la mesure.
Dieu s'apprête à te joindre à la race parjure,
Abiron et Dathan, Doëg, Achitophel:
Les chiens, à qui son bras a livré Jézabel,
Attendant que sur toi sa fureur se déploie,
Déjà sont à ta porte, et demandent leur proie.   1040

    MATHAN, *troublé.*

Avant la fin du jour... on verra qui de nous...
Doit.... Mais sortons, Nabal.

                    NABAL. Où vous égarez-vous?

De vos sens étonnés quel désordre s'empare?
Voilà votre chemin.

SCÈNE VI.

JOAD, JOSABETH.

    JOSABETH. L'orage se déclare:
Athalie en fureur demande Éliacin.

Déjà de sa naissance et de votre dessein
On commence, seigneur, à percer le mystère :
Peu s'en faut que Mathan ne m'ait nommé son père.
   JOAD.
Au perfide Mathan qui l'aurait révélé?
Votre trouble à Mathan n'a-t-il point trop parlé? 1050
   JOSABETH.
J'ai fait ce que j'ai pu pour m'en rendre maîtresse.
Cependant, croyez-moi, seigneur, le péril presse.
Réservons cet enfant pour un temps plus heureux.
Tandis que les méchants délibèrent entre eux,
Avant qu'on l'environne, avant qu'on nous l'arrache,
Une seconde fois souffrez que je le cache :
Les portes, les chemins lui sont encore ouverts.
Faut-il le transporter aux plus affreux déserts?
Je suis prête : je sais une secrète issue
Par où, sans qu'on le voie, et sans être aperçue, 1060
De Cédron avec lui traversant le torrent,
J'irai dans le désert où jadis en pleurant,
Et cherchant comme nous son salut dans la fuite,
David d'un fils rebelle évita la poursuite.
Je craindrai moins pour lui les lions et les ours...
Mais pourquoi de Jéhu refuser le secours?
Je vous ouvre peut-être un avis salutaire.
Faisons de ce trésor Jéhu dépositaire :
On peut dans ses États le conduire aujourd'hui,
Et le chemin est court qui mène jusqu'à lui. 1070
Jéhu n'a point un cœur farouche, inexorable;
De David à ses yeux le nom est favorable.
Hélas! est-il un roi si dur et si cruel,
A moins qu'il n'eût pour mère une autre Jézabel,
Qui d'un tel suppliant ne plaignît l'infortune?
Sa cause à tous les rois n'est-elle pas commune?
   JOAD.
Quels timides conseils m'osez-vous suggérer?
En l'appui de Jéhu pourriez-vous espérer?

JOSABETH.
Dieu défend-il tout soin et toute prévoyance?
Ne l'offense-t-on point par trop de confiance? 1080
A ses desseins sacrés employant les humains,
N'a-t-il pas de Jéhu lui-même armé les mains?
JOAD.
Jéhu, qu'avait choisi sa sagesse profonde,
Jéhu, sur qui je vois que votre espoir se fonde,
D'un oubli trop ingrat a payé ses bienfaits :
Jéhu laisse d'Achab l'affreuse fille en paix,
Suit des rois d'Israël les profanes exemples,
Du vil dieu de l'Égypte a conservé les temples ;
Jéhu, sur les hauts lieux enfin osant offrir
Un téméraire encens que Dieu ne peut souffrir, 1090
N'a, pour servir sa cause et venger ses injures,
Ni le cœur assez droit, ni les mains assez pures.
Non, non : c'est à Dieu seul qu'il faut nous attacher.
Montrons Éliacin; et, loin de le cacher,
Que du bandeau royal sa tête soit ornée :
Je veux même avancer l'heure déterminée,
Avant que de Mathan le complot soit formé.

SCÈNE VII.

JOAD, JOSABETH, AZARIAS, *suivi du chœur et de plusieurs lévites.*

JOAD.
Eh bien, Azarias, le temple est-il fermé?
AZARIAS.
J'en ai fait devant moi fermer toutes les portes.
JOAD.
N'y reste-t-il que vous et vos saintes cohortes? 1100
AZARIAS.
De ses parvis sacrés j'ai deux fois fait le tour.
Tout a fui; tous se sont séparés sans retour,
Misérable troupeau qu'a dispersé la crainte :

Et Dieu n'est plus servi que dans la tribu sainte.
Depuis qu'à Pharaon ce peuple est échappé,
Une égale terreur ne l'avait point frappé.

JOAD.

Peuple lâche en effet, et né pour l'esclavage,
Hardi contre Dieu seul! Poursuivons notre ouvrage.
Mais qui retient encor ces enfants parmi nous?

UNE DES FILLES DU CHŒUR.

Eh! pourrions-nous, seigneur, nous séparer de vous?
Dans le temple de Dieu sommes-nous étrangères? 1111
Vous avez près de vous nos pères et nos frères.

UNE AUTRE.

Hélas! si, pour venger l'opprobre d'Israël,
Nos mains ne peuvent pas, comme autrefois Jahel,
Des ennemis de Dieu percer la tête impie,
Nous lui pouvons du moins immoler notre vie.
Quand vos bras combattront pour son temple attaqué,
Par nos larmes du moins il peut être invoqué.

JOAD.

Voilà donc quels vengeurs s'arment pour ta querelle,
Des prêtres, des enfants, ô Sagesse éternelle! 1120
Mais, si tu les soutiens, qui peut les ébranler?
Du tombeau, quand tu veux, tu sais nous rappeler;
Tu frappes et guéris, tu perds et ressuscites.
Ils ne s'assurent point en leurs propres mérites,
Mais en ton nom sur eux invoqué tant de fois,
En tes serments jurés au plus saint de leurs rois,
En ce temple où tu fais ta demeure sacrée,
Et qui doit du soleil égaler la durée.
Mais d'où vient que mon cœur frémit d'un saint effroi?
Est-ce l'esprit divin qui s'empare de moi? 1130
C'est lui-même : il m'échauffe, il parle; mes yeux s'ou-
Et les siècles obscurs devant moi se découvrent. [vrent,
Lévites, de vos sons prêtez-moi les accords,
Et de ses mouvements secondez les transports.

LE CHOEUR *chante au son de toute la symphonie des instruments.*

Que du Seigneur la voix se fasse entendre,
Et qu'à nos cœurs son oracle divin
    Soit ce qu'à l'herbe tendre
Est, au printemps, la fraîcheur du matin.

JOAD.

Cieux, écoutez ma voix; terre, prête l'oreille.
Ne dis plus, ô Jacob, que ton Seigneur sommeille! 1140
Pécheurs, disparaissez : le Seigneur se réveille

(*Ici recommence la symphonie, et Joad aussitôt reprend la parole.*)

Comment en un plomb vil l'or pur[1] s'est-il changé?...
Quel est dans le lieu saint ce pontife[2] égorgé?...
Pleure, Jérusalem, pleure, cité perfide!
Des prophètes divins malheureuse homicide :
De son amour pour toi ton Dieu s'est dépouillé;
Ton encens à ses yeux est un encens souillé....
  Où menez-vous ces enfants et ces femmes[3]?
Le Seigneur a détruit la reine des cités :
Ses prêtres sont captifs, ses rois sont rejetés; 1100
Dieu ne veut plus qu'on vienne à ses solennités :
Temple, renverse-toi; cèdres, jetez des flammes.
  Jérusalem, objet de ma douleur,
Quelle main en un jour t'a ravi tous tes charmes?
Qui changera mes yeux en deux sources de larmes
    Pour pleurer ton malheur?

AZARIAS.

O saint temple!

  JOSABETH. O David!

    LE CHOEUR. Dieu de Sion, rappelle,
Rappelle en sa faveur tes antiques bontés.

---

1. Joas.
2. Zacharie.
3. Captivité de Babylone.

(La symphonie recommence encore; et Joad, un moment après, l'interrompt.)

JOAD.
Quelle Jérusalem nouvelle
Sort du fond du désert brillante de clartés,
Et porte sur le front une marque immortelle?
  Peuples de la terre, chantez :
Jérusalem renaît plus brillante et plus belle[1].
  D'où lui viennent de tous côtés
Ces enfants qu'en son sein elle n'a point portés[2]?
Lève, Jérusalem, lève ta tête altière;
Regarde tous ces rois de ta gloire étonnés;
Les rois des nations, devant toi prosternés,
  De tes pieds baisent la poussière;
Les peuples à l'envi marchent à ta lumière.
Heureux qui pour Sion d'une sainte ferveur
  Sentira son âme embrasée!
  Cieux, répandez votre rosée,
 Et que la terre enfante son Sauveur!

JOSABETH.
Hélas! d'où nous viendra cette insigne faveur,
Si les rois de qui doit descendre ce sauveur....

JOAD.
Préparez, Josabeth, le riche diadème
Que sur son front sacré David porta lui-même.
 (Aux lévites.)
Et vous, pour vous armer, suivez-moi dans ces lieux
Où se garde caché, loin des profanes yeux,
Ce formidable amas de lances et d'épées
Qui du sang philistin jadis furent trempées,
Et que David vainqueur, d'ans et d'honneurs chargé,
Fit consacrer au Dieu qui l'avait protégé.
Peut-on les employer pour un plus noble usage?
Venez, je veux moi-même en faire le partage.

1. L'Eglise.
2. Les Gentils.

SCÈNE VIII.

SALOMITH, *le chœur*.

SALOMITH.
Que de craintes, mes sœurs, que de troubles mortels !
  Dieu tout-puissant, sont-ce là les prémices,
    Les parfums et les sacrifices
Qu'on devait en ce jour offrir sur tes autels ?   1190
UNE DES FILLES DU CHŒUR.
    Quel spectacle à nos yeux timides !
    Qui l'eût cru qu'on dût voir jamais
Les glaives meurtriers, les lances homicides
    Briller dans la maison de paix ?
UNE AUTRE.
D'où vient que, pour son Dieu pleine d'indifférence,
Jérusalem se tait en ce pressant danger ?
  D'où vient, mes sœurs, que, pour nous protéger,
Le brave Abner au moins ne rompt pas le silence ?
SALOMITH.
Hélas ! dans une cour où l'on n'a d'autres lois
    Que la force et la violence,   1200
    Où les honneurs et les emplois
Sont le prix d'une aveugle et basse obéissance,
    Ma sœur, pour la triste innocence
    Qui voudrait élever la voix ?
UNE AUTRE.
Dans ce péril, dans ce désordre extrême,
Pour qui prépare-t-on le sacré diadème ?
SALOMITH.
    Le Seigneur a daigné parler ;
Mais ce qu'à son prophète il vient de révéler,
    Qui pourra nous le faire entendre ?
      S'arme-t-il pour nous défendre ?   1210
    S'arme-t-il pour nous accabler ?

TOUT LE CHOEUR *chante.*

O promesse! ô menace! ô ténébreux mystère!
Que de maux, que de biens sont prédits tour à tour!
  Comment peut-on avec tant de colère
    Accorder tant d'amour?

UNE VOIX, *seule.*

Sion ne sera plus : une flamme cruelle
  Détruira tous ses ornements

UNE AUTRE VOIX.

Dieu protége Sion : elle a pour fondements
  Sa parole éternelle.

LA PREMIÈRE.

Je vois tout son éclat disparaître à mes yeux.   1225

LA SECONDE.

Je vois de toutes parts sa clarté répandue.

LA PREMIÈRE.

Dans un gouffre profond Sion est descendue.

LA SECONDE.

Sion a son front dans les cieux.

LA PREMIÈRE.

Quel triste abaissement!

    LA SECONDE. Quelle immortelle gloire!

LA PREMIÈRE.

Que de cris de douleur!

    LA SECONDE. Que de chants de victoire!

UNE TROISIÈME.

Cessons de nous troubler : notre Dieu, quelque jour,
  Dévoilera ce grand mystère.

TOUTES TROIS.

  Révérons sa colère ;
Espérons en son amour.

UNE AUTRE.

    D'un cœur qui t'aime   1230
  Mon Dieu, qui peut troubler la paix?
Il cherche en tout ta volonté suprême,
    Et ne se cherche jamais.

Sur la terre, dans le ciel même,
Est-il d'autre bonheur que la tranquille paix
    D'un cœur qui t'aime?

ACTE QUATRIÈME.

SCÈNE I.

JOAS, JOSABETH, ZACHARIE, SALOMITH, *un lévite,*
le chœur.

SALOMITH.
D'un pas majestueux, à côté de ma mère,
Le jeune Éliacin s'avance avec mon frère.
Dans ces voiles, mes sœurs, que portent-ils tous deux?
Quel est ce glaive enfin qui marche devant eux? 1240
    JOSABETH, *à Zacharie.*
Mon fils, avec respect posez sur cette table
De notre sainte loi le livre redoutable.
Et vous aussi, posez, aimable Éliacin,
Cet auguste bandeau près du livre divin.
Lévite, il faut placer, Joad ainsi l'ordonne,
Le glaive de David auprès de sa couronne.
    JOAS.
Princesse, quel est donc ce spectacle nouveau?
Pourquoi ce livre saint, ce glaive, ce bandeau?
Depuis que le Seigneur m'a reçu dans son temple,
D'un semblable appareil je n'ai point vu d'exemple.
    JOSABETH.
Tous vos doutes, mon fils, bientôt s'éclairciront. 1251
    JOAS.
Vous voulez essayer ce bandeau sur mon front?
Ah, princesse! gardez d'en profaner la gloire:

Du roi qui l'a porté respectez la mémoire.
Un malheureux enfant aux ours abandonné...
JOSABETH, *lui essayant le diadème.*
Laissez, mon fils : je fais ce qui m'est ordonné.
JOAS.
Mais j'entends les sanglots sortir de votre bouche!
Princesse, vous pleurez ! Quelle pitié vous touche?
Est-ce qu'en holocauste aujourd'hui présenté,
Je dois, comme autrefois la fille de Jephté,   1265
Du Seigneur par ma mort apaiser la colère?
Hélas! un fils n'a rien qui ne soit à son père.
JOSABETH.
Voici qui vous dira les volontés des cieux.
Ne craignez rien. Et nous, sortons tous de ces lieux.

SCÈNE II.
JOAS, JOAD.

JOAS, *courant dans les bras du grand prêtre.*
Mon père!
JOAD. Eh bien, mon fils?
JOAS. Qu'est-ce donc qu'on prépare?
JOAD.
Il est juste, mon fils, que je vous le déclare.
Il faut que vous soyez instruit, même avant tous,
Des grands desseins de Dieu sur son peuple et sur vous.
Armez-vous d'un courage et d'une foi nouvelle :
Il est temps de montrer cette ardeur et ce zèle   1270
Qu'au fond de votre cœur mes soins ont cultivés,
Et de payer à Dieu ce que vous lui devez.
Sentez-vous cette noble et généreuse envie?
JOAS.
Je me sens prêt, s'il veut, de lui donner ma vie.
JOAD.
On vous a lu souvent l'histoire de nos rois :
Vous souvient-il, mon fils, quelles étroites lois

Doit s'imposer un roi digne du diadème ?
JOAS.
Un roi sage, ainsi Dieu l'a prononcé lui-même,
Sur la richesse et l'or ne met point son appui,
Craint le Seigneur son Dieu, sans cesse a devant lui 1280
Ses préceptes, ses lois, ses jugements sévères,
Et d'injustes fardeaux n'accable point ses frères.
JOAD.
Mais sur l'un de ces rois s'il fallait vous régler,
A qui choisiriez-vous, mon fils, de ressembler ?
JOAS.
David, pour le Seigneur plein d'un amour fidèle,
Me paraît des grands rois le plus parfait modèle.
JOAD.
Ainsi dans leurs excès vous n'imiteriez pas
L'infidèle Joram, l'impie Ochozias ?
JOAS.
O mon père !
JOAD. Achevez, dites : que vous en semble ?
JOAS.
Puisse périr comme eux quiconque leur ressemble !
(Joad se prosterne à ses pieds.)
Mon père, en quel état vous vois-je devant moi ! 1291
JOAD.
Je vous rends le respect que je dois à mon roi.
De votre aïeul David, Joas, rendez-vous digne.
JOAS.
Joas ! moi ?
JOAD, *se relevant*.
      Vous saurez par quelle grâce insigne,
D'une mère en fureur Dieu trompant le dessein,
Quand déjà son poignard était dans votre sein,
Vous choisit, vous sauva du milieu du carnage.
Vous n'êtes pas encore échappé de sa rage :
Avec la même ardeur qu'elle voulut jadis
Perdre en vous le dernier des enfants de son fils, 1300

A vous faire périr sa cruauté s'attache,
Et vous poursuit encor sous le nom qui vous cache.
Mais sous vos étendards j'ai déjà su ranger
Un peuple obéissant et prompt à vous venger.
Entrez, généreux chefs des familles sacrées,
Du ministère saint tour à tour honorées.

SCÈNE III.

JOAS, JOAD, AZARIAS, ISMAEL, *trois autres chefs des lévites.*

JOAD *continue.*
Roi, voilà vos vengeurs contre vos ennemis
Prêtres, voilà le roi que je vous ai promis.

AZARIAS.
Quoi! c'est Éliacin?

ISMAEL. Quoi! cet enfant aimable....

JOAD.
Est des rois de Juda l'héritier véritable,
Dernier né des enfants du triste Ochozias,
Nourri, vous le savez, sous le nom de Joas.
De cette fleur si tendre et sitôt moissonnée,
Tout Juda, comme vous, plaignant la destinée,
Avec ses frères morts le crut enveloppé.
Du perfide couteau comme eux il fut frappé;
Mais Dieu du coup mortel sut détourner l'atteinte,
Conserva dans son cœur la chaleur presque éteinte,
Permit que, des bourreaux trompant l'œil vigilant,
Josabeth dans son sein l'emportât tout sanglant,
Et, n'ayant de son vol que moi seul pour complice,
Dans le temple cachât l'enfant et la nourrice.

JOAS.
Hélas! de tant d'amour et de tant de bienfaits,
Mon père, quel moyen de m'acquitter jamais?

JOAD.
Gardez pour d'autres temps cette reconnaissance.

Voilà donc votre roi, votre unique espérance.
J'ai pris soin jusqu'ici de vous le conserver :
Ministres du Seigneur, c'est à vous d'achever.
Bientôt de Jézabel la fille meurtrière,
Instruite que Joas voit encor la lumière, 1330
Dans l'horreur du tombeau viendra le replonger :
Déjà, sans le connaître, elle veut l'égorger.
Prêtres saints, c'est à vous de prévenir sa rage :
Il faut finir des Juifs le honteux esclavage,
Venger vos princes morts, relever votre loi,
Et faire aux deux tribus reconnaître leur roi.
L'entreprise, sans doute, est grande et périlleuse :
J'attaque sur son trône une reine orgueilleuse,
Qui voit sous ses drapeaux marcher un camp nombreux
De hardis étrangers, d'infidèles Hébreux ; 1340
Mais ma force est au Dieu dont l'intérêt me guide.
Songez qu'en cet enfant tout Israël réside.
Déjà ce Dieu vengeur commence à la troubler ;
Déjà, trompant ses soins, j'ai su vous rassembler :
Elle nous croit ici sans armes, sans défense.
Couronnons, proclamons Joas en diligence :
De là, du nouveau prince intrépides soldats,
Marchons, en invoquant l'arbitre des combats ;
Et, réveillant la foi dans les cœurs endormie,
Jusque dans son palais cherchons notre ennemie. 1350
 Et quels cœurs si plongés dans un lâche sommeil,
Nous voyant avancer dans ce saint appareil,
Ne s'empresseront pas à suivre notre exemple?
Un roi, que Dieu lui-même a nourri dans son temple ;
Le successeur d'Aaron, de ses prêtres suivi,
Conduisant au combat les enfants de Lévi ;
Et, dans ces mêmes mains des peuples révérées,
Les armes au Seigneur par David consacrées !
Dieu sur ses ennemis répandra sa terreur.
Dans l'infidèle sang baignez-vous sans horreur ; 1360
Frappez et Tyriens et même Israélites

Ne descendez-vous pas de ces fameux lévites
Qui, lorsqu'au dieu du Nil le volage Israël
Rendit dans le désert un culte criminel,
De leurs plus chers parents saintement homicides,
Consacrèrent leurs mains dans le sang des perfides,
Et par ce noble exploit vous acquirent l'honneur
D'être seuls employés aux autels du Seigneur?
    Mais je vois que déjà vous brûlez de me suivre.
Jurez donc, avant tout, sur cet auguste livre,   1370
A ce roi que le ciel vous redonne aujourd'hui,
De vivre, de combattre, et de mourir pour lui.

        AZARIAS.
Oui, nous jurons ici pour nous, pour tous nos frères,
De rétablir Joas au trône de ses pères,
De ne poser le fer entre nos mains remis,
Qu'après l'avoir vengé de tous ses ennemis.
Si quelque transgresseur enfreint cette promesse,
Qu'il éprouve, grand Dieu, ta fureur vengeresse;
Qu'avec lui ses enfants, de ton partage exclus,
Soient au rang de ces morts que tu ne connais plus!

        JOAD.
Et vous, à cette loi, votre règle éternelle,   1381
Roi, ne jurez-vous pas d'être toujours fidèle?

        JOAS.
Pourrais-je à cette loi ne me pas conformer?

        JOAD.
O mon fils! de ce nom j'ose encor vous nommer,
Souffrez cette tendresse, et pardonnez aux larmes
Que m'arrachent pour vous de trop justes alarmes.
Loin du trône nourri, de ce fatal honneur,
Hélas! vous ignorez le charme empoisonneur :
De l'absolu pouvoir vous ignorez l'ivresse,
Et des lâches flatteurs la voix enchanteresse.   1390
Bientôt ils vous diront que les plus saintes lois,
Maîtresses du vil peuple, obéissent aux rois;
Qu'un roi n'a d'autre frein que sa volonté même,

Qu'il doit immoler tout à sa grandeur suprême ;
Qu'aux larmes, au travail, le peuple est condamné,
Et d'un sceptre de fer veut être gouverné ;
Que, s'il n'est opprimé, tôt ou tard il opprime.
Ainsi de piége en piége, et d'abîme en abîme,
Corrompant de vos mœurs l'aimable pureté,
Ils vous feront enfin haïr la vérité, 1400
Vous peindront la vertu sous une affreuse image.
Hélas! ils ont des rois égaré le plus sage.
  Promettez sur ce livre, et devant ces témoins,
Que Dieu fera toujours le premier de vos soins ;
Que, sévère aux méchants, et des bons le refuge,
Entre le pauvre et vous vous prendrez Dieu pour juge ;
Vous souvenant, mon fils, que, caché sous ce lin,
Comme eux vous fûtes pauvre, et comme eux orphelin.
            JOAS.
Je promets d'observer ce que la loi m'ordonne.
Mon Dieu, punissez-moi si je vous abandonne ! 1410
            JOAD.
Venez : de l'huile sainte il faut vous consacrer.
Paraissez, Josabeth ; vous pouvez vous montrer.

SCÈNE IV.

JOAS, JOAD, JOSABETH, ZACHARIE, SALOMITH, AZARIAS,
ISMAEL, *trois autres chefs des lévites, le chœur.*

        JOSABETH, *embrassant Joas.*
O roi, fils de David!
            JOAS. O mon unique mère!
Venez, cher Zacharie, embrasser votre frère.
        JOSABETH, *à Zacharie.*
Aux pieds de votre roi prosternez-vous, mon fils.
          (*Zacharie se jette aux pieds de Joas.*)
        JOAD, *pendant qu'ils s'embrassent.*
Enfants, ainsi toujours puissiez-vous être unis!

JOSABETH, *à Joas.*

Vous savez donc quel sang vous a donné la vie?

JOAS.

Et je sais quelle main sans vous me l'eût ravie.

JOSABETH.

De votre nom, Joas, je puis donc vous nommer?

JOAS.

Joas ne cessera jamais de vous aimer. 1420

LE CHOEUR.

Quoi! c'est là...

JOSABETH. C'est Joas.

JOAD. Écoutons ce lévite.

SCÈNE V.

JOAS, JOAD, JOSABETH, ZACHARIE, SALOMITH, AZARIAS, ISMAEL, *trois autres chefs des lévites, un lévite, le chœur.*

UN LÉVITE.

J'ignore contre Dieu quel projet on médite;
Mais l'airain menaçant frémit de toutes parts;
On voit luire des feux parmi des étendards,
Et sans doute Athalie assemble son armée:
Déjà même au secours toute voie est fermée;
Déjà le sacré mont, où le temple est bâti,
D'insolents Tyriens est partout investi; [dro
L'un d'eux, en blasphémant, vient de nous faire enten-
Qu'Abner est dans les fers, et ne peut nous défendre.

JOSABETH, *à Joas.*

Cher enfant, que le ciel en vain m'avait rendu, 1431
Hélas! pour vous sauver j'ai fait ce que j'ai pu:
Dieu ne se souvient plus de David votre père.

JOAD, *à Josabeth.*

Quoi! vous ne craignez pas d'attirer sa colère
Sur vous et sur ce roi si cher à votre amour?
Et quand Dieu, de vos bras l'arrachant sans retour,
Voudrait que de David la maison fût éteinte,

21.

N'êtes-vous pas ici sur la montagne sainte
Où le père des Juifs sur son fils innocent
Leva sans murmurer un bras obéissant, 1440
Et mit sur un bûcher ce fruit de sa vieillesse,
Laissant à Dieu le soin d'accomplir sa promesse,
Et lui sacrifiant, avec ce fils aimé,
Tout l'espoir de sa race, en lui seul renfermé?
  Amis, partageons-nous : qu'Ismaël en sa garde
Prenne tout le côté que l'orient regarde ;
Vous, le côté de l'ourse ; et vous, de l'occident ;
Vous, le midi. Qu'aucun par un zèle imprudent,
Découvrant mes desseins, soit prêtre, soit lévite,
Ne sorte avant le temps, et ne se précipite ; 1450
Et que chacun enfin, d'un même esprit poussé,
Garde en mourant le poste où je l'aurai placé.
L'ennemi nous regarde, en son aveugle rage,
Comme de vils troupeaux réservés au carnage,
Et croit ne rencontrer que désordre et qu'effroi.
Qu'Azarias partout accompagne le roi.
  (*A Joas.*)
Venez, cher rejeton d'une vaillante race,
Remplir vos défenseurs d'une nouvelle audace
Venez du diadème à leurs yeux vous couvrir ;
Et périssez du moins en roi, s'il faut périr. 1460
Suivez-le, Josabeth.
    (*A un lévite.*) Vous, donnez-moi ces armes.
  (*Au chœur.*)
Enfants, offrez à Dieu vos innocentes larmes.

SCÈNE VI.

SALOMITH, *le chœur.*

LE CHOEUR *chante.*
Partez, enfans d'Aaron, partez :
Jamais plus illustre querelle

De vos aïeux n'arma le zèle.
Partez, enfants d'Aaron, partez:
C'est votre roi, c'est Dieu pour qui vous combattez.
UNE VOIX, *seule.*
Où sont les traits que tu lances,
Grand Dieu, dans ton juste courroux?
N'es-tu plus le Dieu jaloux? 1470
N'es-tu plus le Dieu des vengeances?
UNE AUTRE.
Où sont, Dieu de Jacob, tes antiques bontés?
Dans l'horreur qui nous environne,
N'entends-tu que la voix de nos iniquités?
N'es-tu plus le Dieu qui pardonne?
LE CHOEUR.
Où sont, Dieu de Jacob, tes antiques bontés?
UNE VOIX, *seule.*
C'est à toi que dans cette guerre
Les flèches des méchants prétendent s'adresser.
« Faisons, disent-ils, cesser
Les fêtes de Dieu sur la terre; 1480
De son joug importun délivrons les mortels;
Massacrons tous ses saints; renversons ses autels;
Que de son nom, que de sa gloire
Il ne reste plus de mémoire;
Que ni lui ni son Christ ne règnent plus sur nous. »
LE CHOEUR.
Où sont les traits que tu lances,
Grand Dieu, dans ton juste courroux?
N'es-tu plus le Dieu jaloux?
N'es-tu plus le Dieu des vengeances?
UNE VOIX, *seule.*
Triste reste de nos rois, 1490
Chère et dernière fleur d'une tige si belle,
Hélas! sous le couteau d'une mère cruelle
Te verrons-nous tomber une seconde fois?
Prince aimable, dis-nous si quelque ange, au berceau,

Contre tes assassins prit soin de te défendre;
    Ou si dans la nuit du tombeau
La voix du Dieu vivant a ranimé ta cendre?
    UNE AUTRE.
D'un père et d'un aïeul contre toi révoltés,
Grand Dieu, les attentats lui sont-ils imputés?
Est-ce que sans retour ta pitié l'abandonne? 1500
    LE CHOEUR.
Où sont, Dieu de Jacob, tes antiques bontés?
    N'es-tu plus le Dieu qui pardonne?
    UNE DES FILLES DU CHOEUR, *sans chanter.*
    Chères sœurs, n'entendez-vous pas
Des cruels Tyriens la trompette qui sonne?
    SALOMITH.
J'entends même les cris des barbares soldats,
    Et d'horreur j'en frissonne.
    Courons, fuyons, retirons-nous
      A l'ombre salutaire
      Du redoutable sanctuaire.

ACTE CINQUIÈME.

SCÈNE I.

ZACHARIE, SALOMITH, *le chœur.*

SALOMITH.
Cher Zacharie, eh bien! que nous apprenez-vous? 1510
    ZACHARIE.
Redoublez au Seigneur votre ardente prière:
Peut-être nous touchons à notre heure dernière;
Pour l'horrible combat, ma sœur, l'ordre est donné.

SALOMITH.
Que fait Joas?
ZACHARIE. Joas vient d'être couronné :
Le grand prêtre a sur lui répandu l'huile sainte.
O ciel! dans tous les yeux quelle joie était peinte
A l'aspect de ce roi racheté du tombeau!
Ma sœur, on voit encor la marque du couteau;
On voit paraître aussi sa fidèle nourrice,
Qui, cachée en un coin de ce vaste édifice, 1520
Gardait ce cher dépôt, et n'avait de ses soins
Que les yeux de ma mère et que Dieu pour témoins.
Nos lévites pleuraient de joie et de tendresse,
Et mêlaient leurs sanglots à leurs cris d'allégresse.
Lui, parmi ces transports, affable et sans orgueil,
A l'un tendait la main, flattait l'autre de l'œil,
Jurait de se régler par leurs avis sincères,
Et les appelait tous ses pères ou ses frères.

SALOMITH.
Ce secret au dehors est-il aussi semé?

ZACHARIE.
Ce secret dans le temple est encor renfermé. 1530
Des enfants de Lévi la troupe partagée
Dans un profond silence aux portes s'est rangée.
Tous doivent à la fois précipiter leurs pas,
Et crier pour signal : Vive le roi Joas!
Mais mon père défend que le roi se hasarde,
Et veut qu'Azarias demeure pour sa garde.
Cependant Athalie, un poignard à la main,
Rit des faibles remparts de nos portes d'airain :
Pour les rompre, elle attend les fatales machines,
Et ne respire enfin que sang et que ruines. 1540
Quelques prêtres, ma sœur, ont d'abord proposé
Qu'en un lieu souterrain, par nos pères creusé,
On renfermât du moins notre arche précieuse.
« O crainte, a dit mon père, indigne, injurieuse!
L'arche qui fit tomber tant de superbes tours,

Et força le Jourdain de rebrousser son cours,
Des dieux des nations tant de fois triomphante,
Fuirait donc à l'aspect d'une femme insolente! »
Ma mère, auprès du roi, dans un trouble mortel,
L'œil tantôt sur ce prince et tantôt vers l'autel, 1550
Muette, et succombant sous le poids des alarmes,
Aux yeux les plus cruels arracherait des larmes.
Le roi de temps en temps la presse entre ses bras,
La flatte... Chères sœurs, suivez toutes mes pas;
Et, s'il faut aujourd'hui que notre roi périsse,
Allons, qu'un même sort avec lui nous unisse.

SALOMITH.
Quelle insolente main frappe à coups redoublés?
Qui fait courir ainsi ces lévites troublés?
Quelle précaution leur fait cacher leurs armes?
Le temple est-il forcé?

ZACHARIE. Dissipez vos alarmes: 1560
Dieu nous envoie Abner.

SCÈNE II.

JOAD, JOSABETH, ZACHARIE, SALOMITH, ABNER,
ISMAEL, *deux lévites, le chœur.*

JOAD. En croirai-je mes yeux,
Cher Abner? Quel chemin a pu jusqu'en ces lieux
Vous conduire au travers d'un camp qui nous assiége?
On disait que d'Achab la fille sacrilége
Avait, pour assurer ses projets inhumains,
Chargé d'indignes fers vos généreuses mains.

ABNER.
Oui, seigneur; elle a craint mon zèle et mon courage:
Mais c'est le moindre prix que me gardait sa rage.
Dans l'horreur d'un cachot, par son ordre enfermé,
J'attendais que, le temple en cendre consumé, 1570
De tant de flots de sang non encore assouvie,

Elle vînt m'affranchir d'une importune vie,
Et retrancher des jours qu'aurait dû mille fois
Terminer la douleur de survivre à mes rois.
JOAD.
Par quel miracle a-t-on obtenu votre grâce?
ABNER.
Dieu dans ce cœur cruel sait seul ce qui se passe.
Elle m'a fait venir ; et d'un air égaré :
« Tu vois de mes soldats tout ce temple entouré,
Dit-elle ; un fer vengeur va le réduire en cendre,
Et ton Dieu contre moi ne le saurait défendre. 1580
Ses prêtres toutefois, mais il faut se hâter,
A deux conditions peuvent se racheter :
Qu'avec Éliacin on mette en ma puissance
Un trésor dont je sais qu'ils ont la connaissance,
Par votre roi David autrefois amassé,
Sous le sceau du secret au grand prêtre laissé.
Va, dis-leur qu'à ce prix je leur permets de vivre. »
JOAD.
Quel conseil, cher Abner, croyez-vous qu'on doit sui-
ABNER. [vre?
Et tout l'or de David, s'il est vrai qu'en effet
Vous gardiez de David quelque trésor secret, 1590
Et tout ce que des mains de cette reine avare
Vous avez pu sauver et de riche et de rare,
Donnez-le. Voulez-vous que d'impurs assassins
Viennent briser l'autel, brûler les chérubins,
Et, portant sur notre arche une main téméraire,
De votre propre sang souiller le sanctuaire?
JOAD.
Mais siérait-il, Abner, à des cœurs généreux
De livrer au supplice un enfant malheureux,
Un enfant que Dieu même à ma garde confie
Et de nous racheter aux dépens de sa vie? 1600
ABNER.
Hélas! Dieu voit mon cœur. Plût à ce Dieu puissant

Qu'Athalie oubliât un enfant innocent,
Et que du sang d'Abner sa cruauté contente
Crût calmer par ma mort le ciel qui la tourmente!
Mais que peuvent pour lui vos inutiles soins?
Quand vous périrez tous, en périra-t-il moins?
Dieu vous ordonne-t-il de tenter l'impossible
Pour obéir aux lois d'un tyran inflexible,
Moïse, par sa mère au Nil abandonné,
Se vit, presque en naissant, à périr condamné : 1610
Mais Dieu, le conservant contre toute espérance,
Fit par le tyran même élever son enfance.
Qui sait ce qu'il réserve à votre Éliacin;
Et si, lui préparant un semblable destin,
Il n'a point de pitié déjà rendu capable
De nos malheureux rois l'homicide implacable?
Du moins, et Josabeth comme moi l'a pu voir,
Tantôt à son aspect je l'ai vu s'émouvoir;
J'ai vu de son courroux tomber la violence.

  (*A Josabeth.*)
Princesse, en ce péril vous gardez le silence? 1620
Eh quoi! pour un enfant qui vous est étranger
Souffrez-vous que sans fruit Joad laisse égorger
Vous, son fils, tout ce peuple, et que le feu dévore
Le seul lieu sur la terre où Dieu veut qu'on l'adore?
Que feriez-vous de plus, si des rois vos aïeux
Ce jeune enfant était un reste précieux?

  JOSABETH, *bas à Joad.*
Pour le sang de ses rois vous voyez sa tendresse :
Que ne lui parlez-vous?
                    JOAD. Il n'est pas temps, princesse.
  ABNER.
Le temps est cher, seigneur, plus que vous ne pensez.
Tandis qu'à me répondre ici vous balancez, 1630
Mathan, près d'Athalie, étincelant de rage,
Demande le signal et presse le carnage.
Faut-il que je me mette à vos sacrés genoux?

Au nom du lieu si saint qui n'est ouvert qu'à vous,
Lieu terrible, où de Dieu la majesté repose,
Quelque dure que soit la loi qu'on vous impose,
De ce coup imprévu songeons à nous parer.
Donnez-moi seulement le temps de respirer :
Demain, dès cette nuit, je prendrai des mesures
Pour assurer le temple et venger ses injures. 1640
Mais je vois que mes pleurs et que mes vains discours
Pour vous persuader sont un faible secours ;
Votre austère vertu n'en peut être frappée :
Eh bien ! trouvez-moi donc quelque arme, quelque épée ;
Et qu'aux portes du temple, où l'ennemi m'attend,
Abner puisse du moins mourir en combattant.

   JOAD.

Je me rends. Vous m'ouvrez un avis que j'embrasse :
De tant de maux, Abner, détournons la menace.
Il est vrai, de David un trésor est resté,
La garde en fut commise à ma fidélité ; 1650
C'était des tristes Juifs l'espérance dernière,
Que mes soins vigilants cachaient à la lumière :
Mais puisqu'à votre reine il faut le découvrir,
Je vais la contenter ; nos portes vont s'ouvrir.
De ses plus braves chefs qu'elle entre accompagnée ;
Mais de nos saints autels qu'elle tienne éloignée
D'un ramas d'étrangers l'indiscrète fureur :
Du pillage du temple épargnez-moi l'horreur.
Des prêtres, des enfants lui feraient-ils quelque ombre ?
De sa suite avec vous qu'elle règle le nombre. 1660
Et quant à cet enfant si craint, si redouté,
De votre cœur, Abner, je connais l'équité,
Je vous veux devant elle expliquer sa naissance :
Vous verrez s'il le faut remettre en sa puissance ;
Et je vous ferai juge entre Athalie et lui.

   ABNER.

Ah ! je le prends déjà, seigneur, sous mon appui.
Ne craignez rien. Je cours vers celle qui m'envoie.

SCÈNE III.

JOAD, JOSABETH, ZACHARIE, SALOMITH, ISMAEL,
deux lévites, le chœur.

JOAD.
Grand Dieu! voici ton heure, on t'amène ta proie!
Ismaël, écoutez.
(Il lui parle à l'oreille.)
JOSABETH. Puissant maître des cieux,
Remets-lui le bandeau dont tu couvris ses yeux, 1070
Lorsque, lui dérobant tout le fruit de son crime,
Tu cachas dans mon sein cette tendre victime!
JOAD.
Allez, sage Ismaël, ne perdez point de temps;
Suivez de point en point ces ordres importants :
Surtout qu'à son entrée et que sur son passage
Tout d'un calme profond lui présente l'image.
Vous, enfants, préparez un trône pour Joas;
Qu'il s'avance suivi de nos sacrés soldats.
Faites venir aussi sa fidèle nourrice,
Princesse, et de vos pleurs que la source tarisse. 1080
(A un lévite.)
Vous, dès que cette reine, ivre d'un fol orgueil,
De la porte du temple aura passé le seuil,
Qu'elle ne pourra plus retourner en arrière,
Prenez soin qu'à l'instant la trompette guerrière
Dans le camp ennemi jette un subit effroi :
Appelez tout le peuple au secours de son roi;
Et faites retentir jusques à son oreille
De Joas conservé l'étonnante merveille.
Il vient.

SCÈNE IV.

JOAS, JOAD, JOSABETH, ZACHARIE, SALOMITH, AZARIAS,
troupe de prêtres et de lévites, le chœur.

JOAD *continue.*
Lévites saints, prêtres de notre Dieu,
Partout sans vous montrer environnez ce lieu ; 1690
Et, laissant à mes soins gouverner votre zèle,
Pour paraître attendez que ma voix vous appelle.
(Ils se cachent tous.)
Roi, je crois qu'à vos vœux cet espoir est permis,
Venez voir à vos pieds tomber vos ennemis.
Celle dont la fureur poursuivit votre enfance
Vers ces lieux à grands pas pour vous perdre s'avance,
Mais ne la craignez point : songez qu'autour de vous
L'ange exterminateur est debout avec nous.
Montez sur votre trône, et... Mais la porte s'ouvre :
Permettez un moment que ce voile vous couvre. 1700
(Il tire un rideau.)
Vous changez de couleur, princesse !
JOSABETH. Ah ! sans pâlir,
Puis-je voir d'assassins le temple se remplir ?
Quoi ! ne voyez-vous pas quelle nombreuse escorte...
JOAD.
Je vois que du saint temple on referme la porte ;
Tout est en sûreté.

SCÈNE V.

JOAS, ATHALIE, JOAD, JOSABETH, ABNER, *suite d'Athalie.*

(Joas est caché derrière le rideau.)
ATHALIE, *à Joad.* Te voilà, séducteur,
De ligues, de complots pernicieux auteur

Qui dans le trouble seul as mis tes espérances,
Éternel ennemi des suprêmes puissances!
En l'appui de ton Dieu tu t'étais reposé:
De ton espoir frivole es-tu désabusé? 1710
Il laisse en mon pouvoir et ton temple et ta vie.
Je devrais sur l'autel où ta main sacrifie
Te... Mais du prix qu'on m'offre il faut me contenter.
Ce que tu m'as promis, songe à l'exécuter:
Cet enfant, ce trésor, qu'il faut qu'on me remette,
Où sont-ils?

JOAD. Sur-le-champ tu seras satisfaite:
Je te les vais montrer l'un et l'autre à la fois.

(*Le rideau se tire. On voit Joas sur son trône; sa nourrice est à genoux à sa droite; Azarias, l'épée à la main, est debout à sa gauche; et, près de lui, Zacharie et Salomith sont à genoux sur les degrés du trône; plusieurs lévites, l'épée à la main, sont rangés sur les côtés.*)

Paraissez, cher enfant, digne sang de nos rois.
Connais-tu l'héritier du plus saint des monarques,
Reine? De ton poignard connais du moins ces marques.
Voilà ton roi, ton fils, le fils d'Ochozias. 1721
Peuples, et vous, Abner, reconnaissez Joas.

ABNER.
Ciel!

ATHALIE, *à Joad.*
Perfide!

JOAD. Vois-tu cette Juive fidèle
Dont tu sais bien qu'alors il suçait la mamelle?
Il fut par Josabeth à ta rage enlevé:
Ce temple le reçut, et Dieu l'a conservé.
Des trésors de David voilà ce qui me reste.

ATHALIE.
Ta fourbe à cet enfant, traître, sera funeste.
D'un fantôme odieux, soldats, délivrez-moi!

JOAD.

Soldats du Dieu vivant, défendez votre roi ! 1730

(Le fond du théâtre s'ouvre : on voit le dedans du temple ; et les lévites armés entrent de tous côtés sur la scène.)

ATHALIE.

Où suis-je? O trahison! ô reine infortunée!
D'armes et d'ennemis je suis environnée!

JOAD.

Tes yeux cherchent en vain, tu ne peux échapper,
Et Dieu de toutes parts a su t'envelopper.
Ce Dieu que tu bravais en nos mains t'a livrée:
Rends-lui compte du sang dont tu t'es enivrée

ATHALIE.

Quoi! la peur a glacé mes indignes soldats!
Lâche Abner, dans quel piége as-tu conduit mes pas?

ABNER.

Reine, Dieu m'est témoin...

    ATHALIE. Laisse-là ton Dieu, traître,
Et venge-moi.

ABNER, *se jetant aux pieds de Joas.*

    Sur qui? sur Joas! sur mon maître! 1740

ATHALIE.

Lui Joas! lui ton roi! Songez, méchants, songez
Que mes armes encor vous tiennent assiégés.
J'entends à haute voix tout mon camp qui m'appelle.
On vient à mon secours : tremblez, troupe rebelle!

SCÈNE VI.

JOAS, ATHALIE, JOAD, ISMAEL, *et tous les acteurs de la scène précédente.*

ISMAEL, *à Joad.*

Seigneur, le temple est libre, et n'a plus d'ennemis;
L'étranger est en fuite, et le Juif est soumis.

Comme le vent dans l'air dissipe la fumée,
La voix du Tout-Puissant a chassé cette armée.
Nos lévites, du haut de nos sacrés parvis,
D'Ochozias au peuple ont annoncé le fils, 1750
Ont conté son enfance au glaive dérobée,
Et la fille d'Achab dans le piége tombée.
Partout en même temps la trompette a sonné :
Et ses sons et leurs cris dans son camp étonné
Ont répandu le trouble et la terreur subite
Dont Gédéon frappa le fier Madianite.
Les Tyriens, jetant armes et boucliers,
Ont, par divers chemins, disparu les premiers :
Quelques Juifs éperdus ont aussi pris la fuite ;
Mais, de Dieu sur Joas admirant la conduite, 1760
Le reste à haute voix s'est pour lui déclaré.
Enfin, d'un même esprit tout le peuple inspiré,
Femmes, vieillards, enfants, s'embrassant avec joie,
Bénissent le Seigneur et celui qu'il envoie :
Tous chantent de David le fils ressuscité.
Baal est en horreur dans la sainte cité ;
De son temple profane on a brisé les portes ;
Mathan est égorgé.
    ATHALIE. Dieu des Juifs, tu l'emportes !
Oui, c'est Joas : je cherche en vain à me tromper ;
Je reconnais l'endroit où je le fis frapper ; 1770
Je vois d'Ochozias et le port et le geste ;
Tout me retrace enfin un sang que je déteste.
David, David triomphe ; Achab seul est détruit.
Impitoyable Dieu, toi seul as tout conduit !
C'est toi qui, me flattant d'une vengeance aisée,
M'as vingt fois en un jour à moi-même opposée :
Tantôt pour un enfant excitant mes remords,
Tantôt m'éblouissant de tes riches trésors,
Que j'ai craint de livrer aux flammes, au pillage.
Qu'il règne donc, ce fils, ton soin et ton ouvrage ! 1780
Et que, pour signaler son empire nouveau,

On lui fasse en mon sein enfoncer le couteau !
Voici ce qu'en mourant lui souhaite sa mère
Que dis-je, souhaiter ! je me flatte, j'espère
Qu'indocile à ton joug, fatigué de ta loi,
Fidèle au sang d'Achab qu'il a reçu de moi,
Conforme à son aïeul, à son père semblable,
On verra de David l'héritier détestable
Abolir tes honneurs, profaner ton autel,
Et venger Athalie, Achab et Jézabel.

(*Athalie sort, les lévites la suivent.*)

JOAD.

Qu'à l'instant hors du temple elle soit emmenée,
Et que la sainteté n'en soit point profanée.
Allez, sacrés vengeurs de vos princes meurtris,
De leur sang par sa mort faire cesser les cris.
Si quelque audacieux embrasse sa querelle,
Qu'à la fureur du glaive on le livre avec elle.

SCÈNE VII.

JOAS, JOAD, JOSABETH, ABNER, *et tous les acteurs de la scène précédente.*

JOAS, *descendu de son trône.*

Dieu, qui voyez mon trouble et mon affliction,
Détournez loin de moi sa malédiction,
Et ne souffrez jamais qu'elle soit accomplie :
Faites que Joas meure avant qu'il vous oublie !

JOAD, *aux lévites.*

Appelez tout le peuple, et montrons-lui son roi :
Qu'il lui vienne en ses mains renouveler sa foi.
Roi, prêtres, peuple, allons, pleins de reconnaissance,
De Jacob avec Dieu confirmer l'alliance,
Et, saintement confus de nos égarements,
Nous rengager à lui par de nouveaux serments.
Abner, auprès du roi reprenez votre place.

SCENE VIII.

JOAS, JOAD, *un lévite, et tous les acteurs de la scène précédente.*

JOAD, *au lévite.*
Eh bien! de cette impie a-t-on puni l'audace?
LE LÉVITE.
Le fer a de sa vie expié les horreurs.
Jérusalem, longtemps en proie à ses fureurs, 1810
De son joug odieux à la fin soulagée,
Avec joie en son sang la regarde plongée.
JOAD.
Par cette fin terrible, et due à ses forfaits,
Apprenez, roi des Juifs, et n'oubliez jamais
Que les rois dans le ciel ont un juge sévère,
L'innocence un vengeur, et l'orphelin un père.

VOLTAIRE.

MÉROPE

TRAGÉDIE.

(1743.)

A MONSIEUR LE MARQUIS SCIPION MAFFEI[1].

Monsieur, ceux dont les Italiens modernes et les autres peuples ont presque tout appris, les Grecs et les Romains, adressaient leurs ouvrages, sous la vaine formule d'un compliment, à leurs amis et aux maîtres de l'art. C'est à ces titres que je vous dois l'hommage de la *Mérope* française.

Les Italiens, qui ont été les restaurateurs de presque tous les beaux-arts et les inventeurs de quelques-uns, furent les premiers qui, sous les yeux de Léon X, firent renaître la tragédie; et vous êtes le premier, monsieur, qui, dans ce siècle où l'art des Sophocle commençait à être amolli par des intrigues d'amour souvent étrangères au sujet ou avili par d'indignes bouffonneries qui déshonoraient le goût de votre ingénieuse nation, vous êtes le premier, dis-je, qui avez eu le courage et le talent de donner une tragédie sans galanterie, une tragédie digne des beaux jours d'Athènes, dans laquelle l'amour d'une mère fait toute l'intrigue, et où le plus tendre intérêt naît de la vertu la plus pure.

La France se glorifie d'*Athalie*: c'est le chef-d'œuvre de notre théâtre, c'est celui de la poésie; c'est, de toutes les pièces qu'on joue, la seule où l'amour ne soit pas introduit; mais aussi elle est soutenue par la pompe de la religion, et par cette majesté de l'éloquence des prophètes. Vous n'avez point eu cette ressource, et cependant vous avez fourni cette longue carrière de cinq actes, qui est si prodigieusement difficile à remplir sans épisodes.

J'avoue que votre sujet me paraît beaucoup plus intéressant et plus tragique que celui d'*Athalie*; et si notre admirable Racine a mis plus d'art, de poésie et de grandeur dans

---

1. Scipion Maffei, auteur de la *Mérope* italienne et de beaucoup d'autres ouvrages.

son chef-d'œuvre, je ne doute pas que le vôtre n'ait fait couler beaucoup plus de larmes.

Le précepteur d'Alexandre (et il faut de tels précepteurs aux rois), Aristote, cet esprit si étendu, si juste et si éclairé dans les choses qui étaient alors à la portée de l'esprit humain, Aristote, dans sa *Poétique* immortelle, ne balance pas à dire que la reconnaissance de Mérope et de son fils était le moment le plus intéressant de toute la scène grecque. Il donnait à ce coup de théâtre la préférence sur tous les autres. Plutarque dit que les Grecs, ce peuple si sensible, frémissaient de crainte que le vieillard qui devait arrêter le bras de Mérope n'arrivât pas assez tôt. Cette pièce qu'on jouait de son temps, et dont il nous reste très-peu de fragments, lui paraissait la plus touchante de toutes les tragédies d'Euripide; mais ce n'était pas seulement le choix du sujet qui fit le grand succès d'Euripide, quoique en tout genre le choix soit beaucoup.

Il a été traité plusieurs fois en France, mais sans succès; peut-être les auteurs voulurent charger ce sujet si simple d'ornements étrangers. C'était la Vénus toute nue de Praxitèle qu'ils cherchaient à couvrir de clinquant. Il faut toujours beaucoup de temps aux hommes pour leur apprendre qu'en tout ce qui est grand on doit revenir au naturel et au simple.

En 1641, lorsque le théâtre commençait à fleurir en France, et à s'élever même fort au-dessus de celui de la Grèce par le génie de P. Corneille, le cardinal de Richelieu, qui recherchait toute sorte de gloire, et qui avait fait bâtir la salle des spectacles du Palais-Royal pour y représenter les pièces dont il avait fourni le dessein, y fit jouer une *Mérope* sous le nom de *Téléphonte*. Le plan est, à ce qu'on croit, entièrement de lui. Il y avait une centaine de vers de sa façon; le reste était de Colletet, de Bois-Robert, de Desmarets et de Chapelain; mais toute la puissance du cardinal de Richelieu ne pouvait donner à ces écrivains le génie qui leur manquait. Il n'avait peut-être pas lui-même celui du théâtre, quoiqu'il en eût le goût; et tout ce qu'il pouvait et devait faire, c'était d'encourager le grand Corneille.

M. Gilbert, résident de la célèbre reine Christine, donna en 1643 sa *Mérope*, aujourd'hui non moins inconnue que l'autre. Jean de la Chapelle, de l'Académie française, auteur d'une *Cléopâtre* jouée avec quelque succès, fit représenter sa *Mérope* en 1683. Il ne manqua pas de remplir sa pièce d'un épisode d'amour. Il se plaint d'ailleurs, dans sa préface, de ce qu'on lui reprochait trop de merveilleux. Il se trompait; ce n'était pas ce merveilleux qui avait fait tomber son ouvrage, c'était en effet le défaut de génie et la froideur de la versification : car voilà le grand point, voilà le vice capital qui fait périr tant de poëmes. L'art d'être éloquent en vers est de tous les arts le plus difficile et le plus rare. On trouvera mille génies qui sauront arranger un ouvrage et le versifier d'une manière commune; mais le traiter en vrais poëtes, c'est un talent qui est donné à trois ou quatre hommes sur la terre.

Au mois de décembre 1701, M. de la Grange fit jouer son *Amasis*, qui n'est autre chose que le sujet de *Mérope* sous d'autres noms : la galanterie règne aussi dans cette pièce, et il y a beaucoup plus d'incidents merveilleux que dans celle de la Chapelle; mais aussi elle est conduite avec plus d'art, plus de génie, plus d'intérêt; elle est écrite avec plus de chaleur et de force : cependant elle n'eut pas d'abord un succès éclatant, *et habent sua fata libelli*. Mais depuis elle a été rejouée avec de très-grands applaudissements, et c'est une des pièces dont la représentation a fait le plus de plaisir au public.

Avant et après *Amasis*, nous avons eu beaucoup de tragédies sur des sujets à peu près semblables, dans lesquelles une mère va venger la mort de son fils sur son propre fils même, et le reconnaît dans l'instant qu'elle va le tuer. Nous étions même accoutumés à voir sur notre théâtre cette situation frappante, mais rarement vraisemblable, dans laquelle un personnage vient, un poignard à la main, pour tuer son ennemi, tandis qu'un autre personnage arrive dans l'instant même et lui arrache le poignard. Ce coup de théâtre avait fait réussir, du moins pour un temps, le *Camma* de Thomas Corneille.

Mais de toutes les pièces dont je vous parle, il n'y en a aucune qui ne soit chargée d'un petit épisode d'amour, ou plutôt de galanterie; car il faut que tout se plie au goût dominant. Et ne croyez pas, monsieur, que cette malheureuse coutume d'accabler nos tragédies d'un épisode inutile de galanterie soit due à Racine, comme on le lui reproche en Italie; c'est lui, au contraire, qui a fait ce qu'il a pu pour réformer en cela le goût de la nation. Jamais chez lui la passion de l'amour n'est épisodique : elle est le fondement de toutes ses pièces; elle en forme le principal intérêt. C'est la passion la plus théâtrale de toutes, la plus fertile en sentiments, la plus variée : elle doit être l'âme d'un ouvrage de théâtre ou en être entièrement bannie. Si l'amour n'est pas tragique, il est insipide; et s'il est tragique, il doit régner seul : il n'est pas fait pour la seconde place. C'est Rotrou, c'est le grand Corneille même, il le faut avouer, qui, en créant notre théâtre, l'ont presque toujours défiguré par ces amours de commande, par ces intrigues galantes qui, n'étant point de vraies passions, ne sont point dignes du théâtre : et si vous demandez pourquoi on joue si peu de pièces de Pierre Corneille, n'en cherchez point ailleurs la raison; c'est que dans la tragédie d'*Othon* (II, 1),

> Othon à la princesse a fait un compliment
> Plus en homme de cour qu'en véritable amant...

Il suivait pas à pas un effort de mémoire,
Qu'il était plus aisé d'admirer que de croire.
Camille semblait même assez de cet avis ;
Elle aurait mieux goûté des discours moins suivis...
Dis-moi donc, lorsqu'Othon s'est offert à Camille,
A-t-il paru contraint? a-t-elle été facile?

C'est que, dans *Pompée*, l'inutile Cléopâtre dit que César

Lui trace des soupirs, et, d'un style plaintif,
Dans son champ de victoire il se dit son captif.   (II, I.)

C'est que César demande à Antoine (II, III)

..... S'il a vu cette reine adorable?

et qu'Antoine répond :

Oui, seigneur, je l'ai vue ; elle est incomparable.

C'est que, dans *Sertorius*, le vieux Sertorius même est amoureux à la fois par politique et par goût, et dit :

J'aime ailleurs : à mon âge il sied si mal d'aimer,
Que je le cache même à qui m'a su charmer...   (I, II.)

Et que d'un front ridé les replis jaunissants
Ne sont pas un grand charme à captiver les sens.   (II, I.)

C'est que, dans *Œdipe*, Thésée débute par dire à Dircé

Quelque ravage affreux qu'étale ici la peste,
L'absence aux vrais amants est encor plus funeste.   (I, I.)

Enfin, c'est que jamais un tel amour ne fait verser de larmes; et quand l'amour n'émeut pas, il refroidit.

Je ne vous dis ici, monsieur, que tout ce que les connaisseurs, les véritables gens de goût, se disent tous les jours en conversation; ce que vous avez entendu plusieurs fois chez moi: enfin ce qu'on pense, et ce que personne n'ose encore imprimer. Car vous savez comment les hommes sont faits; ils écrivent presque tous contre leur propre sentiment, de peur de choquer le préjugé reçu. Pour moi, qui n'ai jamais mis dans la littérature aucune politique, je vous dis hardiment la vérité, et j'ajoute que je respecte plus Corneille, et que je connais mieux le grand mérite de ce père du théâtre, que ceux qui le louent au hasard de ses défauts.

On a donné une *Mérope* sur le théâtre de Londres en 1731. Qui croirait qu'une intrigue d'amour y entrât encore? Mais depuis le règne de Charles II l'amour s'était emparé du théâtre d'Angleterre, et il faut avouer qu'il n'y a point de nation au monde qui ait peint si mal cette passion. L'amour ridiculement amené, et traité de même, est encore le défaut le moins monstrueux de la *Mérope* anglaise. Le jeune Égisthe, tiré de sa prison par une fille d'honneur amoureuse de lui, est conduit devant la reine, qui lui présente une coupe de poison et un poignard et lui dit : « Si tu n'avales le poison, ce poignard va servir à tuer ta maîtresse. » Le jeune homme boit, et on l'emporte mourant. Il revient, au cinquième acte, annoncer froidement à Mérope qu'il est son fils, et qu'il a tué le tyran. Mérope lui demande comment ce miracle s'est opéré : « Une amie de la fille d'honneur, répond-il, avait mis du jus de pavot, au lieu de poison, dans la coupe. Je n'étais qu'endormi quand on m'a cru mort; j'ai appris en m'éveillant que j'étais votre fils, et sur-le-champ j'ai tué le tyran. » Ainsi finit la tragédie.

Elle fut sans doute mal reçue : mais n'est-il pas bien étrange qu'on l'ait représentée ? N'est-ce pas une preuve que le théâtre anglais n'est pas encore épuré ? Il semble que la même cause qui prive les Anglais du génie de la peinture et de la musique leur ôte aussi celui de la tragédie. Cette île, qui a produit les plus grands philosophes de la terre, n'est pas aussi fertile pour les beaux-arts; et si les Anglais ne s'appliquent sérieusement à suivre les préceptes de leurs excellents citoyens Addison et Pope, ils n'approcheront pas des autres peuples en fait de goût et de littérature.

Mais, tandis que le sujet de *Mérope* était ainsi défiguré dans une partie de l'Europe, il y avait longtemps qu'il était traité en Italie selon le goût des anciens. Dans ce seizième siècle, qui sera fameux dans tous les siècles, le comte de Torelli avait donné sa *Mérope* avec des chœurs. Il paraît que si M. de la Chapelle a outré tous les défauts du théâtre français, qui sont l'air romanesque, l'amour inutile et les épisodes, et que si l'auteur anglais a poussé à l'excès la barbarie, l'indécence et l'absurdité, l'auteur italien avait outré les défauts des Grecs, qui sont le vide d'action et la déclamation. Enfin, monsieur, vous avez évité tous ces écueils ; vous qui avez donné à vos compatriotes des modèles en plus d'un genre, vous leur avez donné dans votre *Mérope* l'exemple d'une tragédie simple et intéressante.

J'en fus saisi dès que je la lus : mon amour pour ma patrie ne m'a jamais fermé les yeux sur le mérite des étrangers; au contraire, plus je suis bon citoyen, plus je cherche à enrichir mon pays des trésors qui ne sont point nés dans son sein. Mon envie de traduire votre *Mérope* redoubla lorsque j'eus l'honneur de vous connaître à Paris en 1733: je m'aperçus qu'en aimant l'auteur, je me sentais encore plus d'inclination pour l'ouvrage : mais quand je voulus y travailler, je vis qu'il était absolument impossible de la faire passer sur notre théâtre français. Notre délicatesse est devenue excessive : nous sommes peut-être des sybarites plongés dans le luxe, qui ne pouvons supporter cet air naïf et rustique, ces détails de la vie champêtre, que vous avez imités du théâtre grec.

Je craindrais qu'on ne souffrît pas chez nous le jeune Égisthe faisant présent de son anneau à celui qui l'arrête, et qui s'empare de cette bague. Je n'oserais hasarder de faire prendre un héros pour un voleur, quoique la circonstance où il se trouve autorise cette méprise.

Nos usages, qui probablement permettent tant de choses que les vôtres n'admettent point, nous empêcheraient de représenter le tyran de Mérope, l'assassin de son époux et de ses fils, feignant d'avoir, après quinze ans, de l'amour pour cette reine ; et même je n'oserais pas faire dire par Mérope au tyran : « Pourquoi donc ne m'avez-vous pas parlé d'amour auparavant, dans le temps que la fleur de la jeunesse ornait encore mon visage ? » Ces entretiens sont naturels ; mais notre parterre, quelquefois si indulgent, et d'autres fois si délicat, pourrait les trouver trop familiers, et voir même de la coquetterie où il n'y a au fond que de la raison.

Notre théâtre français ne souffrirait pas non plus que Mérope fît lier son fils sur la scène à une colonne, ni qu'elle courût sur lui deux fois, le javelot et la hache à la main, ni que le jeune homme s'enfuît deux fois devant elle, en demandant la vie à son tyran.

Nos usages permettraient encore moins que la confidente de Mérope engageât le jeune Égisthe à dormir sur la scène, afin de donner le temps à la reine de venir l'y assassiner. Ce n'est pas, encore une fois, que tout cela ne soit dans la nature ; mais il faut que vous pardonniez à notre nation, qui exige que la nature soit toujours présentée avec certains traits de l'art, et ces traits sont bien différents à Paris et à Vérone.

Pour donner une idée sensible de ces différences que le génie des nations cultivées met entre les mêmes arts, permettez-moi, monsieur, de vous rappeler ici quelques traits de votre célèbre ouvrage qui me paraissent dictés par la pure nature. Celui qui arrête le jeune Cresphonte, et qui lui prend sa bague, lui dit :

« ... Or dunque in tuo paese i servi
« Han di coteste gemme? Un bel paese
« Fia questo tuo ; nel nostro una tal gemma
« Ad un dito regal non sconverrebbe. »   (I, IV.)

Je vais prendre la liberté de traduire cet endroit en vers blancs, comme votre pièce est écrite, parce que le temps qui me presse ne me permet pas le long travail qu'exige la rime.

Les esclaves, chez vous, portent de tels joyaux!
Votre pays doit être un beau pays, sans doute :
Chez nous de tels anneaux ornent la main des rois.

Le confident du tyran lui dit en parlant de la reine, qui refuse d'épouser, après vingt ans, l'assassin reconnu de sa famille :

« La donna, come sai, ricusa e brama. » (II, III.)

La femme, comme on sait, nous refuse et désire.

La suivante de la reine répond au tyran, qui la presse de disposer sa maîtresse au mariage :

« . . . . Dissimulato in vano
« Soffre di febbre assalto : alquanti giorni
« Donare è forza a rinfrancar suoi spirti. » (II, IV.)

On ne peut vous cacher que la reine a la fièvre ;
Accordez quelque temps pour lui rendre ses forces.

Dans votre quatrième acte, le vieillard Polydore demande à un homme de la cour de Mérope qui il est. Je suis Eurisès, le fils de Nicandre, répond-il. Polydore alors, en parlant de Nicandre, s'exprime comme le Nestor d'Homère :

« . . . . . , ... Egli era umano
« E liberal ; quando appariva, tutti
« Faceangli onor. Io mi ricordo ancora
« Di quando ei festiggio con bella pompa
« Le sue nozze con Silvia, ch'era figlia
« D'Olimpia e di Glicon, fratel d'Ipparco.
« Tu dunque sei quel fanciullin che in corte
« Silvia condur solea quasi per pompa?
« Parmi l'altr'ieri. O quanto siete presti,
« Quanto mai v' affrettate, o giovinetti!
« A farvi adulti, ed a gridar tacendo
« Che noi diam loco! » (IV, IV.)

Oh! qu'il était humain! qu'il était libéral!
Que, dès qu'il paraissait, on lui faisait d'honneur!
Je me souviens encor du festin qu'il donna,
De tout cet appareil, alors qu'il épousa
La fille de Glicon et de cette Olympie,
La belle-sœur d'Hipparque. Euris·s, c'est donc vous,
Vous, cet aimable enfant que si souvent Sylvie
Se faisait un plaisir de conduire à la cour?
Je crois que c'est hier. Oh! que vous êtes prompte!

Que vous croissez, jeunesse! et que dans vos beaux jours
Vous nous avertissez de vous céder la place!

Et dans un autre endroit, le même vieillard, invité d'aller voir la cérémonie du mariage de la reine, répond :

« . . . . O curioso .
« Punto i' non son : passo stagione : assai
« Veduti ho sacrificj. Io mi ricordo
« Di quello ancora quando il re Cresfonte
« Incomincio a regnar. Quella fu pompa!
« Ora più non si fanno a questi tempi
« Di cotai sacrificj. Più di cento
« Fur le bestie svenate : i sacerdoti
« Risplendean tutti, ed ove ti volgessi
« Altro non si vedea che argento ed oro. » (V, v.)

. . . . Je suis sans curiosité.
Le temps en est passé : mes yeux ont assez vu
De ces apprêts d'hymen et de ces sacrifices.
Je me souviens encor de cette pompe auguste
Qui jadis en ces lieux marqua les premiers jours
Du règne de Cresphonte. Ah! le grand appareil!
Il n'est plus aujourd'hui de semblables spectacles.
Plus de cent animaux y furent immolés;
Tous les prêtres brillaient ; et les yeux éblouis
Voyaient l'argent et l'or partout étinceler.

Tous ces traits sont naïfs, tout y est convenable à ceux que vous introduisez sur la scène et aux mœurs que vous leur donnez. Ces familiarités naturelles eussent été, à ce que je crois, bien reçues dans Athènes ; mais Paris et notre parterre veulent une autre espèce de simplicité. Notre ville pourrait même se vanter d'avoir un goût plus cultivé qu'on ne l'avait dans Athènes : car enfin il me semble qu'on ne représentait d'ordinaire des pièces de théâtre dans cette première ville de la Grèce que dans quatre fêtes solennelles, et Paris a plus d'un spectacle tous les jours de l'année. On ne comptait dans Athènes que dix mille citoyens, et notre ville est peuplée de près de huit cent mille habitants, parmi lesquels je crois qu'on peut compter trente mille juges des ouvrages dramatiques, et qui jugent presque tous les jours.

Vous avez pu, dans votre tragédie, traduire cette élégante et simple comparaison de Virgile :

« Qualis populea mœrens Philomela sub umbra
« Amissos queritur fetus. » (*Géorg.*, IV, 511.)

Si je prenais une telle liberté, on me renverrait au poëme épique : tant nous avons affaire à un maître dur, qui est le public.

« Nescis, heu ! nescis dominæ fastidia Romæ...
« Et pueri nasum rhinocerotis habent. » (*Martial*, I, 4.)

Les Anglais ont la coutume de finir presque tous leurs actes par une comparaison; mais nous exigeons, dans une tragédie, que ce soient les héros qui parlent, et non le poëte : et notre public pense que, dans une grande crise d'affaires, dans un conseil, dans une passion violente, dans un danger pressant, les princes, les ministres, ne font point de comparaisons poétiques.

Comment pourrais-je encore faire parler souvent ensemble des personnages subalternes? Ils servent chez vous à préparer des scènes intéressantes entre les principaux acteurs; ce sont les avenues d'un beau palais : mais notre public impatient veut entrer tout d'un coup dans le palais. Il faut donc se plier au goût d'une nation d'autant plus difficile qu'elle est depuis longtemps rassasiée de chefs-d'œuvre.

Cependant, parmi tant de détails que notre extrême sévérité réprouve, combien de beautés je regrettais! combien me plaisait la simple nature, quoique sous une forme étrangère pour nous! Je vous rends compte, monsieur, d'une partie des raisons qui m'ont empêché de vous suivre, en vous admirant.

Je fus obligé, à regret, d'écrire une *Mérope* nouvelle; je l'ai donc faite différemment; mais je suis bien loin de croire l'avoir mieux faite. Je me regarde avec vous comme un voyageur à qui un roi d'Orient aurait fait présent des plus riches étoffes : ce roi devait permettre que le voyageur s'en fît habiller à la mode de son pays.

Ma *Mérope* fut achevée au commencement de 1736, à peu près telle qu'elle est aujourd'hui. D'autres études m'empêchèrent de la donner au théâtre; mais la raison qui m'en éloignait le plus était la crainte de la faire paraître après d'autres pièces heureuses, dans lesquelles on avait vu depuis peu le même sujet sous des noms différents. Enfin j'ai hasardé ma tragédie, et notre nation a fait connaître qu'elle ne dédaignait pas de voir la même matière différemment traitée. Il est arrivé à notre théâtre ce qu'on voit tous les jours dans une galerie de peinture, où plusieurs tableaux représentent le même sujet : les connaisseurs se plaisent à remarquer les diverses manières; chacun saisit, selon son goût, le caractère de chaque peintre; c'est une espèce de concours qui sert à la fois à perfectionner l'art et à augmenter les lumières du public.

Si la *Mérope* française a eu le même succès que la *Mérope* italienne, c'est à vous, monsieur, que je le dois; c'est à cette simplicité dont j'ai toujours été idolâtre, qui, dans votre ouvrage, m'a servi de modèle. Si j'ai marché dans une route différente, vous m'y avez toujours servi de guide.

J'aurais voulu pouvoir, à l'exemple des Italiens et des Anglais, employer l'heureuse facilité des vers blancs, et je me suis souvenu plus d'une fois de ce passage de Rucellai :

« Tu sai pur che l'imagin della voce
« Che risponde dai sassi, ov' Eco alberga,
« Sempre nemica fu del nostro regno,
« E fu inventrice delle prime rime. »

Mais je me suis aperçu, et j'ai dit, il y a longtemps, qu'une telle tentative n'aurait jamais de succès en France, et qu'il y aurait beaucoup plus de faiblesse que de force à éluder un joug qu'ont porté les auteurs de tant d'ouvrages qui dureront autant que la nation française. Notre poésie n'a aucune des libertés de la vôtre, et c'est peut-être une des raisons pour lesquelles les Italiens nous ont précédés de plus de trois siècles dans cet art si aimable et si difficile.

Je voudrais, monsieur, pouvoir vous suivre dans vos autres connaissances, comme j'ai eu le bonheur de vous imiter dans la tragédie. Que n'ai-je pu me former sur votre goût dans la science de l'histoire! non pas dans cette science vague et stérile des faits et des dates, qui se borne à savoir en quel temps mourut un homme inutile ou funeste au monde; science uniquement de dictionnaire, qui chargerait la mémoire sans éclairer l'esprit : je veux parler de cette histoire de l'esprit humain qui apprend à connaître les mœurs; qui nous trace, de faute en faute et de préjugé en préjugé, les effets des passions des hommes; qui nous fait voir ce que l'ignorance ou un savoir mal entendu ont causé de maux, et qui suit surtout le fil du progrès des arts à travers ce choc effroyable de tant de puissances et ce bouleversement de tant d'empires.

C'est par là que l'histoire m'est précieuse, et elle me le devient davantage par la place que vous tiendrez parmi ceux qui ont donné de nouveaux plaisirs et de nouvelles lumières aux hommes. La postérité apprendra avec émulation que votre patrie vous a rendu les honneurs les plus rares, et que Vérone vous a élevé une statue, avec cette inscription : *Au marquis Scipion Maffei vivant;* inscription aussi belle en son genre que celle qu'on lit à Montpellier : *A Louis XIV après sa mort.*

Daignez ajouter, monsieur, aux hommages de vos concitoyens celui d'un étranger que sa respectueuse estime vous attache autant que s'il était né à Vérone.

VOLTAIRE.

MÉROPE

TRAGÉDIE.

(1743.)

PERSONNAGES. — MÉROPE, veuve de Cresphonte, roi de Messène. — ÉGISTHE, fils de Mérope. — POLYPHONTE, tyran de Messène. — NARBAS, vieillard. — EURYCLÈS, favori de Mérope. — ÉROX, favori de Polyphonte. — ISMÉNIE, confidente de Mérope.

La scène est à Messène, dans le palais de Mérope.

ACTE PREMIER.

SCÈNE I.

MÉROPE, ISMÉNIE.

ISMÉNIE.
Grande reine, écartez ces horribles images :
Goûtez des jours sereins, nés du sein des orages.
Les dieux nous ont donné la victoire et la paix :
Ainsi que leur courroux ressentez leurs bienfaits.
Messène, après quinze ans de guerres intestines,
Lève un front moins timide et sort de ses ruines.
Vos yeux ne verront plus tous ces chefs ennemis
Divisés d'intérêts, et pour le crime unis,
Par les saccagements, le sang, et le ravage,
Du meilleur de nos rois disputer l'héritage.   10
Nos chefs, nos citoyens, rassemblés sous vos yeux,
Les organes des lois, les ministres des dieux,
Vont, libres dans leur choix, décerner la couronne.

Sans doute elle est à vous, si la vertu la donne.
Vous seule avez sur nous d'irrévocables droits;
Vous, veuve de Cresphonte et fille de nos rois;
Vous, que tant de constance et quinze ans de misèr
Font encor plus auguste et nous rendent plus chère
Vous, pour qui tous les cœurs en secret réunis...
    MÉROPE.
Quoi! Narbas ne vient point! Reverrai-je mon fils?
    ISMÉNIE.
Vous pouvez l'espérer : déjà d'un pas rapide
Vos esclaves en foule ont couru dans l'Élide;
La paix a de l'Élide ouvert tous les chemins.
Vous avez mis sans doute en de fidèles mains
Ce dépôt si sacré, l'objet de tant d'alarmes?
    MÉROPE.
Me rendrez-vous mon fils, dieux témoins de mes lar
Égisthe est-il vivant? Avez-vous conservé [mes
Cet enfant malheureux, le seul que j'ai sauvé?
Écartez loin de lui la main de l'homicide!
C'est votre fils, hélas! c'est le pur sang d'Alcide.
Abandonnerez-vous ce reste précieux
Du plus juste des rois et du plus grand des dieux,
L'image de l'époux dont j'adore la cendre?
    ISMÉNIE.
Mais quoi! cet intérêt et si juste et si tendre
De tout autre intérêt peut-il vous détourner?
    MÉROPE.
Je suis mère, et tu peux encor t'en étonner?
    ISMÉNIE.
Du sang dont vous sortez l'auguste caractère
Sera-t-il effacé par cet amour de mère?
Son enfance était chère à vos yeux éplorés;
Mais vous avez peu vu ce fils que vous pleurez.
    MÉROPE.
Mon cœur a vu toujours ce fils que je regrette;
Ses périls nourrissaient ma tendresse inquiète;

Un si juste intérêt s'accrut avec le temps.
Un mot seul de Narbas, depuis plus de quatre ans,
Vint, dans la solitude où j'étais retenue,
Porter un nouveau trouble à mon âme éperdue :
Égisthe, écrivait-il, mérite un meilleur sort;
Il est digne de vous et des dieux dont il sort :
En butte à tous les maux, sa vertu les surmonte :
Espérez tout de lui, mais craignez Polyphonte. 50
    ISMÉNIE.
De Polyphonte au moins prévenez les desseins;
Laissez passer l'empire en vos augustes mains.
    MÉROPE.
L'empire est à mon fils. Périsse la marâtre,
Périsse le cœur dur, de soi-même idolâtre,
Qui peut goûter en paix, dans le suprême rang,
Le barbare plaisir d'hériter de son sang!
Si je n'ai plus de fils, que m'importe un empire?
Que m'importe ce ciel, ce jour que je respire?
Je dus y renoncer alors que dans ces lieux
Mon époux fut trahi des mortels et des dieux. 60
O perfidie! ô crime! ô jour fatal au monde!
O mort toujours présente à ma douleur profonde!
J'entends encor ces voix, ces lamentables cris,
Ces cris : « Sauvez le roi, son épouse, et ses fils! »
Je vois ces murs sanglants, ces portes embrasées,
Sous ces lambris fumants ces femmes écrasées,
Ces esclaves fuyant, le tumulte, l'effroi,
Les armes, les flambeaux, la mort autour de moi.
Là, nageant dans son sang, et souillé de poussière,
Tournant encor vers moi sa mourante paupière, 70
Cresphonte en expirant me serra dans ses bras;
Là, deux fils malheureux, condamnés au trépas,
Tendres et premiers fruits d'une union si chère,
Sanglants et renversés sur le sein de leur père,
A peine soulevaient leurs innocentes mains.
Hélas! ils m'imploraient contre leurs assassins.

Égisthe échappa seul; un dieu prit sa défense :
Veille sur lui, grand dieu, qui sauvas son enfance!
Qu'il vienne; que Narbas le ramène à mes yeux,
Du fond de ses déserts au rang de ses aïeux! 80
J'ai supporté quinze ans mes fers et son absence;
Qu'il règne au lieu de moi : voilà ma récompense.

SCÈNE II.

MÉROPE, ISMÉNIE, EURYCLÈS.

MÉROPE.
Eh bien! Narbas? mon fils?
                      EURYCLÈS. Vous me voyez confus;
Tant de pas, tant de soins ont été superflus.
On a couru, madame, aux rives du Pénée.
Dans les champs d'Olympie, aux murs de Salmonée;
Narbas est inconnu : le sort, dans ces climats,
Dérobe à tous les yeux la trace de ses pas.
    MÉROPE.
Hélas! Narbas n'est plus; j'ai tout perdu, sans doute.
    ISMÉNIE.
Vous croyez tous les maux que votre âme redoute; 90
Peut-être, sur les bruits de cette heureuse paix,
Narbas ramène un fils si cher à nos souhaits.
    EURYCLÈS.
Peut-être sa tendresse, éclairée et discrète,
A caché son voyage ainsi que sa retraite :
Il veille sur Égisthe; il craint ces assassins
Qui du roi votre époux ont tranché les destins.
De leurs affreux complots il faut tromper la rage.
Autant que je l'ai pu j'assure son passage,
Et j'ai sur ces chemins de carnage abreuvés
Des yeux toujours ouverts et des bras éprouvés. 100
    MÉROPE.
Dans ta fidélité j'ai mis ma confiance.

Act. I.]

EURYCLÈS.
Hélas! que peut pour vous ma triste vigilance?
On va donner son trône : en vain ma faible voix
Du sang qui le fit naître a fait parler les droits,
L'injustice triomphe, et ce peuple, à sa honte,
Au mépris de nos lois, penche vers Polyphonte.

MÉROPE.
Et le sort jusque-là pourrait nous avilir!
Mon fils dans ses États reviendrait pour servir!
Il verrait son sujet au rang de ses ancêtres!
Le sang de Jupiter aurait ici des maîtres! 110
Je n'ai donc plus d'amis? Le nom de mon époux,
Insensibles sujets, a donc péri pour vous?
Vous avez oublié ses bienfaits et sa gloire?

EURYCLÈS.
Le nom de votre époux est cher à leur mémoire :
On regrette Cresphonte, on le pleure, on vous plaint;
Mais la force l'emporte, et Polyphonte est craint.

MÉROPE.
Ainsi donc, par mon peuple en tout temps accablée,
Je verrai la justice à la brigue immolée;
Et le vil intérêt, cet arbitre du sort,
Vend toujours le plus faible aux crimes du plus fort.
Allons, et rallumons dans ces âmes timides 121
Ces regrets mal éteints du sang des Héraclides;
Flattons leur espérance, excitons leur amour.
Parlez, et de leur maître annoncez le retour.

EURYCLÈS.
Je n'ai que trop parlé : Polyphonte en alarmes
Craint déjà votre fils, et redoute vos larmes;
La fière ambition dont il est dévoré
Est inquiète, ardente, et n'a rien de sacré.
S'il chassa les brigands de Pylos et d'Amphryse,
S'il a sauvé Messène, il croit l'avoir conquise. 130
Il agit pour lui seul, il veut tout asservir :
Il touche à la couronne, et, pour mieux la ravir.

Il n'est point de rempart que sa main ne renverse,
De lois qu'il ne corrompe, et de sang qu'il ne verse :
Ceux dont la main cruelle égorgea votre époux
Peut-être ne sont pas plus à craindre pour vous.

MÉROPE.
Quoi ! partout sous mes pas le sort creuse un abîme !
Je vois autour de moi le danger et le crime !
Polyphonte, un sujet de qui les attentats...

EURYCLÈS.
Dissimulez, madame ; il porte ici ses pas. 140

SCÈNE III.

MÉROPE, POLYPHONTE, ÉROX.

POLYPHONTE.
Madame, il faut enfin que mon cœur se déploie.
Ce bras qui vous servit m'ouvre au trône une voie :
Et les chefs de l'État, tout prêts de prononcer,
Me font entre nous deux l'honneur de balancer.
Des partis opposés qui désolaient Messènes,
Qui versaient tant de sang, qui formaient tant de haines,
Il ne reste aujourd'hui que le vôtre et le mien.
Nous devons l'un à l'autre un mutuel soutien :
Nos ennemis communs, l'amour de la patrie,
Le devoir, l'intérêt, la raison, tout nous lie ; 150
Tout vous dit qu'un guerrier, vengeur de votre époux,
S'il aspire à régner, peut aspirer à vous.
Je me connais ; je sais que, blanchi sous les armes,
Ce front triste et sévère a pour vous peu de charmes ;
Je sais que vos appas, encor dans leur printemps,
Pourraient s'effaroucher de l'hiver de mes ans ;
Mais la raison d'État connaît peu ces caprices ;
Et de ce front guerrier les nobles cicatrices
Ne peuvent se couvrir que du bandeau des rois.
Je veux le sceptre et vous pour prix de mes exploits. 160

N'en croyez pas, madame, un orgueil téméraire :
Vous êtes de nos rois et la fille et la mère ;
Mais l'État veut un maître, et vous devez songer
Que pour garder vos droits il les faut partager.
    MÉROPE.
Le ciel, qui m'accabla du poids de sa disgrâce,
Ne m'a point préparée à ce comble d'audace.
Sujet de mon époux, vous m'osez proposer
De trahir sa mémoire et de vous épouser ?
Moi, j'irais de mon fils, du seul bien qui me reste,
Déchirer avec vous l'héritage funeste ?   170
Je mettrais en vos mains sa mère et son État,
Et le bandeau des rois sur le front d'un soldat ?
    POLYPHONTE.
Un soldat tel que moi peut justement prétendre
A gouverner l'État, quand il l'a su défendre.
Le premier qui fut roi fut un soldat heureux :
Qui sert bien son pays n'a pas besoin d'aïeux.
Je n'ai plus rien du sang qui m'a donné la vie ;
Ce sang s'est épuisé, versé pour la patrie ;
Ce sang coula pour vous ; et, malgré vos refus,
Je crois valoir au moins les rois que j'ai vaincus ; 180
Et je n'offre, en un mot, à votre âme rebelle
Que la moitié d'un trône où mon parti m'appelle.
    MÉROPE.
Un parti ! vous, barbare, au mépris de nos lois !
Est-il d'autre parti que celui de vos rois ?
Est-ce là cette foi si pure et si sacrée
Qu'à mon époux, à moi, votre bouche a jurée ;
La foi que vous devez à ses mânes trahis,
A sa veuve éperdue, à son malheureux fils,
A ces dieux dont il sort, et dont il tient l'empire ?
    POLYPHONTE.
Il est encor douteux si votre fils respire.   190
Mais quand du sein des morts il viendrait en ces lieux
Redemander son trône à la face des dieux,

Ne vous y trompez pas, Messène veut un maître
Éprouvé par le temps, digne en effet de l'être;
Un roi qui la défende; et j'ose me flatter
Que le vengeur du trône a seul droit d'y monter.
Égisthe, jeune encore, et sans expérience,
Étalerait en vain l'orgueil de sa naissance;
N'ayant rien fait pour nous, il n'a rien mérité.
D'un prix bien différent ce trône est acheté. 200
Le droit de commander n'est plus un avantage
Transmis par la nature, ainsi qu'un héritage :
C'est le fruit des travaux et du sang répandu,
C'est le prix du courage; et je crois qu'il m'est dû.
Souvenez-vous du jour où vous fûtes surprise
Par ces lâches brigands de Pylos et d'Amphryse;
Revoyez votre époux et vos fils malheureux,
Presque en votre présence, assassinés par eux;
Revoyez-moi, madame, arrêtant leur furie,
Chassant vos ennemis, défendant la patrie; 210
Voyez ces murs enfin par mon bras délivrés;
Songez que j'ai vengé l'époux que vous pleurez :
Voilà mes droits, madame, et mon rang et mon titre.
La valeur fit ces droits; le ciel en est l'arbitre.
Que votre fils revienne, il apprendra sous moi
Les leçons de la gloire et l'art de vivre en roi :
Il verra si mon front soutiendra la couronne.
Le sang d'Alcide est beau, mais n'a rien qui m'étonne.
Je recherche un honneur et plus noble et plus grand :
Je songe à ressembler au dieu dont il descend. 220
En un mot, c'est à moi de défendre la mère,
Et de servir au fils et d'exemple et de père.

   MÉROPE.

N'affectez point ici des soins si généreux,
Et cessez d'insulter à mon fils malheureux.
Si vous osez marcher sur les traces d'Alcide,
Rendez donc l'héritage au fils d'un Héraclide.
Ce dieu, dont vous seriez l'injuste successeur,

Vengeur de tant d'États, n'en fut point ravisseur.
Imitez sa justice ainsi que sa vaillance;
Défendez votre roi, secourez l'innocence; 230
Découvrez, rendez-moi ce fils que j'ai perdu,
Et méritez sa mère à force de vertu;
Dans nos murs relevés rappelez votre maître:
Alors jusques à vous je descendrais peut-être;
Je pourrais m'abaisser; mais je ne puis jamais
Devenir la complice et le prix des forfaits.

SCÈNE IV.

POLYPHONTE, ÉROX.

ÉROX.
Seigneur, attendez-vous que son âme fléchisse?
Ne pouvez-vous régner qu'au gré de son caprice?
Vous avez su du trône aplanir le chemin,
Et pour vous y placer vous attendez sa main! 240
POLYPHONTE.
Entre ce trône et moi je vois un précipice;
Il faut que ma fortune y tombe, ou le franchisse.
Mérope attend Égisthe; et le peuple aujourd'hui,
Si son fils reparaît, peut se tourner vers lui.
En vain, quand j'immolai son père et ses deux frères,
De ce trône sanglant je m'ouvris les barrières;
En vain dans ce palais, où la sédition
Remplissait tout d'horreur et de confusion,
Ma fortune a permis qu'un voile heureux et sombre
Couvrît mes attentats du secret de son ombre; 250
En vain du sang des rois, dont je suis l'oppresseur,
Les peuples abusés m'ont cru le défenseur:
Nous touchons au moment où mon sort se décide.
S'il reste un rejeton de la race d'Alcide,
Si ce fils tant pleuré dans Messène est produit,
De quinze ans de travaux j'ai perdu tout le fruit.

Crois-moi, ces préjugés de sang et de naissance
Revivront dans les cœurs, y prendront sa défense.
Le souvenir du père, et cent rois pour aïeux,
Cet honneur prétendu d'être issu de nos dieux, 260
Les cris, le désespoir d'une mère éplorée,
Détruiront ma puissance encor mal assurée.
Égisthe est l'ennemi dont il faut triompher.
Jadis dans son berceau je voulus l'étouffer.
De Narbas à mes yeux l'adroite diligence
Aux mains qui me servaient arracha son enfance :
Narbas, depuis ce temps, errant loin de ces bords,
A bravé ma recherche, a trompé mes efforts.
J'arrêtai ses courriers ; ma juste prévoyance
De Mérope et de lui rompit l'intelligence. 270
Mais je connais le sort ; il peut se démentir ;
De la nuit du silence un secret peut sortir ;
Et des dieux quelquefois la longue patience
Fait sur nous à pas lents descendre la vengeance.

    ÉROX.

Ah ! livrez-vous sans crainte à vos heureux destins.
La prudence est le dieu qui veille à vos desseins.
Vos ordres sont suivis : déjà vos satellites
D'Élide et de Messène occupent les limites.
Si Narbas reparaît, si jamais à leurs yeux
Narbas ramène Égisthe, ils périssent tous deux. 280

    POLYPHONTE.

Mais me réponds-tu bien de leur aveugle zèle ?

    ÉROX.

Vous les avez guidés par une main fidèle :
Aucun d'eux ne connaît ce sang qui doit couler,
Ni le nom de ce roi qu'ils doivent immoler.
Narbas leur est dépeint comme un traître, un trans-
Un criminel errant, qui demande un refuge ; [fuge,
L'autre, comme un esclave, et comme un meurtrier
Qu'à la rigueur des lois il faut sacrifier.

POLYPHONTE.
Eh bien ! encor ce crime ! il m'est trop nécessaire.
Mais, en perdant le fils j'ai besoin de la mère ; 290
J'ai besoin d'un hymen utile à ma grandeur,
Qui détourne de moi le nom d'usurpateur,
Qui fixe enfin les vœux de ce peuple infidèle,
Qui m'apporte pour dôt l'amour qu'on a pour elle.
Je lis au fond des cœurs ; à peine ils sont à moi :
Échauffés par l'espoir, ou glacés par l'effroi.
L'intérêt me les donne, il les ravit de même.
Toi dont le sort dépend de ma grandeur suprême,
Appui de mes projets par tes soins dirigés,
Érox, va réunir les esprits partagés : 300
Que l'avare en secret te vende son suffrage ;
Assure au courtisan ma faveur en partage :
Du lâche qui balance échauffe les esprits.
Promets, donne, conjure, intimide, éblouis.
Ce fer au pied du trône en vain m'a su conduire ; 305
C'est encor peu de vaincre, il faut savoir séduire,
Flatter l'hydre du peuple, au frein l'accoutumer,
Et pousser l'art enfin jusqu'à m'en faire aimer.

ACTE DEUXIÈME.

SCÈNE I.

MÉROPE, EURYCLÈS, ISMÉNIE.

MÉROPE.
Quoi ! l'univers se tait sur le destin d'Égisthe !
Je n'entends que trop bien ce silence si triste. 310
Aux frontières d'Élide enfin n'a-t-on rien su ?
EURYCLÈS.
On n'a rien découvert ; et tout ce qu'on a vu,

C'est un jeune étranger, de qui la main sanglante
D'un meurtre encor récent paraissait dégouttante :
Enchaîné par mon ordre, on l'amène au palais.
   MÉROPE.
Un meurtre ! un inconnu ! Qu'a-t-il fait, Euryclès?
Quel sang a-t-il versé? Vous me glacez de crainte.
   EURYCLÈS.
Triste effet de l'amour dont votre âme est atteinte!
Le moindre événement vous porte un coup mortel;
Tout sert à déchirer ce cœur trop maternel ; 320
Tout fait parler en vous la voix de la nature.
Mais de ce meurtrier la commune aventure
N'a rien dont vos esprits doivent être agités.
De crimes, de brigands, ces bords sont infectés :
C'est le fruit malheureux de nos guerres civiles.
La justice est sans force, et nos champs et nos villes
Redemandent aux dieux, trop longtemps négligés,
Le sang des citoyens l'un par l'autre égorgés.
Écartez des terreurs dont le poids vous afflige !
   MÉROPE.
Quel est cet inconnu? Répondez-moi, vous dis-je. 330
   EURYCLÈS.
C'est un de ces mortels du sort abandonnés,
Nourris dans la bassesse, aux travaux condamnés :
Un malheureux sans nom, si l'on croit l'apparence.
   MÉROPE.   [sence;
N'importe, quel qu'il soit, qu'il vienne en ma pré-
Le témoin le plus vil et les moindres clartés
Nous montrent quelquefois de grandes vérités.
Peut-être j'en crois trop le trouble qui me presse:
Mais ayez-en pitié, respectez ma faiblesse :
Mon cœur a tout à craindre, et rien à négliger.
Qu'il vienne, je le veux; je veux l'interroger. 340
   EURYCLÈS.
     (*A Isménie.*)
Vous serez obéie. Allez, et qu'on l'amène;

Qu'il paraisse à l'instant aux regards de la reine.
MÉROPE.
Je sens que je vais prendre un inutile soin.
Mon désespoir m'aveugle : il m'emporte trop loin :
Vous savez s'il est juste. On comble ma misère ;
On détrône le fils, on outrage la mère.
Polyphonte, abusant de mon triste destin,
Ose enfin s'oublier jusqu'à m'offrir sa main.
EURYCLÈS.
Vos malheurs sont plus grands que vous ne pouvez
Je sais que cet hymen offense votre gloire ; [croire. 350
Mais je vois qu'on l'exige, et le sort irrité
Vous fait de cet opprobre une nécessité :
C'est un cruel parti ; mais c'est le seul peut-être
Qui pourrait conserver le trône à son vrai maître.
Tel est le sentiment des chefs et des soldats ;
Et l'on croit...
MÉROPE. Non, mon fils ne le souffrirait pas ;
L'exil, où son enfance a langui condamnée,
Lui serait moins affreux que ce lâche hyménée.
EURYCLÈS.
Il le condamnerait, si, paisible en son rang,
Il n'en croyait ici que les droits de son sang ; 360
Mais si par les malheurs son âme était instruite,
Sur ses vrais intérêts s'il réglait sa conduite,
De ses tristes amis s'il consultait la voix,
Et la nécessité, souveraine des lois,
Il verrait que jamais sa malheureuse mère
Ne lui donna d'amour une marque plus chère.
MÉROPE.
Ah ! que me dites-vous ?
EURYCLÈS. De dures vérités,
Que m'arrachent mon zèle et vos calamités.
MÉROPE.
Quoi ! vous me demandez que l'intérêt surmonte
Cette invincible horreur que j'ai pour Polyphonte, 370.

Vous qui me l'avez peint de si noires couleurs!
   EURYCLÈS.
Je l'ai peint dangereux, je connais ses fureurs;
Mais il est tout-puissant, mais rien ne lui résiste:
Il est sans héritier, et vous aimez Égisthe.
   MÉROPE.
Ah! c'est ce même amour, à mon cœur précieux,
Qui me rend Polyphonte encor plus odieux.
Que parlez-vous toujours et d'hymen et d'empire!
Parlez-moi de mon fils, dites-moi s'il respire.
Cruel! apprenez-moi...
   EURYCLÈS. Voici cet étranger
Que vos tristes soupçons brûlaient d'interroger. 380

SCÈNE II.

MÉROPE, EURYCLÈS, ÉGISTHE, *enchaîné;* ISMÉNIE, gardes.

ÉGISTHE, *dans le fond du théâtre, à Isménie.*
Est-ce là cette reine auguste et malheureuse;
Celle de qui la gloire et l'infortune affreuse
Retentit jusqu'à moi dans le fond des déserts?
   ISMÉNIE.
Rassurez-vous, c'est elle.
     (*Elle sort.*)
   ÉGISTHE. O Dieu de l'univers,
Dieu qui formas ses traits, veille sur ton image!
La vertu sur le trône est ton plus digne ouvrage.
   MÉROPE.
C'est là ce meurtrier! Se peut-il qu'un mortel
Sous des dehors si doux ait un cœur si cruel?
Approche, malheureux, et dissipe tes craintes.
Réponds-moi: de quel sang tes mains sont-elles
   ÉGISTHE.   [teintes? 390
O reine, pardonnez! le trouble, le respect,

Glacent ma triste voix, tremblante à votre aspect.
   (*A Euryclès.*)
Mon âme, en sa présence, étonnée, attendrie.
  MÉROPE.
Parle. De qui ton bras a-t-il tranché la vie?
  ÉGISTHE.
D'un jeune audacieux, que les arrêts du sort
Et ses propres fureurs ont conduit à la mort.
  MÉROPE.
D'un jeune homme! Mon sang s'est glacé dans mes
Ah!... T'était-il connu?   [veines.
   ÉGISTHE. Non : les champs de Messènes,
Ses murs, leurs citoyens, tout est nouveau pour moi.
  MÉROPE.
Quoi! ce jeune inconnu s'est armé contre toi! 400
Tu n'aurais employé qu'une juste défense?
  ÉGISTHE.
J'en atteste le ciel; il sait mon innocence.
Aux bords de la Pamise, en un temple sacré
Où l'un de vos aïeux, Hercule, est adoré,
J'osais prier pour vous ce dieu vengeur des crimes :
Je ne pouvais offrir ni présents ni victimes;
Né dans la pauvreté, j'offrais de simples vœux,
Un cœur pur et soumis, présent des malheureux.
Il semblait que le dieu, touché de mon hommage,
Au-dessus de moi-même élevât mon courage. 410
Deux inconnus armés m'ont abordé soudain,
L'un dans la fleur des ans, l'autre vers son déclin.
« Quel est donc, m'ont-ils dit, le dessein qui te guide?
« Et quels vœux formes-tu pour la race d'Alcide? »
L'un et l'autre à ces mots ont levé le poignard.
Le ciel m'a secouru dans ce triste hasard :
Cette main du plus jeune a puni la furie;
Percé de coups, madame, il est tombé sans vie :
L'autre a fui lâchement, tel qu'un vil assassin.
Et moi, je l'avouerai, de mon sort incertain, 420

Ignorant de quel sang j'avais rougi la terre,
Craignant d'être puni d'un meurtre involontaire,
J'ai traîné dans les flots ce corps ensanglanté.
Je fuyais; vos soldats m'ont bientôt arrêté :
Ils ont nommé Mérope, et j'ai rendu les armes.

EURYCLÈS.

Eh! madame, d'où vient que vous versez des larmes?

MÉROPE.

Te le dirai-je? hélas! tandis qu'il m'a parlé,
Sa voix m'attendrissait, tout mon cœur s'est troublé.
Cresphonte, ô ciel!... j'ai cru... que j'en rougis de honte!
Oui, j'ai cru démêler quelques traits de Cresphonte.
Jeux cruels du hasard, en qui me montrez-vous 431
Une si fausse image, et des rapports si doux?
Affreux ressouvenir, quel vain songe m'abuse!

EURYCLÈS.

Rejetez donc, madame, un soupçon qui l'accuse :
Il n'a rien d'un barbare, et rien d'un imposteur.

MÉROPE.

Les dieux ont sur son front imprimé la candeur.
Demeurez. En quel lieu le ciel vous fit-il naître?

ÉGISTHE.

En Élide.

MÉROPE. Qu'entends-je? en Élide? Ah! peut-être...
L'Élide... répondez... Narbas vous est connu?
Le nom d'Égisthe au moins jusqu'à vous est venu?
Quel était votre état, votre rang, votre père? 441

ÉGISTHE.

Mon père est un vieillard accablé de misère;
Polyclète est son nom; mais Égisthe, Narbas,
Ceux dont vous me parlez, je ne les connais pas.

MÉROPE.

O dieux! vous vous jouez d'une triste mortelle!
J'avais de quelque espoir une faible étincelle :
J'entrevoyais le jour, et mes yeux affligés

Dans la profonde nuit sont déjà replongés.
Et quel rang vos parents tiennent-ils dans la Grèce?
ÉGISTHE.
Si la vertu suffit pour faire la noblesse, 450
Ceux dont je tiens le jour, Polyclète, Sirris,
Ne sont pas des mortels dignes de vos mépris :
Leur sort les avilit; mais leur sage constance
Fait respecter en eux l'honorable indigence.
Sous ses rustiques toits mon père vertueux
Fait le bien, suit les lois, et ne craint que les dieux.
MÉROPE.
Chaque mot qu'il me dit est plein de nouveaux charmes.
Pourquoi donc le quitter? pourquoi causer ses larmes?
Sans doute il est affreux d'être privé d'un fils.
ÉGISTHE.
Un vain désir de gloire a séduit mes esprits. 460
On me parlait souvent des troubles de Messène,
Des malheurs dont le ciel avait frappé la reine,
Surtout de ses vertus, dignes d'un autre prix :
Je me sentais ému par ces tristes récits.
De l'Élide en secret dédaignant la mollesse,
J'ai voulu dans la guerre exercer ma jeunesse,
Servir sous vos drapeaux, et vous offrir mon bras :
Voilà le seul dessein qui conduisit mes pas.
Ce faux instinct de gloire égara mon courage :
A mes parents, flétris sous les rides de l'âge, 470
J'ai de mes jeunes ans dérobé les secours;
C'est ma première faute; elle a troublé mes jours :
Le ciel m'en a puni; le ciel inexorable
M'a conduit dans le piége, et m'a rendu coupable.
MÉROPE.
Il ne l'est point; j'en crois son ingénuité :
Le mensonge n'a point cette simplicité.
Tendons à sa jeunesse une main bienfaisante;
C'est un infortuné que le ciel me présente :
Il suffit qu'il soit homme, et qu'il soit malheureux.

Mon fils peut éprouver un sort plus rigoureux. 480
Il me rappelle Égisthe, Égisthe est de son âge :
Peut-être comme lui, de rivage en rivage,
Inconnu, fugitif, et partout rebuté,
Il souffre le mépris qui suit la pauvreté.
L'opprobre avilit l'âme et flétrit le courage.
Pour le sang de nos dieux quel horrible partage !
Si du moins...

SCÈNE III.

MÉROPE, ÉGISTHE, EURYCLÈS, ISMÉNIE.

ISMÉNIE. Ah ! madame, entendez-vous ces cris ?
Savez-vous bien...
    MÉROPE. Quel trouble alarme tes esprits ?
ISMÉNIE.
Polyphonte l'emporte, et nos peuples volages
A son ambition prodiguent leurs suffrages. 490
Il est roi, c'en est fait.
    ÉGISTHE. J'avais cru que les dieux
Auraient placé Mérope au rang de ses aïeux.
Dieux ! que plus on est grand, plus vos coups sont à
[craindre !
Errant, abandonné, je suis le moins à plaindre.
Tout homme a ses malheurs.
    (*On emmène Égisthe.*)
EURYCLÈS, *à Mérope.* Je vous l'avais prédit :
Vous avez trop bravé son offre et son crédit.
MÉROPE.
Je vois toute l'horreur de l'abîme où nous sommes.
J'ai mal connu les dieux, j'ai mal connu les hommes :
J'en attendais justice ; ils la refusent tous.
EURYCLÈS.
Permettez que du moins j'assemble autour de vous
Ce peu de nos amis qui, dans un tel orage, 500

Pourraient encor sauver les débris du naufrage,
Et vous mettre à l'abri des nouveaux attentats
D'un maître dangereux et d'un peuple d'ingrats.

SCÈNE IV.

MÉROPE, ISMÉNIE.

ISMÉNIE.
L'État n'est point ingrat; non, madame, on vous aime,
On vous conserve encor l'honneur du diadème :
On veut que Polyphonte, en vous donnant la main,
Semble tenir de vous le pouvoir souverain.
MÉROPE.
On ose me donner au tyran qui me brave :
On a trahi le fils, on fait la mère esclave ! 510
ISMÉNIE.
Le peuple vous rappelle au rang de vos aïeux;
Suivez sa voix, madame, elle est la voix des dieux.
MÉROPE.
Inhumaine, tu veux que Mérope avilie
Rachète un vain honneur à force d'infamie?

SCÈNE V.

MÉROPE, EURYCLÈS, ISMÉNIE.

EURYCLÈS.
Madame, je reviens en tremblant devant vous :
Préparez ce grand cœur aux plus terribles coups;
Rappelez votre force à ce dernier outrage.
MÉROPE.
Je n'en ai plus; les maux ont lassé mon courage :
Mais n'importe, parlez.
                EURYCLÈS. C'en est fait; et le sort...
Je ne puis achever.

MÉROPE. Quoi! mon fils...

EURYCLÈS. Il est mort. 520
Il est trop vrai : déjà cette horrible nouvelle
Consterne vos amis et glace tout leur zèle.

MÉROPE.

Mon fils est mort!

ISMÉNIE. O dieux!

EURYCLÈS. D'indignes assassins
Des piéges de la mort ont semé les chemins.
Le crime est consommé.

MÉROPE. Quoi! ce jour que j'abhorre,
Ce soleil luit pour moi! Mérope vit encore!
Il n'est plus! Quelles mains ont déchiré son flanc?
Quel monstre a répandu le reste de mon sang?

EURYCLÈS.

Hélas! cet étranger, ce séducteur impie,
Dont vous-même admiriez la vertu poursuivie, 530
Pour qui tant de pitié naissait dans votre sein,
Lui que vous protégiez!

MÉROPE. Ce monstre est l'assassin?

EURYCLÈS.

Oui, madame : on en a des preuves trop certaines;
On vient de découvrir, de mettre dans les chaînes,
Deux de ses compagnons, qui, cachés parmi nous
Cherchaient encor Narbas échappé de leurs coups.
Celui qui sur Égisthe a mis ses mains hardies
A pris de votre fils les dépouilles chéries,
L'armure que Narbas emporta de ces lieux :
(*On apporte cette armure dans le fond du théâtre.*)
Le traître avait jeté ces gages précieux, 540
Pour n'être point connu par ces marques sanglantes.

MÉROPE. [blantes,
Ah! que me dites-vous? Mes mains, ces mains trem-
En armèrent Cresphonte alors que de mes bras
Pour la première fois il courut aux combats.
O dépouille trop chère, en quelles mains livrée!

Act. II.

Quoi ! ce monstre avait pris cette armure sacrée ?
> EURYCLÈS.

Celle qu'Égisthe même apportait en ces lieux.
> MÉROPE.

Et, teinte de son sang, on la montre à mes yeux !
Ce vieillard qu'on a vu dans le temple d'Alcide...
> EURYCLÈS.

C'était Narbas ; c'était son déplorable guide ; 550
Polyphonte l'avoue.
> MÉROPE. Affreuse vérité !

Hélas ! de l'assassin le bras ensanglanté,
Pour dérober aux yeux son crime et son parjure,
Donne à mon fils sanglant les flots pour sépulture !
Je vois tout. O mon fils ! quel horrible destin !
> EURYCLÈS.

Voulez-vous tout savoir de ce lâche assassin ?

SCÈNE VI.

MÉROPE, EURYCLÈS, ISMÉNIE, ÉROX ; gardes de
Polyphonte.

> ÉROX.

Madame, par ma voix, permettez que mon maître,
Trop dédaigné de vous, trop méconnu peut-être,
Dans ces cruels moments vous offre son secours.
Il a su que d'Égisthe on a tranché les jours ; 560
Et cette part qu'il prend aux malheurs de la reine...
> MÉROPE.

Il y prend part, Érox, et je le crois sans peine ;
Il en jouit du moins ; et les destins l'ont mis
Au trône de Cresphonte, au trône de mon fils.
> ÉROX.

Il vous offre ce trône ; agréez qu'il partage
De ce fils, qui n'est plus, le sanglant héritage,
Et que, dans vos malheurs, il mette à vos genoux

Un front que la couronne a fait digne de vous.
Mais il faut dans mes mains remettre le coupable ;
Le droit de le punir est un droit respectable ;
C'est le devoir des rois : le glaive de Thémis,
Ce grand soutien du trône, à lui seul est commis :
A vous, comme à son peuple, il veut rendre justice.
Le sang des assassins est le vrai sacrifice
Qui doit de votre hymen ensanglanter l'autel.

MÉROPE.

Non ; je veux que ma main porte le coup mortel.
Si Polyphonte est roi, je veux que sa puissance
Laisse à mon désespoir le soin de ma vengeance.
Qu'il règne, qu'il possède et mes biens et mon rang ;
Tout l'honneur que je veux, c'est de venger mon sang.
Ma main est à ce prix ; allez, qu'il s'y prépare :
Je la retirerai du sein de ce barbare,
Pour la porter fumante aux autels de nos dieux.

ÉROX.

Le roi, n'en doutez point, va remplir tous vos vœux.
Croyez qu'à vos regrets son cœur sera sensible.

SCÈNE VII.

MÉROPE, EURYCLÈS, ISMÉNIE.

MÉROPE.

Non, ne m'en croyez point ; non, cet hymen horrible,
Cet hymen que je crains ne s'accomplira pas.
Au sein du meurtrier j'enfoncerai mon bras ;
Mais ce bras à l'instant m'arrachera la vie.

EURYCLÈS.

Madame, au nom des dieux... [vie.

MÉROPE. Ils m'ont trop poursui-
Irai-je à leurs autels, objet de leur courroux,
Quand ils m'ôtent un fils, demander un époux,

Joindre un sceptre étranger au spectre de mes pères
Et les flambeaux d'hymen aux flambeaux funéraires?
Moi, vivre! moi, lever mes regards éperdus
Vers ce ciel outragé que mon fils ne voit plus!
Sous un maître odieux, dévorant ma tristesse,
Attendre dans les pleurs une affreuse vieillesse !
Quand on a tout perdu, quand on n'a plus d'espoir,
La vie est un opprobre, et la mort un devoir. 601

ACTE TROISIÈME.

SCÈNE I.

NARBAS.

O douleur! ô regrets, ô vieillesse pesante!
Je n'ai pu retenir cette fougue imprudente,
Cette ardeur d'un héros, ce courage emporté,
S'indignant dans mes bras de son obscurité.
Je l'ai perdu! la mort me l'a ravi peut-être.
De quel front aborder la mère de mon maître?
Quels maux sont en ces lieux accumulés sur moi!
Je reviens sans Égisthe; et Polyphonte est roi!
Cet heureux artisan de fraudes et de crimes,
Cet assassin farouche, entouré de victimes, 610
Qui, nous persécutant de climats en climats,
Sema partout la mort, attachée à nos pas,
Il règne; il affermit le trône qu'il profane;
Il y jouit en paix du ciel qui le condamne.
Dieux! cachez mon retour à ses yeux pénétrants;
Dieux! dérobez Égisthe au fer de ses tyrans:

Guidez-moi vers sa mère, et qu'à ses pieds je meure !
Je vois, je reconnais cette triste demeure
Où le meilleur des rois a reçu le trépas,
Où son fils tout sanglant fut sauvé dans mes bras. 620
Hélas ! après quinze ans d'exil et de misère,
Je viens coûter encor des larmes à sa mère.
A qui me déclarer ? Je cherche dans ces lieux
Quelque ami dont la main me conduise à ses yeux ;
Aucun ne se présente à ma débile vue.
Je vois près d'une tombe une foule éperdue ;
J'entends des cris plaintifs. Hélas ! dans ce palais
Un dieu persécuteur habite pour jamais.

SCÈNE II.

NARBAS, ISMÉNIE, *dans le fond du théâtre où l'on découvre le tombeau de Cresphonte.*

ISMÉNIE.
Quel est cet inconnu dont la vue indiscrète
Ose troubler la reine et percer sa retraite ? 630
Est-ce de nos tyrans quelque ministre affreux,
Dont l'œil vient épier les pleurs des malheureux ?

NARBAS.
Oh ! qui que vous soyez, excusez mon audace ;
C'est un infortuné qui demande une grâce.
Il peut servir Mérope ; il voudrait lui parler.

ISMÉNIE.
Ah ! quel temps prenez-vous pour oser la troubler ?
Respectez la douleur d'une mère éperdue ;
Malheureux étranger, n'offensez point sa vue ;
Éloignez-vous.

NARBAS. Hélas ! au nom des dieux vengeurs,
Accordez cette grâce à mon âge, à mes pleurs. 640
Je ne suis point, madame, étranger dans Messène.

Croyez, si vous servez, si vous aimez la reine,
Que mon cœur, à son sort attaché comme vous,
De sa longue infortune a senti tous les coups.
Quelle est donc cette tombe, en ces lieux élevée,
Que j'ai vue de vos pleurs en ce moment lavée?
    ISMÉNIE.
C'est la tombe d'un roi des dieux abandonné,
D'un héros, d'un époux, d'un père infortuné,
De Cresphonte.
    NARBAS, *allant vers le tombeau.*
              O mon maître! ô cendres que j'adore!
    ISMÉNIE.
L'épouse de Cresphonte est plus à plaindre encore. 650
    NARBAS.
Quels coups auraient comblé ses malheurs inouïs?
    ISMÉNIE.
Le coup le plus terrible; on a tué son fils.
    NARBAS.
Son fils Égisthe, ô dieux! le malheureux Égisthe!
    ISMÉNIE.
Nul mortel en ces lieux n'ignore un sort si triste.
    NARBAS.
Son fils ne serait plus?
        ISMÉNIE. Un barbare assassin
Aux portes de Messène a déchiré son sein.
    NARBAS.
O désespoir! ô mort que ma crainte a prédite!
Il est assassiné? Mérope en est instruite?
Ne vous trompez-vous pas?
             ISMÉNIE. Des signes trop certains
Ont éclairé nos yeux sur ses affreux destins. 660
C'est vous en dire assez : sa perte est assurée.
    NARBAS.
Quel fruit de tant de soins!
         ISMÉNIE. Au désespoir livrée,
Mérope va mourir; son courage est vaincu :

Pour son fils seulement Mérope avait vécu :
Des nœuds qui l'arrêtaient sa vie est dégagée.
Mais avant de mourir elle sera vengée ;
Le sang de l'assassin par sa main doit couler ;
Au tombeau de Cresphonte elle va l'immoler.
Le roi, qui l'a permis, cherche à flatter sa peine ;
Un des siens en ces lieux doit aux pieds de la reine
Amener à l'instant ce lâche meurtrier, 671
Qu'au sang d'un fils si cher on va sacrifier.
Mérope cependant, dans sa douleur profonde,
Veut de ce lieu funeste écarter tout le monde.

NARBAS, *s'en allant.*

Hélas ! s'il est ainsi, pourquoi me découvrir !
Au pied de ce tombeau je n'ai plus qu'à mourir.

SCÈNE III.

ISMÉNIE.

Ce vieillard est, sans doute, un citoyen fidèle.
Il pleure ; il ne craint point de marquer un vrai zèle ;
Il pleure ; et tout le reste, esclave des tyrans,
Détourne loin de nous des yeux indifférents. 680
Quel si grand intérêt prend-il à nos alarmes ?
La tranquille pitié fait verser moins de larmes.
Il montrait pour Égisthe un cœur tout paternel !
Hélas ! courons à lui… Mais quel objet cruel !

SCÈNE IV.

MÉROPE, ISMÉNIE, EURYCLÈS, ÉGISTHE, *enchaîné*;
gardes, sacrificateurs.

MÉROPE.

Qu'on amène à mes yeux cette horrible victime.
Inventons des tourments qui soient égaux au crime ;
Ils ne pourront jamais égaler ma douleur.

ÉGISTHE.
On m'a vendu bien cher un instant de faveur;
Secourez-moi, grands dieux à l'innocent propices!
EURYCLÈS.
Avant que d'expirer, qu'il nomme ses complices. 690
MÉROPE, *avançant*.
Oui, sans doute, il le faut. Monstre, qui t'a porté
A ce comble du crime, à tant de cruauté?
Que t'ai-je fait?
ÉGISTHE. Les dieux, qui vengent le parjure,
Sont témoins si ma bouche a connu l'imposture.
J'avais dit à vos pieds la simple vérité;
J'avais déjà fléchi votre cœur irrité;
Vous étendiez sur moi votre main protectrice:
Qui peut avoir sitôt lassé votre justice?
Et quel est donc ce sang qu'a versé mon erreur?
Quel nouvel intérêt vous parle en sa faveur? 700
MÉROPE.
Quel intérêt? barbare!
ÉGISTHE. Hélas! sur son visage
J'entrevois de la mort la douloureuse image:
Que j'en suis attendri! j'aurais voulu cent fois
Racheter de mon sang l'état où je la vois.
MÉROPE.
Le cruel! à quel point on l'instruisit à feindre!
Il m'arrache la vie, et semble encor me plaindre!
(*Elle se jette dans les bras d'Isménie.*)
EURYCLÈS.
Madame, vengez-vous, et vengez à la fois
Les lois, et la nature, et le sang de nos rois.
ÉGISTHE.
A la cour de ces rois telle est donc la justice!
On m'accueille, on me flatte; on résout mon supplice!
Quel destin m'arrachait à mes tristes forêts? 711
Vieillard infortuné, quels seront vos regrets?

Mère trop malheureuse, et dont la voix si chère
M'avait prédit...
   MÉROPE. Barbare ! il te reste une mère !
Je serais mère encor sans toi, sans ta fureur.
Tu m'as ravi mon fils !
    ÉGISTHE. Si tel est mon malheur,
S'il était votre fils, je suis trop condamnable.
Mon cœur est innocent, mais ma main est coupable.
Que je suis malheureux ! Le ciel sait qu'aujourd'hui
J'aurais donné ma vie et pour vous et pour lui. 720
  MÉROPE.
Quoi, traître ! quand ta main lui ravit cette armure...
  ÉGISTHE.
Elle est à moi.
   MÉROPE. Comment ? que dis-tu ?
      ÉGISTHE. Je vous jure
Par vous, par ce cher fils, par vos divins aïeux,
Que mon père en mes mains mit ce don précieux.
  MÉROPE.
Qui, ton père ? En Élide ? En quel trouble il me jette !
Son nom ? parle, réponds.
    ÉGISTHE. Son nom est Polyclète :
Je vous l'ai déjà dit.
    MÉROPE. Tu m'arraches le cœur.
Quelle indigne pitié suspendait ma fureur !
C'en est trop ; secondez la rage qui me guide.
Qu'on traîne à ce tombeau ce monstre, ce perfide. 730
  (*Levant le poignard.*)
Mânes de mon cher fils ! mes bras ensanglantés...
  NARBAS, *paraissant avec précipitation.*
Qu'allez-vous faire, ô dieux ?
    MÉROPE. Qui m'appelle ?
      NARBAS. Arrêtez !
Hélas ! il est perdu si je nomme sa mère,

S'il est connu.

MÉROPE. Meurs, traître!

NARBAS. Arrêtez!

ÉGISTHE, *tournant les yeux vers Narbas.*

O mon père!

MÉROPE.
Son père!

ÉGISTHE, *à Narbas.*

Hélas! que vois-je, où portez-vous vos pas?
Venez-vous être ici témoin de mon trépas?

NARBAS.
Ah! madame, empêchez qu'on achève le crime.
Euryclès, écoutez: écartez la victime:
Que je vous parle.

EURYCLÈS *emmène Égisthe et ferme le fond du théâtre.*

O ciel!

MÉROPE, *s'avançant.* Vous me faites trembler:
J'allais venger mon fils.

NARBAS, *se jetant à genoux.*

Vous alliez l'immoler.
Égisthe...

MÉROPE, *laissant tomber le poignard.*

Eh bien! Égisthe?

NARBAS. O reine infortunée!
Celui dont votre main tranchait la destinée,
C'est Égisthe...

MÉROPE. Il vivrait!

NARBAS. C'est lui, c'est votre fils.

MÉROPE, *tombant dans les bras d'Isménie.*
Je me meurs!

ISMÉNIE. Dieux puissants!

NARBAS, *à Isménie.* Rappelez ses esprits.
Hélas! ce juste excès de joie et de tendresse,
Ce trouble si soudain, ce remords qui la presse,
Vont consumer ses jours usés par la douleur.

MÉROPE, *revenant à elle.*

Ah! Narbas, est-ce vous? est-ce un songe trompeur?
Quoi! c'est vous! c'est mon fils! Qu'il vienne, qu'il paraisse.

NARBAS.

Redoutez, renfermez cette juste tendresse. 750
(*A Isménie.*)
Vous, cachez à jamais ce secret important:
Le salut de la reine et d'Égisthe en dépend.

MÉROPE.

Ah! quel nouveau danger empoisonne ma joie!
Cher Égisthe! quel dieu défend que je te voie?
Ne m'est-il donc rendu que pour mieux m'affliger?

NARBAS.

Ne le connaissant pas, vous alliez l'égorger;
Et, si son arrivée est ici découverte,
En le reconnaissant vous assurez sa perte.
Malgré la voix du sang, feignez, dissimulez: 759
Le crime est sur le trône; on vous poursuit: tremblez!

SCÈNE V.

MÉROPE, EURYCLÈS, NARBAS, ISMÉNIE.

EURYCLÈS.

Ah! madame, le roi commande qu'on saisisse...

MÉROPE.

Qui?

EURYCLÈS.

Ce jeune étranger qu'on destine au supplice.

MÉROPE, *avec transport.*

Eh bien! cet étranger, c'est mon fils, c'est mon sang.
Narbas, on va plonger le couteau dans son flanc!
Courons tous.

NARBAS. Demeurez.

MÉROPE. C'est mon fils qu'on entraîne!

Pourquoi? quelle entreprise exécrable et soudaine!
Pourquoi m'ôter Égisthe?
     EURYCLÈS. Avant de vous venger,
Polyphonte, dit-il, prétend l'interroger.
 MÉROPE.
L'interroger? qui? lui? sait-il quelle est sa mère?
 EURYCLÈS.
Nul ne soupçonne encor ce terrible mystère.   770
 MÉROPE.
Courons à Polyphonte; implorons son appui.
 NARBAS.
N'implorez que les dieux, et ne craignez que lui.
 EURYCLÈS.
Si les droits de ce fils au roi font quelque ombrage,
De son salut au moins votre hymen est le gage.
Prêt à s'unir à vous d'un éternel lien,
Votre fils aux autels va devenir le sien;
Et, dût sa politique en être encor jalouse,
Il faut qu'il serve Égisthe, alors qu'il vous épouse.
 NARBAS.
Il vous épouse! lui! Quel coup de foudre, ô ciel!
 MÉROPE.
C'est mourir trop longtemps dans ce trouble cruel!
Je vais...

 NARBAS. Vous n'irez point, ô mère déplorable!   781
Vous n'accomplirez point cet hymen exécrable.
 EURYCLÈS.
Narbas, elle est forcée à lui donner la main.
Il peut venger Cresphonte.
     NARBAS. Il en est l'assassin.
 MÉROPE.
Lui? ce traître?   [guinaires
  NARBAS. Oui, lui-même; oui, ses mains san-
Ont égorgé d'Égisthe et le père et les frères :
Je l'ai vu sur mon roi, j'ai vu porter les coups;
Je l'ai vu tout couvert du sang de votre époux.

MÉROPE.
Ah! dieux!

NARBAS. J'ai vu le monstre entouré de victimes;
Je l'ai vu contre vous accumuler les crimes : 790
Il déguisa sa rage à force de forfaits;
Lui-même aux ennemis il ouvrit ce palais,
Il y porta la flamme; et parmi le carnage,
Parmi les traits, les feux, le trouble, le pillage,
Teint du sang de vos fils, mais des brigands vainqueur,
Assassin de son prince, il parut son vengeur.
D'ennemis, de mourants, vous étiez entourée;
Et moi, perçant à peine une foule égarée,
J'emportai votre fils dans mes bras languissants. 800
Les dieux ont pris pitié de ses jours innocents :
Je l'ai conduit, seize ans, de retraite en retraite;
J'ai pris, pour me cacher, le nom de Polyclète :
Et, lorsqu'en arrivant je l'arrache à vos coups,
Polyphonte est son maître et devient votre époux!

MÉROPE.
Ah! tout mon sang se glace à ce récit horrible.

EURYCLÈS.
On vient : c'est Polyphonte.

MÉROPE. O dieux! est-il possible?
(*A Narbas.*)
Va, dérobe surtout ta vue à sa fureur.

NARBAS.
Hélas! si votre fils est cher à votre cœur,
Avec son assassin, dissimulez, madame. 810

EURYCLÈS.
Renfermons ce secret dans le fond de notre âme,
Un seul mot peut le perdre.

MÉROPE, *à Euryclès.* Ah! cours; et que tes yeux
Veillent sur ce dépôt si cher, si précieux.

EURYCLÈS.
N'en doutez point.

MÉROPE. Hélas! j'espère en ta prudence;
C'est mon fils, c'est ton roi. Dieux! ce monstre s'avance!

SCÈNE VI.

MÉROPE, POLYPHONTE, ÉROX, ISMÉNIE, suite.

POLYPHONTE.
Le trône vous attend, et les autels sont prêts;
L'hymen qui va nous joindre unit nos intérêts.
Comme roi, comme époux, le devoir me commande
Que je venge le meurtre, et que je vous défende.
Deux complices déjà, par mon ordre saisis, 820
Vont payer de leur sang le sang de votre fils;
Mais, malgré tous mes soins, votre lente vengeance
A bien mal secondé ma prompte vigilance.
J'avais à votre bras remis cet assassin :
Vous-même, disiez-vous, deviez percer son sein.
MÉROPE.
Plût aux dieux que mon bras fût le vengeur du crime!
POLYPHONTE.
C'est le devoir des rois, c'est le soin qui m'anime.
MÉROPE.
Vous!
POLYPHONTE. Pourquoi donc, madame, avez-vous
Votre amour pour un fils serait-il altéré?   [différé?
MÉROPE.
Puissent ses ennemis périr dans les supplices! 820
Mais si ce meurtrier, seigneur, a des complices,
Si je pouvais par lui reconnaître le bras,
Le bras dont mon époux a reçu le trépas...
Ceux dont la race impie a massacré le père
Poursuivront à jamais et le fils et la mère.
Si l'on pouvait...
POLYPHONTE. C'est là ce que je veux savoir;

Et déjà le coupable est mis en mon pouvoir.
  MÉROPE.
Il est entre vos mains?
   POLYPHONTE. Oui, madame, et j'espère
Percer, en lui parlant, ce ténébreux mystère.
  MÉROPE.
Ah! barbare! A moi seule il faut qu'il soit remis. 840
Rendez-moi... Vous savez que vous l'avez promis.
  (*A part.*)
O mon sang! ô mon sang! quel sort on vous prépare!
  (*A Polyphonte.*)
Seigneur, ayez pitié...
   POLYPHONTE. Quel transport vous égare!
Il mourra.
 MÉROPE. Lui?
 POLYPHONTE. Sa mort pourra vous consoler
  MÉROPE.
Ah! je veux à l'instant le voir et lui parler.
  POLYPHONTE.
Ce mélange inouï d'horreur et de tendresse,
Ces transports dont votre âme à peine est la maîtresse,
Ces discours commencés, ce visage interdit,
Pourraient de quelque ombrage alarmer mon esprit.
Mais puis-je m'expliquer avec moins de contrainte?
D'un déplaisir nouveau votre âme semble atteinte. 851
Qu'a donc dit ce vieillard que l'on vient d'amener?
Pourquoi fuit-il mes yeux? que dois-je en soupçon-
Quel est-il?   [ner?
  MÉROPE. Eh! seigneur, à peine sur le trône,
La crainte, le soupçon, déjà vous environne!
  POLYPHONTE.
Partagez donc ce trône : et, sûr de mon bonheur,
Je verrai les soupçons exilés de mon cœur.
L'autel attend déjà Mérope et Polyphonte.
  MÉROPE, *en pleurant.*
Les dieux vous ont donné le trône de Cresphonte;

Il y manquait sa femme : et ce comble d'horreur, 860
Ce crime épouvantable...
   ISMÉNIE. Eh ! madame !
        MÉROPE. Ah ! seigneur,
Pardonnez... Vous voyez une mère éperdue.
Les dieux m'ont tout ravi ; les dieux m'ont confondue,
Pardonnez... De mon fils rendez-moi l'assassin.
  POLYPHONTE.
Tout son sang, s'il le faut, va couler sous ma main.
Venez, madame.
   MÉROPE. O dieux ! dans l'horreur qui me presse,
Secourez une mère et cachez sa faiblesse !

ACTE QUATRIÈME.

SCÈNE I.

POLYPHONTE, ÉROX.

POLYPHONTE.
A ses emportements, je croirais qu'à la fin
Elle a de son époux reconnu l'assassin ;
Je croirais que ses yeux ont éclairé l'abîme 870
Où dans l'impunité s'était caché mon crime.
Son cœur avec effroi se refuse à mes vœux,
Mais ce n'est pas son cœur, c'est sa main que je veux :
Telle est la loi du peuple ; il le faut satisfaire.
Cet hymen m'asservit et le fils et la mère ;
Et par ce nœud sacré, qui la met dans mes mains,
Je n'en fais qu'une esclave utile à mes desseins.
Qu'elle écoute à son gré son impuissante haine ;

Au char de ma fortune il est temps qu'on l'enchaîne.
Mais vous, au meurtrier vous venez de parler : 880
Que pensez-vous de lui?

ÉROX. Rien ne peut le troubler :
Simple dans ses discours, mais ferme, invariable,
La mort ne fléchit point cette âme impénétrable.
J'en suis frappé, seigneur, et je n'attendais pas
Un courage aussi grand dans un rang aussi bas.
J'avouerai qu'en secret moi-même je l'admire.

POLYPHONTE.
Quel est-il, en un mot?

ÉROX. Ce que j'ose vous dire,
C'est qu'il n'est point, sans doute, un de ces assassins
Disposés en secret pour servir vos desseins.

POLYPHONTE.
Pouvez-vous en parler avec tant d'assurance? 890
Leur conducteur n'est plus. Ma juste défiance
A pris soin d'effacer dans son sang dangereux
De ce secret d'État les vestiges honteux :
Mais ce jeune inconnu me tourmente et m'attriste.
Me répondez-vous bien qu'il m'ait défait d'Égisthe?
Croirai-je que, toujours soigneux de m'obéir,
Le sort jusqu'à ce point m'ait voulu prévenir?

ÉROX.
Mérope, dans les pleurs mourant désespérée,
Est de votre bonheur une preuve assurée ;
Et tout ce que je vois le confirme en effet. 900
Plus fort que tous nos soins, le hasard a tout fait.

POLYPHONTE.
Le hasard va souvent plus loin que la prudence ;
Mais j'ai trop d'ennemis, et trop d'expérience,
Pour laisser le hasard arbitre de mon sort.
Quel que soit l'étranger, il faut hâter sa mort.
Sa mort sera le prix de cet hymen auguste ;
Elle affermit mon trône ; il suffit, elle est juste
Le peuple, sous mes lois pour jamais engagé,

Croira son prince mort, et le croira vengé.
Mais répondez : quel est ce vieillard téméraire 910
Qu'on dérobe à ma vue avec tant de mystère?
Mérope allait verser le sang de l'assassin :
Ce vieillard, dites-vous, a retenu sa main;
Que voulait-il?

ÉROX. Seigneur, chargé de sa misère,
De ce jeune étranger ce vieillard est le père :
Il venait implorer la grâce de son fils.

POLYPHONTE.
Sa grâce? Devant moi je veux qu'il soit admis.
Ce vieillard me trahit, crois-moi, puisqu'il se cache.
Ce secret m'importune, il faut que je l'arrache.
Le meurtrier surtout excite mes soupçons. 920
Pourquoi, par quel caprice, et par quelles raisons,
La reine, qui tantôt pressait tant son supplice,
N'ose-t-elle achever ce juste sacrifice?
La pitié paraissait adoucir ses fureurs;
Sa joie éclatait même à travers ses douleurs.

ÉROX.
Qu'importe sa pitié, sa joie, et sa vengeance!

POLYPHONTE.
Tout m'importe, et de tout je suis en défiance.
Elle vient : qu'on m'amène ici cet étranger.

SCÈNE II.

POLYPHONTE, ÉROX, ÉGISTHE, EURYCLÈS, MÉROPE, ISMÉNIE, gardes.

MÉROPE.
Remplissez vos serments; songez à me venger :
Qu'à mes mains, à moi seule, on laisse la victime. 930

POLYPHONTE.
La voici devant vous. Votre intérêt m'anime.
Vengez-vous, baignez-vous au sang du criminel;
Et sur son corps sanglant je vous mène à l'autel.

MÉROPE.
Ah! dieux!

ÉGISTHE, *à Polyphonte.*
Tu vends mon sang à l'hymen de la reine;
Ma vie est peu de chose, et je mourrai sans peine:
Mais je suis malheureux, innocent, étranger;
Si le ciel t'a fait roi, c'est pour me protéger.
J'ai tué justement un injuste adversaire.
Mérope veut ma mort; je l'excuse, elle est mère;
Je bénirai ses coups, prêts à tomber sur moi : 940
Et je n'accuse ici qu'un tyran tel que toi.

POLYPHONTE.
Malheureux! oses-tu, dans ta rage insolente...

MÉROPE.
Eh! seigneur, excusez sa jeunesse imprudente.
Élevé loin des cours, et nourri dans les bois,
Il ne sait pas encor ce qu'on doit à des rois.

POLYPHONTE.
Qu'entends-je? quel discours! quelle surprise ex-
Vous, le justifier! [trême!

MÉROPE. Qui? moi, seigneur?

POLYPHONTE. Vous-même.
De cet égarement sortirez-vous enfin?
De votre fils, madame, est-ce ici l'assassin?

MÉROPE.
Mon fils, de tant de rois le déplorable reste, 950
Mon fils, enveloppé dans un piége funeste,
Sous les coups d'un barbare...

ISMÉNIE. O ciel! que faites-vous?

POLYPHONTE.
Quoi! vos regards sur lui se tournent sans courroux?
Vous tremblez à sa vue, et vos yeux s'attendrissent?
Vous voulez me cacher les pleurs qui les remplissent?

MÉROPE.
Je ne les cache point, ils paraissent assez;
La cause en est trop juste, et vous la connaissez.

POLYPHONTE.
Pour en tarir la source il est temps qu'il expire.
Qu'on l'immole, soldats!
    MÉROPE, *s'avançant.* Cruel! qu'osez-vous dire?
ÉGISTHE.
Quoi! de pitié pour moi tous vos sens sont saisis! 960
    POLYPHONTE.
Qu'il meure!
    MÉROPE. Il est...
        POLYPHONTE. Frappez.
    MÉROPE, *se jetant entre Égisthe et les soldats.*
                Barbare! il est mon fils.
ÉGISTHE.
Moi, votre fils?   [j'atteste,
MÉROPE, *en l'embrassant.* Tu l'es : et ce ciel que
Ce ciel qui t'a formé dans un sein si funeste,
Et qui trop tard, hélas! a dessillé mes yeux,
Te remet dans mes bras pour nous perdre tous deux.
    ÉGISTHE.
Quel miracle, grands dieux, que je ne puis compren-
    POLYPHONTE.   [dre!
Une telle imposture a de quoi me surprendre.
Vous, sa mère? qui? vous, qui demandiez sa mort?
    ÉGISTHE.
Ah! si je meurs son fils, je rends grâce à mon sort.
    MÉROPE.
Je suis sa mère. Hélas! mon amour m'a trahie. 970
Oui, tu tiens dans tes mains le secret de ma vie,
Tu tiens le fils des dieux enchaîné devant toi,
L'héritier de Cresphonte, et ton maître, et ton roi.
Tu peux, si tu le veux, m'accuser d'imposture.
Ce n'est pas aux tyrans à sentir la nature;
Ton cœur, nourri de sang, n'en peut être frappé.
Oui, c'est mon fils, te dis-je, au carnage échappé.
    POLYPHONTE.
Que prétendez-vous dire, et sur quelles alarmes...

ÉGISTHE.

Va, je me crois son fils; mes preuves sont ses larmes,
Mes sentiments, mon cœur par la gloire animé, 980
Mon bras, qui t'eût puni s'il n'était désarmé.

POLYPHONTE.

Ta rage auparavant sera seule punie.
C'est trop.

MÉROPE, *se jetant à ses genoux.*

Commencez donc par m'arracher la vie;
Ayez pitié des pleurs dont mes yeux sont noyés.
Que vous faut-il de plus? Mérope est à vos pieds;
Mérope les embrasse, et craint votre colère.
A cet effort affreux jugez si je suis mère,
Jugez de mes tourments : ma détestable erreur,
Ce matin, de mon fils allait percer le cœur.
Je pleure à vos genoux mon crime involontaire. 990
Cruel! vous qui vouliez lui tenir lieu de père,
Qui deviez protéger ses jours infortunés,
Le voilà devant vous, et vous l'assassinez!
Son père est mort, hélas! par un crime funeste;
Sauvez le fils, je puis oublier tout le reste;
Sauvez le sang des dieux et de vos souverains;
Il est seul, sans défense; il est entre vos mains.
Qu'il vive, et c'est assez. Heureuse en mes misères,
Lui seul il me rendra mon époux et ses frères.
Vous voyez avec moi ses aïeux à genoux, 1000
Votre roi dans les fers.

ÉGISTHE. O reine! levez-vous,
Et daignez me prouver que Cresphonte est mon père,
En cessant d'avilir et sa veuve et ma mère.
Je sais peu de mes droits quelle est la dignité;
Mais le ciel m'a fait naître avec trop de fierté,
Avec un cœur trop haut pour qu'un tyran l'abaisse.
De mon premier état j'ai bravé la bassesse,
Et mes yeux du présent ne sont point éblouis.
Je me sens né des rois, je me sens votre fils.

Hercule ainsi que moi commença sa carrière, 1010
Il sentit l'infortune en ouvrant la paupière ;
Et les dieux l'ont conduit à l'immortalité,
Pour avoir, comme moi, vaincu l'adversité.
S'il m'a transmis son sang, j'en aurai le courage.
Mourir digne de vous, voilà mon héritage.
Cessez de le prier, cessez de démentir
Le sang des demi-dieux dont on me fait sortir.

POLYPHONTE, *à Mérope.*
Eh bien ! il faut ici nous expliquer sans feinte.
Je prends part aux douleurs dont vous êtes atteinte ;
Son courage me plaît ; je l'estime, et je crois 1020
Qu'il mérite en effet d'être du sang des rois.
Mais une vérité d'une telle importance
N'est pas de ces secrets qu'on croit sans évidence.
Je le prends sous ma garde, il m'est déjà remis
Et, s'il est né de vous, je l'adopte pour fils.

ÉGISTHE.
Vous, m'adopter ?
    MÉROPE. Hélas !
    POLYPHONTE. Réglez sa destinée.
Vous achetiez sa mort avec mon hyménée.
La vengeance à ce point a pu vous captiver :
L'amour fera-t-il moins quand il faut le sauver ?

MÉROPE.
Quoi, barbare !
  POLYPHONTE. Madame, il y va de sa vie. 1030
Votre âme en sa faveur paraît trop attendrie
Pour vouloir exposer à mes justes rigueurs,
Par d'imprudents refus, l'objet de tant de pleurs.

MÉROPE.
Seigneur, que de son sort il soit du moins le maître.
Daignez...
  POLYPHONTE.
    C'est votre fils, madame, ou c'est un traître.
Je dois m'unir à vous pour lui servir d'appui,

Ou je dois me venger et de vous et de lui.
C'est à vous d'ordonner sa grâce ou son supplice.
Vous êtes, en un mot, sa mère ou sa complice.
Choisissez; mais sachez qu'au sortir de ces lieux 1040
Je ne vous en croirai qu'en présence des dieux.
Vous, soldats, qu'on le garde; et vous, que l'on me
   (*A Mérope.*) [suive.
Je vous attends; voyez si vous voulez qu'il vive;
Déterminez d'un mot mon esprit incertain;
Confirmez sa naissance en me donnant la main.
Votre seule réponse ou le sauve ou l'opprime.
Voilà mon fils, madame, ou voilà ma victime.
Adieu.

  MÉROPE.
    Ne m'ôtez pas la douceur de le voir;
Rendez-le à mon amour, à mon vain désespoir.

  POLYPHONTE.
Vous le verrez au temple.

  ÉGISTHE, *que les soldats emmènent.*
      O reine auguste et chère, 1050
O vous que j'ose à peine encor nommer ma mère,
Ne faites rien d'indigne et de vous et de moi!
Si je suis votre fils, je sais mourir en roi.

SCÈNE III.

  MÉROPE.
Cruels, vous l'enlevez; en vain je vous implore:
Je ne l'ai donc revu que pour le perdre encore?
Pourquoi m'exauciez-vous, ô dieu trop imploré?
Pourquoi rendre à mes vœux ce fils tant désiré?
Vous l'avez arraché d'une terre étrangère,
Victime réservée au bourreau de son père:
Ah! privez-moi de lui; cachez ses pas errants 1060
Dans le fond des déserts, à l'abri des tyrans.

SCÈNE IV.

MÉROPE, NARBAS, EURYCLÈS.

MÉROPE.
Sais-tu l'excès d'horreur où je me vois livrée?
NARBAS.
Je sais que de mon roi la perte est assurée,
Que déjà dans les fers Égisthe est retenu,
Qu'on observe mes pas.
MÉROPE. C'est moi qui l'ai perdu.
NARBAS.
Vous!
MÉROPE.
J'ai tout révélé. Mais, Narbas, quelle mère,
Prête à perdre son fils, peut le voir, et se taire?
J'ai parlé, c'en est fait; et je dois désormais
Réparer ma faiblesse à force de forfaits.
NARBAS.
Quels forfaits, dites-vous?

SCÈNE V.

MÉROPE, NARBAS, EURYCLÈS, ISMÉNIE.

ISMÉNIE. Voici l'heure, madame, 1070
Qu'il vous faut rassembler les forces de votre âme.
Un vain peuple, qui vole après la nouveauté,
Attend votre hymėnée avec avidité.
Le tyran règle tout; il semble qu'il apprête
L'appareil du carnage, et non pas d'une fête.
Par l'or de ce tyran le grand prêtre inspiré
A fait parler le dieu dans son temple adoré.

Au nom de vos aïeux et du dieu qu'il atteste,
Il vient de déclarer cette union funeste.
Polyphonte, dit-il, a reçu vos serments ; 1080
Messène en est témoin, les dieux en sont garants.
Le peuple a répondu par des cris d'allégresse ;
Et, ne soupçonnant pas le chagrin qui vous presse,
Il célèbre à genoux cet hymen plein d'horreur :
Il bénit le tyran qui vous perce le cœur.

   MÉROPE.

Et mes malheurs encor font la publique joie !

   NARBAS.

Pour sauver votre fils quelle funeste voie !

   MÉROPE.

C'est un crime effroyable, et déjà tu frémis.

   NARBAS.

Mais c'en est un plus grand de perdre votre fils.

   MÉROPE.

Eh bien ! le désespoir m'a rendu mon courage. 1090
Courons tous vers le temple où m'attend mon outrage ;
Montrons mon fils au peuple, et plaçons-le à leurs
Entre l'autel et moi, sous la garde des dieux. [yeux,
Il est né de leur sang, ils prendront sa défense ;
Ils ont assez longtemps trahi son innocence.
De son lâche assassin je peindrai les fureurs :
L'horreur et la vengeance empliront tous les cœurs.
Tyrans, craignez les cris et les pleurs d'une mère !
On vient ; ah ! je frissonne. Ah ! tout me désespère.
On m'appelle, et mon fils est au bord du cercueil ; 1100
Le tyran peut encor l'y plonger d'un coup d'œil.

  (Aux sacrificateurs.)

Ministres rigoureux du monstre qui m'opprime,
Vous venez à l'autel entraîner la victime.
O vengeance ! ô tendresse ! ô nature ! ô devoir !
Qu'allez-vous ordonner d'un cœur au désespoir ?

ACTE CINQUIÈME.

SCÈNE I.

ÉGISTHE, NARBAS, EURYCLÈS.

NARBAS.
Le tyran nous retient au palais de la reine,
Et notre destinée est encore incertaine.
Je tremble pour vous seul. Ah! mon prince, ah! mon [fils!
Souffrez qu'un nom si doux me soit encor permis.
Ah! vivez. D'un tyran désarmez la colère, 1110
Conservez une tête, hélas! si nécessaire,
Si longtemps menacée, et qui m'a tant coûté!
EURYCLÈS.
Songez que, pour vous seul abaissant sa fierté,
Mérope de ses pleurs daigne arroser encore
Les parricides mains d'un tyran qu'elle abhorre.
ÉGISTHE.
D'un long étonnement à peine revenu,
Je crois renaître ici dans un monde inconnu.
Un nouveau sang m'anime, un nouveau jour m'éclaire.
Qui? moi, né de Mérope! et Cresphonte est mon père!
Son assassin triomphe; il commande, et je sers! 1120
Je suis le sang d'Hercule, et je suis dans les fers!
NARBAS.
Plût aux dieux qu'avec moi le petit-fils d'Alcide
Fût encore inconnu dans les champs de l'Élide!
ÉGISTHE.
Eh quoi! tous les malheurs aux humains réservés,
Faut-il, si jeune encor, les avoir éprouvés?

Les ravages, l'exil, la mort, l'ignominie,
Dès ma première aurore ont assiégé ma vie.
De déserts en déserts, errant, persécuté,
J'ai langui dans l'opprobre et dans l'obscurité.
Le ciel sait cependant si, parmi tant d'injures, 1130
J'ai permis à ma voix d'éclater en murmures.
Malgré l'ambition qui dévorait mon cœur,
J'embrassai les vertus qu'exigeait mon malheur;
Je respectai, j'aimai jusqu'à votre misère;
Je n'aurais point aux dieux demandé d'autre père,
Ils m'en donnent un autre et c'est pour m'outrager.
Je suis fils de Cresphonte, et ne puis le venger.
Je retrouve une mère, un tyran me l'arrache :
Un détestable hymen à ce monstre l'attache.
Je maudis dans vos bras le jour où je suis né ; 1140
Je maudis le secours que vous m'avez donné.
Ah! mon père, ah! pourquoi d'une mère égarée
Reteniez-vous tantôt la main désespérée?
Mes malheurs finissaient; mon sort était rempli.

NARBAS.

Ah! vous êtes perdu; le tyran vient ici.

SCÈNE II.

POLYPHONTE, ÉGISTHE, NARBAS, EURYCLÈS, gardes.

POLYPHONTE.
   (*Narbas et Euryclès s'éloignent un peu.*)
Retirez-vous ; et toi, dont l'aveugle jeunesse
Inspire une pitié qu'on doit à la faiblesse,
Ton roi veut bien encor, pour la dernière fois,
Permettre à tes destins de changer à ton choix.
Le présent, l'avenir, et jusqu'à ta naissance, 1150
Tout ton être, en un mot, est dans ma dépendance.
Je puis au plus haut rang d'un seul mot t'élever,

Acl. V.]

Te laisser dans les fers, te perdre, ou te sauver.
Élevé loin des cours et sans expérience,
Laisse-moi gouverner ta farouche imprudence.
Crois-moi, n'affecte point, dans ton sort abattu,
Cet orgueil dangereux que tu prends pour vertu.
Si dans un rang obscur le destin t'a fait naître,
Conforme à ton état, sois humble avec ton maître.
Si le hasard heureux t'a fait naître d'un roi,   1100
Rends-toi digne de l'être en servant près de moi.
Une reine en ces lieux te donne un grand exemple;
Elle a suivi mes lois, et marche vers le temple.
Suis ses pas et les miens, viens au pied de l'autel
Me jurer à genoux un hommage éternel.
Puisque tu crains les dieux, atteste leur puissance,
Prends-les tous à témoin de ton obéissance.
La porte des grandeurs est ouverte pour toi :
Un refus te perdra. Choisis, et réponds-moi.

    ÉGISTHE.

Tu me vois désarmé, comment puis-je répondre? 1170
Tes discours, je l'avoue, ont de quoi me confondre.
Mais rends-moi seulement ce glaive que tu crains,
Ce fer que ta prudence écarte de mes mains :
Je répondrai pour lors, et tu pourras connaître
Qui de nous deux, perfide, est l'esclave ou le maître:
Si c'est à Polyphonte à régler nos destins,
Et si le fils des rois punit les assassins.

    POLYPHONTE.

Faible et fier ennemi, ma bonté t'encourage :
Tu me crois assez grand pour oublier l'outrage,
Pour ne m'avilir pas jusqu'à punir en toi   1180
Un esclave inconnu qui s'attaque à son roi.
Eh bien! cette bonté, qui s'indigne et se lasse,
Te donne un seul moment pour obtenir ta grâce.
Je t'attends aux autels, et tu peux y venir :
Viens recevoir la mort, ou jurer d'obéir.
Gardes, auprès de moi vous pourrez l'introduire;

Qu'aucun autre ne sorte et n'ose le conduire.
Vous, Narbas, Euryclès, je le laisse en vos mains.
Tremblez! vous répondrez de ses caprices vains.
Je connais votre haine, et j'en sais l'impuissance;
Mais je me fie au moins à votre expérience. 1195
Qu'il soit né de Mérope, ou qu'il soit votre fils,
D'un conseil imprudent sa mort sera le prix.

SCÈNE III.

ÉGISTHE, NARBAS, EURYCLÈS.

ÉGISTHE.
Ah! je n'en recevrai que du sang qui m'anime.
Hercule, instruis mon bras à me venger du crime;
Éclaire mon esprit du sein des immortels!
Polyphonte m'appelle au pied de tes autels,
Et j'y cours.
     NARBAS. Ah! mon prince, êtes-vous las de vivre?
     EURYCLÈS.
Dans ce péril du moins si nous pouvions vous suivre!
Mais laissez-nous le temps d'éveiller un parti 1200
Qui, tout faible qu'il est, n'est point anéanti.
Souffrez...
     ÉGISTHE. En d'autres temps mon courage tranquille
Au frein de vos leçons serait souple et docile;
Je vous croirais tous deux: mais, dans un tel malheur,
Il ne faut consulter que le ciel et son cœur.
Qui ne peut se résoudre, aux conseils s'abandonne;
Mais le sang des héros ne croit ici personne.
Le sort en est jeté... Ciel! qu'est-ce que je vois!
Mérope!

SCÈNE IV.

MÉROPE, ÉGISTHE, NARBAS, EURYCLÈS, suite.

MÉROPE. Le tyran m'ose envoyer vers toi :
Ne crois pas que je vive après cet hyménée ; 1210
Mais cette honte horrible où je suis entraînée,
Je la subis pour toi, je me fais cet effort :
Fais-toi celui de vivre, et commande à ton sort.
Cher objet des terreurs dont mon âme est atteinte,
Toi pour qui je connais et la honte et la crainte,
Fils des rois et des dieux, mon fils, il faut servir
Pour savoir se venger, il faut savoir souffrir.
Je sens que ma faiblesse et t'indigne et t'outrage ;
Je t'en aime encor plus, et je crains davantage.
Mon fils...
 ÉGISTHE. Osez me suivre.
    MÉROPE. Arrête. Que fais-tu ? 1220
Dieux ! je me plains à vous de son trop de vertu.
 ÉGISTHE.
Voyez-vous en ces lieux le tombeau de mon père ?
Entendez-vous sa voix ? Êtes-vous reine et mère ?
Si vous l'êtes, venez.
   MÉROPE. Il semble que le ciel
T'élève en ce moment au-dessus d'un mortel.
Je respecte mon sang ; je vois le sang d'Alcide !
Ah ! parle ; remplis-moi de ce dieu qui te guide.
Il te presse, il t'inspire. O mon fils, mon cher fils !
Achève, et rends la force à mes faibles esprits.
 ÉGISTHE.
Auriez-vous des amis dans ce temple funeste ? 1230
 MÉROPE.
J'en eus quand j'étais reine, et le peu qui m'en reste
Sous un joug étranger baisse un front abattu ;

Le poids de mes malheurs accable leur vertu :
Polyphonte est haï ; mais c'est lui qu'on couronne :
On m'aime, et l'on me fuit.

ÉGISTHE. Quoi! tout vous abandonne!
Ce monstre est à l'autel?

MÉROPE. Il m'attend.

ÉGISTHE. Ses soldats
A cet autel horrible accompagnent ses pas?

MÉROPE.
Non : la porte est livrée à leur troupe cruelle :
Il est environné de la foule infidèle
Des mêmes courtisans que j'ai vus autrefois   1240
S'empresser à ma suite et ramper sous mes lois.
Et moi, de tous les siens à l'autel entourée,
De ces lieux à toi seul je puis ouvrir l'entrée.

ÉGISTHE.
Seul, je vous y suivrai ; j'y trouverai des dieux
Qui punissent le meurtre, et qui sont mes aïeux.

MÉROPE.
Ils t'ont trahi quinze ans.

ÉGISTHE. Ils m'éprouvaient, sans doute.

MÉROPE.
Eh! quel est ton dessein?

ÉGISTHE. Marchons, quoi qu'il en coûte.
Adieu, tristes amis; vous connaîtrez du moins
Que le fils de Mérope a mérité vos soins.

(*A Narbas, en l'embrassant.*)
Tu ne rougiras point, crois-moi, de ton ouvrage ;   1250
Au sang qui m'a formé tu rendras témoignage.

SCÈNE V.

NARBAS, EURYCLÈS.

NARBAS.
Que va-t-il faire ? Hélas ! tous mes soins sont trahis ;
Les habiles tyrans ne sont jamais punis.
J'espérais que du temps la main tardive et sûre
Justifierait les dieux en vengeant leur injure ;
Qu'Égisthe reprendrait son empire usurpé ;
Mais le crime l'emporte, et je meurs détrompé.
Égisthe va se perdre à force de courage :
Il désobéira : la mort est son partage.
EURYCLÈS.
Entendez-vous ces cris dans les airs élancés ? 1260
NARBAS.
C'est le signal du crime.
EURYCLÈS. Écoutons.
NARBAS. Frémissez.
EURYCLÈS.
Sans doute qu'au moment d'épouser Polyphonte
La reine en expirant a prévenu sa honte :
Tel était son dessein dans son mortel ennui.
NARBAS.
Ah ! son fils n'est donc plus ! Elle eût vécu pour lui.
EURYCLÈS.
Le bruit croît, il redouble ; il vient comme un tonnerre
Qui s'approche en grondant et qui fond sur la terre.
NARBAS.
J'entends de tous côtés les cris des combattants,
Les sons de la trompette et les voix des mourants ;
Du palais de Mérope on enfonce la porte. 1270
EURYCLÈS.
Ah ! ne voyez-vous pas cette cruelle escorte

Qui court, qui se dissipe, et qui va loin de nous?
NARBAS.
Va-t-elle du tyran servir l'affreux courroux?
EURYCLÈS.
Autant que mes regards au loin peuvent s'étendre,
On se mêle, on combat.
NARBAS. Quel sang va-t-on répandre?
De Mérope et du roi le nom remplit les airs.
EURYCLÈS.
Grâces aux immortels, les chemins sont ouverts.
Allons voir à l'instant s'il faut mourir ou vivre.
(*Il sort.*)
NARBAS.
Allons. D'un pas égal que ne puis-je vous suivre!
O dieux, rendez la force à ces bras énervés, 1280
Pour le sang de mes rois autrefois éprouvés!
Que je donne du moins les restes de ma vie.
Hâtons-nous.

SCÈNE VI.

NARBAS, ISMÉNIE, peuple.

NARBAS. Quel spectacle! Est-ce vous, Isménie?
Sanglante, inanimée, est-ce vous que je vois?
ISMÉNIE.
Ah! laissez-moi reprendre et la vie et la voix.
NARBAS.
Mon fils est-il vivant? Que devient notre reine?
ISMÉNIE.
De mon saisissement je reviens avec peine :
Par les flots de ce peuple entraînée en ces lieux...
NARBAS.
Que fait Égisthe?
ISMÉNIE. Il est... le digne fils des dieux;

Égisthe! Il a frappé le coup le plus terrible. 1290
Non, d'Alcide jamais la valeur invincible
N'a d'un exploit si rare étonné les humains.
NARBAS.
O mon fils! ô mon roi, qu'ont élevé mes mains!
ISMÉNIE.
La victime était prête, et de fleurs couronnée ;
L'autel étincelait des flambeaux d'hyménée ;
Polyphonte, l'œil fixe, et d'un front inhumain,
Présentait à Mérope une odieuse main ;
Le prêtre prononçait les paroles sacrées ;
Et la reine, au milieu des femmes éplorées,
S'avançant tristement, tremblante entre mes bras,
Au lieu de l'hyménée invoquait le trépas : 1301
Le peuple observait tout dans un profond silence.
Dans l'enceinte sacrée en ce moment s'avance
Un jeune homme, un héros, semblable aux immortels:
Il court; c'était Egisthe; il s'élance aux autels;
Il monte, il y saisit d'une main assurée
Pour les fêtes des dieux la hache préparée.
Les éclairs sont moins prompts; je l'ai vu de mes
Je l'ai vu qui frappait ce monstre audacieux. [yeux,
« Meurs, tyran, disait-il ; dieux, prenez vos victimes. »
Érox, qui de son maître a servi tous les crimes, 1311
Érox, qui dans son sang voit ce monstre nager,
Lève une main hardie, et pense le venger.
Égisthe se retourne, enflammé de furie ;
A côté de son maître il le jette sans vie.
Le tyran se relève : il blesse le héros ;
De leur sang confondu j'ai vu couler les flots.
Déjà la garde accourt avec des cris de rage.
Sa mère... Ah! que l'amour inspire de courage!
Quel transport animait ses efforts et ses pas! 1320
Sa mère... Elle s'élance au milieu des soldats.
« C'est mon fils! arrêtez! cessez, troupe inhumaine!
« C'est mon fils, déchirez sa mère et votre reine,

« Ce sein qui l'a nourri, ces flancs qui l'ont porté! »
A ces cris douloureux le peuple est agité;
Une foule d'amis, que son danger excite,
Entre elle et ces soldats vole et se précipite.
Vous eussiez vu soudain les autels renversés;
Dans des ruisseaux de sang leurs débris dispersés;
Les enfants écrasés dans les bras de leurs mères; 1330
Les frères méconnus immolés par leurs frères;
Soldats, prêtres, amis l'un sur l'autre expirants :
On marche, on est porté sur les corps des mourants,
On veut fuir, on revient; et la foule pressée
D'un bout du temple à l'autre est vingt fois repoussée.
De ces flots confondus le flux impétueux
Roule, et dérobe Égisthe et la reine à mes yeux.
Parmi les combattants je vole ensanglantée :
J'interroge à grands cris la foule épouvantée.
Tout ce qu'on me répond redouble mon horreur. 1340
On s'écrie : « Il est mort, il tombe, il est vainqueur! »
Je cours, je me consume, et le peuple m'entraîne,
Me jette en ce palais, éplorée, incertaine,
Au milieu des mourants, des morts, et des débris.
Venez, suivez mes pas, joignez-vous à mes cris :
Venez. J'ignore encor si la reine est sauvée,
Si de son digne fils la vie est conservée,
Si le tyran n'est plus. Le trouble, la terreur,
Tout ce désordre horrible est encor dans mon cœur.

   NARBAS.
Arbitre des humains, divine Providence, 1350
Achève ton ouvrage, et soutiens l'innocence :
A nos malheurs passés mesure tes bienfaits;
O ciel! conserve Égisthe, et que je meure en paix!
Ah! parmi ces soldats ne vois-je point la reine?

SCÈNE VII.

MÉROPE, ISMÉNIE, NARBAS, peuple, soldats.

(On voit dans le fond du théâtre le corps de Polyphonte, couvert d'une robe sanglante.)

MÉROPE.
Guerriers, prêtres, amis, citoyens de Messène,
Au nom des dieux vengeurs, peuples, écoutez-moi.
Je vous le jure encore, Égisthe est votre roi :
Il a puni le crime, il a vengé son père.
Celui que vous voyez traîné sur la poussière,   1360
C'est un monstre ennemi des dieux et des humains :
Dans le sein de Cresphonte il enfonça ses mains.
Cresphonte, mon époux, mon appui, votre maître,
Mes deux fils sont tombés sous les coups de ce traître.
Il opprimait Messène, il usurpait mon rang ;
Il m'offrait une main fumante de mon sang.
(En courant vers Égisthe, qui arrive la hache à la main.)
Celui que vous voyez, vainqueur de Polyphonte,
C'est le fils de vos rois, c'est le sang de Cresphonte ;
C'est le mien, c'est le seul qui reste à ma douleur.
Quels témoins voulez-vous plus certains que mon cœur ?
Regardez ce vieillard ; c'est lui dont la prudence 1370
Aux mains de Polyphonte arracha son enfance.
Les dieux ont fait le reste.
     NARBAS. Oui, j'atteste ces dieux
Que c'est là votre roi qui combattait pour eux.
  ÉGISTHE.
Amis, pouvez-vous bien méconnaître une mère ?
Un fils qu'elle défend ? un fils qui venge un père ?
Un roi vengeur du crime ?
     MÉROPE. Et si vous en doutez,

Reconnaissez mon fils aux coups qu'il a portés,
A votre délivrance, à son âme intrépide.
Eh! quel autre jamais qu'un descendant d'Alcide,
Nourri dans la misère, à peine en son printemps,
Eût pu venger Messène et punir les tyrans ? 1381
Il soutiendra son peuple, il vengera la terre.
Écoutez, le ciel parle; entendez son tonnerre.
Sa voix qui se déclare et se joint à mes cris,
Sa voix rend témoignage, et dit qu'il est mon fils.

SCÈNE VIII.

MÉROPE, ÉGISTHE, ISMÉNIE, NARBAS, EURYCLÈS, peuple.

EURYCLÈS.
Ah! montrez-vous, madame, à la ville calmée :
Du retour de son roi la nouvelle semée,
Volant de bouche en bouche, a changé les esprits.
Nos amis ont parlé, les cœurs sont attendris :
Le peuple impatient verse des pleurs de joie : 1390
Il adore le roi que le ciel lui renvoie ;
Il bénit votre fils, il bénit votre amour ;
Il consacre à jamais ce redoutable jour.
Chacun veut contempler son auguste visage ;
On veut revoir Narbas : on veut vous rendre hommage.
Le nom de Polyphonte est partout abhorré ;
Celui de votre fils, le vôtre est adoré.
O roi! venez jouir du prix de la victoire :
Ce prix est notre amour ; il vaut mieux que la gloire.
ÉGISTHE.
Elle n'est point à moi, cette gloire est aux dieux : 1400
Ainsi que le bonheur, la vertu nous vient d'eux.
Allons monter au trône, en y plaçant ma mère !
Et vous, mon cher Narbas, soyez toujours mon père.

MOLIÈRE.

LE MISANTHROPE

COMÉDIE.

(1666.)

ANALYSE DU MISANTHROPE.

I. Alceste, dans un accès d'humeur, rudoie Philinte, son ami d'enfance, coupable de démonstrations amicales envers un indifférent qu'il connaît à peine. Cette altercation met en saillie le contraste de deux caractères honorables l'un et l'autre : l'un intolérant par emportement de probité et de franchise, l'autre indulgent par compassion pour les faiblesses et les travers de l'humanité. Tous deux exposent leurs principes, et Philinte profite de ses avantages en montrant à son ami qu'il se contredit en aimant la coquette Célimène, et qu'il a tort de compromettre le succès d'un procès où il est engagé en négligeant d'éclairer la conscience de ses juges. Alceste ne tient nul compte de ces sages avis : il continuera de plus belle à aimer Célimène, et il se gardera bien de solliciter. La visite d'un courtisan métromane, et de plus son rival en amour, va mettre sa franchise à une rude épreuve. Oronte débute en lui proposant son amitié, dont Alceste décline l'honneur avant un plus ample informé; puis il le consulte, malgré qu'il en ait, sur un sonnet « qu'il a fait depuis peu ». Pendant que Philinte s'extasie, Alceste a peine à se contenir, et sommé de s'expliquer, il essaye d'abord d'échapper par des détours jusqu'à ce que, poussé à bout, il déclare nettement à Oronte que son sonnet ne vaut rien. La vanité du poëte éclate alors et menace Alceste d'une fâcheuse affaire en retour de sa franchise.

II. Alceste, qui s'est éloigné de Philinte avec humeur et qui a rompu en visière à Oronte, vient gronder sa maîtresse et la presser de mettre un terme aux manéges de sa coquetterie ; mais pendant qu'il lui reproche d'ouvrir son cœur et sa maison à tout le genre humain, arrivent deux marquis, Acaste et Clitandre, tous deux épris de Célimène, et sa cousine Éliante, aussi sincère que Célimène est artificieuse. Alceste, qui voulait s'éloigner, demeure quand on cesse de l'en prier, et la conversation s'engage aux dépens du prochain ; Célimène y fait briller l'enjouement et la malice de son esprit. Le misanthrope, après un long silence, intervient brusquement : « Allons, ferme, poussez, mes bons amis de cour, » et il rejette les torts de Célimène sur ses approbateurs. Il insiste toujours pour que la coquette se prononce entre lui et ses rivaux, quand un mandat du conseil des maréchaux l'invite à comparaître.

III. Les deux marquis, Acaste et Clitandre, qui ont leurs raisons de se croire au mieux dans l'esprit de Célimène, tombent d'accord pour demander à la coquette un éclaircissement qu'elle éloigne avec adresse, lorsqu'on annonce la visite de la prude Arsinoé. Les marquis font retraite devant elle, et celle-ci, en amie charitable, avertit Célimène des méchants bruits qui courent sur son compte : elle n'y croit pas, mais il serait prudent de faire taire la calomnie. Célimène lui donne la réplique avec un sang-froid de malice qui la déconcerte et l'irrite. La prude Arsinoé, coquette émérite, a des vues sur Alceste, qui survient à propos, et qu'elle emmène pour lui mettre sous les yeux des preuves convaincantes de la perfidie de Célimène.

IV. L'affaire d'Alceste et d'Oronte s'est terminée par un accommodement devant le tribunal des maréchaux de France; mais Alceste n'est pas hors de peine : il tient en ses mains la preuve écrite de la trahison de Célimène. Il en est outré et désespéré au point de s'offrir à Éliante, si elle consent à accepter le rebut de Célimène; mais Célimène paraît, et les éclats de la fureur d'Alceste vont se tempérer sous les caresses et les railleries de sa maîtresse, qui joue si adroitement l'innocence et la sécurité, que le misanthrope, sans être convaincu, reste engagé dans ses liens. La lettre qu'il tient, et qu'Arsinoé lui a donnée comme s'adressant à Oronte, est-elle écrite à une femme, comme l'insinue Célimène? Le doute est permis, et cela suffit à la crédulité d'un amant. Sans doute Alceste demanderait de plus sûrs gages de fidélité, si son valet ne venait l'avertir de la fâcheuse visite de quelque homme de loi envoyé chez lui par sa partie adverse.

V. Alceste a perdu son procès, mais il n'essayera pas de faire casser l'arrêt, afin de conserver, au prix de vingt mille francs, *le Droit de pester*. Cette iniquité n'est pas de nature à le réconcilier avec le genre humain, et ce qui va suivre doit alimenter l'*effroyable haine* qu'il porte à son prochain. Oronte vient presser Célimène de se déclarer entre Alceste et lui; Alceste appuie impérieusement ses instances sans obtenir de réponse précise. A ce moment critique, Acaste et Clitandre, escortés d'Arsinoé, en présence de Philinte, qui n'a pas quitté Alceste, et d'Éliante, viennent gaiement donner lecture d'une longue épître de Célimène où tous les personnages présents, sans excepter Alceste, sont fort maltraités. Célimène convaincue n'essaye pas de se défendre, et reçoit successivement les adieux ironiques d'Acaste, de Clitandre et d'Oronte. Arsinoé tente vainement d'éloigner à son profit Alceste, qui tient bon devant la perfidie déclarée de sa maîtresse et qui, prenant à témoin de sa faiblesse Eliante et Philinte, propose à Célimène, avec le pardon de ses fautes, une alliance, mais dans la retraite, loin de ce monde pervers où règnent le mensonge et la perfidie, et il ne renonce à son amour que lorsque Célimène, qui consent bien à l'épouser, refuse de le suivre dans *la solitude*, qui *effraye une âme de vingt ans*. Il faut cependant qu'un mariage se conclue au dénoûment d'une comédie. Eliante et Philinte s'y engagent et se promettent d'employer tous leurs efforts pour retenir Alceste, qui a résolu de fuir les humains et d'aller s'ensevelir dans un désert.

LE MISANTHROPE

COMÉDIE.

(1666.)

PERSONNAGES. — ALCESTE, amant de Célimène. — PHILINTE, ami d'Alceste. — ORONTE, amant de Célimène. — CÉLIMÈNE, amante d'Alceste. — ELIANTE, cousine de Célimène. — ARSINOÉ, amie de Célimène. — ACASTE, CLITANDRE, marquis. — BASQUE, valet de Célimène. — Un garde de la maréchaussée de France. — DUBOIS, valet d'Alceste.

La scène est à Paris, dans la maison de Célimène.

ACTE PREMIER.

SCÈNE I.

PHILINTE, ALCESTE

PHILINTE.
Qu'est-ce donc ? qu'avez-vous ?
  ALCESTE, *assis*. Laissez-moi, je vous prie.
PHILINTE.
Mais encor, dites-moi, quelle bizarrerie...
ALCESTE.
Laissez-moi là, vous dis-je, et courez vous cacher.
PHILINTE.
Mais on entend les gens, au moins, sans se fâcher
ALCESTE.
Moi, je veux me fâcher, et ne veux point entendre.
PHILINTE.   [dre,
Dans vos brusques chagrins je ne puis vous compren-
Et quoique amis, enfin, je suis tout des premiers....

ALCESTE, *se levant brusquement.*
Moi, votre ami ? Rayez cela de vos papiers.
J'ai fait jusques ici profession de l'être ;
Mais, après ce qu'en vous je viens de voir paraître,
Je vous déclare net que je ne le suis plus, 11
Et ne veux nulle place en des cœurs corrompus.
PHILINTE.
Je suis donc bien coupable, Alceste, à votre compte?
ALCESTE.
Allez, vous devriez mourir de pure honte ;
Une telle action ne saurait s'excuser,
Et tout homme d'honneur s'en doit scandaliser.
Je vous vois accabler un homme de caresses,
Et témoigner pour lui les dernières tendresses ;
De protestations, d'offres et de serments
Vous chargez la fureur de vos embrassements : 20
Et quand je vous demande après quel est cet homme,
A peine pouvez-vous dire comme il se nomme ;
Votre chaleur pour lui tombe en vous séparant,
Et vous me le traitez, à moi, d'indifférent.
Morbleu ! c'est une chose indigne, lâche, infâme,
De s'abaisser ainsi jusqu'à trahir son âme ;
Et si, par un malheur, j'en avais fait autant,
Je m'irais, de regret, pendre tout à l'instant.
PHILINTE.
Je ne vois pas, pour moi, que le cas soit pendable;
Et je vous supplierai d'avoir pour agréable 30
Que je me fasse un peu grâce sur votre arrêt,
Et ne me pende pas pour cela, s'il vous plaît.
ALCESTE.
Que la plaisanterie est de mauvaise grâce!
PHILINTE.
Mais, sérieusement, que voulez-vous qu'on fasse?
ALCESTE [neur
Je veux qu'on soit sincère, et qu'en homme d'hon-
On ne lâche aucun mot qui ne parte du cœur.

PHILINTE.

Lorsqu'un homme vous vient embrasser avec joie,
Il faut bien le payer de la même monnoie,
Répondre comme on peut à ses empressements
Et rendre offre pour offre et serments pour serments.

ALCESTE.

Non, je ne puis souffrir cette lâche méthode
Qu'affectent la plupart de vos gens à la mode ;
Et je ne hais rien tant que les contorsions
De tous ces grands faiseurs de protestations ;
Ces affables donneurs d'embrassades frivoles
Ces obligeants diseurs d'inutiles paroles,
Qui de civilités avec tous font combat,
Et traitent du même air l'honnête homme et le fat.
Quel avantage a-t-on qu'un homme vous caresse,
Vous jure amitié, foi, zèle, estime, tendresse,
Et vous fasse de vous un éloge éclatant
Lorsqu'au premier faquin il court en faire autant?
Non, non, il n'est point d'âme un peu bien située
Qui veuille d'une estime ainsi prostituée ;
Et la plus glorieuse a des régals peu chers,
Dès qu'on voit qu'on nous mêle avec tout l'univers :
Sur quelque préférence une estime se fonde,
Et c'est n'estimer rien qu'estimer tout le monde.
Puisque vous y donnez, dans ces vices du temps,
Morbleu! vous n'êtes pas pour être de mes gens ;
Je refuse d'un cœur la vaste complaisance
Qui ne fait de mérite aucune différence ;
Je veux qu'on me distingue : et, pour le trancher net,
L'ami du genre humain n'est point du tout mon fait.

PHILINTE.

Mais quand on est du monde, il faut bien que l'on
Quelques dehors civils que l'usage demande. [rende

ALCESTE.

Non, vous dis-je ; on devrait châtier sans pitié
Ce commerce honteux de semblants d'amitié.

Je veux que l'on soit homme, et qu'en toute rencontre
Le fond de notre cœur dans nos discours se montre, 70
Que ce soit lui qui parle, et que nos sentiments
Ne se masquent jamais sous de vains compliments.

PHILINTE.

Il est bien des endroits où la pleine franchise
Deviendrait ridicule, et serait peu permise;
Et parfois, n'en déplaise à votre austère honneur,
Il est bon de cacher ce qu'on a dans le cœur.
Serait-il à propos, et de la bienséance,
De dire à mille gens tout ce que d'eux on pense?
Et quand on a quelqu'un qu'on hait ou qui déplaît,
Lui doit-on déclarer la chose comme elle est? 80

ALCESTE.

Oui.

PHILINTE. Quoi! vous iriez dire à la vieille Émilie
Qu'à son âge il sied mal de faire la jolie,
Et que le blanc qu'elle a scandalise chacun?

ALCESTE.

Sans doute.

PHILINTE. A Dorilas, qu'il est trop importun,
Et qu'il n'est, à la cour, oreille qu'il ne lasse
A conter sa bravoure et l'éclat de sa race?

ALCESTE.

Fort bien.

PHILINTE. Vous vous moquez.

ALCESTE. Je ne me moque point,
Et je vais n'épargner personne sur ce point.
Mes yeux sont trop blessés, et la cour et la ville
Ne m'offrent rien qu'objets à m'échauffer la bile; 90
J'entre en une humeur noire, en un chagrin profond,
Quand je vois vivre entre eux les hommes comme ils [font.
Je ne trouve partout que lâche flatterie,
Qu'injustice, intérêt, trahison, fourberie;
Je n'y puis plus tenir. j'enrage; et mon dessein
Est de rompre en visière à tout le genre humain.

PHILINTE.
Ce chagrin philosophe est un peu trop sauvage
Je ris des noirs accès où je vous envisage,
Et crois voir en nous deux, sous mêmes soins nourris,
Ces deux frères que peint l'*École des maris*, 100
Dont...
ALCESTE. Mon Dieu ! laissons là vos comparaisons
PHILINTE. [fades.
Non : tout de bon, quittez toutes ces incartades.
Le monde par vos soins ne se changera pas :
Et, puisque la franchise a pour vous tant d'appas,
Je vous dirai tout franc que cette maladie,
Partout où vous allez, donne la comédie,
Et qu'un si grand courroux contre les mœurs du temps
Vous tourne en ridicule auprès de bien des gens.
ALCESTE. [demande ;
Tant mieux, morbleu ! tant mieux, c'est ce que je
Ce m'est un fort bon signe, et ma joie en est grande.
Tous les hommes me sont à tel point odieux, 111
Que je serais fâché d'être sage à leurs yeux.
PHILINTE.
Vous voulez un grand mal à la nature humaine !
ALCESTE.
Oui, j'ai conçu pour elle une effroyable haine.
PHILINTE.
Tous les pauvres mortels, sans nulle exception,
Seront enveloppés dans cette aversion ?
Encore en est-il bien, dans le siècle où nous som-
ALCESTE. [mes...
Non, elle est générale, et je hais tous les hommes :
Les uns, parce qu'ils sont méchants et malfaisants,
Et les autres, pour être aux méchants complaisants,
Et n'avoir pas pour eux ces haines vigoureuses 121
Que doit donner le vice aux âmes vertueuses.
De cette complaisance on voit l'injuste excès
Pour le franc scélérat avec qui j'ai procès

Au travers de son masque on voit à plein le traître:
Partout il est connu pour tout ce qu'il peut être;
Et ses roulements d'yeux, et son ton radouci,
N'imposent qu'à des gens qui ne sont point d'ici.
On sait que ce pied-plat, digne qu'on le confonde,
Par de sales emplois s'est poussé dans le monde, 130
Et que par eux son sort, de splendeur revêtu,
Fait gronder le mérite et rougir la vertu.
Quelques titres honteux qu'en tous lieux on lui donne,
Son misérable honneur ne voit pour lui personne :
Nommez-le fourbe, infâme, et scélérat maudit,
Tout le monde en convient et nul n'y contredit.
Cependant sa grimace est partout bien venue;
On l'accueille, on lui rit, partout il s'insinue;
Et s'il est, par la brigue, un rang à disputer,
Sur le plus honnête homme on le voit l'emporter. 140
Têtebleu! ce me sont de mortelles blessures,
De voir qu'avec le vice on garde des mesures;
Et parfois il me prend des mouvements soudains
De fuir dans un désert l'approche des humains.

PHILINTE. [en peine,
Mon Dieu! des mœurs du temps mettons-nous moins
Et faisons un peu grâce à la nature humaine;
Ne l'examinons point dans la grande rigueur,
Et voyons ses défauts avec quelque douceur.
Il faut, parmi le monde, une vertu traitable :
A force de sagesse on peut être blâmable; 150
La parfaite raison fuit toute extrémité,
Et veut que l'on soit sage avec sobriété.
Cette grande roideur des vertus des vieux âges
Heurte trop notre siècle et les communs usages;
Elle veut aux mortels trop de perfection :
Il faut fléchir au temps sans obstination;
Et c'est une folie à nulle autre seconde
De vouloir se mêler de corriger le monde.
J'observe, comme vous, cent choses tous les jours

Qui pourraient mieux aller, prenant un autre cours ;
Mais, quoi qu'à chaque pas je puisse voir paraître, 161
En courroux, comme vous, on ne me voit point être ;
Je prends tout doucement les hommes comme ils sont,
J'accoutume mon âme à souffrir ce qu'ils font ;
Et je crois qu'à la cour, de même qu'à la ville,
Mon flegme est philosophe autant que votre bile.

  ALCESTE.

Mais ce flegme, monsieur, qui raisonnez si bien,
Ce flegme pourra-t-il ne s'échauffer de rien ?
Et s'il faut, par hasard, qu'un ami vous trahisse,
Que pour avoir vos biens on dresse un artifice, 170
Ou qu'on tâche à semer de méchants bruits de vous,
Verrez-vous tout cela sans vous mettre en courroux ?

  PHILINTE.

Oui, je vois ces défauts, dont votre âme murmure,
Comme vices unis à l'humaine nature ;
Et mon esprit enfin n'est pas plus offensé
De voir un homme fourbe, injuste, intéressé,
Que de voir des vautours affamés de carnage,
Des singes malfaisants et des loups pleins de rage.

  ALCESTE.

Je me verrai trahir, mettre en pièces, voler,
Sans que je sois... Morbleu! je ne veux point parler, 180
Tant ce raisonnement est plein d'impertinence !

  PHILINTE.

Ma foi, vous ferez bien de garder le silence.
Contre votre partie éclatez un peu moins,
Et donnez au procès une part de vos soins

  ALCESTE.

Je n'en donnerai point, c'est une chose dite.

  PHILINTE.

Mais qui voulez-vous donc qui pour vous sollicite ?

  ALCESTE.

Qui je veux ? La raison, mon bon droit, l'équité.

PHILINTE.
Aucun juge par vous ne sera visité?
ALCESTE.
Non! Est-ce que ma cause est injuste ou douteuse?
PHILINTE.
J'en demeure d'accord; mais la brigue est fâcheuse,
Et...
ALCESTE. Non. J'ai résolu de n'en pas faire un pas.
J'ai tort, ou j'ai raison. 192
PHILINTE. Ne vous y fiez pas.
ALCESTE.
Je ne remuerai point.
PHILINTE. Votre partie est forte,
Et peut, par sa cabale, entraîner..
ALCESTE. Il n'importe.
PHILINTE.
Vous vous tromperez.
ALCESTE. Soit. J'en veux voir le succès.
PHILINTE.
Mais...
ALCESTE. J'aurai le plaisir de perdre mon procès.
PHILINTE.
Mais enfin...
ALCESTE. Je verrai dans cette plaiderie
Si les hommes auront assez d'effronterie,
Seront assez méchants, scélérats et pervers,
Pour me faire injustice aux yeux de l'univers. 200
PHILINTE.
Quel homme!
ALCESTE. Je voudrais, m'en coûtât-il grand'chose,
Pour la beauté du fait, avoir perdu ma cause.
PHILINTE.
On se rirait de vous, Alceste, tout de bon,
Si l'on vous entendait parler de la façon.
ALCESTE.
Tant pis pour qui rirait.

PHILINTE. Mais cette rectitude
Que vous voulez en tout avec exactitude,
Cette pleine droiture où vous vous renfermez
La trouvez-vous ici dans ce que vous aimez?
Je m'étonne, pour moi, qu'étant, comme il le semble,
Vous et le genre humain, si fort brouillés ensemble,
Malgré tout ce qui peut vous le rendre odieux, 214
Vous ayez pris chez lui ce qui charme vos yeux;
Et ce qui me surprend encore davantage,
C'est cet étrange choix où votre cœur s'engage.
La sincère Éliante a du penchant pour vous,
La prude Arsinoé vous voit d'un œil fort doux:
Cependant à leurs vœux votre âme se refuse,
Tandis qu'en ses liens Célimène l'amuse,
De qui l'humeur coquette et l'esprit médisant
Semblent si fort donner dans les mœurs d'à présent. 220
D'où vient que, leur portant une haine mortelle,
Vous pouvez bien souffrir ce qu'en tient cette belle?
Ne sont-ce plus défauts dans un objet si doux?
Ne les voyez-vous pas, ou les excusez-vous?

ALCESTE.

Non. L'amour que je sens pour cette jeune veuve
Ne ferme point mes yeux aux défauts qu'on lui treuve;
Et je suis, quelque ardeur qu'elle m'ait pu donner,
Le premier à les voir, comme à les condamner.
Mais avec tout cela, quoi que je puisse faire,
Je confesse mon faible; elle a l'art de me plaire : 230
J'ai beau voir ses défauts, et j'ai beau l'en blâmer,
En dépit qu'on en ait, elle se fait aimer;
Sa grâce est la plus forte; et sans doute ma flamme
De ces vices du temps pourra purger son âme.

PHILINTE.

Si vous faites cela, vous ne ferez pas peu.
Vous croyez être donc aimé d'elle?

ALCESTE. Oui, parbleu!
Je ne l'aimerais pas, si je ne croyais l'être.

PHILINTE.
Mais si son amitié pour vous se fait paraître,
D'où vient que vos rivaux vous causent de l'ennui?
ALCESTE.
C'est qu'un cœur bien atteint veut qu'on soit tout à lui,
Et je ne viens ici qu'à dessein de lui dire 241
Tout ce que là-dessus ma passion m'inspire.
PHILINTE.
Pour moi, si je n'avais qu'à former des désirs,
Sa cousine Éliante aurait tous mes soupirs;
Son cœur, qui vous estime, est solide et sincère;
Et ce choix plus conforme était mieux votre affaire.
ALCESTE.
Il est vrai : ma raison me le dit chaque jour;
Mais la raison n'est pas ce qui règle l'amour.
PHILINTE.
Je crains fort pour vos feux, et l'espoir où vous êtes
Pourrait...

SCÈNE II.

ORONTE, ALCESTE, PHILINTE.

ORONTE, *à Alceste.*
J'ai su là-bas que, pour quelques emplettes, 250
Éliante est sortie, et Célimène aussi.
Mais comme l'on m'a dit que vous étiez ici,
J'ai monté pour vous dire, et d'un cœur véritable,
Que j'ai conçu pour vous une estime incroyable,
Et que, depuis longtemps, cette estime m'a mis
Dans un ardent désir d'être de vos amis.
Oui, mon cœur au mérite aime à rendre justice,
Et je brûle qu'un nœud d'amitié nous unisse.
Je crois qu'un ami chaud, et de ma qualité,
N'est pas assurément pour être rejeté. 260
(*Pendant le discours d'Oronte, Alceste est rêveur et
semble ne pas entendre que c'est à lui qu'on parle.
Il ne sort de sa rêverie que quand Oronte lui dit:*)

Act. I.]

C'est à vous, s'il vous plaît, que ce discours s'adresse.
ALCESTE.
A moi, monsieur?
ORONTE. A vous. Trouvez-vous qu'il vous
ALCESTE. [blesse?
Non pas. Mais la surprise est fort grande pour moi,
Et je n'attendais pas l'honneur que je reçoi.
ORONTE.
L'estime où je vous tiens ne doit point vous surpren-
Et de tout l'univers vous la pouvez prétendre. [dre,
ALCESTE.
Monsieur...
ORONTE. L'État n'a rien qui ne soit au-dessous
Du mérite éclatant que l'on découvre en vous.
ALCESTE.
Monsieur...
ORONTE. Oui, de ma part, je vous tiens préférable
A tout ce que j'y vois de plus considérable.   270
ALCESTE.
Monsieur...
ORONTE. Sois-je du ciel écrasé, si je mens!
Et, pour vous confirmer ici mes sentiments,
Souffrez qu'à cœur ouvert, monsieur, je vous embras-
Et qu'en votre amitié je vous demande place. [se
Touchez là, s'il vous plaît. Vous me la promettez,
Votre amitié?
ALCESTE. Monsieur...
ORONTE. Quoi! vous y résistez?
ALCESTE. [faire;
Monsieur, c'est trop d'honneur que vous me voulez
Mais l'amitié demande un peu plus de mystère;
Et c'est assurément en profaner le nom
Que de vouloir le mettre à toute occasion.   280
Avec lumière et choix cette union veut naître;
Avant que nous lier, il faut nous mieux connaître;
Et nous pourrions avoir telles complexions,

Que tous deux du marché nous nous repentirions.
ORONTE.
Parbleu! c'est là-dessus parler en homme sage,
Et je vous en estime encore davantage.
Souffrons donc que le temps forme des nœuds si doux;
Mais cependant je m'offre entièrement à vous.
S'il faut faire à la cour pour vous quelque ouverture,
On sait qu'auprès du roi je fais quelque figure; 290
Il m'écoute, et dans tout il en use, ma foi,
Le plus honnêtement du monde avecque moi.
Enfin je suis à vous de toutes les manières;
Et comme votre esprit a de grandes lumières,
Je viens, pour commencer entre nous ce beau nœud,
Vous montrer un sonnet que j'ai fait depuis peu,
Et savoir s'il est bon qu'au public je l'expose.
ALCESTE.
Monsieur, je suis mal propre à décider la chose.
Veuillez m'en dispenser.
ORONTE. Pourquoi?
ALCESTE. J'ai le défaut
D'être un peu plus sincère en cela qu'il ne faut. 300
ORONTE.
C'est ce que je demande; et j'aurais lieu de plainte,
Si, m'exposant à vous pour me parler sans feinte,
Vous alliez me trahir et me déguiser rien.
ALCESTE.
Puisqu'il vous plaît ainsi, monsieur, je le veux bien.
ORONTE.
Sonnet. C'est un sonnet... *L'espoir*... C'est une dame
Qui de quelque espérance avait flatté ma flamme.
L'espoir... Ce ne sont point de ces grands vers pom-
[peux,
Mais de petits vers doux, tendres et langoureux.
ALCESTE.
Nous verrons bien.
ORONTE. *L'espoir*... Je ne sais si le style

Pourra vous en paraître assez net et facile, 310
Et si du choix des mots vous vous contenterez.
    ALCESTE.
Nous allons voir, monsieur.
                    ORONTE. Au reste, vous saurez
Que je n'ai demeuré qu'un quart d'heure à le faire.
    ALCESTE.
Voyons, monsieur; le temps ne fait rien à l'affaire.
    ORONTE, *lit.*

> L'espoir, il est vrai, nous soulage,
> Et nous berce un temps notre ennui;
> Mais, Philis, le triste avantage,
> Lorsque rien ne marche après lui!

    PHILINTE.
Je suis déjà charmé de ce petit morceau.
    ALCESTE, *bas, à Philinte.*
Quoi! vous avez le front de trouver cela beau? 320
    ORONTE.

> Vous eûtes de la complaisance;
> Mais vous en deviez moins avoir,
> Et ne vous pas mettre en dépense
> Pour ne me donner que l'espoir.

    PHILINTE.
Ah! qu'en termes galants ces choses-là sont mises!
    ALCESTE, *bas, à Philinte.*
Morbleu! vil complaisant, vous louez des sottises!
    ORONTE.

> S'il faut qu'une attente éternelle
> Pousse à bout l'ardeur de mon zèle,
> Le trépas sera mon recours.
>
> Vos soins ne m'en peuvent distraire : 330
> Belle Philis, on désespère
> Alors qu'on espère toujours.

    PHILINTE.
La chute en est jolie, amoureuse, admirable.

ALCESTE, *bas, à part.*
La peste de la chute, empoisonneur, au diable!
En eusses-tu fait une à te casser le nez!
PHILINTE.
Je n'ai jamais ouï de vers si bien tournés.
ALCESTE, *bas, à part.*
Morbleu!
ORONTE, *à Philinte.* Vous me flattez; et vous croyez
PHILINTE. [peut-être...
Non, je ne flatte point.
ALCESTE, *bas, à part.* Eh! que fais-tu donc, traître?
ORONTE, *à Alceste.*
Mais, pour vous, vous savez quel est notre traité.
Parlez-moi, je vous prie, avec sincérité. 340
ALCESTE.
Monsieur, cette matière est toujours délicate,
Et sur le bel esprit nous aimons qu'on nous flatte.
Mais un jour, à quelqu'un dont je tairai le nom,
Je disais, en voyant des vers de sa façon, [pire
Qu'il faut qu'un galant homme ait toujours grand em-
Sur les démangeaisons qui nous prennent d'écrire;
Qu'il doit tenir la bride aux grands empressements
Qu'on a de faire éclat de tels amusements,
Et que, par la chaleur de montrer ses ouvrages,
On s'expose à jouer de mauvais personnages. 350
ORONTE.
Est-ce que vous voulez me déclarer par là
Que j'ai tort de vouloir...
ALCESTE. Je ne dis pas cela.
Mais je lui disais, moi, qu'un froid écrit assomme;
Qu'il ne faut que ce faible à décrier un homme;
Et qu'eût-on d'autre part cent belles qualités,
On regarde les gens par leurs méchants côtés.
ORONTE.
Est-ce qu'à mon sonnet vous trouvez à redire?

ALCESTE.
Je ne dis pas cela. Mais, pour ne point écrire,
Je lui mettais aux yeux comme, dans notre temps,
Cette soif a gâté de fort honnêtes gens. 360
ORONTE.
Est-ce que j'écris mal? et leur ressemblerais-je?
ALCESTE.
Je ne dis pas cela. Mais enfin, lui disais-je,
Quel besoin si pressant avez-vous de rimer?
Et qui diantre vous pousse à vous faire imprimer?
Si l'on peut pardonner l'essor d'un mauvais livre,
Ce n'est qu'aux malheureux qui composent pour
Croyez-moi, résistez à vos tentations, [vivre.
Dérobez au public ces occupations,
Et n'allez point quitter, de quoi que l'on vous somme,
Le nom que dans la cour vous avez d'honnête homme.
Pour prendre, de la main d'un avide imprimeur, 371
Celui de ridicule et misérable auteur.
C'est ce que je tâchai de lui faire comprendre.
ORONTE.
Voilà qui va fort bien, et je crois vous entendre.
Mais ne puis-je savoir ce que dans mon sonnet...
ALCESTE.
Franchement, il est bon à mettre au cabinet.
Vous vous êtes réglé sur de méchants modèles,
Et vos expressions ne sont point naturelles.

    Qu'est-ce que : *Nous berce un temps notre ennui?*
      Et que, *Rien ne marche après lui?* 380
      Que, *Ne vous pas mettre en dépense,*
    Pour ne me donner que l'espoir?
      Et que, *Philis, on désespère,*
      Alors qu'on espère toujours?

Ce style figuré, dont on fait vanité,
Sort du bon caractère et de la vérité;
Ce n'est que jeu de mots, qu'affectation pure,

Et ce n'est point ainsi que parle la nature.
Le méchant goût du siècle en cela me fait peur,
Nos pères, tout grossiers, l'avaient beaucoup meil-
[leur; 390
Et je prise bien moins tout ce que l'on admire
Qu'une vieille chanson que je m'en vais vous dire.

   Si le roi m'avait donné
    Paris, sa grand'ville,
   Et qu'il me fallût quitter
    L'amour de ma mie,
   Je dirais au roi Henri :
   Reprenez votre Paris,
   J'aime mieux ma mie, ô gué!
    J'aime mieux ma mie.   400

La rime n'est pas riche, et le style en est vieux :
Mais ne voyez-vous pas que cela vaut bien mieux
Que ces colifichets dont le bon sens murmure,
Et que la passion parle là toute pure?

   Si le roi m'avait donné
    Paris, sa grand'ville,
   Et qu'il me fallût quitter
    L'amour de ma mie,
   Je dirais au roi Henri :
   Reprenez votre Paris,   410
   J'aime mieux ma mie, ô gué!
    J'aime mieux ma mie.

Voilà ce que peut dire un cœur vraiment épris.
  (*à Philinte qui rit.*)
Oui, monsieur le rieur, malgré vos beaux esprits,
J'estime plus cela que la pompe fleurie
De tous ces faux brillants où chacun se récrie.
   ORONTE.
Et moi, je vous soutiens que mes vers sont fort bons.
   ALCESTE.
Pour les trouver ainsi, vous avez vos raisons ;
Mais vous trouverez bon que j'en puisse avoir d'autres
Qui se dispenseront de se soumettre aux vôtres. 420

ORONTE.
Il me suffit de voir que d'autres en font cas.
ALCESTE.
C'est qu'ils ont l'art de feindre; et moi, je ne l'ai pas
ORONTE.
Croyez-vous donc avoir tant d'esprit en partage?
ALCESTE.
Si je louais vos vers, j'en aurais davantage.
ORONTE.
Je me passerai bien que vous les approuviez.
ALCESTE.
Il faut bien, s'il vous plaît, que vous vous en passiez.
ORONTE.
Je voudrais bien, pour voir, que, de votre manière,
Vous en composassiez sur la même matière.
ALCESTE.
J'en pourrais, par malheur, faire d'aussi méchants;
Mais je me garderais de les montrer aux gens.   430
ORONTE.
Vous me parlez bien ferme; et cette suffisance...
ALCESTE.
Autre part que chez moi cherchez qui vous encense.
ORONTE.
Mais, mon petit monsieur, prenez-le un peu moins
ALCESTE.   [haut.
Ma foi, mon grand monsieur, je le prends comme
PHILINTE, *se mettant entre deux*.   [il faut.
Hé! messieurs, c'en est trop. Laissez cela, de grâce.
ORONTE.
Ah! j'ai tort, je l'avoue, et je quitte la place.
Je suis votre valet, monsieur, de tout mon cœur.
ALCESTE.
Et moi, je suis, monsieur, votre humble serviteur.

SCÈNE III.

PHILINTE, ALCESTE.

PHILINTE.
Hé bien! vous le voyez. Pour être trop sincère,
Vous voilà sur les bras une fâcheuse affaire; 440
Et j'ai bien vu qu'Oronte, afin d'être flatté...
ALCESTE.
Ne me parlez pas.
PHILINTE. Mais...
ALCESTE. Plus de société.
PHILINTE.
C'est trop....
ALCESTE. Laissez-moi là.
PHILINTE. Si je...
ALCESTE. Point de lan-
[gage.
PHILINTE.
Mais quoi!...
ALCESTE. Je n'entends rien.
PHILINTE. Mais...
ALCESTE. Encore?
PHILINTE. On
ALCESTE. [outrage...
Ah! parbleu! c'en est trop. Ne suivez point mes pas.
PHILINTE.
Vous vous moquez de moi; je ne vous quitte pas.

ACTE DEUXIÈME.

SCÈNE I.
ALCESTE, CÉLIMÈNE.

ALCESTE.
Madame, voulez-vous que je vous parle net?
De vos façons d'agir je suis mal satisfait.
Contre elles dans mon cœur trop de bile s'assemble,
Et je sens qu'il faudra que nous rompions ensemble;
Oui, je vous tromperais de parler autrement; 451
Tôt ou tard nous romprons indubitablement;
Et je vous promettrais mille fois le contraire,
Que je ne serais pas en pouvoir de le faire.

CÉLIMÈNE.
C'est pour me quereller donc, à ce que je voi,
Que vous avez voulu me ramener chez moi?

ALCESTE.
Je ne querelle point. Mais votre humeur, madame,
Ouvre au premier venu trop d'accès dans votre âme :
Vous avez trop d'amants qu'on voit vous obséder;
Et mon cœur de cela ne peut s'accommoder. 460

CÉLIMÈNE.
Des amants que je fais me rendez-vous coupable?
Puis-je empêcher les gens de me trouver aimable?
Et lorsque pour me voir ils font de doux efforts,
Dois-je prendre un bâton pour les mettre dehors?

ALCESTE. [dre,
Non, ce n'est pas, madame, un bâton qu'il faut pren-
Mais un cœur à leurs vœux moins facile et moins
[tendre.
Je sais que vos appas vous suivent en tous lieux;
Mais votre accueil retient ceux qu'attirent vos yeux;
Et sa douceur, offerte à qui vous rend les armes,
Achève sur les cœurs l'ouvrage de vos charmes. 470

Le trop riant espoir que vous leur présentez
Attache autour de vous leurs assiduités;
Et votre complaisance, un peu moins étendue,
De tant de soupirants chasserait la cohue.
Mais au moins dites-moi, madame, par quel sort
Votre Clitandre a l'heur de vous plaire si fort?
Sur quel fonds de mérite et de vertu sublime
Appuyez-vous en lui l'honneur de votre estime?
Est-ce par l'ongle long qu'il porte au petit doigt
Qu'il s'est acquis chez vous l'estime où l'on le voit? 480
Vous êtes-vous rendue, avec tout le beau monde,
Au mérite éclatant de sa perruque blonde?
Sont-ce ses grands canons qui vous le font aimer?
L'amas de ses rubans a-t-il su vous charmer?
Est-ce par les appas de sa vaste rhingrave
Qu'il a gagné votre âme en faisant votre esclave?
Ou sa façon de rire, et son ton de fausset,
Ont-ils de vous toucher su trouver le secret?

  CÉLIMÈNE.

Qu'injustement de lui vous prenez de l'ombrage!
Ne savez-vous pas bien pourquoi je le ménage; 490
Et que dans mon procès, ainsi qu'il m'a promis,
Il peut intéresser tout ce qu'il a d'amis?

  ALCESTE.

Perdez votre procès, madame, avec constance,
Et ne ménagez point un rival qui m'offense.

  CÉLIMÈNE.

Mais de tout l'univers vous devenez jaloux!

  ALCESTE.

C'est que tout l'univers est bien reçu de vous.

  CÉLIMÈNE.

C'est ce qui doit rasseoir votre âme effarouchée,
Puisque ma complaisance est sur tous épanchée;
Et vous auriez plus lieu de vous en offenser,
Si vous me la voyiez sur un seul ramasser. 500

ALCESTE.
Mais moi, que vous blâmez de trop de jalousie,
Qu'ai-je de plus qu'eux tous, madame, je vous prie ?
CÉLIMÈNE.
Le bonheur de savoir que vous êtes aimé.
ALCESTE.
Et quel lieu de le croire a mon cœur enflammé ?
CÉLIMÈNE.
Je pense qu'ayant pris le soin de vous le dire,
Un aveu de la sorte a de quoi vous suffire.
ALCESTE.
Mais qui m'assurera que, dans le même instant,
Vous n'en disiez peut-être aux autres tout autant ?
CÉLIMÈNE.
Certes, pour un amant, la fleurette est mignonne,
Et vous me traitez là de gentille personne. 510
Eh bien ! pour vous ôter d'un semblable souci,
De tout ce que j'ai dit je me dédis ici ;
Et rien ne saurait plus vous tromper que vous-même :
Soyez content.
ALCESTE. Morbleu ! faut-il que je vous aime !
Ah ! que si de vos mains je rattrape mon cœur,
Je bénirai le ciel de ce rare bonheur !
Je ne le cèle pas, je fais tout mon possible
A rompre de ce cœur l'attachement terrible ;
Mais mes plus grands efforts n'ont rien fait jusqu'ici,
Et c'est pour mes péchés que je vous aime ainsi. 520
CÉLIMÈNE.
Il est vrai, votre ardeur est pour moi sans seconde.
ALCESTE.
Oui, je puis là-dessus défier tout le monde.
Mon amour ne se peut concevoir ; et jamais
Personne n'a, madame, aimé comme je fais.
CÉLIMÈNE.
En effet, la méthode en est toute nouvelle,
Car vous aimez les gens pour leur faire querelle ;

Ce n'est qu'en mots fâcheux qu'éclate votre ardeur,
Et l'on n'a vu jamais un amour si grondeur.

ALCESTE.

Mais il ne tient qu'à vous que son chagrin ne passe.
A tous nos démêlés coupons chemin, de grâce; 530
Parlons à cœur ouvert, et voyons d'arrêter...

SCÈNE II.

CÉLIMÈNE, ALCESTE, BASQUE.

CÉLIMÈNE.

Qu'est-ce?

BASQUE. Acaste est là-bas.

CÉLIMÈNE. Eh bien! faites monter.

SCÈNE III.

CÉLIMÈNE, ALCESTE.

ALCESTE.

Quoi! l'on ne peut jamais vous parler tête à tête?
A recevoir le monde on vous voit toujours prête;
Et vous ne pouvez pas, un seul moment de tous,
Vous résoudre à souffrir de n'être pas chez vous?

CÉLIMÈNE.

Voulez-vous qu'avec lui je me fasse une affaire?

ALCESTE.

Vous avez des égards qui ne sauraient me plaire.

CÉLIMÈNE.

C'est un homme à jamais ne me le pardonner,
S'il savait que sa vue eût pu m'importuner. 540

ALCESTE.

Et que vous fait cela pour vous gêner de sorte...

CÉLIMÈNE.

Mon Dieu! de ses pareils la bienveillance importe;
Et ce sont de ces gens qui, je ne sais comment,

Ont gagné, dans la cour, de parler hautement.
Dans tous les entretiens on les voit s'introduire ;
Ils ne sauraient servir, mais ils peuvent vous nuire ;
Et jamais, quelque appui qu'on puisse avoir d'ailleurs,
On ne doit se brouiller avec ces grands brailleurs.

ALCESTE.

Enfin, quoi qu'il en soit, et sur quoi qu'on se fonde,
Vous trouvez des raisons pour souffrir tout le monde,
Et les précautions de votre jugement...   551

SCÈNE IV.

ALCESTE, CÉLIMÈNE, BASQUE.

BASQUE.

Voici Clitandre encor, madame.

ALCESTE. Justement.

(Il témoigne s'en vouloir aller.)

CÉLIMÈNE.

Où courez-vous ?

ALCESTE. Je sors.

CÉLIMÈNE. Demeurez.

ALCESTE. Pourquoi faire ?

CÉLIMÈNE.

Demeurez.

ALCESTE. Je ne puis.

CÉLIMÈNE. Je le veux.

ALCESTE. Point d'affaire.

Ces conversations ne font que m'ennuyer,
Et c'est trop que vouloir me les faire essuyer.

CÉLIMÈNE.

Je le veux, je le veux.

ALCESTE. Non, il m'est impossible.

CÉLIMÈNE.

Eh bien ! allez, sortez, il vous est tout loisible.

SCÈNE V.

ÉLIANTE, PHILINTE, ACASTE, CLITANDRE, ALCESTE, CÉLIMÈNE, BASQUE.

ÉLIANTE, *à Célimène.*
Voici les deux marquis qui montent avec nous. 559
Vous l'est-on venu dire?

CÉLIMÈNE. (*A Basque.*)
Oui. Des siéges pour tous.
(*Basque donne des siéges et sort.*)

(*A Alceste.*)
Vous n'êtes pas sorti?

ALCESTE. Non; mais je veux, madame,
Ou pour eux, ou pour moi, faire expliquer votre âme.

CÉLIMÈNE.
Taisez-vous.

ALCESTE. Aujourd'hui vous vous expliquerez.

CÉLIMÈNE.
Vous perdez le sens.

ALCESTE. Point. Vous vous déclarerez

CÉLIMÈNE.
Ah!

ALCESTE. Vous prendrez parti.

CÉLIMÈNE. Vous vous moquez, je
ALCESTE. [pense.
Non. Mais vous choisirez. C'est trop de patience.

CLITANDRE.
Parbleu! je viens du Louvre, où Cléonte, au levé,
Madame, a bien paru ridicule achevé.
N'a-t-il point quelque ami qui pût, sur ses manières,
D'un charitable avis lui prêter les lumières? 570

CÉLIMÈNE.
Dans le monde, à vrai dire, il se barbouille fort;
Partout il porte un air qui saute aux yeux d'abord;

Et lorsqu'on le revoit après un peu d'absence,
On le retrouve encor plus plein d'extravagance.
ACASTE.
Parbleu ! s'il faut parler de gens extravagants,
Je viens d'en essuyer un des plus fatigants ;
Damon le raisonneur, qui m'a, ne vous déplaise,
Une heure, au grand soleil, tenu hors de ma chaise.
CÉLIMÈNE.
C'est un parleur étrange, et qui trouve toujours
L'art de ne vous rien dire avec de grands discours ; 580
Dans les propos qu'il tient on ne voit jamais goutte,
Et ce n'est que du bruit que tout ce qu'on écoute.
ÉLIANTE, *à Philinte.*
Ce début n'est pas mal ; et, contre le prochain,
La conversation prend un assez bon train.
CLITANDRE.
Timante encor, madame, est un bon caractère.
CÉLIMÈNE.
C'est de la tête aux pieds un homme tout mystère,
Qui vous jette, en passant, un coup d'œil égaré,
Et, sans aucune affaire, est toujours affairé.
Tout ce qu'il vous débite en grimaces abonde ;
A force de façons, il assomme le monde ; 590
Sans cesse il a tout bas, pour rompre l'entretien,
Un secret à vous dire, et ce secret n'est rien ;
De la moindre vétille il fait une merveille,
Et, jusques au bonjour, il dit tout à l'oreille
ACASTE.
Et Géralde, madame ?
CÉLIMÈNE. O l'ennuyeux conteur !
Jamais on ne le voit sortir du grand seigneur ;
Dans le brillant commerce il se mêle sans cesse,
Et ne cite jamais que duc, prince ou princesse.
La qualité l'entête, et tous ses entretiens
Ne sont que de chevaux, d'équipage et de chiens : 600
Il tutoie, en parlant, ceux du plus haut étage,

Et le nom de monsieur est chez lui hors d'usage.
CLITANDRE.
On dit qu'avec Bélise il est du dernier bien.
CÉLIMÈNE.
Le pauvre esprit de femme, et le sec entretien!
Lorsqu'elle vient me voir, je souffre le martyre:
Il faut suer sans cesse à chercher que lui dire,
Et la stérilité de son expression
Fait mourir à tous coups la conversation.
En vain, pour attaquer son stupide silence,
De tous les lieux communs vous prenez l'assistance.
Le beau temps et la pluie, et le froid et le chaud,
Sont des fonds qu'avec elle on épuise bientôt.
Cependant sa visite, assez insupportable,
Traîne en une longueur encore épouvantable;
Et l'on demande l'heure, et l'on bâille vingt fois,
Qu'elle grouille aussi peu qu'une pièce de bois.
ACASTE.
Que vous semble d'Adraste?
CÉLIMÈNE.
Ah! quel orgueil extrême!
C'est un homme gonflé de l'amour de soi-même.
Son mérite jamais n'est content de la cour;
Contre elle il fait métier de pester chaque jour;
Et l'on ne donne emploi, charge ni bénéfice,
Qu'à tout ce qu'il se croit on ne fasse injustice.
CLITANDRE.
Mais le jeune Cléon, chez qui vont aujourd'hui
Nos plus honnêtes gens, que dites-vous de lui?
CÉLIMÈNE.
Que de son cuisinier il s'est fait un mérite,
Et que c'est à sa table à qui l'on rend visite.
ÉLIANTE.
Il prend soin d'y servir des mets fort délicats.
CÉLIMÈNE.
Oui; mais je voudrais bien qu'il ne s'y servît pas:
C'est un fort méchant plat que sa sotte personne,

Et qui gâte, à mon goût, tous les repas qu'il donne.
PHILINTE.
On fait assez de cas de son oncle Damis ;
Qu'en dites-vous, madame ?
CÉLIMÈNE. Il est de mes amis.
PHILINTE.
Je le trouve honnête homme, et d'un air assez sage.
CÉLIMÈNE.
Oui ; mais il veut avoir trop d'esprit, dont j'enrage.
Il est guindé sans cesse ; et, dans tous ses propos,
On voit qu'il se travaille à dire de bons mots.
Depuis que dans la tête il s'est mis d'être habile,
Rien ne touche son goût, tant il est difficile.
Il veut voir des défauts à tout ce qu'on écrit
Et pense que louer n'est pas d'un bel esprit,
Que c'est être savant que trouver à redire,
Qu'il n'appartient qu'aux sots d'admirer et de rire,
Et qu'en n'approuvant rien des ouvrages du temps,
Il se met au-dessus de tous les autres gens.
Aux conversations même il trouve à reprendre ;
Ce sont propos trop bas pour y daigner descendre ;
Et, les deux bras croisés, du haut de son esprit,
Il regarde en pitié tout ce que chacun dit.
ACASTE.
Dieu me damne ! voilà son portrait véritable.
CLITANDRE, *à Célimène.*
Pour bien peindre les gens vous êtes admirable.
ALCESTE.
Allons, ferme, poussez, mes bons amis de cour ;
Vous n'en épargnez point, et chacun a son tour :
Cependant aucun d'eux à vos yeux ne se montre,
Qu'on ne vous voie en hâte aller à sa rencontre,
Lui présenter la main, et d'un baiser flatteur
Appuyer les serments d'être son serviteur.
CLITANDRE.   [blesse,
Pourquoi s'en prendre à nous ? Si ce qu'on dit vous

Il faut que le reproche à madame s'adresse.
      ALCESTE.
Non, morbleu! c'est à vous; et vos ris complaisants
Tirent de son esprit tous ces traits médisants.
Son humeur satirique est sans cesse nourrie
Par le coupable encens de votre flatterie;
Et son cœur à railler trouverait moins d'appas,
S'il avait observé qu'on ne l'applaudît pas.
C'est ainsi qu'aux flatteurs on doit partout se prendre
Des vices où l'on voit les humains se répandre.
      PHILINTE.
Mais pourquoi pour ces gens un intérêt si grand,
Vous qui condamneriez ce qu'en eux on reprend?
      CÉLIMÈNE.
Et ne faut-il pas bien que monsieur contredise?
A la commune voix veut-on qu'il se réduise,
Et qu'il ne fasse pas éclater en tous lieux
L'esprit contrariant qu'il a reçu des cieux?
Le sentiment d'autrui n'est jamais pour lui plaire;
Il prend toujours en main l'opinion contraire,
Et penserait paraître un homme du commun
Si l'on voyait qu'il fût de l'avis de quelqu'un.
L'honneur de contredire a pour lui tant de charmes,
Qu'il prend contre lui-même assez souvent les armes;
Et ses vrais sentiments sont combattus par lui,
Aussitôt qu'il les voit dans la bouche d'autrui.
      ALCESTE.
Les rieurs sont pour vous, madame, c'est tout dire;
Et vous pouvez pousser contre moi la satire.
      PHILINTE.
Mais il est véritable aussi que votre esprit
Se gendarme toujours contre tout ce qu'on dit;
Et que, par un chagrin que lui-même il avoue,
Il ne saurait souffrir qu'on blâme ni qu'on loue.
      ALCESTE.
C'est que jamais, morbleu! les hommes n'ont raison,

Que le chagrin contre eux est toujours de saison,
Et que je vois qu'ils sont, sur toutes les affaires,
Loueurs impertinents ou censeurs téméraires. 690

CÉLIMÈNE.

Mais...   [mourir,
ALCESTE. Non, madame, non, quand j'en devrais
Vous avez des plaisirs que je ne puis souffrir;
Et l'on a tort ici de nourrir dans votre âme
Ce grand attachement aux défauts qu'on y blâme.

CLITANDRE.

Pour moi, je ne sais pas; mais j'avouerai tout haut
Que j'ai cru jusqu'ici madame sans défaut.

ACASTE.

De grâces et d'attraits je vois qu'elle est pourvue;
Mais les défauts qu'elle a ne frappent point ma vue.

ALCESTE.

Ils frappent tous la mienne; et, loin de m'en cacher,
Elle sait que j'ai soin de les lui reprocher. 700
Plus on aime quelqu'un, moins il faut qu'on le flatte;
A ne rien pardonner le pur amour éclate :
Et je bannirais, moi, tous ces lâches amants
Que je verrais soumis à tous mes sentiments,
Et dont, à tout propos, les molles complaisances
Donneraient de l'encens à mes extravagances.

CÉLIMÈNE.

Enfin, s'il faut qu'à vous s'en rapportent les cœurs,
On doit, pour bien aimer, renoncer aux douceurs,
Et du parfait amour mettre l'honneur suprême
A bien injurier les personnes qu'on aime. 710

ÉLIANTE.

L'amour, pour l'ordinaire, est peu fait à ces lois,
Et l'on voit les amants vanter toujours leur choix.
Jamais leur passion n'y voit rien de blâmable,
Et dans l'objet aimé tout leur devient aimable;
Ils comptent les défauts pour des perfections,
Et savent y donner de favorables noms.

La pâle est au jasmin en blancheur comparable;
La noire à faire peur, une brune adorable;
La maigre a de la taille et de la liberté;
La grasse est, dans son port, pleine de majesté; 720
La malpropre sur soi, de peu d'attraits chargée,
Est mise sous le nom de beauté négligée;
La géante paraît une déesse aux yeux;
La naine, un abrégé des merveilles des cieux;
L'orgueilleuse a le cœur digne d'une couronne;
La fourbe a de l'esprit, la sotte est toute bonne;
La trop grande parleuse est d'agréable humeur,
Et la muette garde une honnête pudeur.
C'est ainsi qu'un amant, dont l'ardeur est extrême,
Aime jusqu'aux défauts des personnes qu'il aime. 730

ALCESTE.

Et moi, je soutiens, moi...

CÉLIMÈNE. Brisons là ce discours,
Et dans la galerie allons faire deux tours.
Quoi! vous vous en allez, messieurs?

CLITANDRE *et* ACASTE. Non pas, madame.

ALCESTE.

La peur de leur départ occupe fort votre âme.
Sortez quand vous voudrez, messieurs; mais j'avertis
Que je ne sors qu'après que vous serez sortis.

ACASTE.

A moins de voir madame en être importunée,
Rien ne m'appelle ailleurs de toute la journée.

CLITANDRE.

Moi, pourvu que je puisse être au petit couché,
Je n'ai point d'autre affaire où je sois attaché. 740

CÉLIMÈNE, *à Alceste*.

C'est pour rire, je crois.

ALCESTE. Non, en aucune sorte.
Nous verrons si c'est moi que vous voudrez qui sorte.

SCÈNE VI.

ALCESTE, CÉLIMÈNE, ÉLIANTE, ACASTE, PHILINTE,
CLITANDRE, BASQUE.

BASQUE, *à Alceste.*
Monsieur, un homme est là qui voudrait vous parler
Pour affaire, dit-il, qu'on ne peut reculer.
ALCESTE.
Dis-lui que je n'ai point d'affaires si pressées.
BASQUE.
Il porte une jaquette à grand'basques plissées,
Avec du dor dessus.
CÉLIMÈNE, *à Alceste.* Allez voir ce que c'est,
Ou bien faites-le entrer.

SCÈNE VII.

ALCESTE, CÉLIMÈNE, ÉLIANTE, ACASTE, PHILINTE,
CLITANDRE, *un garde de la maréchaussée.*

ALCESTE, *allant au-devant du garde.*
Qu'est-ce donc qu'il vous plaît?
Venez, monsieur.
LE GARDE. Monsieur, j'ai deux mots à vous
ALCESTE. [dire.
Vous pouvez parler haut, monsieur, pour m'en in-
LE GARDE. [struire. 750
Messieurs les maréchaux, dont j'ai commandement,
Vous mandent de venir les trouver promptement,
Monsieur.
ALCESTE.
Qui? moi, monsieur?
LE GARDE. Vous-même.
ALCESTE. Et pourquoi faire?
PHILINTE, *à Alceste.*
C'est d'Oronte et de vous la ridicule affaire.

CÉLIMÈNE, *à Philinte.*
Comment?
PHILINTE. Oronte et lui se sont tantôt bravés
Sur certains petits vers qu'il n'a pas approuvés;
Et l'on veut assoupir la chose en sa naissance.
ALCESTE.
Moi, je n'aurai jamais de lâche complaisance.
PHILINTE.
Mais il faut suivre l'ordre : allons, disposez-vous.
ALCESTE.
Quel accommodement veut-on faire entre nous? 760
La voix de ces messieurs me condamnera-t-elle
A trouver bons les vers qui font notre querelle?
Je ne me dédis point de ce que j'en ai dit,
Je les trouve méchants.
PHILINTE. Mais d'un plus doux esprit...
ALCESTE.
Je n'en démordrai point, les vers sont exécrables.
PHILINTE.
Vous devez faire voir des sentiments traitables.
Allons, venez.
ALCESTE. J'irai; mais rien n'aura pouvoir
De me faire dédire.
PHILINTE. Allons vous faire voir.
ALCESTE.
Hors qu'un commandement exprès du roi me vienne
De trouver bons les vers dont on se met en peine, 770
Je soutiendrai toujours, morbleu! qu'ils sont mauvais,
Et qu'un homme est pendable après les avoir faits.
(*A Clitandre et à Acaste, qui rient.*)
Par la sambleu! messieurs, je ne croyais pas être
Si plaisant que je suis.
CÉLIMÈNE. Allez vite paraître
Où vous devez.
ALCESTE. J'y vais, madame; et sur mes pas
Je reviens en ce lieu pour vider nos débats.

ACTE TROISIÈME.

SCÈNE I.

CLITANDRE, ACASTE.

CLITANDRE.
Cher marquis, je te vois l'âme bien satisfaite;
Toute chose t'égaie, et rien ne t'inquiète.
En bonne foi, crois-tu, sans t'éblouir les yeux,
Avoir de grands sujets de paraître joyeux ? 780
ACASTE.
Parbleu ! je ne vois pas, lorsque je m'examine,
Où prendre aucun sujet d'avoir l'âme chagrine.
J'ai du bien, je suis jeune, et sors d'une maison
Qui se peut dire noble avec quelque raison;
Et je crois, par le rang que me donne ma race,
Qu'il est fort peu d'emplois dont je ne sois en passe.
Pour le cœur, dont surtout nous devons faire cas,
On sait, sans vanité, que je n'en manque pas;
Et l'on m'a vu pousser dans le monde une affaire
D'une assez vigoureuse et gaillarde manière. 790
Pour de l'esprit, j'en ai, sans doute; et du bon goût,
A juger sans étude et raisonner de tout;
A faire aux nouveautés, dont je suis idolâtre,
Figure de savant sur les bancs du théâtre,
Y décider en chef, et faire du fracas
A tous les beaux endroits qui méritent des has !
Je suis assez adroit; j'ai bon air, bonne mine,
Les dents belles surtout, et la taille fort fine.
Quant à se mettre bien, je crois, sans me flatter,
Qu'on serait mal venu de me le disputer. 800
Je me vois dans l'estime autant qu'on y puisse être,
Fort aimé du beau sexe, et bien auprès du maître.
Je crois qu'avec cela, mon cher marquis, je croi
Qu'on peut, par tout pays, être content de soi.

CLITANDRE.
Oui. Mais, trouvant ailleurs des conquêtes faciles,
Pourquoi pousser ici des soupirs inutiles?
ACASTE.
Moi? Parbleu! je ne suis de taille ni d'humeur
A pouvoir d'une belle essuyer la froideur.
C'est aux gens mal tournés, aux mérites vulgaires,
A brûler constamment pour des beautés sévères, 810
A languir à leurs pieds et souffrir leurs rigueurs,
A chercher le secours des soupirs et des pleurs,
Et tâcher, par les soins d'une très-longue suite,
D'obtenir ce qu'on nie à leur peu de mérite.
Mais les gens de mon air, marquis, ne sont pas faits
Pour aimer à crédit et faire tous les frais.
Quelque rare que soit le mérite des belles,
Je pense, Dieu merci, qu'on vaut son prix comme elles;
Que, pour se faire honneur d'un cœur comme le mien,
Ce n'est pas la raison qu'il ne leur coûte rien; 820
Et qu'au moins, à tout mettre en de justes balances,
Il faut qu'à frais communs se fassent les avances.
CLITANDRE.
Tu penses donc, marquis, être fort bien ici?
ACASTE.
J'ai quelque lieu, marquis, de le penser ainsi.
CLITANDRE.
Crois-moi, détache-toi de cette erreur extrême:
Tu te flattes, mon cher, et t'aveugles toi-même.
ACASTE.
Il est vrai, je me flatte et m'aveugle en effet.
CLITANDRE.
Mais qui te fait juger ton bonheur si parfait?
ACASTE.
Je me flatte.
CLITANDRE. Sur quoi fonder tes conjectures?
ACASTE.
Je m'aveugle.

CLITANDRE. En as-tu des preuves qui soient sûres?
ACASTE.
Je m'abuse, te dis-je.
CLITANDRE. Est-ce que de ses vœux
Célimène t'a fait quelques secrets aveux?
ACASTE.
Non, je suis maltraité.
CLITANDRE. Réponds-moi, je te prie.
ACASTE.
Je n'ai que des rebuts.
CLITANDRE. Laissons la raillerie,
Et me dis quel espoir on peut t'avoir donné.
ACASTE.
Je suis le misérable, et toi le fortuné;
On a pour ma personne une aversion grande,
Et quelqu'un de ces jours il faut que je me pende.
CLITANDRE.
Oh! ça, veux-tu, marquis, pour ajuster nos vœux,
Que nous tombions d'accord d'une chose tous deux;
Que qui pourra montrer une marque certaine
D'avoir meilleure part au cœur de Célimène,
L'autre ici fera place au vainqueur prétendu
Et le délivrera d'un rival assidu?
ACASTE.
Ah! parbleu, tu me plais avec un tel langage,
Et, du bon de mon cœur, à cela je m'engage.
Mais chut.

SCÈNE II.

CÉLIMÈNE, ACASTE, CLITANDRE.

CÉLIMÈNE. Encore ici?
CLITANDRE. L'amour retient nos pas.
CÉLIMÈNE.
Je viens d'ouïr entrer un carrosse là-bas.
Savez-vous qui c'est?
CLITANDRE. Non.

SCÈNE III.

CÉLIMÈNE, ACASTE, CLITANDRE, BASQUE.

BASQUE. Arsinoé, madame,
Monte ici pour vous voir.
　　　　　　CÉLIMÈNE. Que me veut cette femme?
　BASQUE.
Éliante là-bas est à l'entretenir.
　CÉLIMÈNE.
De quoi s'avise-t-elle, et qui la fait venir?
　ACASTE.
Pour prude consommée en tous lieux elle passe,
Et l'ardeur de son zèle...
　　　　　　CÉLIMÈNE. Oui, oui, franche grimace.
Dans l'âme elle est du monde; et ses soins tentent tout
Pour accrocher quelqu'un, sans en venir à bout.
Elle ne saurait voir qu'avec un œil d'envie
Les amants déclarés dont une autre est suivie;
Et son triste mérite, abandonné de tous,
Contre le siècle aveugle est toujours en courroux.
Elle tâche à couvrir d'un faux voile de prude
Ce que chez elle on voit d'affreuse solitude;
Et, pour sauver l'honneur de ses faibles appas,
Elle attache du crime au pouvoir qu'ils n'ont pas.
Cependant un amant plairait fort à la dame,
Et même pour Alceste elle a tendresse d'âme
Ce qu'il me rend de soins outrage ses attraits;
Elle veut que ce soit un vol que je lui fais;
Et son jaloux dépit, qu'avec peine elle cache,
En tous endroits sous main contre moi se détache.
Enfin je n'ai rien vu de si sot à mon gré :
Elle est impertinente au suprême degré,
Et...

SCÈNE IV.

ARSINOÉ, CÉLIMÈNE, CLITANDRE, ACASTE.

CÉLIMÈNE. Ah! quel heureux sort en ce lieu vous [amène?
Madame, sans mentir, j'étais de vous en peine.
ARSINOÉ.
Je viens pour quelque avis que j'ai cru vous devoir.
CÉLIMÈNE.
Ah! mon Dieu! que je suis contente de vous voir!
(*Clitandre et Acaste sortent en riant.*)

SCÈNE V.

ARSINOÉ, CÉLIMÈNE.

ARSINOÉ.
Leur départ ne pouvait plus à propos se faire.
CÉLIMÈNE.
Voulons-nous nous asseoir?
ARSINOÉ. Il n'est pas nécessaire.
Madame, l'amitié doit surtout éclater
Aux choses qui le plus nous peuvent importer; 880
Et comme il n'en est point de plus grande importance
Que celles de l'honneur et de la bienséance,
Je viens, par un avis qui touche votre honneur,
Témoigner l'amitié que pour vous a mon cœur.
Hier j'étais chez des gens de vertu singulière,
Où sur vous du discours on tourna la matière;
Et là, votre conduite, avec ses grands éclats,
Madame, eut le malheur qu'on ne la loua pas.
Cette foule de gens dont vous souffrez visite,
Votre galanterie, et les bruits qu'elle excite, 890
Trouvèrent des censeurs plus qu'il n'aurait fallu,
Et bien plus rigoureux que je n'eusse voulu.
Vous pouvez bien penser quel parti je sus prendre ·

Je fis ce que je pus pour vous pouvoir défendre;
Je vous excusai fort sur votre intention,
Et voulus de votre âme être la caution.
Mais vous savez qu'il est des choses dans la vie
Qu'on ne peut excuser, quoiqu'on en ait envie;
Et je me vis contrainte à demeurer d'accord
Que l'air dont vous vivez vous faisait un peu tort; 900
Qu'il prenait dans le monde une méchante face;
Qu'il n'est conte fâcheux que partout on n'en fasse;
Et que, si vous vouliez, tous vos déportements
Pourraient moins donner prise aux mauvais juge-
[ments.
Non que j'y croie au fond l'honnêteté blessée;
Me préserve le ciel d'en avoir la pensée!
Mais aux ombres du crime on prête aisément foi,
Et ce n'est pas assez de bien vivre pour soi.
Madame, je vous crois l'âme trop raisonnable
Pour ne pas prendre bien cet avis profitable, 910
Et pour l'attribuer qu'aux mouvements secrets
D'un zèle qui m'attache à tous vos intérêts.

   CÉLIMÈNE.

Madame, j'ai beaucoup de grâces à vous rendre:
Un tel avis m'oblige; et, loin de le mal prendre,
J'en prétends reconnaître à l'instant la faveur
Par un avis aussi qui touche votre honneur;
Et comme je vous vois vous montrer mon amie,
En m'apprenant les bruits que de moi l'on publie.
Je veux suivre, à mon tour, un exemple si doux,
En vous avertissant de ce qu'on dit de vous. 920
En un lieu, l'autre jour, où je faisais visite,
Je trouvai quelques gens d'un très-rare mérite,
Qui, parlant des vrais soins d'une âme qui vit bien,
Firent tomber sur vous, madame, l'entretien
Là, votre pruderie et vos éclats de zèle
Ne furent pas cités comme un fort bon modèle;
Cette affectation d'un grave extérieur,

Vos discours éternels de sagesse et d'honneur,
Vos mines et vos cris aux ombres d'indécence
Que d'un mot ambigu peut avoir l'innocence, 930
Cette hauteur d'estime où vous êtes de vous,
Et ces yeux de pitié que vous jetez sur tous,
Vos fréquentes leçons et vos aigres censures
Sur des choses qui sont innocentes et pures,
Tout cela, si je puis vous parler franchement,
Madame, fut blâmé d'un commun sentiment.
A quoi bon, disaient-ils, cette mine modeste
Et ce sage dehors que dément tout le reste?
Elle est à bien prier exacte au dernier point;
Mais elle bat ses gens, et ne les paye point. 940
Pour moi, contre chacun je pris votre défense,
Et leur assurai fort que c'était médisance;
Mais tous les sentiments combattirent le mien,
Et leur conclusion fut que vous feriez bien
De prendre moins de soin des actions des autres
Et de vous mettre un peu plus en peine des vôtres;
Qu'on doit se regarder soi-même un fort long temps
Avant que de songer à condamner les gens;
Qu'il faut mettre le poids d'une vie exemplaire
Dans les corrections qu'aux autres on veut faire; 950
Et qu'encor vaut-il mieux s'en remettre, au besoin,
A ceux à qui le ciel en a commis le soin.
Madame, je vous crois aussi trop raisonnable
Pour ne pas prendre bien cet avis profitable,
Et pour l'attribuer qu'aux mouvements secrets
D'un zèle qui m'attache à tous vos intérêts.

  ARSINOÉ.
A quoi qu'en reprenant on soit assujettie,
Je ne m'attendais pas à cette repartie,
Madame; et je vois bien, par ce qu'elle a d'aigreur,
Que mon sincère avis vous a blessée au cœur. 960

  CÉLIMÈNE.
Au contraire, madame; et, si l'on était sage,

Ces avis mutuels seraient mis en usage.
On détruirait par là, traitant de bonne foi,
Ce grand aveuglement où chacun est pour soi.
Il ne tiendra qu'à vous qu'avec le même zèle
Nous ne continuions cet office fidèle,
Et ne prenions grand soin de nous dire entre nous
Ce que nous entendrons, vous de moi, moi de vous.

ARSINOÉ.

Ah! madame, de vous je ne puis rien entendre;
C'est en moi que l'on peut trouver fort à reprendre.

CÉLIMÈNE.

Madame, on peut, je crois, louer et blâmer tout; 971
Et chacun a raison, suivant l'âge ou le goût.
Il est une saison pour la galanterie,
Il en est une aussi propre à la pruderie.
On peut, par politique, en prendre le parti
Quand de nos jeunes ans l'éclat est amorti;
Cela sert à couvrir de fâcheuses disgrâces.
Je ne dis pas qu'un jour je ne suive vos traces :
L'âge amènera tout; et ce n'est pas le temps,
Madame, comme on sait, d'être prude à vingt ans. 980

ARSINOÉ.

Certes, vous vous targuez d'un bien faible avantage,
Et vous faites sonner terriblement votre âge.
Ce que de plus que vous on en pourrait avoir
N'est pas un si grand cas pour s'en tant prévaloir;
Et je ne sais pourquoi votre âme ainsi s'emporte,
Madame, à me pousser de cette étrange sorte.

CÉLIMÈNE.

Et moi, je ne sais pas, madame, aussi pourquoi
On vous voit en tous lieux vous déchaîner sur moi.
Faut-il de vos chagrins sans cesse à moi vous prendre,
Et puis-je mais des soins qu'on ne va pas vous rendre?
Si ma personne aux gens inspire de l'amour, 991
Et si l'on continue à m'offrir chaque jour
Des vœux que votre cœur peut souhaiter qu'on m'ôte,

Je n'y saurais que faire, et ce n'est pas ma faute;
Vous avez le champ libre, et je n'empêche pas
Que, pour les attirer, vous n'ayez des appas.
    ARSINOÉ.
Hélas! et croyez-vous que l'on se mette en peine
De ce nombre d'amants dont vous faites la vaine,
Et qu'il ne nous soit pas fort aisé de juger
A quel prix aujourd'hui l'on peut les engager? 1000
Pensez-vous faire croire, à voir comme tout roule,
Que votre seul mérite attire cette foule?
Qu'ils ne brûlent pour vous que d'un honnête amour,
Et que pour vos vertus ils vous font tous la cour?
On ne s'aveugle point par de vaines défaites;
Le monde n'est point dupe; et j'en vois qui sont faites
A pouvoir inspirer de tendres sentiments,
Qui chez elles pourtant ne fixent point d'amants;
Et de là nous pouvons tirer des conséquences
Qu'on n'acquiert point leurs cœurs sans de grandes
                                [avances; 1010
Qu'aucun, pour nos beaux yeux, n'est notre soupirant,
Et qu'il faut acheter tous les soins qu'on nous rend.
Ne vous enflez donc point d'une si grande gloire
Pour les petits brillants d'une faible victoire;
Et corrigez un peu l'orgueil de vos appas,
De traiter pour cela les gens de haut en bas.
Si nos yeux enviaient les conquêtes des vôtres,
Je pense qu'on pourrait faire comme les autres,
Ne se point ménager, et vous faire bien voir
Que l'on a des amants quand on en veut avoir. 1020
    CÉLIMÈNE.
Ayez-en donc, madame, et voyons cette affaire;
Par ce rare secret efforcez-vous de plaire,
Et sans...
    ARSINOÉ. Brisons, madame, un pareil entretien,
Il pousserait trop loin votre esprit et le mien;
Et j'aurais pris déjà le congé qu'il faut prendre,

Si mon carrosse encor ne m'obligeait d'attendre.
CÉLIMÈNE.
Autant qu'il vous plaira vous pouvez arrêter,
Madame; et là-dessus rien ne doit vous hâter.
Mais, sans vous fatiguer de ma cérémonie,
Je m'en vais vous donner meilleure compagnie; 1030
Et monsieur, qu'à propos le hasard fait venir,
Remplira mieux ma place à vous entretenir.

SCÈNE VI.

ALCESTE, CÉLIMÈNE, ARSINOÉ.

CÉLIMÈNE.

Alceste, il faut que j'aille écrire un mot de lettre
Que, sans me faire tort, je ne saurais remettre.
Soyez avec madame; elle aura la bonté
D'excuser aisément mon incivilité.

SCÈNE VII.

ALCESTE, ARSINOÉ.

ARSINOÉ.

Vous voyez, elle veut que je vous entretienne,
Attendant un moment que mon carrosse vienne;
Et jamais tous ses soins ne pouvaient m'offrir rien
Qui me fût plus charmant qu'un pareil entretien. 1040
En vérité, les gens d'un mérite sublime
Entraînent de chacun et l'amour et l'estime;
Et le vôtre, sans doute, a des charmes secrets
Qui font entrer mon cœur dans tous vos intérêts.
Je voudrais que la cour, par un regard propice,
A ce que vous valez rendît plus de justice.
Vous avez à vous plaindre; et je suis en courroux
Quand je vois chaque jour qu'on ne fait rien pour vous.
ALCESTE.
Moi, madame! Et sur quoi pourrais-je en rien prétendre?
Quel service à l'État est-ce qu'on m'a vu rendre? 1050

Qu'ai-je fait, s'il vous plaît, de si brillant de soi,
Pour me plaindre à la cour qu'on ne fait rien pour [moi?
 ARSINOÉ.
Tous ceux sur qui la cour jette des yeux propices
N'ont pas toujours rendu de ces fameux services;
Il faut l'occasion ainsi que le pouvoir.
Et le mérite enfin que vous nous faites voir
Devrait...
 ALCESTE. Mon Dieu! laissons mon mérite, de grâce;
De quoi voulez-vous là que la cour s'embarrasse?
Elle aurait fort à faire, et ses soins seraient grands,
D'avoir à déterrer le mérite des gens.   1060
 ARSINOÉ.
Un mérite éclatant se déterre lui-même.
Du vôtre en bien des lieux on fait un cas extrême;
Et vous saurez de moi qu'en deux fort bons endroits
Vous fûtes hier loué par des gens d'un grand poids.
 ALCESTE.
Eh! madame, l'on loue aujourd'hui tout le monde,
Et le siècle par là n'a rien qu'on ne confonde.
Tout est d'un grand mérite également doué,
Ce n'est plus un honneur que de se voir loué;
D'éloges on regorge, à la tête on les jette,
Et mon valet de chambre est mis dans la gazette. 1070
 ARSINOÉ. [mieux,
Pour moi, je voudrais bien que, pour vous montrer
Une charge à la cour vous pût frapper les yeux.
Pour peu que d'y songer vous nous fassiez les mines,
On peut, pour vous servir, remuer des machines;
Et j'ai des gens en main que j'emploierai pour vous,
Qui vous feront à tout un chemin assez doux.
 ALCESTE.
Et que voudriez-vous, madame, que j'y fisse?
L'humeur dont je me sens veut que je m'en bannisse;
Le ciel ne m'a point fait, en me donnant le jour,
Une âme compatible avec l'air de la cour.   1080

Je ne me trouve point les vertus nécessaires
Pour y bien réussir et faire mes affaires.
Être franc et sincère est mon plus grand talent :
Je ne sais point jouer les hommes en parlant ;
Et qui n'a pas le don de cacher ce qu'il pense
Doit faire en ce pays fort peu de résidence.
Hors de la cour, sans doute, on n'a pas cet appui
Et ces titres d'honneur qu'elle donne aujourd'hui ;
Mais on n'a pas aussi, perdant ces avantages,
Le chagrin de jouer de fort sots personnages :   1090
On n'a point à souffrir mille rebuts cruels,
On n'a point à louer les vers de messieurs tels,
A donner de l'encens à madame une telle,
Et de nos francs marquis essuyer la cervelle.

ARSINOÉ.

Laissons, puisqu'il vous plaît, ce chapitre de cour :
Mais il faut que mon cœur vous plaigne en votre
[amour ;
Et, pour vous découvrir là-dessus mes pensées,
Je souhaiterais fort vos ardeurs mieux placées.
Vous méritez sans doute un sort beaucoup plus doux,
Et celle qui vous charme est indigne de vous.   1100

ALCESTE.

Mais en disant cela, songez-vous, je vous prie,
Que cette personne est, madame, votre amie ?

ARSINOÉ.

Oui. Mais ma conscience est blessée en effet
De souffrir plus longtemps le tort que l'on vous fait.
L'état où je vous vois afflige trop mon âme,
Et je vous donne avis qu'on trahit votre flamme.

ALCESTE.

C'est me montrer, madame, un tendre mouvement,
Et de pareils avis obligent un amant.

ARSINOÉ.

Oui, toute mon amie, elle est et je la nomme
Indigne d'asservir le cœur d'un galant homme ;   1110

Et le sien n'a pour vous que de feintes douceurs.
  ALCESTE.
Cela se peut, madame, on ne voit pas les cœurs ;
Mais votre charité se serait bien passée
De jeter dans le mien une telle pensée.
  ARSINOÉ.
Si vous ne voulez pas être désabusé,
Il faut ne vous rien dire ; il est assez aisé.
  ALCESTE.
Non. Mais sur ce sujet, quoi que l'on nous expose,
Les doutes sont fâcheux plus que toute autre chose ;
Et je voudrais, pour moi, qu'on ne me fît savoir
Que ce qu'avec clarté l'on peut me faire voir.   1120
  ARSINOÉ.
Eh bien ! c'est assez dit ; et, sur cette matière,
Vous allez recevoir une pleine lumière.
Oui, je veux que de tout vos yeux vous fassent foi.
Donnez-moi seulement la main jusque chez moi ;
Là je vous ferai voir une preuve fidèle
De l'infidélité du cœur de votre belle ;
Et si pour d'autres yeux le vôtre peut brûler,
On pourra vous offrir de quoi vous consoler.

ACTE QUATRIÈME.

SCÈNE I.

ÉLIANTE, PHILINTE

  PHILINTE.
Non, l'on n'a point vu d'âme à manier si dure,
Ni d'accommodement plus pénible à conclure :   1130
En vain de tous côtés on l'a voulu tourner,
Hors de son sentiment on n'a pu l'entraîner ;
Et jamais différend si bizarre, je pense,

N'avait de ces messieurs occupé la prudence
« Non, messieurs, disait-il, je ne me dédis point,
« Et tomberai d'accord de tout, hors de ce point.
« De quoi s'offense-t-il? et que veut-il me dire?
« Y va-t-il de sa gloire à ne pas bien écrire?
« Que lui fait mon avis, qu'il a pris de travers ? 1139
« On peut être honnête homme, et faire mal des vers :
« Ce n'est point à l'honneur que touchent ces matières.
« Je le tiens galant homme en toutes les manières,
« Homme de qualité, de mérite et de cœur,
« Tout ce qu'il vous plaira; mais fort méchant auteur.
« Je louerai, si l'on veut, son train et sa dépense,
« Son adresse à cheval, aux armes, à la danse;
« Mais, pour louer ses vers, je suis son serviteur;
« Et lorsque d'en mieux faire on n'a pas le bonheur,
« On ne doit de rimer avoir aucune envie,
« Qu'on n'y soit condamné sur peine de la vie. » 1150.
Enfin toute la grâce et l'accommodement
Où s'est avec effort plié son sentiment,
C'est de dire, croyant adoucir bien son style :
« Monsieur, je suis fâché d'être si difficile;
« Et, pour l'amour de vous, je voudrais, de bon cœur,
« Avoir trouvé tantôt votre sonnet meilleur. »
Et dans une embrassade on leur a, pour conclure,
Fait vite envelopper toute la procédure.

ÉLIANTE.

Dans ses façons d'agir il est fort singulier :
Mais, j'en fais, je l'avoue, un cas particulier; 1160
Et la sincérité dont son âme se pique
A quelque chose en soi de noble et d'héroïque.
C'est une vertu rare au siècle d'aujourd'hui,
Et je la voudrais voir partout comme chez lui.

PHILINTE.

Pour moi, plus je le vois, plus surtout je m'étonne
De cette passion où son cœur s'abandonne.
De l'humeur dont le ciel a voulu le former,

Je ne sais pas comment il s'avise d'aimer;
Et je sais moins encor comment votre cousine
Peut être la personne où son penchant l'incline. 1170
  ÉLIANTE.
Cela fait assez voir que l'amour, dans les cœurs,
N'est pas toujours produit par un rapport d'humeurs;
Et toutes ces raisons de douces sympathies
Dans cet exemple-ci se trouvent démenties.
  PHILINTE.   [voir?
Mais croyez-vous qu'on l'aime, aux choses qu'on peut
  ÉLIANTE.
C'est un point qu'il n'est pas fort aisé de savoir.
Comment pouvoir juger s'il est vrai qu'elle l'aime?
Son cœur de ce qu'il sent n'est pas bien sûr lui-même;
Il aime quelquefois sans qu'il le sache bien,
Et croit aimer aussi, parfois, qu'il n'en est rien. 1180
  PHILINTE.
Je crois que notre ami, près de cette cousine,
Trouvera des chagrins plus qu'il ne s'imagine;
Et, s'il avait mon cœur, à dire vérité,
Il tournerait ses vœux tout d'un autre côté :
Et, par un choix plus juste, on le verrait, madame,
Profiter des bontés que lui montre votre âme.
  ÉLIANTE.
Pour moi, je n'en fais point de façons, et je croi
Qu'on doit, sur de tels points, être de bonne foi.
Je ne m'oppose point à toute sa tendresse;
Au contraire, mon cœur pour elle s'intéresse; 1190
Et, si c'était qu'à moi la chose pût tenir,
Moi-même à ce qu'il aime on me verrait l'unir.
Mais si dans un tel choix, comme tout se peut faire,
Son amour éprouvait quelque destin contraire,
S'il fallait que d'un autre on couronnât les feux,
Je pourrais me résoudre à recevoir ses vœux;
Et le refus souffert en pareille occurrence
Ne m'y ferait trouver aucune répugnance.

PHILINTE.
Et moi, de mon côté, je ne m'oppose pas,
Madame, à ces bontés qu'ont pour lui vos appas; 1200
Et lui-même, s'il veut, il peut bien vous instruire
De ce que là-dessus j'ai pris soin de lui dire.
Mais si, par un hymen qui les joindrait eux deux,
Vous étiez hors d'état de recevoir ses vœux,
Tous les miens tenteraient la faveur éclatante
Qu'avec tant de bonté votre âme lui présente :
Heureux si, quand son cœur s'y pourra dérober,
Elle pouvait sur moi, madame, retomber!
ÉLIANTE.
Vous vous divertissez, Philinte.
PHILINTE. Non, madame,
Et je vous parle ici du meilleur de mon âme. 1210
J'attends l'occasion de m'offrir hautement,
Et de tous mes souhaits j'en presse le moment.

SCÈNE II.

ALCESTE, ÉLIANTE, PHILINTE.

ALCESTE.
Ah! faites-moi raison, madame, d'une offense
Qui vient de triompher de toute ma constance.
ÉLIANTE.
Qu'est-ce donc? Qu'avez-vous qui vous puisse émou-
ALCESTE. [voir?
J'ai ce que, sans mourir, je ne puis concevoir;
Et le déchaînement de toute la nature
Ne m'accablerait pas comme cette aventure.
C'en est fait... Mon amour... Je ne saurais parler.
ÉLIANTE.
Que votre esprit un peu tâche à se rappeler. 1220
ALCESTE.
O juste ciel! faut-il qu'on joigne à tant de grâces

Les vices odieux des âmes les plus basses?
ÉLIANTE.
Mais encor, qui vous peut...
ALCESTE. Ah! tout est ruiné;
Je suis, je suis trahi, je suis assassiné.
Célimène... (eût-on pu croire cette nouvelle?)
Célimène me trompe, et n'est qu'une infidèle.
ÉLIANTE.
Avez-vous, pour le croire, un juste fondement?
PHILINTE.
Peut-être est-ce un soupçon conçu légèrement;
Et votre esprit jaloux prend parfois des chimères...
ALCESTE.
Ah! morbleu, mêlez-vous, monsieur, de vos affaires.
(à Éliante.)
C'est de sa trahison n'être que trop certain, 1231
Que l'avoir, dans ma poche, écrite de sa main.
Oui, madame, une lettre, écrite pour Oronte,
A produit à mes yeux ma disgrâce et sa honte;
Oronte, dont j'ai cru qu'elle fuyait les soins,
Et que de mes rivaux je redoutais le moins.
PHILINTE.
Une lettre peut bien tromper par l'apparence,
Et n'est pas quelquefois si coupable qu'on pense.
ALCESTE.
Monsieur, encore un coup, laissez-moi, s'il vous plaît,
Et ne prenez souci que de votre intérêt. 1240
ÉLIANTE.
Vous devez modérer vos transports; et l'outrage...
ALCESTE.
Madame, c'est à vous qu'appartient cet ouvrage;
C'est à vous que mon cœur a recours aujourd'hui
Pour pouvoir s'affranchir de son cuisant ennui.
Vengez-moi d'une ingrate et perfide parente
Qui trahit lâchement une ardeur si constante,
Vengez-moi de ce trait qui doit vous faire horreur.

ÉLIANTE.
Moi, vous venger? Comment?
      ALCESTE. En recevant mon cœur.
Acceptez-le, madame, au lieu de l'infidèle :
C'est par là que je puis prendre vengeance d'elle ; 1250
Et je la veux punir par les sincères vœux,
Par le profond amour, les soins respectueux,
Les devoirs empressés et l'assidu service
Dont ce cœur va vous faire un ardent sacrifice.
  ÉLIANTE.
Je compatis, sans doute, à ce que vous souffrez,
Et ne méprise point le cœur que vous m'offrez;
Mais peut-être le mal n'est pas si grand qu'on pense,
Et vous pourrez quitter ce désir de vengeance.
Lorsque l'injure part d'un objet plein d'appas,
On fait force desseins qu'on n'exécute pas; 1260
On a beau voir, pour rompre, une raison puissante,
Une coupable aimée est bientôt innocente :
Tout le mal qu'on lui veut se dissipe aisément,
Et l'on sait ce que c'est qu'un courroux d'un amant.
  ALCESTE.
Non, non, madame, non. L'offense est trop mortelle;
Il n'est point de retour, et je romps avec elle ;
Rien ne saurait changer le dessein que j'en fais,
Et je me punirais de l'estimer jamais.
La voici. Mon courroux redouble à cette approche,
Je vais de sa noirceur lui faire un vif reproche, 1270
Pleinement la confondre, et vous porter après
Un cœur tout dégagé de ses trompeurs attraits.

SCÈNE III.

CÉLIMÈNE, ALCESTE.

ALCESTE, *à part.*
O ciel! de mes transports puis-je être ici le maître?

CÉLIMÈNE, *à part.*
(*à Alceste.*) [tre?
Ouais! Quel est donc le trouble où je vous vois paraî-
Et que me veulent dire, et ces soupirs poussés,
Et ces sombres regards que sur moi vous lancez?

ALCESTE.

Que toutes les horreurs dont une âme est capable
A vos déloyautés n'ont rien de comparable;
Que le sort, les démons, et le ciel en courroux,
N'ont jamais rien produit de si méchant que vous. 1280

CÉLIMÈNE.

Voilà certainement des douceurs que j'admire.

ALCESTE.

Ah! ne plaisantez point, il n'est pas temps de rire :
Rougissez bien plutôt, vous en avez raison;
Et j'ai de sûrs témoins de votre trahison.
Voilà ce que marquaient les troubles de mon âme :
Ce n'était pas en vain que s'alarmait ma flamme;
Par ces fréquents soupçons qu'on trouvait odieux,
Je cherchais le malheur qu'ont rencontré mes yeux;
Et, malgré tous vos soins et votre adresse à feindre,
Mon astre me disait ce que j'avais à craindre : 1290
Mais ne présumez pas que, sans être vengé,
Je souffre le dépit de me voir outragé.
Je sais que sur les vœux on n'a point de puissance,
Que l'amour veut partout naître sans dépendance,
Que jamais par la force on n'entra dans un cœur,
Et que toute âme est libre à nommer son vainqueur.
Aussi ne trouverais-je aucun sujet de plainte,
Si pour moi votre bouche avait parlé sans feinte;
Et, rejetant mes vœux dès le premier abord,
Mon cœur n'aurait eu droit de s'en prendre qu'au sort:
Mais d'un aveu trompeur voir ma flamme applaudie,
C'est une trahison, c'est une perfidie 1302
Qui ne saurait trouver de trop grands châtiments;
Et je puis tout permettre à mes ressentiments.

Oui, oui, redoutez tout après un tel outrage ;
Je ne suis plus à moi, je suis tout à la rage.
Percé du coup mortel dont vous m'assassinez,
Mes sens par la raison ne sont plus gouvernés ;
Je cède aux mouvements d'une juste colère,
Et je ne réponds pas de ce que je puis faire. 1310
CÉLIMÈNE.
D'où vient donc, je vous prie, un tel emportement ?
Avez-vous, dites-moi, perdu le jugement ?
ALCESTE.
Oui, oui, je l'ai perdu, lorsque dans votre vue
J'ai pris, pour mon malheur, le poison qui me tue,
Et que j'ai cru trouver quelque sincérité
Dans les traîtres appas dont je fus enchanté.
CÉLIMÈNE.
De quelle trahison pouvez-vous donc vous plaindre ?
ALCESTE.
Ah ! que ce cœur est double, et sait bien l'art de feindre !
Mais, pour le mettre à bout, j'ai des moyens tout prêts.
Jetez ici les yeux, et connaissez vos traits : 1320
Ce billet découvert suffit pour vous confondre,
Et contre ce témoin on n'a rien à répondre.
CÉLIMÈNE.
Voilà donc le sujet qui vous trouble l'esprit ?
ALCESTE.
Vous ne rougissez pas en voyant cet écrit ?
CÉLIMÈNE.
Et par quelle raison faut-il que j'en rougisse ?
ALCESTE.
Quoi ! vous joignez ici l'audace à l'artifice !
Le désavouerez-vous, pour n'avoir point de seing ?
CÉLIMÈNE.
Pourquoi désavouer un billet de ma main ?
ALCESTE.
Et vous pouvez le voir sans demeurer confuse
Du crime dont vers moi son style vous accuse ! 1330

CÉLIMÈNE.
Vous êtes, sans mentir, un grand extravagant.
ALCESTE.
Quoi! vous bravez ainsi ce témoin convaincant!
Et ce qu'il m'a fait voir de douceur pour Oronte
N'a donc rien qui m'outrage et qui vous fasse honte?
CÉLIMÈNE.
Oronte! Qui vous dit que la lettre est pour lui?
ALCESTE.
Les gens qui dans mes mains l'ont remise aujourd'hui.
Mais je veux consentir qu'elle soit pour un autre,
Mon cœur en a-t-il moins à se plaindre du vôtre?
En serez-vous vers moi moins coupable en effet?
CÉLIMÈNE.
Mais si c'est une femme à qui va ce billet, 1340
En quoi vous blesse-t-il, et qu'a-t-il de coupable?
ALCESTE.
Ah! le détour est bon et l'excuse admirable.
Je ne m'attendais pas, je l'avoue, à ce trait:
Et me voilà par là convaincu tout à fait.
Osez-vous recourir à ces ruses grossières,
Et croyez-vous les gens si privés de lumières?
Voyons, voyons un peu par quel biais, de quel air,
Vous voulez soutenir un mensonge si clair;
Et comment vous pourrez tourner pour une femme
Tous les mots d'un billet qui montre tant de flamme.
Ajustez, pour couvrir un manquement de foi, 1351
Ce que je m'en vais lire...
CÉLIMÈNE. Il ne me plaît pas, moi.
Je vous trouve plaisant d'user d'un tel empire.
Et de me dire au nez ce que vous m'osez dire.
ALCESTE.
Non, non, sans s'emporter, prenez un peu souci
De me justifier les termes que voici.
CÉLIMÈNE. [rence,
Non, je n'en veux rien faire, et, dans cette occur-

Tout ce que vous croirez m'est de peu d'importance.
   ALCESTE.
De grâce, montrez-moi, je serai satisfait,
Qu'on peut pour une femme expliquer ce billet. 1360
   CÉLIMÈNE.
Non, il est pour Oronte; et je veux qu'on le croie.
Je reçois tous ses soins avec beaucoup de joie;
J'admire ce qu'il dit, j'estime ce qu'il est,
Et je tombe d'accord de tout ce qu'il vous plaît.
Faites, prenez parti, que rien ne vous arrête,
Et ne me rompez pas davantage la tête.
   ALCESTE, *à part.*
Ciel! rien de plus cruel peut-il être inventé,
Et jamais cœur fut-il de la sorte traité?
Quoi! d'un juste courroux je suis ému contre elle,
C'est moi qui me viens plaindre, et c'est moi qu'on
         [querelle! 1370
On pousse ma douleur et mes soupçons à bout,
On me laisse tout croire, on fait gloire de tout;
Et cependant mon cœur est encore assez lâche
Pour ne pouvoir briser la chaîne qui l'attache,
Et pour ne pas s'armer d'un généreux mépris
Contre l'ingrat objet dont il est trop épris!
   (*à Célimène.*)
Ah! que vous savez bien ici contre moi-même,
Perfide, vous servir de ma faiblesse extrême,
Et ménager pour vous l'excès prodigieux
De ce fatal amour né de vos traîtres yeux! 1380
Défendez-vous au moins d'un crime qui m'accable,
Et cessez d'affecter d'être envers moi coupable.
Rendez-moi, s'il se peut, ce billet innocent;
A vous prêter les mains ma tendresse consent;
Efforcez-vous ici de paraître fidèle,
Et je m'efforcerai, moi, de vous croire telle.
   CÉLIMÈNE.
Allez, vous êtes fou dans vos transports jaloux,

Et ne méritez pas l'amour qu'on a pour vous.
Je voudrais bien savoir qui pourrait me contraindre
A descendre pour vous aux bassesses de feindre; 1390
Et pourquoi, si mon cœur penchait d'autre côté,
Je ne le dirais pas avec sincérité.
Quoi! de mes sentiments l'obligeante assurance
Contre tous vos soupçons ne prend pas ma défense?
Auprès d'un tel garant sont-ils de quelque poids?
N'est-ce pas m'outrager que d'écouter leur voix?
Et puisque notre cœur fait un effort extrême
Lorsqu'il peut se résoudre à confesser qu'il aime;
Puisque l'honneur du sexe, ennemi de nos feux,
S'oppose fortement à de pareils aveux, 1400
L'amant qui voit pour lui franchir un tel obstacle
Doit-il impunément douter de cet oracle?
Et n'est-il pas coupable, en ne s'assurant pas
A ce qu'on ne dit point qu'après de grands combats?
Allez, de tels soupçons méritent ma colère,
Et vous ne valez pas que l'on vous considère.
Je suis sotte, et veux mal à ma simplicité
De conserver encor pour vous quelque bonté;
Je devrais autre part attacher mon estime,
Et vous faire un sujet de plainte légitime 1410

ALCESTE.

Ah! traîtresse! mon faible est étrange pour vous;
Vous me trompez, sans doute, avec des mots si doux;
Mais il n'importe, il faut suivre ma destinée :
A votre foi mon âme est tout abandonnée;
Je veux voir jusqu'au bout quel sera votre cœur,
Et si de me trahir il aura la noirceur.

CÉLIMÈNE.

Non, vous ne m'aimez point comme il faut que l'on
ALCESTE. [aime.
Ah! rien n'est comparable à mon amour extrême;
Et, dans l'ardeur qu'il a de se montrer à tous,
Il va jusqu'à former des souhaits contre vous. 1420

Oui, je voudrais qu'aucun ne vous trouvât aimable,
Que vous fussiez réduite en un sort misérable;
Que le ciel, en naissant, ne vous eût donné rien;
Que vous n'eussiez ni rang, ni naissance, ni bien,
Afin que de mon cœur l'éclatant sacrifice
Vous pût d'un pareil sort réparer l'injustice;
Et que j'eusse la joie et la gloire en ce jour
De vous voir tenir tout des mains de mon amour.

CÉLIMÈNE.

C'est me vouloir du bien d'une étrange manière!
Me préserve le ciel que vous ayez matière... 1430
Voici monsieur Dubois plaisamment figuré.

SCÈNE IV.

CÉLIMÈNE, ALCESTE, DUBOIS.

ALCESTE.

Que veut cet équipage et cet air effaré?
Qu'as-tu?

DUBOIS. Monsieur...

ALCESTE. Eh bien?

DUBOIS. Voici bien des mys-
[tères.

ALCESTE.
Qu'est-ce?

DUBOIS. Nous sommes mal, monsieur, dans nos
ALCESTE. [affaires.
Quoi?

DUBOIS. Parlerai-je haut?

ALCESTE. Oui, parle, et promptement.

DUBOIS.
N'est-il point là quelqu'un?

ALCESTE. Ah! que d'amusement!
Veux-tu parler?

DUBOIS. Monsieur, il faut faire retraite.

ALCESTE.
Comment?

DUBOIS. Il faut d'ici déloger sans trompette.

ALCESTE.
Et pourquoi?

DUBOIS. Je vous dis qu'il faut quitter ce lieu.

ALCESTE.
La cause?

DUBOIS. Il faut partir, monsieur, sans dire adieu.

ALCESTE.
Mais par quelle raison me tiens-tu ce langage ? 1441

DUBOIS.
Par la raison, monsieur, qu'il faut plier bagage.

ALCESTE.
Ah! je te casserai la tête assurément,
Si tu ne veux, maraud, t'expliquer autrement

DUBOIS.
Monsieur, un homme noir et d'habit et de mine
Est venu nous laisser, jusque dans la cuisine,
Un papier griffonné d'une telle façon,
Qu'il faudrait, pour le lire, être pis qu'un démon.
C'est de votre procès, je n'en fais aucun doute;
Mais le diable d'enfer, je crois, n'y verrait goutte. 1450

ALCESTE.
Eh bien! quoi? Ce papier, qu'a-t-il à démêler,
Traître, avec le départ dont tu viens me parler?

DUBOIS. [suite
C'est pour vous dire ici, monsieur, qu'une heure en-
Un homme qui souvent vous vient rendre visite
Est venu vous chercher avec empressement,
Et, ne vous trouvant pas, m'a chargé doucement,
Sachant que je vous sers avec beaucoup de zèle,
De vous dire... Attendez, comme est-ce qu'il s'appelle?

ALCESTE.
Laisse là son nom, traître, et dis ce qu'il t'a dit.

DUBOIS.

C'est un de vos amis; enfin, cela suffit. 1460
Il m'a dit que d'ici votre péril vous chasse,
Et que d'être arrêté le sort vous y menace.

ALCESTE.

Mais quoi! n'a-t-il voulu te rien spécifier?

DUBOIS.

Non. Il m'a demandé de l'encre et du papier,
Et vous a fait un mot où vous pourrez, je pense,
Du fond de ce mystère avoir la connaissance

ALCESTE.

Donne-le donc.

CÉLIMÈNE. Que peut envelopper ceci?

ALCESTE.

Je ne sais; mais j'aspire à m'en voir éclairci.
Auras-tu bientôt fait, impertinent au diable?

DUBOIS, *après avoir longtemps cherché le billet.*

Ma foi, je l'ai, monsieur, laissé sur votre table. 1470

ALCESTE.

Je ne sais qui me tient...

CÉLIMÈNE. Ne vous emportez pas,
Et courez démêler un pareil embarras.

ALCESTE.

Il semble que le sort, quelque soin que je prenne,
Ait juré d'empêcher que je vous entretienne;
Mais, pour en triompher, souffrez à mon amour
De vous revoir, madame, avant la fin du jour.

ACTE CINQUIEME.

SCÈNE I.

ALCESTE, PHILINTE.

ALCESTE.
La résolution en est prise, vous dis-je.
PHILINTE.
Mais, quel que soit ce coup, faut-il qu'il vous oblige...
ALCESTE.
Non, vous avez beau faire et beau me raisonner,
Rien de ce que je dis ne peut me détourner ; 1480
Trop de perversité règne au siècle où nous sommes,
Et je veux me tirer du commerce des hommes.
Quoi ! contre ma partie on voit tout à la fois
L'honneur, la probité, la pudeur et les lois ;
On publie en tous lieux l'équité de ma cause ;
Sur la foi de mon droit mon âme se repose :
Cependant je me vois trompé par le succès,
J'ai pour moi la justice, et je perds mon procès !
Un traître, dont on sait la scandaleuse histoire,
Est sorti triomphant d'une fausseté noire ! 1490
Toute la bonne foi cède à sa trahison !
Il trouve, en m'égorgeant, moyen d'avoir raison !
Le poids de sa grimace, où brille l'artifice,
Renverse le bon droit et tourne la justice !
Il fait par un arrêt couronner son forfait !
Et, non content encor du tort que l'on me fait,
Il court parmi le monde un livre abominable,
Et de qui la lecture est même condamnable ;
Un livre à mériter la dernière rigueur,
Dont le fourbe a le front de me faire l'auteur ! 1500
Et là-dessus on voit Oronte qui murmure
Et tâche méchamment d'appuyer l'imposture !

Lui qui d'un honnête homme à la cour tient le rang,
A qui je n'ai fait rien qu'être sincère et franc,
Qui me vient malgré moi, d'une ardeur empressée,
Sur des vers qu'il a faits demander ma pensée ;
Et parce que j'en use avec honnêteté,
Et ne le veux trahir, lui, ni la vérité,
Il aide à m'accabler d'un crime imaginaire !
Le voilà devenu mon plus grand adversaire ! 1510
Et jamais de son cœur je n'aurai de pardon,
Pour n'avoir pas trouvé que son sonnet fût bon !
Et les hommes, morbleu ! sont faits de cette sorte !
C'est à ces actions que la gloire les porte !
Voilà la bonne foi, le zèle vertueux,
La justice et l'honneur que l'on trouve chez eux !
Allons, c'est trop souffrir les chagrins qu'on nous
Tirons-nous de ce bois et de ce coupe-gorge. [forge,
Puisque entre humains ainsi vous vivez en vrais loups,
Traîtres, vous ne m'aurez de ma vie avec vous. 1520

    PHILINTE.

Je trouve un peu bien prompt le dessein où vous êtes ;
Et tout le mal n'est pas si grand que vous le faites
Ce que votre partie ose vous imputer
N'a point eu le crédit de vous faire arrêter ;
On voit son faux rapport lui-même se détruire,
Et c'est une action qui pourrait bien lui nuire.

    ALCESTE.

Lui ? de semblables tours il ne craint point l'éclat :
Il a permission d'être franc scélérat ;
Et, loin qu'à son crédit nuise cette aventure,
On l'en verra demain en meilleure posture. 1530

    PHILINTE.

Enfin, il est constant qu'on n'a point trop donné
Au bruit que contre vous sa malice a tourné ;
De ce côté déjà vous n'avez rien à craindre :
Et pour votre procès, dont vous pouvez vous plaindre,
Il vous est en justice aisé d'y revenir,

Et contre cet arrêt....
    ALCESTE. Non, je veux m'y tenir.
Quelque sensible tort qu'un tel arrêt me fasse,
Je me garderai bien de vouloir qu'on le casse ;
On y voit trop à plein le bon droit maltraité,
Et je veux qu'il demeure à la postérité   1540
Comme une marque insigne, un fameux témoignage
De la méchanceté des hommes de notre âge.
Ce sont vingt mille francs qu'il m'en pourra coûter ;
Mais pour vingt mille francs j'aurai droit de pester
Contre l'iniquité de la nature humaine,
Et de nourrir pour elle une immortelle haine.
  PHILINTE.
Mais enfin...
  ALCESTE. Mais enfin vos soins sont superflus.
Que pouvez-vous, monsieur, me dire là-dessus ?
Aurez-vous bien le front de me vouloir, en face,
Excuser les horreurs de tout ce qui se passe ?   1550
  PHILINTE.
Non, je tombe d'accord de tout ce qu'il vous plaît.
Tout marche par cabale et par pur intérêt ;
Ce n'est plus que la ruse aujourd'hui qui l'emporte,
Et les hommes devraient être faits d'autre sorte :
Mais est-ce une raison que leur peu d'équité,
Pour vouloir se tirer de leur société ?
Tous ces défauts humains nous donnent, dans la vie,
Des moyens d'exercer notre philosophie :
C'est le plus bel emploi que trouve la vertu ;
Et si de probité tout était revêtu,   1560
Si tous les cœurs étaient francs, justes et dociles,
La plupart des vertus nous seraient inutiles,
Puisqu'on en met l'usage à pouvoir, sans ennui,
Supporter dans nos droits l'injustice d'autrui ;
Et, de même qu'un cœur d'une vertu profonde...
  ALCESTE.
Je sais que vous parlez, monsieur, le mieux du monde ;

En beaux raisonnements vous abondez toujours ;
Mais vous perdez le temps et tous vos beaux discours.
La raison, pour mon bien, veut que je me retire :
Je n'ai point sur ma langue un assez grand empire ;
De ce que je dirais je ne répondrais pas, 1571
Et je me jetterais cent choses sur les bras.
Laissez-moi, sans dispute, attendre Célimène.
Il faut qu'elle consente au dessein qui m'amène :
Je vais voir si son cœur a de l'amour pour moi ;
Et c'est ce moment-ci qui doit m'en faire foi.
        PHILINTE.
Montons chez Éliante, attendant sa venue.
        ALCESTE.
Non, de trop de souci je me sens l'âme émue.
Allez-vous-en la voir, et me laissez enfin
Dans ce petit coin sombre avec mon noir chagrin. 1580
        PHILINTE.
C'est une compagnie étrange pour attendre ;
Et je vais obliger Éliante à descendre.

SCÈNE II.

CÉLIMÈNE, ORONTE, ALCESTE.

        ORONTE.
Oui, c'est à vous de voir si par des nœuds si doux,
Madame, vous voulez m'attacher tout à vous.
Il me faut de votre âme une pleine assurance :
Un amant là-dessus n'aime point qu'on balance.
Si l'ardeur de mes feux a pu vous émouvoir,
Vous ne devez point feindre à me le faire voir ;
Et la preuve, après tout, que je vous en demande,
C'est de ne plus souffrir qu'Alceste vous prétende,
De le sacrifier, madame, à mon amour, 1591
Et de chez vous enfin le bannir dès ce jour.
        CÉLIMÈNE.
Mais quel sujet si grand contre lui vous irrite,

Vous à qui j'ai tant vu parler de son mérite?
ORONTE.
Madame, il ne faut point ces éclaircissements;
Il s'agit de savoir quels sont vos sentiments.
Choisissez, s'il vous plaît, de garder l'un ou l'autre:
Ma résolution n'attend rien que la vôtre.
ALCESTE, *sortant du coin où il était.*
Oui, monsieur a raison; madame, il faut choisir;
Et sa demande ici s'accorde à mon désir. 1600
Pareille ardeur me presse, et même soin m'amène;
Mon amour veut du vôtre une marque certaine:
Les choses ne sont plus pour traîner en longueur,
Et voici le moment d'expliquer votre cœur.
ORONTE.
Je ne veux point, monsieur, d'une flamme importune
Troubler aucunement votre bonne fortune.
ALCESTE.
Je ne veux point, monsieur, jaloux ou non jaloux,
Partager de son cœur rien du tout avec vous.
ORONTE.
Si votre amour au mien lui semble préférable...
ALCESTE.
Si du moindre penchant elle est pour vous capable...
ORONTE.
Je jure de n'y rien prétendre désormais. 1611
ALCESTE.
Je jure hautement de ne la voir jamais.
ORONTE.
Madame, c'est à vous de parler sans contrainte.
ALCESTE.
Madame, vous pouvez vous expliquer sans crainte.
ORONTE.
Vous n'avez qu'à nous dire où s'attachent vos vœux.
ALCESTE.
Vous n'avez qu'à trancher, et choisir de nous deux.

ORONTE.
Quoi! sur un pareil choix vous semblez être en peine!
ALCESTE.
Quoi! votre âme balance et paraît incertaine
CÉLIMÈNE.
Mon Dieu! que cette instance est là hors de saison!
Et que vous témoignez tous deux peu de raison! 1620
Je sais prendre parti sur cette préférence,
Et ce n'est pas mon cœur maintenant qui balance :
Il n'est point suspendu sans doute entre vous deux;
Et rien n'est sitôt fait que le choix de nos vœux.
Mais je souffre, à vrai dire, une gêne trop forte
A prononcer en face un aveu de la sorte :
Je trouve que ces mots, qui sont désobligeants,
Ne se doivent point dire en présence des gens;
Qu'un cœur de son penchant donne assez de lumière,
Sans qu'on nous fasse aller jusqu'à rompre en visière;
Et qu'il suffit enfin que de plus doux témoins 1631
Instruisent un amant du malheur de ses soins.
ORONTE.
Non, non, un franc aveu n'a rien que j'appréhende;
J'y consens pour ma part.
ALCESTE. Et moi, je le demande;
C'est son éclat surtout qu'ici j'ose exiger,
Et je ne prétends point vous voir rien ménager.
Conserver tout le monde est votre grande étude :
Mais plus d'amusement, et plus d'incertitude;
Il faut vous expliquer nettement là-dessus,
Ou bien pour un arrêt je prends votre refus; 1640
Je saurai, de ma part, expliquer ce silence,
Et me tiendrai pour dit tout le mal que j'en pense.
ORONTE.
Je vous sais fort bon gré, monsieur, de ce courroux,
Et je lui dis ici même chose que vous.
CÉLIMÈNE.
Que vous me fatiguez avec un tel caprice!

Ce que vous demandez a-t-il de la justice?
Et ne vous dis-je pas quel motif me retient?
J'en vais prendre pour juge Éliante qui vient.

SCÈNE III.

ÉLIANTE, PHILINTE, CÉLIMÈNE, ORONTE, ALCESTE.

CÉLIMÈNE.
Je me vois, ma cousine, ici persécutée
Par des gens dont l'humeur y paraît concertée. 1650
Ils veulent l'un et l'autre, avec même chaleur,
Que je prononce entre eux le choix que fait mon cœur,
Et que, par un arrêt qu'en face il me faut rendre,
Je défende à l'un d'eux tous les soins qu'il peut pren-
Dites-moi si jamais cela se fait ainsi. [dre.
ÉLIANTE.
N'allez point là-dessus me consulter ici;
Peut-être y pourriez-vous être mal adressée,
Et je suis pour les gens qui disent leur pensée.
ORONTE.
Madame, c'est en vain que vous vous défendez.
ALCESTE.
Tous vos détours ici seront mal secondés. 1660
ORONTE.
Il faut, il faut parler, et lâcher la balance.
ALCESTE.
Il ne faut que poursuivre à garder le silence.
ORONTE.
Je ne veux qu'un seul mot pour finir nos débats.
ALCESTE.
Et moi, je vous entends, si vous ne parlez pas.

SCÈNE IV.

ARSINOÉ, CÉLIMÈNE, ÉLIANTE, ALCESTE, PHILINTE, ACASTE, CLITANDRE, ORONTE.

ACASTE, *à Célimène.*
Madame, nous venons tous deux, sans vous déplaire,
Éclaircir avec vous une petite affaire.
CLITANDRE, *à Oronte et à Alceste.*
Fort à propos, messieurs, vous vous trouvez ici ;
Et vous êtes mêlés dans cette affaire aussi.
ARSINOÉ, *à Célimène.*
Madame, vous serez surprise de ma vue ;
Mais ce sont ces messieurs qui causent ma venue :
Tous deux ils m'ont trouvée, et se sont plaints à moi
D'un trait à qui mon cœur ne saurait prêter foi. 1672
J'ai du fond de votre âme une trop haute estime
Pour vous croire jamais capable d'un tel crime ;
Mes yeux ont démenti leurs témoins les plus forts,
Et, l'amitié passant sur de petits discords,
J'ai bien voulu chez vous leur faire compagnie,
Pour vous voir vous laver de cette calomnie.
ACASTE.
Oui, madame, voyons d'un esprit adouci
Comment vous vous prendrez à soutenir ceci. 1680
Cette lettre, par vous, est écrite à Clitandre.
CLITANDRE.
Vous avez pour Acaste écrit ce billet tendre.
ACASTE, *à Oronte et à Alceste.*
Messieurs, ces traits pour vous n'ont point d'obscurité,
Et je ne doute pas que sa civilité
A connaître sa main n'ait trop su vous instruire.
Mais ceci vaut assez la peine de le lire :

« Vous êtes un étrange homme de condamner mon en-
« jouement, et de me reprocher que je n'ai jamais tant de

« joie que lorsque je ne suis pas avec vous. Il n'y a rien de
« plus injuste; et si vous ne venez bien vite me demander
« pardon de cette offense, je ne vous la pardonnerai de ma
« vie. Notre grand flandrin de vicomte..

Il devrait être ici.

« Notre grand flandrin de vicomte, par qui vous commencez
« vos plaintes, est un homme qui ne saurait me revenir; et
« depuis que je l'ai vu, trois quarts d'heure durant, cracher
« dans un puits pour faire des ronds, je n'ai jamais pu prendre
« bonne opinion de lui. Pour le petit marquis...

C'est moi-même, messieurs, sans nulle vanité.

« Pour le petit marquis, qui me tint hier longtemps la main,
« je trouve qu'il n'y a rien de si mince que toute sa per-
« sonne, et ce sont de ces mérites qui n'ont que la cape et
« l'épée. Pour l'homme aux rubans verts...

(*A Alceste.*)

A vous le dé, monsieur.

« Pour l'homme aux rubans verts, il me divertit quelquefois
« avec ses brusqueries et son chagrin bourru; mais il est
« cent moments où je le trouve le plus fâcheux du monde.
« Et pour l'homme au sonnet...

(*A Oronte.*)

Voici votre paquet.

« Et pour l'homme au sonnet, qui s'est jeté dans le bel es-
« prit, et veut être auteur malgré tout le monde, je ne puis
« me donner la peine d'écouter ce qu'il dit; et sa prose me
« fatigue autant que ses vers. Mettez-vous donc en tête que
« je ne me divertis pas toujours si bien que vous pensez; que
« je trouve à dire plus que je ne voudrais dans toutes les par-
« ties où l'on m'entraîne; et que c'est un merveilleux assai-
« sonnement aux plaisirs qu'on goûte, que la présence des
« gens qu'on aime.

CLITANDRE.

Me voici maintenant, moi.

« Votre Clitandre, dont vous me parlez, et qui fait tant le
« doucereux, est le dernier des hommes pour qui j'aurais
« de l'amitié. Il est extravagant de se persuader qu'on l'aime;
« et vous l'êtes de croire qu'on ne vous aime pas. Changez,
« pour être raisonnable, vos sentiments contre les siens; et
« voyez-moi le plus que vous pourrez, pour m'aider à porter
« le chagrin d'en être obsédée. »

D'un fort beau caractère on voit là le modèle,
Madame; et vous savez comment cela s'appelle.
Il suffit. Nous allons, l'un et l'autre, en tous lieux
Montrer de votre cœur le portrait glorieux.   1690

ACASTE.

J'aurais de quoi vous dire, et belle est la matière;
Mais je ne vous tiens pas digne de ma colère;
Et je vous ferai voir que les petits marquis
Ont, pour se consoler, des cœurs du plus haut prix.

SCÈNE V.

CÉLIMÈNE, ÉLIANTE, ARSINOÉ, ALCESTE, ORONTE,
PHILINTE.

ORONTE.

Quoi! de cette façon je vois qu'on me déchire,
Après tout ce qu'à moi je vous ai vu m'écrire!
Et votre cœur, paré de beaux semblants d'amour,
A tout le genre humain se promet tour à tour!
Allez, j'étais trop dupe, et je vais ne plus l'être;
Vous me faites un bien, me faisant vous connaître :
J'y profite d'un cœur qu'ainsi vous me rendez,   1701
Et trouve ma vengeance en ce que vous perdez.

(*A Alceste.*)
Monsieur, je ne fais plus d'obstacle à votre flamme,
Et vous pouvez conclure affaire avec madame.

SCÈNE VI.

CÉLIMÈNE, ÉLIANTE, ARSINOÉ, ALCESTE, PHILINTE.

ARSINOÉ, *à Célimène.*
Certes, voilà le trait du monde le plus noir;
Je ne m'en saurais taire, et me sens émouvoir.
Voit-on des procédés qui soient pareils aux vôtres?
Je ne prends point de part aux intérêts des autres;
(*montrant Alceste.*)
Mais monsieur, que chez vous fixait votre bonheur,
Un homme, comme lui, de mérite et d'honneur, 1710
Et qui vous chérissait avec idolâtrie,
Devait-il...
ALCESTE. Laissez-moi, madame, je vous prie,
Vider mes intérêts moi-même là-dessus;
Et ne vous chargez point de ces soins superflus.
Mon cœur a beau vous voir prendre ici sa querelle,
Il n'est point en état de payer ce grand zèle;
Et ce n'est pas à vous que je pourrai songer,
Si par un autre choix je cherche à me venger.
ARSINOÉ.
Eh! croyez-vous, monsieur, qu'on ait cette pensée,
Et que de vous avoir on soit tant empressée? 1720
Je vous trouve un esprit bien plein de vanité,
Si de cette créance il peut s'être flatté.
Le rebut de madame est une marchandise
Dont on aurait grand tort d'être si fort éprise.
Détrompez-vous, de grâce, et portez-le moins haut:
Ce ne sont pas des gens comme moi qu'il vous faut.
Vous ferez bien encor de soupirer pour elle,
Et je brûle de voir une union si belle.

SCÈNE VII.

CÉLIMÈNE, ÉLIANTE, ALCESTE, PHILINTE.

ALCESTE, *à Célimène.*
Eh bien! je me suis tu, malgré ce que je voi,
Et j'ai laissé parler tout le monde avant moi.   1730
Ai-je pris sur moi-même un assez long empire?
Et puis-je maintenant...
     CÉLIMÈNE. Oui, vous pouvez tout dire;
Vous en êtes en droit, lorsque vous vous plaindrez,
Et de me reprocher tout ce que vous voudrez.
J'ai tort, je le confesse; et mon âme confuse
Ne cherche à vous payer d'aucune vaine excuse.
J'ai des autres ici méprisé le courroux;
Mais je tombe d'accord de mon crime envers vous.
Votre ressentiment, sans doute, est raisonnable;
Je sais combien je dois vous paraître coupable,   1740
Que toute chose dit que j'ai pu vous trahir,
Et qu'enfin vous avez sujet de me haïr.
Faites-le, j'y consens.
     ALCESTE. Eh! le puis-je, traîtresse?
Puis-je ainsi triompher de toute ma tendresse?
Et, quoique avec ardeur je veuille vous haïr,
Trouvé-je un cœur en moi tout prêt à m'obéir?
 (*à Eliante et à Philinte.*)
Vous voyez ce que peut une indigne tendresse,
Et je vous fais tous deux témoins de ma faiblesse.
Mais, à vous dire vrai, ce n'est pas encor tout,
Et vous allez me voir la pousser jusqu'au bout,   1750
Montrer que c'est à tort que sages on nous nomme,
Et que dans tous les cœurs il est toujours de l'homme.
 (*à Célimène.*)
Oui, je veux bien, perfide, oublier vos forfaits;
J'en saurai, dans mon âme, excuser tous les traits,

Et me les couvrirai du nom d'une faiblesse
Où le vice du temps porte votre jeunesse,
Pourvu que votre cœur veuille donner les mains
Au dessein que j'ai fait de fuir tous les humains,
Et que dans mon désert, où j'ai fait vœu de vivre,
Vous soyez, sans tarder, résolue à me suivre. 1760
C'est par là seulement que, dans tous les esprits,
Vous pouvez réparer le mal de vos écrits,
Et qu'après cet éclat qu'un noble cœur abhorre,
Il peut m'être permis de vous aimer encore.

CÉLIMÈNE.

Moi, renoncer au monde avant que de vieillir,
Et dans votre désert aller m'ensevelir!

ALCESTE.

Et s'il faut qu'à mes feux votre flamme réponde
Que vous doit importer tout le reste du monde?
Vos désirs avec moi ne sont-ils pas contents?

CÉLIMÈNE.

La solitude effraye une âme de vingt ans. 1770
Je ne sens point la mienne assez grande, assez forte,
Pour me résoudre à prendre un dessein de la sorte.
Si le don de ma main peut contenter vos vœux,
Je pourrai me résoudre à serrer de tels nœuds;
Et l'hymen...

ALCESTE. Non. Mon cœur à présent vous déteste,
Et ce refus lui seul fait plus que tout le reste.
Puisque vous n'êtes point, en des liens si doux,
Pour trouver tout en moi, comme moi tout en vous,
Allez, je vous refuse; et ce sensible outrage
De vos indignes fers pour jamais me dégage. 1780

SCÈNE VIII.

ELIANTE, ALCESTE, PHILINTE.

ALCESTE, *à Eliante.*
Madame, cent vertus ornent votre beauté,
Et je n'ai vu qu'en vous de la sincérité;
De vous depuis longtemps je fais un cas extrême,
Mais laissez-moi toujours vous estimer de même,
Et souffrez que mon cœur, dans ses troubles divers,
Ne se présente point à l'honneur de vos fers :
Je m'en sens trop indigne, et commence à connaître
Que le ciel pour ce nœud ne m'avait point fait naître;
Que ce serait pour vous un hommage trop bas,
Que le rebut d'un cœur qui ne vous valait pas;   1790
Et qu'enfin...
  ÉLIANTE. Vous pouvez suivre cette pensée :
Ma main de se donner n'est pas embarrassée;
Et voilà votre ami, sans trop m'inquiéter,
Qui, si je l'en priais, la pourrait accepter.
  PHILINTE.
Ah! cet honneur, madame, est toute mon envie,
Et j'y sacrifierais et mon sang et ma vie.
  ALCESTE.
Puissiez-vous, pour goûter de vrais contentements,
L'un pour l'autre à jamais garder ces sentiments!
Trahi de toutes parts, accablé d'injustices,
Je vais sortir d'un gouffre où triomphent les vices, 1800
Et chercher sur la terre un endroit écarté
Où d'être homme d'honneur on ait la liberté.
  PHILINTE.
Allons, madame, allons employer toute chose
Pour rompre le dessein que son cœur se propose.

FIN DU MISANTHROPE.

NOUVELLE COLLECTION DES AUTEURS FRANÇAIS

Éditions classiques sans annotations
précédées d'une notice littéraire par F. Estienne.

Format in-18.

Boileau. Œuvres poétiques; 1 vol. — 90 c.
Bossuet. Discours sur l'Histoire universelle; 1 vol. — 1 f. 75 c.
Bosuet. Oraisons funèbres; 1 vol. — 90 c.
Chateaubriand. Le Génie du Christianisme; 2 vol. — 2 f. 80 c.
Corneille. Théâtre choisi; 1 vol. — 1 f. 75 c.
Delille. L'Homme des Champs; les Géorgiques; les Jardins; 1 vol. — 1 f. 25 c.
Fénelon. Aventures de Télémaque; 1 vol. — 1 f. 10 c.
Fénelon. Dialogues des Morts; 1 vol. — 1 f. 10 c.
Fénelon. Dialogues sur l'Éloquence; 1 vol. — 60 c.
Fénelon. Lettres à l'Académie; 1 vol. — 60 c.
La Bruyère. Les Caractères; 1 vol. — 1 f. 40 c.
La Fontaine. Fables; 1 vol. — 1 f.
Massillon. Petit Carême; 1 vol. — 80 c.
Molière. Théâtre choisi; 1 vol. — 1 f. 75 c.
Montesquieu. Considérations sur la grandeur et la décadence des Romains; 1 vol. — 80 c.
Racine. Théâtre choisi; 1 vol. — 1 f. 75 c.
Rousseau (J. B.). Œuvres lyriques; 1 vol. — 80 c.
Théâtre classique, neuf pièces; 1 vol. — 2 f. 25 c.
Voltaire. Histoire de Charles XII; 1 vol. — 1 f. 20 c.
Voltaire. Siècle de Louis XIV; 1 vol. — 1 f. 75 c.
Voltaire. Théâtre choisi; 1 vol. — 1 f. 75 c.

www.ingramcontent.com/pod-product-compliance
Lightning Source LLC
Chambersburg PA
CBHW050320240426
43673CB00042B/1477